Beck'sche Musterverträge

Sommer/Schimpfky/Baas
Die Gesellschaftsverträge der GmbH & Co. KG

Die Gesellschaftsverträge der GmbH & Co. KG

von

Dr. Michael Sommer
Rechtsanwalt und Steuerberater in München

Peter Schimpfky
Steuerberater in München

Dr. Volker Baas
Rechtsanwalt in Frankfurt

5., überarbeitete und erweiterte Auflage 2018

www.beck.de

ISBN 978 3 406 69432 5

© 2018 Verlag C. H. Beck oHG
Wilhelmstraße 9, 80801 München
Druck und Bindung: Nomos Verlagsgesellschaft mbH & Co. KG/Druckhaus Nomos
In den Lissen 12, 76547 Sinzheim

Satz: jürgen ullrich typosatz, Nördlingen
Umschlaggestaltung: Nomos Verlagsgesellschaft mbH & Co. KG/Druckhaus Nomos

Gedruckt auf säurefreiem, alterungsbeständigem Papier
(hergestellt aus chlorfrei gebleichtem Zellstoff)

Vorwort zur 5. Auflage

In der Neuauflage wurden
- die gesellschaftsrechtlichen Teile von
  RA/StB Dr. Michael Sommer, Taylor Wessing München,

- die steuerrechtlichen Teile von
  StB Peter Schimpfky, Schlecht und Partner, München,

- und das Investmentrecht von
  RA Volker Baas, Taylor Wessing Frankfurt,
bearbeitet.

Neu ist der Abschnitt über das Investmentrecht von RA Volker Baas (**Rn. 1642 ff.**), der die Bedingungen aufzeigt, welche eingehalten werden müssen, damit eine vermögensverwaltende GmbH & Co. KG die komplexen Regulierungen des Kapitalanlagegesetzbuches vermeidet.

Im übrigen enthält die 5. Auflage zwei neue Musterverträge, nämlich jeweils für die
- Einheits-GmbH & Co. KG, soweit Abweichungen vom Mustervertrag der typischen GmbH & Co. KG erforderlich sind (Teil C VII) und
- vermögensverwaltende GmbH & Co. KG mit jeweils vollständigen Texten des Gesellschaftsvertrages der KG und der Satzung der Komplementär GmbH (Teil C IV).

Der Mustervertrag der typischen (gewerblich tätigen) GmbH & Co. KG wurde überarbeitet. Die Bestimmungen der beteiligungsidentischen GmbH & Co. KG, soweit sie von den Bestimmungen der Gesellschaftsverträge der KG und der GmbH abweichen, wurden in Teil C II zusammengefasst.

Neu ist ferner der Versuch, Verweisungen über Randnummern leichter auffindbar zu machen.

Ein Alleinstellungsmerkmal dieses Buches ist – seit der 2. Auflage – ein nach Stichworten gegliedertes Literaturverzeichnis in Teil E, in dem Literatur mit der Gliederung KG (I) und GmbH (II) und der jeweiligen Untergliederung in Gesellschaftsrecht und Steuerrecht. In diesem Literaturverzeichnis wurde die Literatur ab dem Jahr 2000 erfasst (in der 4. Auflage findet sich ausgewählte Literatur von 1980 bis 2012).

Es hat sich wieder einmal gezeigt, dass viele Bestimmungen der Gesellschaftsverträge der KG in der GmbH & Co. KG ertrags- und erbschaftsteuerrechtlich indiziert sind. Das hierfür notwendige gesellschaftsrechtliche und steuerrechtliche Grundlagenwissen haben wir versucht in Teil A zur Verfügung zu stellen und bei den Erläuterungen zu den einzelnen Bestimmungen zu vertiefen.

Wir hoffen, den Verfassern von Gesellschaftsverträgen der GmbH & Co. KG mit der 5. Auflage eine brauchbare Formulierungshilfe an die Hand gegeben zu haben.

Für Anregungen und Verbesserungsvorschläge sind Verfasser und Verlag stets dankbar.

München/Frankfurt im Dezember 2017
Dr. Michael Sommer
Peter Schimpfky
Dr. Volker Baas

Inhalt

A. Einführung

I. Zum Umgang mit diesem Buch	1
II. Besonderheiten der GmbH & Co. KG	2
III. Erscheinungsformen der GmbH & Co. KG	4
1. Typische GmbH & Co. KG	4
2. Beteiligungsidentische GmbH & Co. KG	5
3. Einheits-GmbH & Co. KG	6
4. Familien-GmbH & Co. KG	7
5. Vermögensverwaltende GmbH & Co. KG	8
6. Einmann-GmbH & Co. KG	8
7. Publikums-GmbH & Co. KG	9
8. Doppelstöckige GmbH & Co. KG	9
IV. Ausgewählte gesellschaftsrechtliche Aspekte einer GmbH & Co. KG	10
1. Unternehmergesellschaft oder ausländische Kapitalgesellschaft als Komplementär	10
2. Gesellschafterkonten	12
3. Bilanzierungsfragen	18
4. Eingeschränkte Registerpublizität	20
5. Notar- und Handelsregistergebühren bei der Gründung einer GmbH & Co. KG	21
V. Ausgewählte steuerrechtliche Aspekte einer GmbH & Co. KG	23
1. Einkommensteuer	23
2. Gewerbesteuer	34
3. Umsatzsteuer	36
4. Grunderwerbsteuer	38
5. Erbschaftsteuer/Schenkungsteuer	39
6. Die GmbH & Co. KG im steuerlichen Rechtsformvergleich	51
VI. Rechtsquellen	53
1. Kommanditgesellschaft	53
2. Komplementär-GmbH	54
3. Umwandlungen	54

B. Vertragstexte

I. Die Gesellschaftsverträge der typischen GmbH & Co. KG	55
1. Gesellschaftsvertrag der KG	55
Präambel	55
§ 1 Firma, Sitz, Geschäftsjahr	56

§ 2	Gegenstand des Unternehmens	56
§ 3	Gesellschafter, Einlagen, Haftsummen, Vermögensbeteiligung	56
§ 4	Konten der Gesellschafter	58
§ 5	Dauer der Gesellschaft, Kündigung	60
§ 6	Geschäftsführung und Vertretung	61
§ 7	Haftungsvergütung, Ersatz der Aufwendungen	63
§ 8	Gesellschafterversammlungen	64
§ 9	Gesellschafterbeschlüsse	66
§ 9a	Vorsorgevollmacht	67
§ 10	Jahresabschluss	68
§ 11	Gewinn- und Verlustverteilung, Gewinnverwendung	69
§ 12	Entnahmen, Auszahlungen	70
§ 13	Verfügungen über Gesellschaftsanteile und Ansprüche gegen die Gesellschaft	74
§ 14	Vorkaufsrecht	75
§ 15	Vererbung von Gesellschaftsanteilen	76
§ 16	Ausschluss von Gesellschaftern	79
§ 17	Güterstandsklausel	80
§ 18	Ausscheiden aus der Gesellschaft	81
§ 19	Abfindung	81
§ 20	Verpflichtung zur Abtretung von Gesellschaftsanteilen	83
§ 21	Informationsrechte/Informationspflichten	85
§ 22	Wettbewerbsverbot	85
§ 23	Liquidation	86
§ 24	Schiedsgericht	86
§ 25	Salvatorische Klausel	87
§ 26	Schlussbestimmungen	87

2. Satzung der Komplementär-GmbH der typischen GmbH & Co. KG ... 87

§ 1	Firma, Sitz, Geschäftsjahr	87
§ 2	Gegenstand des Unternehmens	88
§ 3	Stammkapital/Gesellschafter	88
§ 4	Dauer der Gesellschaft	89
§ 5	Vertretung und Geschäftsführung	89
§ 6	Geschäftsführer	90
§ 7	Gesellschafterversammlungen	91
§ 8	Gesellschafterbeschlüsse	93
§ 8a	Vorsorgevollmacht	93
§ 9	Jahresabschluss, Gewinnverwendung, Gewinnverteilung	94
§ 10	Verfügungen über Geschäftsanteile und Ansprüche gegen die Gesellschaft	94
§ 11	Vorkaufsrecht	95
§ 12	Vererbung von Geschäftsanteilen	96
§ 13	Einziehung und Zwangsabtretung von Geschäftsanteilen	96
§ 14	Abfindung	98
§ 15	Liquidation der Gesellschaft	98

Inhalt

§ 16	Veröffentlichungen	98
§ 17	Schiedsgericht	98
§ 18	Schlussbestimmungen	99

II. Zusätzliche Bestimmungen für die Gesellschaftsverträge der beteiligungsidentischen GmbH & Co. KG 101

1. Zusätzliche Bestimmungen für den Gesellschaftsvertrag der KG 101
   - § 3 Gesellschafter, Einlagen, Haftsummen, Vermögensbeteiligung 101
   - § 5 Dauer der Gesellschaft, Kündigung 101
   - § 13 Verfügungen über Gesellschaftsanteile und Ansprüche gegen die Gesellschaft 101
   - § 14 Vorkaufsrecht 102
   - § 15 Vererbung von Gesellschaftsanteilen 102
   - § 16 Ausschluss von Gesellschaftern 104
   - § 21 Informationsrechte/Informationspflichten 104

2. Zusätzliche Bestimmungen für die Satzung der Komplementär-GmbH der beteiligungsidentischen GmbH & Co. KG 105
   - § 3 Stammkapital 105
   - § 10 Verfügungen über Geschäftsanteile und Ansprüche gegen die Gesellschaft 105
   - § 11 Vorkaufsrecht 106
   - § 12 Vererbung von Geschäftsanteilen 106
   - § 13 Einziehung und Zwangsabtretung von Geschäftsanteilen 107

III. Zusätzliche Bestimmungen für die Gesellschaftsverträge der Einheits-GmbH & Co. KG 108

1. Zusätzliche Bestimmungen für den Gesellschaftsvertrag der KG 108
   - § 3 Gesellschafter, Einlagen, Haftsummen 108
   - § 5 Dauer der Gesellschaft, Kündigung 108
   - § 6a Wahrnehmung der Gesellschafterrechte in der persönlich haftenden Gesellschafterin 108
   - § 16 Ausschluss von Gesellschaftern 110

2. Satzung der Komplementär-GmbH der Einheits-GmbH & Co. KG 111
   - § 1 Firma, Sitz, Geschäftsjahr 111
   - § 2 Gegenstand des Unternehmens 111
   - § 3 Stammkapital 111
   - § 4 Beginn, Dauer 111
   - § 5 Geschäftsführung, Vertretung 112
   - § 6 Jahresabschluss, Ergebnisverwendung 113
   - § 7 Verfügungen über Geschäftsanteile und Ansprüche gegen die Gesellschaft 113
   - § 8 Informationsrechte 113
   - § 9 Liquidation der Gesellschaft 113
   - § 10 Veröffentlichungen 113
   - § 11 Kosten 114

IV. Die Gesellschaftsverträge der vermögensverwaltenden
(GmbH & Co.) KG 115
1. Gesellschaftsvertrag der vermögensverwaltenden Familien-KG 115
   § 1 Firma, Sitz, Geschäftsjahr 115
   § 2 Gegenstand des Unternehmens 115
   § 3 Gesellschafter, Einlagen, Haftsummen,
       Vermögensbeteiligung 115
   § 4 Konten der Gesellschafter 116
   § 5 Dauer der Gesellschaft, Kündigung 117
   § 6 Geschäftsführung und Vertretung 118
   § 7 Haftungsvergütung, Geschäftsführervergütung, Ersatz der
       Aufwendungen 118
   § 8 Gesellschafterversammlung 119
   § 9 Gesellschafterbeschlüsse 121
   § 9a Vorsorgevollmacht 122
   § 10 Jahresabschluss/Jahresrechnung 123
   § 11 Gewinn und Verlustverteilung – Gewinnverwendung ... 124
   § 12 Entnahmen, Auszahlungen 124
   § 13 Verfügungen über Gesellschaftsanteile und Ansprüche
       gegen die Gesellschaft 125
   § 14 Vorkaufsrecht 125
   § 15 Vererbung von Gesellschaftsanteilen 125
   § 16 Ausschluss von Gesellschaftern 126
   § 17 Güterstandsklausel 127
   § 18 Ausscheiden aus der Gesellschaft 128
   § 19 Abfindung 128
   § 20 Verpflichtung zur Abtretung von Gesellschaftsanteilen 130
   § 21 Informationsrechte und -pflichten 131
   § 22 Wettbewerbsverbot 132
   § 23 Liquidation 132
   § 24 Schiedsgericht 132
   § 25 Salvatorische Klausel 132
   § 26 Schlussbestimmungen 132
2. Satzung der Komplementär-GmbH der vermögensverwaltenden
   GmbH & Co. KG 133
   § 1 Firma, Sitz, Geschäftsjahr 133
   § 2 Gegenstand der Gesellschaft 133
   § 3 Stammkapital 133
   § 4 Dauer der Gesellschaft 133
   § 5 Vertretung und Geschäftsführung 134
   § 6 Geschäftsführer 135
   § 7 Gesellschafterversammlungen 135
   § 8 Gesellschafterbeschlüsse 136
   § 8a Vorsorgevollmacht 136
   § 9 Jahresabschluss, Gewinnverwendung, Gewinnverteilung 136
   § 10 Verfügungen über Geschäftsanteile und Ansprüche gegen
        die Gesellschaft 137

Inhalt   XI

§ 11 Vorkaufsrecht 137
§ 12 Vererbung von Geschäftsanteilen 137
§ 13 Einziehung von Geschäftsanteilen 138
§ 14 Abfindung 139
§ 15 Liquidation der Gesellschaft 140
§ 16 Veröffentlichungen 140
§ 17 Schiedsgericht 140
§ 18 Schlussbestimmungen 141

C. Vertragstexte mit Erläuterungen

I. Die Gesellschaftsverträge der typischen GmbH & Co. KG 143
1. Gesellschaftsvertrag der KG 143
   Präambel 143
   § 1 Firma, Sitz, Geschäftsjahr 152
   § 2 Gegenstand des Unternehmens 154
   § 3 Gesellschafter, Einlagen, Haftsummen, Vermögensbeteiligung 156
   § 4 Konten der Gesellschafter 167
   § 5 Dauer der Gesellschaft, Kündigung 176
   § 6 Geschäftsführung und Vertretung 179
   § 7 Haftungsvergütung, Ersatz der Aufwendungen 184
   § 8 Gesellschafterversammlungen 188
   § 9 Gesellschafterbeschlüsse 194
   § 9a Vorsorgevollmacht 200
   § 10 Jahresabschluss 204
   § 11 Gewinn- und Verlustverteilung, Gewinnverwendung 208
   § 12 Entnahmen, Auszahlungen 218
   § 13 Verfügungen über Gesellschaftsanteile und Ansprüche gegen die Gesellschaft 230
   § 14 Vorkaufsrecht 236
   § 15 Vererbung von Gesellschaftsanteilen 239
   § 16 Ausschluss von Gesellschaftern 252
   § 17 Güterstandsklausel 257
   § 18 Ausscheiden aus der Gesellschaft 263
   § 19 Abfindung 264
   § 20 Verpflichtung zur Abtretung von Gesellschaftsanteilen ... 276
   § 21 Informationsrechte/Informationspflichten 281
   § 22 Wettbewerbsverbot 284
   § 23 Liquidation 288
   § 24 Schiedsgericht 289
   § 25 Salvatorische Klausel 293
   § 26 Schlussbestimmungen 295
2. Satzung der Komplementär-GmbH der typischen GmbH & Co. KG 295
   § 1 Firma, Sitz, Geschäftsjahr 295

§ 2	Gegenstand des Unternehmens	297
§ 3	Stammkapital/Gesellschafter	298
§ 4	Dauer der Gesellschaft	302
§ 5	Vertretung und Geschäftsführung	304
§ 6	Geschäftsführer	307
§ 7	Gesellschafterversammlungen	309
§ 8	Gesellschafterbeschlüsse	314
§ 8a	Vorsorgevollmacht	316
§ 9	Jahresabschluss, Gewinnverwendung, Gewinnverteilung	318
§ 10	Verfügungen über Geschäftsanteile und Ansprüche gegen die Gesellschaft	320
§ 11	Vorkaufsrecht	322
§ 12	Vererbung von Geschäftsanteilen	323
§ 13	Einziehung und Zwangsabtretung von Geschäftsanteilen	326
§ 14	Abfindung	330
§ 15	Liquidation der Gesellschaft	332
§ 16	Veröffentlichungen	333
§ 17	Schiedsgericht	334
§ 18	Schlussbestimmungen	335

II. Zusätzliche Bestimmungen für die Gesellschaftsverträge der beteiligungsidentischen GmbH & Co. KG 337

1. Zusätzliche Bestimmungen für den Gesellschaftsvertrag der KG 337

§ 3	Gesellschafter, Einlagen, Haftsummen, Vermögensbeteiligung	338
§ 5	Dauer der Gesellschaft, Kündigung	339
§ 13	Verfügungen über Gesellschaftsanteile und Ansprüche gegen die Gesellschaft	340
§ 14	Vorkaufsrecht	341
§ 15	Vererbung von Gesellschaftsanteilen	342
§ 16	Ausschluss von Gesellschaftern	345
§ 21	Informationsrechte/Informationspflichten	346

2. Zusätzliche Bestimmungen für die Satzung der Komplementär-GmbH der beteiligungsidentischen GmbH & Co. KG 347

§ 3	Stammkapital	347
§ 10	Verfügungen über Geschäftsanteile und Ansprüche gegen die Gesellschaft	348
§ 11	Vorkaufsrecht	348
§ 12	Vererbung von Geschäftsanteilen	349
§ 13	Einziehung und Zwangsabtretung von Geschäftsanteilen	350

III. Zusätzliche Bestimmungen für die Gesellschaftsverträge der Einheits-GmbH & Co. KG 352

1. Zusätzliche Bestimmungen für den Gesellschaftsvertrag der KG 352

§ 3	Gesellschafter, Einlagen, Haftsummen	352
§ 5	Dauer der Gesellschaft, Kündigung	355
§ 6a	Wahrnehmung der Gesellschafterrechte in der persönlich haftenden Gesellschafterin	355
§ 16	Ausschluss von Gesellschaftern	363

2. Satzung der Komplementär-GmbH der Einheits-GmbH & Co. KG 363
   § 1 Firma, Sitz, Geschäftsjahr 363
   § 2 Gegenstand des Unternehmens 364
   § 3 Stammkapital 364
   § 4 Beginn, Dauer 364
   § 5 Geschäftsführung, Vertretung 364
   § 6 Jahresabschluss, Ergebnisverwendung 366
   § 7 Verfügungen über Geschäftsanteile und Ansprüche gegen die Gesellschaft 366
   § 8 Informationsrechte 366
   § 9 Liquidation der Gesellschaft 367
   § 10 Veröffentlichungen 367
   § 11 Kosten 367
IV. Die Gesellschaftsverträge der vermögensverwaltenden GmbH & Co. KG 368
1. Gesellschaftsvertrag der vermögensverwaltenden GmbH & Co. KG 368
   § 1 Firma, Sitz, Geschäftsjahr 379
   § 2 Gegenstand des Unternehmens 379
   § 3 Gesellschafter, Einlagen, Haftsummen, Vermögensbeteiligung 381
   § 4 Konten der Gesellschafter 382
   § 5 Dauer der Gesellschaft, Kündigung 384
   § 6 Geschäftsführung und Vertretung 385
   § 7 Haftungsvergütung, Geschäftsführervergütung, Ersatz der Aufwendungen 387
   § 8 Gesellschafterversammlung 388
   § 9 Gesellschafterbeschlüsse 391
   § 9a Vorsorgevollmacht 393
   § 10 Jahresabschluss/Jahresrechnung 394
   § 11 Gewinn und Verlustverteilung – Gewinnverwendung 396
   § 12 Entnahmen, Auszahlungen 397
   § 13 Verfügungen über Gesellschaftsanteile und Ansprüche gegen die Gesellschaft 398
   § 14 Vorkaufsrecht 399
   § 15 Vererbung von Gesellschaftsanteilen 399
   § 16 Ausschluss von Gesellschaftern 401
   § 17 Güterstandsklausel 402
   § 18 Ausscheiden aus der Gesellschaft 403
   § 19 Abfindung 403
   § 20 Verpflichtung zur Abtretung von Gesellschaftsanteilen 406
   § 21 Informationsrechte und -pflichten 407
   § 22 Wettbewerbsverbot 408
   § 23 Liquidation 408
   § 24 Schiedsgericht 409

§ 25 Salvatorische Klausel	409
§ 26 Schlussbestimmungen	409
2. Satzung der Komplementär-GmbH der vermögensverwaltenden GmbH & Co. KG	410
§ 1 Firma, Sitz, Geschäftsjahr	410
§ 2 Gegenstand der Gesellschaft	410
§ 3 Stammkapital	410
§ 4 Dauer der Gesellschaft	411
§ 5 Vertretung und Geschäftsführung	411
§ 6 Geschäftsführer	412
§ 7 Gesellschafterversammlungen	413
§ 8 Gesellschafterbeschlüsse	414
§ 8a Vorsorgevollmacht	414
§ 9 Jahresabschluss, Gewinnverwendung, Gewinnverteilung	414
§ 10 Verfügungen über Geschäftsanteile und Ansprüche gegen die Gesellschaft	415
§ 11 Vorkaufsrecht	415
§ 12 Vererbung von Geschäftsanteilen	416
§ 13 Einziehung von Geschäftsanteilen	416
§ 14 Abfindung	418
§ 15 Liquidation der Gesellschaft	418
§ 16 Veröffentlichungen	419
§ 17 Schiedsgericht	419
§ 18 Schlussbestimmungen	420

D. Checklisten

I. Checkliste GmbH & Co. KG	421
II. Checkliste GmbH	424

E. Ausgewählte Literatur (ab 2000)

I. KG	427
1. Gesellschaftsrecht	427
2. Steuerrecht	434
II. GmbH	442
1. Gesellschaftsrecht	442
2. Steuerrecht	447

F. Sachregister	449

A. Einführung

I. Zum Umgang mit diesem Buch

Dieses Buch wendet sich mit seinen Vorschlägen für die Gestaltung von Gesellschaftsverträgen einer GmbH & Co. KG und den Erläuterungen der einzelnen Vertragsklauseln an juristische und steuerliche Berater, aber auch an den interessierten Laien. Es kann die **individuelle Beratung** und die stets notwendige **individuelle Ausgestaltung** eines Gesellschaftsvertrages nicht ersetzen. Das Buch verfolgt folgende Zwecke: 1

– Der erste Zweck ist es, dem Verwender einen Überblick über die Regelungsprobleme bei der Abfassung der Gesellschaftsverträge einer GmbH & Co. KG zu geben. 2

– Darüber hinaus bietet das Buch dem Verwender Gestaltungsvarianten, aus denen jeweils eine ausgewählt werden muss. Welche Varianten im Einzelnen gewählt werden, hängt von den Gegebenheiten des Einzelfalles ab. 3

Der Benutzer dieses Buches hat aber nicht nur das Problem, die passende Variante auszuwählen, er muss auch darauf achten, welche Varianten er miteinander kombiniert. Nicht alle Bestimmungen sind nämlich miteinander kompatibel. 4

Wesentlich für die individuelle Gestaltung des Gesellschaftsvertrages aus Sicht des Beraters sind u. a.: Die **Beteiligungshöhe** des beratenen Gesellschafters (Mehrheitsgesellschafter oder Minderheitsgesellschafter), die **Zahl** der anderen Gesellschafter und die Höhe und Relation von deren Einlagen, die **Art** des Unternehmens (mittelständisches Unternehmen, Familiengesellschaft, Großunternehmen, wenige Gesellschafter mit persönlichen Beziehungen, viele Gesellschafter mit einer kapitalistischen Struktur der Gesellschaft), **Mitarbeit** einzelner oder sämtlicher Gesellschafter in der Gesellschaft, **Fremdgeschäftsführung und steuerrechtliche Vor- und Nachteile einer GmbH & Co. KG** etc. Wesentlich ist auch, ob der Gesellschaftsvertrag aus der **Interessenlage** eines Minderheitsgesellschafters oder der eines künftigen Mehrheitsgesellschafters gestaltet werden soll oder ob der Vertrag die Interessen der Beteiligten ausgewogen berücksichtigen soll etc. 5

Teil A (Einführung) enthält gesellschaftsrechtliches und steuerliches Grundlagenwissen, dessen Kenntnis und Verständnis Voraussetzung für den Entwurf der Gesellschafterverträge einer GmbH & Co. KG sind. Besonders wichtig für den Anwender sind hier die Ausführungen unter Ziff. IV und V, die sich mit gesellschaftsrechtlichen bzw. steuerlichen **Grundlagen** befassen. 6

Im **Teil B** werden die Vertragstexte ohne Erläuterungen abgedruckt.

Im **Teil C** werden Musterverträge für folgende Spielarten einer GmbH & Co. KG angeboten:

- Typische (gewerblich tätige) GmbH & Co. KG (**Teil C I**)
- Beteiligungsidentische GmbH & Co. KG (**Teil C II**)
- Einheits-GmbH & Co. KG (**Teil C III**)
- Vermögensverwaltende GmbH & Co. KG (**Teil C IV**)

Im **Teil D** findet der Leser **Checklisten** für die Abfassung der Gesellschaftsverträge der GmbH & Co. KG und der Komplementär-GmbH.

Im **Teil E** findet sich eine **Literaturauswahl**, die – anders als sonst – nicht alphabetisch (und damit unübersichtlich), sondern **nach Problemkreisen** geordnet ist.

II. Besonderheiten der GmbH & Co. KG

7   Das Bestreben, **steuerliche** Nachteile von Kapitalgesellschaften (Doppelbelastung des Gewinnes mit Körperschaftsteuer und Einkommensteuer) und das Bestreben, den **haftungsrechtlichen** Nachteil der unbeschränkten Haftung einer natürlichen Person als Komplementär in einer KG oder als Gesellschafter einer offenen Handelsgesellschaft („OHG") zu vermeiden, haben zur Entwicklung der GmbH & Co. KG geführt. Die GmbH & Co. KG als Gesellschaftsform hat sich erst im Laufe einer langwierigen Rechtsentwicklung durchgesetzt.[1] Das Jahr 1912 wird als „Geburtsjahr" der GmbH & Co. KG bezeichnet, weil in diesem Jahr der Beschluss des Bayerischen Obersten Landesgerichts vom 16.2.1912[2] zur Gründung von zahlreichen GmbH & Co. KGs führte. 1922 erfolgte die Anerkennung durch das Reichsgericht;[3] sie wird auch steuerrechtlich[4] als Personengesellschaft anerkannt. Die **gesetzliche** Anerkennung hat sich in zahlreichen Vorschriften niedergeschlagen: etwa in §§ 19 Abs. 2; 177a i. V. m. 125a, 130a; 172 Abs. 6 Handelsgesetzbuch (HGB); § 15 Abs. 3 Nr. 2 Einkommenssteuergesetz (EStG); §§ 15a Abs. 1; 19 Abs. 3; 39 Abs. 4 Insolvenzordnung (InsO); § 4 Abs. 1 Mitbestimmungsgesetz.

8   Eine GmbH & Co. KG ist eine **KG**, deren einziger persönlich haftender Gesellschafter (**Komplementär**) eine GmbH ist (auch in der Sonderform einer GmbH, die Unternehmergesellschaft (§ 5 GmbHG); s. hierzu **Rn. 38 ff.**). An Stelle einer GmbH kann auch eine andere juristische Person Komplementär sein, zum Beispiel eine AG („AG & Co. KG") oder eine Stiftung („Stiftung & Co. KG"), oder aber auch eine Kapitalgesellschaft ausländischer Rechtsformen wie etwa die englische Limited (s. hierzu **Rn. 42**), dies ist in der Praxis jedoch selten.

9   Das Wesen der GmbH & Co. KG wird durch die Verbindung von Elementen einer **Personengesellschaft** (KG) und von Elementen einer **Kapitalgesell-**

---

1   Zur Geschichte der GmbH & Co. KG vgl. *Binz*, GmbHR 1987, 39 f.; *Binz/Sorg*, § 1 Rn. 9 ff.; Hesselmann/Tillmann/Mueller-Thuns/*Mueller-Thuns*, § 1 Rn. 10 ff.; Reichert/*Liebscher*, § 1 Rn. 9 ff.
2   GmbHR 1914, 9.
3   RG v. 4.7.1922, RGZ 105, 101.
4   Zur Entwicklung der Rechtsprechung des BFH: Reichert/*Liebscher*, § 1 Rn. 16; zu den steuerlichen Problemen einer GmbH & Co. KG: Schmidt/*Wacker* EStG, § 15 Rn. 700 ff.

II. Besonderheiten der GmbH & Co. KG

schaft, geprägt. Beide Gesellschaftstypen greifen wirtschaftlich und organisatorisch ineinander. Die weitreichende Vertragsfreiheit bei der Gestaltung des Innenverhältnisses zwischen den Gesellschaftern einer KG (§§ 161 Abs. 2, 109 HGB) und die relativ große Freiheit bei der Gestaltung der Satzung einer GmbH (§ 45 GmbHG) eröffnen einen weiten Spielraum bei der Ausgestaltung der Gesellschaftsverträge einer GmbH & Co. KG. Wegen der flexiblen Anpassung an den jeweiligen Einzelfall, ist die GmbH & Co. KG vielseitig verwendbar.

Die **Motive** für die Gründung einer GmbH & Co. KG sind – neben den ertragsteuerlichen Vorteilen (s. **Rn. 111 ff.**) und den schenkungsteuerlichen Vorteilen (s. **Rn. 183 ff.**) u. a.:

Eine GmbH & Co. KG ermöglicht die relativ problemlose Aufnahme von **Familienangehörigen** (Ehegatten, Kindern) in ein Einzelunternehmen (Familien-GmbH & Co. KG) unter gleichzeitiger Beschränkung der Haftung des bisherigen Einzelunternehmers.

Eine GmbH & Co. KG eignet sich für die Aufnahme von **Kapitalgebern,** wenn angestrebt wird, den Einfluss der Kapitalgeber auf das Management zu beschränken. Anders als bei einer GmbH besitzen die Gesellschafter einer KG nach dem Gesetz keinen unmittelbaren Einfluss auf die Geschäftsführung. Lediglich bei außergewöhnlichen Rechtsgeschäften ist die Zustimmung der Kommanditisten erforderlich (§ 164 HGB), und selbst dies kann durch den Gesellschaftsvertrag wesentlich eingeschränkt werden. Die **Kontrollrechte** der Kommanditisten beschränken sich auf die abschriftliche Mitteilung des Jahresabschlusses und die Prüfung seiner Richtigkeit (§ 166 Abs. 1 HGB). Ein nicht abdingbares und nicht einschränkbares Auskunfts- und Einsichtsrecht, das den Gesellschaftern einer GmbH gemäß § 51a GmbH-Gesetz zusteht, existiert bei einer KG, gemessen an der gesetzlichen Rechtslage, nicht.

Die Rechtsform einer GmbH & Co. KG wird gerne benutzt, wenn **Mitarbeiter** am Ergebnis des Unternehmens beteiligt, **notleidende Unternehmen** saniert oder der **Zusammenschluss** mehrerer selbständiger Unternehmen organisiert werden sollen.

Für eine GmbH & Co. KG sprechen schließlich die **Beherrschungsmöglichkeit ohne Kapitalmehrheit,** die Möglichkeit, Dritte zu Geschäftsführern der Komplementär-GmbH zu machen („**Drittorganschaft**"), und die Möglichkeit, Liquidität zu entnehmen, auch wenn die KG keinen Überschuss erwirtschaftet hat.

Ein weiterer Vorteil findet sich auf dem Gebiet der **Mitbestimmung.** Ein Aufsichtsrat nach dem Drittelbeteiligungsgesetz (bis 2004: Betriebsverfassungsgesetz) ist regelmäßig nicht zu bilden, es sei denn, es handelt sich um eine GmbH & Co. KGaA, die in der Regel mehr als 500 Arbeitnehmer beschäftigt oder die vor dem 10.8.1994 eingetragen worden ist, soweit es sich nicht um eine Familiengesellschaft handelt. Verfügt die Mehrheit der Kommanditisten jedoch auch über die Mehrheit der Geschäftsanteile oder über die Mehrheit der Stimmrechte der Komplementär-GmbH, werden die Arbeitnehmer der KG nach § 4 Abs. 1 Mitbestimmungsgesetz der Komplementär-GmbH zugerechnet, mit der Folge, dass bei mehr als 2.000 Mitarbeitern ein paritätisch besetzter Aufsichtsrat zu bilden ist. Bei einer **Stiftung & Co.** gibt es nach der derzeitigen Rechtslage keine Mitbestimmung.

16   Jede Gesellschaftsform hat natürlich auch **Nachteile**. Einer der Nachteile der GmbH & Co. KG ist – gegenüber einer GmbH – das Bestehen von zwei Gesellschaften (KG und Komplementär-GmbH) und damit das Erfordernis einer doppelten Rechnungslegung (Aufstellung zweier Jahresabschlüsse und die Erstellung von Steuererklärungen für zwei Gesellschaften). Der hierbei entstehende Zusatzaufwand fällt jedoch in den am meisten anzutreffenden Ausprägungen der typischen GmbH & Co. KG (Komplementär-GmbH ohne eigenen Geschäftsbetrieb) gering aus und stellt keinen wesentlichen wirtschaftlichen Nachteil dar.

III. Erscheinungsformen der GmbH & Co. KG[5]

1. Typische GmbH & Co. KG

17   Von einer „typischen", „echten" oder „eigentlichen" oder einer GmbH & Co. KG „im engeren Sinn" spricht man, wenn bei einer GmbH & Co. KG der **einzige** persönlich haftende Gesellschafter eine GmbH ist, deren Zweck sich darin erschöpft, Komplementärin dieser GmbH & Co. KG zu sein. Durch die Einschaltung einer GmbH als persönlich haftenden Gesellschafter wird die unbeschränkte Haftung einer **natürlichen Person** vermieden. Die Gesellschafter der KG und der GmbH sind nicht identisch. Kein Gesellschafter der KG muss Geschäftsführer der GmbH sein, kann es aber. Typische GmbH & Co. KG in diesem Buch ist eine gewerblich tätige GmbH & Co. KG (Musterverträge unter Teil C, I, **Rn. 301 ff.**).

18   Eine typische GmbH & Co. KG wird dann gewählt, wenn bestimmte Gesellschafter auf die laufende Geschäftsführung keinen Einfluss nehmen sollen. Dies ist z.B. der Fall, wenn die nächste Generation (Abkömmlinge) an der Substanz des Unternehmens beteiligt werden, aber keinen Einfluss auf die Geschäftsführung nehmen sollen. Eine typische GmbH & Co. KG wird man ferner wählen, wenn bestimmte Gesellschafter nur am Ergebnis beteiligt sein sollen.

19   In einer typischen GmbH & Co. KG entfällt die bei der beteiligungsidentischen GmbH & Co. KG (Musterverträge unter Teil C, II) erforderliche Verzahnung der Gesellschafterstellung bei der Komplementär-GmbH und bei der KG. Es wird bewusst eine Trennung zwischen der Beteiligung an der GmbH und der Beteiligung an der KG vorgenommen. Damit erhalten die Komplementär-GmbH und die an ihr beteiligten Gesellschafter die Macht, die Geschäftsführung der GmbH & Co. KG zu steuern (**Steuerungsfunktion**). Die Gesellschafter der GmbH können nämlich die Geschäftsführer ihrer Wahl bestellen und abberufen. Sie sind auch befugt, dem Geschäftsführer der Komplementär-GmbH **Weisung** zu erteilen. Es erfolgt somit eine Trennung von Geschäftsführung/Herrschaft einerseits und Kapital andererer-

---

5 Einzelheiten siehe bei *Reichert/Liebscher*, § 3.

III. Erscheinungsformen der GmbH & Co. KG

seits.[6] Der Steuerung der Komplementär-GmbH sind im Falle einer typischen GmbH & Co. KG allerdings Grenzen durch die allgemeinen gesellschaftsrechtlichen Prinzipien gesetzt, etwa die gesellschaftsrechtliche Treuepflicht. So kann die GmbH z.B. keine Geschäftsführer bestellen, die aus der Sicht der Gesellschafter der KG ungeeignet oder unfähig zur Geschäftsführung sind.[7]

2. Beteiligungsidentische GmbH & Co. KG[8]

Von einer „beteiligungsidentischen" oder „personengleichen" GmbH & Co. KG spricht man, wenn dieselben Personen Kommanditisten der KG und im gleichen Verhältnis auch Gesellschafter der Komplementär-GmbH sind.[9]

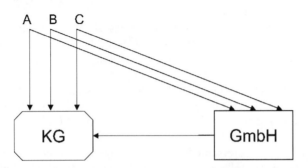

Durch eine rechtliche Verzahnung der beiden Gesellschaftsbeteiligungen wird angestrebt, dass diese Beteiligungsidentität auch nach der Gründung bestehen bleibt, wobei sich die Beteiligung an der GmbH in der Regel nach der Beteiligung an der KG („Hauptgesellschaft") richtet.

Wird die Rechtsform der GmbH & Co. KG gewählt, weil es den Gesellschaftern um die Haftungsbeschränkung geht und wollen alle Kommanditisten Einfluss auf die Geschäftsführung haben, wird man die GmbH & Co. KG „beteiligungsidentisch" ausgestalten. In diesen Fällen wird die GmbH & Co. KG anstelle einer GmbH gewählt, sozusagen als „GmbH-Ersatz". Die Aufspaltung auf zwei Gesellschaften wird als „notwendiges Übel" gesehen. Dies bedeutet u.a.:

Die **rechtsgeschäftliche Übertragung** der beiden Beteiligungen muss vereinheitlicht werden und beide Anteile dürfen nur zusammen übertragen werden, wobei die gleichzeitige Übertragung der einen Beteiligung zur Wirksamkeitsvoraussetzung der Übertragung der anderen Beteiligung gemacht wer-

---

6 *Binz/Sorg,* § 1 Rn. 25 ff.
7 *K. Schmidt,* Freundesgabe für Franz Josef Haas, 1996, S. 313 ff.
8 Einzelheiten s. bei *Reichert/Liebscher,* § 3 Rn. 3 ff. (dort als „Echte" GmbH & Co. KG bezeichnet), Musterverträge s. unter Teil C, II, Rn. 1301 ff.
9 Baumbach/Hopt/*Roth* HGB, Anh. § 177a Rn. 6; *Binz/Sorg,* § 1 Rn. 3, 36 ff.; Reichert/ Liebscher, § 3 Rn. 3.

den sollte (§ 399 BGB). Dies ist ein Problem, weil der Anteil an einer GmbH nach dem Gesetz frei übertragbar ist und die Beteiligung nicht kündbar ist; die Übertragung der Beteiligung an einer KG bedarf dagegen nach dem Gesetz der Zustimmung aller Mitgesellschafter, die Beteiligung an einer KG ist auch kündbar (§§ 161 Abs. 2, 132, 131 Abs. 3 S. 1 Nr. 3, 131 Abs. 3 S. 2 HGB).

24 Der Gesellschaftsvertrag der GmbH muss daher eine Kündigungsmöglichkeit vorsehen und in beiden Gesellschaftsverträgen sollte bestimmt werden, dass die **Kündigung** der einen Gesellschaft nur möglich ist, wenn gleichzeitig auch die andere Gesellschaft gekündigt wird.

25 Für den Fall, dass Dritte in einen der beiden Gesellschaftsanteile die **Einzelzwangsvollstreckung** betreiben, sollten die Gesellschaftsverträge vorsehen, dass der betroffene Gesellschafter auch aus der anderen Gesellschaft entfernt werden kann, auch wenn von der Zwangsvollstreckungsmaßnahme nur eine Beteiligung betroffen ist.

26 Bei einer Insolvenz des Gesellschafters muss die Möglichkeit bestehen, den betroffenen Gesellschafter aus beiden Gesellschaften auszuschließen. Ein Ausscheiden von Gesetzes wegen erfolgt im Falle der Eröffnung eines Insolvenzverfahrens nur bei der KG (§ 131 Abs. 3 S. 1 Nr. 2 HGB).

27 Werden beide Beteiligungen im **Erbfall** an verschiedene Personen vererbt oder vermacht, was ertragssteuerrechtlich wegen des Entnahmegewinns in der Regel nachteilig sein wird (s. **Rn 774**), muss die Möglichkeit vorgesehen werden, beide Rechtsnachfolger aus den Gesellschaften zu entfernen. Ist ein Gesellschafter mit unterschiedlichen Beteiligungsquoten an beiden Gesellschaften beteiligt, sollten die anderen Gesellschafter die Möglichkeit haben, die Beteiligungsquote anzupassen, wobei Maßstab die Beteiligung an der KG sein sollte.

28 Generell sollten beide Gesellschaftsverträge, soweit wie möglich, eine **parallele Struktur** aufweisen, z.B. hinsichtlich der Formen und Fristen der Einberufung von Gesellschafterversammlungen, hinsichtlich des Ablaufes der Gesellschafterversammlungen, hinsichtlich der Mehrheiten und der Rechtsfolgen rechtswidriger oder nichtiger Beschlussfassungen (analog §§ 241 ff. AktG) und hinsichtlich der Kündigungsfristen.[10]

3. Einheits-GmbH & Co. KG[11]

29 Eine Einheits-GmbH & Co. KG liegt vor, wenn die Anteile der Komplementär-GmbH von der KG selbst gehalten werden.[12]

---

10 Zur Verzahnung der beiden Gesellschaften s. insbes. *Binz/Sorg*, § 7 Rn. 36 ff.
11 Einzelheiten s. bei *Reichert/Liebscher*, GmbH & Co. KG, § 3 Rn. 9 ff. Musterverträge s. unter Teil C, III, Rn. 1452 ff.
12 Baumbach/Hopt/*Roth* HGB, Anh. § 177a Rn. 8; Übersichten: *Esch* BB 1991, 1129; *Fleck*, FS Semmler, 1993, 115 ff.; Reichert/*Liebscher*, § 3 Rn. 9 ff.

III. Erscheinungsformen der GmbH & Co. KG

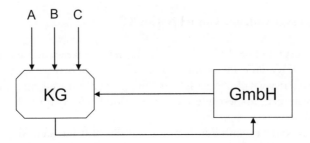

Der Vorteil einer Einheits-GmbH & Co. KG besteht darin, dass die bei einer beteiligungsidentischen GmbH & Co. KG erforderliche Verzahnung der Beteiligungen an den beiden Gesellschaften nicht notwendig ist. Die Gesellschafter der KG können nur über ihre Beteiligung an der KG verfügen und nur diese vererben. Auf der Ebene der GmbH findet dadurch kein unmittelbarer Gesellschafterwechsel statt. Die Einheits-GmbH & Co. KG hat daher den Vorteil, dass die Beteiligung an der KG nicht an andere Personen vererbt werden kann als die Beteiligung an der GmbH. Eine ertragsteuerliche „Zwangsentnahme" mit der Folge von unerwünschtem Entnahmegewinn durch eine fehlerhafte Nachfolgeregelung kann so vermieden werden. Die Einheits-GmbH & Co. KG wirft jedoch Probleme im Zusammenhang mit der Wahrnehmung der **Stimmrechte** in der Gesellschafterversammlung der Komplementär-GmbH auf (Einzelheiten s. Teil C, III, § 6 a, **Rn. 1461**).

30

4. Familien-GmbH & Co. KG[13]

Von einer Familien-GmbH & Co. KG spricht man, wenn die Kommanditisten Familienangehörige (meist Ehegatten und Abkömmlinge) sind. Bei einer Familien-GmbH & Co. KG ist die **steuerrechtliche** Besonderheit zu beachten, dass die Finanzverwaltung und die Finanzgerichte bestimmte Anforderungen u. a. an die Ausgestaltung der **Rechte** der Kommanditisten und an die **Ergebnisverteilung** unter den Gesellschaftern stellen.[14] Liegen diese Voraussetzungen nicht vor, wird die gesellschaftsvertragliche Ergebnisverteilung unter den Gesellschaftern oder sogar die Stellung als Gesellschafter steuerrechtlich nicht anerkannt (s. hierzu **Rn. 130**).

31

In diesem Buch wird eine Familien GmbH & Co. KG in Form einer vermögensverwaltenden GmbH & Co. KG vorgestellt (s. hierzu Ziff. 5).

---

13 Einzelheiten s. bei *Reichert/Liebscher*, § 2 Rn. 87 ff.
14 Einzelheiten bei Schmidt/*Wacker* EStG, § 15 Rn. 740 ff.

5. Vermögensverwaltende GmbH & Co. KG[15]

32 Vermögensverwaltende Personengesellschaften[16] können in der Rechtsform einer GbR, OHG, KG oder GmbH & Co. KG betrieben werden. Gegenstand einer vermögensverwaltenden KG ist die Verwaltung eigener oder (selten) fremder Vermögen, insbesondere die Verwaltung von Familienvermögen (Familienpool).

33 Eine vermögensverwaltende Personengesellschaft hat den Vorteil, dass die Gesellschafter Bindungen unterworfen werden können, die bei einer Miteigentümergemeinschaft nicht möglich sind; hierzu zählen u.a.: Kündigungsbeschränkungen, erbrechtliche Bindungen (z.B. Ausschluss der Übergänge des Gesellschaftsanteils auf Familienfremde), Verkaufsbeschränkungen etc. Durch den Einsatz einer vermögensverwaltenden (Familien-)GmbH & Co. KG kann die Rechtsform der KG zur Verwaltung von Familienvermögen genutzt werden, ohne dass die Gesellschafter – wie bei der GbR und OHG – persönlich haften. Diese Rechtsform ist auch für **Minderjährige** geeignet, die Beteiligung Minderjähriger wirft aber Probleme auf (s. **Rn. 317 ff.**). Soll eine GmbH & Co. KG nicht gewerblich sondern „nur" vermögensverwaltend tätig werden, ist **ertragsteuerrechtlich** darauf zu achten, dass die Voraussetzungen des § 15 Abs. 3 Nr. 2 EStG nicht erfüllt werden. Dies bedeutet, dass eine vermögensverwaltende Tätigkeit nur dann vorliegt, wenn auch eine natürliche Person persönlich haftende Gesellschafterin ist oder – für den Fall, dass nur eine Kapitalgesellschaft persönlich haftende Gesellschafterin ist – andere Gesellschafter (Kommanditisten) zur **Geschäftsführung** berechtigt sein müssen (s. **Rn. 1611**).

34 Da eine vermögensverwaltende GmbH & Co. KG **kein Betriebsvermögen** hat, fällt eine Beteiligung an einer solchen Gesellschaft im Erb- oder Schenkungsfall allerdings auch nicht unter die Begünstigungen der §§ 13a–13c, 19a, 28 und 28a ErbStG.

6. Einmann-GmbH & Co. KG

35 Eine „Einmann-GmbH & Co. KG"[17] liegt vor, wenn dieselbe Person **alleiniger** Kommanditist der GmbH & Co. KG ist und gleichzeitig **sämtliche** Geschäftsanteile an der Komplementär-GmbH hält.[18]

Auch bei der Einmann-GmbH & Co. KG kann die bei einer beteiligungsidentischen GmbH & Co. KG erforderliche Verzahnung der Gesellschaftsbeteiligungen entfallen. Erforderlich ist nur, dass der Einmann-Gesellschafter dafür sorgt, dass im Fall seines Todes die Geschäftsanteile der Komplemen-

---

15 Vgl. *Geck* KÖSDI 2010, 16842; *ders.* KÖSDI 2008, 16016.
16 Musterverträge s. Teil C, IV, Rn. 1654 ff.
17 Einzelheiten s. bei *Reichert/Liebscher*, § 2 Rn. 7.
18 Baumbach/Hopt/*Roth* HGB, Anh. § 177a Rn. 6; *Binz/Sorg*, § 1 Rn. 3; *Reichert/Liebscher*, § 3 Rn. 7 f.

III. Erscheinungsformen der GmbH & Co. KG

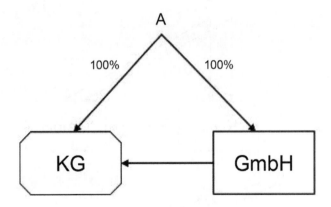

tär-GmbH und die Beteiligung an der GmbH & Co. KG dem gleichen Rechtsnachfolger vererbt oder vermacht werden, wenn die Einmann-GmbH & Co. KG aufrechterhalten werden soll.

7. Publikums-GmbH & Co. KG[19]

Lebhafte Verwendung hat diese Gesellschaftsform der GmbH & Co. KG zu Zeiten des Booms der Abschreibungs- oder Verlustzuweisungsgesellschaften erlebt. Derartige Publikumsgesellschaften[20] unterscheiden sich von dem gesetzlichen Leitbild der Kommanditgesellschaft durch zahlreiche Besonderheiten (fehlendes persönliches Vertrauensverhältnis zwischen den meist zahlreichen Kommanditisten, vorformulierter Gesellschaftsvertrag, Recht zum Ausscheiden durch einfache Kündigung, beschränkte Kontrollbefugnisse der Kommanditisten etc.).[21] Diese Besonderheiten haben die Rechtsprechung veranlasst, zum Schutze der Kapitalanleger (Kommanditisten) besondere Rechtsgrundsätze zu entwickeln.[22]

36

8. Doppelstöckige GmbH & Co. KG[23]

Fungiert bei einer GmbH & Co. KG als Komplementärin oder Kommanditistin eine andere GmbH & Co. KG, spricht man von einer sogenannten „doppelstöckigen" oder einer „mehrstöckigen" GmbH & Co. KG.[24]

37

---

19 Einzelheiten s. bei *Reichert/Liebscher*, § 3 Rn. 29 ff.
20 Baumbach/Hopt/*Roth* HGB, Anh. § 177 a Rn. 10, 52 ff.; *Binz/Sorg*, § 13 Rn. 1 ff.
21 *Binz/Sorg*, § 13 Rn. 2 ff.
22 *Binz/Sorg*, § 13 Rn. 21 ff.
23 Einzelheiten s. bei *Reichert/Liebscher*, § 3 Rn. 20 ff.
24 Baumbach/Hopt/*Roth* HGB, Anh. § 177 a Rn. 9; *Binz/Sorg*, § 2 Rn. 18; Reichert/*Liebscher*, § 3 Rn. 20 ff.

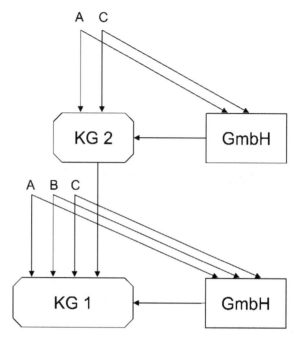

IV. Ausgewählte gesellschaftsrechtliche Aspekte einer GmbH & Co. KG

1. Unternehmergesellschaft oder ausländische Kapitalgesellschaft als Komplementär

38 a) **Unternehmergesellschaft (haftungsbeschränkt).** Die Unternehmergesellschaft (haftungsbeschränkt) & Co. KG kann nach Lage des Einzelfalls eine Alternative zur Grundform der GmbH & Co. KG sein. Die Unternehmergesellschaft i. S. d. § 5 a GmbHG („UG") ist eine Variante der GmbH und unterliegt als solche im Wesentlichen deren gesetzlichen Regeln. Nach § 5 a Abs. 1 GmbHG darf das Stammkapital der UG allerdings das für die GmbH vorgeschriebene Mindeststammkapital von EUR 25.000,- (§ 5 Abs. 1 GmbHG) unterschreiten. Hingegen sind **Sacheinlagen** unzulässig, und das Stammkapital muss, anders als bei der GmbH, bei der Gesellschaftsgründung zum Zeitpunkt der Handelsregisteranmeldung vollständig eingezahlt sein (§ 5 a Abs. 2 GmbHG). Ferner bestimmt § 5 a Abs. 3 GmbHG, als eine Art Gegenstück zur Befreiung vom Mindestkapital, eine **Thesaurierungspflicht:** In jeder Jahresschlussbilanz einer UG ist ein Viertel des um einen Verlustvortrag aus dem Vorjahr geminderten Jahresüberschusses in eine gesetzliche Rücklage einzustellen (§ 5 a Abs. 3 GmbHG), deren Verwendung bestimmten Restriktionen unterliegt, bis das Stammkapital EUR 25.000 (Mindeststammkapital, § 5 Abs. 1 GmbHG) beträgt. Der Gesetzgeber sieht die UG offenbar nur als Übergangsstadium an,

IV. Ausgewählte gesellschaftsrechtliche Aspekte einer GmbH & Co. KG

das die Gesellschafter durch eine Erhöhung des Stammkapitals auf das Niveau der ordentlichen GmbH durch Umwandlung der gesetzlichen Rücklage (§ 5a Abs. 3 S. 2 Nr. 1 GmbHG) beenden können (§ 5a Abs. 5 GmbHG).[25]

Im Hinblick auf die Thesaurierungspflicht wird teilweise gefordert, die Gesellschafter müssten im Gesellschaftsvertrag der GmbH & Co KG eine feste **Haftungsvergütung** für die UG als Komplementärin zumindest in der Höhe sicherstellen, dass hieraus eine gesetzliche Rücklage gebildet werden könne. Da die Komplementärin typischerweise nicht am Gewinn beteiligt wird und lediglich eine geringe Haftungsvergütung erhält, könnte ansonsten die Thesaurierungspflicht der UG unterlaufen und die vom Gesetzgeber nur als Zwischenstatuts gedachte Sonderform der Unternehmergesellschaft dauerhaft verstetigt werden.[26] Die wohl überwiegende Auffassung hält eine Thesaurierung bei der Komplementär-UG und eine diesbezügliche Kapitalzufuhr seitens der KG allerdings nicht zwingend für erforderlich, da sich dem Gesetz insbesondere keine Pflicht entnehmen lasse, Gewinn zu erwirtschaften.[27] 39

Bis zu einer abschließenden Klärung dieser Frage durch die Rechtsprechung ist allerdings eine vorsichtige, der UG-Komplementärin zumindest eine großzügigere Haftungsvergütung gewährende Vertragsgestaltung anzuraten. Ferner ist bei der Vertragsgestaltung zu berücksichtigen, dass die KG als „Unternehmergesellschaft (oder UG) (haftungsbeschränkt)" & Co. KG firmieren muss, § 5a Abs. 1 GmbHG. Dies erfordert die Kennzeichnungspflicht für die Haftungsbeschränkung in der KG nach § 19 Abs. 2 HGB.[28] 40

Die UG (haftungsbeschränkt) & Co. KG dürfte lediglich als Gestaltungsalternative zu einer reinen UG in Frage kommen. Aufgrund der fehlenden Reputation der UG hat sie sich im Verhältnis zur GmbH & Co. KG dauerhaft nicht durchgesetzt. 41

b) Ausländische Kapitalgesellschaft. Auch eine ausländische Kapitalgesellschaft (z. B. eine englische Limited) kann persönlich haftende Gesellschafterin einer GmbH & Co. KG sein.[29] Es ist nicht erforderlich, dass die ausländische Kapitalgesellschaft ihren Sitz in die Bundesrepublik Deutschland verlegt. Die Gefahr, dass eine ausländische Komplementär-Kapitalgesellschaft mit Verwaltungssitz in Deutschland als „Nullum" angesehen wird mit der Konsequenz, dass die KG zu einer oHG mutiert, oder die Gefahr der Umqualifizierung der ausländischen Gesellschaft in eine GbR besteht, mit der Folge, dass die hinter der ausländischen Gesellschaft stehenden Personen unbe- 42

---

25 Vgl. etwa Bork/Schäfer/*Schäfer* GmbHG, § 5a Rn. 24 ff.; Baumbach/Hueck/*Fastrich* GmbHG, § 5a Rn. 21 ff.; Scholz/*Westermann* GmbHG, § 5a Rn. 23 ff.; Lutter/Hommelhoff/*Lutter* GmbHG, § 5a Rn. 45.
26 So etwa *Veil* ZGR 2009, 623, 640; Bork/Schäfer/*Schäfer* GmbHG, § 5a Rn. 9; *Wicke* GmbHG, § 5a Rn. 19.
27 So etwa Baumbach/Hueck/*Fastrich* GmbHG, § 5a Rn. 36; Scholz/*Westermann* GmbHG, MoMiG § 5a Rn. 40; *Heckschen* DStR 2009, 166, 171; *Römermann* NJW 2010, 905, 909; *Römermann/Passarge* ZIP 2009, 1497.
28 KG v. 8.9.2009, GmbHR 2009, 1281 (m. Anm. *Omlor/Spies*); s. hierzu auch *Wachter* NZG 2009, 1263.
29 hM; zum Meinungsstand vgl. *Binz/Sorg,* § 25 Rn. 99 ff.

schränkt haften, ist durch die Entscheidung des EuGH vom 5. 11.2002[30] gebannt. In dieser Entscheidung hat der EuGH festgestellt: Wenn eine Gesellschaft, die nach dem Recht eines Mitgliedstaates gegründet wurde, ihren Sitz in einen anderen Mitgliedstaat verlegt und damit von ihrer Niederlassungsfreiheit Gebrauch macht, so ist der andere Mitgliedstaat verpflichtet, die Rechtsfähigkeit und damit auch die Parteifähigkeit zu achten, die diese Gesellschaft nach dem Recht ihres Gründungsstaates hat. Mit dieser Rechtsstellung hat der EuGH der sog. „Sitztheorie" eine Absage erteilt und sich insoweit für die Geltung der „Gründungstheorie" ausgesprochen. Im Hinblick auf § 13g HGB wird die ausländische Kapitalgesellschaft eine Zweigniederlassung in Deutschland eintragen lassen.[31] Beispiele für eine Limited & Co. KG sind: Müller Limited & Co. KG, mit dem Sitz in Ulm, HRA 2271; die Rolls-Royce Deutschland Limited & Co. KG in Dahlewitz und die Convit Limited & Co. KG in Köln.

2. Gesellschafterkonten

43 a) **Allgemeines.** Ein zentrales Regelungsproblem bei der Abfassung des Gesellschaftsvertrages der GmbH & Co. KG ist die Ausgestaltung der **Gesellschafterkonten.**[32]

Gesellschafterkonten haben handelsrechtliche Bedeutung für
- Stimmrechte,
- die Gewinnverteilung,
- Entnahmen,
- die Transparenz der gebundenen bzw. entnahmefähigen Guthaben,
- die Bilanzierung von Eigenkapital,
- die Haftung eines Kommanditisten (Einlagenrückgewähr, § 172 Abs. 4 HGB),
- die Berechnung des Auseinandersetzungsguthabens bei Beendigung der Gesellschaft,
- die Insolvenz der Gesellschaft,
- die Veräußerung der Beteiligung.

44 Gesellschafterkonten können **gesellschaftsrechtliche Natur** (dann sind sie „Eigenkapital"[33]) oder **schuldrechtliche Natur** haben (dann haben sie forderungs- bzw. schuldrechtlichen Charakter, sind also „Fremdkapital"). Dies ist insbesondere von Belang im Hinblick auf die Entnahmefähigkeit von Guthaben. Die Abgrenzung von Eigenkapital und Fremdkapital ist auch

---

30 BB 2002, 2402 („Überseering").
31 *Wachter* GmbHR 2003, 1254; *Binz/Mayer* GmbHR 2003, 249.
32 *Reichert/Ihrig*, § 21 Rn. 1 ff.; *Rodewald* GmbHR 1998, 521; *Oppenländer* DStR 1998, 939; *Ley* KÖSDI 2002, 13460; *dies.* KÖSDI 1994, 9972; *Huber* ZGR 1988, 1; *ders.* Gedächtnisschrift für Knobbe-Keuk, 1997, 203 ff.; *Salje* BB 1978, 1115; *Schopp* BB 1987, 581; *Huber,* Vermögensanteil, Kapitalanteil und Gesellschaftsanteil an Personengesellschaften des Handelsrechts, 1970.
33 Zu den handelsrechtlichen Merkmalen von „Eigenkapital" vgl. IDW RS HFA 7, Wpg 2002, 1259 Rn. 14 ff.

IV. Ausgewählte gesellschaftsrechtliche Aspekte einer GmbH & Co. KG

steuerrechtlich von Bedeutung, z. B. im Zusammenhang mit § 15a EStG (s. Rn. 148 ff.). Dem Konzept der Gesellschafterkonten eines Gesellschaftsvertrages einer GmbH & Co. KG ist daher bei der Abfassung eines KG-Vertrages besondere Aufmerksamkeit zu schenken.

b) Gesetzliche Ausgangslage. Nach dem dispositiven gesetzlichen System wird für den **unbeschränkt haftenden Gesellschafter** einer GmbH & Co. KG (Komplementär) lediglich ein **variables Kapitalkonto** geführt, auf dem Gewinne, Verluste, Entnahmen und Einlagen verbucht werden (§§ 161 Abs. 2, 120 Abs. 2 HGB), das vom Gesetz „Kapitalanteil" genannt wird.

Für einen Kommanditisten (beschränkt haftender Gesellschafter) werden dagegen **zwei Konten** geführt: Dem **„Kapitalanteil"** des Kommanditisten werden Gewinne so lange gutgeschrieben, bis die vereinbarte Einlage (Pflichteinlage) erreicht ist (§ 167 Abs. 2 HGB). Weitere Gewinne werden einem zweiten Konto (**Gewinnkonto**) gutgeschrieben.[34] Alle Gesellschafter einer GmbH & Co. KG haben Anspruch auf eine **Vorabausschüttung** in Höhe von 4 % ihres Kapitalanteils (§§ 168, 121 Abs. 1 HGB), soweit der Jahresgewinn ausreicht. Die Verteilung des übersteigenden Gewinns oder eines etwaigen Verlustes erfolgt, anders als bei der oHG, nicht nach Köpfen, sondern nach einem **den Umständen nach angemessenen Verhältnis** (§ 168 Abs. 2 HGB). Am **Verlust** nimmt ein Kommanditist nur bis zum Betrag seines Kapitalanteils und seiner rückständigen Einlage teil (§ 167 Abs. 3 HGB). Dies bedeutet jedoch nicht, dass die Belastung des Kommanditisten darüber hinaus nicht möglich wäre.[35] Vielmehr kann auch der Kommanditist einen **negativen Kapitalanteil** haben, den er durch spätere Gewinnanteile auffüllen muss. Ein Kommanditist, der einen negativen Kapitalanteil hat, muss den Saldo nicht ausgleichen, wenn die Gesellschaft aufgelöst wird oder wenn er aus der Gesellschaft ausscheidet.[36] Aber Entnahmen können Einlagenrückgewähr darstellen (§ 172 Abs. 4 HGB)! Spätere Gewinnanteile sind jedoch bis zur Kompensation des Verlustes seinem Kapitalkonto gutzuschreiben (§ 169 Abs. 1 HGB).

Gewinnanteile kann der Kommanditist grundsätzlich in voller Höhe entnehmen, wobei „Entnehmen" für den nicht geschäftsführenden Kommanditisten bedeutet, dass er einen Anspruch auf Auszahlung hat. Das Entnahmerecht ist durch die Treuepflicht des Kommanditisten ausnahmsweise beschränkt, sofern den Gesellschaftern schwerer, nicht wieder gutzumachender Schaden droht.[37] Der Kommanditist darf seinen Gewinnanteil nicht entnehmen, wenn sein Kapitalanteil infolge von Verlusten unter den Betrag seiner Einlage herabgemindert ist oder durch die Auszahlung unter diesen Betrag herabgemindert würde (§ 169 Abs. 1 S. 2, 2. HS HGB). Die Jahresgrenze nach § 122 Abs. 1, 1. HS HGB gilt für den Kommanditisten nicht.

Der Kommanditist haftet den Gläubigern der Gesellschaft bis zur Höhe seiner Einlage unmittelbar; die **Haftung** ist ausgeschlossen, soweit er seine

---

34 *Rodewald* GmbHR 1998, 521, 523 m. w. N.
35 Baumbach/Hopt/*Roth* HGB, § 167 Rn. 5.
36 Baumbach/Hopt/*Roth* HGB, § 167 Rn. 5.
37 Reichert/*Ihrig*, § 24 Rn. 27; Baumbach/Hopt/*Roth* HGB, § 169 Rn. 3.

Einlage geleistet hat (§ 171 Abs. 1 HGB). Soweit die Einlage eines Kommanditisten zurückbezahlt wird, gilt sie den Gläubigern gegenüber als nicht geleistet (§ 172 Abs. 4 S. 1 HGB). Das Gleiche gilt, soweit ein Kommanditist Gewinnanteile entnimmt, während sein Kapitalanteil durch Verluste unter den Betrag der geleisteten Einlage herabgemindert ist oder soweit durch die Entnahme der Kapitalanteil herabgemindert würde (§ 172 Abs. 4 S. 2 HGB).

49 Das Gesetz spricht nicht vom Kapitalkonto, sondern vom **Kapitalanteil** des Gesellschafters. Der Kapitalanteil ist keine Forderung des Gesellschafters gegen die Gesellschaft; er ist kein Recht, sondern vielmehr eine Rechengröße, die als Bilanzziffer den jeweiligen Stand der Einlage des Gesellschafters angibt. Nach der gesetzlichen Regelung ist der Kapitalanteil maßgeblich für die Bestimmung der Vorausdividende (§ 121 Abs. 1 HGB) und der Entnahmen (§ 122 Abs. 1 HGB) sowie für die Berechnung des Auseinandersetzungsguthabens (§ 155 HGB). Dagegen ist er nach dem Gesetz kein Maßstab für das Stimmrecht und die Verteilung des über 4 % hinausgehenden Mehrgewinnes und etwaiger Verluste. Der gesetzliche Kapitalanteil ist also eine Rechengröße, die den aktuellen Stand der Einlagen des Gesellschafters wiedergibt. Der Kapitalanteil ist zu unterscheiden von der Mitgliedschaft und dem Vermögensanteil des Gesellschafters. Die **Mitgliedschaft** ist die Summe aller Rechte und Pflichten des Gesellschafters. Der **Vermögensanteil** ist die vermögensmäßige Beteiligung an der Gesellschaft.[38]

50 Das **Gewinnkonto** ist dagegen eine Forderung des Kommanditisten gegen die Gesellschaft, also „Fremdkapital". Im Falle des Ausscheidens ist es dem Kommanditisten zusammen mit dem Abfindungsguthaben auszuzahlen. Eine Verrechnung mit einem negativen Kapitalkonto des Kommanditisten scheidet nach dem Gesetz aus.[39] In der Insolvenz der Gesellschaft kann der Kommanditist das Guthaben auf seinem Gewinnkonto als Insolvenzforderung anmelden. Das Gewinnkonto hat den Charakter einer jederzeit fälligen Forderung. Soll ein Guthaben auf dem Gewinnkonto der Gesellschaft darlehensweise zur Verfügung gestellt werden, bedarf es hierzu einer Vereinbarung zwischen Gesellschaft und Gesellschaftern i. S. v. § 488 BGB.

51 Überzieht der Kommanditist sein Gewinnkonto, so führt dies zum **Wiederaufleben** seiner Haftung nach § 172 Abs. 4 HGB und zu einem Anspruch der Gesellschaft. Der auf dem Gewinnkonto verbuchte Anspruch des Gesellschafters ist frei abtretbar (§ 717 BGB). Streitig ist, ob mit der **Abtretung** eines Kommanditanteils auch ohne Weiteres die Abtretung eines Guthabens auf dem Gewinnkonto erfolgt.[40]

52 **c) Schwachstellen der gesetzlichen Ausgangslage.** Die gesetzlichen Regelungen hinsichtlich des Kapitalanteils, die gesetzlichen Bestimmungen über die Verteilung von Gewinn und Verlust der Gesellschafter sowie die gesetzlichen Entnahmeregelungen sind **antiquiert, unpraktikabel** und werden in modernen Gesellschaftsverträgen durch **eigenständige Regelungen** ersetzt. Insbesondere

---

38 *Oppenländer* DStR 1999, 939, 940.
39 BGH v. 23.2.1978, BB 1978, 630.
40 Dafür Reichert/*Ihrig*, § 21 Rn. 14; dagegen *Rodewald* GmbHR 1988, 521, 523.

IV. Ausgewählte gesellschaftsrechtliche Aspekte einer GmbH & Co. KG

ist die Verteilung des Gewinns nach den Umständen des Einzelfalls (§ 168 Abs. 2 HGB) für die Praxis ungeeignet. Zweckmäßigerweise werden die Rechte der Gesellschafter, insbesondere ihre Beteiligung am Gewinn und Verlust und ihr Stimmrecht entsprechend ihrem finanziellen Beitrag festgesetzt. Hierfür ist ein variables Kapitalkonto ungeeignet, weil sich der Verteilungsschlüssel von Jahr zu Jahr ändern würde. Moderne Gesellschaftsverträge bestimmen, dass das Stimmrecht sowie Gewinn und Verlust und der Anteil an einem etwaigen Liquidationsergebnis sich nach einem festen Kapitalkonto richten, dessen Höhe sich nach der jeweils vereinbarten Einlage bestimmt. Ein festes Kapitalkonto hat insbesondere die Folge, dass kein Gesellschafter den Umfang seiner Gesellschafterrechte in der KG durch Entnahmen oder Stehenlassen von Gewinnen beeinflussen kann. Die Höhe von **festen Kapitalkonten** kann nur durch einen satzungsändernden Beschluss verändert werden und bedarf daher der Mitwirkung aller anderen Gesellschafter.

Ungünstig ist auch das unbeschränkte **Entnahmerecht** von Gewinnen eines Kommanditisten. Zeitgemäße Gesellschaftsverträge enthalten Entnahmebeschränkungen, die wiederum an bestimmte Kapitalkonten anknüpfen.

Schließlich ist es nicht zweckmäßig, auf dem Gewinnkonto eines Kommanditisten entnahmefähige und nicht entnahmefähige Beträge zu vermischen. Eine solche **Vermischung** hat verschiedene Nachteile. Ein Nachteil besteht darin, dass entnahmefähige und nicht entnahmefähige Gewinne nicht mehr unterscheidbar werden und es dadurch im Falle des Ausscheidens eines Kommanditisten oder im Insolvenzfall unklar ist, welcher Teil seines „Gewinnkontos" eine Forderung darstellt und welcher Teil gebundenes Eigenkapital ist. Aus diesem Grund hat die Praxis „Zwei-Kontenmodelle", „Drei-Kontenmodelle" und „Vier-Kontenmodelle" entwickelt.[41]

d) **Gestaltungsmöglichkeiten.** *aa) Zwei-Kontenmodell.* Im **Zwei-Kontenmodell** werden für den Kommanditisten – wie der Name sagt – zwei Konten geführt, ein festes Kapitalkonto (Kapitalkonto I) und ein variables Kapitalkonto (Kapitalkonto II). Auf dem **Kapitalkonto I** wird lediglich die Einlage gebucht. Auf dem **Kapitalkonto II** werden Gewinn- und Verlustanteile sowie Entnahmen und Einlagen des Kommanditisten gebucht.

In dem **Zwei-Kontenmodell** wird in Form des Kapitalkontos I ein **unveränderlicher Maßstab** für die Verteilung von Stimmrechten, Gewinnen, Verlusten etc. geschaffen. Für den Kommanditisten hat das Zwei-Kontenmodell jedoch den **Nachteil,** dass Verluste späterer Geschäftsjahre mit Gewinnen früherer Jahre verrechnet werden und damit die Regelungen der §§ 167 Abs. 1, 169 Abs. 2 HGB zum Nachteil des Kommanditisten abgeändert werden. Durch das Zwei-Kontenmodell wird die zivilrechtlich und steuerrechtlich sinnvolle Differenzierung zwischen Eigenkapital und Fremdkapital unmöglich, Eigenkapital und Fremdkapital werden vermischt. Das Kapitalkonto II stellt deshalb insgesamt Eigenkapital dar.[42]

---

41 Vgl. hierzu *Rodewald* GmbHR 1998, 521; *Ley* KÖSDI 1994, 9972; *Oppenländer* DStR 1999, 939; *Huber* ZGR 1988, 1, 47 ff.
42 *Rodewald* GmbHR 1998, 521, 524 f.; *Oppenländer* DStR 1999, 939, 941.

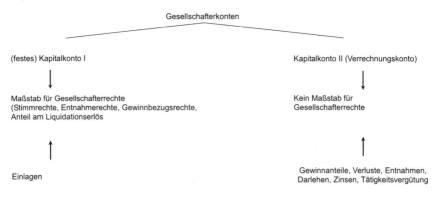

* Nach Dr. Martin Strahl, LSWB – Steuerreform 2006.

57 Im Falle des **Ausscheidens** ist der Sollsaldo auf dem Kapitalkonto II mit dem festen Kapitalanteil zu verrechnen, eine Nachschusspflicht des Kommanditisten entsteht nicht (§ 167 Abs. 3 HGB), es sei denn, der Gesellschaftsvertrag regelt etwas anderes. Im Insolvenzverfahren stellen Guthaben auf Kapitalkonto II nachrangige Forderungen dar.

58 Insbesondere wegen des Nachteils der **Vermengung** entnahmefähiger und nicht entnahmefähiger Gewinnanteile hat sich das Zwei-Kontenmodell in der Praxis nicht durchgesetzt.

59 *bb) Drei-Kontenmodell.* Im **Drei-Kontenmodell** wird der Mangel des Zwei-Kontenmodells, die Vermischung von Eigenkapital und Fremdkapital vermieden. In diesem Modell existieren für jeden Kommanditisten ein Festkapitalkonto (Kapitalkonto I), ein Kapitalkonto II („Darlehenskonto"), auf dem nicht entnahmefähige Gewinne und Verluste gebucht werden sowie ein ausschließlich als Forderungskonto ausgestaltetes Kapitalkonto III auf dem nur die entnahmefähigen Gewinne, die Entnahmen des Gesellschafters und sonstige, sich aus dem Gesellschaftsverhältnis ergebenden Forderungen und Verbindlichkeiten des Gesellschafters (z. B. aus Tätigkeitsvergütungen und Zinsen) gebucht werden.

60 Ein weiterer Vorteil des Drei-Kontenmodells ist die Möglichkeit, **haftungsrelevante ound nichthaftungsrelevante** Vermögensminderungen bei der Kommanditgesellschaft zu unterscheiden.[43] Verluste, die auf dem Kapitalkonto II gebucht werden, lassen die Kommanditistenhaftung nicht wieder aufleben (§ 167 Abs. 3 HGB). Minderungen des Kapitalkontos müssen lediglich durch künftige Gewinne wieder aufgefüllt werden. Gewinnanteile auf dem Kapitalkonto III werden durch spätere Verluste nicht tangiert. Guthaben auf dem Kapitalkonto III können ohne Rücksicht auf eintretende Verluste vom Kommanditisten entnommen werden.

---

43 *Rodewald* GmbHR 1998, 521, 521.

IV. Ausgewählte gesellschaftsrechtliche Aspekte einer GmbH & Co. KG 17

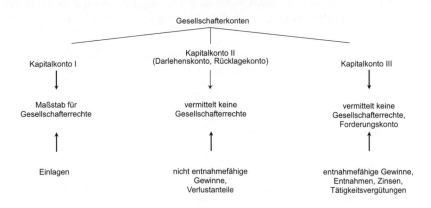

Entsteht allerdings ein Debetsaldo auf dem Kapitalkonto III oder auf einem 61
Unterkonto (z.B. dem Unterkonto Steuern) kann dies zu einem Aufleben der
Haftung nach § 172 Abs. 4 S. 3 HGB führen, wenn der Sollsaldo keine Deckung auf dem Kapitalkonto II hat.[44]

Im Falle seines **Ausscheidens** aus der Gesellschaft kann der Kommanditist 62
die Auszahlung seines Guthabens auf dem Kapitalkonto III verlangen, auch
wenn die Summe der Kapitalkonten I und II nicht die Hafteinlage erreicht
oder die Summe beider Konten sogar negativ ist. Eine Verrechnung mit
dem Kapitalkonto III findet nicht statt, es sei denn, der Gesellschaftsvertrag
bestimmt etwas anderes. Ein **Debetsaldo** auf dem Kapitalkonto III ist im
Hinblick auf § 172 Abs. 4 S. 2 HGB beim Ausscheiden allerdings auszugleichen,[45] es sei denn, der Debetsaldo begründet ein Darlehensverhältnis zwischen dem Kommanditisten und der Gesellschaft, dann richtet sich die
Rückzahlung nach dem Darlehensvertrag.

Die nicht entnahmefähigen Teile des Gewinnes können statt auf einem Ge- 63
sellschafterkonto (Forderungskonto) auch auf einem gesamthänderisch gebundenen **Rücklagenkonto** gebucht werden, an dem die Gesellschafter nach
Maßgabe ihrer Festkapitalkonten beteiligt sind. Das Rücklagenkonto hat
Eigenkapitalcharakter, sofern der Gesellschaftsvertrag bestimmt, dass zu Lasten des Rücklagenkontos spätere Verluste auszugleichen sind. Ist eine Verrechnung mit späteren Verlusten ausgeschlossen, handelt es sich um Fremdkapital.[46]

---

44 *Rodewald* GmbHR 1998, 521, 525.
45 *Rodewald* GmbHR 1998, 521, 526.
46 Reichert/*Ihrig*, § 21 Rn. 59 f.

64 cc) *Vier-Kontenmodell.* In der Praxis wird häufig ein **Vier-Kontenmodell** verwendet, das sich dadurch auszeichnet, dass für die Aufnahme von Verlusten zusätzlich ein „**Verlustvortragskonto**" geführt wird.

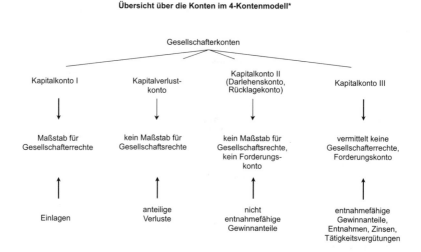

* Nach Dr. Martin Strahl, LSWB – Steuerforum 2006.

65 Das Kapitalverlustkonto ist ein Unterkonto des Kapitalkontos I. Ein Ausgleich der Verluste findet nur durch spätere Gewinne statt, die – zur Vermeidung einer Haftung nach § 172 Abs. 4 S. 2 HGB – bis zum vollständigen Ausgleich gegen den Verlustvortrag zu buchen sind. Scheidet ein Kommanditist aus, kann er die Auszahlung der auf Kapitalkonto III vorhandenen Guthaben verlangen, auch wenn ein etwaiges Debetsaldo auf dem Kapitalverlustkonto höher ist als die Einlage auf dem Kapitalkonto I.

3. Bilanzierungsfragen

66 Das modernisierte Bilanzrecht des HGB (§§ 288 ff. HGB) zielt auf eine höhere Aussagekraft der Handelsbilanz, die durch verschiedene Maßnahmen verbessert wurde, z.B. durch die Einführung eines Wahlrechts zur Aktivierung selbstgeschaffener immaterieller Vermögensgegenstände des Anlagevermögens wie beispielsweise Patente und Know-how, die realitätsnahe Bewertung von Rückstellungen sowie die Aufhebung des Prinzips der umgekehrten Maßgeblichkeit durch die Neufassung von § 5 Abs. 1 EStG. Als unmittelbare Folge hieraus wird in Zukunft die Aufstellung einer **Einheitsbilanz**, die sowohl den handelsrechtlichen, als auch steuerlichen Anforderungen gerecht wird, nicht mehr den Regel-, sondern den Ausnahmefall bilden. Die für die Handels- und Steuerbilanz unterschiedlichen Bewertungsvorschriften

IV. Ausgewählte gesellschaftsrechtliche Aspekte einer GmbH & Co. KG

führen daher in Zukunft zu einem Auseinanderfallen von Handels- und Steuerbilanz. Soweit in Gesellschaftsverträgen auf Bilanzwerte Bezug genommen wird, muss in Zukunft auf die genaue Bezeichnung der Bezugsgröße (Handels- oder Steuerbilanz) geachtet werden. In dem vorliegenden Mustervertrag wurde durch eine ausschließliche Bezugnahme auf den handelsrechtlichen Bilanzansatz dieser Rechtslage Rechnung getragen. Vgl. § 10 Abs. 1 des Vertrages einer typischen GmbH & Co KG (**Rn. 595**).

Der Jahresabschluss einer mittelgroßen und großen GmbH & Co. KG muss einen **Anhang** und einen **Lagebericht** enthalten.

§ 264c Abs. 2 HGB bestimmt, dass das **Eigenkapital** einer GmbH & Co. KG wie folgt zu untergliedern ist:
- Kapitalanteile,
- Rücklagen,
- Gewinnvortrag/Verlustvortrag,
- Jahresüberschuss/Fehlbetrag.

Diese Bilanzierungsvorschriften werfen folgendes Problem auf: Der auf die Verhältnisse von Kapitalgesellschaften zugeschnittene § 264c Abs. 2 S. 1 HGB kollidiert mit der Vertragspraxis. In der Vertragspraxis werden in der Regel Gewinnanteile noch in alter Rechnung verbucht und den Kapital-, Darlehens- oder Rücklagenkonten zugewiesen. In der Vertragspraxis erfolgt in aller Regel eine Bilanzierung nach vollständiger Gewinnverwendung.[47] In der Bilanz erscheint in der Praxis regelmäßig kein Gewinnvortrag oder Verlustvortrag und kein Jahresüberschuss und kein Fehlbetrag und auch kein Bilanzgewinn. Diese Bilanzierungsform ist auch weiterhin zulässig. Durch den Globalverweis in § 264a Abs. 1 S. 1 HGB gilt auch für GmbH & Co. KGs § 268 Abs. 1 S. 1 HGB, der die Aufstellung der Bilanz unter Berücksichtigung der vollständigen oder teilweisen Verwendung des Jahresergebnisses erlaubt.

Die zutreffende Bilanzierung des Eigenkapitals einer GmbH & Co. KG[48] hängt von der **Ausgestaltung des Gesellschaftsvertrages** ab. Der Gesellschaftsvertrag der GmbH & Co. KG kann die Ergebnisverwendung bereits vollständig vorwegnehmen, z. B. durch folgende Formulierung:

„Der Jahresüberschuss wird den Gesellschaftern im Verhältnis ihrer Kapitalkonten auf ihrem Darlehenskonto/Kapitalkonto II gutgeschrieben."
oder
„Der Jahresüberschuss wird zu ...% dem Rücklagenkonto und im Übrigen den Verrechnungskonten der Gesellschafter gutgeschrieben."

Enthält der Gesellschaftsvertrag der GmbH & Co. KG Formulierungen wie die vorstehenden, erscheint in der Bilanz kein Jahresüberschuss.

Der Gesellschaftsvertrag kann jedoch auch die **Verwendung des Jahresüberschusses** nur zum Teil regeln und den Rest einem Gesellschafterbeschluss vorbehalten. In diesen Fällen lautet die Formulierung z. B. wie folgt:

---

[47] *Hoffmann* DStR 2000, 837, 842; *Kusterer/Kirnberger/Fleischmann* DStR 2000, 606; 609; *Bitter/Grashoft* DB 2000, 833, 835.
[48] S. auch IDW RS HFA 7, Wpg. 2002, 1259 Rn. 36 ff.

"Der Jahresüberschuss wird zu ...% dem Rücklagekonto und zu ...% zu den Verrechnungskonten der Gesellschafter zugewiesen. Im Übrigen beschließt über die Verwendung des Bilanzgewinnes die Gesellschafterversammlung."

71 Bei einer solchen Formulierung im Gesellschaftsvertrag wird in der Bilanz als **"Bilanzgewinn"** nur der Betrag ausgewiesen, der nicht dem Rücklagenkonto und den Verrechnungskonten der Gesellschafter zugewiesen wurde. Der Jahresabschluss wird also unter teilweiser Verwendung des Jahresergebnisses aufgestellt. Die Gesellschafterversammlung beschließt lediglich über den restlichen Jahresüberschuss (= Bilanzgewinn).

72 Die Frage, ob der Jahresüberschuss in der Bilanz der GmbH & Co. KG erscheint oder ob die Bilanz ganz oder teilweise bereits unter Verwendung des Jahresüberschusses aufgestellt wird, hat insbesondere Bedeutung für die Publizität des Jahresabschlusses. Für große und mittelgroße GmbH & Co. KGs gilt die Pflicht zur **Offenlegung** von Jahresabschlüssen und Lageberichten innerhalb von 12 Monaten (s. u. Teil C I § 10 Anm. 7 (Rn. 613)). Wird die Bilanz unter Verwendung des Jahresüberschusses aufgestellt, erscheint der Jahresüberschuss nicht im Eigenkapital der Gesellschaft. Dies gilt insbesondere für kleine GmbH & Co. KGs i. S. v. §§ 267 Abs. 1, 264a Abs. 1 HGB, die nicht verpflichtet sind, ihre Gewinn und Verlustrechnung offen zu legen (§§ 326 HGB, 264a Abs. 1 HGB).

73 Die **Offenlegungspflichten** für mittelgroße und große GmbH & Co. KGs haben zu Überlegungen geführt, wie die handelsrechtliche Offenlegungspflicht vermieden werden kann. Diskutiert werden folgende Möglichkeiten:
– Bestellung einer natürlichen Person als Vollhafter,
– Bestellung einer Stiftung als unbeschränkt haftende Gesellschafterin,
– Einbeziehung des Abschlusses der GmbH & Co. KG in den Konzernabschluss der Muttergesellschaft,
– Rechtsformwechsel der GmbH & Co. KG in ein Einzelunternehmen oder eine oHG,
– Ausgliederung bzw. Abspaltung einzelner Geschäftsbereiche,
– Outsourcing einzelner Bereiche zur Senkung der Zahl der Arbeitnehmer usw.[49]

74 Im Falle der **Verletzung der Offenlegungspflichten** des Jahres- oder Konzernabschlusses oder des Lageberichtes bzw. Konzernlageberichtes muss das Bundesamt für Justiz ein Ordnungsgeldverfahren durchführen (§§ 335, 335b HGB n. F.). Das Ordnungsgeld beträgt mindestens EUR 2.500,– und höchstens EUR 25.000,–.

4. Eingeschränkte Registerpublizität

75 Für eine **Personengesellschaft** sind im Handelsregister lediglich einzutragen: Name, Vorname, Geburtsdatum und Wohnort jedes Gesellschafters, die Firma der Gesellschaft, der Sitz sowie die inländische Geschäftsanschrift und

---

49 Hierzu *Dorozola/Söffing* DStR 2000, 1567; *Carlé* KÖSDI 2000, 12563.

IV. Ausgewählte gesellschaftsrechtliche Aspekte einer GmbH & Co. KG 21

die Vertretungsmacht der Gesellschafter (§§ 162 Abs. 1, 106 Abs. 2 HGB), bei Kommanditisten auch der Betrag ihrer Hafteinlage (= Haftsumme, § 162 Abs. 1 S. 1 HGB). **Nicht einzureichen ist der Gesellschaftsvertrag.** Es ist daher nicht wie bei einer GmbH möglich, in den Gesellschaftsvertrag einer KG beim Handelsregister Einsicht zu nehmen. In der Bekanntmachung der Eintragung der Gesellschaft sind keine Angaben zu den Kommanditisten zu machen (§ 162 Abs. 2 HGB).

Für die **Komplementär-GmbH** gilt Folgendes: Eintragungen und Bekanntmachungen sind ähnlich limitiert wie bei einer Personengesellschaft (§ 10 Abs. 1 und 2 GmbHG). Der Gesellschaftsvertrag der Komplementär-GmbH ist jedoch beim Handelsregister einzureichen (§ 8 Abs. 1 Nr. 1 GmbHG). Dasselbe gilt für Änderungen des Gesellschaftsvertrages der GmbH. Dies hat zur Folge, dass der Wortlaut des Gesellschaftsvertrages einer GmbH (jederzeit ohne die Angabe eines berechtigten Interesses) beim zuständigen Handelsregister eingesehen werden kann (§ 9 Abs. 1 HGB). Ähnlich ist die Rechtslage bei einer AG (§§ 37 Abs. 4 Nr. 1, 181 Abs. 1 S. 2, 1. HS AktG).[50]

76

5. Notar- und Handelsregistergebühren bei der Gründung einer GmbH & Co. KG

a) Gründungsvarianten. Nachfolgend werden die Kosten für folgende Gründungsvarianten ermittelt:
Errichtung einer GmbH mit einem Stammkapital   EUR 25.000,–
Errichtung einer KG mit folgenden Haftsummen:
Variante a):   EUR 20.000,–
Variante b):   EUR 50.000,–
Variante c):   EUR 100.000,–

77

b) Kosten der Gründung der Komplementär-GmbH

78

- Notarielle Beurkundung des **Gesellschaftsvertrages der GmbH**
  Bei einem Geschäftswert von EUR 25.000,– beträgt die volle Gebühr EUR 84,– (§§ 32, 141 KostO).
  Gebühr bei der notariellen Beurkundung:
  $20/10$ der vollen Gebühr (§§ 36 Abs. 2, 141 KostO) =   EUR 168,–.
- Notarielle Beurkundung der **Anmeldung zum Handelsregister**
  Bei einem Geschäftswert von EUR 25.000,– beträgt die volle Gebühr EUR 84,–;
  es fallen $5/10$ der vollen Gebühr (§§ 38 Abs. 2 Nr. 7, 141 KostO) an =   EUR 42,–.
- **Eintragung** der GmbH ins Handelsregister
  Gebühr 2100:   EUR 100,–

Kosten insgesamt: EUR 310,–

---

50 Zur Vermeidung der Registerpublizität bei Satzung einer Kapitalgesellschaft durch Nebenvereinbarungen vgl. MünchHdb. GesR III/*Priester* § 21.

22　　　　　　　　　　　　　　　　　　　　　　　　　　A. Einführung

79　c) **Kosten der Gründung der KG**
- Kosten der notariellen Beurkundung der Anmeldung zum Handelsregister

Geschäftswert nach § 26 Abs. 1 Nr. 5 KostO:
Der Geschäftswert entspricht der Summe der Kommanditeinlagen zzgl. EUR 25.000,- für den ersten persönlich haftenden Gesellschafter (Komplementär-GmbH).
Geschäftswert Variante a):
　　　　　　　　　　　　EUR　20.000,- + EUR 25.000,- = EUR　45.000,-
Geschäftswert Variante b):
　　　　　　　　　　　　EUR　50.000,- + EUR 25.000,- = EUR　75.000,-
Geschäftswert Variante c):
　　　　　　　　　　　　EUR 100.000,- + EUR 25.000,- = EUR 125.000,-
Volle Gebühr gem. § 32 KostO:
Variante a):　　　　　　　　　　　　　　　　　　　　　　　EUR 126,-
Variante b):　　　　　　　　　　　　　　　　　　　　　　　EUR 177,-
Variante c):　　　　　　　　　　　　　　　　　　　　　　　EUR 252,-
Anfallende Gebühren:
$5/10$ der vollen Gebühr (§ 38 Abs. 2 Nr. 7 KostO):
Variante a):　　　　　　　　　　　　　　　EUR 126,- / 2 = EUR　63,-
Variante b):　　　　　　　　　　　　　　　EUR 177,- / 2 = EUR　88,50
Variante c):　　　　　　　　　　　　　　　EUR 252,- / 2 = EUR 126,-

80
- Kosten der Eintragung der GmbH & Co. KG ins Handelsregister:

Bis zu 3 Gesellschaftern
Gebühr 1101:　　　　　　　　　　　　　　　　　　　　　　　EUR 70,-
Mit mehr als 3 Gesellschaftern
Gebühr 1101, 1102:
Die Gebühr 1101 (EUR 70,-) erhöht sich für jeden weiteren einzutragenden Gesellschafter um EUR 20,-.

- Summe der Gründungskosten der KG:

Mit bis zu 3 einzutragenden Gesellschaftern
Variante a):　　　　　　　　　　　　EUR 63,- + EUR 70,- = EUR 133,-
Variante b):　　　　　　　　　　　　EUR 88,50 + EUR 70,- = EUR 158,50
Variante c):　　　　　　　　　　　　EUR 126,- + EUR 70,- = EUR 196,-
mit mehr als 3 einzutragenden Gesellschaftern
Variante a):
　　　　EUR 133,- + (Zahl der zusätzlichen Gesellschafter × EUR 20,-)
Variante b):
　　　　EUR 158,50 + (Zahl der zusätzlichen Gesellschafter × EUR 20,-)
Variante c):
　　　　EUR 196,- + (Zahl der zusätzlichen Gesellschafter × EUR 20,-)

d) **Kosten insgesamt**
- GmbH-Gründung und GmbH & Co. KG mit **bis zu 3** Gesellschaftern

Variante a):　　　　　　　　　　　EUR 310,- + EUR 133,- = EUR 443,-
Variante b):　　　　　　　　　　　EUR 310,- + EUR 158,50 = EUR 468,50
Variante c):　　　　　　　　　　　　EUR 310,- +€ 196,- = EUR 506,-

- GmbH-Gründung und GmbH & Co. KG mit **mehr als 3** Gesellschaftern
  Variante a):   EUR 310,– + EUR 133,– = € 443,– + (Zahl der zusätzlichen Gesellschafter × EUR 20,–)
  Variante b):   EUR 310,– + EUR 158,50 = EUR 468,50 + (Zahl der zusätzlichen Gesellschafter × EUR 20,–)
  Variante c):   EUR 310,– + € 196,– = € 506,– + (Zahl der zusätzlichen Gesellschafter × EUR 20,–)

e) Musterprotokolle der GmbH nach § 2 Abs. 1a GmbHG. Wird bei der Gründung der Komplementär-GmbH ein Musterprotokoll nach § 2 Abs. 1a GmbHG verwendet (sog. Gründung im vereinfachten Verfahren), finden nach § 41d KostO die Regelungen der §§ 39 Abs. 5, 41a Abs. 1 Nr. 1 und Abs. 4 Nr. 1 KostO, die den Geschäftswert auf einen Mindestbetrag von EUR 25.000,– festlegen, keine Anwendung. Für die GmbH-Gründung bleibt dies aufgrund des Mindestkapitals von EUR 25.000,– freilich ohne Auswirkung. In der Praxis ist die Gründung einer Komplementär-GmbH im vereinfachten Verfahren ohnehin untauglich, weil der Gesellschaftsvertrag des Musterprotokolls eine Berücksichtigung der Besonderheiten einer Komplementär-GmbH nicht erlaubt.

Einstweilen frei.

V. Ausgewählte steuerrechtliche Aspekte einer GmbH & Co. KG

1. Einkommensteuer

a) Allgemeines. Die GmbH & Co. KG wird **ertragsteuerlich** nach den Regelungen für Personengesellschaften besteuert. Sie ist daher nicht selbst Besteuerungssubjekt bei der Einkommen- oder Körperschaftsteuer. Die Besteuerung erfolgt auf Gesellschafterebene in Abhängigkeit vom Status des Gesellschafters als natürliche Person (Einkommensteuer) oder juristische Person (Körperschaftsteuer). Lediglich bei der Gewerbesteuer und Umsatzsteuer sowie der Grunderwerbsteuer ist die Gesellschaft eigenständiges Besteuerungssubjekt. Die Gesellschafter der GmbH & Co. KG erzielen entweder Einkünfte aus Gewerbebetrieb oder, im Falle einer ausschließlich vermögensverwaltend tätigen KG ohne gewerbliche Prägung, Einkünfte aus Vermietung und Verpachtung bzw. Kapitalvermögen (§§ 20, 21 EStG).

Die GmbH & Co. KG kann daher bei rein **vermögensverwaltender Tätigkeit** gezielt als Gesellschaft mit steuerlichem Betriebs- oder Privatvermögen mit all den sich hieraus ergebenden Konsequenzen für die Gesellschafter gestaltet werden. Voraussetzung für eine GmbH & Co. KG mit steuerlichem Privatvermögen ist eine **ausschließlich** vermögensverwaltende Tätigkeit der Gesellschaft und die Vermeidung der Voraussetzungen des § 15 Abs. 3 Nr. 2 EStG (s. **Rn. 1611**), wenn die gewerbliche Prägung gem. § 15 Abs. 3 Nr. 2 EStG vermieden werden soll. Eine noch so geringe gewerbliche Tätigkeit führt stets in vollem Umfang aufgrund des Wortlauts des § 15 Abs. 3 S. 1 EStG („Als Gewerbebetrieb gilt in vollem Umfang ...") zur Gewerblichkeit sämtlicher Einkünfte. Dieses „Ausschließlichkeitserfordernis" wurde von der Rechtsprechung bislang sehr restriktiv ausgelegt. Der XI. Senat des BFH ist von der Auffassung des I. Senats in seiner neueren Rechtsprechung etwas abgerückt und vertritt mittlerweile die Auffassung, dass nach Maßstab des Verhältnismäßigkeitsgrundsatzes bei einem äußerst geringen Anteil der originär gewerblichen Tätigkeit die umqualifizierende Wirkung des § 15 Abs. 3 Nr. 1 EStG nicht eingreift.[51] Im Urteilsfall kam der BFH zu dem Ergebnis, dass bei einem originär gewerblichen Anteil von 1,25 % aller Umsätze p. a. die Abfärbung nicht eingreife.[52]

113 Gerade bei grundstücksverwaltenden nicht gewerblich geprägten Gesellschaften muss besonders darauf geachtet werden, dass keine Sonderleistungen gegenüber den Mietern erbracht werden wie z. B. Überwachungs-, Reinigungsleistungen oder Werbeleistungen. Hier wird nach der Rechtsprechung schnell der Rahmen der privaten Vermögensverwaltung überschritten und es drohen gewerbliche Einkünfte der Gesellschafter aus ihrer Beteiligung. Die erweiterte Gewerbeertragsteuerkürzung gem. § 9 Nr. 1 S. 2 GewStG steht der Gesellschaft in diesen Fällen nicht zu.[53]

114 Auch die Beteiligung einer nicht gewerblich tätigen vermögensverwaltenden oder freiberuflichen Personengesellschaft an einer gewerblich tätigen oder gewerblich geprägten Personengesellschaft (Untergesellschaft) führtzur **gewerblichen Infektion** der Obergesellschaft, § 15 Abs. 3 Nr. 1 Hs. 2 EStG.

115 Daneben wird die Gewerblichkeit einer ausschließlich vermögensverwaltend tätigen GmbH & Co. KG aufgrund der von der Rechtsprechung entwickelten und in § 15 Abs. 3 Nr. 2 EStG verankerten **Geprägetheorie** begründet.

116 Eine **gewerblich geprägte** Personengesellschaft liegt immer dann vor, wenn kumulativ die nachfolgenden Voraussetzungen erfüllt sind:
– eine Personengesellschaft,
– bei der ausschließlich eine oder mehrere Kapitalgesellschaften persönlich haftende Gesellschafter sind und
– nur diese zur Geschäftsführung befugt sind oder lediglich Personen, die nicht gleichzeitig Gesellschafter der Personengesellschaft sind und
– die Tätigkeit insgesamt mit Einkunftserzielungsabsicht unternommen wird (keine Liebhaberei). Im Falle einer typischen GmbH & Co. KG liegt stets eine gewerbliche Prägung vor. Ist jedoch eine natürliche Person, die ebenfalls Gesellschafter ist, allein oder neben der Komplementär-GmbH zur Geschäftsführung befugt, findet keine gewerbliche Prägung der GmbH & Co. KG statt.

117 Die GmbH & Co. KG kann daher ertragsteuerlich als Gesellschaft mit **steuerlichem Betriebs-** oder als Gesellschaft **mit Privatvermögen** gestaltet

---

51 BFH v. 11.8.1999, BStBl. II 2000, 229.
52 Zum Meinungsstand vgl. *Demuth* KÖSDI 2005, 14491; Schmidt/*Wacker* EStG, § 15 Rn. 188.
53 FG Niedersachsen v. 26.6.2013, EFG 2014, Rev. anhängig BFH IV R 34/13; a. A. FG Berlin v. 11.4.2005 rkr.

V. Ausgewählte steuerrechtliche Aspekte einer GmbH & Co. KG

werden. Sind sämtliche Voraussetzungen des § 15 Abs. 3 Nr. 2 EStG erfüllt, erzielt die GmbH & Co. KG ausschließlich Einkünfte aus Gewerbebetrieb. Die Gesellschaft wird also wie eine Personengesellschaft behandelt, die selbst originär gewerblich tätig ist.

b) Mitunternehmerstellung des Gesellschafters als Voraussetzung gewerblicher Einkünfte. Inwieweit die einzelnen Gesellschafter auch gleichzeitig als Mitunternehmer im Sinne des § 15 EStG anzusehen sind, hängt wiederum von ihrer Rechtsstellung nach dem Gesellschaftsvertrag ab. Die Rechtsprechung verlangt zu deren Anerkennung sowohl **Mitunternehmerinitiative** als auch **Mitunternehmerrisiko** des Gesellschafters, wobei die beiden Kriterien in unterschiedlicher Ausprägung vorhanden sein können. Die Beurteilung richtet sich nach dem Gesamtbild der Verhältnisse.[54] Der gesellschaftsvertraglichen Ausgestaltung der Rechtsstellung der Kommanditisten ist daher besonderes Augenmerk zuzuwenden. 118

Mitunternehmerinitiative bedeutet Teilhabe an unternehmerischen Entscheidungen. Eine Einschränkung der Rechte des Kommanditisten, insbesondere ein Ausschluss seiner Stimmrechte (z.B. bezüglich der Feststellung des Jahresabschlusses) sowie der gesetzlichen Kontroll- (§ 166 Abs. 1 HGB) und Widerspruchsrechte (§ 164 S. 1, 2. HS HGB) sollte daher vermieden werden. Die gesellschaftsvertragliche Beschneidung derartiger Rechte für einzelne Gesellschafter muss daher genau geprüft und im Zweifel mit der Finanzverwaltung abgestimmt werden. 119

Gerade bei Publikumsgesellschaften sowie in den Fällen, in denen Kommanditisten nicht selbst aktiv im Unternehmen tätig sind, kann eine vom gesetzlichen Statut abweichende gesellschaftsvertragliche Begrenzung der Rechtsstellung des Kommanditisten zur Versagung der Mitunternehmerstellung führen. Dies gilt umso mehr, wenn auch das zweite Kriterium des Mitunternehmerrisikos nur schwach ausgeprägt ist.

Das zweite Kriterium des **Mitunternehmerrisikos** wird neben der Teilhabe am laufenden Gewinn und Verlust regelmäßig durch eine Beteiligung an den stillen Reserven der Gesellschaft sowie am Firmenwert begründet. Die Teilhabe an den stillen Reserven muss jedenfalls für den **Liquidationsfall** zwingend gewährt werden. Eine Beschränkung für den Fall des vorzeitigen Ausscheidens ist hingegen unschädlich.[55] 120

Gerade die Beschränkung der Teilhabe an den stillen Reserven bzw. am Firmenwert kann eine Gefährdung der Mitunternehmerstellung bedeuten, vor allem wenn gleichzeitig eine Einschränkung der gesetzlichen Kontroll-, Stimm- und/oder Widerspruchsrechte hinzukommt. Mit seiner Entscheidung vom 3.11.2015[56] hat der BFH seine Rechtsprechung zu den Voraussetzungen einer Mitunternehmerstellung bei einer fehlenden Gewinn- und Verlustbeteiligung weiter konkretisiert. Danach führt eine fehlende Ergebnisbeteiligung 121

---

54 EStR 15.8, EStH H 15.8 (1); BFH v. 25.6.1984, BStBl. II 1984, 751; v. 15.7.1986, BStBl. II 1986, 896.
55 BFH v. 10.5.2007, BStBl. II 2007, 927.
56 BFH v. 3.11.2015, BStBl II 2016, 383.

122 Bei **Familienpersonengesellschaften** ist darüber hinaus zu beachten, dass Abkömmlinge, denen eine KG-Beteiligung **geschenkt** wurde, nur dann Mitunternehmer im steuerlichen Sinne werden, wenn ihnen wenigstens annäherungsweise diejenigen Rechte eingeräumt sind, die einem Kommanditisten nach dem HGB zukommen.[58] Sie sind nicht Mitunternehmer, wenn ihre Rechtsstellung nach dem Gesamtbild zugunsten der Eltern in einer Weise beschränkt ist, wie dies in Gesellschaftsverträgen zwischen Fremden nicht üblich ist. Insbesondere dem Umstand, dass ein Kommanditist gegen seinen Willen aus der KG gedrängt werden kann und als Abfindung nur den Buchwert erhält, kommt hierbei eine besondere Bedeutung zu. Darf ein Kommanditist bei Beschlüssen nicht mitstimmen und ist sein Widerspruchsrecht gemäß § 164 HGB ausgeschlossen, ist er kein Mitunternehmer. Dasselbe gilt, wenn der Kommanditist in keinem Fall den Mehrheitsgesellschafter an einer Beschlussfassung hindern kann. Wird ein Familienangehöriger entgeltlich in der Weise als Kommanditist aufgenommen, dass er sich zwar zu einer Kapitaleinlage verpflichtet, diese aber nur aus künftigen Gewinnanteilen zu leisten hat, ist er jedenfalls im Jahre des Vertragsabschlusses kein Mitunternehmer. Bei Familiengesellschaften ist bei der Ausgestaltung der Gesellschafterrechte daher ganz besonders darauf zu achten, dass die Abkömmlinge auch Mitunternehmer im Sinne von § 15 Abs. 1 Nr. 2 EStG werden, wenn die Beteiligung steuerrechtlich anerkannt werden soll.

123 Die einkommensteuerrechtliche Anerkennung der **Mitunternehmerschaft** ist nach den von der Rechtsprechung entwickelten Grundsätzen demnach in folgenden Fällen **ausgeschlossen:**[59]
– Keine Teilhabe an stillen Reserven anlässlich des Ausscheidens bzw. der Auflösung der Gesellschaft,
– Vorbehalt einer Kündigung nach freiem Ermessen durch den Schenker (Ausnahme: Abfindung einschließlich angemessener Anteil an stillen Reserven u. Geschäftswert),[60]
– von vorneherein vereinbarte Befristung der gesellschaftsvertraglichen Mitgliedschaft,[61]
– Möglichkeiten der Änderung des Gesellschaftsvertrages zu Ungunsten der Kinder mit der Stimmenmehrheit des Schenkers,
– freier Widerruf der Schenkung (ausgenommen Widerrufs- bzw. Rückfallklausel für bestimmte, unwahrscheinliche Ausnahmefälle z.B. Insolvenz oder Vorversterben des Beschenkten).[62]

---

57 *Kraft/Schreiber*, NWB 2016, 1492.
58 Schmidt/*Wacker* EStG, § 15 Rn. 750 ff. mit zahlreichen Hinweisen auf Einzelfälle, die vom BFH entschieden wurden; s. auch EStH H 15.9 (2).
59 Schmidt/*Wacker* EStG, § 15 Rn. 752 ff.
60 BFH v. 6.7.1995, BStBl. II 1996, 269.
61 BFH v. 29.1.1976, BStBl. II 1976, 324.
62 BFH v. 27.1.1994, BStBl. II 1994, 635.

V. Ausgewählte steuerrechtliche Aspekte einer GmbH & Co. KG

Da die **erbschaft- und schenkungsteuerlichen Vergünstigungen** für Betriebsvermögen nur im Falle der Anerkennung einer **mitunternehmerischen Stellung** des schenkweise aufgenommenen Gesellschafters gewährt werden, kommt dem Aspekt der Mitunternehmerstellung eine zentrale steuerliche Bedeutung bei. In Zweifelsfällen, z. B. bei Kommanditanteilsübertragungen mit Nießbrauchsvorbehalt zugunsten des Übertragenden bzw. bei umfassenden Widerrufs-/Rückfallklauseln empfiehlt sich ggf. die Einholung einer verbindlichen Auskunft beim zuständigen Finanzamt. 124

Für die Komplementär-GmbH gilt folgendes: Der BFH hat mehrfach entschieden, dass ein Komplementär wegen seiner unbeschränkten und unabdingbaren Außenhaftung auch dann Mitunternehmerrisiko trägt, wenn er im Innenverhältnis von Mitgesellschaften von der Haftung freigestellt ist; dies gilt auch dann, wenn er weder an laufenden Verlusten noch am Liquidationserlös noch an immateriellen Werten beteiligt ist[63]. Die Finanzverwaltung[64] hat sich dieser Auffassung angeschlossen. 125

Umgekehrt kann auch eine Person, die überhaupt keine Gesellschafterstellung bekleidet, steuerlich als Mitunternehmer qualifiziert werden, insbesondere wenn durch atypische Vertragsgestaltungen der betreffenden Person eine gesellschafterähnliche Stellung zukommt. 126

Die Rechtsprechung hat hier das Institut der **faktischen oder verdeckten Mitunternehmerschaft** entwickelt.[65] Die Problematik tritt häufig bei Familiengesellschaften auf, bei denen der eigentliche Entscheidungsträger nicht über ein Gesellschaftsverhältnis, sondern über ein Arbeitsverhältnis, beispielsweise als Geschäftsführer der Komplementär-GmbH, maßgeblich die Geschäfte und Geschicke der Gesellschaft beherrscht (Mitunternehmerinitiative) und daneben über außerordentlich hohe, ergebnisabhängige Vergütungen (Mitunternehmerrisiko) einen Großteil der Gewinne der Gesellschaft für sich abschöpft.[66] 127

Nach Auffassung des BFH genügt für die Annahme einer Mitunternehmerschaft auch ein **verdecktes** Gesellschaftsverhältnis;[67] ob ein solches Gesellschaftsverhältnis besteht, ist unabhängig von den formalen Rechtsbeziehungen zwischen den Beteiligten zu entscheiden. Anhaltspunkte für ein verdecktes Gesellschaftsverhältnis sind:[68] 128
- die im Anstellungsvertrag vereinbarten Bezüge lassen sich durch die Dienstleistungen nicht erklären,
- die Gesamtbezüge sind unangemessen, weil sie einem (fremden) Dritten nicht gezahlt worden wären,
- die vereinbarte Gewinntantieme zielt auf eine Gewinnabschöpfung,
- der Geschäftsführer verhält sich nicht wie ein weisungsgebundener Angestellter, sondern wie der Alleininhaber des Unternehmens,

---

63 BFH v. 9.2.1999, BFH/NV 1999, 1196; BFH v. 25.4.2006, BFHE 213, 358.
64 H 15.8 (1) „Komplementär" EStR.
65 BFH v. 21.9.1995, BStBl. II 1996, 427.
66 BFH v. 25.6.1984, BStBl. II 1984, 751; v. 27.2.1980, BStBl. II 1981, 210; v. 5.6.1986, BStBl. II 1986, 802; v. 28.10.1999, BStBl. II 2000, 183.
67 BFH v. 21.9.1995, GmbHR 1996, 132 m. w. N.
68 BFH v. 21.9.1995, GmbHR 1996, 132 m. w. N.

- die Entstehungsgeschichte des Unternehmens,
- der Umstand, dass der geschäftliche Erfolg des Unternehmens nahezu ausschließlich durch die persönlichen Leistungen des Nichtgesellschafters bestimmt wird.

129 Ist ein Treugeber über einen Treuhänder an einer KG beteiligt, kann auch er ertragsteuerlich als Mitunternehmer anerkannt werden, soweit er Mitunternehmerinitiative ausüben kann und Mitunternehmerrisiko trägt. Hierauf muss bei der Ausgestaltung des Treuhandvertrages besonders geachtet werden, insbesondere im Hinblick auf das Weisungsrecht des Treugebers.[69]

130 **c) Ergebnisverteilung in Familiengesellschaften.** Weiterhin sind Besonderheiten bei der Gestaltung der Ergebnisverteilung in einer GmbH & Co. KG zu beachten, die aus Familienangehörigen besteht. Wird die Beteiligung an einer Kommanditgesellschaft Abkömmlingen **unentgeltlich** zugewandt, die nicht in der Gesellschaft mitarbeiten, wird der vereinbarte Gewinnverteilungsschlüssel **steuerrechtlich** nur anerkannt, wenn er für die Abkömmlinge eine durchschnittliche **Rendite** von nicht mehr als **15 %** des **tatsächlichen Werts** der Kommanditeinlage ergibt.[70] Entscheidend ist hierbei nicht der tatsächlich zugeflossene Gewinn, sondern die Gewinnverteilungsabrede. Gewinnanteile, welche hiernach nicht angemessen sind, werden insoweit den übrigen Gesellschaftern zugerechnet.

Zur rechnerischen Ermittlung der Angemessenheit ist in diesem Zusammenhang eine, auf den Zeitpunkt der Einräumung der Beteiligung vorgenommene **Feststellung des Unternehmenswertes** der Gesellschaft erforderlich (einschließlich Geschäfts-/Firmenwert). Bei der Überprüfung ist auf den zu erwartenden künftigen Restgewinnanteil abzustellen, der sich nach Abzug angemessener Sonderentgelte für Leistungen einzelner Gesellschafter ergibt.[71]

131–139 *Einstweilen frei.*

140 **d) Die Besteuerungskonzeption der GmbH & Co. KG.** Ein entscheidender Unterschied der Personengesellschaft gegenüber der Kapitalgesellschaft ist die jährliche, automatische Versteuerung der anteiligen Gewinne durch die Gesellschafter unabhängig von etwaigen Ausschüttungen und Entnahmen. Dies ist Ausfluss der **steuerlichen Transparenz** der Personengesellschaft, die bis zur Einführung einer Thesaurierungsbegünstigung für nicht entnommene Gewinne gemäß § 34a EStG eine steueroriertierte Ausschüttungspolitik für Personengesellschaften im Ergebnis ausgeschlossen hat. Obgleich seit der Einführung einer **Steuerbegünstigung** für nicht entnommene Gewinne seit 2008 (28,25 %) den Mitunternehmern einer gewerblich tätigen bzw. geprägten GmbH & Co. KG eine steueroriertierte Ausschüttungspolitik eröffnet wird, ist der tatsächliche Vorteil der Thesaurierungsbegünstigung insbesondere wegen ihrer komplizierten Rechtsanwendung umstritten.[72] Die Einfüh-

---

69 BFH v. 10.12.1992, BStBl. II 1993, 538; v. 12.10.1999, BFH/NV 2000, 427.
70 Schmidt/Wacker EStG, § 15 Rn. 776 m. w. N. zur BFH-Rspr.
71 Schmidt/Wacker EStG, § 15 Rn. 778.
72 Ley/Brandenberg FR 2007, 1085, 1088.

V. Ausgewählte steuerrechtliche Aspekte einer GmbH & Co. KG

rung des § 34a EStG war zur Wahrung der Rechtsformneutralität erforderlich, um in Anbetracht der abgesenkten Besteuerungsquote von Kapitalgesellschaften auch Personengesellschaften die Möglichkeit zu eröffnen, auf Antrag für eine niedrige Besteuerung zu optieren. Die Vergünstigung ist betriebs- und personenbezogen ausgestaltet, womit jeder Gesellschafter die Möglichkeit hat, seinen Gewinnanteil oder Teile davon dem Thesaurierungssteuersatz zu unterwerfen. Der Antrag ist aber nur möglich, wenn die Beteiligungsquote des Kommanditisten mindestens 10 % oder der Gewinnanteil mindestens EUR 10.000,– beträgt. Damit unterscheidet sich die Thesaurierungsbesteuerung bei Personengesellschaften von Kapitalgesellschaften aufgrund ihrer gesellschafterindividuellen Antragsmöglichkeit in einem entscheidenden Punkt. Die Vorschrift ist jedoch in ihrer praktischen Anwendung äußerst kompliziert und aufwendig. Es wird erwartet, dass die Thesaurierungsbesteuerung im Mittelstand nur in wenigen Ausnahmefällen zur Anwendung gelangt. Sie ist zudem nur vorteilhaft bei einem hohen Grenzsteuersatz (mehr als 40 %) und einer langfristigen Thesaurierung (mehr als 10 Jahre). Werden die stehen gelassenen Gewinne zeitnah wieder entnommen, ergibt sich eine absolute Steuerquote, die im Vergleich zum Verzicht auf die Thesaurierungsbesteuerung sogar etwas höher ausfällt. Daher kommt ein echter Stundungsvorteil erst bei einer längerfristigen Thesaurierung zur Geltung.

Im **Verlustfall** bietet die GmbH & Co. KG unverändert den Vorteil, Verlustanteile auf Gesellschafterebene mit anderen Einkünften der Gesellschafter zur Verrechnung zu bringen, wobei für Kommanditisten die Verlustausgleichsbeschränkung des § 15a EStG (s. **Rn. 148**) zu beachten ist. Die GmbH & Co. KG stellt wegen der Möglichkeit zur steuerlichen Verlustverrechnung auf Gesellschafterebene aus steuerlicher Sicht die attraktivere Rechtsform in der Gründungs- und Aufbauphase eines Unternehmens dar, während in Zeiten hoher Gewinne die Kapitalgesellschaft steuerliche Vorteile bringt, sofern im Einzelfall die Thesaurierungsbegünstigung gem. § 34a EStG nicht in Anspruch genommen werden kann. **141**

Das steuerliche Betriebsvermögen der GmbH & Co. KG setzt sich zusammen aus dem Gesellschaftsvermögen (Gesamthandsvermögen) sowie dem steuerlichen **Sonderbetriebsvermögen**. Bei Sonderbetriebsvermögen handelt es sich um Wirtschaftsgüter einzelner Gesellschafter, die auf Grund ihrer Widmung dazu bestimmt sind, dem Betrieb der Personengesellschaft unmittelbar oder mittelbar zu dienen.[73] Typische Wirtschaftsgüter des Sonderbetriebsvermögens bei einer GmbH & Co. KG sind: **142**
- der Gesellschaft entgeltlich oder unentgeltlich überlassene Wirtschaftsgüter einzelner Gesellschafter (insbesondere Grundbesitz),
- Forderungen einzelner Gesellschafter gegenüber der Gesellschaft (auch eigenkapitalersetzende Forderungen),
- im Eigentum der Kommanditisten befindliche Geschäftsanteile an der Komplementär-GmbH (stets Sonderbetriebsvermögen II). Die Beteiligung

---

[73] § 15 Abs. 1 Nr. 2, 2. HS, RL 13 Abs. 2 EStR.

an der Komplementär-GmbH erfüllt aber nicht immer die Voraussetzung einer wesentlichen Betriebsgrundlage und damit eine funktional wesentliche Grundlage des Mitunternehmeranteils. Dies setzt vielmehr voraus, dass aufgrund der Beteiligung die Stellung des Kommanditisten im Rahmen der KG nachhaltig gestärkt wird. Der BFH fordert hierfür einen beherrschenden Einfluss des Mitunternehmers auf die Geschäftsführung der KG.[74] Die Minderheitsbeteiligung eines Kommanditisten an der Komplementär GmbH von weniger als 10 % genügt nicht den Anforderungen an notwendiges Sonderbetriebsvermögen II. Zu den einzelnen Fallkonstellationen vgl. die ausführliche Verfügung der OFD Frankfurt vom 3.12.2015[75] sowie das Urteil des BFH vom 16.4.2015.[76]

143 Ferner sind neben Sonderbetriebsvermögen auch Wertkorrekturen lt. **Ergänzungsbilanzen** einzelner Gesellschafter zu berücksichtigen. Hierbei handelt es sich um Mehr- oder Minderkapital einzelner Gesellschafter gegenüber der Handelsbilanz, die in folgenden Fällen erforderlich sind:
– Bar- oder Sacheinlagen einzelner Gesellschafter in die Gesellschaft anlässlich eines Gesellschafterwechsels oder Gesellschafterbeitritts.
– Inanspruchnahme personenbezogener Vergünstigungen einzelner Gesellschafter.

144 Der **Anteil eines Mitunternehmers** am Ergebnis der KG setzt sich daher wie folgt zusammen:
Gewinnanteil laut Handels-/Steuerbilanz
zzgl. Sonderbetriebseinnahmen abzgl. Sonderbetriebsausgaben aus dem Sonderbetriebsvermögen
zzgl. Gewinn/Verlust aus Ergänzungsbilanz
zzgl. Sondervergütungen gemäß § 15 Abs. 1 Nr. 2 EStG.

145 Vergütungen, die einzelne Gesellschafter von der Gesellschaft für Tätigkeiten im Dienst der Gesellschaft oder für die Hingabe von Darlehen oder für die Überlassung von Wirtschaftsgütern erhalten, sind grundsätzlich Teil der Einkünfte aus Gewerbebetrieb gemäß § 15 Abs. 1 S. 1 Nr. 2 EStG. Hierbei wird unterschieden zwischen Entgelten die als „**Gewinnvorab**" im Rahmen der gesellschaftsvertraglichen Gewinnverteilung einzelnen Gesellschaftern zugewiesen werden und solchen, die als „**Sondervergütung**" auch dann gezahlt werden, wenn ein Verlust erwirtschaftet wird.[77] Die Vergütung wird in diesen Fällen sowohl handels- als auch steuerrechtlich als Betriebsausgabe verbucht und kann sowohl auf schuldrechtlicher als auch gesellschaftsvertraglicher Grundlage basieren. Ein Vorabgewinn setzt dagegen einen entsprechenden Handelsbilanzgewinn voraus. Die Unterscheidung hat insbesondere Bedeutung für den Verlustausgleich gemäß § 15 a EStG (s. **Rn. 148 ff.**) sowie für die umsatzsteuerliche Beurteilung im Falle der Geschäftsführungsvergütung (s. **Rn. 173**).

146 Von besonderer steuerlicher Relevanz sind Vermögensübertragungen zwischen Gesellschaft und Gesellschafter. Hier sind neben ertragsteuerli-

---

74 BFH v. 25.11.2009, BStBl II 2010, 471.
75 DStR 2016, 676.
76 BStBl. II 2015, 705.
77 BFH v. 13.10.1998, BStBl. II 1999, 163.

V. Ausgewählte steuerrechtliche Aspekte einer GmbH & Co. KG   31

chen Rechtsfolgen auch umsatz- und grunderwerbsteuerliche Besonderheiten (Rn. 168 ff u. 175 ff.) zu beachten.

e) **Anteilsveräußerungen.** Während früher auch die Veräußerung eines Bruchteils eines Mitunternehmeranteils gemäß § 16 EStG begünstigt war, ist in der ab 2002 geltenden Fassung des § 16 Abs. 1 Nr. 2 EStG nur noch die Veräußerung des gesamten Anteils eines Gesellschafters **tarifbegünstigt**. Die Veräußerung des gesamten Mitunternehmeranteils unterliegt nach der ab 2004 geltenden Fassung des § 34 EStG bis zu einem Betrag von insgesamt EUR 5,0 Mio. einem ermäßigten Steuersatz. Dieser beträgt ab 2004 56 % (vorher 50 %) des durchschnittlichen Steuersatzes. Der ermäßigte Steuersatz wird nur einmal im Leben gewährt und setzt voraus, dass der Steuerpflichtige das 55. Lebensjahr vollendet hat oder im sozialversicherungsrechtlichen Sinne dauernd berufsunfähig ist. Werden im zeitlichen und sachlichen Zusammenhang mit einer tarifermäßigten Veräußerung bestimmte Wirtschaftsgüter (wesentliche Betriebsgrundlagen) des Gesamthands- oder Sonderbetriebsvermögen zu Buchwerten in ein anderes Betriebsvermögen übertragen, steht dies der Anwendung der Tarifermäßigung entgegen (Gesamtplanrechtsprechung des BFH[78]). Dem Gesetz liegt die Überlegung zu Grunde, dass nur die geballte Aufdeckung sämtlicher stiller Reserven nach den Vorgaben des § 34 EStG tarifermäßigt ist. Eine in zeitlicher Nähe bewusst gestaltete Ausgliederung bestimmter, zum Zurückbehalt vorgesehener qualifizierter Wirtschaftsgüter (wesentliche Betriebsgrundlagen) führt demnach zur Versagung der Tarifermäßigung. Mit Urteil vom 25.10.2010[79] hat der BFH seine Gesamtplanrechtsprechung dahingehend präzisiert, dass die Ausgliederung wesentlicher Betriebsgrundlagen nur dann schädlich ist, wenn diese im Anschluss an die Ausgliederung unverändert wesentliche Betriebsgrundlagen der später veräußerten Mitunternehmerschaft darstellen. Nur wenn im Anschluss an den Verkauf des Mitunternehmeranteils der Geschäftsbetrieb der Mitunternehmerschaft mit den vom ehemaligen Mitunternehmer angemieteten wesentlichen Betriebsgrundlagen fortgesetzt wird, führt dies zur Versagung der Tarifermäßigung.

147

f) **Verlustausgleichsbeschränkungen gemäß § 15 a EStG.** Ein wesentlicher Vorteil der GmbH & Co. KG liegt in der Möglichkeit der Verlustverrechnung auf persönlicher Einkommensteuerebene mit vorhandenen weiteren Einkünften des Gesellschafters. Der Verlustausgleich für beschränkt haftende Gesellschafter ist jedoch durch die Vorschrift des § 15 a EStG begrenzt. Nach dieser Vorschrift sind Verluste nur bis zur Höhe des **steuerlichen Kapitalkontos** bzw. der im Handelsregister eingetragenen **Einlage** (überschießende Außenhaftung) **ausgleichsfähig.** Darüber hinaus entstehende Verluste können nur mit zukünftigen Gewinnen der Gesellschaft verrechnet werden (**verrechenbare Verluste** gemäß § 15 a Abs. 2 EStG).

148

Aus steuerlicher Sicht bedarf es besonderer Sorgfalt bei der Ausgestaltung der Kapitalkonten sowie der Höhe der im Handelsregister eingetragenen

149

---
78 BFH v. 6.9.2000, BStBl. II 2001, 229.
79 BFH v. 25.10.2010, DStR 2010, 1025.

Einlage. Gerade bei der Gründung kommt es darauf an, das Ausmaß erwarteter Anlaufverluste richtig einzuschätzen, um hierauf die Kapitalkonten der Kommanditisten sowohl nach ihrer rechtlichen Qualität zu definieren, als auch quantitativ für eine ausreichende Dotierung der Kapitalkonten zu sorgen. Nach der Rechtsprechung des BFH lassen sich folgende Grundsätze für den Verlustausgleich beschränkt haftender Gesellschafter zusammenfassen:[80]

150
- Zum Umfang des **steuerlichen Kapitalkontos** gehören tatsächlich geleistete Einlagen, insbesondere Pflichteinlagen, aber auch Zuschüsse zum Ausgleich von Verlusten, in der Bilanz ausgewiesene Kapital- und Gewinnrücklagen sowie Forderungskonten der Gesellschafter, sofern diese nach handelsrechtlichen Grundsätzen als Eigenkapital zu qualifizieren sind. Dieses, im Gesellschaftsvertrag regelmäßig als variables Gesellschafterkonto, Kapitalkonto II, Darlehenskonto, Kontokorrent oder Verrechnungskonto bezeichnete Kapitalkonto ist von einem echten Forderungskonto abzugrenzen. Ob Gesellschafterdarlehen zum steuerlichen Eigen- oder Fremdkapital des Gesellschafters gehören, lässt sich nur an Hand einer Prüfung der Gesamtumstände des Einzelfalls entscheiden. Ein wesentliches Indiz für die Qualifizierung als Eigenkapital ist, dass nach der gesellschaftsvertraglichen Abrede auf dem betreffenden Konto auch Verluste verbucht werden. Nach einer jüngeren Rechtsprechung des BFH genügt es, wenn eine Verrechnung von Verlusten auf dem betreffenden Konto auch nur im **Ausscheidens- oder Liquidationsfall** vorgesehen ist.[81] Entsprechendes gilt für Gesellschafterverbindlichkeiten, die gem. § 5 Abs. 2a EStG nur aus künftigen Gewinnen bzw. aus einem Liquidationsüberschuss zu tilgen sind.[82] Eigenkapital für Zwecke des § 15a EStG ist auch dann anzunehmen, wenn das Darlehenskonto nach den vertraglichen Bestimmungen vom Gesellschafter nicht gekündigt werden kann und im Falle des Ausscheidens des Kommanditisten oder der Liquidation mit einem evtl. bestehenden negativen Kapitalkonto des Kommanditisten zu verrechnen ist (Finanzplandarlehen[83]). Daneben sind mit Ausnahme der vom BFH als Eigenkapital bestätigten Finanzplandarlehen frühere eigenkapitalersetzende Darlehen als Fremdkapital zu qualifizieren. Eine Einbeziehung in das steuerliche Eigenkapital gemäß § 15a EStG ist nicht möglich.

151
- Nach der Rechtsprechung des BFH zählt steuerliches **Sonderbetriebsvermögen** grundsätzlich nicht zum Eigenkapital gemäß § 15a EStG. Folglich ist ein als Forderung zu qualifizierendes Gesellschafterverrechnungskonto nicht in das Verlustausgleichsvolumen des § 15a EStG einzubeziehen.

152
- Neben dem Kapital lt. Gesamthandsbilanz zählt jedoch auch das Kapital lt. **Ergänzungsbilanz** mit zum steuerlichen Kapitalkonto i.S. des § 15a EStG.

153
Als Konsequenz aus der Ausklammerung des steuerlichen Sonderbetriebsvermögens aus dem Verlustausgleichspotential gem. § 15a EStG können Gewinne aus dem steuerlichen Sonderbetriebsvermögen eines Gesellschafters

---

80 BMF v. 30.5.1997, BStBl. I 1997, 627 und v. 15.12.1993, BStBl. I 1993, 976.
81 BFH v. 26.6.2007, BStBl. II 2008, 103.
82 BFH v. 30.11.2011, BStBl II 2012, 332.
83 BFH v. 7.4.2005, BStBl. II 2005, 598.

V. Ausgewählte steuerrechtliche Aspekte einer GmbH & Co. KG

nicht mit Verlustanteilen aus der Handels-/Steuerbilanz der Gesellschaft verrechnet werden.

Dies kann dazu führen, dass einzelne Gesellschafter Sondervergütungen gemäß § 15 Abs. 1 S. 1 Nr. 2, 2. HS EStG zu versteuern haben, obgleich ihnen aus dem Gesamthandsvermögen ein verrechenbarer Verlust gemäß § 15 a Abs. 2 EStG zugerechnet wird. 154

Auf der anderen Seite können Sonderbetriebsausgaben (z.B. Zinsen für Refinanzierungsdarlehen einzelner Gesellschafter) unbegrenzt zum Verlustausgleich herangezogen werden, auch wenn dem Kommanditisten aus dem Gesamthandsvermögen nur verrechenbare Verluste zugewiesen werden. 155

Aus diesem Grund bedarf es für die Vereinbarung insbesondere von Tätigkeitsvergütungen, eindeutiger vertraglicher Abreden auf gesellschaftsvertraglicher oder schuldrechtlicher Basis (**Gewinnvorab oder Sondervergütungen**). Der BFH hat zuletzt in seiner Entscheidung vom 13.10.1998[84] die Auffassung der Finanzverwaltung zu Vorabvergütungen im Entscheidungsfall auch für ein Darlehen bestätigt. Ist demnach das Darlehen eines Kommanditisten in der Handels- und Steuerbilanz der KG als Fremdkapital auszuweisen, so gehören die als Sonderbetriebseinnahmen zu erfassenden Zinsen – sofern sie nicht als **Gewinnvorab** geschuldet werden – nicht zu den Gewinnen, die dem Kommanditisten aus seiner Beteiligung an der KG zuzurechnen sind. Hieraus ergibt sich ein **Saldierungsverbot** von Darlehenszinsen mit verrechenbaren Verlusten gem. § 15 a EStG. 156

Die Unterschiede bei der Verlustverrechnung gemäß § 15 a EStG soll folgendes **Beispiel** verdeutlichen: 157

A erzielt aus seiner Beteiligung an der AB GmbH & Co. KG einen handelsrechtlichen Verlust von EUR 100.000,–. Das Ergebnis wurde um Tätigkeitsvergütungen für A in Höhe von EUR 40.000,– sowie um Zinsen für ein Gesellschafterdarlehen in Höhe von EUR 20.000,– vermindert. Daneben ist ein Verlust aus einer Ergänzungsbilanz des A in Höhe von EUR 10.000,– sowie Sonderbetriebsausgaben (z.B. Zinsen für ein Darlehen zur Finanzierung der Kommanditbeteiligung) in Höhe von EUR 6.000,– zu berücksichtigen. Der Gesellschafter A verfügt über **kein** positives Kapitalkonto im Sinne des § 15 a EStG.

	Ergebnis nach § 15 Abs. 1 S. 1 Nr. 2 EStG	verrechenbar	zu versteuern
Ergebnis lt. GuV	./. 100.000,–	./. 100.000,–	
Sonderbetriebsausgaben	./. 6.000,–		./. 6.000,–
Verlust lt. Ergänzungsbilanz	./. 10.000,–	./. 10.000,–	
Tätigkeitsvergütung	+ 40.000,–		+ 40.000,–
Darlehenszinsen	+ 20.000,–		+ 20.000,–
Summe	– 56.000,–	./. 110.000,–	+ 54.000,–

---

84 BStBl. II 1999, 163.

158 Der Verlustanteil des Gesellschafters A in Höhe von ./. 110.000,– (einschl. Verlust lt. Ergänzungsbilanz) ist nicht ausgleichsfähig sondern nur mit zukünftigen Gewinnanteilen **verrechenbar** (§ 15a Abs. 2 EStG). Die übrigen Einnahmen (nach Abzug der Sonderbetriebsausgaben) müssen trotz des im selben Jahr zugewiesenen Verlustanteils versteuert werden, also EUR 54.000,–.

159 Das Beispiel verdeutlicht die unterschiedliche Wirkungsweise der Vereinbarung von Sondervergütungen als schuldrechtlicher Anspruch einerseits gegenüber einer Regelung als Gewinnvorab. Durch den schuldrechtlichen Anspruch erhält der begünstigte Gesellschafter seine Vergütung auch im Verlustfall der Gesellschaft und muss diesen aufgrund des Saldierungsverbots auch entsprechend versteuern. Wäre die Vergütung als Gewinnvorab vereinbart worden, reduziert sich die Sondervergütung des Gesellschafters auf 0, da ein Gewinnvorab den Ausweis eines entsprechenden Gewinns in der Steuerbilanz zur Voraussetzung hat.

160 Ein nur verrechenbarer Verlust gem. § 15a Abs. 2 EStG aufgrund eines negativen Kapitalkontos kann durch rechtzeitige Maßnahmen vor dem Jahreswechsel vermieden werden. Als häufig gewählte Maßnahmen kommen in der Gestaltungspraxis zur Anwendung:
– rechtzeitige Bareinlagen vor dem Jahreswechsel,
– Leistung von Sacheinlagen, beispielsweise der Verzicht auf werthaltige Gesellschafterdarlehen oder persönliche Übernahme betrieblicher Schulden,
– Verzicht auf Tätigkeitsvergütungen etc. oder Vereinbarung einer Vergütungsregelung, welche Tätigkeitsvergütungen und Darlehenszinsen nur als Gewinnvorab gewährt,
– Eintragung einer erhöhten Haftsumme im Handelsregister, deren Eintragung noch vor Ablauf des Bilanzstichtags erfolgen muss.

2. Gewerbesteuer

161 a) **Allgemeines.** Die Personengesellschaft ist selbst Objekt der Gewerbesteuer, wobei den Ausgangspunkt der Gewerbesteuerermittlung der einkommensteuerliche **Gewinn aus Gewerbebetrieb** darstellt (einschließlich Ergebnisse aus Sonder- und Ergänzungsbilanzen sowie aus Tätigkeitsvergütungen), soweit er auf inländische Betriebsstätten entfällt.

Der Gewerbeertrag wird um verschiedene **Hinzurechnungen und Kürzungen (§§ 8 und 9 GewStG)** korrigiert. Der Steuermessbetrag beträgt 3,5 % des um einen Freibetrag von EUR 24.500,– ermäßigten Gewerbeertrags. Der Hebesatz wurde durch das Unternehmenssteuerreformgesetz 2008 auf einheitlich 3,5 erhöht, gleichzeitig wurde die Möglichkeit gestrichen, die Gewerbesteuer als Betriebsausgabe abzuziehen. Die festzusetzende Gewerbesteuer ergibt sich durch Multiplikation des Messbetrags mit dem jeweils gültigen Hebesatz der Gemeinde. Die Höhe der Gewerbesteuer wird daher maßgeblich durch den Hebesatz der betreffenden Gemeinde bestimmt.

162 b) **Einkommensteuerliche Entlastung.** Der Gesetzgeber hat mit Einführung des § 35 EStG ein neues **Entlastungskonzept** für gewerbesteuerbelastete Ein-

V. Ausgewählte steuerrechtliche Aspekte einer GmbH & Co. KG

künfte eingeführt, das im Idealfall eine vollständige Entlastung von der Gewerbesteuer bewirkt. Das Konzept sieht eine Anrechnung des 3,8-fachen anteiligen Gewerbesteuermessbetrags auf die Einkommensteuerschuld des Gesellschafters vor. Eine Anrechnung kommt nur bei natürlichen Personen in Betracht, nicht bei körperschaftssteuerpflichtigen Anteilseignern (Definitivbelastung).

Eine vollständige Entlastung von der Gewerbesteuer im Einkommensteuertarif 2009 erfolgt erst bei einem Hebesatz von ca. 401 %.[85] Bei darüber liegenden Hebesätzen verbleibt eine Restbelastung, während bei Hebesätzen unter 401 % die Gesamtbelastung stets konstant bleibt. Dies ist darauf zurückzuführen, dass maximal die tatsächlich entrichtete Gewerbesteuer anrechenbar ist. Da die Anrechnung gleichfalls eine Minderung des Solidaritätszuschlags bewirkt, ergibt sich bei einem Hebesatz unter 380 % sogar ein steuerlich ungünstigeres Gesamtergebnis für den Steuerpflichtigen.[86] Die effektive Steuerbelastung wird neben dem örtlichen Hebesatz der Gemeinde im Einzelfall durch weitere Faktoren bestimmt, insbesondere:
– Umfang der Hinzurechnungen und Kürzungen gem. §§ 8, 9 GewStG;
– Individueller Einkommensteuersatz, Konfessionszugehörigkeit;
– Inanspruchnahme der Thesaurierungsvergünstigung gem. § 34a EStG;
– Anrechnungsüberhänge bei der Gewerbesteuer.

163

c) Anrechnungsprobleme. Das BMF hat mit mehreren Schreiben[87] zu den Zweifelsfragen der Anrechnung umfassend Stellung genommen. Hervorzuheben ist, dass bei Personengesellschaften der anteilige Gewerbesteuermessbetrag von Mitunternehmern gemäß § 35 Abs. 3 Satz 2 EStG nach Maßgabe des **allgemeinen Gewinnverteilungsschlüssels** zu ermitteln ist. Maßgeblich ist der allgemeine Gewinnverteilungsschlüssel, wie er sich aus dem Gesellschaftsvertrag ergibt. Voraussetzung für die Anwendung der Gewinnverteilung ist ferner die steuerliche Anerkennung als Mitunternehmer (insbesondere bei Familienpersonengesellschaften relevant, s. Rn. 31). Gewinnabhängige Vorabgewinnanteile sowie gewinnabhängige Sondervergütungen nach § 15 Abs. 1 S. 1 Nr. 2 EStG bleiben bei der Bemessung des Anteils eines Mitunternehmers am Gewerbesteuermessbetrag stets unberücksichtigt.

164

Die Anrechnung des anteiligen Gewerbesteuermessbetrags kann höchstens auf die tariflich festgesetzte Einkommensteuer erfolgen, soweit diese auf anteilig gewerbesteuerpflichtige Gewinne entfällt (Ermäßigungshöchstbetrag). **Anrechnungsüberhänge** können entstehen, soweit z. B. aufgrund einer niedrigen Einkommensteuerfestsetzung (z. B. bedingt durch Verlustvorträge) oder wegen hoher Vorabgewinne eine vollständige Anrechnung des anteiligen Gewerbesteuermessbetrages nicht gewährt wird.

165

Der **Verkauf** von Anteilen an Personengesellschaften unterliegt im Regelfall nicht der Gewerbesteuer mit drei wesentlichen Ausnahmen:
– Veräußerung von Teilanteilen gemäß § 16 Abs. 1 S. 2 EStG sowie

166

---

85 Schmidt/*Wacker* EStG, § 35 Rn. 19.
86 *Herzig/Lochmann* DB 2007, 1037, 1039; *Cordes* DStR 2010, 1416 m. w. N.
87 BMF v. 19.9.2007, DStR 2007, 1769; v. 24.2.2009, BStBl. I 2009, 440; v. 22.12.2009, BStBl. I 2010, 43; v. 25.11.2010, BStBl. I 2010, 1312.

- Veräußerung von Anteilen, soweit der Gewinn anteilig auf Kapitalgesellschaften entfällt, und
- Veräußerungen im Anschluss an eine vorangegangene Umwandlung einer Kapitalgesellschaft in eine Personengesellschaft innerhalb einer 5-jährigen Sperrfrist.

167 Da die Gewerbesteuer den Gesamtgewinn der Personengesellschaft einschließlich der Ergebnisse aus Sonder- und Ergänzungsbilanzen, sowie aus gesellschafterindividuellen Vergütungen gemäß § 15 Abs. 1 S. 1 Nr. 2, 2. HS EStG besteuert, findet eine **verursachungsgerechte Verteilung** der Gewerbesteuer über die Gewinnverteilung im Regelfall nicht statt. Dies kann dazu führen, dass sich aufgrund einer hohen Gewerbesteuerbelastung wegen steuerlicher Sonderergebnisse einzelner Gesellschafter der verbleibende, zu verteilende Gewinn für die übrigen Gesellschafter deutlich reduziert. Diese sog. „**fremdbestimmten Steuerwirkungen**" erfordern die gesellschaftsvertragliche Verankerung einer **Gewerbesteuerklausel**, welche eine verursachungsgerechte Tragung der Gewerbesteuer über entsprechende Vorabgewinnregelungen berücksichtigt. Durch die Einführung der Gewerbesteueranrechnung gemäß § 35 EStG sind hierbei gegenläufige Entlastungseffekte durch die Anrechnung gem. § 35 EStG zu berücksichtigen.[88] Das Muster enthält in § 11 Abs. 3 den Versuch einer zeitgemäßen Gewerbesteuerklausel (s. **Rn. 620**).

3. Umsatzsteuer

168 Die GmbH & Co. KG ist in der Regel selbst als Unternehmerin Besteuerungssubjekt der Umsatzsteuer. Die KG kann darüber hinaus auch Organträgerin im Rahmen einer umsatzsteuerlichen Organschaft sein. Bei der klassischen GmbH & Co. KG liegt nach derzeitiger Auffassung der Finanzverwaltung zwischen der KG und der Komplementär-GmbH keine umsatzsteuerliche Organschaft vor, da die GmbH nicht unmittelbar in das Unternehmen der KG eingegliedert ist.[89] Nur bei der Einheits-GmbH & Co. KG ist nach derzeitiger Auffassung der Finanzverwaltung eine umsatzsteuerliche Organschaft gegeben.

169 Von besonderer Bedeutung sind regelmäßige Leistungsbeziehungen zwischen den Gesellschaftern und der Gesellschaft, da diese Sachverhalte entweder umsatzsteuerlich relevante Lieferungen oder Leistungen zwischen Gesellschaft und Gesellschafter oder nicht steuerbare Sachverhalte sind, die auf der Grundlage einer Beitragspflicht im Gesellschaftsvertrag beruhen. Der Umsatzsteuer unterworfen wird lediglich ein echter **Leistungsaustausch** dem regelmäßig eine schuldrechtliche Leistungsbeziehung (Nutzungsüberlassung von Mobilien/Immobilien, Dienstleistung) zu Grunde liegt.

170 Sofern jedoch die Leistung nicht gegen ein gesondertes Entgelt erbracht wird, sondern auf der Grundlage einer gesellschaftsvertraglichen Beitragsverpflichtung beruht, die mit dem jährlichen Gewinnanteil abgegolten ist, han-

---

88 *Ottersbach* DStR 2002, 47.
89 UStAE 2.8 zu § 2 UStG.

V. Ausgewählte steuerrechtliche Aspekte einer GmbH & Co. KG   37

delt es sich regelmäßig um nicht umsatzsteuerbare **Gesellschafterbeiträge.** Häufig besteht ein gesondertes Interesse an der Geltendmachung des Vorsteuerabzuges auf Seiten der Gesellschafter, sofern die betreffenden Wirtschaftsgüter von diesen mit Umsatzsteuer bezogen wurden.

In diesen Fällen empfiehlt sich die Vereinbarung eines schuldrechtlichen Leistungsaustausches, mit dem der Gesellschafter das betreffende Wirtschaftsgut der Gesellschaft gegen Entgelt zur Nutzung überlässt bzw. veräußert. Anders als im Einkommensteuerrecht, in dem eine gewerbliche Betätigung auch eine Beteiligung am allgemeinen wirtschaftlichen Verkehr sowie eine Gewinnerzielungsabsicht erfordert, wird der Gesellschafter allein mit der nachhaltigen Nutzungsüberlassung eines in seinem Eigentum befindlichen Wirtschaftsgutes an die Personengesellschaft zum Unternehmer im Sinne des Umsatzsteuerrechts.   171

Von besonderer Bedeutung sind in diesem Zusammenhang die von den Gesellschaftern an die Gesellschaft erbrachten **Geschäftsführungs- und Vertretungsleistungen,** deren umsatzsteuerliche Beurteilung maßgeblich von der Ausgestaltung der Vergütung für die Geschäftsführungstätigkeit abhängt. Diese kann entweder im Rahmen eines umsatzsteuerpflichtigen Leistungsaustauschs oder im Rahmen einer nichtunternehmerischen Tätigkeit gestaltet werden. Soweit der Gesellschafter seine Geschäftsführungstätigkeit im Rahmen eines Anstellungsverhältnisses ausübt, liegt regelmäßig eine nichtselbständige und damit nichtunternehmerische Tätigkeit vor. Eine umsatzsteuerlich selbständige Geschäftsführungstätigkeit des Geschäftsführers wird immer dann bejaht, wenn der Geschäftsführer nach dem Gesamtbild der Verhältnisse selbständig tätig ist (keine feste Arbeitszeit, kein fester Arbeitsort, keine Entgeltfortzahlung im Krankheitsfall usw.).   172

Für die regelmäßig von der Komplementär-GmbH an die KG erbrachte **Geschäftsführungsleistung** liegt ein umsatzsteuerbarer Leistungsaustausch der Komplementär-Gesellschaft nur dann vor, wenn für die Tätigkeit ein vom Gewinn und Verlust der Gesellschaft unabhängiges **Sonderentgelt** vereinbart worden ist. Nach der Auffassung des BMF[90] liegt ein umsatzsteuerbarer Leistungsaustausch immer dann vor, wenn eine Vergütung in der Ergebnisermittlung der Handelsbilanz als **Aufwand** behandelt wird. Hingegen liegt eine nicht steuerbare Geschäftsführungsleistung dann vor, wenn die geschäftsführende Komplementär-GmbH ihre Tätigkeitsvergütung als echten „**Gewinnvorab**" erhält, wenn also im Verlustfall ein Anspruch auf Vergütung entfällt. Die Gesellschafter haben daher die Wahl, die Vergütung der Komplementär-GmbH als Gewinnvorab (nicht umsatzsteuerpflichtig) oder als umsatzsteuerpflichtiges Sonderentgelt (Aufwand in der Handelsbilanz) zu gestalten.   173

Auch die **Haftungsvergütung** der persönlich haftenden Gesellschafterin hat nach einer Entscheidung des BFH vom 3. März 2011[91] Leistungscharakter und ist damit umsatzsteuerbar.   174

---

90 BMF v. 31.5.2007, BStBl. I 2007, 503.
91 BFH v. 3.3.2011, BStBl. II 2011, 950.

4. Grunderwerbsteuer

175 Ein wesentlicher Vorteil der GmbH & Co. KG gegenüber der Kapitalgesellschaft liegt in der **steuerlichen Transparenz** der Personengesellschaft, die auch im Grunderwerbsteuerrecht gilt. Das Grunderwerbsteuergesetz gewährt anlässlich von Grundbesitzübertragungen zwischen Gesellschaft und Gesellschafter bzw. umgekehrt bestimmte personenbezogene Vergünstigungen gemäß §§ 3, 5 und 6 GrEStG. Von wesentlicher Bedeutung ist die personenbezogene Befreiungsvorschrift des § 5 GrEStG. Nach diesen Vorschriften ist die Übertragung von Grundbesitz (Allein-, Bruchteils- oder Miteigentum) auf eine Gesamthand insoweit von der Besteuerung freigestellt, als ein Grundstückseigentümer vor und nach der Grundstücksübertragung mit dem gleichen ideellen Anteil an dem Grundstück beteiligt ist. Die Befreiung gilt gleichermaßen für Übertragungen auf Gesellschaften wie auch für Übertragungen aus dem Gesamthandsvermögen der Personengesellschaft auf einzelne Gesellschafter.

176 Umgekehrt sind auch Übertragungen aus der Personengesellschaft auf einzelne Gesellschafter bzw. auf personenidentische (ggf. teilweise) Schwesterpersonengesellschaften von der Grunderwerbsteuer befreit (§ 6 GrEStG).

177 Sowohl im Anwendungsbereich des § 5 GrEStG (Übertragung von Gesellschafter auf die Gesellschaft) als auch im Fall der Übertragung von einer Gesamthand auf eine andere Gesamthand hat der Gesetzgeber eine fünfjährige **Sperrfrist** verankert, die Missbräuche im Anwendungsbereich des Grundstückstransfers von Personengesellschaften verhindern soll. Sofern sich innerhalb von fünf Jahren im Anschluss an den befreiten Grunderwerb durch einen Wechsel im Personenstand der Gesellschaft (Gesellschafterbeitritt, Anteilsverkauf, Ausscheiden) der Anteil des Veräußerers vermindert, erfolgt insoweit eine rückwirkende Versagung der ursprünglich gewährten Befreiung.

178 Neben dem eigentlichen Rechtsträgerwechsel von Grundbesitz, der eine Übereignung von Grundstücken der Besteuerung unterzieht, unterliegen auch **mittelbare Rechtsträgerwechsel** der Grunderwerbsteuer, insbesondere im Fall der unmittelbaren oder mittelbaren Vereinigung von mindestens 95 % der Anteile einer grundbesitzhaltenden Gesellschaft. Diese Ersatztatbestände sind in § 1 Abs. 3 sowie § 1 Abs. 2a GrEStG verankert.

179 Während der Übergang von Gesellschaftsanteilen an verschiedene Erwerber grundsätzlich keine Besteuerung auslöst (ausgenommen Übertragungen innerhalb der Sperrfrist in Fällen des § 5 bzw. § 6 GrEStG), wird die Übertragung von **mind. 95 %** der Anteile bzw. die Vereinigung von **mind. 95 %** der Anteile in einer Hand der Besteuerung unterworfen.

Daneben unterliegt auch ein wesentlicher **Wechsel im Gesellschafterbestand** einer Personengesellschaft der Grunderwerbsteuer auf Grund der Besteuerungsvorschrift des § 1 Abs. 2a GrEStG. Während § 1 Abs. 3 GrEStG rechtsformunabhängig Anteilsvereinigungen besteuert, ist die Vorschrift des § 1 Nr. 2a GrEStG ausschließlich auf Personengesellschaften anzuwenden. Durch Zurückbehaltung eines Zwerganteils kann die Besteuerung eines Gesellschafterwechsels bei Personengesellschaften vermieden werden. Die Über-

V. Ausgewählte steuerrechtliche Aspekte einer GmbH & Co. KG 39

tragung von mehr als 95 % der Gesellschaftsanteile innerhalb eines Zeitraums von 5 Jahren unterliegt demnach der Besteuerung des § 1 Abs. 2 a GrEStG, sofern kein Tatbestand gemäß § 1 Abs. 3 Nr. 1 bzw. 2 GrEStG vorliegt.

Mit Urteil vom 12.10.2006 hat der BFH[92] entschieden, dass bei schenkweiser Übertragung der Anteile an einer Personengesellschaft die Befreiungsvorschrift des § 3 Nr. 2 S. 1 GrEStG greift und daher eine Besteuerung eines nach § 1 Abs. 2 a GrEStG dem Grunde nach steuerbaren Vorgangs nicht erfolgt. 180

Auch im Anwendungsbereich des § 1 Abs. 3 GrEStG (Anteilsvereinigung bzw. Anteilsübertragung) finden die personenbezogenen Befreiungsvorschriften des § 3 GrEStG Anwendung.[93] Die Befreiungsvorschrift des § 3 Nr. 2 GrEStG (Erwerb von Todes wegen sowie Schenkungen unter Lebenden) ist hingegen in den beiden Fällen des § 1 Abs. 3 Nr. 1 und 2 GrEStG nicht anwendbar, weil nach der Rechtsprechung des BFH der Erwerb in diesen beiden Fällen auf einer gesetzlich angeordneten Fiktion und nicht auf einer Schenkung beruht. 181

Ergänzt werden die beiden Tatbestände des § 1 Abs. 2 a und § 1 Abs. 3 GrEStG durch die neu hinzugekommene Vorschrift des § 1 Abs. 3 a GrEStG. Diese als Auffangtatbestand konzipierte Vorschrift kommt immer dann zur Anwendung, wenn bei einem Rechtsträger aufgrund einer Veränderung im Gesellschafterbestand eine wirtschaftliche Anteilsvereinigung an einer Grundbesitz haltenden Gesellschaft eintritt. Diese „wirtschaftliche" Anteilsvereinigung kann durch eine unmittelbare oder mittelbare Beteiligung begründet werden, wobei es hierbei auf die Summe der unmittelbaren und mittelbaren Beteiligungen am Kapital oder am Vermögen der Gesellschaft ankommt. Diese Auffangvorschrift ist besonders problematisch, da Steuerschuldner gem. § 13 Nr. 7 GrEStG der Rechtsträger ist, der die wirtschaftliche Beteiligung innehat. Gerade bei Konzernstrukturen können sich ohne jegliche Beteiligung und ohne Kenntnis des steuerpflichtigen Rechtsträgers durch geringfügige Veränderungen in der Struktur der Anteilseigner insbesondere an der Konzernspitze steuerbare Vorgänge bei grundbesitzhaltenden Gesellschaften im Unternehmensverbund ergeben. Der Steuerschuldner unterliegt hierbei gemäß § 19 Abs. 1 Nr. 7 a GrEStG einer Anzeigepflicht, d. h. er muss sicherstellen, dass er Kenntnis von der Veränderung im Kreis der unmittelbaren und mittelbaren Anteilseigner erhält, die eine „wirtschaftliche" Anteilsvereinigung bei ihm begründet. 182

5. Erbschaftsteuer/Schenkungsteuer

Die erbschaft- und schenkungsteuerpflichtigen Tatbestände im Zusammenhang mit der GmbH & Co. KG haben sich bereits seit der Verabschiedung 183

---

92 BStBl. II 2007, 409.
93 FinMin Baden-Württemberg v. 11.10.2007, NWB DocID: ZAAAC-605898.

des Erbschaftsteuerreformgesetzes aus dem Jahre 2008[94] grundlegend verändert.[95] Mit der erneuten Anpassung des Erbschaftsteuer- und Schenkungsteuergesetzes an die Vorgaben der Rechtsprechung des Bundesverfassungsgericht aus dem Jahre 2014[96] ist die Rechtslage für die Vererbung und lebzeitige Übertragung von Anteilen an begünstigten Personengesellschaften mit unternehmerischem Vermögen nochmals deutlich komplexer geworden.[97] Bevor wir auf die Grundzüge des Begünstigungssystems unternehmerisch tätiger Personengesellschaften eingehen, vorab eine Übersicht über die verschiedenen Anknüpfungspunkte erbschaft- oder schenkungsteuerpflichtiger Sachverhalte bei Personengesellschaften.

184   Folgende Sachverhalte können Erbschaft- oder Schenkungsteuer auslösen und bedürfen einer genauen Planung und Prüfung im Hinblick auf etwaige Besteuerungsfolgen:
- unentgeltliche bzw. teilentgeltliche Übertragung von Kommanditanteilen zu Lebzeiten oder von Todes wegen (§ 7 Abs. 1 Nr. 1 ErbStG, § 3 Abs. 1 Nr. 1 ErbStG);
- Ausscheiden aus der Gesellschaft gegen Zahlung einer Abfindung und damit verbundene Anwachsung des Anteils bei den verbleibenden Gesellschaftern (§ 7 Abs. 7 ErbStG);
- Ausscheiden von Todes wegen und Anwachsung des Kommanditanteils bei den verbleibenden Gesellschaftern (Fortsetzungsklausel, Anwachsungserwerb, § 3 Abs. 1 Nr. 2 S. 2 ErbStG);
- Einräumung einer überhöhten Gewinnbeteiligung (§ 7 Abs. 6 ErbStG);
- disquotale Gesellschaftereinlagen und damit verbundene Bereicherung der übrigen Gesellschafter.

185   Die Besteuerungsfolgen bei der Erbschaft-/Schenkungsteuer hängen maßgeblich von der ertragsteuerlichen Qualifizierung der GmbH & Co. KG ab. Sofern es sich um eine **vermögensverwaltende**, nicht gewerblich tätige und nicht gewerblich geprägte GmbH & Co. KG handelt, erfolgt die Besteuerung nach den Grundsätzen der Übertragung von steuerlichem **Privatvermögen**. Handelt es sich hingegen um eine **gewerblich tätige** bzw. **gewerblich geprägte** GmbH & Co. KG wird ertragsteuerlich **Betriebsvermögen** übertragen. Betriebsvermögen wird im Erb-/Schenkungsfall auch nach der erneuten Reform des Erbschaftsteuerrecht durch das Erbschaftsteuerreformgesetz vom 24.6.2016 günstiger besteuert als Privatvermögen. Grundsätzlich sind auch gewerblich geprägte Personengesellschaften nicht vom Begünstigungssystem ausgeschlossen. Vielmehr kommen diese Gesellschaften nur dann nicht in

---

94 BGBl. I 2008, 3018.
95 Vgl. hierzu etwa *Halaczinsky* UVR 2009, 18 und 44; *Hübner* DStR 2009, 2577; *Schmidt/Ley* NWB 2009, 2410; *Schmidt/Schwind* NWB 2009, 2410; NWB 2009, 2151; NWB 2009, 1654; NWB 2009, 1816; *Scholten/Korezkij* DStR 2009, 73; DStR 2009, 147; DStR 2009, 253; DStR 2009, 304; DStR 2009, 991; *Siegmund/Zipfel* BB 2009, 2678; BB 2009, 804; *Wälzholz* DStR 2009, 1605 sowie die Nachweise in Teil E, Ziff. I, 2 unter dem Stichwort „Vererbung/Nachfolge".
96 BVerfG v. 17.12.2014, 1 BvL 21/12 BStBl. II 2015, 50.
97 Literatur zum neuen Erbschaftsteuerrecht s. im Teil E I, 2 unter dem Stichwort „Vererbung/Nachfolge".

V. Ausgewählte steuerrechtliche Aspekte einer GmbH & Co. KG   41

den Genuss des Verschonungssystems, wenn die Quote des schädlichen Verwaltungsvermögens gemessen am gemeinen Wert des Gesamtunternehmens mehr als 90 % ausmacht (s. **Rn. 194**).

a) **Vermögensverwaltende GmbH & Co. KG (steuerliches Privatvermögen).** 186
Anders als bei der gewerblichen Personengesellschaft ist Gegenstand der Schenkung bzw. Vererbung einer Beteiligung an einer nicht gewerblichen Personengesellschaft nicht der Anteil als solcher. Vielmehr schreibt § 10 Abs. 1 S. 3 ErbStG vor, dass sowohl der unmittelbare als auch der mittelbare Erwerb eines Anteils an einer vermögensverwaltenden Personengesellschaft als Erwerb der **anteiligen Wirtschaftsgüter** gilt.

Soweit mit den übertragenen Vermögenswerten auch anteilige Schulden 187 übergehen, werden diese nicht saldiert, sondern nach den Grundsätzen der „**gemischten Schenkung**" berücksichtigt. Mit der verkehrswertnahen Bewertung sämtlicher Vermögenswerte ergibt sich jedoch regelmäßig nur eine geringe Kürzung des Schuldenabzuges. Die in § 10 Abs. 6 ErbStG verankerte **Schuldenkappung** findet insbesondere Anwendung auf Übertragung von Vermögen, das nach dem Gesetz teilweise von der Erbschaft- bzw. Schenkungsteuer befreit ist.

b) **Gewerbliche GmbH & Co. KG (steuerliches Betriebsvermögen).** *aa) Bewertung.* 188
Die Bewertung von Betriebsvermögen erfolgt auch nach der erneuten Erbschaftsteuerreform 2016 mit dem **gemeinen Wert** i. S. des § 9 Abs. 2 BewG. Soweit sich der Wert nicht aus zeitnahen Verkäufen ableiten lässt, ist er gem. § 11 Abs. 2 S. 2 BewG anhand der Ertragsaussichten der Gesellschaft zu schätzen. Hier kommt entweder das **vereinfachte Ertragswertverfahren** gem. §§ 199 ff. BewG zur Anwendung oder ein gutachtlich ermittelter Wert auf der Grundlage eines **anerkannten Ertragswertverfahrens**. Das vereinfachte Ertragswertverfahren kommt jedoch nur in den Fällen zur Anwendung, in denen der Unternehmenswert üblicherweise nach dem Ertragswert ermittelt wird. Soweit der Ertragswert unter dem Substanzwert der einzelnen Vermögensgegenstände des Unternehmens liegt, kommt zwingend der **Substanzwert** als Mindestwert zum Ansatz.

Die Grundlage des vereinfachten Ertragswertverfahrens bildet der **nach-** 189 **haltig zu erzielende Jahresertrag**. Dieser ist der Durchschnittsertrag der drei letzten vor dem Bewertungsstichtag liegenden Betriebsergebnisse der Gesellschaft. Die Betriebsergebnisse werden gem. § 202 BewG um bestimmte, im Ergebnis enthaltene außerordentliche Erträge und Aufwendungen korrigiert. Soweit im Ergebnis Abschreibungen auf einen Geschäftswert oder auf firmenwertähnliche Wirtschaftsgüter enthalten sind, werden diese gleichfalls den Ergebnissen hinzugerechnet. Zu beachten ist hierbei, dass etwaige Ergebnisse aus steuerlichen Sonder- und Ergänzungsbilanzen einzelner Gesellschafter im Rahmen der Ertragswertermittlung unberücksichtigt bleiben. Von dem hiernach ermittelten Durchschnittsertrag wird eine pauschalierte Ertragsteuerquote mit 30 % abgezogen. Im Rahmen der Bewertung sind folgende Besonderheiten für Personengesellschaften zu beachten:

- Soweit im Betriebsvermögen **nicht betriebsnotwendiges Vermögen** enthalten ist, wird dieses separat bewertet und dem Unternehmenswert hinzugerechnet. Aufwendungen und Erträge, die mit diesen Wirtschaftsgütern zusammenhängen, müssen daher aus den Ergebnissen der letzten drei Jahre ausgenommen werden.

- **Sonderbetriebsvermögen** einzelner Gesellschafter wird gleichfalls neben dem Ertragswert gesondert bewertet und dem Unternehmenswert hinzugerechnet. Auch Forderungen einzelner Gesellschafter gegenüber der Personengesellschaft gehören dann zum Betriebsvermögen der Personengesellschaft, wenn es sich auch um ertragsteuerliches Betriebsvermögen handelt (Ausweis als Sonderbetriebsvermögen). Die Finanzverwaltung fordert in diesem Zusammenhang eine fremdübliche Vereinbarung der Darlehensmodalitäten (Zinssatz, Laufzeit und Sicherheit) oder das Halten der Forderung im betrieblichen Interesse der Gesellschaft. In letzterem Fall kommt es für die Qualifizierung als Sonderbetriebsvermögen auf die fremdübliche Gestaltung nicht an.

190 Der ermittelte nachhaltig erzielbare Jahresertrag wird anschließend mit einem **Kapitalisierungsfaktor** gem. § 203 BewG in einen Ertragswert umgerechnet. Der Kapitalisierungsfaktor wurde mit dem Erbschaftsteuerreformgesetz 2016 gem. § 203 BewG auf einen starren Faktor von 13,75 % angepasst, gegenüber einem bisher variablen, am Basiszinssatz öffentlicher Anleihen angelehnten Faktor. Dies führt gegenüber der bisherigen Unternehmensbewertung im vereinfachten Ertragswertverfahren zu einem deutlich reduzierten Unternehmenswert und beseitigt damit die im bisherigen System zuletzt vorherrschende realitätsferne Überbewertung (Kapitalisierungsfaktor 2015 i.H. von 17,8571). Die Anpassung der Unternehmensbewertung hat aber auch nachteilige Auswirkungen auf die Verwaltungsvermögensquote, die gemessen an einem reduzierten Unternehmenswert aufgrund des reduzierten Kapitalisierungsfaktors künftig höher ausfallen wird.

191 Zur Privilegierung von **Familiengesellschaften** wurde gem. § 13a Abs. 9 ErbStG ein größenunabhängiger **Vorab-Abschlag**[98] von bis zu max. 30 % auf den gemeinen Wert des Unternehmens eingeführt, sofern die Gesellschaftsverträge der Familiengesellschaften folgende Bestimmungen enthalten:
- Entnahmebeschränkung[99] auf max., 37,5 % des um die anteilige Einkommensteuer auf den Gewinnanteil gekürzten Betrags des steuerlichen Gewinnanteils,
- Verfügungsbeschränkungen[100], d.h. Übertragung nur auf Angehörige i.S. des § 15 AO oder auf eine Familienstiftung und
- Abfindungsbeschränkung[101] auf einen unter dem gemeinen Wert des Anteils liegenden Werts.

---

98 Vgl. *Weber/Schwind* ZEV 2016, 688; *Wachter* NZG 2016, 1168; *Carlé* KÖSDI 2017, 20324 ff.; *Viskorf/Löcherbach/Jehle* DStR 2016, 2429 ff.; *Steger/Köninger* BB 2016, 3099; *Landsittel/Zerb* 2016, 3873 ff.; *Reich* DStR 2016, 2447 ff.
99 S. Rn. 686.
100 *Weber/Schwind* ZEV 2016, 689 ff.; *Steger/Königer* BB 2016, 3100 ff.; *Wachter* NZG 2016, 1171 ff.; *Viskorf/Löcherbach/Jehle* 2016, 2430.
101 *Weber/Schwind* ZEV 2016, 692; *Steger/Kössiger* BB 2016, 3103; *Wachter* NZG 2016, 1173 ff.

V. Ausgewählte steuerrechtliche Aspekte einer GmbH & Co. KG   43

Die o. g. Voraussetzungen müssen mindestens 2 Jahre vor dem Zeitpunkt der Steuerentstehung vorliegen und über einen Zeitraum von 20 Jahren nach dem Zeitpunkt der Steuerentstehung eingehalten werden. Die Höhe des Vorwegabschlags entspricht der prozentualen Minderung des Abfindungswerts und beträgt maximal 30 %.

192

bb) Verschonungssystem für Betriebsvermögen. Das erbschaftsteuerliche Begünstigungssystem gem. §§ 13 a und 13 b sowie § 19 a ErbStG für betriebliches Vermögen ist auch nach der vom Bundesverfassungsgericht im Jahre 2014 ausgelösten Erbschaftsteuerreform in seinen Grundzügen erhalten geblieben. Es bleibt bei den beiden Möglichkeiten der Inanspruchnahme einer **Regelverschonung** von 85 % bzw. der **Optionsverschonung** von 100 % des begünstigten Vermögens und den gesetzlich verankerten 5- bzw. 7-jährigen Behaltensfristen. Die Vergünstigungen gelten jedoch ohne Einschränkung nur für Erwerbe bis zu einem Wert von EUR 26 Mio. Für Großerwerbe ab EUR 26 Mio bis max. 90 Mio wurde ein Wahlrecht eingeführt. Die Erwerber können entweder einen Verschonungsabschlag gem. § 13 c ErbStG oder einen Antrag auf Erlass der Erbschaftsteuer unter den Voraussetzungen des § 28 a ErbStG stellen.

193

Daneben wurde das Begünstigungssystem an die weiteren Vorgaben des Urteils des Bundesverfassungsgerichts angepasst, insbesondere:
– Abschaffung des „Alles oder Nichts"-Prinzips, d. h. Aufteilung in begünstigtes und nicht begünstigtes Vermögen,
– Erweiterung des Negativkatalogs für nicht begünstigtes Verwaltungsvermögen,
– Regelverschonung von 85 % bei einer Verwaltungsvermögensquote von weniger als 90 % (bisher 50 %) und Optionsverschonung nur bei einer Verwaltungsvermögensquote von weniger als 20 % (bisher 10 %),
– Anpassung der Lohnsummenregelung, d. h. Geltung für Unternehmen mit mehr als 5 Beschäftigen. Bei mehr als 5 Beschäftigten erfolgt eine gestaffelte Ermittlung der Ausgangslohnsumme,
– Einführung einer konzernübergreifenden konsolidierten Verbundvermögensaufstellung.

194

Zentrale Vorschrift des Begünstigungssystems für Betriebsvermögen bilden die §§ 13 a und 13 b ErbStG.[102] Zunächst muss geprüft werden, ob das Betriebsvermögen der GmbH & Co. KG in den Genuss des Vergünstigungssystems gelangt. § 13 b ErbStG regelt in diesem Zusammenhang, was im Detail als begünstigtes Vermögen im Sinne der Vorschrift gilt. Ausgangspunkt ist das **ertragsteuerliche inländische Betriebsvermögen** der Personengesellschaft. Begünstigt ist die von Todes wegen oder lebzeitige Übertragung eines Mitunternehmeranteils bzw. eines Teils eines Mitunternehmeranteils. Da nach dem Gesetzeswortlaut auf gewerbliches Betriebsvermögen abgestellt wird, fällt

195

---

102 Vgl. die gleich lautenden Erlasse der obersten Finanzbehörden der Länder vom 22.6.2017 zur Anwendung der geänderten Vorschriften des Erbschaftssteuer- und Schenkungsteuergesetzes, BStBl. I 2017, 902. Zur Anwendung der koordinierten Erlasse durch Bayern vgl. die Verfügung des BayLFSt vom 14.11.2017.

dem Grunde nach auch die **gewerblich geprägte GmbH & Co. KG** (gewerblich geprägte Vermögensverwaltung) in den Kreis der begünstigten Unternehmen. § 13 b Abs. 2 ErbStG schränkt den Anwendungsbereich des Vergünstigungssystems auf qualifiziertes Betriebsvermögen ein. Hierzu muss in einer mehrstufigen Prüfung zunächst der Wert des begünstigungsfähigen Vermögens und der Wert des gesetzlich definierten nicht begünstigten Verwaltungsvermögens ermittelt werden.

196 Um schädliches Verwaltungsvermögen handelt es sich bei den im Folgenden aufgeführten Vermögenswerten:
- **Dritten zur Nutzung überlassener Grundbesitz**, wobei die Fälle der Betriebsaufspaltung, Sonderbetriebsvermögen sowie bestimmte Fälle der Betriebsverpachtung kein schädliches Verwaltungsvermögen darstellen;
- **Anteile an Kapitalgesellschaften** bei einer unmittelbaren Beteiligung von 25 % oder weniger. Gesellschafter, die mit weniger als 25 % an einer Kapitalgesellschaft beteiligt sind, können eine erbschaftsteuerliche Verschonung erreichen, wenn sie ihre Anteile poolen und die gepoolten Anteile 25 % aller Anteile erreichen;
- **Kunstgegenstände**, Kunstsammlungen, wissenschaftliche Sammlungen, Bibliotheken und Archive sowie Münzen, Edelmetalle und Edelsteine, Briefmarkensammlungen, Oldtimer, Yachten, Segelflugzeuge sowie andere, typischerweise der privaten Lebensführung dienenden Gegenstände (ausgenommen Unternehmen, die o.g. Gegenstände produzieren oder damit handeln).
- **Wertpapiere und vergleichbare Forderungen**;
- **Zahlungsmittel, Geschäftsguthaben, Geldforderungen und andere Forderungen (Finanzmittel)** soweit deren Wert nach Abzug des gemeinen Werts der Schulden 15 % des Werts des Betriebsvermögens übersteigt. Die Neuregelung trägt dem Umstand Rechnung, dass jeder Betrieb einen bestimmten Betrag an Finanzmittel für die Aufrechterhaltung seines Geschäftsbetriebs benötigt. Nur der über den schädlichen Umfang von 15 %, gemessen am gemeinen Wert des Betriebs, hinausgehende Betrag der Finanzmittel zählt demnach zum schädlichen, d.h. nicht begünstigten Verwaltungsvermögen (Finanzmitteltest). Finanzmittel stellen jedoch bei sog. Cash Gesellschaften bzw. gewerblich geprägten und sonstigen vermögensverwaltenden Gesellschaften stets schädliches Verwaltungsvermögen dar, d.h. hier kommt die 15 % Grenze nicht zur Anwendung. Dies stellt § 13 b Abs. 4 Nr. 5 S. 4 und 5 ErbStG klar, der den Finanzmitteltest nur für originär gewerblich tätige bzw. freiberufliche und land- und forstwirtschaftlich tätige Unternehmen gewährt.

197 Nach Identifikation und Bewertung des gemeinen Werts des Verwaltungsvermögens muss in einem nächsten Schritt die Ermittlung des **Nettowerts des Verwaltungsvermögens** erfolgen. Hierzu werden gem. § 13 b Abs. 6 ErbStG vom Wert des Verwaltungsvermögens die im Rahmen des Finanzmitteltests verbliebenen Restschulden des Unternehmens sowie bestimmte Schulden aus Altersversorgungsverpflichtungen des Unternehmens anteilig in Abzug gebracht. Anteilig bedeutet nach dem Verhältnis des gemeinen Werts des Verwaltungsvermögens zum gemeinen Wert des Betriebsvermögens zzgl. der o.g. Restschulden und Altersvorsorgeverbindlichkeiten. Als Nettowert des Ver-

V. Ausgewählte steuerrechtliche Aspekte einer GmbH & Co. KG

waltungsvermögens ist aber mindestens der gemeine Wert des jungen Verwaltungsvermögens (Zuführung innerhalb von 2 Jahren vor dem Zeitpunkt der Steuerentstehung) anzusetzen.

Von dem insoweit ermittelten Nettowert des Verwaltungsvermögens wird abschließend gem. § 13b Abs. 7 ErbStG ein Anteil von 10 % des um den gemeinen Wert des Verwaltungsvermögens gekürzten Werts des Betriebsvermögen als **unschädliches Verwaltungsvermögen** gesetzlich fingiert.

Nachdem im Wege der vorstehend beschriebenen mehrstufigen Ermittlungsprozedur der Wert des schädlichen Verwaltungsvermögens bestimmt wurde (unter Berücksichtigung unschädlicher Finanzmittel im Rahmen des Finanzmitteltests und 10 %igem Abzug) ergibt sich der **Wert des „begünstigten" Vermögens** als Restgröße des gemeinen Werts des gesamten Betriebs abzüglich des o. g. ermittelten Werts des schädlichen Verwaltungsvermögens. Auf diesen Wert kann nunmehr der **Verschonungsabschlag** in Höhe von 85 % oder 100 % in Anspruch genommen werden. Die Ermittlung der für den Verschonungsabschlag (85 % oder 100 %) relevanten Verwaltungsvermögensquote erfolgt gem. § 13a Abs. 10 S. 2 ErbStG nach dem Verhältnis der gemeinen Werte des Verwaltungsvermögens (unter Berücksichtigung des Finanzmitteltests) zum gemeinen Wert des Betriebs.

Bei mehrstufigen Unternehmensstrukturen erfolgt die Ermittlung des letztendlich begünstigten Vermögens im Rahmen einer sog. **Verbundvermögensaufstellung** gem. § 13b Abs. 9 ErbStG. Hier werden alle Vermögensgegenstände des Verwaltungsvermögens sowie die unmittelbar und mittelbar gehaltenen Finanzmittel einschließlich des jungen Verwaltungsvermögens und der jungen Finanzmittel zusammengefasst und gesondert aufgeführt.

Während § 13b ErbStG das begünstigte und nicht begünstigte Betriebsvermögens und deren Ermittlung beschreibt, geht es in § 13a ErbStG um das eigentliche Verschonungssystem. Der Gesetzgeber unterscheidet die Regelverschonung und die **Optionsverschonung**. Der **Verschonungsabschlag von 85 % (Regelverschonung)** wird von Gesetzes wegen **zwingend** auf das begünstigte Vermögen gewährt, sofern die gesetzlichen Voraussetzungen erfüllt sind. Der Erwerber kann für den Wert des begünstigten Vermögens aber auch die Optionsverschonung gemäß § 13a Abs. 10 ErbStG beantragen, sofern der Wert des begünstigungsfähigen Vermögens gem. § 13a Abs. 1 ErbStG **nicht zu mehr als 20 % aus Verwaltungsvermögen** nach § 13a Abs. 3 und 4 ErbStG besteht. In diesem Fall wird eine Verschonung von 100 % des begünstigten Vermögens gewährt, was jedoch die Einhaltung längerer Behaltensfristen einerseits und höherer Anschlusslohnsummen voraussetzt. Die Regel- und Optionsverschonung gemäß § 13a ErbStG wird nur für Erwerbe begünstigten Vermögens bis zu einem Gesamtwert von **EUR 26 Mio.** gewährt. Hierbei werden alle innerhalb von 10 Jahren von demselben Übergeber erfolgte Übertragungen von begünstigtem Vermögen mit dem zum Zeitpunkt der Schenkung relevanten Wert zusammengerechnet. Wird innerhalb von 10 Jahren die Grenze überschritten, entfällt rückwirkend die Steuerbefreiung für die bis dahin in Anspruch genommene Steuerbefreiung. Der Gesetzgeber wollte damit bewusst zeitlich gestaffelten Übertragungen von Anteilen an Großunternehmen entgegenwirken.

202 Mit dem Wegfall der Steuerbefreiung kommt der Erwerber aber rückwirkend in den Genuss des antragsgebundenen verminderten Verschonungsabschlags gemäß § 13c ErbStG oder der Verschonungsbedarfsprüfung gemäß § 28a ErbStG (s. **Rn. 209ff.**).

Auf den verbleibenden Betrag nach Abzug des 85%igen Verschonungsabschlags wird gem. § 13a Abs. 2 ErbStG ein weiterer **Abzugsbetrag** von EUR 150.000,- gewährt. Der Abzugsbetrag verringert sich um 50% des den Abzugshöchstbetrag von EUR 150.000,- übersteigenden Betrag des restlichen Betriebsvermögens. Damit bleibt im Ergebnis Betriebsvermögen bis zu EUR 1 Mio. mit Ausnahme des nicht begünstigten Betriebsvermögens steuerfrei, sofern die nachfolgenden Voraussetzungen eingehalten werden. Die Gewährung des **Verschonungsabschlags** und des **Abzugsbetrages** ist nicht an die Stellung eines gesonderten Antrags gebunden. Der ungekürzte Verschonungsabschlag ist an folgende Voraussetzungen geknüpft:

203 • **Lohnsummenregelung** Während für Kleinstbetriebe mit bis zu 5 Beschäftigten eine Lohnsummenprüfung entfällt, unterliegen alle übrigen Betriebe abhängig von der in Anspruch genommenen Verschonungsregelung (Regel- bzw. Optionsverschonung) einer 5- bzw. 7-jährigen Lohnsummenüberwachung Die **Lohnsumme** darf innerhalb einer Frist von fünf bzw. 7 Jahren im Anschluss an den Erwerbsfall 400% (5 Jahre Regelverschonung) bzw. 700% (7 Jahre Optionsverschonung) der Ausgangslohnsumme nicht unterschreiten. Für Betriebe mit 11 bis 15 Beschäftigten reduziert sich die einzuhaltende Ausgangslohnsumme auf 300% (5 Jahre Regelverschonung) bzw. 565% (7 Jahre Optionsverschonung) und für Betriebe mit nur 6 bis 10 Beschäftigten auf 250% (Regelverschonung) bzw. 500% (Optionsverschonung). Eine Überprüfung erfolgt nicht jährlich, sondern erst nach Ablauf der fünfjährigen Lohnsummenfrist, womit rechtzeitig vor Ablauf der Frist ggf. erforderliche Maßnahmen zu deren Einhaltung getroffen werden können. **Ausgangslohnsumme** ist die durchschnittliche Lohnsumme der letzten fünf Jahre vor dem Zeitpunkt des Erwerbs. Bei mehrstufigen Unternehmensstrukturen werden sämtliche Beschäftigte zu dem Anteil mit einbezogen, zu dem eine unmittelbare oder mittelbare Beteiligung besteht.

204 • Das begünstigte Vermögen muss während einer Dauer von fünf Jahren (Regelverschonung) bzw. 7 Jahren (Optionsverschonung) vom Übernehmer behalten werden („**Behaltensfrist**"). Schädlich sind rechtsgeschäftliche Verfügungen wie die Veräußerung sowie veräußerungsähnliche Vorgänge wie die Liquidation (einschließlich Insolvenz) der Gesellschaft, aber auch die Veräußerung wesentlicher Betriebsgrundlagen bzw. deren Überführung ins Privatvermögen. Der Gesetzgeber hat jedoch mit der in § 13a Abs. 6 S. 3 und 4 ErbStG enthaltenen Reinvestitionsklausel den Betroffenen die Möglichkeit eröffnet, eine dem Grunde nach schädliche Verfügung wieder zu heilen. Voraussetzung für eine unschädliche Verfügung ist hiernach, dass der Veräußerungserlös innerhalb eines Zeitraums von sechs Monaten im Anschluss an die Veräußerung wieder in dieselbe begünstigte Vermögensart reinvestiert wird.

205 • Wie im bisherigen Begünstigungssystem betrachtet der Gesetzgeber auch die Fälle schädlicher **Überentnahmen** innerhalb der fünfjährigen Behaltens-

frist als Verstoß gegen die Behaltensregeln. Gem. § 13a Abs. 6 S. 1 Nr. 3 ErbStG sind Überentnahmen dann anzunehmen, wenn der betreffende Gesellschafter Entnahmen innerhalb der fünf Jahre tätigt, welche die Summe der jährlichen Gewinnanteile des betreffenden Gesellschafters um mehr als EUR 150.000,– übersteigen. Schädliche Überentnahmen können jedoch kurz vor Ablauf der 5 Jahresfrist wieder dem Betriebsvermögen zugeführt werden, ohne dass hierin ein Gestaltungsmissbrauch angenommen wird.

Hat der Begünstigte innerhalb der fünfjährigen Haltefrist gegen eine der Behaltensregeln verstoßen, fallen **rückwirkend** der Verschonungsabschlag und der Abzugsbetrag weg, wobei der Wegfall nicht vollständig, sondern **nur zeitanteilig** erfolgt. Der Wegfall beschränkt sich auf den Betrag, der dem Verhältnis der verbleibenden Behaltensfrist zur gesamten Behaltensfrist entspricht. Ausgenommen von der zeitanteiligen Kürzung sind die Entnahmebeschränkungen gem. § 13a Abs. 6 S. 1 Nr. 3 ErbStG. 206

Auf folgende Besonderheiten im Zusammenhang mit der Übertragung von Anteilen an **Personengesellschaften** ist abschließend noch hinzuweisen: 207
- Soweit ein Anteil an einer Personengesellschaft zusammen mit Wirtschaftsgütern des Sonderbetriebsvermögens (insb. Forderungen sowie der Gesellschaft überlassener Grundbesitz) übertragen wird, unterliegt auch das **Sonderbetriebsvermögen** den erbschaft- und schenkungsteuerlichen Vergünstigungen.
- Sofern im Rahmen einer vorweggenommenen Erbfolgeregelung zunächst nur ein Teilkommanditanteil eines Gesellschafters übertragen wird, muss keine quotenentsprechende Übertragung des **Sonderbetriebsvermögens** erfolgen. Der übertragende Gesellschafter kann sein Sonderbetriebsvermögen entweder vollständig zurückbehalten, oder es quotal, über-, oder unterquotal mitübertragen.
- Zum Verwaltungsvermögen rechnen auch **Forderungen der Gesellschafter gegenüber der Gesellschaft**. Diesen Forderungen stehen zwar korrespondierende Verbindlichkeiten im Gesamthandsvermögen gegenüber. Die Schulden im Gesamthandsvermögen werden den Gesellschaftern aber nur quotal gem. ihrem Beteiligungsverhältnis zugerechnet. Bei einer geringen Beteiligung führt dies tendenziell zu einer hohen Verwaltungsvermögensquote des betreffenden Gesellschaftsanteils.

Erwerber der Steuerklasse II und III (insb. Eltern und Geschwister, entfernte Verwandte sowie nicht mit dem Erblasser verwandte Personen) erhalten eine **Tarifermäßigung**, soweit sie begünstigtes Betriebsvermögen im Sinne von § 13b Abs. 1 ErbStG erwerben. Die Vorschrift des § 19a ErbStG bezweckt eine Gleichstellung mit Erben der Steuerklasse I durch die Gewährung eines Entlastungsbetrages für den nach Abzug des Verschonungsabschlags verbleibenden Teil des steuerpflichtigen Betriebsvermögens. 208

Für **Großerwerbe** mit einem Wert zwischen EUR 26 und 90 Mio wird auf Antrag gemäß § 13c ErbStG gleichfalls ein reduzierter Verschonungsabschlag gem. § 13a Abs. 1 ErbStG gewährt. Der Verschonungsabschlag von 85% bzw. 100% (Optionsverschonung) reduziert sich hierbei um jeweils 209

1 % für jede volle EUR 750.000, die der Wert des begünstigten Vermögens den Betrag von EUR 26 Mio. übersteigt. Das größenabhängige Abschmelzen des Verschonungsabschlags endet bei einem begünstigten Vermögenswert von EUR 90 Mio. Bei Gesamterwerben innerhalb von 10 Jahren von einem **Übergeber** von **mehr als EUR 90 Mio.** hat sich der Verschonungsabschlag folglich auf EUR 0 reduziert.

210 Als Alternative zum reduzierten Verschonungsabschlag gemäß § 13c ErbStG hat der Erwerber die Wahl, an Stelle des Antrags auf reduzierten Verschonungsabschlag gemäß § 28a ErbStG einen **Erlass** bzw. **Teilerlass** der Steuer zu stellen, sofern er nicht in der Lage ist, die Steuer aus seinem **verfügbaren Vermögen** zu tilgen. Zum verfügbaren Vermögen des Erwerbers rechnet der Gesetzgeber gemäß gesetzlicher Vorgabe in § 28a Abs. 2 ErbStG:
– 50 % der Summe der gemeinen Werte des im Rahmen der Schenkung / des Erbfalls übertragenen nicht begünstigten Vermögens im Sinne von § 13b Abs. 2 ErbStG (Verwaltungsvermögen) zzgl.
– 50 % der Summe des bereits im Eigentum des Erwerbers befindlichen, fiktiv nicht zum begünstigten Vermögen gemäß § 13b Abs. 2 ErbStG gehörenden Vermögens (insb. Privatvermögen).

211 Der Erwerber muss also 50 % seines vorhandenen **Privatvermögens** zzgl. 50 % des übertragenen schädlichen **Verwaltungsvermögens** für die Begleichung der Erbschaftsteuer für das begünstigte Vermögen einsetzen.

Voraussetzung für die Gewährung des Erlasses bzw. Teilerlasses ist gleichfalls die Einhaltung der 7-jährigen Lohnsummenregelung sowie die Einhaltung der 7-jährigen Behaltensfrist. Darüber hinaus erhöht sich der Wert des verfügbaren Vermögens rückwirkend, sofern der Erwerber innerhalb von 10 Jahren nach dem begünstigten Erwerb im Wege der Schenkung oder von Todes wegen weiteres Vermögen erhält, das zum „verfügbaren" Vermögen im Sinne der Vorschrift gehört.

212 Der Gesetzgeber hat das Wahlrecht gemäß § 13c ErbStG als **unwiderrufliches Wahlrecht** ausgestaltet, während der Antrag auf Erlass bzw. Teilerlass gemäß § 28a ErbStG widerruflich ist. Daher empfiehlt sich bei Großererben ggf. zunächst den Antrag auf Erlass zu stellen, der nach einer entsprechenden ungünstigen Wertermittlung seitens des Finanzamts bzw. im Falle eines späteren Verstoßes bzw. einer späteren Berichtigung durch einen Antrag auf Verschonungsabschlag gem. § 13c ErbStG ersetzt werden kann.

213 Die Komplexität des Begünstigungssystems erfordert eine über mehrere Jahre währende Überwachung der einzuhaltenden Kriterien seitens der Finanzverwaltung. Der Gesetzgeber bedient sich hierzu folgender gesetzlich normierter **Anzeigepflichten**, die er dem Erwerber im Anschluss an einen begünstigten Erwerb auferlegt:
– gemäß § 13a Abs. 7 S. 1 ErbStG Anzeige des Unterschreitens der Lohnsumme innerhalb von 6 Monaten nach Ablauf der Lohnsummenfrist,
– gemäß § 13a Abs. 7 S. 2 ErbStG Anzeige eines Verstoßes gegen Behaltensfristen sowie gegen die Entnahmebeschränkung innerhalb einer Frist von einem Monat, nachdem der schädliche Tatbestand verwirklicht wurde,

V. Ausgewählte steuerrechtliche Aspekte einer GmbH & Co. KG   49

- gemäß § 13a Abs. 9 S.S. 5 ErbStG Anzeige **veränderter Satzungsbestimmungen** bei Gewährung eines Vorababschlags für Familienunternehmen innerhalb von einem Monat nach deren Anpassung.
- gemäß § 28a Abs. 5 ErbStG (Erlass) Anzeige des **Unterschreitens der Lohnsumme** innerhalb von 6 Monaten nach Ablauf der Lohnsummenfrist sowie Anzeige von **Verstößen gegen die Behaltensfristen** innerhalb von einem Monat nachdem der schädliche Tatbestand verwirklicht wurde und zuletzt
- Gemäß § 28a Abs. 5 ErbStG Anzeige des **Erwerbs von weiterem verfügbaren Vermögens**, dass der Erwerber im Wege der Schenkung oder von Todes innerhalb von 10 Jahren nach dem begünstigten Erwerb erhält.
Eine **grafische Übersicht** mit Beispielsfällen findet sich bei Höne, NWB-EV 2016, 370.

c) Fiktive Schenkungstatbestände des ErbStG. Das gesellschaftsvertragliche Ausscheiden aus der Gesellschaft führt in der Regel zu einem Anwachsungserwerb bei den verbleibenden Gesellschaftern. Betroffen sind das lebzeitige Ausscheiden eines Gesellschafters gemäß § 18 des KG-Mustervertrages (z.B. anlässlich einer Kündigung), der Ausschluss eines Gesellschafters aufgrund eines Gesellschafterbeschlusses gemäß § 16 des KG-Mustervertrages oder der Erbfall in den Fällen der Fortsetzungsklausel gemäß § 15 des KG-Mustervertrages.   214

Gesellschaftsverträge sehen mit guten Gründen häufig eine Abfindung der ausscheidenden Gesellschafter vor, die **unter dem Verkehrswert** des Gesellschaftsanteils liegt. Hintergrund ist insbesondere die Schonung des Gesellschaftsvermögens zum Zwecke der Bestandssicherung des Unternehmens der Gesellschaft. Seit der Anhebung des Steuerwerts auf Verkehrswertniveau kann dies zu einem Vermögenszuwachs bei den verbleibenden Gesellschaftern führen (insbesondere dann, wenn eine Verschonung von Betriebsvermögen gemäß §§ 13a, 13b und 13c ErbStG nicht gewährt werden kann), der nach den **Fiktionstatbeständen** des § 3 Abs. 1 Nr. 2 S. 2 ErbStG (für den Fall des Ausscheidens von Todes wegen) und § 7 Abs. 7 S. 3 i.V.m. § 10 Abs. 10 ErbStG (für den Fall der unverzüglichen Anteilsübertragung durch Erben) sowie § 7 Abs. 7 S. 1 ErbStG (für den Fall des lebzeitigen Ausscheidens) einen **steuerpflichtigen Erwerb** darstellen kann.   215

Nach § 7 Abs. 7 S. 1 ErbStG gilt als Schenkung der auf dem Ausscheiden eines Gesellschafters beruhende Übergang des Gesellschaftsanteils auf die anderen Gesellschafter, soweit der Wert, der sich für seinen Anteil zur Zeit seines Ausscheidens nach § 12 ErbStG ergibt, den **Abfindungsanspruch übersteigt** (Steuerwert − Abfindung = Schenkung). Nach § 3 Abs. 1 Nr. 2 S. 2 ErbStG gilt als Schenkung auf den Todesfall auch der auf dem Ausscheiden eines Gesellschafters beruhende Übergang des Anteils eines Gesellschafters einer Personengesellschaft bei dessen Tod auf die anderen Gesellschafter, soweit der Wert, der sich für seinen Anteil zur Zeit seines Todes nach § 12 ErbStG ergibt, Abfindungsansprüche seiner Erben übersteigt. Beide Erwerbsfiktionen setzen demnach tatbestandlich voraus, dass der Vermögenszuwachs bei den Gesellschaftern durch das Ausscheiden verursacht wurde und erfas-   216 sen damit bei der Personengesellschaft lediglich den Fall der **Anwachsung**. Bei einer **rechtsgeschäftlichen Anteilsübertragung** scheidet ein Gesellschafter im Gegensatz dazu infolge der Rechtsübertragung auf den Erwerber aus der Gesellschaft aus. Die Schenkungsfiktionen greifen hier also grundsätzlich nicht.[103] Das Gesetz sieht in § 7 Abs. 7 S. 3 i. V. m. § 10 Abs. 10 S. 1 ErbStG allerdings eine Ausnahme vor: Die Schenkungsfiktion greift auch in dem Fall, in dem ein Erbe einen auf ihn von Todes wegen übergegangenen Gesellschaftsanteil unverzüglich nach dessen Erwerb auf Grund einer im Zeitpunkt des Todes des Erblassers bestehenden Regelung im Gesellschaftsvertrag an die Mitgesellschafter überträgt.

217 Zwar eröffnet der Übergang des Gesellschaftsanteils auf die verbleibenden Mitgesellschafter den Anwendungsbereich der **Verschonungsregelungen gem. §§ 13a–13c, 28a ErbStG** für die verbleibenden Gesellschafter.[104] Daran dürfte sich, vorbehaltlich einer noch ausstehenden Bestätigung seitens der Finanzverwaltung, auch nach dem Erbschaftsteuerreformgesetz 2016 nichts geändert haben. In Zukunft wird also auch im Hinblick auf das Gesellschafterausscheiden der Erfüllung und Einhaltung der Verschonungsregeln des §§ 13a, 13b und 13c ErbStG besondere Bedeutung zukommen. Bei Abfassung des Gesellschaftsvertrages sollten die Gesellschafter aber darüber hinaus Vorkehrungen treffen, um im Einzelfall die erbschaft-/schenkung- und ertragsteuerliche Belastung der Beteiligten maßgeblich mitgestalten zu können. Der Gesellschaftsvertrag sollte für die anderen Gesellschafter die Möglichkeit vorsehen, statt einer „automatischen" Anwachsung die **rechtsgeschäftliche Übertragung** des Gesellschaftsanteils verlangen zu können, um bei Bedarf die vorgenannten Fiktionstatbestände des ErbStG ausschalten zu können (s. Rn. 918).[105] Ob dann bei dem oder den Erwerbern gegebenenfalls ein steuerbarer Vermögenszuwachs in Form der gemischten Schenkung vorliegt, bemisst sich nach den allgemeinen Regeln (§ 7 Abs. 1 Nr. 1 ErbStG);[106] insbesondere setzt dies auch das Vorliegen der subjektiven Anforderungen beim Veräußerer (Freigebigkeit)[107] voraus. Der KG-Mustervertrag sieht daher in § 20 eine (allgemeine) **Zwangsabtretungsklausel** vor, die den übrigen Gesellschaftern in bestimmten Fällen eine entsprechende Beschlussfassung ermöglicht und zudem die Kaufpreisfindung und Abwicklung der Anteilsübertragung regelt. Zudem sieht die modifizierte Nachfolgeklausel in § 15 Variante 6 zu Abs. 1 des KG-Mustervertrages eine entsprechende Anwendung von § 20 des KG-Mustervertrages vor (näher zu den erbschaft-/schenkung- und ertragsteuerlichen Auswirkungen der einzelnen Nachfolgeklauseln s. die Anm. zu § 15 des KG-Mustervertrages, Rn. 765 ff.).

---

103 Ebenso Troll/Gebel/Jülicher/*Gebel* ErbStG, § 7 Rn. 401 ff. (404); *Hübner/Maurer* ZEV 2009, 361, 364; *Rudisch* BB 2010, 1321, 1323; *Wangler* DStR 2009, 1501, 1506; nicht ganz eindeutig hingegen *Meincke* ErbStG, § 7 Rn. 143; a. A. *Neumayer/Imschweiler* DStR 2010, 201, 203 f.; *Fuhrmann* KÖSDI 2010, 16884, 16886.
104 Vgl. Abschn. 13b.1 sowie 13b.2 der koordinierten Erlasse der Länder zur Erbschaftsteuer vom 26.6.2017, BStBl. I 2017, 902.
105 Ebenso etwa *Hübner/Maurer* ZEV 2009, 428, 434; *Rudisch* BB 2010, 1321, 1323.
106 Siehe hierzu etwa Troll/Gebel/Jülicher/*Gebel* ErbStG, § 7 Rn. 201 ff.
107 Siehe hierzu etwa Troll/Gebel/Jülicher/*Gebel* ErbStG, § 7 Rn. 267 ff. (270) m. w. N.

6. Die GmbH & Co. KG im steuerlichen Rechtsformvergleich

a) Ertragsteuerrecht. Auch nach der Verabschiedung der Unternehmenssteuerreform 2008 bleibt die GmbH & Co. KG eine unter steuerlichen Gesichtspunkten attraktive Rechtsform des Mittelstands.

Seit 2008 gelten für Kapital- und Personengesellschaften in wesentlichen Teilen neue Besteuerungsregeln. Die Besteuerungskonzeption beider Rechtsformen ist wie folgt gekennzeichnet:

aa) Kapitalgesellschaften. Kapitalgesellschaften werden zweistufig besteuert, und zwar mit 15 % Körperschaftsteuer und einer Gewerbesteuer, die als nicht abzugsfähige Betriebsausgabe ausgestaltet ist, mit einer absoluten Belastung von 12,6–17,15 % (Hebesatz 360–490 v. H.). Damit ergibt sich eine absolute Steuerlast von rund 28,43 bis 32,98 %.

Ab 2009 wurde für Ausschüttungen auf Anteile von Kapitalgesellschaften, die im Privatvermögen gehalten werden, das bisherige **Teileinkünfteverfahren** durch die **Abgeltungsteuer** abgelöst. Für Anteile im Betriebsvermögen gilt weiterhin das Teileinkünfteverfahren mit einer Steuerbemessungsgrundlage von 60 % der Ausschüttung. Damit ergeben sich steuerlich problematische Ungleichbehandlungen aufgrund des im Abgeltungsteuersystem verankerten **Verbots des Abzugs von Werbungskosten**, weil im Teileinkünfteverfahren (Anteile im Betriebsvermögen) ein gesellschafterbezogener Betriebsausgabenabzug nach wie vor zulässig ist.

Die nominelle Gesamtbelastung (unterstellte Vollausschüttung) für Gesellschaft und Anteilseigner liegt bei einem Hebesatz von 400 % bei 48,33 % (Anteile im Privatvermögen) und 49,82 % (Anteile im Betriebsvermögen) bei einem Gesellschafter, der dem Einkommensteuerhöchstsatz von 45 % unterliegt.

Die Kapitalgesellschaft ist folglich für **thesaurierende Investoren** und **ausländische Investoren** aufgrund ihrer rd. 30 %igen Gesamtsteuerquote auf Gesellschaftsebene attraktiver geworden. Benachteiligt sind Gesellschafter, deren Anteile sich im Privatvermögen befinden und die ihren Anteil fremdfinanziert haben (sofern gem. § 32 d Abs. 2 Nr. 3 EStG nicht ausnahmsweise ein Werbungskostenabzug gewährt wird). Im europäischen Vergleich liegt die Besteuerung von Kapitalgesellschaften etwa im Mittelfeld.

bb) Personengesellschaft insb. GmbH & Co. KG. Auch für Personengesellschaften hat die Unternehmenssteuerreform 2008 wesentliche Neuerungen gebracht. Neben der Einführung des Betriebsausgabenabzugsverbots für die Gewerbesteuer gelten auch für Personenunternehmen die gleichen erweiterten gewerbesteuerlichen Hinzurechnungsvorschriften wie für Kapitalgesellschaften. Jedoch stellt die Gewerbesteuer bei Kapitalgesellschaften eine **Definitivbelastung** dar, während bei Personengesellschaften über die Anrechnungsvorschrift des § 35 EStG im Idealfall (keine Anrechnungsüberhänge vgl. Rn. 164 ff.) eine weitgehende Entlastung von der Gewerbesteuer erreicht werden kann.

Der wesentliche Besteuerungsunterschied im Ertragsteuerrecht war bislang die Einmalbesteuerung (steuerliche Transparenz der Personengesellschaft) gegenüber der zweistufigen Besteuerung der Kapitalgesellschaft und ihrer Gesellschafter. Damit bestand bislang ausschließlich für die Kapitalgesellschaft die Möglichkeit, Ausschüttungen steuerorientiert zu gestalten.

225 Mit der ab 2008 eingeführten Vorschrift des § 34a EStG wurde auch den Personengesellschaften die Möglichkeit eröffnet, ihren Gewinn zu einem ermäßigten **Thesaurierungssteuersatz** von 28,25 % (zzgl. SolZ und KiSt) zu besteuern.

226 Die wesentlichen Vorteile der GmbH & Co. KG liegen unverändert in der Möglichkeit der **Verrechnung von Verlustanteilen** auf persönlicher Einkommensteuerebene sowie in der steuerlichen Flexibilität und den Vorteilen im Zusammenhang mit **Vermögensübertragungen** zwischen Gesellschaft und Gesellschafter (Grunderwerbsteuer, Einkommensteuer).

227 Beim **Unternehmenskauf** ist die GmbH & Co. KG nach wie vor die attraktivere Akquisitionsrechtsform verglichen mit der GmbH bzw. AG. Zum einen besteht die Möglichkeit der steuerwirksamen Geltendmachung der Anschaffungskosten über eine anteilige Kaufpreisabschreibung (*asset deal*). Daneben sind Finanzierungskosten des Erwerbers für den Kommanditanteil in vollem Umfang als **Sonderbetriebsausgaben** abzugsfähig, während beim Erwerb von Anteilen an Kapitalgesellschaften mit der Einführung der Abgeltungsteuer der Abzug von Finanzierungskosten weiter eingeschränkt wurde.

228 Die Rechtsform der GmbH & Co. KG hat auch nach Einführung der Unternehmensteuerreform 2008 nicht an Attraktivität verloren. Sie ist unverändert die **steuerlich flexiblere Rechtsform** gegenüber der Kapitalgesellschaft. Da beide Rechtsformen im Detail Vor- und Nachteile in ihrem Besteuerungssystem aufweisen, ist ein individueller Rechtsformvergleich unter Einbeziehung gesellschafts- und gesellschafterindividueller Rahmenbedingungen unverzichtbar.

229 b) **Erbschaftsteuerrecht.** Der Gesetzgeber hat mit Einführung des gemeinen Werts als Besteuerungsmaßstab für die Übertragung von Betriebsvermögen eine rechtsformneutrale Besteuerung für Zwecke der Erbschaftsteuer angestrebt. Bei näherer Betrachtung verbleiben gleichwohl rechtsformspezifische Unterschiede im Detail, die im Einzelfall mehr oder weniger starke Auswirkungen auf die Belastung mit Erbschaftsteuer nach sich ziehen. Der wesentliche erbschaftsteuerliche Vorteil der Personengesellschaft im Vergleich zur Kapitalgesellschaft liegt darin, dass eine Mindestbeteiligung bei Personengesellschaften auch nach der Verabschiedung des Erbschaftsteuerreformgesetzt 2016 keine Voraussetzung für die Gewährung der Vergünstigungen der §§ 13a, 13b und 13c ErbStG darstellt. Gesellschafter von Kapitalgesellschaften kommen hingegen nur bei einer Beteiligungsquote von mehr als 25 % in den Genuss der Vergünstigungen. Liegt die Beteiligungen darunter, werden die Vergünstigungen nur dann gewährt, wenn eine wirksam abgeschlossene Poolvereinbarung vorliegt (Verfügungsbeschränkungen und Stimmrechtsbindung).[107a]

107a Vgl. Abschn. 13b.6 Abs. 3ff der koordinierten Erlasse der Länder zur Erbschaftssteuer v. 22.6.2017, BStBl I 2017, 902. Zur Anwendung der koordinierten Erlasse durch Bayern vgl. die Verfügung des BayLFSt vom 14.11.2017.

VI. Rechtsquellen

Spezielle gesetzliche Regelungen für eine GmbH & Co. KG gibt es – von einigen Spezialnormen abgesehen – nicht. Es sind vielmehr die jeweils für KGs und GmbHs geltenden Vorschriften anzuwenden.

1. Kommanditgesellschaft

Gesellschaftsrechtliche Regeln für die KG finden sich in erster Linie im **Zweiten Buch, 2. Abschnitt des HGB** (§§ 161 ff. HGB).

Auf die KG finden hilfsweise die Vorschriften für die **oHG** Anwendung (§ 161 Abs. 2 HGB), und für die oHG gelten hilfsweise die Vorschriften über die **Gesellschaft Bürgerlichen Rechts** (§ 105 Abs. 2 HGB in Verbindung mit §§ 705 ff. BGB).

Das Gesetzesrecht der Personengesellschaften des HGB ist jedoch **antiquiert**. Es ist daher üblich und aus der Sicht des beratenden Juristen unbedingt erforderlich, beim Abschluss eines Gesellschaftsvertrages die veralteten gesetzlichen Regelungen durch einen modernen Gesellschaftsvertrag zu ersetzen. Dies ist möglich, da das Gesetzesrecht weitgehend **dispositiv** ist. Gesellschaftsverträge werden daher in der Regel in Anpassung an den jeweiligen Einzelfall schriftlich ausgearbeitet.

Vorschriften über die **Buchführung und den Jahresabschluss** einer KG finden sich in den Vorschriften der §§ 238 ff. HGB und 264 ff. HGB (§ 264 a!).

Eine weitere wichtige – mittelbare – Quelle des Rechtes, die bei der Gestaltung des Gesellschaftsvertrages einer GmbH & Co. KG zu beachten ist, stellt **das Einkommensteuerrecht** dar, insbesondere die Vorschriften der §§ 15, 15 a und 15 b EStG sowie die zu diesen Bestimmungen ergangenen Entscheidungen des Bundesfinanzhofes. Steuerrechtlich bedeutsam ist insbesondere, ob der Gesellschafter einer gewerblich tätigen KG auch „**Mitunternehmer**" im Sinne von § 15 Abs. 1 S. 1 Nr. 2 EStG ist, und ob das Steuerrecht die handelsrechtliche Ergebnisverteilung unter den Gesellschaftern anerkennt. Diese Fragen spielen insbesondere in den **Familien-GmbH & Co. KGs** eine Rolle, unter anderem, wenn Eltern Kinder im Wege einer Schenkung in eine KG aufnehmen (s. oben Ziff. V, 1, lit. b). Bei vermögensverwaltenden Gesellschaften kommt der Vorschrift des § 15 Abs. 3 Nr. 2 EStG als Abgrenzung einer GmbH & Co. KG mit steuerlichem Privatvermögen von einer gewerblich geprägten Gesellschaft mit steuerlichem Betriebsvermögen besondere Bedeutung zu.

Eine gute Zusammenstellung der Fälle, in denen das Steuerrecht gesellschaftsrechtlichen Vereinbarungen nicht folgt, findet sich in den **Abschnitten R 15.8, 15.9 EStR.** Eine genaue Kenntnis der dort genannten Urteile des Bundesfinanzhofes ist eine unerlässliche Voraussetzung für die Abfassung des Gesellschaftsvertrages einer GmbH & Co. KG. So kann z.B. der alleinige Gesellschafter der Komplementär-GmbH „Mitunternehmer" der KG im steuerlichen Sinne sein, wenn er für die Geschäftsführung unangemessene gewinnabhängige Bezüge erhält und – wie bisher im früheren Einzelunternehmen – „Herr" des Unternehmens ist.

237 Werden daher Gesellschaftsverträge ohne Rücksicht auf das Steuerrecht verfasst, so geht der Berater das Risiko ein, die mit der Gründung von Personengesellschaften, insbesondere von Familienpersonengesellschaften, verfolgten steuerlichen Ziele zu verfehlen.

2. Komplementär-GmbH

238 Für die Komplementär-GmbH gilt zunächst das **GmbH-Gesetz**. Vorschriften über die Buchführung, den Jahresabschluss, die Prüfung des Jahresabschlusses und die Offenlegung des Jahresabschlusses finden sich im Dritten Buch des HGB, §§ 238 ff., 264 ff. in der Fassung des Bilanzrichtliniengesetzes vom 15. Dezember 1985. Im GmbH-Gesetz finden sich nur noch solche Vorschriften für die Rechnungslegung, die speziell für die GmbH gelten.

239 Die **Mitbestimmung** wird für GmbHs und andere Kapitalgesellschaften im **Mitbestimmungsgesetz** vom 4.5.1956 und im **Montanmitbestimmungsgesetz** vom 21.5.1951 in Verbindung mit dem Mitbestimmungsergänzungsgesetz vom 7.5.1986 und im **Drittelbeteiligungs-gesetz** vom 25.3.2004 (in Kraft seit 1.7.2004) geregelt. Das Drittelbeteiligungsgesetz ist an die Stelle der Regelungen des Betriebsverfassungsgesetzes 1952 (BetrVG 1952) getreten und sieht eine Drittelbeteiligung der Arbeitnehmer im Aufsichtsrat vor, wenn die GmbH **mehr als 500 Mitarbeiter** hat, was bei einer Komplementär-GmbH selten der Fall sein wird. Sofern bei der Komplementär-GmbH i.d.R. **mehr als 2.000 Arbeitnehmer** beschäftigt sind, richtet sich die Mitbestimmung nach dem Mitbestimmungsgesetz.

3. Umwandlungen

240 Vorschriften über die Umwandlung (Verschmelzung, Spaltung, Vermögensübertragung, Formwechsel) von Kapitalgesellschaften und Personengesellschaften finden sich im Umwandlungsgesetz und im Umwandlungssteuergesetz.

241–300   *Einstweilen frei.*

B. Vertragstexte

I. Die Gesellschaftsverträge der typischen GmbH & Co. KG

1. Gesellschaftsvertrag der KG

Gesellschaftsvertrag
der ... GmbH & Co. KG mit dem Sitz in ...

Präambel

- **Variante 1:**

(1) Die Unterzeichner dieses Vertrages beabsichtigen, sich zum Betrieb eines Autohauses in Form einer GmbH & Co. KG zu organisieren. Sie haben die ... GmbH gegründet, die im Handelsregister des Amtsgerichts ... unter der Nummer HRB ... bereits eingetragen ist. Die ... GmbH soll die Stellung des persönlich haftenden Gesellschafters in der neuen KG übernehmen.

(2) Die Gesellschafter regeln ihre Beziehungen untereinander wie folgt.

- **Variante 2:**

(1) Die Unterzeichner sind Gesellschafter der ... KG, die im Handelsregister des Amtsgerichts ... unter HR ... eingetragen ist. Gegenstand des Unternehmens ist ... Sie beabsichtigen, die ... GmbH als persönlich haftende Gesellschafterin aufzunehmen und die Stellung des Gesellschafters ... in die eines Kommanditisten umzuwandeln.

(2) Ab dem Zeitpunkt des Eintritts der ... GmbH als persönlich haftende Gesellschafterin regeln die Gesellschafter ihre Rechtsbeziehungen wie folgt.

- **Variante 3:**

Herr ... betreibt in ... einen Autohandel und eine Reparaturwerkstatt für Autos der Marke BMW. Er beabsichtigt, Herrn/Frau ... und Herrn/Frau ... als Teilhaber aufzunehmen und seine Einzelfirma als Sacheinlage in die neu gegründete GmbH & Co. KG unter Anrechnung auf seine Kommanditeinlage einzubringen.

§ 1
Firma, Sitz, Geschäftsjahr

(1) Die Firma der Gesellschaft lautet:

„... GmbH & Co. KG"

(2) Sitz der Gesellschaft ist ...

- **Variante 1:**
(3) Geschäftsjahr ist das Kalenderjahr.

- **Variante 2:**
(3) Das Geschäftsjahr beginnt am ... und endet am ... des folgenden Kalenderjahres.

§ 2
Gegenstand des Unternehmens

(1) Gegenstand des Unternehmens ist der Handel mit Kraftfahrzeugen der Marke BMW und deren Reparatur.

(2) Die Gesellschaft ist berechtigt, Hilfs- und Nebengeschäfte zu tätigen. Sie ist weiter berechtigt, sämtliche Geschäfte zu tätigen, die geeignet sind, den Gegenstand des Unternehmens mittelbar oder unmittelbar zu fördern.

(3) Die Gesellschaft kann sich an Unternehmen mit gleichem oder ähnlichem Unternehmensgegenstand beteiligen oder solche Unternehmen gründen; sie kann Zweigniederlassungen errichten.

§ 3
Gesellschafter, Einlagen, Haftsummen, Vermögensbeteiligung

(1) Persönlich haftende Gesellschafterin (Komplementärin) ist die ... GmbH. Sie ist zur Leistung einer Einlage nicht verpflichtet und nicht berechtigt.

(2) Weitere Gesellschafter (Kommanditisten) sind:
    a) Herr/Frau ... mit einer Einlage von EUR ...
    b) Herr/Frau ... mit einer Einlage von EUR ...
    c) Herr/Frau ... mit einer Einlage von EUR ...
    d) ...

Variante 1:
(3) Die Einlagen sind auf Anforderung der Komplementärin einzuzahlen.

I. Die Gesellschaftsverträge der typischen GmbH & Co. KG   57

Variante 2:
(3) Die Einlagen sind sofort in bar zu leisten, ausgenommen die Einlage des Gesellschafters ..., die im Wege der Sacheinlage (Abs. 4) erbracht wird.

(4) Die Einlage des Gesellschafters ... wird dadurch erbracht, dass dieser das am 31. 12.20... (Stichtag) vorhandene Vermögen der von ihm betriebenen Einzelfirma (Teilbetrieb/Anteil an ... (Personengesellschaft)) ... mit dem Sitz in ... auf die KG überträgt. Übertragen werden sämtliche zum Betrieb der Einzelfirma (Teilbetrieb/Anteil an ... (Personengesellschaft)) gehörigen materiellen und immateriellen Wirtschaftsgüter, sofern es sich um wesentliche Betriebsgrundlagen handelt einschließlich der mit der Einzelfirma (Teilbetrieb/Anteil an ... (Personengesellschaft)) zusammenhängenden Rückstellungen und Verbindlichkeiten. Im Einzelnen werden mitübertragen die in der Anlage gesondert aufgeführten Vermögensgegenstände und Schulden gemäß den darin genannten Werten (gemeiner Wert). Mitübertragen werden auch die nicht in der Bilanz ausgewiesenen immateriellen Vermögensgegenstände (z. B. Geschäfts-/Firmenwert).

- **Variante 1 (stille Reserven vorhanden):**
(5) Der Wert der Sacheinlage zum Stichtag, wird mit EUR ... beziffert. Ungeachtet des handelsrechtlichen Wertansatzes der Sacheinlage erfolgt für steuerliche Zwecke eine Einbringung zu Buchwerten. Sofern der Wert der Sacheinlage den Wert des steuerlichen Kapitalkontos des Gesellschafters ... zum Stichtag ... übersteigt, wird die steuerliche Buchwertfortführung durch Bildung einer steuerlichen Ergänzungsbilanz für den Gesellschafter ... herbeigeführt.

- **Variante 2 (keine stillen Reserven vorhanden):**
(5) Der Wert der Sacheinlage entspricht dem Buchwert der im Rahmen der Sacheinlage in die Gesellschaft eingebrachten Vermögensgegenstände und Schulden zum Stichtag. Die zu übertragenden Gegenstände und die zu übernehmenden Verbindlichkeiten ergeben sich aus der Schlussbilanz der Einzelfirma zum Stichtag und aus den Buchhaltungsunterlagen der Einzelfirma (der Teilbetrieb/Anteil an ... (Personengesellschaft)).

(6) Hinsichtlich der zu übernehmenden Verbindlichkeiten verpflichtet sich die KG, die Schuldübernahme auch im Außenverhältnis mit dem jeweiligen Gläubiger zu veranlassen. Sollte ein Gläubiger der Schuldübernahme durch die KG nicht zustimmen, verpflichtet sich der Gesellschafter ..., das Schuldverhältnis nach außen im eigenen Namen auf Rechnung der Gesellschaft fortzuführen; die KG verpflichtet sich, den Gesellschafter ... von den Ansprüchen der Gläubiger freizustellen.

- **Variante 1:**
(7) Die Haftung der Kommanditisten gegenüber Gesellschaftsgläubigern ist auf den Betrag der Einlagen gemäß Absatz 2 (Haftsumme) beschränkt.

- **Variante 2:**
(7) Die Haftung der Kommanditisten gegenüber Gesellschaftsgläubigern ist auf folgende Beträge (Haftsummen) beschränkt:
   a) bei Herrn/Frau ... auf EUR ...
   b) bei Herrn/Frau ... auf EUR ...
   c) bei Herrn/Frau ... auf EUR ...
   d) ...

- **Variante 1:**
(8) Die Gesellschafterversammlung kann mit einfacher Mehrheit aller vorhandenen Stimmen eine Erhöhung aller Einlagen beschließen, bis die Summe aller Einlagen den Betrag von EUR ... erreicht hat. Die Erhöhung der Einlagen erfolgt hierbei jeweils im Verhältnis der Kapitalkonten I der Kommanditisten. Im Übrigen bedürfen Beschlüsse über die Erhöhung von Einlagen der Stimmen aller Kommanditisten. Für Erhöhungen der Haftsummen gelten Satz 1 bis Satz 3 entsprechend.

- **Variante 2:**
(8) Änderungen der Einlagen können nur mit Zustimmung aller Kommanditisten erfolgen. Erhöhungen der Einlagen sollen vorwiegend zu Lasten der Rücklagekonten gemäß § 4 Abs. 7 erfolgen. Für Änderungen der Haftsummen gilt Satz 1 entsprechend.

(9) Die Kommanditisten sind im Verhältnis ihrer Kapitalkonten I am Vermögen der Gesellschaft beteiligt. Die Komplementärin ist am Vermögen der Gesellschaft nicht beteiligt.

§ 4
Konten der Gesellschafter

(1) Bei der Gesellschaft werden für jeden Kommanditisten u. a. ein Kapitalkonto I, ein Kapitalverlustkonto, und ein Rücklagekonto geführt und für alle Gesellschafter ein Verrechnungskonto (alt. „Privatkonto").

- **Variante 1:**
(2) Auf den Kapitalkonten I werden lediglich die Einlagen gemäß § 3 Abs. 2 dieses Vertrages gebucht. Die Kapitalkonten I werden als Festkonten geführt und nicht verzinst.

- **Variante 2:**
(2) Auf dem Kapitalkonto I werden lediglich die Einlagen der Kommanditisten gemäß § 3 Abs. 2 dieses Vertrages gebucht. Die Kapitalkonten I werden als Festkonten geführt. Soweit Kommanditisten darüber hinaus Einlagen in die Gesellschaft leisten, werden diese einem Kapitalkonto II gutgeschrieben, das als Unterkonto des Kapitalkontos I geführt wird. Die Kapitalkonten werden nicht verzinst. Der Anteil eines Kommanditisten

I. Die Gesellschaftsverträge der typischen GmbH & Co. KG   59

am Ergebnis der Gesellschaft, am Vermögen und an den Stimmrechten bestimmt sich ausschließlich nach dem Kapitalkonto I.

(3) Auf den Kapitalverlustkonten werden die Verlustanteile der Kommanditisten, soweit sie nicht auf anderen Konten zu buchen sind, sowie alle Gewinnanteile bis zum Ausgleich des Verlustes verbucht. Die Kommanditisten sind nicht verpflichtet, Verluste auf Kapitalverlustkonten in anderer Weise als durch künftige Gewinnanteile auszugleichen. Im Falle des Ausscheidens sowie im Falle der Liquidation wird ein Bestand auf dem Kapitalverlustkonto mit dem Saldo der übrigen Eigenkapitalkonten (Kapitalkonten I/II und Rücklagenkonto) verrechnet; ein Ausgleich mit Fremdkapitalkonten (Verrechnungs- und/oder Darlehenskonten) findet nicht statt.

- **Variante 1:**
(4) Einlagen, die nicht auf Kapitalkonten zu buchen sind, Gewinnanteile, soweit sie nicht zum Ausgleich von Verlustkonten benötigt werden oder auf Rücklagekonten zu verbuchen sind, sowie alle sonstigen Forderungen und Verbindlichkeiten zwischen der Gesellschaft und einem Gesellschafter sowie Entnahmen werden auf Verrechnungskonten (alt. Privatkonten) gebucht. Stehen gelassene Gewinne stellen keine Darlehen des Gesellschafters an die Gesellschaft dar, soweit nicht etwas anderes schriftlich vereinbart wird; die §§ 488 ff. BGB gelten nicht.

- **Variante 2:**
(4) Auf Verrechnungskonten (alt. Privatkonten) werden Einlagen, soweit sie nicht auf Kapitalkonten zu buchen sind, entnahmefähige Gewinnanteile, sonstige Forderungen und Verbindlichkeiten, soweit sie nicht auf Darlehenskonten zu buchen sind, Entnahmen und Anteile an Verlusten der Gesellschaft gebucht.

- **Variante 1:**
(5) Verrechnungskonten (alt. Privatkonten) werden im Soll und Haben mit … Prozentpunkten über dem jeweiligen Basiszinssatz (§ 247 BGB) p.a. verzinst. Bemessungsgrundlage für die Zinsen ist der Stand der Verrechnungskonten zum Ende eines jeden Kalendermonats. Die Zinsen auf den Verrechnungskonten stellen im Verhältnis unter den Gesellschaftern Aufwand bzw. Ertrag dar.
Alternative 1: Die Zinsen werden im Rahmen der Gewinnverteilung als Gewinnvorab behandelt
Alternative 2: Die Zinsen können zusätzlich zu den Entnahmen gem. § … entnommen werden.

- **Variante 2:**
(5) Verrechnungskonten werden im Soll und Haben mit … Prozentpunkten über dem jeweiligen Basiszinssatz (§ 247 BGB) p.a. verzinst. Bemessungsgrundlage für die Zinsen ist der Stand der Verrechnungskonten zum

Ende eines jeden Kalendermonats. Verzinst werden die Verrechnungskonten jedoch lediglich in Höhe desjenigen Betrages, um den die anderen Verrechnungskonten das niedrigste Verrechnungskonto übersteigen. Die Zinsen auf die Verrechnungskonten stellen im Verhältnis unter den Gesellschaftern Aufwand bzw. Ertrag dar. (Alternativ: Die Zinsen auf die Verrechnungskonten werden im Rahmen der Gewinnverteilung als Gewinnvorab behandelt) Gewinnanteile sind nur dann den Verrechnungskonten gutzuschreiben, wenn Verlustvortragskonten ausgeglichen sind.

(6) Darlehen eines Kommanditisten an die Gesellschaft und Darlehen der Gesellschaft an Kommanditisten werden auf Darlehenskonten gebucht. Für die Verzinsung, Kündigung etc. werden zwischen dem Kommanditisten und der Gesellschaft gesonderte Darlehensverträge geschlossen.

- **Variante 1:**
(7) Für alle Kommanditisten wird ein gemeinsames Rücklagekonto geführt, in das von der Gesellschafterversammlung beschlossene (die nach dem Gesellschaftsvertrag zu bildende) Kapital- und/oder Gewinnrücklagen eingestellt werden. Das Rücklagekonto wird nicht verzinst. Am Rücklagekonto sind die Kommanditisten im Verhältnis ihrer Kapitalkonten I beteiligt. Guthaben auf dem Rücklagekonto sind Eigenkapital und stellen keine Forderung des Gesellschafters gegen die Gesellschaft dar.

- **Variante 2:**
(7) Für jeden Kommanditisten wird ein Rücklagekonto geführt, in das von der Gesellschafterversammlung beschlossene (die nach dem Gesellschaftsvertrag zu bildenden) Kapital- und/oder Gewinnrücklagen eingestellt werden. Die Rücklagenkonten werden nicht verzinst. Verluste werden zunächst gegen Guthaben auf den Rücklagenkonten gebucht und erst dann, wenn auf diesen keine Guthaben mehr vorhanden sind, auf Kapitalverlustkonten. Guthaben auf dem Rücklagekonto sind Eigenkapital und stellen keine Forderung des Gesellschafters gegen die Gesellschaft dar.

§ 5
Dauer der Gesellschaft, Kündigung

(1) Die Gesellschaft wird auf unbestimmte Dauer errichtet.

- **Variante 1:**
(2) Die Gesellschaft kann mit einer Frist von ... Monaten zum Ende eines Geschäftsjahres gekündigt werden, erstmals jedoch zum 31. 12. 20....

- **Variante 2:**
(2) Die Gesellschaft kann mit einer Frist von ... Monaten zum Ende eines Geschäftsjahres gekündigt werden, erstmals jedoch zum 31.12.20.... Kündigt ein Kommanditist, können sich andere Kommanditisten der Kündi-

I. Die Gesellschaftsverträge der typischen GmbH & Co. KG

gung innerhalb einer Frist von … Monaten nach Zugang der Kündigung anschließen (Anschlusskündigung). Kündigen alle Kommanditisten auf den gleichen Zeitpunkt, gilt dies als Beschluss zur Auflösung der Gesellschaft. Satz 2 und 3 gelten entsprechend für den Fall, dass ein Privatgläubiger eines Gesellschafters kündigt.

- **Variante 1:**
(3) Jede Kündigung hat durch eingeschriebenen Brief mit Rückschein (Einwurfeinschreiben) an die Komplementärin zu erfolgen. Für die Rechtzeitigkeit der Kündigung ist der Tag der Aufgabe des Kündigungsschreibens zur Post maßgeblich. Die Komplementärin hat die anderen Kommanditisten unverzüglich von der Kündigung zu verständigen.

- **Variante 2:**
(3) Jede Kündigung hat durch eingeschriebenen Brief mit Rückschein (Einwurfeinschreiben) an alle anderen Gesellschafter zu erfolgen. Für die Rechtzeitigkeit der Kündigung ist der Tag der Aufgabe des Kündigungsschreibens zur Post maßgeblich.

- **Variante 1:**
(4) Durch die Kündigung wird die Gesellschaft nicht aufgelöst, sondern wird von den verbleibenden Gesellschaftern fortgesetzt, soweit der Gesellschaftsvertrag nichts Abweichendes bestimmt.

- **Variante 2:**
(4) Durch die Kündigung wird die Gesellschaft nicht aufgelöst, sondern von den verbleibenden Gesellschaftern fortgesetzt, soweit der Gesellschaftsvertrag nichts Abweichendes bestimmt. Abweichend von Satz 1 wird die Gesellschaft zum Zeitpunkt des Wirksamwerdens der Kündigung aufgelöst, wenn die verbleibenden Kommanditisten spätestens … Monate nach Zugang der Kündigung (spätestens … Monate vor Wirksamwerden der Kündigung) mit einer Mehrheit der Stimmen von Dreiviertel aller verbleibenden Kommanditisten die Auflösung der Gesellschaft beschließen; der Beschluss ist dem Gesellschafter, der gekündigt hat, unverzüglich bekannt zu geben.

§ 6
Geschäftsführung und Vertretung

(1) Zur Geschäftsführung und Vertretung der Gesellschaft ist die Komplementärin allein berechtigt und verpflichtet.

- **Variante 1:**
(2) Die Komplementärin ist für Rechtsgeschäfte zwischen ihr und der Gesellschaft von dem Verbot des Selbstkontrahierens gem. § 181 BGB 1. Alt. befreit.

- **Variante 2:**
(2) Die Komplementärin und ihre Geschäftsführer sind für Geschäfte mit der Gesellschaft von dem Verbot des Insichgeschäftes gem. § 181 BGB 1. Alt. befreit.

- **Variante 1:**
(3) Die Komplementärin bedarf für alle Geschäfte, die über den gewöhnlichen Geschäftsbetrieb hinausgehen oder mit denen ein außerordentliches Risiko verbunden ist, der vorherigen Zustimmung der Gesellschafterversammlung.

- **Variante 2:**
(3) Die Komplementärin bedarf für folgende Angelegenheiten der vorherigen Zustimmung der Gesellschafterversammlung:
   a) Erwerb, Veräußerung oder Belastung von Grundstücken und grundstücksgleichen Rechten sowie sonstige Verfügungen über Grundstücke und grundstücksgleiche Rechte;
   b) Gründung oder Erwerb von Unternehmen oder Beteiligungen an solchen oder deren Veräußerung oder Belastung sowie Ausübung von Gesellschafterrechten bei Gesellschaften, an denen die Gesellschaft mit mehr als …% beteiligt ist;
   c) Errichtung und Aufgabe von Zweigniederlassungen und Betriebsstätten;
   d) Abschluss, Änderung und Beendigung von Organschaftsverträgen sowie Betriebsübernahme- und Betriebsüberlassungsverträgen jeder Art;
   e) Abschluss, Änderung und Beendigung von Dienstverträgen mit Angestellten mit jährlichen Bruttobezügen von mehr als EUR …;
   f) Abschluss, Änderung und Beendigung von Miet- und Pachtverträgen mit Miet- und Pachtzinsen von mehr als EUR … netto pro Monat;
   g) Investitionen ab einem Betrag von EUR … ohne Mehrwertsteuer im Einzelfall, wenn sie in dem genehmigten jährlichen Investitionsplan nicht enthalten sind;
   h) Abschluss, Änderung und Beendigung von Darlehensverträgen über mehr als EUR … im Einzelfall sowie über mehr als den Betrag von EUR … insgesamt je Geschäftsjahr;
   i) Übernahme von Bürgschaften, Abschluss von Garantieverträgen, Schuldbeitritten, Abgabe von Patronatserklärungen und Eingehung von ähnlichen Verpflichtungen;
   j) Führung von Aktivprozessen und prozessbeendenden Handlungen, soweit der Streitwert den Betrag von EUR … übersteigt;
   k) Abschluss, Änderung und Aufhebung von Verträgen mit Kommanditisten oder deren Angehörigen im Sinne von § 15 AO oder Gesellschaften, die mehrheitlich von Gesellschaftern und/oder deren Angehörigen im Sinne von § 15 AO beherrscht werden;
   l) Aufnahme von stillen Gesellschaftern;
   m) Veräußerung und Verpachtung des gesamten Gesellschaftsvermögens, von Teilbetrieben oder wesentlichen Betriebsgrundlagen;

I. Die Gesellschaftsverträge der typischen GmbH & Co. KG   63

n) Rechtsgeschäfte oder Rechtshandlungen, die einen Verstoß gegen bestimmte einzelsteuergesetzliche Behaltensfristen darstellen, z. B. § 13a Abs. 6 ErbStG, § 6 Abs. 5 S. 4 EStG, soweit die Gesellschafterversammlung die Einhaltung der Behaltensfrist beschlossen hat;
o) Aufnahme neuer sowie Änderung oder Aufgabe ausgeübter Geschäftstätigkeiten;
p) Bürgschaftsübernahmen, Garantiezusagen, Patronatserklärungen, Erfüllungsversprechen oder ähnliche Rechtsakte;
q) Ausübung nur steuerlicher Wahlrechte, die unabhängig vom handelsrechtlichen Wertansatz ausgeübt werden können.
r) Geschäfte, die über den gewöhnlichen Geschäftsbetrieb der Gesellschaft hinausgehen.
Die Gesellschafterversammlung kann den Katalog der zustimmungspflichtigen Geschäfte jederzeit ändern.

(4) Die Komplementärin ist verpflichtet, den Gesellschaftern, die dies verlangen, die für erbschaftsteuerliche Zwecke notwendige Fakten zur Ermittlung der Besteuerungsgrundlagen im Zusammenhang mit einem erbschaftsteuerpflichtigenlichen Vorgang zu ermitteln und/oder zur Verfügung zu stellen. Dies gilt auch für Informationen in der Folgezeit die zur Überprüfung der gesetzlichen Behaltensfristen erforderlich sind. Etwaige Kosten für die Tätigkeiten externer Dritter (Wirtschaftsprüfer, Steuerberater) trägt der betreffende Gesellschafter

§ 7
Haftungsvergütung, Ersatz der Aufwendungen

(1) Zur Abgeltung ihres Haftungsrisikos erhält die Komplementärin eine jährliche Vergütung in Höhe von …% ihres jeweiligen gezeichneten Stammkapitals am Ende des Geschäftsjahres. Die Haftungsvergütung ist jeweils am Ende eines Geschäftsjahres zur Zahlung fällig.

(2) Die Komplementärin hat Anspruch auf Ersatz aller ihrer Aufwendungen, einschließlich der Ausgaben für ihre Geschäftsführer, der von ihr gezahlten Steuerberatungskosten etc. Satz 1 gilt nicht für Aufwendungen für Gewerbe- und Körperschaftsteuer. Für Vergütungen (einschließlich Tantiemen und Ruhegehälter) an ihre Geschäftsführer gilt S. 1 jedoch nur, wenn und soweit die Gesellschafterversammlung der KG vorher der Vergütung zugestimmt hat.

(3) Die Haftungsvergütung und der Aufwendungsersatz stellen im Verhältnis der Gesellschafter zueinander Aufwand dar.

(4) Soweit eine Vergütung gemäß Absatz 1 bis 4 Entgelt für eine umsatzsteuerpflichtige Leistung ist, ist die Komplementärin berechtigt und auf Ver-

langen der Gesellschaft verpflichtet, eine Rechnung zu erteilen und die gesetzlich geschuldete Umsatzsteuer offen auszuweisen.

§ 8
Gesellschafterversammlungen

(1) Beschlüsse der Gesellschafter werden auf Gesellschafterversammlungen gefasst. Der Abhaltung einer Gesellschafterversammlung bedarf es nicht, wenn sich alle Gesellschafter mit dem vorgeschlagenen Beschluss in Textform (§ 126 b BGB) oder in Schriftform (§ 126 BGB) zugestimmt haben oder alle Gesellschafter mit einer Abstimmung in Textform oder in Schriftform einverstanden sind, soweit keine andere Form gesetzlich zwingend vorgeschrieben ist („Umlaufbeschlüsse"). Zulässig ist auch jede andere Form der Beschlussfassung, wenn alle Gesellschafter zustimmen. Adressat der Stimmabgabe ist die Komplementärin. Umlaufbeschlüsse kommen mit dem Zugang des Abstimmungsprotokolls (Abs. 12) bei allen stimmberechtigten Gesellschaftern zustande.

(2) Die Einberufung der Gesellschafterversammlung erfolgt durch die Komplementärin, soweit dieser Vertrag nicht etwas anderes bestimmt. Die Einberufung hat unter gleichzeitiger Bekanntgabe der Tagesordnung und des Tagungslokals mittels Einwurfeinschreiben, das mindestens 14 Tage vor dem Termin der Gesellschafterversammlung an die Kommanditisten zur Absendung gebracht sein muss, zu erfolgen. Die Einladung ist mit ihrer Aufgabe zur Post bewirkt. Der Tag der Absendung der Einladung (Poststempel) und der Tag der Versammlung werden bei der Fristberechnung nicht mitgezählt. Ist die Anschrift eines Kommanditisten unbekannt, oder kann er aus anderen Gründen nicht ordnungsgemäß geladen werden, so ruht sein Stimmrecht bis zur Beseitigung dieses Zustandes, soweit der Gesellschaftsvertrag nicht etwas anderes bestimmt.

(3) Kommanditisten, die über …% des Kommanditkapitals verfügen, können unter Vorlage einer Tagesordnung von der Komplementärin verlangen, dass eine Gesellschafterversammlung einberufen wird;
§ 50 GmbHG gilt entsprechend mit der Maßgabe, dass die Form- und Fristvorschriften des Abs. 2 zu beachten sind.

(4) Gesellschafterversammlungen finden jeweils am Sitz der Gesellschaft statt, es sei denn, alle Gesellschafter stimmen im Einzelfall einem anderen Versammlungsort zu.

(5) Eine vertragsgemäß einberufene Gesellschafterversammlung ist beschlussfähig, wenn die anwesenden und vertretenen Kommanditisten …% aller Stimmen auf sich vereinigen. Ist eine Gesellschafterversammlung gem. Satz 1 nicht beschlussfähig, so ist eine neue Gesellschafterversammlung mit gleicher Tagesordnung unter Einhaltung der in Absatz 2 genannten

I. Die Gesellschaftsverträge der typischen GmbH & Co. KG

Form- und Fristvorschriften einzuberufen (zweite Gesellschafterversammlung). Die zweite Gesellschafterversammlung ist ohne Rücksicht auf die Zahl der Stimmen der anwesenden und vertretenen Kommanditisten beschlussfähig. Hierauf ist in der Einladung hinzuweisen.

(6) Ist eine Gesellschafterversammlung nicht vertragsgemäß einberufen worden, können Beschlüsse nur gefasst werden, wenn alle Gesellschafter anwesend oder vertreten sind („Vollversammlung") und alle anwesenden Gesellschafter und Vertreter von Gesellschaftern mit der Fassung von Beschlüssen einverstanden sind.

(7) Jeder Gesellschafter kann sich im Einzelfall auf Gesellschafterversammlungen nur von anderen Gesellschaftern oder von einem zur Berufsverschwiegenheit verpflichteten, sachverständigen Dritten vertreten lassen. Im Übrigen ist eine Vertretung nach § 9a aufgrund einer Vorsorgevollmacht zulässig.

(8) Jeder Gesellschafter kann sich von einem zur Berufsverschwiegenheit verpflichteten, sachverständigen Dritten in der Gesellschafterversammlung beraten lassen, wenn er dies den anderen Gesellschaftern mit einer Frist von mindestens 8 Tagen vorher schriftlich mitgeteilt hat. Im Fall von Satz 1 sind auch die anderen Gesellschafter berechtigt, sich von je einem Berater gem. Satz 1 in der Gesellschaftsversammlung beraten zu lassen.

- **Variante 1:**
(9) Die Gesellschafterversammlung wird von einem Geschäftsführer der Komplementärin geleitet; hat diese mehrere Geschäftsführer, steht die Leitung dem jeweils dienstältesten anwesenden Geschäftsführer zu. Ist kein Geschäftsführer anwesend oder ist kein Geschäftsführer bereit, die Gesellschafterversammlung zu leiten, wird der Leiter mit der einfachen Mehrheit der Stimmen der erschienenen und vertretenen Kommanditisten gewählt.

- **Variante 2:**
(9) Die Gesellschafterversammlungen werden durch den Vorsitzenden geleitet, den die Kommanditisten aus ihrer Mitte mit einfacher Mehrheit der Stimmen der erschienenen und vertretenen Kommanditisten wählen. Bis zur Wahl wird die Versammlung durch den nach Lebensjahren ältesten Kommanditisten geleitet, der hierzu bereit ist.

(10) Der Leiter der Gesellschafterversammlung bestimmt die Reihenfolge der Tagesordnungspunkte. Er kann einzelne Tagesordnungspunkte absetzen, wenn Kommanditisten, die über mehr als …% der Stimmrechte verfügen, dies beantragen, oder wenn ein Antrag gestellt wird, der von einem Tagesordnungspunkt nicht gedeckt ist oder wenn Meinungsverschiedenheiten über die Zulässigkeit eines Tagesordnungspunktes oder eines Antrags zwischen den Gesellschaftern bestehen.

(11) Über die Gesellschafterversammlung ist ein Protokoll zu fertigen, das von dem Leiter der Gesellschafterversammlung zu unterzeichnen ist; der Leiter des Gesellschafterversammlung kann einen Dritten mit der Erstellung des Protokolls beauftragen. Abschriften des Protokolls sind allen Gesellschaftern unverzüglich zuzuleiten. Das Protokoll hat mindestens die Namen der anwesenden und vertretenen Gesellschafter, die Namen der Vertreter und Berater, etwaige Verzichte auf die Einhaltung von Form- und Fristvorschriften, alle Anträge und alle Beschlüsse einschließlich der jeweiligen Abstimmungsergebnisse zu enthalten.

(12) Werden Umlaufbeschlüsse gefasst, ist der Wortlaut des Beschlussantrages und das Ergebnis der Abstimmung in einem Protokoll festzuhalten. Das Protokoll ist von der Komplementärin zu erstellen; Abschriften des Protokolls sind allen Kommanditisten unverzüglich zuzuleiten.

§ 9
Gesellschafterbeschlüsse

(1) Die von den Gesellschaftern zu treffenden Entscheidungen werden durch Beschlüsse der Gesellschafterversammlung gefasst, soweit der Gesellschaftsvertrag nicht etwas anderes bestimmt. Gesellschafterbeschlüsse werden mit der einfachen Mehrheit der Stimmen aller stimmberechtigten Gesellschafter (der einfachen Mehrheit der Stimmen der anwesenden und vertretenen stimmberechtigten Gesellschafter/der einfachen Mehrheit der abgegebenen Stimmen) gefasst, soweit der Vertrag oder das Gesetz nicht eine andere Mehrheit zwingend vorschreibt. Enthaltungen gelten als Nein-Stimmen.

(2) Eine Mehrheit von …% der Stimmen der anwesenden und vertretenen stimmberechtigten Gesellschafter (der Stimmen aller Gesellschafter/ der abgegebenen Stimmen) ist in folgenden Angelegenheiten erforderlich, soweit der Gesellschaftsvertrag nicht etwas anderes bestimmt:
a) Feststellung des Jahresabschlusses;
b) Zustimmung zu zustimmungsbedürftigen Geschäften gemäß § 6 Abs. 3;
c) Bildung von Rücklagen;
d) Verbuchung von Gewinnanteilen;
e) Auszahlungen an Kommanditisten;
f) …

(3) Folgende Beschlüsse können in jedem Fall nur mit den Stimmen aller vorhandenen stimmberechtigten Gesellschafter gefasst werden, soweit der Gesellschaftsvertrag nicht etwas anderes bestimmt,
a) Aufnahme neuer Gesellschafter;
b) Zustimmung zur Verfügung über Gesellschaftsanteile;
c) Auflösung der Gesellschaft;

I. Die Gesellschaftsverträge der typischen GmbH & Co. KG   67

   d) Änderungen des Gesellschaftsvertrages;
   e) Beschlüsse, die eine Nachschusspflicht begründen, soweit der Gesellschaftsvertrag nicht etwas anderes bestimmt;
   f) die Verlegung des Verwaltungssitzes;
   g) ....

(4) Je EUR ... des Kapitalkontos I gewähren eine Stimme.

(5) Das Stimmrecht der Komplementärin ist ausgeschlossen.

(6) Außer in den vom Gesetz angeordneten Fällen ist das Stimmrecht eines Gesellschafters auch in den Fällen des § 47 Abs. 4 GmbHG ausgeschlossen.

(7) Ist das Stimmrecht eines Gesellschafters in einzelnen Angelegenheiten ausgeschlossen, werden seine Stimmen bei der Ermittlung der für den Beschluss erforderlichen Stimmen nicht berücksichtigt.

(8) Rechtliche Mängel eines Gesellschafterbeschlusses sind innerhalb eines Monats seit Zugang des Protokolls, in dem der mangelhafte Beschluss enthalten ist, spätestens 6 Monate nach der Gesellschafterversammlung, durch Klage gegen die Gesellschaft geltend zu machen.

§ 9 a
Vorsorgevollmacht

(1) Jeder Kommanditist, der eine natürliche Person ist, ist verpflichtet, eine notarielle Vorsorgevollmacht zu errichten und aufrecht zu erhalten, in der Gesellschaftern oder Dritten Vollmacht zur Ausübung und Wahrnehmung seiner Gesellschafterrechte, einschließlich des Rechtes zu Verfügungen über seinen Gesellschaftsanteil, eingeräumt wird. Die Vollmachtsurkunde ist bei der Gesellschaft zu hinterlegen und von der Gesellschaft an den/die Bevollmächtigten oder den betreffenden Gesellschafter auf Verlangen herauszugeben.

(2) Bevollmächtigte sind zur Ausübung und Wahrnehmung von Gesellschafterrechten nur berechtigt, wenn die Gesellschafterversammlung der Erteilung der Vorsorgevollmacht mit Beschluss nach § 9 Abs. 1 dieses Vertrages zugestimmt hat; einer solchen Zustimmung bedarf es nicht für die Geltendmachung von Vermögensrechten (Gewinnrechte u. ä.). Ist als Bevollmächtigter eine Person bestimmt, die nach § 15 Abs. 1 dieses Vertrages zur Nachfolge in den Gesellschaftsanteil berechtigt ist, kann die Zustimmung nur aus wichtigem Grund verweigert werden. Die Gesellschafterversammlung hat den Beschluss über ihre Zustimmung unverzüglich nach Übergabe der Vollmachtsurkunde an die Gesellschaft und der Erklärung des/der Bevollmächtigten nach Abs. 4 zu fassen. Der

betreffende Gesellschafter hat bei der Beschlussfassung kein Stimmrecht.

(3) Die Gesellschafterversammlung kann eine erteilte Zustimmung jederzeit mit Beschluss nach § 9 Abs. 1 dieses Vertrages widerrufen; ist ein Betreuungsfall (§ 1896 Abs. 1 BGB) eingetreten, oder ist ein Bevollmächtigter bestimmt worden, der nach diesem Vertrag zur Nachfolge in den Gesellschafteranteil berechtigt ist, kann der Widerruf nur aus wichtigem Grund erfolgen. Der betreffende Gesellschafter hat bei der Beschlussfassung kein Stimmrecht.

(4) Jeder Bevollmächtigte hat sich durch schriftliche Erklärung gegenüber der Gesellschaft persönlich zur Wahrung der gesellschafterlichen Treuepflichten zu verpflichten.

(5) Das Recht, sich im Einzelfall nach § 8 Abs. 7 dieses Vertrages auf Gesellschafterversammlungen vertreten zu lassen, bleibt unberührt.

§ 10
Jahresabschluss

(1) Die Komplementärin hat innerhalb der gesetzlichen Frist (§ 264 Abs. 1 i. V. m. § 264a HGB) nach dem Ende eines Geschäftsjahres den Jahresabschluss für das abgelaufene Geschäftsjahr unter Beachtung handelsrechtlicher Vorschriften aufzustellen und den Gesellschaftern den Entwurf unverzüglich zu übersenden. Die Ausübung von Bewertungswahlrechten und die Entscheidungen über Bilanzmaßnahmen, auch soweit sie gewinnverwendender Natur sind oder sein können, stehen der Komplementärin zu. Nimmt der Gesellschaftsvertrag Bezug auf Begriffe, wie etwa den Jahresüberschuss, Kapital- und Verrechnungskonten oder den Buchwert des Kapitalkontos, ist hiermit stets der handelsrechtliche Ansatz gemeint, soweit nicht dieser Vertrag eine abweichende Bezugsgröße vorschreibt.

(2) Die Verzinsung der Verrechnungskonten im Soll und Haben, die Kosten der Geschäftsführung und die Haftungsprämie für die Komplementärin sind als Aufwand bzw. als Ertrag zu behandeln.

- Variante 1:

(3) Der Jahresabschluss ist von einem, von der Gesellschafterversammlung gewählten Wirtschaftsprüfer zu prüfen. Der Entwurf des Jahresabschlusses und der Prüfungsbericht sind den Gesellschaftern unverzüglich zuzuleiten.

- Variante 2:

(3) Die Gesellschafterversammlung kann beschließen, dass der Jahresabschluss von einem Wirtschaftsprüfer geprüft wird. Der Entwurf des Jah-

I. Die Gesellschaftsverträge der typischen GmbH & Co. KG   69

resabschlusses und der Prüfungsbericht sind den Gesellschaftern unverzüglich zuzuleiten.

- **Variante 1:**
(4) Der Jahresabschluss wird von der Gesellschafterversammlung festgestellt. Der Entwurf des Jahresabschlusses ist den Gesellschaftern rechtzeitig vor der Beschlussfassung, mindestens jedoch 14 Tage vorher, zuzuleiten.

- **Variante 2:**
(4) Der Jahresabschluss wird von der Komplementärin festgestellt. Jedem Kommanditisten ist unverzüglich eine Abschrift des festgestellten Jahresabschlusses zu übersenden.

§ 11
Gewinn- und Verlustverteilung, Gewinnverwendung

- **Variante 1:**
(1) Der Gewinn der Gesellschaft wird unter den Kommanditisten im Verhältnis ihrer Kapitalkonten I verteilt („Gewinnanteile").

- **Variante 2:**
(1) Der Gewinn wird wie folgt verteilt:
   a) zunächst werden die Verrechnungskonten der Kommanditisten mit …% p.a. verzinst („Vorabgewinnanteile"). Maßgeblich ist der jeweilige Stand der Verrechnungskonten am Ende eines Kalendermonats. Verzinst wird jedoch nur der Teil, der über das jeweils niedrigste Verrechnungskonto eines Kommanditisten hinausgeht. Die Vorabgewinnanteile werden den Verrechnungskonten der Kommanditisten gutgeschrieben.
   b) Der verbleibende Gewinn wird unter den Kommanditisten im Verhältnis ihrer Kapitalkonten I verteilt („Gewinnanteile").

- **Variante 1:**
(2) Die Gewinnanteile gem. Abs. 1 werden zu …% den Verrechnungskonten der Kommanditisten und zu …% den Rücklagenkonten/dem Rücklagenkonto gutgeschrieben.

- **Variante 2:**
(2) Über die Verbuchung der Gewinnanteile auf Verrechnungs- und Rücklagenkonten entscheidet die Gesellschafterversammlung, soweit keine Kapitalverlustkonten auszugleichen sind.

- **Variante 3:**
(2) Die jeweiligen Gewinnanteile nach Abs. 1 werden zu …% dem Rücklagenkonto/den Rücklagenkonten und zu …% den Verrechnungskonten der Kommanditisten gutgeschrieben. Die Gesellschafterversammlung kann

mit einer Mehrheit von ...% der Stimmen aller Kommanditisten (der abgegebenen Stimmen oder der Stimmen der anwesenden und vertretenen Kommanditisten) dem Rücklagenkonto/den Rücklagenkonten einen höheren Betrag zuweisen, max. jedoch ...% der jeweiligen Gewinnanteile.

(3) Gewerbesteuermehr- oder Gewerbesteuerminderbelastungen werden wie folgt ausgeglichen:
   a) Steuerliche Be- und Entlastungen der Gesellschaft und der Kommanditisten aufgrund der Gewerbesteuer sollen bei der Gewinnverteilung verursachungsgerecht berücksichtigt werden.
   b) Hierzu sollen gewerbesteuerliche Be- und Entlastungen, die insbesondere auf Umständen aus der Sphäre eines Komannditisten beruhen (z.B. Ergänzungs- und Sonderbilanzen, Sondervergütungen, Vorgänge gemäß § 7 S. 2 GewStG, Untergang anteiliger Verlustvortrag anlässlich eines Gesellschafterwechsels), im Rahmen der handelsrechtlichen Ergebnisverteilung in der Form Berücksichtigung finden, dass dem verursachenden Kommanditisten auch der wirtschaftliche Vor- oder Nachteil durch die steuerliche Minder- oder Mehrbelastung der anderen Kommanditisten nach dem Verursachungsprinzip derart zugerechnet wird, dass die anderen Kommanditisten einen Nachsteuergewinn erfahren, der ohne diese Umstände eingetreten wäre. Die steuerliche Minder- oder Mehrbelastung ist typisierend auf Basis der für den jeweiligen Erhebungszeitraum geltenden Steuersätze zu ermitteln. Sofern dies in Einzelfällen nicht zu offensichtlich unzutreffenden Ergebnissen führt, ist bei natürlichen Personen vom jeweils gültigen Einkommensteuerspitzensatz (derzeit 45%) auszugehen unter Berücksichtigung der Gewerbesteueranrechnung gemäß § 35 EStG. Im Fall des Be- und Entstehens gewerbesteuerlicher Verlustvorträge findet eine Berücksichtigung erst und nur insoweit für das Geschäftsjahr statt, in dem sich die Be- und Entlastung tatsächlich auswirkt.

(4) Ein Jahresfehlbetrag ist entsprechend den Kapitalkonten I unter den Kommanditisten zu verteilen. Die Komplementärin ist – ungeachtet ihrer unbeschränkten Haftung im Außenverhältnis – an einem etwaigen Verlust nicht beteiligt; die beschränkte Haftung der Kommanditisten wird hierdurch nicht durchbrochen.

(5) Scheidet ein Kommanditist im Laufe eines Geschäftsjahres aus, ist er am Ergebnis der Gesellschaft pro rata temporis beteiligt.

§ 12
Entnahmen, Auszahlungen

(1) Die Kosten der Geschäftsführung und die Haftungsvergütung für die Komplementärin (§ 7 Abs. 1 und 2) können von dieser zum jeweiligen Fälligkeitszeitpunkt entnommen werden.

I. Die Gesellschaftsverträge der typischen GmbH & Co. KG   71

- **Variante 1:**
(2) Kommanditisten können Guthaben auf ihren Verrechnungskonten jederzeit (mit einer Ankündigungsfrist von .. Kalendermonaten) entnehmen. Im Übrigen bedürfen Entnahmen eines Beschlusses der Gesellschafterversammlung, soweit der Gesellschaftsvertrag nicht etwas anderes bestimmt.

- **Variante 2:**
(2) Kommanditisten können pro Kalenderjahr einen Betrag von ihrem Verrechnungskonto entnehmen, der von der Gesellschafterversammlung für jedes Geschäftsjahr im Voraus festgelegt wird. Im übrigen entscheidet die Gesellschafterversammlung über Entnahmen, soweit der Gesellschaftsvertrag nicht etwas anderes bestimmt.

- **Variante 3:**
(2) Über Entnahmen der Kommanditisten beschließt die Gesellschafterversammlung. Hiervon ausgenommen sind Entnahmen von Ertragsteuern auf Gewinnanteile der Gesellschaft gem. Abs. 3.

- **Variante 4:**
(2) Kommanditisten können Erbschaftsteuern, die auf ihre Beteiligung an der Gesellschaft entfallen, ihren Verrechnungskonten entnehmen.

- **Variante 5:**
(2) Die Entnahmen eines Kommanditisten sind begrenzt auf maximal 37% des um die auf den Gewinnanteil anfallenden Steuern vom Einkommen gekürzten Betrages des steuerrechtlichen Gewinns i.S.v. § 4 Abs. 1 EStG. Ergebnisse aus Sonder- und Ergänzungsbilanzen bleiben bei der Ermittlung des steuerrechtlichen Gewinns unberücksichtigt. Hat ein Kommanditist Entnahmen getätigt, die über die Vorschrift in § 13a Abs. 9 S. 1 Nr. 1 ErbStG hinausgehen („Überentnahmen"), haben sie die Überentnahmen auf Aufforderung der Komplementärin unverzüglich zurückzuzahlen.

- **Variante 1:**
(3) Den Kommanditisten stehen Steuerentnahmerechte wie folgt zu:
   a) Die Kommanditisten sind berechtigt, eine jährliche Pauschale auf ihren einkommensteuerpflichtigen Gewinnanteil zu Lasten ihrer Rücklagenkonten (des Rücklagenkontos) zu entnehmen. Bemessungsgrundlage für die Ermittlung der Pauschale bildet der Gewinnanteil eines jeden Kommanditisten gemäß § 15 Abs. 1 Satz 1 Nr. 2 Satz 1 Halbsatz 1 EStG, soweit dieser steuerpflichtig ist. Nicht in die Bemessungsgrundlage einzubeziehen sind z.B. gem. § 3 Nr. 40 i.V.m. § 3c EStG steuerfreie Beteiligungserträge sowie steuerfreie ausländische Betriebsstättengewinne sowie Sondervergütungen gem. § 15 Abs. 1 Satz 1 Nr. 2 Satz 1 Halbsatz 2 EStG. In die Bemessungsgrundlagen einzubeziehen sind dagegen steuerpflichtige Gewinnanteile aus steuerlichen Sonderbilanzen und Ergänzungsbilanzen der Kommanditisten.

b) Die Steuerpauschale bemisst sich an dem zum jeweiligen Zeitpunkt geltende Höchststeuersatz zzgl. Solidaritätszuschlag (ggf. zzgl. der um den Sonderausgabeneffekt reduzierten Kirchensteuer in Höhe von typisierend 4 %). Der entnahmefähige Betrag beträgt aktuell 47,475 % (Einkommensteuertarif 2017) der Bemessungsgrundlage gemäß lit. a).

c) Auf die Steuerpauschale angerechnet werden Kapitalertragsteuern auf Beteiligungserträge, anrechenbare Gewerbesteuer gemäß § 35 EStG sowie anrechenbare ausländische Einkommensteuer gem. § 34c EStG auf ausländische Betriebsstättengewinne, soweit die Anrechnungsmethode und nicht die Freistellungsmethode zur Anwendung gelangt.

d) Die Steuerpauschale wird von der Geschäftsführung vor Beginn eines neuen Kalenderjahres überschlägig berechnet (vorläufige Steuerpauschale). Jeder Kommanditist kann zum 1.3., 1.6., 1.9. und 1.12. des laufenden Kalenderjahres Vorabentnahmen auf die Steuerpauschale in Höhe von je ¼ der voraussichtlichen Steuerpauschale entnehmen, unabhängig davon, ob und in welcher Höhe er Steuervorauszahlungen zu leisten hat.

e) Die Steuerpauschale für das abgelaufene Kalenderjahr wird fällig mit der Abgabe der Erklärung zur gesonderten und einheitlichen Gewinnfeststellung der Gesellschaft. Ist der Gewinn für das abgelaufene Kalenderjahr gemäß der Erklärung zur gesonderten und einheitlichen Gewinnfeststellung höher als der Gewinn, der der vorläufigen Steuerpauschale zugrunde gelegt wurde, ist die Steuerpauschale entsprechend zu erhöhen. Ist der Gewinn gemäß der gesonderten und einheitlichen Gewinnfeststellung für das abgelaufene Kalenderjahr niedriger als der Gewinn, der der vorläufigen Steuerpauschale zugrunde gelegt worden ist, ist die Differenz anteilig von den Kommanditisten an die Gesellschaft zurückzuzahlen und auf deren Rücklagenkonten (dem Rücklagenkonto) zu buchen. S. 3 gilt entsprechend, wenn die Gesellschaft steuerlich einen Verlust erwirtschaftet.

f) Erhöht oder vermindert sich der Gewinn nachträglich, z.B. aufgrund einer Betriebsprüfung, erhöht oder vermindert sich die Steuerpauschale für das betreffende Kalenderjahr. Erhöht sich der Gewinn der Gesellschaft nachträglich, erhöhen Zinsforderungen der Finanzverwaltung auch die Steuerpauschale; vermindert sich der steuerliche Gewinn nachträglich, sind Erstattungszinsen der Finanzverwaltung abzgl. der Abgeltungssteuer an die Gesellschaft weiterzuleiten.

g) Vorstehende Absätze gelten entsprechend für den Solidaritätszuschlag gem. § 4 Satz 1 Solidaritätszuschlagsgesetz.

h) Fällt der in der Handelsbilanz ausgewiesene Gewinn gegenüber dem steuerrechtlichen Gewinn höher aus, wird eine gesonderte Rücklage in Höhe von 40 % des Differenzbetrages als zukünftige Liquiditätsreserve für künftige Einkommensteuerzahlungen den Rücklagenkonten (dem Rücklagenkonto) zugewiesen, sofern es sich um eine Gewinnverschiebung und nicht um eine dauerhafte Gewinnabweichung handelt.

i) Hat ein Kommanditist im Vertrauen auf die Berechnung seines steuerlichen Gewinnanteils durch die Gesellschaft oder im Vertrauen auf ei-

I. Die Gesellschaftsverträge der typischen GmbH & Co. KG   73

nen Steuerbescheid Überentnahmen getätigt, ist er verpflichtet die Überentnahmen unverzüglich zurückzuzahlen, sobald der Komplementärin die Überentnahme bekannt wird und sie die Rückzahlung angefordert hat.

j) Ist die Gesellschaft an Kapitalgesellschaften beteiligt, gilt die von diesen abgeführten Kapitalertragsteuern als Entnahme der Kommanditisten im Verhältnis ihrer Kapitalkonten I.

- **Variante 2:**

(3) Jeder Kommanditist kann Ertragsteuern (Einkommensteuer, Solidaritätszuschlag und 50% der Kirchensteuern), die auf seinen steuerpflichtigen Gewinnanteil entfallen, zu Lasten des Rücklagekontos entnehmen, unabhängig davon, ob es sich um Vorauszahlungen, Zahlungen aufgrund von Jahressteuerbescheiden oder Nachzahlungen aufgrund einer Betriebsprüfung handelt. Die Kommanditisten haben die individuellen auf ihre Gewinnanteile entfallenden Ertragsteuern durch geeignete Unterlagen nachzuweisen. Geeignete Unterlagen sind Steuerbescheide oder Bestätigungen des steuerlichen Beraters der Kommanditisten. Einzelheiten regelt ein Gesellschafterbeschluss, zu dem der Steuerberater der Gesellschaft vorab anzuhören ist.

(4) Die Vorschriften zur Ermittlung der entnahmefähigen Steuern gem. Abs. 3 gelten gleichfalls für Kommanditisten, die aufgrund ihres steuerlichen Wohnsitzes mit ihren Ergebnisanteilen an der Gesellschaft im Ausland steuerpflichtig sind. Soweit z. B. aufgrund höherer Steuersätze im ausländischen Wohnsitzstaat oder aufgrund einer verbleibenden Doppelbesteuerung insgesamt eine höhere Gesamtsteuerbelastung im Vergleich zum inländischen Kommanditisten eintritt, ist die Differenz nicht entnahmefähig (Alternativ: … nur dann entnahmefähig, wenn der Kommanditist über ein ausreichendes Guthaben auf seinem Verrechnungskonto verfügt). Ein Entnahmerecht für einmalige fiktive Besteuerungsfälle anlässlich eines Wohnsitzwechsel eines Kommanditisten, z. B. gem. § 4 Abs. 1 S. 3 EStG oder § 50i EStG, steht Kommanditisten nicht zu.

(5) Beantragt ein Kommanditist die Thesaurierungsbegünstigung gemäß § 34a EStG, hat dies keinen Einfluss auf sein Steuerentnahmerecht.

(6) Die Gesellschafterversammlung kann beschließen, dass die Gesellschaft dem betroffenen Kommanditisten ein Darlehen zur Begleichung seiner Erbschaftsteuer gewährt, die auf seine Beteiligung an der Gesellschaft entfällt, wenn
   a) der betroffene Kommanditist glaubhaft macht, dass er die fällige Erbschaftsteuer nicht aus eigenen Mitteln oder die Aufnahme von Darlehen bei Dritten begleichen kann
   b) und soweit die Liquidität der Gesellschaft dies zulässt.

Das Darlehen ist nach Ablauf der Behaltefrist des § 13a Abs. 6 ErbStG zurückzuzahlen. Die Dauer des Darlehens, die Zinsen und weitere Modalitäten des Darlehens sind zwischen der Gesellschaft und dem betroffenen Kommanditisten zu vereinbaren.

Der Zinssatz soll sich an den jeweils üblichen Zinssätzen für 10 jährige Immobiliendarlehen orientieren. Das Stimmrecht des betroffenen Kommanditisten ist bei diesem Beschluss ausgeschlossen.

§ 13
Verfügungen über Gesellschaftsanteile und Ansprüche gegen die Gesellschaft

- **Variante 1:**

(1) Verfügungen über Gesellschaftsanteile und/oder Ansprüche gegen die Gesellschaft bedürfen der Zustimmung der Komplementärin, die jeweils einen Beschluss der Gesellschafterversammlung einholen muss. Der Antrag auf Zustimmung ist an die Komplementärin zu richten. Die Zustimmung gilt als erteilt, wenn die Verweigerung der Zustimmung dem veräußerungswilligen Gesellschafter nicht innerhalb von … vollen Kalendermonaten ab Zugang eines Antrags auf Zustimmung bei der Komplementärin zugegangen ist.

- **Variante 2:**

(1) Verfügungen über Gesellschaftsanteile und/oder Ansprüche gegen die Gesellschaft bedürfen der Zustimmung der Komplementärin, die jeweils einen Beschluss der Gesellschafterversammlung einholen muss. Die Zustimmung ist zu erteilen, wenn Erwerber leibliche Abkömmlinge des verfügungswilligen Kommanditisten, andere Kommanditisten und deren Abkömmlinge oder eine Familienstiftung i.S.v. § 1 Abs. 1 Nr. 4 ErbStG sind. Abs. 6 bleibt unberührt.

- **Variante 3:**

(1) Kommanditisten können über ihre Beteiligung und/oder Ansprüche gegen die Gesellschaft zugunsten von seinen Abkömmlingen, Ehegatten/Lebenspartner, Mitgesellschaftern und zugunsten von Abkömmlingen von Mitgesellschaftern frei verfügen, soweit der Gesellschaftsvertrag nicht etwas anderes bestimmt. Eine Verfügung zugunsten von anderen Personen bedarf der vorherigen Zustimmung der Gesellschafterversammlung. Der Beschluss bedarf der einfachen Mehrheit der Stimmen aller Kommanditisten und ist innerhalb von … vollen Kalendermonaten ab dem Eingang des Zustimmungsantrages bei der Komplementärin zu fassen. Wird die Zustimmung zu einer entgeltlichen Veräußerung ohne wichtigen Grund verweigert oder wird der Beschluss über den Antrag nicht fristgerecht gefasst, kann der betroffene Kommanditist verlangen, dass die anderen Kommanditisten den Gesellschaftsanteil, der veräußert werden soll, im Verhältnis ihrer Kapitalkonten I erwerben. Als Kaufpreis erhält der ver-

I. Die Gesellschaftsverträge der typischen GmbH & Co. KG

äußerungswillige Kommanditist den Betrag, der ihm als Abfindung gemäß § 19 dieses Vertrages zustehen würde.

- **Variante 4 (Klausel gem. § 13a Abs. 9 S. 1 Nr. 2 ErbStG):**
(1) Kommanditisten können zu Lebzeiten über ihre Anteile nur zu Gunsten von Mitgesellschaftern, Angehörigen im Sinne des § 15 der Abgabenordnung oder zu Gunsten einer Familienstiftung verfügen.

- **Variante 5:**
(1) Kommanditisten können über ihre Anteile an der Gesellschaft und/oder ihre Ansprüche gegen die Gesellschaft frei verfügen; Abs. 6 bleibt unberührt.

(2) Die Abtretung von Gesellschaftsanteilen von einem Treuhänder an den Treugeber bedarf nicht der Zustimmung gemäß Absatz 1, wenn für den Abschluss des Treuhandvertrages die Zustimmung gemäß Absatz 1 erteilt wurde.

(3) Teilübertragungen sind zulässig. Wird nur ein Teil eines Gesellschaftsanteils übertragen, so müssen die neuen Kapitalkonten I ein ganzzahliges Vielfaches von EUR ... betragen.

(4) Die Übertragung des Gesellschaftsanteils kann nur mit Wirkung zum Ende eines Geschäftsjahres erfolgen.

(5) Verfügungen über Gesellschaftsanteile und/oder sonstige Ansprüche gegen die Gesellschaft bedürfen der Schriftform.

(6) Verfügungen über Gesellschaftsanteile, für die steuerliche Mindesthaltefristen zu beachten sind, z.B. wegen § 6 Abs. 3 S. 2 EStG, oder deren Veräußerung für die Gesellschaft oder für die nicht an der Veräußerung beteiligten Gesellschafter steuerliche Nachteile bzw. eine Steuermehrbelastung nach sich ziehen, bedürfen der Zustimmung der Gesellschafterversammlung Der Zustimmung der Gesellschafterversammlung bedarf es auch bei unentgeltlichen bzw. teilentgeltlichen Verfügungen an im Ausland ansässige Erwerber.

(7) Betroffene Kommanditisten haben bei der Abstimmung über ihren Zustimmungsantrag kein Stimmrecht.

§ 14
Vorkaufsrecht

(1) Verkauft ein Kommanditist seinen Gesellschaftsanteil ganz oder zum Teil, steht den anderen Kommanditisten ein Vorkaufsrecht im Verhältnis ihrer Kapitalkonten I zu (Vorkaufsrecht erster Stufe). Das Vorkaufsrecht

kann bis zum Ablauf von drei (3) vollen Kalendermonaten nach Zugang des unterzeichneten Kaufvertrages ausgeübt werden. Jeder Kommanditist kann von seinem Vorkaufsrecht nur ganz oder keinen Gebrauch machen.

(2) Macht ein Kommanditist von seinem Vorkaufsrecht nicht oder nicht fristgerecht Gebrauch, geht das Vorkaufsrecht auf die vorkaufswilligen Kommanditisten im Verhältnis ihrer Kapitalkonten I nach Ausübung des Vorkaufsrechtes auf der ersten Stufe über (Vorkaufsrecht zweiter Stufe usw.). Abs. 1 Satz 2 und 3 gelten entsprechend mit der Maßgabe, dass an Stelle des Zugangs des Kaufvertrages die Mitteilung tritt, dass ein Kommanditist sein Vorkaufsrecht nicht ausüben will oder nicht ausgeübt hat. Kein Kommanditist, der sein Vorkaufsrecht auf einer Stufe ausgeübt hat, muss sein Vorkaufsrecht auf einer späteren Stufe ebenfalls ausüben.

(3) Die Kaufverträge zwischen dem Verkäufer des Gesellschaftsanteils und den Verkaufsberechtigten kommen auch dann zustande, wenn im Rahmen des Vorkaufsrechts nicht alle verkauften Gesellschaftsanteile von anderen Gesellschaftern gekauft werden.

(4) Wird der verkaufte Gesellschaftsanteil von den anderen Kommanditisten nicht vollständig gekauft, und wird der Restanteil vom ursprünglichen Käufer nicht mehr erworben, ist der betroffene Kommanditist berechtigt, die Gesellschaft für diesen Restanteil mit einer Frist von 6 Monaten zum Ende eines Geschäftsjahres zu kündigen. Das Kündigungsrecht erlischt, wenn es nicht innerhalb von 6 Monaten ausgeübt worden ist; die Frist beginnt an dem Ende der letzten Vorkaufsfrist gemäß Absatz 1 Satz 2 und 3 und Absatz 2, Satz 2.

(5) Die Vorschriften der §§ 463 ff. BGB sind anzuwenden, wenn und soweit der Gesellschaftsvertrag keine abweichenden Regelungen enthält.

§ 15
Vererbung von Gesellschaftsanteilen

- **Variante 1 (allgemeine (einfache) Nachfolgeklausel):**
(1) Verstirbt ein Kommanditist, wird die Gesellschaft mit den Erben des verstorbenen Kommanditisten fortgesetzt. Der Gesellschaftsanteil des verstorbenen Kommanditisten geht auf die Erben im Verhältnis ihrer Erbquoten über. Jeder Kommanditist ist berechtigt, durch eine Verfügung von Todes wegen die Aufteilung des vererbten Gesellschaftsanteils abweichend von den Erbquoten zu regeln.

- **Variante 2 (qualifizierte Nachfolgeklausel):**
(1) Verstirbt ein Kommanditist, wird die Gesellschaft mit dessen Erben fortgesetzt. Der Gesellschaftsanteil geht auf die Erben im Verhältnis ihrer

I. Die Gesellschaftsverträge der typischen GmbH & Co. KG

Erbquoten über, soweit der Erblasser nicht etwas anderes letztwillig bestimmt. Rechtsnachfolger eines verstorbenen Kommanditisten in den Gesellschaftsanteil können jedoch nur Abkömmlinge, der Ehegatte, Lebenspartner, andere Kommanditisten und Abkömmling von anderen Kommanditisten sein. Sofern kein Erbe nach Satz 2 nachfolgeberechtigt ist, scheidet der Kommanditist mit seinem Tod aus der Gesellschaft aus. Der/die Erbe(n) erhalten in diesem Fall keine/eine Abfindung gem. § 19 dieses Vertrages.

- **Variante 3 (qualifizierte Nachfolgeklausel):**
(1) Verstirbt ein Kommanditist, wird die Gesellschaft mit einem seiner Abkömmlinge als Nachfolger fortgesetzt. Die Bestimmung des nachfolgeberechtigten Abkömmlings steht dem betreffenden Kommanditisten zu. Die Bestimmung erfolgt durch schriftliche Erklärung gegenüber der Komplementärin zu Lebzeiten oder in einer Verfügung von Todes wegen. Hat der Kommanditist keinen Abkömmling als Nachfolger bestimmt oder wird kein Abkömmling Rechtsnachfolger des verstorbenen Kommanditisten, scheidet der verstorbene Kommanditist mit seinem Tod aus der Gesellschaft aus. Der/die Erbe(n) erhalten in diesem Fall keine/eine Abfindung gem. § 19 dieses Vertrages.

- **Variante 4 (einfache Nachfolgeklausel kombiniert mit Ausschlussklausel):**
(1) Die Gesellschaft wird mit den Erben eines verstorbenen Kommanditisten fortgesetzt. Einzelne oder alle Erben können innerhalb von drei (3) Monaten ab Kenntnis aller Erben von der Gesellschafterversammlung nach § 16 dieses Vertrages aus der Gesellschaft ausgeschlossen werden oder nach § 20 dieses Vertrages verpflichtet werden, ihren Gesellschaftsanteil abzutreten (Alternativ: Erben können von der Gesellschafterversammlung innerhalb von drei (3) Monaten ab Kenntnis aller Erben nach § 16 dieses Vertrages aus der Gesellschaft ausgeschlossen werden oder nach § 20 dieses Vertrages verpflichtet werden, ihren Gesellschaftsanteil abzutreten, wenn sie nicht Abkömmlinge, der Ehegatte, andere Gesellschafter oder Abkömmlinge von anderen Gesellschaftern sind.). Die Stimmrechte der Erben in den Gesellschaftsanteil ruhen bis die Gesellschafterversammlung einen Ausschlussbeschluss gefasst oder auf den Ausschluss und die Abtretung gem. S. 2 verzichtet hat, längstens bis zum Ablauf der 3-Monatsfrist. Werden alle oder einzelne Erben ausgeschlossen, erhalten diese keine/eine Abfindung gem. § 19 dieses Vertrages.

- **Variante 5 (Fortsetzungsklausel):**
(1) Verstirbt ein Kommanditist, scheidet er aus der Gesellschaft aus. Die Gesellschaft wird mit den verbliebenen Gesellschaftern fortgesetzt. Der Gesellschaftsanteil des ausgeschiedenen Gesellschafters wächst den verbliebenen Kommanditisten im Verhältnis ihrer Kapitalkonten I an. Erben erhalten in diesem Fall keine/eine Abfindung gem. § 19 dieses Vertrages. Eine etwaige Steuer gem. § 3 Abs. 1 Nr. 2 S. 2 ErbStG tragen der verbliebene bzw. die verbliebenen Gesellschafter.

- **Variante 6 (Eintrittsklausel):**

(1) Verstirbt ein Kommanditist, sind die Personen, die er zu Lebzeiten durch Erklärung gegenüber der Gesellschaft oder durch Verfügung von Todes wegen bestimmt hat, berechtigt, mit Wirkung ab dem Tod des Kommanditisten in die Gesellschaft einzutreten. Das Eintrittsrecht ist innerhalb von sechs Monaten nach dem Tod des verstorbenen Kommanditisten auszuüben. Der Gesellschaftsanteil des verstorbenen Kommanditisten wird von den übrigen Kommanditisten im Verhältnis ihrer Kapitalkonten I so lange als Treuhänder gehalten, bis der oder die Eintrittsberechtigten von ihrem Eintrittsrecht Gebrauch gemacht haben oder die 6-Monatsfrist abgelaufen ist. Macht der Berechtigte von seinem Eintrittsrecht fristgerecht Gebrauch, haben die anderen Kommanditisten dem Eintrittsberechtigten die von ihnen anteilig gehaltene Beteiligung des verstorbenen Gesellschafters unentgeltlich zu übertragen. Macht der Eintrittsberechtigte von seinem Eintrittsrecht keinen Gebrauch, erhalten die Erben keine/eine Abfindung gem. § 19 dieses Vertrages.

(2) Sind mehrere Personen Erben eines verstorbenen Kommanditisten, die zum Zeitpunkt des Erbfalls noch nicht ... Jahre alt sind („Junge Gesellschafter"), so ist ihnen die Ausübung ihrer Stimmrechte – soweit rechtlich zulässig – jeweils bis zur Vollendung ihres ... Lebensjahres nur durch einen gemeinsamen Bevollmächtigten gestattet. Bevollmächtigter kann nur ein Rechtsanwalt, ein Wirtschaftsprüfer oder ein Steuerberater, der mindestens zehn (10) Jahren Berufserfahrung hat, oder ein anderer Gesellschafter sein, es sei denn, die Gesellschafterversammlung stimmt einem anderen Bevollmächtigten zu. Der Bevollmächtigte ist von den Jungen Gesellschaftern gegenüber der Gesellschaft unverzüglich – jedoch nicht, bevor die Erben feststehen – zu benennen. Das Stimmrecht der Jungen Gesellschafter ruht, bis der Bevollmächtigte eine unterzeichnete Vollmacht vorgelegt hat, die ihn zur einheitlichen Ausübung der Stimmrechte der Jungen Gesellschafter ermächtigt. S. 1 bis 4 gelten im Falle des Erlöschens der Vollmacht entsprechend.

(3) Jeder Kommanditist kann für seinen Gesellschaftsanteil Testamentsvollstreckung bis jeweils maximal zur Vollendung des ... Lebensjahres eines Erben anordnen. Abs. 2 S. 2 gilt entsprechend. In diesem Fall werden die Gesellschafterrechte des (der) Jungen Gesellschafter durch den Testamentsvollstrecker ausgeübt. Der Bestellung eines Bevollmächtigten gemäß Absatz 2 bedarf es in diesen Fällen erst mit dem Ende der Testamentsvollstreckung.

(4) Vermächtnisnehmer stehen Erben gleich. Die Zustimmung zur Übertragung des Gesellschaftsanteils des verstorbenen Gesellschafters im Vollzug eines Vermächtnisses ist zu erteilen, wenn der/die Vermächtnisnehmer gem. Abs. 1 nachfolgeberechtigt ist/sind.

I. Die Gesellschaftsverträge der typischen GmbH & Co. KG   79

§ 16
Ausschluss von Gesellschaftern

(1) Die Gesellschafterversammlung kann mit einfacher Mehrheit aller Stimmen der stimmberechtigten Kommanditisten einen Gesellschafter aus der Gesellschaft ausschließen, wenn in seiner Person ein wichtiger Grund gegeben ist, der nach den Vorschriften der §§ 133, 140 HGB seinen gerichtlichen Ausschluss aus der Gesellschaft ermöglichen würde;

(2) Ein wichtiger Grund liegt insbesondere vor, wenn
    a) ein Kommanditist auf Verlangen der Gesellschafterversammlung innerhalb von 4 Wochen ab Zugang des Verlangens durch Vorlage einer beglaubigten Abschrift seines notariellen Ehevertrages mit seinem Ehegatten nicht nachweist, dass er mit seinem Ehegatten
    – Gütertrennung vereinbart hat oder
    – vereinbart hat, dass seine Beteiligung an der Gesellschaft bzw. deren Werterhöhung in jeder Hinsicht vom Zugewinnausgleichsanspruch des anderen Ehegatten gem. §§ 1327 ff. BGB ausgenommen ist, und dass der Gesellschafter hinsichtlich seiner Gesellschaftsanteile von allen Einschränkungen seiner Verfügungsmacht gem. § 1365 BGB freigestellt ist, und dass
    – sein Ehegatte auf Zwangsvollstreckungsmaßnahmen in seinen Gesellschaftsanteil zur Durchsetzung seiner Zugewinnausgleichsansprüche verzichtet hat.
    Dies gilt nicht, soweit die Gesellschafterversammlung auf Antrag eines Kommanditisten auf diese Anforderungen ganz oder zum Teil verzichtet hat.
    b) über das Vermögen eines Gesellschafter das Insolvenzverfahren eröffnet oder die Eröffnung des Insolvenzverfahrens über sein Vermögen mangels Masse abgelehnt wurde oder der betreffende Gesellschafter selbst Antrag auf Eröffnung des Insolvenzverfahrens über sein Vermögen gestellt hat;
    c) die Einzelzwangsvollstreckung in Gesellschaftsanteile oder eines seiner Gesellschaftsrechte oder seine Ansprüche gegen die Gesellschaft aufgrund eines nicht nur vorläufig vollstreckbaren Titels betrieben wird, und zwar mit dem Ablauf einer Frist von drei Monaten ab Zustellung des Titels, falls die Zwangsvollstreckungsmaßnahme nicht zu diesem Zeitpunkt aufgehoben worden ist;
    d) ein Kommanditist seinen Pflichten aus § 15 Abs. 2 trotz Aufforderung durch die Komplementärin und nach Ablauf einer angemessenen Frist nicht nachkommt.

(3) Ein Ausschließungsbeschluss kann nur innerhalb von sechs Monaten ab dem Zeitpunkt gefasst werden, ab dem der zur Ausschließung berechtigende Tatbestand den anderen Kommanditisten bekannt geworden ist.

(4) Der betroffene Gesellschafter hat bei der Fassung des Ausschließungsbeschlusses kein Stimmrecht.

(5) Jeder andere Gesellschafter ist bevollmächtigt, dem betroffenen Gesellschafter den Ausschließungsbeschluss bekanntzugeben.

(6) Der ausgeschlossene Gesellschafter scheidet mit Bekanntgabe des Ausschließungsbeschlusses aus der Gesellschaft aus, sofern nicht der Ausschließungsbeschluss einen späteren Zeitpunkt bestimmt, der nicht später als ... Monate nach Beschlussfassung liegen darf.

(7) Wird in den Fällen der Abs. 1 u. 2 durch den Ausschluss Schenkungsteuer bei den verbleibenden Kommanditisten ausgelöst (§ 7 Abs. 7 S. 1 ErbStG), wird diese im Innenverhältnis von den verbleibenden Kommanditisten getragen. S. 1 gilt nicht, wenn ein Kommanditist eine ihm nach dem Gesellschaftsvertrag obliegende wesentliche Verpflichtung vorsätzlich oder grob fahrlässig verletzt, oder trotz Abmahnung der Gesellschaft die Verletzung fortsetzt. In diesen Fällen trägt im Innenverhältnis der ausgeschlossene Kommanditist die durch seinen Ausschluss ausgelöste Schenkungsteuer der anderen Gesellschaft.

(8) § 20 bleibt unberührt.

§ 17
Güterstandsklausel

(1) Verheiratete Kommanditisten müssen mit ihrem Ehegatten durch notariellen Ehevertrag zur Schonung der Liquidität, zur Sicherung des Fortbestands der Gesellschaft und zum Ausschluss von Mitspracherechten seines Ehegatten (a) Gütertrennung gemäß § 1414 BGB vereinbaren oder (b) vereinbaren, dass ihre Beteiligung an der Gesellschaft bzw. deren Werterhöhung in jeder Hinsicht von einem Zugewinnausgleichsanpruch des anderen Ehegatten gemäß §§ 1327 ff. BGB ausgenommen wird (ausgenommen im Fall des Todes des Kommanditisten), dass der Kommanditist hinsichtlich seiner Gesellschaftsanteile von allen Einschränkungen seiner Verfügungsmacht gemäß §§ 1365 ff. BGB freigestellt ist, und dass sein Ehegatte auf alle Zwangsvollstreckungsmaßnahmen in die Gesellschaftsanteile zur Durchsetzung seiner Zugewinnausgleichsansprüche verzichtet hat.

(2) Die Gesellschafterversammlung kann einen Kommanditisten auf dessen Antrag von den Verpflichtungen gem. Abs. 1 ganz oder teilweise befreien.

(3) Vorstehende Regelungen gelten entsprechend für Kommanditisten, die in einer eingetragenen Lebenspartnerschaft leben.

§ 18
Ausscheiden aus der Gesellschaft

(1) Ein Gesellschafter scheidet u. a. aus der Gesellschaft mit dem Eintritt der folgenden Ereignisse aus:
  a) mit dem Ablauf der Kündigungsfrist, sofern die Gesellschaft nicht nach Maßgabe der Regelungen des § 5 dieses Vertrages aufgelöst wird und kein Abtretungsbeschluss gem. § 20 Abs. 1 lit. a gefasst wird;
  b) mit Wirksamwerden eines Ausschlusses nach § 16;
  c) in den sonstigen durch diesen Gesellschaftsvertrag bestimmten Fällen.

(2) § 20 (Zwangsabtretung) bleibt unberührt.

(3) In den Fällen der Absätze 1 und 2 wird die Gesellschaft unter Beibehaltung der bisherigen Firma von den verbleibenden Gesellschaftern fortgesetzt.

§ 19
Abfindung

(1) In den Fällen des Ausscheidens eines Gesellschafters hat der ausscheidende Gesellschafter bzw. dessen Rechtsnachfolger Anspruch auf eine Abfindung nach Maßgabe folgender Regelungen, soweit dieser Vertrag nichts anderes bestimmt oder die Gesellschaft und der betroffene Gesellschafter etwas anderes vereinbaren.

- Variante 1:
(2) Die Abfindung entspricht …% des Anteils des ausgeschiedenen Kommanditisten am Ertragswert der Gesellschaft. Der Ertragswert ist nach der Methode zu ermitteln, die das Institut der Wirtschaftsprüfer in Düsseldorf jeweils am Stichtag des Ausscheidens empfiehlt (derzeit: Standard „S 1"). Der Kapitalisierungszinssatz beträgt …%.

- Variante 2:
(2) Die Abfindung entspricht …% des Erbschaftsteuerwertes des Anteils des betroffenen Kommanditisten, der nach den Vorschriften der §§ 199 ff. des Bewertungsgesetzes (vereinfachtes Ertragswertverfahren) auf den Stichtag des Ausscheidens zu ermitteln ist. § 11 Abs. 2 S. 3 des Bewertungsgesetzes ist zu beachten.

- Variante 3:
(2) Das Abfindungsguthaben entspricht dem Anteil des ausgeschiedenen Kommanditisten am Buchwert der Gesellschaft. Erfolgt das Ausscheiden zum Ende eines Geschäftsjahres, ist der Buchwert am Ende des Geschäftsjahres maßgeblich. Erfolgt das Ausscheiden im Laufe eines Ge-

schäftsjahres, ist der Buchwert am Beginn des jeweiligen Geschäftsjahres maßgeblich. Ein Verlustvortragskonto ist nur mit dem Kapitalkonto I zu verrechnen. Sollte diese Bestimmung unwirksam oder unanwendbar sein, erhält der ausgeschiedene Kommanditist ...% der gesetzlichen Abfindung.

- **Variante 4:**
(2) Die Abfindung ist nach billigem Ermessen ohne Bindung an § 738 BGB und dessen Auslegung unter Berücksichtigung der Dauer der Mitgliedschaft des ausgeschiedenen Kommanditisten in der Gesellschaft, seines Anteils an Aufbau und Erfolg des Unternehmens, des Anlasses seines Ausscheidens und unter Berücksichtigung der Liquidität und des Vermögens der Gesellschaft zum Zeitpunkt des Ausscheidens und der wirtschaftlichen Auswirkungen der Zahlung des Abfindungsguthabens auf die Gesellschaft ermitteln.

- **Variante 5:**
(2) Für den Fall des Ausscheidens eines Kommanditisten aus der Gesellschaft entspricht die Abfindung 30% des gemeinen Wertes der Gesellschaft.

(3) Können sich die Beteiligten nicht über die Höhe des Abfindungsguthabens einigen, so ist das Abfindungsguthaben für alle Beteiligten verbindlich durch einen Schiedsgutachter zu ermitteln. Können sich die Parteien nicht über die Person des Schiedsgutachters einigen, so wird dieser durch den Präsidenten der für die Gesellschaft zuständigen Industrie- und Handelskammer bestimmt und von der Gesellschaft zu üblichen Bedingungen beauftragt. Der Schiedsgutachter soll ein Rechtsanwalt und Wirtschaftsprüfer mit mindestens zehn (10) Jahren Berufserfahrung sein. Der Schiedsgutachter entscheidet nach billigem Ermessen darüber, wer die Kosten für die Ermittlung des Abfindungsguthabens trägt.

(4) Die Auszahlung der Abfindung erfolgt in ... gleichen Jahresraten, von denen die erste ... Monate nach dem Stichtag des Ausscheidens zur Zahlung fällig wird. Ist bis zur Fälligkeit von Ratenzahlungen noch keine Einigung über die Höhe der Abfindung erzielt worden oder liegt bis dahin noch keine Entscheidung des Schiedsgutachtens vor, sind angemessene Abschlagszahlungen zu leisten.

(5) Sollte die Einhaltung der Jahresraten nicht ohne schweren Schaden für die Gesellschaft möglich sein, ermäßigt sich die Höhe der Jahresraten auf den Betrag, der für die Kommanditisten ohne schwere Schädigung tragbar ist, wobei sich die Zahl der Jahresraten entsprechend erhöht. Entsteht darüber, ob die Einhaltung der Jahresraten ohne schweren Schaden für die Gesellschaft möglich ist und/oder um welche Zahl sich die Jahresraten erhöhen, eine Meinungsverschiedenheit zwischen den Beteiligten, so wird diese von einem Wirtschaftsprüfer als Schiedsrichter nach billigem Ermessen entschieden. Können sich die Parteien nicht über die Per-

I. Die Gesellschaftsverträge der typischen GmbH & Co. KG

son des Schiedsrichters einigen, so wird dieser durch den Präsidenten der für den Sitz der Gesellschaft zuständigen Industrie- und Handelskammer bestimmt und von der Gesellschaft zu angemessenen Bedingungen beauftragt. Die Kosten des Schiedsrichters tragen die Gesellschaft und der betroffene Gesellschafter je zur Hälfte.

(6) Das Abfindungsguthaben ist ab Fälligkeit der ersten Rate mit … Prozentpunkten über dem jeweiligen Basiszinssatz p.a. (alternativ: … mit …% p.a.) zu verzinsen. Die aufgelaufenen Zinsen sind mit dem jeweiligen Hauptsachebetrag zu bezahlen. Die Gesellschaft ist berechtigt, die Abfindung ganz oder teilweise früher auszuzahlen.

(7) Guthaben auf seinem Verrechnungskonto sind dem ausgeschiedenen Kommanditisten innerhalb von … Monaten ab dem Ausscheiden zur Hälfte und der Rest … Monate später auszuzahlen. Ein negatives Verrechnungskonto ist zum Zeitpunkt des Ausscheidens vom Kommanditisten unverzüglich auszugleichen.

(8) Weitere Ansprüche des ausgeschiedenen Kommanditisten bestehen nicht. An schwebenden Geschäften ist er nicht beteiligt. Sicherheit wegen der Inanspruchnahme durch Gesellschaftsgläubiger oder Befreiung von den Gesellschaftsschulden kann er nicht verlangen.

(9) Sofern eine Abfindung festgesetzt wird, deren Höhe vom gemeinen Wert des Anteils abweicht, verpflichten sich die übernehmenden Gesellschafter die Gründe für die Angemessenheit der Abfindung dem für Erbschaft- und Schenkungsteuerfestsetzung zuständigen Finanzamt mitzuteilen bzw. eine Anzeige gem. § 30 ErbStG zu erstatten. Eine aufgrund eines gem. § 3 Abs. 1 Nr. 2 bzw. § 7 Abs. 7 ErbStG festgesetzte Erbschaftsteuer wird von den übernehmenden Gesellschaftern getragen.

§ 20
Verpflichtung zur Abtretung von Gesellschaftsanteilen

(1) Die Gesellschafterversammlung kann mit einfacher Mehrheit der Stimmen aller stimmberechtigten Kommanditisten beschließen, dass der Gesellschaftsanteil eines Kommanditisten ganz oder teilweise auf einen oder mehrere Kommanditisten und/oder Dritte abzutreten ist, wenn
    a) der betroffene Kommanditist oder sein Privatgläubiger kündigen, und zwar innerhalb von … Monaten nach Zugang der Kündigung auf den Zeitpunkt der Wirksamkeit der Kündigung; der betreffende Gesellschafter scheidet in diesem Fall nicht gemäß § 18 Abs. 1 lit. a dieses Vertrages aus der Gesellschaft aus;
    b) die Voraussetzungen für einen Ausschluss des betroffenen Kommanditisten nach Maßgabe der Regelungen des § 16 dieses Vertrages vorliegen, und zwar innerhalb von sechs Monaten ab dem Zeitpunkt, ab

dem der zur Ausschließung berechtigende Tatbestand den anderen Kommanditisten bekannt geworden ist, soweit der Gesellschaftsvertrag nicht etwas anderes bestimmt;

c) ...

(2) Ein betroffener Kommanditist hat bei der Fassung des Beschlusses kein Stimmrecht.

(3) Die Komplementärin wird bevollmächtigt, dem betroffenen Kommanditisten den Beschluss mitzuteilen.

(4) Die Komplementärin wird ermächtigt, die Abtretung des Gesellschafteranteils des betroffenen Kommanditisten an denjenigen vorzunehmen, der in dem Abtretungsbeschluss als Erwerber benannt worden ist. Die Abtretung hat auf den Zeitpunkt zu erfolgen, der im Beschluss genannt ist. Die Abtretung kann auch dann erfolgen, wenn noch keine Einigung über den Kaufpreis und den Inhalt des Kaufvertrages erfolgt ist.

- **Variante 1:**
(5) Der betroffene Kommanditist und der Erwerber sollen sich über die Höhe des von dem Erwerber zu zahlenden Kaufpreises und über den Inhalt des Kaufvertrages einigen. Kommt eine solche Einigung nicht innerhalb von acht Wochen nach Fassung des Beschlusses über die Zwangsabtretung zustande, wird der Kaufpreis und der Inhalt des Kaufvertrages durch das Schiedsgericht gemäß § 24 dieses Vertrages nach billigem Ermessen gem. § 317 BGB bestimmt. Der Kaufpreis darf nicht niedriger sein, als die Abfindung, die der betroffene Gesellschafter im Falle seines Ausschlusses erhalten hätte. Die Gesellschaft haftet für den Kaufpreis wie ein Bürge, der auf die Einrede der Vorausklage verzichtet hat. Sofern der betroffene Kommanditist zur Abtretung an mehrere Berechtigte verpflichtet ist, gelten die Sätze 1 bis 3 entsprechend im Hinblick auf die einzelne Anteilsübertragung.

- **Variante 2:**
(5) Der Kaufpreis für den abgetretenen Gesellschaftsanteil entspricht dem Betrag der Abfindung nach § 19, den der betroffene Kommanditist erhalten würde, wenn er nach § 18 Abs. 1 ausgeschieden wäre. § 19 Abs. 1–3 finden entsprechende Anwendung. Die Gesellschaft haftet für den Kaufpreis wie ein Bürge, der auf die Einrede der Vorausklage verzichtet hat. Sofern der betroffene Kommanditist zur Abtretung an mehrere Berechtigte verpflichtet ist, gelten die Sätze 1 bis 3 entsprechend im Hinblick auf die einzelne Anteilsübertragung. Können sich der betroffene Gesellschafter und der/die Erwerber nicht über den sonstigen Inhalt des Kaufvertrages innerhalb von 3 Monaten nach der Fassung des Beschlusses über die Zwangsabtretung einigen, bestimmt das Schiedsgericht gem. § 24 den sonstigen Inhalt des Kaufvertrages nach billigem Ermessen.

(6) Das Recht zum Ausschluss des betroffenen Kommanditisten bleibt unberührt, bis die Abtretung des Gesellschaftsanteils erfolgt ist.

§ 21
Informationsrechte/Informationspflichten

(1) Jedem Kommanditisten stehen abweichend von § 166 Abs. 2 HGB auch die Rechte aus § 118 HGB zu. Sie können jederzeit Auskünfte über Angelegenheiten der Gesellschaft verlangen. Angelegenheiten der Gesellschaft sind auch Angelegenheiten von Gesellschaften, an denen die Gesellschaft mit mindestens 10% beteiligt ist. Die Kommanditisten können ihre Einsichtsrechte aus § 118 Abs. 1 HGB auf ihre Kosten auch durch sachverständige Dritte, die berufsrechtlich zur Verschwiegenheit verpflichtet sind, ausüben lassen.

(2) Treugebern von Treuhandgesellschaftern, Nießbrauchern an Gesellschaftsanteilen und Testamentsvollstreckern stehen die gleichen Rechte zu, die Kommanditisten nach Abs. 1 zustehen.

(3) Die Kommanditisten sind verpflichtet, die Geschäftsführung innerhalb von 8 Wochen ab dem Ablauf eines Geschäftsjahres über den Bestand ihres Sonderbetriebsvermögens und etwaiger persönlich getragener Sonderbetriebsausgaben zu informieren.

(4) Die Kommanditisten sind dazu verpflichtet, die Geschäftsführung rechtzeitig über eine geplante Verlegung Ihres steuerlichen Wohnsitzes ins Ausland zu informieren (Wegzug). Gleiches gilt bei einer beabsichtigten Vererbung Ihrer Gesellschaftsbeteiligung an im Ausland ansässige Erben.

(5) Die Kommanditisten sind dazu verpflichtet, die Komplementärin zeitnah über Veränderungen ihrer Anschrift (und ggf. ihres Familienstands) zu unterrichten.

§ 22
Wettbewerbsverbot

(1) Kein Gesellschafter darf während seiner Zugehörigkeit zur Gesellschaft mittelbar oder unmittelbar, gelegentlich oder gewerbsmäßig, unter eigenem oder fremdem Namen, auf eigene oder fremde Rechnung auf dem Tätigkeitsgebiet der Gesellschaft Geschäfte machen oder ein Unternehmen, das Geschäfte auf dem Tätigkeitsgebiet der Gesellschaft betreibt, erwerben, sich an einem solchen Unternehmen beteiligen oder es auf andere Weise unterstützen, soweit dies ohne Verstoß gegen gesetzliche Vorschriften vereinbart werden kann.

(2) Das Wettbewerbsverbot gemäß Absatz 1 gilt auch bis zum Ablauf von ... Kalendermonaten ab dem Ausscheiden des Gesellschafters aus der Gesellschaft, soweit gesetzlich zulässig.

(3) Durch Gesellschafterbeschluss können Gesellschafter von dem Wettbewerbsverbot befreit werden. Betroffene Gesellschafter haben hierbei kein Stimmrecht.

(4) Im Falle der Verletzung des Wettbewerbsverbotes gem. Abs. 1 und 2 gilt § 113 HGB entsprechend.

§ 23
Liquidation

(1) Die Liquidation der Gesellschaft erfolgt durch die Komplementärin, soweit die Gesellschafterversammlung nichts Abweichendes beschließt. § 6 gilt für Liquidatoren entsprechend.

(2) Das nach Befriedigung der Gläubiger verbleibende Vermögen der Gesellschaft ist im Verhältnis der Kapitalkonten I unter den Kommanditisten zu verteilen.

§ 24
Schiedsgericht

(1) Alle Streitigkeiten zwischen Gesellschaftern oder zwischen der Gesellschaft und Gesellschaftern im Zusammenhang mit diesem Gesellschaftsvertrag oder über seine Gültigkeit oder Auslegung werden – soweit gesetzlich zulässig – nach der Schiedsgerichtsordnung (DIS-SchO) und den Ergänzenden Regeln für Gesellschaftsrechtliche Streitigkeiten (DIS-ERGeS) der Deutschen Institution für Schiedsgerichtsbarkeit e. V. (DIS) unter Ausschluss des ordentlichen Rechtswegs endgültig entschieden, soweit dieser Vertrag nicht etwas anderes bestimmt.

(2) Die Wirkungen des Schiedsspruches erstrecken sich auch auf die Gesellschafter, die fristgemäß als Betroffene benannt wurden, unabhängig davon, ob sie von der ihnen eingeräumten Möglichkeit, dem schiedsrichterlichen Verfahren als Partei oder Nebenintervenient beizutreten, Gebrauch gemacht haben (§ 11 DIS-ERGeS). Die fristgemäß als Betroffene benannten Gesellschafter verpflichten sich, die Wirkungen eines nach Maßgabe der Bestimmungen in den DIS-ERGeS ergangenen Schiedsspruchs anzuerkennen.

(3) Ausgeschiedene Gesellschafter bleiben an diese Schiedsvereinbarung gebunden.

I. Die Gesellschaftsverträge der typischen GmbH & Co. KG

(4) Die Gesellschaft hat gegenüber Klagen, die gegen sie vor einem staatlichen Gericht anhängig gemacht werden und Streitigkeiten betreffen, die dieser Schiedsvereinbarung unterfallen, stets die Einrede der Schiedsvereinbarung zu erheben.

(5) Der Ort des schiedsgerichtlichen Verfahrens ist ....

(6) Die Verfahrenssprache ist Deutsch.

(7) Die Anzahl der Schiedsrichter beträgt drei.

(8) Diese Schiedsvereinbarung gilt nicht für Verfahren, in denen eine einstweilige Verfügung oder ein Arrest beantragt wird; insoweit sind die staatlichen Gerichte zuständig.

§ 25
Salvatorische Klausel

Sollte eine Bestimmung dieses Vertrages unwirksam sein oder werden, so gelten die übrigen Bestimmungen gleichwohl. Die Gesellschafter verpflichten sich, die nichtige Bestimmung durch eine solche zu ersetzen, die dem wirtschaftlichen Zweck der unwirksamen Bestimmung am nächsten kommt. Entsprechendes gilt, wenn der Vertrag eine Lücke aufweisen sollte.

§ 26
Schlussbestimmungen

(1) Änderungen und Ergänzungen dieses Vertrages bedürfen zu ihrer Wirksamkeit der Schriftform, soweit nicht im Gesetz eine notarielle Beurkundung vorgeschrieben ist.

(2) Die Kosten dieses Vertrages werden von der Gesellschaft getragen.

2. Satzung der Komplementär-GmbH der typischen GmbH & Co. KG

§ 1
Firma, Sitz, Geschäftsjahr

(1) Die Firma der Gesellschaft lautet:

„... GmbH"

(2) Die Gesellschaft hat ihren Satzungs- und Verwaltungssitz in ...

- **Variante 1:**

(3) Geschäftsjahr ist das Kalenderjahr.

- **Variante 2:**
(3) Das Geschäftsjahr beginnt am ... und endet am ... des darauffolgenden Kalenderjahres.

§ 2
Gegenstand des Unternehmens

Gegenstand des Unternehmens ist die Geschäftsführung und Vertretung der ... GmbH & Co. KG mit dem Sitz in ... (im Folgenden „Hauptgesellschaft") genannt, als deren persönlich haftende Gesellschafterin.

§ 3
Stammkapital/Gesellschafter

(1) Das Stammkapital der Gesellschaft beträgt EUR ... (in Worten EUR ...).

(2) An dem Stammkapital sind beteiligt:
   a) Herr/Frau ... mit dem Geschäftsanteil Nr. 1 im Nennbetrag von EUR ...;
   b) Herr/Frau ... mit dem Geschäftsanteil Nr. 2 im Nennbetrag von EUR ...;
   c) Herr/Frau ... mit dem Geschäftsanteil Nr. 3 im Nennbetrag von EUR ....

- **Variante 1:**
(3) Die Einlagen auf die Geschäftsanteile sind vor Anmeldung zum Handelsregister in voller Höhe einzuzahlen.

- **Variante 2:**
(3) Die Einlagen auf die Geschäftsanteile sind in Höhe von 50 % vor Anmeldung zum Handelsregister, im Übrigen auf Anforderung der Geschäftsführung einzuzahlen.

- **Variante 1:**
(4) Die Teilung von Geschäftsanteilen bedarf der Zustimmung der Geschäftsführung.

- **Variante 2:**
(4) Die Teilung von Geschäftsanteilen bedarf eines Gesellschafterbeschlusses, der nur mit allen vorhandenen Stimmen (mit einer Mehrheit von ...% aller vorhandenen Stimmen/der abgegebenen Stimmen/der Stimmen der anwesenden/vertretenen Gesellschafter) gefasst werden kann.

I. Die Gesellschaftsverträge der typischen GmbH & Co. KG 89

- Variante 3:
(4) § 46 Nr. 4 GmbHG gilt nicht; jeder Gesellschafter kann seine Gesellschaftsanteile durch schriftliche Erklärung gegenüber der Gesellschaft teilen.

§ 4
Dauer der Gesellschaft

Die Gesellschaft beginnt mit der Eintragung im Handelsregister. Ihre Dauer ist unbestimmt.

§ 5
Vertretung und Geschäftsführung

(1) Die Gesellschaft hat einen oder mehrere Geschäftsführer. Durch Beschluss der Gesellschafterversammlung kann jedem Geschäftsführer auch Einzelvertretungsbefugnis erteilt werden. Ist nur ein Geschäftsführer bestellt, vertritt dieser die Gesellschaft allein.

(2) Durch Beschluss der Gesellschafterversammlung kann jedem Geschäftsführer generell oder im Einzelfall Befreiung von den Beschränkungen des § 181 BGB erteilt werden. Für Geschäfte zwischen der Hauptgesellschaft und der Gesellschaft sind die Geschäftsführer in jedem Fall von den Beschränkungen des § 181 BGB befreit.

- Variante 1:
(3) Bei der Führung der Geschäfte der Hauptgesellschaft haben die Geschäftsführer das Gesetz und den jeweiligen Gesellschaftsvertrag der Hauptgesellschaft zu beachten.

- Variante 2:
(3) Bei der Führung der Geschäfte der Hauptgesellschaft haben die Geschäftsführer das Gesetz, den jeweiligen Gesellschaftsvertrag der Hauptgesellschaft und die Weisungen der Gesellschafterversammlung zu beachten. Die Gesellschafter können den Geschäftsführern jedoch hinsichtlich der Geschäftsführung der Hauptgesellschaft keine Weisungen gemäß erteilen.

(4) Geschäfte der Gesellschaft mit Dritten, die nicht der Geschäftsführung der Hauptgesellschaft zuzuordnen sind, bedürfen der vorherigen Zustimmung der Gesellschafterversammlung.

- Variante 1:
(5) Sind mehrere Geschäftsführer bestellt, führen sie die Geschäfte gemeinschaftlich; Beschlüsse werden mit der einfachen Mehrheit aller vorhandenen Stimmen gefasst. Jeder Geschäftsführer hat eine Stimme.

- **Variante 2:**
(5) Sind mehrere Geschäftsführer bestellt, führt jeder Geschäftsführer, unbeschadet seiner Verantwortlichkeit für das Wohl der gesamten Gesellschaft, die Geschäfte innerhalb der ihm zugewiesenen Aufgaben allein.

(6) Die Geschäftsführer haben unverzüglich nach Wirksamwerden jeder Veränderung in den Personen der Gesellschafter oder des Umfangs ihrer Beteiligung eine von ihnen unterschriebene Gesellschafterliste zum Handelsregister einzureichen, aus welcher Name, Vorname, Geburtsdatum und Wohnort der Gesellschafter sowie die Nennbeträge und die laufenden Nummern der von einem jeden derselben übernommenen Geschäftsanteile zu entnehmen sind. Die Veränderungen sind den Geschäftsführern schriftlich mitzuteilen und nachzuweisen. Als Nachweis sind im Allgemeinen Urkunden in Urschrift oder beglaubigte Abschriften vorzulegen. Für den Nachweis der Erbfolge gilt § 35 Grundbuchordnung entsprechend. Nach Aufnahme der geänderten Gesellschafterliste im Handelsregister haben die Geschäftsführer allen Gesellschaftern unverzüglich eine Abschrift der geänderten Gesellschafterliste zu übersenden. Unabhängig hiervon sind die Geschäftsführer verpflichtet, wenigstens einmal im Jahr sämtlichen Gesellschaftern einen aktuellen Auszug der im Handelsregister aufgenommenen Gesellschafterliste zur Kenntnis zu geben.

(7) Die vorstehenden Vorschriften gelten für Liquidatoren der Gesellschaft entsprechend.

§ 6
Geschäftsführer

(1) Geschäftsführer werden von der Gesellschafterversammlung bestellt und abberufen, soweit dieser Vertrag nichts Abweichendes bestimmt.

(2) Gesellschafter, die allein oder zusammen über mindestens …% des Stammkapitals verfügen, haben das Recht, jeweils einen Geschäftsführer zu bestellen und abzuberufen. Der so bestellte Geschäftsführer kann von der Gesellschafterversammlung nur aus wichtigem Grund und nur mit einem Beschluss abberufen werden, der der einfachen Mehrheit der Stimmen aller vorhandenen Gesellschafter bedarf.

(3) Solange der Gesellschafter … an der Gesellschaft beteiligt ist, steht ihm bis zur Vollendung seines … Lebensjahres das Sonderrecht zu, als Geschäftsführer bestellt zu werden. Das Sonderrecht ist höchstpersönlich und nicht vererblich. Der Gesellschafter kann vor der Vollendung seines … Lebensjahres nur abberufen werden, wenn ein wichtiger Grund für seine Abberufung vorliegt.

§ 7
Gesellschafterversammlungen

(1) Beschlüsse der Gesellschafter werden in Versammlungen gefasst. Eine Gesellschafterversammlung ist alljährlich innerhalb der jeweiligen gesetzlichen Fristen (§ 42a Abs. 2, Abs. 1 GmbHG, ordentliche Gesellschafterversammlung) abzuhalten, im Übrigen nach Bedarf. Der Abhaltung einer Gesellschafterversammlung bedarf es nicht, wenn alle Gesellschafter dem von der Geschäftsführung vorgeschlagenen Beschluss in Textform (§ 126b BGB) oder in Schriftform (§ 126 BGB) zugestimmt haben oder mit der Stimmabgabe in Textform oder in Schriftform einverstanden sind, soweit keine andere Form gesetzlich zwingend vorgeschrieben ist („Umlaufbeschlüsse"). Zulässig ist auch jede andere Form der Beschlussfassung, wenn alle Gesellschafter zustimmen. Umlaufbeschlüsse kann jeder Geschäftsführer veranlassen. Adressat der Stimmabgabe ist die Gesellschaft. Umlaufbeschlüsse kommen mit dem Zugang des Abstimmungsprotokolls (Abs. 11) bei allen stimmberechtigten Gesellschaftern zustande.

(2) Jeder Geschäftsführer kann eine Gesellschafterversammlung einberufen. Die Einberufung hat unter gleichzeitiger Bekanntgabe der Tagesordnung und des Tagungslokals mittels eingeschriebenem Brief (Einwurfeinschreiben), das mindestens 14 Tage vor dem Termin der Gesellschafterversammlung an die Gesellschafter zur Absendung gebracht sein muss, zu erfolgen. Die Einladung ist mit ihrer Aufgabe zur Post bewirkt. Der Tag der Absendung der Einladung (Poststempel) und der Tag der Versammlung werden bei der Fristberechnung nicht mitgezählt. Ist der Aufenthalt eines Gesellschafters unbekannt oder kann er aus anderen Gründen nicht geladen werden, so ruht bis zur Beseitigung dieses Zustandes sein Stimmrecht, soweit der Gesellschaftsvertrag nicht etwas anderes bestimmt. § 50 GmbHG gilt mit der Maßgabe, dass die Form- und Fristvorschriften gem. S. 2–5 zu beachten sind.

(3) Gesellschafterversammlungen finden jeweils am Sitz der Gesellschaft statt, es sei denn, alle Kommanditisten stimmen im Einzelfalls einem anderen Versammlungsort zu.

(4) Eine vertragsgemäß einberufene Gesellschafterversammlung ist beschlussfähig, wenn die anwesenden und vertretenen Gesellschafter …% aller Stimmen auf sich vereinigen. Ist eine Gesellschafterversammlung beschlussunfähig, so ist eine neue Gesellschafterversammlung mit gleicher Tagesordnung unter Einhaltung der in Abs. 2 genannten Form- und Fristvorschriften einzuberufen. Diese Gesellschafterversammlung ist ohne Rücksicht auf die Zahl der Stimmen der anwesenden und vertretenen Gesellschafter beschlussfähig. Hierauf ist in der Einladung hinzuweisen.

(5) Jeder Gesellschafter kann sich auf Gesellschafterversammlungen nur durch einen anderen Gesellschafter oder einen zur Berufsverschwiegenheit verpflichteten, sachverständigen Dritten oder seinen Ehegatten oder Lebenspartner vertreten lassen.

(6) Ist eine Gesellschafterversammlung nicht vertragsgemäß einberufen worden, können Beschlüsse nur gefasst werden, wenn alle Gesellschafter anwesend oder vertreten sind und alle Gesellschafter und Vertreter mit der Fassung von Beschlüssen einverstanden sind.

(7) Jeder Gesellschafter kann sich von einem zur Berufsverschwiegenheit verpflichteten, sachverständigen Dritten in der Gesellschafterversammlung beraten lassen, wenn er dies den anderen Gesellschaftern mit einer Frist von mindestens 8 Tagen vorher schriftlich mitgeteilt hat. Im Fall von S. 1 sind auch die anderen Gesellschafter berechtigt, sich von je einem Berater in der Gesellschaftsversammlung beraten zu lassen.

(8) Die Gesellschafterversammlungen werden von einem Geschäftsführer, hilfsweise von einem Gesellschafter geleitet, den die Gesellschafter/Vertreter mit einfacher Mehrheit der abgegebenen Stimmen der erschienenen und vertretenen Gesellschafter wählen. Bis zur Wahl wird die Versammlung von dem ältesten anwesenden Gesellschafter bzw. Vertreter eines Gesellschafters geleitet.

(9) Der Leiter der Gesellschafterversammlung bestimmt die Reihenfolge der Tagesordnungspunkte. Er kann einzelne Tagesordnungspunkte absetzen, wenn Gesellschafter, die über mehr als …% der Stimmrechte verfügen, dies beantragen, wenn ein Antrag gestellt wird, der von einem Tagesordnungspunkt nicht gedeckt ist oder, wenn Meinungsverschiedenheiten über die Zulässigkeit eines Tagesordnungspunkts oder eines Antrags zwischen den Gesellschaftern bestehen.

(10) Über die Gesellschafterversammlung ist ein Protokoll zu fertigen, das von dem Leiter der Gesellschafterversammlung zu erstellen ist. Abschriften des Protokolls sind allen Gesellschaftern unverzüglich zuzuleiten. Das Protokoll hat mindestens die anwesenden und vertretenen Gesellschafter, etwaige Verzichte auf die Einhaltung von Form- und Fristvorschriften, alle Anträge und alle Beschlüsse einschließlich der jeweiligen Abstimmungsergebnisse zu enthalten.

(11) Werden Beschlüsse außerhalb von Gesellschafterversammlungen gefasst, ist der Wortlaut der Beschlussanträge und das Ergebnis der Abstimmung in einem Protokoll festzuhalten. Das Protokoll ist von der Geschäftsführung zu erstellen; Abschriften des Protokolls sind den Gesellschaftern unverzüglich zuzuleiten.

I. Die Gesellschaftsverträge der typischen GmbH & Co. KG

§ 8
Gesellschafterbeschlüsse

(1) Gesellschafterbeschlüsse werden mit der einfachen Mehrheit der abgegebenen Stimmen gefasst, soweit der Vertrag oder das Gesetz nicht eine andere Mehrheit zwingend vorschreibt.

(2) Folgende Beschlüsse können in jedem Fall nur mit den Stimmen aller vorhandenen Gesellschafter gefasst werden:
   a) Aufnahme neuer Gesellschafter;
   b) Zustimmung zu Verfügungen über Geschäftsanteile, zur Belastung von Geschäftsanteilen und zu Verfügungen über sonstige Ansprüche gegen die Gesellschaft;
   c) Auflösung der Gesellschaft;
   d) Änderungen des Gesellschaftsvertrages;
   e) Beschlüsse, die eine Nachschusspflicht begründen.

(3) Je EUR 1,00 eines Geschäftsanteils gewähren eine Stimme.

(4) Die Stimmen eines Gesellschafters, dessen Stimmrecht ausgeschlossen ist, werden bei der Abstimmung nicht berücksichtigt.

(5) Gesellschafterbeschlüsse können nur innerhalb von einem Monat nach Zugang des Protokolls, in dem der mangelhafte Beschluss enthalten ist, spätestens 3 Monate nach der Gesellschafterversammlung durch Klage gegen die Gesellschaft angefochten werden.

§ 8a
Vorsorgevollmacht

(1) Jeder Gesellschafter, der eine natürliche Person ist, ist verpflichtet, eine notarielle Vorsorgevollmacht zu errichten und aufrecht zu erhalten, in der Gesellschaftern und/oder einem Dritten Vollmacht zur Ausübung und Wahrnehmung seiner Gesellschafterrechte, einschließlich des Rechtes zu Verfügungen über seinen Gesellschaftsanteil, eingeräumt wird. Die Vollmachtsurkunde ist bei der Gesellschaft zu hinterlegen und von der Gesellschaft an den/die Bevollmächtigten oder den betreffenden Gesellschafter auf Verlangen herauszugeben.

(2) Bevollmächtigte sind zur Ausübung und Wahrnehmung von Gesellschafterrechten nur berechtigt, wenn die Gesellschafterversammlung der Erteilung der Vorsorgevollmacht mit Beschluss nach § 8 Abs. 1 dieses Vertrages zugestimmt hat. Ist dem Bevollmächtigten auch hinsichtlich der Ausübung und Wahrnehmung der Gesellschafterrechte in der Hauptgesellschaft Vollmacht erteilt und haben die Gesellschafter der Hauptgesell-

schaft dem zugestimmt, so gilt die Zustimmung nach Satz 1 als erteilt. Die Gesellschafterversammlung hat den Beschluss über ihre Zustimmung unverzüglich nach Übergabe der Vollmachtsurkunde an die Gesellschaft und der Erklärung des Bevollmächtigten nach Abs. 4 zu fassen. Der betreffende Gesellschafter hat bei der Beschlussfassung kein Stimmrecht.

(3) Die Gesellschafterversammlung kann jede Zustimmung jederzeit mit Beschluss nach § 8 Abs. 1 dieses Vertrages widerrufen. Ist ein Betreuungsfall (§ 1896 Abs. 1 BGB) eingetreten, kann der Widerruf nur aus wichtigem Grund erfolgen; Gleiches gilt, wenn einem Bevollmächtigten auch hinsichtlich der Ausübung und Wahrnehmung der Gesellschafterrechte in der Hauptgesellschaft Vollmacht erteilt wurde und die Gesellschafter der Hauptgesellschaft dem zugestimmt haben. Der betreffende Gesellschafter hat bei der Beschlussfassung kein Stimmrecht.

(4) Jeder Bevollmächtigte hat sich durch schriftliche Erklärung gegenüber der Gesellschaft persönlich zur Wahrung der gesellschafterlichen Treuepflichten zu verpflichten.

(5) Das Recht, sich nach § 7 Abs. 5 dieses Vertrages auf Gesellschafterversammlungen vertreten zu lassen, bleibt unberührt.

§ 9
Jahresabschluss, Gewinnverwendung, Gewinnverteilung

(1) Die Aufstellung des Jahresabschlusses erfolgt unter Beachtung der Grundsätze ordnungsgemäßer Buchführung innerhalb der gesetzlichen Fristen.

(2) Für die Verwendung des Ergebnisses gelten die Vorschriften des GmbH-Gesetzes, insbesondere § 29 GmbHG.

(3) Die Verteilung des Gewinns erfolgt nach dem Verhältnis der Geschäftsanteile.

§ 10
Verfügungen über Geschäftsanteile und Ansprüche gegen die Gesellschaft

(1) Jede Verfügung über Geschäftsanteile oder Ansprüche des Gesellschafters gegen die Gesellschaft bedürfen der vorherigen Zustimmung der Gesellschaft, wobei im Innenverhältnis die vorherige Zustimmung der Gesellschafterversammlung erforderlich ist.

(2) Die Gesellschafter sind verpflichtet, Verfügungen über Geschäftsanteile zu Gunsten von Ehegatten, Lebenspartner, Abkömmlingen und anderen

I. Die Gesellschaftsverträge der typischen GmbH & Co. KG   95

Gesellschaftern zuzustimmen, wenn diese Gesellschafter der Hauptgesellschaft sind.

(3) Abs. 2 gilt entsprechend für die Teilung und Abtretung von Geschäftsanteilen in Vollzug eines Vermächtnisses und im Rahmen der Auseinandersetzung einer Erbengemeinschaft.

§ 11
Vorkaufsrecht

(1) Veräußert einer der Gesellschafter seinen Geschäftsanteil, steht den anderen Gesellschaftern ein Vorkaufsrecht im Verhältnis ihrer Stammeinlagen zu (Vorkaufsrecht erste Stufe). Für das Vorkaufsrecht gelten die Vorschriften der §§ 463 ff. BGB entsprechend, wobei das Vorkaufsrecht bis zum Ablauf des nächsten vollen Kalendermonats nach Zugang des notariellen Kaufvertrages auszuüben ist. Jeder Gesellschafter kann von seinem Vorkaufsrecht nur insgesamt oder gar nicht Gebrauch machen. § 10 Abs. 1 bleibt unberührt.

(2) Macht ein Gesellschafter von seinem Vorkaufsrecht nicht oder nicht fristgerecht Gebrauch, geht das Vorkaufsrecht auf vorkaufswillige Gesellschafter im Verhältnis ihrer Stammeinlagen nach Ausübung des Vorkaufsrechtes auf erster Stufe über (Vorkaufsrecht zweite Stufe usw.). Abs. 1 Satz 2 und 3 gelten entsprechend mit der Maßgabe, dass anstelle des Zugangs des notariellen Kaufvertrages die Mitteilung tritt, dass ein Gesellschafter sein Vorkaufsrecht nicht ausüben will oder nicht ausgeübt hat. Kein Gesellschafter, der sein Vorkaufsrecht auf einer Stufe ausgeübt hat, muss sein Vorkaufsrecht auf späteren Stufen ebenfalls ausüben.

(3) Die Kaufverträge zwischen dem Verkäufer des Gesellschaftsanteils und den Verkaufsberechtigten kommen auch dann zustande, wenn im Rahmen des Vorkaufsrechts nicht alle verkauften Gesellschaftsanteile von andern Gesellschaftern gekauft werden.

(4) Wird der verkaufte Gesellschaftsanteil von den andere Kommanditisten nicht vollständig gekauft, und wird der Restanteil vom ursprünglichen Käufer nicht mehr erworben, ist der betroffene Kommanditist berechtigt, die Gesellschaft für diesen Restanteil mit einer Frist von 6 Monaten zum Ende eines Geschäftsjahres zu kündigen. Das Kündigungsrecht erlischt, wenn es nicht innerhalb von 6 Monaten ausgeübt worden ist; die Frist beginnt an dem Ender der letzten Vorkaufsfrist gemäß Absatz 1 Satz 2 und 3 und Absatz 2, Satz 2.

(5) Die Vorschriften der §§ 463 ff. BGB sind anzuwenden, wenn und soweit der Gesellschaftsvertrag keine abweichenden Regelungen enthält.

§ 12
Vererbung von Geschäftsanteilen

(1) Im Falle des Todes eines Gesellschafters wird die Gesellschaft mit seinen Erben fortgesetzt. § 13 Abs. 2 lit. d) bleibt unberührt.

(2) Sind mehrere Personen Erben der Geschäftsanteile eines verstorbenen Gesellschafters geworden, so haben sie einen gemeinsamen Vertreter der Erben i.S.v. § 18 Abs. 3 S. 1 GmbHG zu bestellen, der sämtliche Gesellschafterrechte im Außenverhältnis solange ausübt, solange an den vererbten Geschäftsanteilen Mitberechtigte i.S.v. § 18 Abs. 1 GmbHG beteiligt sind. Gemeinsamer Vertreter kann nur ein Rechtsanwalt, ein Wirtschaftsprüfer oder ein Steuerberater sein, der über mindestens 10 Berufsjahre verfügt oder ein Gesellschafter, der mindestens 40 Jahre alt ist, es sei denn, alle anderen Kommanditisten stimmen einem gemeinsamen Vertreter zu, der nicht diese Anforderungen erfüllt. Die Bestellung des gemeinsamen Vertreters soll unverzüglich – nicht jedoch bevor alle Erben feststehen – erfolgen. Das Stimmrecht der Erben ruht, bis der gemeinsame Vertreter eine Vollmacht vorgelegt hat, die ihn zur einheitlichen, umfassenden Ausübung der Gesellschafterrechte der Erben berechtigen. Endet die Bestellung des gemeinsamen Vertreters vorzeitig, gelten die S. 1–4 entsprechend.

(3) Jeder Gesellschafter kann für seine(n) Geschäftsanteil(e) Testamentsvollstreckung jeweils maximal bis zur Vollendung des ... Lebensjahres eines Erben anordnen. Abs. 2 S. 2 gilt entsprechend. In diesem Fall werden die Gesellschafterrechte der Erben durch den Testamentsvollstrecker ausgeübt. Der Bestellung eines gemeinsamen Vertreters gemäß Abs. 2 bedarf es in diesen Fällen erst mit dem Ende der Testamentsvollstreckung.

§ 13
Einziehung und Zwangsabtretung von Geschäftsanteilen

(1) Mit Zustimmung des betroffenen Gesellschafters kann der Geschäftsanteil jederzeit eingezogen werden.

(2) Die Gesellschafterversammlung kann die Einziehung eines Geschäftsanteils ganz oder teilweise beschließen, wenn
ein wichtiger Grund im Sinne der Vorschriften der §§ 133, 140 HGB in der Person eines Gesellschafters vorliegt.
Ein wichtiger Grund liegt insbesondere vor, wenn
a) über das Vermögen eines Gesellschafters das Insolvenzverfahren eröffnet wird oder die Eröffnung des Insolvenzverfahrens mangels Masse abgelehnt wird oder wenn ein Gesellschafter Antrag auf Eröffnung des Insolvenzverfahrens über sein Vermögen stellt;

I. Die Gesellschaftsverträge der typischen GmbH & Co. KG

b) die Einzelzwangsvollstreckung in den Geschäftsanteil eines Gesellschafters oder eines seiner sonstigen Gesellschaftsrechte oder seine Ansprüche gegen die Gesellschaft aufgrund eines nicht nur vorläufig vollstreckbaren Titels betrieben wird, und zwar mit Ablauf einer Frist von drei Monaten nach Zustellung des Pfändungs- oder/und Überweisungsbeschlusses, falls die Zwangsvollstreckung nicht innerhalb dieses Zeitraumes aufgehoben worden ist;

c) ein Gesellschafter nicht (mehr) an der Hauptgesellschaft beteiligt ist.

d) ein Rechtsnachfolger eines verstorbenen Gesellschafters nicht Rechtsnachfolger in den Gesellschaftsanteil der Hauptgesellschaft geworden ist (alternativ: Rechtsnachfolger eines verstorbenen Gesellschafters nicht Abkömmlinge, Ehegatten, andere Gesellschafter oder Abkömmlinge von anderen Gesellschaftern sind).

e) ein Gesellschafter seinen Pflichten gem. § 12 Abs. 2 trotz Aufforderung und Fristsetzung durch einen Geschäftsführer nicht nachkommt.

f) ...

(3) Steht ein Gesellschaftsanteil mehreren Mitberechtigten ungeteilt zu, so kann der Geschäftsanteil auch dann eingezogen werden, wenn die Voraussetzungen gemäß Abs. 2 nur in der Person eines Mitberechtigten vorliegen.

(4) Der Beschluss zur Einziehung eines Geschäftsanteils soll entweder mit einem Beschluss zur Neubildung eines Geschäftsanteils zu verbinden, oder – soweit gesetzlich zulässig – mit einem Beschluss zur Aufstockung der Nennbeträge der übrigen Geschäftsanteile oder mit einem Beschluss zur Kapitalherabsetzung im Umfang des Nennbetrages des eingezogenen Geschäftsanteils verbunden werden.

(5) Statt der Einziehung kann die Gesellschafterversammlung beschließen, dass der Anteil ganz oder teilweise an einen oder mehrere Gesellschafter im Verhältnis der Nominalbeträge ihrer Geschäftsanteile und/oder an Dritte verkauft und abgetreten wird. In diesen Fällen ist der betroffene Gesellschafter verpflichtet, seinen Geschäftsanteil unverzüglich gemäß dem gefassten Beschluss in notarieller Form abzutreten. Der betroffene Gesellschafter ermächtigt bereits jetzt für diesen Fall die jeweiligen Geschäftsführer jeweils einzeln, den Kaufvertrag abzuschließen und die Abtretung vorzunehmen. Der Kaufpreis entspricht der Abfindung gem. § 14 Abs. 2. Das Recht zur Einziehung des ganzen Geschäftsanteils oder eines Teils des Geschäftsanteils des betroffenen Gesellschafters bleibt unberührt, bis die Abtretung erfolgt ist.

(6) Der Beschluss über die Einziehung von Geschäftsanteilen an die Gesellschaft kann nur unter der Bedingung gefasst werden, dass durch die Zahlung der Abfindung das Stammkapital zur Zeit der Zahlung der Abfindung nicht geschmälert wird.

§ 14
Abfindung

(1) Wird ein Geschäftsanteil ganz oder teilweise eingezogen, so erhält der betroffene Gesellschafter bzw. seine Rechtsnachfolger eine Abfindung. Wird der Geschäftsanteil gemäß § 13 Abs. 5 abgetreten, entspricht der Kaufpreis der Abfindung gemäß Abs. 2.

(2) Die Abfindung entspricht dem Saldo des auf die betreffende Stammeinlage eingezahlten Nominalbetrages zuzüglich bzw. abzüglich des auf die betroffene Stammeinlage entfallenden Anteils des Gesellschafters an Rücklagen sowie an etwaigen Gewinnvorträgen bzw. Verlustvorträgen.

(3) Wird ein Geschäftsanteil im Laufe eines Jahres eingezogen oder abgetreten, ist der betroffene Gesellschafter am Ergebnis des laufenden Geschäftsjahres nicht beteiligt.

(4) Das Abfindungsguthaben ist innerhalb von sechs Wochen ab dem Zeitpunkt der Einziehung bzw. ab dem Zeitpunkt der Abtretung auszuzahlen. Bis zum Ablauf der 6-Wochen-Frist ist es nicht zu verzinsen.

§ 15
Liquidation der Gesellschaft

(1) Die Liquidation erfolgt durch die Geschäftsführer, soweit die Gesellschafterversammlung nichts Abweichendes beschließt. § 5 gilt für Liquidatoren entsprechend.

(2) Das nach Befriedigung der Gläubiger verbleibende Vermögen der Gesellschaft ist im Verhältnis der Stammeinlagen auf die Gesellschafter zu verteilen.

§ 16
Veröffentlichungen

Bekanntmachungen der Gesellschaft erfolgen nur im elektronischen Bundesanzeiger.

§ 17
Schiedsgericht

(1) Alle Streitigkeiten zwischen Gesellschaftern oder zwischen der Hauptgesellschaft und Gesellschaftern im Zusammenhang mit diesem Gesell-

schaftsvertrag oder über seine Gültigkeit oder Auslegung werden nach der jeweiligen Schiedsgerichtsordnung (DIS-SchO) und den jeweiligen Ergänzenden Regeln für Gesellschaftsrechtliche Streitigkeiten (DIS-ERGeS) der Deutschen Institution für Schiedsgerichtsbarkeit e.V. (DIS) unter Ausschluss des ordentlichen Rechtswegs endgültig entschieden.

(2) Die Wirkungen des Schiedsspruches erstrecken sich auch auf die Gesellschafter, die fristgemäß als Betroffene benannt wurden, unabhängig davon, ob sie von der ihnen eingeräumten Möglichkeit, dem schiedsrichterlichen Verfahren als Partei oder Nebenintervenient beizutreten, Gebrauch gemacht haben (§ 11 DIS-ERGeS). Die fristgemäß als Betroffene benannten Gesellschafter verpflichten sich, die Wirkungen eines nach Maßgabe der Bestimmungen in den DIS-ERGeS ergangenen Schiedsspruchs anzunehmen.

(3) Ausgeschiedene Gesellschafter bleiben an diese Schiedsvereinbarung gebunden.

(4) Die Gesellschaft hat gegenüber Klagen, die gegen sie vor einem staatlichen Gericht anhängig gemacht werden und Streitigkeiten betreffen, die dieser Schiedsvereinbarung unterfallen, stets die Einrede der Schiedsvereinbarung zu erheben.

(5) Der Ort des schiedsrichterlichen Verfahrens ist ....

(6) Die Verfahrenssprache ist deutsch.

(7) Die Anzahl der Schiedsrichter beträgt ....

(8) Diese Schiedsvereinbarung gilt nicht für Verfahren, in denen eine einstweilige Verfügung oder ein Arrest beantragt wird; insoweit sind die staatlichen Gerichte zuständig.

§ 18
Schlussbestimmungen

(1) Sollten einzelne oder mehrere Bestimmungen dieses Vertrages ganz oder teilweise nichtig, anfechtbar oder nicht durchführbar sein, so gelten die übrigen Bestimmungen gleichwohl. Eine unwirksame oder nichtige Bestimmung ist durch notariellen Gesellschafterbeschluss durch eine solche Bestimmung zu ersetzen, die die Parteien bei Kenntnis des Mangels zum Zeitpunkt des Vertragsabschlusses vereinbart hätten, um den gleichen wirtschaftlichen Erfolg zu erzielen.

(2) Im Übrigen gelten die gesetzlichen Bestimmungen. Zwingende gesetzliche Vorschriften gehen der Satzung vor.

(3) Die Kosten der Beurkundung des Gesellschaftsvertrages, der Bekanntmachung, der Anmeldung der Gesellschaft und ihrer Eintragung im Handelsregister, die anfallenden Steuern und die Kosten der Gründungsberatung trägt die Gesellschaft bis zu einem geschätzten Betrag von EUR 3.000,00. Etwa darüber hinausgehende Gründungskosten tragen die Gesellschafter.

II. Zusätzliche Bestimmungen der Gesellschaftsverträge der beteiligungsidentischen GmbH & Co. KG

1. Zusätzliche Bestimmungen für den Gesellschaftsvertrag der KG

Nachfolgend werden nur die Paragraphen aus dem Gesellschaftsvertrag der typischen GmbH & Co. KG übernommen und die, die geändert werden müssen.

§ 3
Gesellschafter, Einlagen, Haftsummen, Vermögensbeteiligung

(1–9) wie § 3 des Gesellschaftsvertrags der typischen KG.

zusätzlich:
(10) Jeder Kommanditist soll im gleichen Verhältnis wie an der KG am Stammkapital der Komplementär-GmbH beteiligt sein. Jeder Kommanditist verpflichtet sich, gegenüber der Gesellschaft und gegenüber jedem anderen Gesellschafter, alles zu tun, damit diese Beteiligungsgleichheit erhalten oder wiederhergestellt wird, insbesondere muss er allen Maßnahmen der Gesellschafterversammlung zustimmen und alle Handlungen vornehmen, die erforderlich sind, um diese Beteiligungsgleichheit zu erhalten oder wiederherzustellen, wobei Maßstab die jeweilige Beteiligung an der KG ist.

§ 5
Dauer der Gesellschaft, Kündigung

(1)–(4) wie § 5 des Gesellschaftsvertrags der typischen GmbH & Co. KG.

ggf. zusätzlich:
(5) Die KG kann durch einen Kommanditisten gekündigt werden, wenn zum gleichen Zeitpunkt auch die Beteiligung an der Komplementär-GmbH gekündigt wird.

§ 13
Verfügungen über Gesellschaftsanteile und Ansprüche gegen die Gesellschaft

(1) Verfügungen über Gesellschaftsanteile und/oder Ansprüche gegen die Gesellschaft bedürfen stets der Zustimmung der Gesellschafterversammlung. Der Zustimmungsbeschluss kann nur mit den Stimmen aller stimmberechtigten Gesellschafter gefasst werden.

- **Variante 1:**
(2) Die Zustimmung gem. Abs. 1 ist zu erteilen, wenn Verfügungen zugunsten von Abkömmlingen (Ehegatten, Lebenspartner) des Gesellschafters, zugunsten von anderen Gesellschaftern, zugunsten von Abkömmlingen von anderen Gesellschaftern oder zugunsten einer Familienstiftung gem. § 1 Abs. 1 Nr. 4 ErbStG erfolgen.

- **Variante 2:**
(2) Die Zustimmung zu Verfügungen über Gesellschaftsanteile ist zu erteilen, wenn zu Gunsten von Mitgesellschaftern, Angehörigen i.S.v. § 15 AO oder zu Gunsten einer Familienstiftung verfügt wird.

(3)–(8) wie § 13 Abs. 2–7 des Gesellschaftsvertrages der typischen GmbH & Co. KG.

§ 14
Vorkaufsrecht

(1)–(5) wie § 14 des Gesellschaftsvertrags der typischen KG.

ggf. zusätzlich:
(6) Das Vorkaufsrecht kann nur gleichzeitig und im gleichen Verhältnis mit dem Vorkaufsrecht hinsichtlich des Geschäftsanteils des betroffenen Kommanditisten an der Komplementärin ausgeübt werden.

§ 15
Vererbung von Gesellschaftsanteilen

- **Variante 1 (einfache Nachfolgeklausel):**
(1) Verstirbt ein Kommanditist, wird die Gesellschaft mit den Erben des verstorbenen Gesellschafters fortgesetzt. Der Gesellschaftsanteil des Erblassers geht auf die Erben im Verhältnis ihrer Erbquoten über. Jeder Kommanditist ist berechtigt, durch eine Verfügung von Todes wegen eine andere Aufteilung des Gesellschafteranteils unter den Erben zu bestimmen.

- **Variante 2 (qualifizierte Nachfolgeklausel):**
(1) Verstirbt ein Kommanditist, wird die Gesellschaft mit dessen Erben fortgesetzt. Der Gesellschaftsanteil des Erblassers geht auf die Erben im Verhältnis ihrer Erbquoten über. Jeder Kommanditist ist berechtigt, durch eine Verfügung von Todes wegen eine andere Aufteilung des Gesellschafteranteils unter den Erben zu bestimmen. Erben eines verstorbenen Kommanditisten in den Gesellschaftsanteil können jedoch nur Abkömmlinge, der Ehegatte, der Lebenspartner, andere Gesellschafter oder Abkömmlinge von anderen Gesellschaftern sein. Sofern kein Erbe nachfol-

geberechtigt ist, scheidet der Kommanditist mit seinem Tod aus der Gesellschaft aus; seine Erben erhalten eine/keine Abfindung gem. § 19.

- **Variante 3 (Qualifizierte Nachfolgeklausel):**
(1) Verstirbt ein Kommanditist, wird die Gesellschaft mit einem seiner Abkömmlinge als Nachfolger fortgesetzt. Die Bestimmung des nachfolgeberechtigten Abkömmlings steht dem Erblasser zu. Die Bestimmung erfolgt durch schriftliche Erklärung gegenüber der Komplementärin zu Lebzeiten oder durch Verfügung von Todes wegen. Hat der Erblasser keinen Abkömmling nach S. 2 und 3 als Nachfolger bestimmt oder wird kein Abkömmling Rechtsnachfolger des verstorbenen Kommanditisten, scheidet der verstorbene Kommanditist mit seinem Tod aus der Gesellschaft aus. Die/der Erbe(n) erhalten/erhält in diesem Fall eine (keine) Abfindung gem. § 19.

(2) Rechtsnachfolger eines verstorbenen Kommanditisten soll nur werden, wer im selben Verhältnis Rechtsnachfolger des Erblassers hinsichtlich seines Geschäftsanteils/seiner Geschäftsanteile an der Komplementärin wird. Ist dies nicht der Fall, sind alle Rechtsnachfolger verpflichtet, die Beteiligungen des Erblassers an beiden Gesellschaften so anzupassen, dass alle oder einzelne Rechtsnachfolger im gleichen Verhältnis an beiden Gesellschaften beteiligt sind.

(3) Mehrere Erben des Gesellschaftsanteiles des verstorbenen Kommanditisten haben zur einheitlichen Ausübung aller Gesellschaftsrechte – soweit gesetzlich zulässig – einen gemeinsamen Bevollmächtigten zu bestellen, bis an dem/den Geschäftsanteil(en) der Erben an der Komplementär-GmbH keine Mitberechtigung gem. § 18 Abs. 1 GmbHG mehr besteht. Der gemeinsame Bevollmächtigte kann nur ein Gesellschafter sein, es sei denn, die Gesellschafterversammlung stimmt einem anderen gemeinsamen Bevollmächtigten zu. Der Bevollmächtigte ist von den Erben unverzüglich – nicht jedoch bevor die Erben feststehen – zu benennen. Das Stimmrecht der Erben ruht, bis der gemeinsame Bevollmächtigte eine Vollmacht vorgelegt hat, die ihn zur einheitlichen Ausübung der Gesellschafterrechte der Erben – soweit gesetzlich zulässig – berechtigt. S. 1–4 gelten für den Fall des Erlöschens der Vollmacht entsprechend, bis ein neuer Bevollmächtigter eine entsprechende Vollmacht i. S. v. S. 4 vorgelegt hat. Die Erben haben ihr Innenverhältnis so zu regeln, dass der Bevollmächtigte die Gesellschafterrechte der Erben – soweit gesetzlich zulässig – ausüben kann.

(4) Jeder Kommanditist kann für seinen Gesellschaftsanteil (Dauer-)Testamentsvollstreckung anordnen, wenn er im gleichen zeitlichen und sachlichen Umfang Testamentsvollstreckung auch für seinen Geschäftsanteil an der Komplementär-GmbH angeordnet hat. In diesem Fall werden die Gesellschafterrechte der Erben durch den Testamentsvollstrecker ausgeübt. Der Bestellung eines Bevollmächtigten gem. Abs. 2, bedarf es in diesen Fällen erst mit dem Ende der Testamentsvollstreckung.

(5) Vermächtnisnehmer stehen Erben gleich. Die anderen Kommanditisten sind verpflichtet, der Abtretung des Gesellschaftsanteils des verstorbenen Gesellschafters im Vollzug eines Vermächtnisses zuzustimmen, wenn der/die Vermächtnisnehmer nachfolgeberechtigt ist/sind und wenn der/die Vermächtnisnehmer im gleichen Verhältnis an der Komplementär-GmbH beteiligt ist/sind.

§ 16
Ausschluss von Gesellschaftern

(1) Die Gesellschafterversammlung kann mit einfacher Mehrheit aller Stimmen der anderen stimmberechtigten Kommanditisten einen Gesellschafter aus der Gesellschaft ausschließen, wenn in seiner Person ein wichtiger Grund gegeben ist, der nach den Vorschriften der §§ 133, 140 HGB seinen gerichtlichen Ausschluss aus der Gesellschaft ermöglichen würde. In den Fällen des Abs. 2 ist der betroffene Gesellschafter auszuschließen.

(2) Ein wichtiger Grund liegt insbesondere vor, wenn
a) über das Vermögen eines Gesellschafter das Insolvenzverfahren eröffnet oder die Eröffnung des Insolvenzverfahrens über sein Vermögen mangels Masse abgelehnt wurde oder der betreffende Gesellschafter selbst Antrag auf Eröffnung des Insolvenzverfahrens über sein Vermögen stellt;
b) die Einzelzwangsvollstreckung in Gesellschaftsanteile oder eines seiner Gesellschaftsrechte oder seine Ansprüche gegen die Gesellschaft aufgrund eines nicht nur vorläufig vollstreckbaren Titels betrieben wird, und zwar mit dem Ablauf einer Frist von drei Monaten ab Zustellung des Titels, falls die Zwangsvollstreckungsmaßnahme nicht zu diesem Zeitpunkt aufgehoben worden ist;
c) wenn ein Kommanditist nicht (mehr) Gesellschafter der Komplementärin ist. Ein teilweiser Ausschluss ist zulässig, wenn die Herstellung der Beteiligungsidentität bei beiden Gesellschaften auf andere Weise in angemessener Zeit nicht hergestellt werden kann.
d) ein Kommanditist seinen Pflichten aus § 15 Abs. 2 S. 2 und/oder Abs. 3 trotz Aufforderung durch die Komplementärin innerhalb einer angemessenen Frist nicht nachkommt.
e) ein Kommanditist seinen Verpflichtungen aus § 3 Abs. 10 trotz Aufforderung durch die Komplementäre innerhalb einer angemessenen Frist nicht nachkommt.

(3)–(8) wie § 16 des Gesellschaftsvertrags der typischen KG.

§ 21
Informationsrechte/Informationspflichten

(1)–(5) wie § 21 des Gesellschaftsvertrags der typischen GmbH & Co. KG.

2. Zusätzliche Bestimmungen der Satzung der Komplementär-GmbH der beteiligungsidentischen GmbH & Co. KG

§ 3
Stammkapital

(1)–(4) wie § 3 der Satzung der Komplementär-GmbH einer typischen GmbH & Co. KG.

zusätzlich:
(5) Der Anteil des jeweiligen Gesellschafters am Stammkapital soll seinem jeweiligen prozentualen Anteil am Kommanditkapital (Kapitalkonto I) der Hauptgesellschaft entsprechen. Jeder Gesellschafter ist verpflichtet, allen Maßnahmen zuzustimmen und alle Handlungen vorzunehmen, die erforderlich sind, um diese Beteiligungsgleichheit zu erhalten oder wiederherzustellen, wenn sie verlorengegangen ist, wobei Maßstab die jeweilige Beteiligung an der Hauptgesellschaft ist.

§ 10
Verfügungen über Geschäftsanteile und Ansprüche gegen die Gesellschaft

(1) Verfügungen über Geschäftsanteile und über Ansprüche gegen die Gesellschaft bedürfen der Zustimmung der Gesellschaft, wobei im Innenverhältnis die Zustimmung der Gesellschafterversammlung erforderlich ist. Der Zustimmungsbeschluss bedarf der Zustimmung aller stimmberechtigten Gesellschafter.

(2) Die Zustimmung gem. Abs. 1 ist zu erteilen, wenn Verfügungen über Geschäftsanteile der Gesellschaft zugunsten von Abkömmlingen (Ehegatten, Lebenspartner) des Gesellschafters, zugunsten von anderen Gesellschaftern, zugunsten von Abkömmlingen von anderen Gesellschaftern oder zugunsten einer Familienstiftung gem. § 1 Abs. 1 Nr. 4 ErbStG erfolgen und gleichzeitig über den entsprechenden Anteil des verfügenden Gesellschafters an der Hauptgesellschaft verfügt wird.

(3) Betroffene Gesellschafter sind bei der Beschlussfassung der Gesellschafterversammlung über Verfügungen i.S.v. Abs. 1 vom Stimmrecht ausgeschlossen.

§ 11
Vorkaufsrecht

(1)–(2) wie § 11 der Satzung der Komplementär-GmbH einer typischen KG.

ggf. zusätzlich:
(3) Das Vorkaufsrecht gemäß Abs. 1 und 2 kann nur zusammen mit dem Vorkaufsrecht gemäß dem Gesellschaftsvertrag der Hauptgesellschaft ausgeübt werden.

§ 12
Vererbung von Geschäftsanteilen

(1) Rechtsnachfolger eines verstorbenen Gesellschafters soll nur werden, wer im selben Verhältnis Rechtsnachfolger des verstorbenen Gesellschafters in seinen Gesellschaftsanteil an der Hauptgesellschaft geworden ist. Ist dies nicht der Fall, sind alle Rechtsnachfolger verpflichtet, die Beteiligungsgleichheit der Rechtsnachfolger in beiden Gesellschaften herzustellen.

(2) Mehrere Erben des Geschäftsanteils eines verstorbenen Gesellschafters haben zur einheitlichen Ausübung aller Gesellschafterrechte einen gemeinsamen Vertreter i. S. v. § 18 Abs. 3 S. 1 GmbHG zu bestellen. Gemeinsamer Vertreter kann nur derjenige sein, der von den Erben zum gemeinsamen Bevollmächtigten gem. § 15 Abs. 2 des Gesellschaftsvertrages der KG bestellt wurde. Die Gesellschafterrechte der Erben aus dem/den geerbten Geschäftsanteil(en) ruh(t(/en), bis der gemeinsame Vertreter eine Vollmacht vorgelegt hat, die ihn zur einheitlichen Ausübung der Gesellschafterrechte aus den vererbten Geschäftsanteilen ermächtigt. Das Amt des gemeinsamen Vertreters endet, wenn an dem/den Geschäftsanteil(en) der Erben an der Gesellschaft keine Mitberechtigung gem. § 18 Abs. 1 GmbHG mehr besteht.

(3) Jeder Gesellschafter kann für seinen Geschäftsanteil Testamentsvollstreckung bis maximal zur Vollendung des … Lebensjahres der Rechtsnachfolger anordnen, wenn er im gleichen zeitlichen und sachlichen Umfang Testamentsvollstreckung für seinen Gesellschaftsanteil an der Hauptgesellschaft angeordnet hat. Testamentsvollstrecker kann nur sein, wer gleichzeitig Testamentsvollstrecker über den Gesellschaftsanteil des verstorbenen Gesellschafters an der Hauptgesellschaft ist. In diesem Fall werden die Gesellschafterrechte durch den Testamentsvollstrecker ausgeübt. Die Bestellung eines gemeinsamen Vertreters gem. Abs. 2 bedarf es in diesen Fällen erst mit dem Ende der Testamentsvollstreckung.

(4) Vermächtnisnehmer stehen Erben gleich. Die anderen Gesellschafter sind verpflichtet der Teilung und Übertragung der Geschäftsanteile des verstorbenen Gesellschafters im Vollzug eines Vermächtnisses oder im Rahmen der Auseinandersetzung der Erbengemeinschaft zuzustimmen, wenn und soweit der/die Vermächtnisnehmer im gleichen Verhältnis Rechtsnachfolger in den Gesellschaftsanteil des verstorbenen Gesellschafters an der Hauptgesellschaft geworden ist/sind und er/sie/seinen/ihren Verpflichtungen aus Abs. 2 nachgekommen ist/sind.

§ 13
Einziehung und Zwangsabtretung von Geschäftsanteilen

(1) Mit Zustimmung des betroffenen Gesellschafters kann der Geschäftsanteil jederzeit eingezogen werden.

(2) Die Gesellschafterversammlung hat die Einziehung eines Geschäftsanteils ganz oder teilweise zu beschließen, wenn
  a) über das Vermögen eines Gesellschafters das Insolvenzverfahren eröffnet wird oder die Eröffnung des Insolvenzverfahrens mangels Masse abgelehnt wird oder wenn ein Gesellschafter Antrag auf Eröffnung des Insolvenzverfahrens über sein Vermögen stellt;
  b) die Einzelzwangsvollstreckung in den Geschäftsanteil eines Gesellschafters oder eines seiner sonstigen Gesellschaftsrechte oder seine Ansprüche gegen die Gesellschaft aufgrund eines nicht nur vorläufig vollstreckbaren Titels betrieben wird, und zwar mit Ablauf einer Frist von drei Monaten nach Zustellung des Pfändungs- oder/und Überweisungsbeschlusses, falls die Zwangsvollstreckung nicht innerhalb dieses Zeitraumes aufgehoben worden ist;
  c) ein Gesellschafter nicht mehr an der Hauptgesellschaft beteiligt ist.
  d) ein Rechtsnachfolger eines verstorbenen Gesellschafters nicht zur Nachfolge zugelassen ist.
  e) ein Gesellschafter nicht im gleichen Verhältnis Gesellschafter der Hauptgesellschaft ist, soweit dies zur Herstellung von gleichen Beteiligungsverhältnissen in beiden Gesellschaften erforderlich ist;
  f) Gesellschafter ihren Pflichten aus § 3 Abs. 5 und/oder aus § 12 Abs. 1 S. 2 und 3 und/oder Abs. 2 trotz Aufforderung durch die Komplementärin innerhalb einer angemessenen Frist nicht nachgekommen sind.

(3)–(6) wie § 13 der Satzung der typischen GmbH

III. Zusätzliche Bestimmungen für die Gesellschaftsverträge der Einheits-GmbH & Co. KG

1. Zusätzliche Bestimmungen für den Gesellschaftsvertrag der KG

Nachfolgend werden nur die Paragraphen aus dem Gesellschaftsvertrag der typischen KG aufgeführt, bei denen Ergänzungen erfolgen müssen; § 6a ist allerdings neu!

§ 3
Gesellschafter, Einlagen, Haftsummen

(1)–(9) wie § 3 des Gesellschaftsvertrags der typischen KG

zusätzlich:
(10) Zusätzlich zu der Geldeinlage gemäß Abs. 2 verpflichtet sich jeder Kommanditist, seinen Geschäftsanteil an der Komplementärin voll einbezahlt und frei von Rechten Dritter in der gesetzlich vorgeschriebenen Form unentgeltlich als Einlage aus seinem Sonderbetriebsvermögen zum Buchwert gem. § 6 Abs. 5 EStG an die Gesellschaft abzutreten.

§ 5
Dauer der Gesellschaft, Kündigung

(1)–(4) wie § 5 des Gesellschaftsvertrags der typischen GmbH & Co. KG

zusätzlich:
(5) Sofern in Folge einer Kündigung der alleinige Gesellschafter die Komplementärin wird, wird die Gesellschaft zu dem Zeitpunkt, zu dem die Kündigung wirksam wird, aufgelöst. Der letzte Kommanditist, der gekündigt hat, scheidet nicht aus, sondern nimmt an der Liquidation teil; dies gilt entsprechend, wenn mehrere Kommanditisten auf den gleichen Zeitpunkt gekündigt haben.

§ 6a
Wahrnehmung der Gesellschafterrechte in der persönlich haftenden Gesellschafterin

- Variante 1:
(1) Ist die Gesellschaft alleinige Gesellschafterin der Komplementär-GmbH, ist die Komplementärin von der Geschäftsführung und Vertretung ausgeschlossen, soweit es um die Wahrnehmung der Gesellschafterrechte an

der persönlich haftenden Gesellschafterin selbst geht. Zur Wahrnehmung der Rechte in der persönlich haftenden Gesellschafterin wird den Kommanditisten jeweils einzeln das unwiderrufliche, vererbliche Sonderrecht zur Geschäftsführungsbefugnis und Vertretungsmacht nach Maßgabe der folgenden Bestimmungen unter Befreiung von den Beschränkungen des § 181 BGB eingeräumt.

(2) Die Gesellschafterrechte in der Komplementär-GmbH werden wie folgt ausgeübt: Die Kommanditisten haben in der Kommanditistenversammlung zu jeder Maßnahme, die die Komplementär-KG betrifft, einen Beschluss zu fassen. Dies gilt insbesondere für die Festlegung des Abstimmungsverhaltens in der Gesellschafterversammlung der Komplementärin (Kommanditistenbeschlüsse).

(3) Für die Kommanditistenversammlungen gelten die Regelungen dieses Vertrages für Gesellschafterversammlungen und Gesellschafterbeschlüsse entsprechend, mit der Maßgabe, dass Beschlüsse der Kommanditisten, die Verfügungen über Geschäftsanteile der persönlich haftenden Gesellschafterin, die Änderung des Gesellschaftsvertrages der persönlich haftenden Gesellschafterin oder deren Auflösung oder deren Umwandlung zum Gegenstand haben, einer Mehrheit von 75 % der abgegebenen Stimmen bedürfen. In der Kommanditistenversammlung hat jeder Kommanditist dieselbe Anzahl von Stimmen wie in der Gesellschafterversammlung. § 47 Abs. 4 GmbHG ist analog anzuwenden.

(4) Zur Umsetzung der Kommanditistenbeschlüsse ist jeder Kommanditist einzeln befugt, die Gesellschafterrechte aus den Geschäftsanteilen der Komplementär-GmbH wahrzunehmen, insbesondere Gesellschafterversammlungen der Komplementär-GmbH einzuberufen, die Tagesordnung festzulegen und nach Maßgabe der Kommanditistenbeschlüsse das Stimmrecht aus den Geschäftsanteilen auszuüben. Die Kommanditistenversammlung bestimmt jeweils einen oder mehrere Kommanditisten, der/die Beschlüsse der Kommanditistenversammlung umzusetzen hat/haben.

- Variante 2:
(1) Ist die Gesellschaft alleinige Gesellschafterin ihrer Komplementärin, ist die Komplementärin verpflichtet, die Gesellschafterrechte der Komplementärin nur nach Weisung oder nur mit Zustimmung der Kommanditistenversammlung auszuüben.

(2) Die Kommanditistenversammlung übt ihr Weisungsrecht und den Zustimmungsvorbehalt in der Weise aus, dass sie zu jeder von der Geschäftsführung vorgeschlagenen Maßnahme einen Beschluss fasst. Die Kommanditistenversammlung kann der Geschäftsführung auch Weisungen erteilen, ohne dass ein Vorschlag der Geschäftsführung vorliegt. Jeder Kommanditist ist berechtigt, der Komplementärin den Beschluss mit der Weisung,

der Zustimmung bzw. der Verweigerung der Zustimmung mitzuteilen, sofern kein Geschäftsführer der Komplementärin an der Kommanditistenversammlung teilgenommen hat. Die Komplementärin ist zur Umsetzung der Beschlüsse verpflichtet.

(3) Für die Kommanditistenversammlung gelten die Regelungen dieses Gesellschaftsvertrages für Gesellschafterversammlungen und Gesellschafterbeschlüsse entsprechend, mit der Maßgabe, dass Beschlüsse der Kommanditisten, die Verfügungen über Geschäftsanteile der persönlich haftenden Gesellschafterin, die Änderung des Gesellschaftsvertrages der persönlich haftenden Gesellschafterin oder deren Auflösung zum Gegenstand haben, bedürfen der Zustimmung aller vorhandenen Kommanditisten.

(4) In der Kommanditistenversammlung hat jeder Kommanditist dieselbe Anzahl von Stimmen wie in der Gesellschafterversammlung. § 47 Abs. 4 GmbHG gilt analog.

- **Variante 3:**
Abs. 1–3 wie Variante 1

(4) Zur Ausführung der Kommanditistenbeschlüsse wird jedem Kommanditisten unter Befreiung von § 181 BGB die unwiderrufliche Vollmacht zur Wahrnehmung der Gesellschafterrechte aus den Geschäftsanteilen der Komplementärin erteilt, insbesondere Gesellschafterversammlungen einzuberufen und die Stimmrechte aus den Geschäftsanteilen der Komplementär-GmbH auszuüben. Der Kommanditistenbeschluss hat jeweils einen oder mehrere Kommanditisten zu bestimmen, der/die die von der Kommanditistenversammlung gefassten Beschlüsse umzusetzen hat/haben.

§ 16
Ausschluss von Gesellschaftern

(1)–(7) wie § 16 des Gesellschaftsvertrages der typischen GmbH & Co. KG

zusätzlich:
(8) Die Komplementärin kann ausgeschlossen werden, wenn
  a) das Stimmrecht aus den Geschäftsanteilen der Komplementär-GmbH von Dritten ausgeübt werden kann, ohne dass die Kommanditistenversammlung vorher zugestimmt hat.
  b) die Komplementärin unter Verletzung der Geschäftsführungs- und der Vertretungsrechte der Kommanditisten in § 6a vorsätzlich verstößt. Mit dem Ausschließungsbeschluss ist gleichzeitig eine neue GmbH als Komplementärin aufzunehmen.

2. Satzung der Komplementär-GmbH der Einheits-GmbH & Co. KG

§ 1
Firma, Sitz, Geschäftsjahr

(1) Die Firma der Gesellschaft lautet:

„…"

(2) Die Gesellschaft hat ihren Sitz in ….

(3) Geschäftsjahr ist das Kalenderjahr.

§ 2
Gegenstand des Unternehmens

Gegenstand des Unternehmens ist die Beteiligung als persönlich haftende Gesellschafterin an der … GmbH & Co. KG mit dem Sitz in … (nachfolgend „Hauptgesellschaft")

§ 3
Stammkapital

(1) Das Stammkapital der Gesellschaft beträgt EUR 25.000,00.

(2) Auf das Stammkapital übernimmt
Herr A einen Geschäftsanteil in Höhe von nominal EUR 8.330,00 (Geschäftsanteil Nr. 1)
Herr B einen Geschäftsanteil in Höhe von nominal EUR 8.330,00 (Geschäftsanteil Nr. 2)
Herr C einen Geschäftsanteil in Höhe von nominal EUR 8.340,00 (Geschäftsanteil Nr. 3)

(3) Die Einlagen auf die Geschäftsanteile Nr. 1–3 sind sofort in Höhe von 50 % auf ein Konto der Gesellschaft einzuzahlen.

§ 4
Beginn, Dauer

Die Gesellschaft beginnt mit der Eintragung im Handelsregister. Ihre Dauer ist unbestimmt.

§ 5
Geschäftsführung, Vertretung

(1) Die Gesellschaft hat einen oder mehrere Geschäftsführer. Ist nur ein Geschäftsführer bestellt, vertritt dieser die Gesellschaft allein. Hat die Gesellschaft mehrere Geschäftsführer, so wird sie durch zwei Geschäftsführer oder durch einen Geschäftsführer gemeinsam mit einem Prokuristen vertreten.

(2) Durch Beschluss der Gesellschafterversammlung kann jedem Geschäftsführer generell oder im Einzelfall Befreiung von den Beschränkungen des § 181 BGB erteilt werden.

(3) Bei der Führung der Geschäfte der Hauptgesellschaft haben die Geschäftsführer das Gesetz, den jeweiligen Gesellschaftervertrag der Hauptgesellschaft und die Weisungen der Gesellschafterversammlung zu beachten. Geschäfte außerhalb der Geschäftsführung und Vertretung der Hauptgesellschaft bedürfen der Zustimmung der Gesellschafterversammlung.

- **Variante 1:**

(4) Ist die Hauptgesellschaft alleinige Gesellschafterin der Gesellschaft, obliegt die Ausübung der Gesellschafterrechte aus den Geschäftsanteilen der Gesellschaft, insbesondere das Stimmrecht den Kommanditisten der Hauptgesellschaft jeweils einzeln und unter Befreiung von den Beschränkungen des § 181 BGB. Die Rechtsstellung der Kommanditisten ergibt sich aus der Eintragung im Handelsregister der Hauptgesellschaft.

- **Variante 2:**

(4) Ist die Hauptgesellschaft Inhaberin aller Geschäftsanteile der Gesellschaft, bedarf jede Maßnahme der Gesellschaft als Komplementärin in Ausübung der Gesellschafterrechte aus ihren Geschäftsanteilen an der Hauptgesellschaft der Zustimmung der Kommanditisten der Hauptgesellschaft. Die Kommanditistenversammlung kann den Geschäftsführern insoweit auch Weisungen erteilen.

- **Variante 3:**

(4) Ist die Hauptgesellschaft Inhaberin aller Geschäftsanteile der Gesellschaft, sind die Kommanditisten der Hauptgesellschaft jeweils einzeln und unter Befreiung von den Beschränkungen des § 181 BGB berechtigt, die Gesellschafterrechte bei der Gesellschaft auszuüben. Die Geschäftsführer sind insoweit verpflichtet, jegliche Geschäftsführungs- und Vertretungshandlungen zu unterlassen. Die Rechtsstellung der Kommanditisten ergibt sich aus deren Eintragung im Handelsregister der Hauptgesellschaft.

(5) Die Abs. (1) bis (4) gelten für Liquidatoren der Gesellschaft entsprechend.

§ 6
Jahresabschluss, Ergebnisverwendung

(1) Die Aufstellung des Jahresabschlusses erfolgt unter Beachtung der handelsrechtlichen Vorschriften sowie der Grundsätze ordnungsgemäßer Buchführung.

(2) Für die Ergebnisverwendung gilt § 29 GmbHG.

§ 7
Verfügungen über Geschäftsanteile und Ansprüche gegen die Gesellschaft

Rechtsgeschäftliche Verfügungen über Geschäftsanteile und Ansprüche gegen die Gesellschaft bedürfen der vorherigen Zustimmung der Gesellschafterversammlung.

§ 8
Informationsrechte

Gehören Geschäftsanteile an der Gesellschaft der Hauptgesellschaft, hat jeder Kommanditist der Hauptgesellschaft die Rechte aus den §§ 51a, b GmbHG.

§ 9
Liquidation der Gesellschaft

(1) Die Liquidation erfolgt durch die Geschäftsführer, soweit die Gesellschafterversammlung nichts Abweichendes beschließt.

(2) Das nach Befriedigung der Gläubiger verbleibende Vermögen der Gesellschaft ist im Verhältnis der Stammeinlagen auf die Gesellschafter zu verteilen.

§ 10
Veröffentlichungen

Bekanntmachungen der Gesellschaft erfolgen nur über den elektronischen Bundesanzeiger.

**§ 11
Kosten**

Die Kosten der Beurkundung des Gesellschaftsvertrages, der Bekanntmachung, der Anmeldung der Gesellschaft, die Kosten der Eintragung im Handelsregister und die Kosten der Berater (Rechtsanwälte/Steuerberater) trägt die Gesellschaft bis zu dem Betrag von EUR 2.500,00.

IV. Die Gesellschaftsverträge der vermögensverwaltenden (GmbH & Co.) KG

1. Gesellschaftsvertrag der vermögensverwaltenden Familien-KG

§ 1
Firma, Sitz, Geschäftsjahr

(1) Die Firma der Gesellschaft lautet:

„... KG"

(2) Sitz der Gesellschaft ist ...

(3) Geschäftsjahr ist das Kalenderjahr.

§ 2
Gegenstand des Unternehmens

(1) Gegenstand des Unternehmens ist die Verwaltung eigenen Vermögens. Die Gesellschaft ist jedoch nicht berechtigt, in irgendeiner Weise gewerblich tätig zu werden, d.h. sie darf keine gewerblichen Einkünfte erzielen, insbesondere keine Vermögensanlagen durchführen, die zu gewerblichen Einkünften führen und auch keine Beteiligungen an gewerblich tätigen oder gewerblich geprägten Personengesellschaften eingehen.

(2) Die Gesellschaft soll in das Handelsregister eingetragen werden.

§ 3
Gesellschafter, Einlagen, Haftsummen, Vermögensbeteiligung

(1) Persönlich haftende Gesellschafter (Komplementäre) sind
 a) die ... GmbH. Sie ist zur Leistung einer Einlage nicht berechtigt und verpflichtet.
 b) Herr A mit einer Kapitaleinlage i. H. v. EUR ...

(2) Weitere Gesellschafter (Kommanditisten) sind:
 a) Frau B mit einer Einlage von EUR ...
 b) Herr C mit einer Einlage von EUR ...
 c) Herr D mit einer Einlage von EUR ...

(3) Die Einlagen sind bereits geleistet.

(4) Die Haftung der Kommanditisten gegenüber Gesellschaftsgläubigern ist auf folgende Beträge (Haftsummen) beschränkt:
a) bei Frau B ... auf EUR ...
b) bei Herrn C ... auf EUR ...
c) bei Herrn D ... auf EUR ...

(5) Komplementäre, die natürliche Personen sind, und die Kommanditisten sind im Verhältnis ihrer Kapitalkonten I gem. § 4 Abs. 2 am Vermögen der Gesellschaft beteiligt. Die Komplementär-GmbH ist nicht am Vermögen der Gesellschaft beteiligt.

(6) Ist Herr A nicht mehr Komplementär, haben die anderen Gesellschafter unverzüglich einen neuen Komplementär zu bestimmen. Bis ein neuer Komplementär bestimmt wird, übernimmt der Gesellschafter B, die Stellung als Komplementär. Ist B nicht mehr Gesellschafter oder nicht mehr Komplementär, übernimmt C die Stellung als Komplementär.

§ 4
Konten der Gesellschafter

(1) Bei der Gesellschaft werden für Komplementäre, die natürliche Personen sind, und jeden Kommanditisten u. a. ein Kapitalkonto I, ein Kapitalverlustkonto, ein Verrechnungskonto, ein Darlehenskonto und ein Rücklagekonto geführt.

(2) Auf den Kapitalkonten I werden lediglich die Einlagen gemäß § 3 dieses Vertrages gebucht. Die Kapitalkonten I werden als Festkonten geführt und nicht verzinst.

(3) Auf den Kapitalverlustkonten werden die Verlustanteile der Kommanditisten und der Komplementäre, die natürliche Personen sind, sowie alle Gewinnanteile bis zum Ausgleich der Verluste verbucht. Kein Kommanditist ist verpflichtet, Verluste auf Kapitalverlustkonten in anderer Weise als durch künftige Gewinnanteile auszugleichen. Im Falle des Ausscheidens sowie im Falle der Liquidation wird ein Bestand des Kapitalverlustkontos mit dem Saldo der übrigen Eigenkapitalkonten (Kapitalkonto I, Kapitalverlustkonto, Rücklangenkonto) verrechnet; ein Ausgleich mit Verrechnungs- und/oder Darlehenskonten findet nicht statt.

(4) Auf Verrechnungskonten werden Einlagen, soweit sie nicht auf Kapitalkonten zu buchen sind, entnahmefähige Gewinnanteile, sonstige Forderungen und Verbindlichkeiten gebucht. Verrechnungskonten werden im Soll und Haben mit ...% p.a. verzinst.

IV. Die Gesellschaftsverträge d. vermögensverw. GmbH & Co. KG

(5) Darlehen eines Kommanditisten an die Gesellschaft werden auf Darlehenskonten gebucht. Verzinsung, Kündigung, Verzinsung etc. werden zwischen dem Gesellschafter und der Gesellschaft in einem Darlehensvertrag vereinbart.

(6) Für alle Kommanditisten und Komplementäre, die natürliche Personen sind, wird ein Rücklagekonto geführt, in das die von der Gesellschafterversammlung beschlossenen und/oder vom Gesellschaftsvertrag vorgesehenen (Gewinn-)Rücklagen eingestellt werden. Das Rücklagenkonto wird nicht verzinst.

§ 5
Dauer der Gesellschaft, Kündigung

(1) Die Gesellschaft wird auf unbestimmte Dauer errichtet.

(2) Die Gesellschaft kann mit einer Frist von ... Monaten zum Ende eines Geschäftsjahres gekündigt werden, erstmals jedoch zum 31. 12. 20... Kündigt ein Gesellschafter, können sich andere Gesellschafter der Kündigung innerhalb einer Frist von ... Monaten nach Zugang der Kündigung anschließen (Anschlusskündigung); Absatz 3 gilt entsprechend. Kündigen alle Gesellschafter auf den gleichen Zeitpunkt, gilt dies als Beschluss zur Auflösung der Gesellschaft. Satz 2 und 3 gelten entsprechend für den Fall, dass ein Privatgläubiger eines Gesellschafters kündigt.

(3) Die Kündigung hat durch eingeschriebenen Brief mit Rückschein (Einwurfeinschreiben) an alle anderen Gesellschafter zu erfolgen. Für die Rechtzeitigkeit der Kündigung ist der Tag der Aufgabe des Kündigungsschreibens zur Post maßgeblich.

(4) Durch die Kündigung wird die Gesellschaft nicht aufgelöst, sondern von den verbleibenden Gesellschaftern fortgesetzt, soweit der Gesellschaftsvertrag nicht etwas anderes bestimmt. Abweichend von Satz 1 wird die Gesellschaft zum Zeitpunkt des Wirksamwerdens der Kündigung aufgelöst, wenn die verbleibenden Kommanditisten spätestens ... Monate nach Zugang der Kündigung (spätestens ... Monate vor Wirksamwerden der Kündigung) mit einer Mehrheit der Stimmen von Dreiviertel aller verbleibenden Kommanditisten die Auflösung der Gesellschaft beschließen; der Beschluss ist dem Gesellschafter, der gekündigt hat, unverzüglich bekannt zu geben. Satz 2 gilt entsprechend für den Fall, dass ein Privatgläubiger eines Gesellschafters kündigt, mit der Maßgabe, dass der Beschluss dem betroffenen Gesellschafter und dem Privatgläubiger des Gesellschafters bekannt zu geben ist.

§ 6
Geschäftsführung und Vertretung

(1) Die Geschäftsführung der Gesellschaft obliegt den Komplementären gemeinsam. Jeder Komplementär hat eine Stimme. Bei der Geschäftsführung sind dieser Gesellschaftsvertrag und das Gesetz zu beachten.

(2) Die Gesellschafterversammlung kann den Komplementären Weisungen zur Geschäftsführung erteilen.

(3) Die Komplementäre bedürfen zu folgenden Geschäften der Zustimmung der Gesellschafterversammlung:
   a) Erwerb, Bebauung, Belastung von Grundstücken und grundstücksgleichen Rechten sowie Verfügungen über diese;
   b) Abschluss, Änderung und Beendigung von Kreditverträgen;
   c) Abschluss von Werkverträgen mit Handwerkern, Architekten und Bauingenieuren, wenn der Vertrag die Gesellschaft zu Zahlungen von mehr als EUR ... (netto) im Einzelfall verpflichtet;
   d) Abschluss, Änderung und Aufhebung von Dienstverträgen mit Angestellten, soweit deren Jahresgehalt EUR ... (brutto) übersteigt;
   e) Einleitung von Aktivprozessen, wenn der Streitwert mehr als EUR ... beträgt;
   f) Abschluss von Prozessvergleichen, wenn der Streitwert mehr als EUR ... im Einzelfall beträgt;
   g) ...

(4) Abs. 2 und 3 gelten nicht, solange der Gesellschafter A Komplementär oder Geschäftsführer der Komplementär-GmbH ist.

(5) Jeder Komplementär ist berechtigt, die Gesellschaft alleine zu vertreten.

(6) Die Komplementär-GmbH und Komplementäre, die natürliche Personen sind, sind für Geschäfte mit der Gesellschaft von allen Beschränkungen des § 181 BGB in weitestmöglichem Umfang befreit.

§ 7
Haftungsvergütung, Geschäftsführervergütung, Ersatz der Aufwendungen

(1) Zur Abgeltung ihres Haftungsrisikos erhält die Komplementär-GmbH eine jährliche Vergütung in Höhe von ...% ihres jeweiligen gezeichneten Stammkapitals am Ende des Geschäftsjahres. Die Haftungsvergütung ist jeweils am Ende eines Geschäftsjahres zur Zahlung fällig.

(2) Für die Übernahme der Stellung als Komplementär der Gesellschaft erhalten Komplementäre, die natürliche Personen sind, eine Geschäftsführervergütung, sofern sie keine Vergütung als Geschäftsführer der Komplementär-GmbH erhalten. Diese Vergütung wird von der Gesellschafterversammlung festgesetzt und ist in gleichen monatlichen Teilbeträgen zum Schluss eines jeden Kalendermonats zur Zahlung fällig.

(3) Die Komplementäre haben Anspruch auf Ersatz aller ihrer Aufwendungen im Zusammenhang mit der Geschäftsführung der Gesellschaft. Bei der Komplementär-GmbH gilt dies auch für die Vergütung für ihre Geschäftsführer und ihre sonstigen Kosten; Satz 1 gilt nicht für ihre Aufwendungen für Gewerbe- und Körperschaftsteuer. Für die Vergütungen (einschließlich Tantiemen und Ruhegehälter) der Geschäftsführer der Komplementär-GmbH gilt S. 1 jedoch nur, wenn und soweit die Gesellschafterversammlung der KG vorher der Vergütung zugestimmt hat.

(4) Haftungsvergütung, Geschäftsführervergütung und Aufwendungsersatz stellen im Verhältnis der Gesellschafter zueinander Aufwand dar.

(5) Abs. 3 S. 3 gilt nicht, solange der Gesellschafter A Komplementär ist.

§ 8
Gesellschafterversammlung

(1) Beschlüsse der Gesellschafter werden auf Gesellschafterversammlungen gefasst. Der Abhaltung einer Gesellschafterversammlung bedarf es nicht, wenn alle Gesellschafter dem vorgeschlagenen Beschluss in Textform (§ 126 b BGB) oder in Schriftform (§ 126 BGB) zustimmen oder mit einer Abstimmung in Textform oder in Schriftform einverstanden sind, soweit keine andere Form gesetzlich zwingend vorgeschrieben ist („Umlaufbeschluss"). Zulässig ist auch jede andere Form der Beschlussfassung, wenn kein Gesellschafter widerspricht. Umlaufbeschlüsse kommen mit dem Zugang des Abstimmungsprotokolls bei allen stimmberechtigten Gesellschaftern zustande.

(2) Die Einberufung der Gesellschafterversammlung erfolgt durch einen Komplementär, soweit der Gesellschaftsvertrag nicht etwas anderes bestimmt. Die Einberufung hat unter gleichzeitiger Bekanntgabe der Tagesordnung und des Tagungslokals mittels Einwurfeinschreiben, das mindestens 14 Tage vor dem Termin der Gesellschafterversammlung an die Gesellschafter zur Absendung gebracht sein muss, zu erfolgen. Die Einladung ist mit ihrer Aufgabe zur Post bewirkt. Der Tag der Absendung der Einladung (Poststempel) und der Tag der Versammlung werden bei der Fristberechnung nicht mitgezählt. Ist der Aufenthalt eines Gesellschafters unbekannt oder kann er aus anderen Gründen nicht ver-

tragsgemäß geladen werden, so ruht sein Stimmrecht, soweit der Gesellschaftsvertrag nicht etwas anders bestimmt.

(3) Kommanditisten, die über …% des Kommanditkapitals verfügen, können von den Komplementären verlangen, dass eine Gesellschafterversammlung einberufen wird; § 50 GmbHG gilt entsprechend mit der Maßgabe, dass die Form- und Fristvorschriften des Abs. 2 zu beachten sind.

(4) Gesellschafterversammlungen finden jeweils am Sitz der Gesellschaft statt, es sei denn, alle Kommanditisten stimmen im Einzelfall einem anderen Versammlungsort zu.

(5) Eine vertragsgemäß einberufene Gesellschafterversammlung ist beschlussfähig, wenn die anwesenden und vertretenen Gesellschafter …% aller Stimmen auf sich vereinigen. Ist eine Gesellschafterversammlung gem. S. 1 nicht beschlussfähig, so ist eine neue Gesellschafterversammlung mit gleicher Tagesordnung unter Einhaltung der in Absatz 2 genannten Form- und Fristvorschriften einzuberufen (zweite Gesellschafterversammlung). Die zweite Gesellschafterversammlung ist ohne Rücksicht auf die Zahl der Stimmen der anwesenden und vertretenen Gesellschafter beschlussfähig. Hierauf ist in der Einladung hinzuweisen.

(6) Ist eine Gesellschafterversammlung nicht vertragsgemäß einberufen worden, können Beschlüsse nur gefasst werden, wenn alle Gesellschafter anwesend oder vertreten sind („Vollversammlung") und alle Gesellschafter und Vertreter mit der Fassung von Beschlüssen einverstanden sind.

(7) Jeder Gesellschafter kann sich im Einzelfall auf Gesellschafterversammlungen nur von anderen Gesellschaftern vertreten lassen. Die Vertretung durch andere Personen bedarf der Zustimmung der Gesellschafterversammlung. Die Vertretung nach § 9a aufgrund einer Vorsorgevollmacht bleibt unberührt.

(8) Dem Gesellschafter A steht das unentziehbare, nicht vererbliche Sonderrecht zu, die Gesellschafterversammlung zu leiten, solange er Komplementär der Gesellschaft oder Geschäftsführer der Komplementär-GmbH ist. Ist A nicht mehr Komplementär und nicht mehr Geschäftsführer der Komplementär-GmbH, oder nicht anwesend oder nicht bereit, die Gesellschafterversammlung zu leiten, wird die Gesellschafterversammlung von dem Komplementär geleitet, der eine natürliche Person ist. Ist ein solcher Komplementär nicht vorhanden, nicht anwesend oder nicht bereit, die Gesellschafterversammlung zu leiten, steht die Leitung dem Geschäftsführer der Komplementär-GmbH zu. Hat diese mehrere Geschäftsführer, steht die Leitung dem jeweils ältesten anwesenden Ge-

IV. Die Gesellschaftsverträge d. vermögensverw. GmbH & Co. KG

schäftsführer zu. Ist kein Geschäftsführer anwesend oder ist kein Geschäftsführer bereit, die Gesellschafterversammlung zu leiten, wird der Leiter mit der einfachen Mehrheit der Stimmen der erschienenen und vertretenen Gesellschafter gewählt.

(9) Der Leiter der Gesellschafterversammlung bestimmt die Reihenfolge der Tagesordnungspunkte. Er kann einzelne Tagesordnungspunkte absetzen, wenn Kommanditisten, die über mehr als ...% der Stimmrechte verfügen, dies beantragen oder wenn ein Antrag gestellt wird, der von einem Tagesordnungspunkt nicht gedeckt ist oder, wenn Meinungsverschiedenheiten über die Zulässigkeit eines Tagesordnungspunktes oder eines Antrags zwischen den Gesellschaftern bestehen.

(10) Über die Gesellschafterversammlung ist ein Protokoll zu fertigen, das von dem Leiter der Gesellschafterversammlung zu unterzeichnen ist; der Leiter des Gesellschafterversammlung kann einen Dritten mit der Erstellung des Protokolls beauftragen. Abschriften des Protokolls sind allen Gesellschaftern unverzüglich zuzuleiten. Das Protokoll hat mindestens die Namen der anwesenden und vertretenen Gesellschafter, die Namen der Vertreter und Berater, etwaige Verzichte auf die Einhaltung von Form- und Fristvorschriften, alle Anträge und alle Beschlüsse einschließlich der jeweiligen Abstimmungsergebnisse zu enthalten.

(11) Werden Beschlüsse außerhalb von Gesellschafterversammlungen gefasst, ist der Wortlaut des Beschlussantrages und das Ergebnis der Abstimmung in einem Protokoll festzuhalten. Das Protokoll ist von einem Komplementär zu erstellen; Abschriften des Protokolls sind allen Gesellschaftern unverzüglich zuzuleiten.

§ 9
Gesellschafterbeschlüsse

(1) Die von den Gesellschaftern zu treffenden Entscheidungen werden durch Beschlüsse der Gesellschafterversammlung gefasst. Gesellschafterbeschlüsse werden mit der einfachen Mehrheit der Stimmen aller Gesellschafter (der einfachen Mehrheit der Stimmen der anwesenden und vertretenen Gesellschafter/der einfachen Mehrheit der abgegebenen Stimmen) gefasst, soweit der Gesellschaftsvertrag oder das Gesetz nicht eine andere Mehrheit zwingend vorschreibt. Enthaltungen gelten als Nein-Stimmen.

(2) Eine Mehrheit von ...% der Stimmen aller Gesellschafter ist in folgenden Angelegenheiten erforderlich, soweit der Gesellschaftsvertrag nicht etwas anderes bestimmt:
a) Feststellung des Jahresabschlusses;
b) Zustimmung zu zustimmungsbedürftigen Geschäften gemäß § 6 Abs. 3;

c) Auszahlungen an Gesellschafter, soweit der Gesellschaftsvertrag nicht etwas anderes bestimmt;
d) ...

(3) Folgende Beschlüsse können in jedem Fall nur mit den Stimmen aller vorhandenen stimmberechtigten Gesellschafter gefasst werden, soweit der Gesellschaftsvertrag nicht etwas anderes bestimmt:
a) Aufnahme neuer Gesellschafter;
b) Auflösung der Gesellschaft;
c) Änderungen des Gesellschaftsvertrages;
d) Beschlüsse, die eine Nachschusspflicht begründen;
e) Beschlüsse über den Erwerb, Bebauung, die Belastung und die Verfügung über Grundstücke und grundstücksgleichen Rechte.
f) Beschlüsse gem. § 5 Abs. 4, S. 2, § 13 Abs. 1.

(4) Je EUR ... des Kapitalkontos I eines Gesellschafters gewähren eine Stimme. Solange A Komplementär ist, verfügt er über mindestens 51 % aller Stimmen. Beschlüsse können nicht gegen die Stimmen von A gefasst werden. Das Stimmrecht der Komplementärin ist ausgeschlossen.

(5) Das Stimmrecht eines Gesellschafters ist nur dann ausgeschlossen, wenn dies vom Gesetz zwingend oder in diesem Gesellschaftsvertrag angeordnet ist.

(6) Ist das Stimmrecht eines Gesellschafters in einzelnen Angelegenheiten ausgeschlossen, werden seine Stimmen bei der Ermittlung der für den Beschluss erforderlichen Stimmen nicht berücksichtigt.

(7) Einwendungen gegen die Wirksamkeit eines Beschlusses sind innerhalb eines Monats seit Zugang des betreffenden Protokolls durch Klage geltend zu machen. Die Klage ist gegen die Gesellschaft zu richten.

§ 9 a
Vorsorgevollmacht

(1) Jeder Gesellschafter, der eine natürliche Person ist, ist verpflichtet, eine notarielle Vorsorgevollmacht zu errichten und aufrecht zu erhalten, in der Gesellschaftern oder Dritten Vollmacht zur Ausübung und Wahrnehmung seiner Gesellschafterrechte, einschließlich des Rechtes zu Verfügungen über seinen Gesellschaftsanteil, eingeräumt wird. Die Vollmachtsurkunde ist bei der Gesellschaft zu hinterlegen und von der Gesellschaft an den/die Bevollmächtigten oder den betreffenden Gesellschafter auf Verlangen herauszugeben.

(2) Bevollmächtigte sind zur Ausübung und Wahrnehmung von Gesellschafterrechten nur berechtigt, wenn die Gesellschafterversammlung der Ertei-

IV. Die Gesellschaftsverträge d. vermögensverw. GmbH & Co. KG   123

lung der Vorsorgevollmacht mit Beschluss nach § 9 Abs. 1 dieses Vertrages zugestimmt hat; einer solchen Zustimmung bedarf es nicht für die Geltendmachung von Vermögensrechten (Gewinnrechte u. ä.). Ist als Bevollmächtigter eine Person bestimmt, die nach § 15 Abs. 1 dieses Vertrages zur Nachfolge in den Gesellschaftsanteil berechtigt ist, kann die Zustimmung nur aus wichtigem Grund verweigert werden. Die Gesellschafterversammlung hat den Beschluss über ihre Zustimmung unverzüglich nach Übergabe der Vollmachtsurkunde an die Gesellschaft und der Erklärung des/der Bevollmächtigten nach Abs. 4 zu fassen. Der betreffende Gesellschafter hat bei der Beschlussfassung kein Stimmrecht.

(3) Die Gesellschafterversammlung kann eine erteilte Zustimmung jederzeit mit Beschluss nach § 9 Abs. 1 dieses Vertrages widerrufen; ist ein Betreuungsfall (§ 1896 Abs. 1 BGB) eingetreten, oder ist ein Bevollmächtigter bestimmt worden, der nach diesem Vertrag zur Nachfolge in den Gesellschafteranteil berechtigt ist, kann der Widerruf nur aus wichtigem Grund erfolgen. Der betreffende Gesellschafter hat bei der Beschlussfassung kein Stimmrecht.

(4) Jeder Bevollmächtigte hat sich durch schriftliche Erklärung gegenüber der Gesellschaft persönlich zur Wahrung der gesellschafterlichen Treuepflichten zu verpflichten.

(5) Das Recht, sich nach § 8 Abs. 7 dieses Vertrages auf Gesellschafterversammlungen vertreten zu lassen, bleibt unberührt.

§ 10
Jahresabschluss/Jahresrechnung

(1) Die Gesellschaft hat jährlich einen den handelsrechtlichen Vorschriften entsprechenden Jahresabschluss aufzustellen. Die Ermittlung der Einkünfte der Gesellschaft erfolgt für einkommensteuerliche Zwecke durch Ermittlung des Überschuss der Einnahmen über die Werbungskosten (Jahresrechnung).

(2) Der handelsrechtliche Jahresabschluss und die Jahresrechnung sind innerhalb von sechs (6) Monaten nach dem Ende des Geschäftsjahres aufzustellen und den Gesellschaftern unverzüglich zu übersenden.

(3) Die Verzinsung der Verrechnungskonten im Soll und Haben und die Kosten der Komplementäre (§ 7) sind als Aufwand bzw. als Ertrag zu behandeln.

(4) Die Gesellschafterversammlung kann beschließen, dass der Jahresabschluss von einem Wirtschaftsprüfer geprüft wird. Der Prüfungsbericht ist den Kommanditisten unverzüglich zuzuleiten.

(5) Der Jahresabschluss wird von der Gesellschafterversammlung festgestellt.

§ 11
Gewinn und Verlustverteilung – Gewinnverwendung

(1) Am Gewinn der Gesellschaft nehmen die Gesellschafter mit Ausnahme der Komplementär-GmbH im Verhältnis ihrer Kapitalkonten I teil.

(2) Dem Rücklagenkonto sind 50 % der jeweiligen Gewinnanteile gutzuschreiben. Im Übrigen beschließt die Gesellschafterversammlung, welcher Teil der restlichen Gewinnanteile den Verrechnungskonten und welcher Teil dem Rücklagenkonto gutgeschrieben wird.

(3) Ein etwaiger Jahresfehlbetrag ist im Verhältnis der Kapitalkonten I auf die Gesellschafter mit Ausnahme der Komplementär-GmbH zu verteilen. Die Komplementär-GmbH ist – ungeachtet ihrer unbeschränkten Haftung im Außenverhältnis – an einem etwaigen Verlust nicht beteiligt; die beschränkte Haftung der Kommanditisten wird hierdurch nicht durchbrochen.

§ 12
Entnahmen, Auszahlungen

(1) Die Kosten der Geschäftsführung und die Haftungsvergütung für die Komplementäre (§ 7 Abs. 1 und 2) können von diesen zum jeweiligen Fälligkeitszeitpunkt entnommen werden.

(2) Jeder Kommanditist und Komplementäre, die natürliche Personen sind, können Ertragsteuern i. S. v. Abs. 3, die auf ihre steuerpflichtigen Gewinnanteile aus der Gesellschaft entfallen, zu Lasten des Rücklagenkontos entnehmen, unabhängig davon, ob es sich um Vorauszahlungen, Zahlungen auf Grund von Jahressteuerbescheiden oder Nachzahlungen handelt. Einzelheiten des Steuerentnahmerechts regelt ein Gesellschafterbeschluss, zu dem der Steuerberater der Gesellschaft vorab anzuhören ist. Im Übrigen beschließt die Gesellschafterversammlung über Auszahlungen an Gesellschafter.

(3) Ertragsteuern sind die Einkommensteuern, der Solidaritätszuschlag und 50 % der gezahlten Kirchensteuern.

(4) Auf Verlangen der Komplementärin haben entnahmeberechtigte Gesellschafter die individuellen Ertragsteuern, die auf ihre Beteiligung entfallen, durch geeignete Unterlagen wie Steuerbescheide, Bestätigungen ihrer Steuerberater etc. nachzuweisen.

(5) Ist die Gesellschaft an Kapitalgesellschaften beteiligt, gilt die von diesen abgeführte Kapitalertragsteuer auf Gewinnausschüttungen an die Gesell-

schaft als Entnahmen im Verhältnis der Kapitalkonten I der Kommanditisten und des Komplementärs, der eine natürliche Person ist. Kapitalertragsteuern mindern das Steuerentnahmerecht gem. Abs. 2.

§ 13
Verfügungen über Gesellschaftsanteile und Ansprüche gegen die Gesellschaft

(1) Verfügungen über Gesellschaftsanteile und/oder Ansprüche gegen die Gesellschaft bedürfen der Zustimmung der Gesellschafterversammlung. Die Zustimmung ist zu erteilen bei Verfügungen zugunsten von Personen, die Abkömmlinge von A + B in gerader Linie sind und zugunsten einer Familienstiftung, wenn die anderen Gesellschafter, die natürliche Personen sind, der Satzung der Familienstiftung zugestimmt haben.

(2) Teilübertragungen sind zulässig. Wird nur ein Teil eines Gesellschaftsanteils übertragen, so müssen die betroffenen Einlagen ein ganzzahliges Vielfaches von EUR … betragen.

(3) Verfügungen über Gesellschaftsanteile und/oder Ansprüche gegen die Gesellschaft bedürfen der Schriftform.

(4) Abs. 1 S. 1 gilt nicht für die Gesellschafter A + B.

§ 14
Vorkaufsrecht

Da Familienfremde nicht Kommanditisten werden sollen, bedarf jeder Verkauf von Gesellschaftsanteilen der Zustimmung der Gesellschafterversammlung. Ein Vorkaufsrecht gem. § 14 des Gesellschaftsvertrages der typischen KG ist daher nicht notwendig.

§ 15
Vererbung von Gesellschaftsanteilen

(1) Verstirbt ein Gesellschafter, wird die Gesellschaft mit dessen Erben fortgesetzt. Die Gesellschaftsanteile des verstorbenen Erblassers gehen auf seine Erben im Verhältnis ihrer Erbquoten über, soweit der Erblasser letztwillig keine andere Aufteilung seines Gesellschaftsanteils angeordnet hat. Erben eines verstorbenen Gesellschafters in den Gesellschaftsanteil können jedoch nur Personen i. S. v. § 13 Abs. 1 S. 2 sein. Sofern kein Erbe nach Satz 3 nachfolgeberechtigt ist, scheidet der verstorbene Gesellschafter mit seinem Tod aus der Gesellschaft aus; seine Erben erhalten eine Abfindung gem. § 19.

(2) Mehrere Erben eines verstorbenen Gesellschafters, die zum Zeitpunkt des Erbfalls noch nicht ... Jahre alt sind („Junge Gesellschafter"), haben zur Ausübung ihrer Stimmrechte jeweils bis zur Vollendung ihres ... Lebensjahres – soweit gesetzlich zulässig – gemeinsam einen Bevollmächtigten zu bestellen. Bevollmächtigter soll ein anderer Gesellschafter oder eine Person sein, die Erfahrung mit der Bewertung und Verwaltung von Immobilien hat, mindestens 40 Jahre alt ist und mindestens über 10 Jahre Berufserfahrung verfügt. Der Bevollmächtigte bedarf der Zustimmung aller anderen stimmberechtigten Gesellschafter. Der Bevollmächtigte ist von den Jungen Gesellschaftern unverzüglich- jedoch nicht bevor allen Erben feststehen – nach dem Tode des Gesellschafters zu bestellen. Das Stimmrecht der Jungen Gesellschafter ruht, bis der Bevollmächtigte eine Vollmacht vorlegt, die ihn zur einheitlichen Ausübung der Stimmrechte der Jungen Gesellschafter ermächtigt. S. 1 bis 6 gelten im Falle des Erlöschens der Vollmacht entsprechend. Es ist Sache der Jungen Gesellschafter, ihr Innenverhältnis und ihr Verhältnis zu dem gemeinsamen Bevollmächtigten so zu gestalten, dass der Bevollmächtigte bei jeder Abstimmung berechtigt ist, die Jungen Gesellschafter zu vertreten, soweit gesetzlich zulässig.

(3) Jeder Gesellschafter, der eine natürliche Person ist, kann für seine Beteiligung an der Gesellschaft (Dauer-)Testaments-vollstreckung bis maximal zur Vollendung des jeweils ... Lebensjahres seiner Erben anordnen. Abs. 2 S. 2 und 3 gelten entsprechend. Der Bestellung eines Bevollmächtigten gemäß Absatz 2 für die Jungen Gesellschafter bedarf es in diesen Fällen erst mit dem Ende der Testamentsvollstreckung.

(4) Vermächtnisnehmer stehen Erben gleich.

§ 16
Ausschluss von Gesellschaftern

(1) Die Gesellschafterversammlung kann mit einfacher Mehrheit aller vorhandenen Stimmen einen Gesellschafter aus der Gesellschaft ausschließen, wenn in seiner Person ein wichtiger Grund gegeben ist, der nach den Vorschriften der §§ 133, 140 HGB die Auflösung der Gesellschaft oder seinen gerichtlichen Ausschluss aus der Gesellschaft ermöglichen würde;

(2) Ein wichtiger Grund liegt insbesondere vor,
   a) wenn ein Gesellschafter vorsätzlich gegen wesentliche Pflichten aus diesem Gesellschaftsvertrag verstößt und den Verstoß trotz schriftlicher Abmahnung durch die Komplementärin fortsetzt;
   b) mit der Eröffnung des Insolvenzverfahrens über das Vermögen eines Gesellschafters oder mit der Ablehnung der Eröffnung des Insolvenzverfahrens über sein Vermögen mangels Masse oder mit dem von dem

IV. Die Gesellschaftsverträge d. vermögensverw. GmbH & Co. KG

betreffenden Gesellschafter selbst gestellten Antrag auf Eröffnung des Insolvenzverfahrens über sein Vermögen;
c) mit der Einzelzwangsvollstreckung in seine Gesellschaftsanteile oder eines seiner Gesellschaftsrechte oder seine Ansprüche gegen die Gesellschaft aufgrund eines nicht nur vorläufig vollstreckbaren Titels, und zwar mit dem Ablauf einer Frist von drei Monaten ab Zustellung eines nicht nur vorläufig vollstreckbaren Titels, falls die Zwangsvollstreckungsmaßnahme nicht zu diesem Zeitpunkt aufgehoben worden ist;
d) wenn ein oder mehrere Kommanditisten seinen/ihren Verpflichtungen aus § 15 Abs. 2 trotz Aufforderung durch die Komplementärin und innerhalb einer angemessenen Frist nicht nachkommt/nachkommen.

(3) Ein Ausschließungsbeschluss kann nur innerhalb von sechs Monaten ab dem Zeitpunkt gefasst werden, ab dem der zur Ausschließung berechtigende Sachverhalt allen anderen stimmberechtigten Gesellschafter bekannt geworden ist.

(4) Der betroffene Gesellschafter hat bei der Fassung des Ausschließungsbeschlusses kein Stimmrecht.

(5) Die Komplementäre sind jeweils einzeln bevollmächtigt, dem betroffenen Gesellschafter den Ausschließungsbeschluss bekanntzugeben.

(6) Der ausgeschlossene Gesellschafter scheidet mit Bekanntgabe des Ausschließungsbeschlusses aus der Gesellschaft aus, sofern nicht der Ausschließungsbeschluss einen späteren Zeitpunkt bestimmt, der nicht später als ... Monate nach Beschlussfassung liegen darf.

(7) Wird in den Fällen des Abs. 1 lit. a durch den Ausschluss Schenkungsteuer bei den verbleibenden Gesellschaftern ausgelöst, ist diese von dem ausgeschlossenen Gesellschafter zu tragen. Wird in den Fällen des Abs. 1 lit. b) bis e) durch den Ausschluss Schenkungsteuer bei den verbleibenden Gesellschaftern ausgelöst, wird diese im Innenverhältnis von den verbliebenen Gesellschaftern getragen.

(8) § 20 bleibt unberührt.

§ 17
Güterstandsklausel

(1) Verheiratete Gesellschafter müssen mit ihrem Ehegatten durch notariellen Ehevertrag zur Schonung der Liquidität, zur Sicherung des Fortbestands der Gesellschaft und zum Ausschluss von Mitspracherechten seines Ehegatten (a) Gütertrennung gemäß § 1414 BGB vereinbaren oder (b) verein-

baren, dass ihre Beteiligung an der Gesellschaft bzw. deren Werterhöhung in jeder Hinsicht von einem Zugewinnausgleichsanspruch des anderen Ehegatten gemäß §§ 1327 ff. BGB ausgenommen wird (ausgenommen im Fall des Todes des Gesellschafters), dass der Gesellschafter hinsichtlich seiner Gesellschaftsanteile von allen Einschränkungen seiner Verfügungsmacht gemäß §§ 1365 ff. BGB freigestellt ist, und dass der Ehegatte auf alle Zwangsvollstreckungsmaßnahmen in die Gesellschaftsanteile zur Durchsetzung seiner Zugewinnausgleichsansprüche verzichtet hat.

(2) Die Gesellschafterversammlung kann einen Gesellschafter auf dessen Antrag von den Verpflichtungen gemäß Abs. 1 ganz oder teilweise befreien. Der betroffene Gesellschafter ist von dem Stimmrecht für diesen Beschluss ausgeschlossen.

(3) Vorstehende Regelungen gelten entsprechend für Gesellschafter, die in einer eingetragenen Lebenspartnerschaft leben bzw. eine solche eingehen.

§ 18
Ausscheiden aus der Gesellschaft

(1) Ein Gesellschafter scheidet aus der Gesellschaft mit dem Eintritt der folgenden Ereignisse aus:
 a) mit dem Ablauf der Kündigungsfrist, sofern die Gesellschaft nicht nach Maßgabe der Regelungen des § 5 dieses Vertrages aufgelöst wird und kein Abtretungsbeschluss gem. § 20 Abs. 1 lit. a gefasst wird;
 b) mit dem Wirksamwerden eines Ausschließungsbeschlusses gem. § 16;
 c) in den sonstigen durch diesen Gesellschaftsvertrag bestimmten Fällen.

(2) § 20 bleibt unberührt.

(3) In den Fällen des Absatzes 1 und 2 wird die Gesellschaft unter Beibehaltung der Firma von den verbleibenden Gesellschaftern fortgesetzt.

§ 19
Abfindung

(1) In den Fällen des Ausscheidens eines Gesellschafters (ausgenommen der Komplementär-GmbH) hat der ausscheidende Gesellschafter bzw. haben dessen Rechtsnachfolger Anspruch auf eine Abfindung nach Maßgabe der folgenden Bestimmungen, soweit dieser Vertrag nichts anderes bestimmt. Die Gesellschaft und der betroffene Gesellschafter/Erbe können einvernehmlich von den nachfolgenden Bestimmungen abweichen.

(2) Für die Berechnung der Abfindung ist der Anteil des ausscheidenden Gesellschafters am Vermögen der Gesellschaft (§ 3 Abs. 9) zu ermitteln. Zur

Ermittlung des Vermögens ist eine Abfindungsbilanz auf den Stichtag des Ausscheidens aufzustellen, in der die Aktiva und Passiva mit ihren Verkehrswerten anzusetzen sind, soweit nachfolgend nicht etwas anderes bestimmt wird. Der Grundbesitz der Gesellschaft wird abweichend von Satz 2 nur mit dem 10-fachen der durchschnittlich erzielten Jahresmiete (ohne Nebenkosten), errechnet aus dem Durchschnitt der letzten drei Jahresmieten, angesetzt, hilfsweise mit der Miete, die bei einer Fremdvermietung erzielbar gewesen wäre, mindestens jedoch mit … % des Wertes der Grundstücke nach Bodenrichtwerten. Das Kapitalvermögen der Gesellschaft wird mit dem jeweiligen Börsen-, Kurs- oder Nennwert am Stichtag des Ausscheidens angesetzt. Die Abfindung bedarf der Zustimmung der Gesellschafterversammlung. Der betroffene Gesellschafter hat bei der Beschlussfassung kein Stimmrecht.

(3) Können sich die Beteiligten innerhalb von … Monaten ab dem Ausscheiden nicht über die Höhe des Abfindungsguthabens einigen, so ist das Abfindungsguthaben für alle Gesellschafter verbindlich durch einen Schiedsgutachter zu ermitteln. Können sich die Parteien nicht über die Person des Schiedsgutachters einigen, so wird dieser durch den Präsidenten der für die Gesellschaft zuständigen Industrie- und Handelskammer bestimmt und von der Gesellschaft zu üblichen Bedingungen beauftragt. Der Schiedsgutachter soll ein Rechtsanwalt und Wirtschaftsprüfer mit mindestens zehn (10) Jahren Berufserfahrung sein. Der Schiedsgutachter wird von der Gesellschaft zu angemessenen Bedingungen beauftragt. Der Schiedsgutachter kann Gutachten zum Wert von Gebäuden und Grundstücken einholen und Kostenvorschüsse zur Bezahlung der Gutachten von der Gesellschaft verlangen. Der Schiedsgutachter entscheidet nach billigem Ermessen darüber, wer die Kosten für die Ermittlung des Abfindungsguthabens trägt.

(4) Die Auszahlung der Abfindung erfolgt in … gleichen Jahresraten, von denen die erste … Monate nach dem Stichtag des Ausscheidens zur Zahlung fällig wird. Ist bis zur Fälligkeit von Ratenzahlungen noch keine Einigung über die Höhe der Abfindung erzielt oder liegt bis dahin noch keine Entscheidung des Schiedsgutachters vor, sind angemessene Abschlagszahlungen zu leisten.

(5) Sollte die Einhaltung der Jahresraten nicht ohne schweren Schaden für die Gesellschaft möglich sein, ermäßigt sich die Höhe der Jahresraten auf den Betrag, der für die Gesellschaft ohne schwere Schädigung tragbar ist, wobei sich die Zahl der Jahresraten entsprechend erhöht. Entsteht darüber, ob die Einhaltung der Jahresraten ohne schweren Schaden für die Gesellschaft möglich ist und/oder um welche Zahl sich die Jahresraten erhöhen, eine Meinungsverschiedenheit zwischen den Beteiligten, so wird diese von einem Wirtschaftsprüfer als Schiedsrichter nach billigem Ermessen entschieden. Können sich die Parteien nicht über die Person des Schiedsrichters einigen, so wird dieser durch den Präsidenten der für den

Sitz der Gesellschaft zuständigen Industrie- und Handelskammer bestimmt und von der Gesellschaft zu angemessenen Bedingungen beauftragt. Die Kosten des Schiedsrichters tragen die Gesellschaft und der betroffene Gesellschafter je zur Hälfte.

(6) Das Abfindungsguthaben ist ab Fälligkeit der ersten Rate mit ...% über dem jeweiligen Basiszinssatz p.a. (alternativ: ... mit ...% p.a.) zu verzinsen. Die aufgelaufenen Zinsen sind mit dem jeweiligen Hauptsachebetrag zu bezahlen. Die Gesellschaft ist berechtigt, die Abfindung ganz oder teilweise früher auszuzahlen.

(7) Guthaben auf den Verrechnungskonten sind innerhalb von ... Monaten ab dem Stichtag des Ausscheidens auszuzahlen.

(8) Weitere Ansprüche des ausgeschiedenen Gesellschafters bestehen nicht. Sicherheit wegen der Inanspruchnahme durch Gesellschaftsgläubiger oder Befreiung von den Gesellschaftsschulden kann er nicht verlangen.

(9) Etwaige Erbschaftsteuern gem. § 3 Abs. 1 Nr. 2 S. 2 ErbStG oder Schenkungsteuern gemäß § 7 Abs. 7 ErbStG tragen der/die verbliebene(n) Gesellschafter.

§ 20
Verpflichtung zur Abtretung von Gesellschaftsanteilen

(1) Die Gesellschafterversammlung kann mit einfacher Mehrheit der Stimmen aller stimmberechtigten Gesellschafter beschließen, dass der Gesellschaftsanteil eines Kommanditisten ganz oder teilweise auf einen oder mehrere Gesellschafter und/oder Dritte abzutreten ist, wenn
   a) der betroffene Kommanditist oder sein Privatgläubiger die Gesellschaft kündigen, und zwar innerhalb von ... Monaten nach Zugang der Kündigung auf den Zeitpunkt der Wirksamkeit der Kündigung; der betroffene Kommanditist scheidet in diesem Fall nicht gemäß § 18 Abs. 1 lit. a dieses Vertrages aus der Gesellschaft aus;
   b) die Voraussetzungen für einen Ausschluss des betroffenen Kommanditisten nach Maßgabe der Regelungen des § 16 dieses Vertrages vorliegen, und zwar innerhalb von drei Monaten ab dem Zeitpunkt, ab dem der zur Ausschließung berechtigende Sachverhalt den anderen Gesellschaftern bekannt geworden ist;
   c) Rechtsnachfolger eines verstorbenen Gesellschafters nicht zu den nachfolgeberechtigten Personen nach § 15 Abs. 1 gehören.

(2) Der betroffene Gesellschafter hat bei der Fassung des Beschlusses gem. Abs. 1 kein Stimmrecht.

IV. Die Gesellschaftsverträge d. vermögensverw. GmbH & Co. KG

(3) Die Komplementäre werden jeweils einzeln bevollmächtigt, dem betreffenden Gesellschafter den Beschluss mitzuteilen.

(4) Die Komplementäre werden jeweils einzeln ermächtigt, die Abtretung an denjenigen vorzunehmen, der in dem Abtretungsbeschluss als Erwerber benannt worden ist. Die Abtretung hat auf den Zeitpunkt zu erfolgen, der im Beschluss bestimmt wurde. Die Abtretung kann auch dann erfolgen, wenn noch keine Einigung über den Kaufpreis nach Abs. 3 erfolgt ist.

(5) Der betroffene Gesellschafter und der Erwerber sollen sich über die Höhe des von dem Erwerber an den betroffenen Gesellschafter zu zahlenden Kaufpreises und den Inhalt des Kaufvertrages einigen. Kommt eine solche Einigung nicht innerhalb von acht Wochen nach Kenntnis des betroffenen Kommanditisten von dem Beschluss über die Zwangseinziehung zwischen dem betroffenen Kommanditisten und dem Erwerber zustande, wird der Kaufpreis und der Inhalt des Kaufvertrages durch das Schiedsgericht gemäß § 24 dieses Vertrages nach billigem Ermessen nach § 317 BGB festgesetzt. Der Kaufpreis darf nicht niedriger sein, als die Abfindung, die der ausgeschlossene Kommanditist im Fall eines Ausschlusses erhalten hätte. Die Gesellschaft haftet für den Kaufpreis wie ein Bürge, der auf die Einrede der Vorausklage verzichtet hat. Sofern der betroffene Kommanditist zur Abtretung an mehrere Berechtigte verpflichtet ist, gelten die Sätze 1 bis 3 entsprechend im Hinblick auf die einzelne Anteilsübertragung.

(6) Das Recht zum Ausschluss des betroffenen Kommanditisten bleibt solange unberührt, bis die Abtretung des Gesellschaftsanteils erfolgt ist.

§ 21
Informationsrechte und -pflichten

(1) Jedem Kommanditisten stehen abweichend von § 166 Abs. 2 HGB auch die Rechte aus § 118 HGB zu. Angelegenheiten der Gesellschaft sind auch Angelegenheiten von Gesellschaften, an denen die Gesellschaft mit mindestens …% beteiligt ist. Die Kommanditisten können ihr Informationsrecht auf ihre Kosten auch durch sachverständige Dritte, die berufsrechtlich zur Verschwiegenheit verpflichtet sind, ausüben lassen.

(2) Treugebern von Treuhandgesellschaftern, Nießbrauchern an Gesellschaftsanteilen und Testamentsvollstreckern stehen die gleichen Rechte zu, die Kommanditisten nach Abs. 1 zustehen.

(3) Die Gesellschafter sind dazu verpflichtet, die Geschäftsführung zeitnah über Veränderungen Ihrer Anschrift (und ggf. ihres Familienstands) zu unterrichten.

§ 22
Wettbewerbsverbot

Für eine vermögensverwaltende Familien-KG nicht erforderlich.

§ 23
Liquidation

(1) Die Liquidation der Gesellschaft erfolgt durch die Komplementäre, soweit die Gesellschafterversammlung nichts Abweichendes beschließt. § 6 gilt für Liquidatoren entsprechend.

(2) Das nach Befriedigung der Gläubiger verbleibende Vermögen der Gesellschaft ist im Verhältnis der Kapitalkonten I unter den Gesellschaftern, die am Vermögen der Gesellschaft beteiligt sind (§ 3 Abs. 5 S. 1 des Mustervertrags) zu verteilen.

§ 24
Schiedsgericht

Auf die Vertragstexte zu § 24 des Gesellschaftsvertrages der typischen GmbH & Co. KG wird verwiesen.

§ 25
Salvatorische Klausel

Sollte eine Bestimmung dieses Vertrages unwirksam sein oder werden, so gelten die übrigen Bestimmungen gleichwohl. Die Gesellschafter verpflichten sich, die nichtige Bestimmung durch eine solche zu ersetzen, die dem wirtschaftlichen Zweck der unwirksamen Bestimmung am nächsten kommt. Entsprechendes gilt, wenn der Vertrag eine Lücke aufweisen sollte.

§ 26
Schlussbestimmungen

(1) Änderungen und Ergänzungen dieses Vertrages bedürfen zu ihrer Wirksamkeit der Schriftform, soweit nicht im Gesetz eine notarielle Beurkundung vorgeschrieben ist.

(2) Die Kosten dieses Vertrages werden von der Gesellschaft getragen.

IV. Die Gesellschaftsverträge d. vermögensverw. GmbH & Co. KG

2. Satzung der Komplementär-GmbH der vermögensverwaltenden Familien-GmbH & Co. KG

§ 1
Firma, Sitz, Geschäftsjahr

(1) Die Firma der Gesellschaft lautet:

„… GmbH"

(2) Die Gesellschaft hat ihren Satzungs- und Verwaltungssitz in ….

(3) Geschäftsjahr ist das Kalenderjahr.

§ 2
Gegenstand der Gesellschaft

Gegenstand des Unternehmens ist die Geschäftsführung und Vertretung der … KG mit dem Sitz in … (im Folgenden „Hauptgesellschaft"), als deren persönlich haftende Gesellschafterin.

§ 3
Stammkapital

(1) Das Stammkapital der Gesellschaft beträgt EUR … (in Worten EUR …).

(2) An dem Stammkapital sind beteiligt:
    a) Herr A mit dem Geschäftsanteil Nr. 1 im Nennbetrag von EUR …;
    b) Frau B mit dem Geschäftsanteil Nr. 2 im Nennbetrag von EUR …;
    c) Herr C mit dem Geschäftsanteil Nr. 3 im Nennbetrag von EUR …;
    d) Herr D mit dem Geschäftsanteil Nr. 2 im Nennbetrag von EUR …;

(3) Die Einlagen auf die Geschäftsanteile sind vor Anmeldung zum Handelsregister in voller Höhe einzuzahlen.

(4) Die Teilung von Geschäftsanteilen bedarf der Zustimmung der Geschäftsführung, die zuvor einen Beschluss der Gesellschafterversammlung herbeizuführen hat.

§ 4
Dauer der Gesellschaft

Die Gesellschaft beginnt mit der Eintragung im Handelsregister. Ihre Dauer ist unbestimmt.

§ 5
Vertretung und Geschäftsführung

(1) Die Gesellschaft hat einen oder mehrere Geschäftsführer. Durch Beschluss der Gesellschafterversammlung kann jedem Geschäftsführer auch Einzelvertretungsbefugnis erteilt werden. Ist nur ein Geschäftsführer bestellt, vertritt dieser die Gesellschaft allein.

(2) Durch Beschluss der Gesellschafterversammlung kann jedem Geschäftsführer generell oder im Einzelfall Befreiung von den Beschränkungen des § 181 BGB erteilt werden. Für Geschäfte zwischen der Hauptgesellschaft und der Gesellschaft sind die Geschäftsführer in jedem Fall von den Beschränkungen des § 181 BGB befreit.

(2 a) Herr A hat das unentziehbare und nicht vererbliche Sonderrecht – solange er Geschäftsführer der Gesellschaft ist – stets einzelvertretungsberechtigt und von den Beschränkungen des § 181 BGB in weitestmöglichem Umfang befreit zu sein.

(3) Bei der Führung der Geschäfte der Hauptgesellschaft haben die Geschäftsführer das Gesetz, den jeweiligen Gesellschaftsvertrag der Hauptgesellschaft und die Weisungen der Gesellschafterversammlung zu beachten. Ein Weisungsrecht besteht nicht, solange Herr A Geschäftsführer der Gesellschaft ist.

(4) Geschäfte der Gesellschaft mit Dritten, die nicht der Geschäftsführung der Hauptgesellschaft zuzuordnen sind, bedürfen der vorherigen Zustimmung der Gesellschafterversammlung. S. 1 gilt nicht, solange Herr A Geschäftsführer der Gesellschaft ist.

(5) Sind mehrere Geschäftsführer bestellt, führen sie die Geschäfte gemeinschaftlich; Beschlüsse werden mit der Mehrheit aller vorhandenen Stimmen gefasst. Jeder Geschäftsführer hat eine Stimme. Solange Herr A Geschäftsführer der Gesellschaft ist, können keine Beschlüsse gegen seine Stimme gefasst werden.

(6) Die Geschäftsführer haben unverzüglich nach Wirksamwerden jeder Veränderung in den Personen der Gesellschafter oder des Umfangs ihrer Beteiligung eine von ihnen unterschriebene Gesellschafterliste zum Handelsregister einzureichen, aus welcher Name, Vorname, Geburtsdatum und Wohnort der Gesellschafter sowie die Nennbeträge und die laufenden Nummern der von einem jeden derselben übernommenen Geschäftsanteile zu entnehmen sind. Die Veränderungen sind den Geschäftsführern schriftlich mitzuteilen und nachzuweisen. Als Nachweis sind im Allgemeinen Urkunden in Urschrift oder beglaubigte Abschriften vorzulegen. Für den Nachweis der Erbfolge gilt § 35 Grundbuchordnung entspre-

IV. Die Gesellschaftsverträge d. vermögensverw. GmbH & Co. KG

chend. Nach Aufnahme der geänderten Gesellschafterliste im Handelsregister haben die Geschäftsführer allen Gesellschaftern unverzüglich eine Abschrift der geänderten Gesellschafterliste zu übersenden. Unabhängig hiervon sind die Geschäftsführer verpflichtet, wenigstens einmal im Jahr sämtlichen Gesellschaftern einen aktuellen Auszug der im Handelsregister aufgenommenen Gesellschafterliste zur Kenntnis zu geben.

(7) Die vorstehenden Vorschriften gelten für Liquidatoren der Gesellschaft entsprechend.

§ 6
Geschäftsführer

(1) Geschäftsführer werden von der Gesellschafterversammlung bestellt und abberufen, soweit dieser Vertrag nichts Abweichendes bestimmt.

(2) Solange Herr A Gesellschafter der Gesellschaft ist, hat er das unentziehbare, nicht vererbliche Sonderrecht, stets Geschäftsführer der Gesellschaft zu sein und andere Geschäftsführer bestellen und abberufen zu können.

§ 7
Gesellschafterversammlungen

Abs. (1)–(4) wie § 7 der Satzung der Komplementär-GmbH der typischen GmbH & Co. KG.

(5) Jeder Gesellschafter kann sich auf Gesellschafterversammlungen der Gesellschaft durch einen anderen Gesellschafter vertreten lassen. Die Vertretung durch andere Personen bedarf der Zustimmung der Gesellschafterversammlung. Der Beschluss kann nur mit den Stimmen aller stimmberechtigten Gesellschafter gefasst werden. Der Gesellschafter, der den Antrag auf Zustimmung gestellt hat, ist vom Stimmrecht ausgeschlossen.

(6) Ist eine Gesellschafterversammlung nicht vertragsgemäß einberufen worden, können Beschlüsse nur gefasst werden, wenn alle Gesellschafter anwesend oder vertreten sind und alle Gesellschafter und Vertreter mit der Fassung von Beschlüssen einverstanden sind.

(7) Die Gesellschafterversammlungen werden von Gesellschafter A geleitet, solange dieser Gesellschafter der Gesellschaft ist. Ist A nicht mehr Gesellschafter, werden Gesellschafterversammlungen von einem Geschäftsführer der Gesellschaft geleitet. Ist kein Geschäftsführer anwesend oder bereit die Gesellschafterversammlung zu leiten, wird der Leiter der Gesellschafterversammlungen von den Gesellschaftern mit einfacher Mehr-

heit der abgegeben Stimmen der anwesenden und vertretenen Gesellschafter gewählt. Bis zur Wahl wird die Versammlung von dem ältesten anwesenden Gesellschafter bzw. Vertreter eines Gesellschafters geleitet.

Abs. (8)–(10) wie § 7 des Gesellschaftsvertrages der Komplementär-GmbH der typischen GmbH & Co. KG

Auf die Vertragstexte zu § 7 der Satzung der Komplementär-GmbH einer typischen GmbH & Co. KG wird verwiesen.

§ 8
Gesellschafterbeschlüsse

Abs. (1) und (2) wie § 8 der Satzung der Komplementär-GmbH der typischen GmbH & Co. KG.

(3) Je EUR 1,00 eines Geschäftsanteils gewähren eine Stimme. Der Gesellschafter A hat stets 51 % aller vorhandenen Stimmen. Gegen seine Stimmen kann kein Beschluss gefasst werden.

(4) Das Stimmrecht eines Gesellschafters ist nur dann ausgeschlossen, wenn dies vom Gesetz zwingend oder von der Satzung der Gesellschaft angeordnet ist. Die Stimmen eines Gesellschafters, dessen Stimmrecht ausgeschlossen ist, werden bei der Abstimmung nicht berücksichtigt.

(5) Gesellschafterbeschlüsse können nur innerhalb von einem Monat nach Zugang des Protokolls, in dem der mangelhafte Beschluss enthalten ist, spätestens 3 Monate nach der jeweiligen Gesellschafterversammlung, durch Klage gegen die Gesellschaft angefochten werden.

§ 8a
Vorsorgevollmacht

Auf den Vertragstext zu § 8a der Satzung der Komplementär-GmbH einer typischen GmbH & Co. KG wird verwiesen.

§ 9
Jahresabschluss, Gewinnverwendung, Gewinnverteilung

(1) Die Aufstellung des Jahresabschlusses erfolgt unter Beachtung der Grundsätze ordnungsgemäßer Buchführung innerhalb der gesetzlichen Fristen.

IV. Die Gesellschaftsverträge d. vermögensverw. GmbH & Co. KG

(2) Für die Verwendung des Ergebnisses gelten die Vorschriften des GmbH-Gesetzes, insbesondere § 29 GmbHG.

(3) Die Verteilung des Gewinns erfolgt nach dem Verhältnis der Geschäftsanteile.

§ 10
Verfügungen über Geschäftsanteile und Ansprüche gegen die Gesellschaft

(1) Verfügung über Geschäftsanteile oder Ansprüche des Gesellschafters gegen die Gesellschaft bedürfen der Zustimmung der Gesellschaft, wobei im Innenverhältnis die Zustimmung aller anderen Gesellschafter erforderlich ist. Die Zustimmung ist zu erteilen bei Verfügungen zu Gunsten von Abkömmlingen von A + B in gerader Linie und bei Verfügungen zu Gunsten einer Familienstiftung, deren Satzung alle anderen Gesellschafter, die natürliche Personen sind, zugestimmt haben.

(2) Abs. 1 gilt nicht für die Gesellschafter A und B.

§ 11
Vorkaufsrecht

Da bei der Familien-GmbH keine Familienfremden Gesellschafter werden sollen und Verfügungen über Geschäftsanteile stets der Zustimmung der Gesellschaft bedürfen, ist ein Vorkaufsrecht gem. § 11 des Gesellschaftsvertrages der typischen GmbH nicht erforderlich.

§ 12
Vererbung von Geschäftsanteilen

(1) Im Falle des Todes eines Gesellschafters wird die Gesellschaft mit Erben fortgesetzt. Erben können jedoch nur Abkömmlinge der Gesellschafter A + B in gerader Linie und eine Familienstiftung sein, wenn alle anderen Gesellschafter, die natürliche Personen sind, der Satzung der Familienstiftung zugestimmt haben.

(2) Mehrere Erben eines verstorbenen Gesellschafters, die das ... Lebensjahr noch nicht vollendet haben („Junge Gesellschafter"), haben einen gemeinsamen Vertreter zu bestimmen, der ihre Gesellschafterrechte aus dem/den vererbten Geschäftsanteil(en) ausübt, solange an den Geschäftsanteilen Mitberechtigte i.S.v. § 18 Abs. 1 GmbHG beteiligt sind. Gemeinsamer Vertreter soll ein anderer Gesellschafter oder eine Person sein, die Erfahrung mit der Bewertung und Verwaltung von Immobilien hat,

mindestens 40 Jahre alt ist und mindestens 10 Jahre Berufserfahrung hat. Der gemeinsame Vertreter, der nicht Gesellschafter ist, bedarf der Zustimmung aller anderen stimmberechtigten Gesellschafter. Die Bestellung soll unverzüglich nach dem Tod des Gesellschafters erfolgen, jedoch nicht, bevor die Erben feststehen. Das Stimmrecht der Erben ruht, bis der gemeinsame Vertreter eine unterzeichnete Vollmacht vorlegt, die ihn zur einheitlichen Ausübung aller Gesellschaftsrechte der Erben ermächtigt. Endet die Bestellung des gemeinsamen Vertreters vorzeitig, gelten die S. 1–6 entsprechend.

(3) Jeder Gesellschafter, der eine natürliche Person ist, kann für seinen Gesellschaftsanteil Dauertestamentsvollstreckung bis zur Vollendung des … Lebensjahres jedes Erben anordnen. Abs. 2 S. 2 u. 3 gelten entsprechend. Der Bestellung eines gemeinsamen Vertreters gemäß Absatz 2 bedarf es in diesen Fällen erst mit dem Ende der Testamentsvollstreckung.

(4) Vermächtnisnehmer stehen Erben gleich.

§ 13
Einziehung von Geschäftsanteilen

(1) Mit Zustimmung des betroffenen Gesellschafters kann der Geschäftsanteil jederzeit eingezogen werden.

(2) Die Gesellschafterversammlung kann die Einziehung eines Geschäftsanteils ganz oder teilweise beschließen, wenn ein wichtiger Grund im Sinne der Vorschriften der §§ 133, 140 HGB in der Person eines Gesellschafters vorliegt.

(3) Ein wichtiger Grund liegt insbesondere vor, wenn
 a) über das Vermögen eines Gesellschafters das Insolvenzverfahren eröffnet wird oder die Eröffnung des Insolvenzverfahrens mangels Masse abgelehnt wird oder wenn ein Gesellschafter Antrag auf Eröffnung des Insolvenzverfahrens über sein Vermögen stellt;
 b) die Einzelzwangsvollstreckung in den Geschäftsanteil eines Gesellschafters oder eines seiner sonstigen Gesellschaftsrechte oder seine Ansprüche gegen die Gesellschaft betrieben wird, und zwar mit Ablauf einer Frist von drei Monaten nach Zustellung des Pfändungs- oder/ und Überweisungsbeschlusses, falls die Zwangsvollstreckung nicht innerhalb dieses Zeitraumes aufgehoben worden ist;
 c) ein Gesellschafter nicht (mehr) an der Hauptgesellschaft beteiligt ist;
 d) wenn Rechtsnachfolger eines verstorbenen Gesellschafters nicht nachfolgeberechtigt gemäß § 12 Abs. 1 sind.

(4) Steht ein Gesellschaftsanteil mehreren Mitberechtigten ungeteilt zu, so kann der Geschäftsanteil auch dann eingezogen werden, wenn die Vo-

raussetzungen gemäß Abs. 2 nur in der Person eines Mitberechtigten vorliegen.

(5) Der Beschluss zur Einziehung eines Geschäftsanteils soll entweder mit einem Beschluss zur Neubildung eines Geschäftsanteils zu verbinden, oder – soweit gesetzlich zulässig – mit einem Beschluss zur Aufstockung der übrigen Geschäftsanteile oder mit einem Beschluss zur Kapitalherabsetzung im Umfang des Nennbetrages des eingezogenen Geschäftsanteils.

(6) Statt der Einziehung kann die Gesellschafterversammlung beschließen, dass der Anteil ganz oder teilweise auf einen oder mehrere Gesellschafter und/oder Dritte abgetreten wird. In diesen Fällen ist der betroffene Gesellschafter verpflichtet, seinen Geschäftsanteil unverzüglich gemäß dem gefassten Beschluss in notarieller Form abzutreten. Der Kaufpreis entspricht der Abfindung gem. § 14. Der betroffene Gesellschafter ermächtigt bereits jetzt für diesen Fall die Geschäftsführer jeweils einzeln, die Abtretung vorzunehmen. Das Recht zur Einziehung des ganzen Geschäftsanteils oder eines Teils des Geschäftsanteils des betroffenen Gesellschafters bleibt unberührt.

(7) Der Beschluss über die Einziehung von Geschäftsanteilen an die Gesellschaft kann nur unter der Bedingung gefasst werden, dass durch die Zahlung der Abfindung das Stammkapital zur Zeit der Zahlung der Abfindung nicht geschmälert wird.

(8) Der betroffene Gesellschafter hat bei der Beschlussfassung über seinen Ausschluss bzw. bei der Beschlussfassung über seine Abtretungsverpflichtung kein Stimmrecht.

§ 14
Abfindung

(1) Wird ein Geschäftsanteil ganz oder teilweise eingezogen, so erhält der betroffene Gesellschafter bzw. seine Rechtsnachfolger eine Abfindung.

(2) Die Abfindung entspricht dem Saldo des auf die betreffende Stammeinlage eingezahlten Nominalbetrages zuzüglich bzw. abzüglich des auf die betroffene Stammeinlage entfallenden Anteils des Gesellschafters an Rücklagen sowie an etwaigen Gewinnvorträgen bzw. Verlustvorträgen gem. der (letzten) Jahresbilanz, die der Einziehung vorausgeht oder mit dem Stichtag der Einziehung zusammen fällt.

(3) Wird ein Geschäftsanteil im Laufe eines Jahres eingezogen oder abgetreten, ist der betroffene Gesellschafter am Ergebnis des laufenden Geschäftsjahres nicht beteiligt.

(4) Das Abfindungsguthaben ist innerhalb von sechs Wochen ab dem Zeitpunkt der Einziehung auszuzahlen. Bis zum Ablauf der 6-Wochen-Frist ist es nicht zu verzinsen.

§ 15
Liquidation der Gesellschaft

(1) Die Liquidation erfolgt durch die Geschäftsführer, soweit die Gesellschafterversammlung nichts Abweichendes beschließt. § 5 gilt für Liquidatoren entsprechend.

(2) Das nach Befriedigung der Gläubiger verbleibende Vermögen der Gesellschaft ist im Verhältnis der Stammeinlagen auf die Gesellschafter zu verteilen.

§ 16
Veröffentlichungen

Bekanntmachungen der Gesellschaft erfolgen nur im elektronischen Bundesanzeiger.

§ 17
Schiedsgericht

(1) Alle Streitigkeiten zwischen Gesellschaftern oder zwischen der Hauptgesellschaft und Gesellschaftern im Zusammenhang mit diesem Gesellschaftsvertrag oder über seine Gültigkeit oder Auslegung werden nach der Schiedsgerichtsordnung (DIS-SchO) und den Ergänzenden Regeln für Gesellschaftsrechtliche Streitigkeiten (DIS-ERGeS) der Deutschen Institution für Schiedsgerichtsbarkeit e.V. (DIS) unter Ausschluss des ordentlichen Rechtswegs endgültig entschieden.

(2) Die Wirkungen des Schiedsspruches erstrecken sich auch auf die Gesellschafter, die fristgemäß als Betroffene benannt wurden, unabhängig davon, ob sie von der ihnen eingeräumten Möglichkeit, dem schiedsrichterlichen Verfahren als Partei oder Nebenintervenient beizutreten, Gebrauch gemacht haben (§ 11 DIS-ERGeS). Die fristgemäß als Betroffene benannten Gesellschafter verpflichten sich, die Wirkungen eines nach Maßgabe der Bestimmungen in den DIS-ERGeS ergangenen Schiedsspruchs anzunehmen.

(3) Ausgeschiedene Gesellschafter bleiben an diese Schiedsvereinbarung gebunden.

IV. Die Gesellschaftsverträge d. vermögensverw. GmbH & Co. KG

(4) Die Gesellschaft hat gegenüber Klagen, die gegen sie vor einem staatlichen Gericht anhängig gemacht werden und Streitigkeiten betreffen, die dieser Schiedsvereinbarung unterfallen, stets die Einrede der Schiedsvereinbarung zu erheben.

(5) Der Ort des schiedsrichterlichen Verfahrens ist der Satzungssitz der Gesellschaft.

(6) Die Verfahrenssprache ist Deutsch.

(7) Die Anzahl der Schiedsrichter beträgt drei.

(8) Diese Schiedsvereinbarung gilt nicht für Verfahren, in denen eine einstweilige Verfügung oder ein Arrest beantragt wird; insoweit sind die staatlichen Gerichte zuständig.

§ 18
Schlussbestimmungen

(1) Sollten einzelne oder mehrere Bestimmungen dieses Vertrages ganz oder teilweise nichtig, anfechtbar oder nicht durchführbar sein, so gelten die übrigen Bestimmungen gleichwohl. Eine unwirksame oder nichtige Bestimmung ist durch Gesellschafterbeschluss durch eine solche Bestimmung zu ersetzen, die die Parteien bei Kenntnis des Mangels zum Zeitpunkt des Vertragsabschlusses vereinbart hätten, um den gleichen wirtschaftlichen Erfolg zu erzielen.

(2) Im Übrigen gelten die gesetzlichen Bestimmungen. Zwingende gesetzliche Vorschriften gehen der Satzung vor.

(3) Die Kosten der Beurkundung des Gesellschaftsvertrages, der Bekanntmachung, der Anmeldung der Gesellschaft und ihrer Eintragung im Handelsregister, die anfallenden Steuern und die Kosten der Gründungsberatung trägt die Gesellschaft bis zu einem geschätzten Betrag von EUR 3.000,00. Etwa darüber hinausgehende Gründungskosten trägt der Gesellschafter A.

C. Vertragstexte mit Erläuterungen

I. Die Gesellschaftsverträge der typischen GmbH & Co. KG

1. Gesellschaftsvertrag der KG

Sachverhalt

Dem nachfolgenden Muster liegt folgender Sachverhalt zugrunde:

Die Gesellschafter haben eine gewerblich tätige GmbH & Co. KG gegründet. Die Gesellschaft betreibt ein Autohaus mit angeschlossener Reparaturwerkstatt. Komplementärin ist eine GmbH, deren Aufgabe es ist, die Geschäftsführung und Vertretung der GmbH & Co. KG zu übernehmen. An der KG sind die Kommanditisten mit unterschiedlichen Einlagen beteiligt. Die Geschäftsanteile der Komplementär-GmbH werden von den Kommanditisten bei der Gründung in gleichen Verhältnissen gehalten, es soll aber nicht ausgeschlossen werden, dass sich die Beteiligungsverhältnisse an der GmbH verschieben. An der Komplementär-GmbH soll aber kein Gesellschafter beteiligt sein, der nicht auch Gesellschafter der KG ist.

Da die Vertragsmuster eine Vielzahl von Varianten enthalten, stellen die beiden Musterverträge kein widerspruchsfreies System dar. **Der Nutzer** muss daher die Bestandteile zusammenstellen, die **rechtlich zusammenpassen**.

Gesellschaftsvertrag
der ... GmbH & Co. KG mit dem Sitz in ....

Präambel

- Variante 1:
(1) Die Unterzeichner dieses Vertrages beabsichtigen, sich zum Betrieb eines Autohauses in Form einer GmbH & Co. KG zu organisieren. Sie haben die ... GmbH gegründet, die im Handelsregister des Amtsgerichts ... unter der Nummer HRB ... bereits eingetragen ist. Die ... GmbH soll die Stellung des persönlich haftenden Gesellschafters in der neuen KG übernehmen.

(2) Die Gesellschafter regeln ihre Beziehungen untereinander wie folgt.

- Variante 2:
(1) Die Unterzeichner sind Gesellschafter der ... KG, die im Handelsregister des Amtsgerichts ... unter HR ... eingetragen ist. Gegenstand des Unter-

nehmens ist ... Sie beabsichtigen, die ... GmbH als persönlich haftende Gesellschafterin aufzunehmen und die Stellung des Gesellschafters ... in die eines Kommanditisten umzuwandeln.

304 (2) Ab dem Zeitpunkt des Eintritts der ... GmbH als persönlich haftende Gesellschafterin regeln die Gesellschafter ihre Rechtsbeziehungen wie folgt.

- Variante 3:
305 Herr ... betreibt in ... einen Autohandel und eine Reparaturwerkstatt für Autos der Marke BMW. Er beabsichtigt, Herrn/Frau ... und Herrn/Frau ... als Teilhaber aufzunehmen und seine Einzelfirma als Sacheinlage in die neu gegründete GmbH & Co. KG unter Anrechnung auf seine Kommanditeinlage einzubringen.

Erläuterungen

1. Gründungsvarianten
2. Form des KG-Vertrages
3. Status der Kommanditgesellschaft im Gründungsstadium
4. Gesellschafter
5. Minderjährige als Gesellschafter
6. Schenkung einer KG-Beteiligung
7. Anmeldung zum Handelsregister
8. Varianten des Mustervertrages

306 Zu den Motiven für die Gründung einer GmbH & Co. KG mit ihren zivil- und steuerrechtlichen Vor- und Nachteilen siehe **Rn. 10 ff. und Rn. 218 ff.** sowie bei Reichert/Liebscher, § 2, Rn. 62 ff.

1. Gründungsvarianten

307 a) **Zivilrecht.** GmbH & Co. KGs können auf vielfache Weise gegründet werden.[108] Der Normalfall in der Praxis ist die **Neugründung** sowohl der KG als auch der Komplementär-GmbH. Allerdings können KGs und GmbHs in Form von Vorratsgesellschaften, die bereits im Handelsregister eingetragen sind, erworben werden. Besteht bereits eine KG, kann nach Gründung der Komplementär-GmbH diese als Komplementärin in die KG aufgenommen werden; gleichzeitig wird die Rechtsposition der bisherigen Komplementäre in die eines Kommanditisten umgewandelt. Soll eine oHG in eine GmbH & Co. KG umgewandelt werden, tritt eine GmbH als Komplementärin in die oHG ein, die bisherigen Gesellschafter werden zu Kommanditisten. Besteht bereits eine GmbH, kann diese ihre Gesellschafter in ihr Handelsgeschäft aufnehmen, indem sie mit ihren Gesellschaftern einen KG-Vertrag abschließt und ihr Unternehmen in die Kommanditgesellschaft einbringt. Eine KG kann auch durch den **Eintritt** einer GmbH in den Betrieb eines Einzelkaufmanns gemäß § 28 HGB entstehen. Schließlich kann eine Gesellschaft bürgerlichen Rechts in das Rechtskleid der GmbH & Co. KG schlüpfen. Der Wechsel

---

[108] Vgl. hierzu Reichert/*Ihrig*, § 10 u. § 11; *Binz/Sorg*, § 3 Rn. 50 ff.

I. Die Gesellschaftsverträge der typischen GmbH & Co. KG

vollzieht sich durch Eintragung der Gesellschaft bürgerlichen Rechts gemäß § 105 Abs. 2 HGB in das Handelsregister als offene Handelsgesellschaft unter gleichzeitigem Beitritt einer GmbH. In einem zweiten Schritt erfolgt ein **Formwechsel** der oHG in eine KG unter Übernahme der Komplementärstellung durch die GmbH und die Umwandlung der Rechtsstellung der bisherigen Gesellschafter in die von Kommanditisten.

Eine weitere Möglichkeit zur Gründung von GmbH & Co. KGs kann nach den Vorschriften des **Umwandlungsgesetzes** erfolgen. Z. B. kann eine GmbH & Co. KG als neuer Rechtsträger durch die Verschmelzung zweier bestehender Rechtsträger durch Neugründung entstehen, wenn an einem der übertragenden Rechtsträger eine GmbH beteiligt war, der die Rechtsstellung der Komplementärin in der neuen GmbH & Co. KG zugewiesen wird.

Auch durch **Spaltungen** können neue GmbH & Co. KGs entstehen.[109] Im Wege der Abspaltung bzw. Aufspaltung zur Neugründung (§ 123 Abs. 1 Nr. 1 u. 2 UmwG) kann als neue Rechtsform die der GmbH & Co. KG gewählt werden, wenn an dem/den übertragenden Rechtsträger/n als Gesellschafter eine GmbH beteiligt ist, die die Komplementärstellung in der neuen GmbH & Co. KG übernimmt und mindestens ein weiterer Gesellschafter vorhanden ist, der als Kommanditist fungiert. Die Rechtsform der **Ausgliederung** (§ 123 Abs. 3 Nr. 2 UmwG) steht dagegen für die Neugründung einer GmbH & Co. KG nicht zur Verfügung, da im Falle der Ausgliederung allein der übertragende Rechtsträger die Anteile an der neuen Gesellschaft erhält und zur Gründung einer GmbH & Co. KG mindestens zwei Gesellschafter erforderlich sind. Im Übrigen bestimmt § 152 UmwG, dass eine Ausgliederung aus dem Unternehmen eines **Einzelkaufmanns** im Falle einer Neugründung nur auf eine Kapitalgesellschaft erfolgen kann. Der Gesetzgeber wollte die Gründung einer Einmann-Personengesellschaft ausschließen und hat daher die Neugründung einer Personengesellschaft durch Ausgliederung aus einem Einzelunternehmen nicht zugelassen.[110]

b) Steuerrecht. Sofern es sich bei der GmbH & Co. KG um eine Neugründung im Wege einer Bargründung handelt, ergeben sich keine steuerlichen Besonderheiten. Sobald jedoch einzelne Gesellschafter **Sachwerte** in Form von Einzelwirtschaftsgütern bzw. Unternehmen/Teilbetrieben in Erfüllung ihrer Einlageverpflichtung **einbringen**, sind u. a. **ertragsteuerliche, umsatzsteuerliche und grunderwerbsteuerliche** Konsequenzen zu prüfen, s. **Rn. 381 ff.**

2. Form des KG-Vertrages

Ein KG-Vertrag ist grundsätzlich **formlos** gültig. Aus Gründen der Rechtssicherheit sollte er stets schriftlich abgeschlossen werden. Eine notarielle Beurkundung des KG-Vertrages ist nur erforderlich, wenn sich die Formbedürftigkeit aus anderen Vorschriften ergibt, zum Beispiel, wenn sich ein Gesell-

---

109 S. hierzu Reichert/*Ihrig*, § 10 Rn. 39 ff.
110 Schmitt/Hörtnagl/Stratz/*Hörtnagl* UmwG, § 152 Rn. 1.

schafter zur Übertragung von Grundstücken auf die KG verpflichtet (§ 311 b BGB) oder wenn er sich verpflichtet, Geschäftsanteile an einer GmbH auf die KG zu übertragen (§ 15 Abs. 4 GmbHG).[111]

312   Ist ein Kommanditist verheiratet und lebt er im gesetzlichen Güterstand der Zugewinngemeinschaft, bedarf der Gesellschaftsvertrag der Zustimmung des anderen Ehegatten, wenn der Kommanditist sich zur Einbringung seines ganzen Vermögens in die KG verpflichtet (§ 1365 BGB). § 1365 BGB schränkt die rechtsgeschäftliche Handlungsfreiheit der Ehegatten ein, um das Familienvermögen zu wahren.[112] Der Ehegatte darf daher grundsätzlich nicht ohne Zustimmung des anderen Ehegatten über das Vermögen im Ganzen verfügen. Sofern eine Verfügung ohne Zustimmung vorgenommen wurde, kann die eingegangene Verpflichtung nur mit Zustimmung des anderen Ehegatten erfüllt werden. Eine Zustimmungspflicht wird auch dann ausgelöst, wenn nur über einen Gegenstand verfügt wird, der im Wesentlichen oder nahezu das gesamte Vermögen ausmacht. Dies ist bei kleineren Vermögen der Fall, sofern mehr als 85 % des Vermögens von der Verfügung betroffen sind, während bei größeren Vermögen erst dann eine Zustimmungspflicht ausgelöst wird, wenn mehr als 90 % des Vermögens betroffen sind.[113] Sofern also der Gesellschafter-Ehegatte sein Vermögen im Ganzen in den Betrieb einbringen möchte, kann er dies nur mit Zustimmung der anderen Ehegatten, da dieser die Möglichkeit haben muss, das Vermögen als Grundlage der Familie zu schützen. Dies gilt für Lebenspartnerschaften nach § 6 LPartG entsprechend.

3. Status der Kommanditgesellschaft im Gründungsstadium[114]

313   **a) Gesellschaftsrecht.** Ist die Kommanditgesellschaft noch nicht im Handelsregister eingetragen und will sie ein vollkaufmännisches Gewerbe nach § 1 HGB ausüben, so ist die Gesellschaft, unabhängig von ihrer Eintragung im Handelsregister, eine KG und nicht nur eine Gesellschaft bürgerlichen Rechts (§§ 123 Abs. 2, 161 Abs. 2 HGB). Ist die Kommanditgesellschaft noch nicht eingetragen und fällt ihre Tätigkeit unter § 2 HGB, so liegt keine Kommanditgesellschaft vor, sondern eine Gesellschaft bürgerlichen Rechts, und zwar so lange, bis die Gesellschaft im Handelsregister eingetragen wird. Die bis zur Eintragung bestehende BGB-Gesellschaft wirft **Haftungsprobleme** auf, die umstritten sind.[115] Es empfiehlt sich daher in diesen Fällen, den Geschäftsbetrieb erst dann aufzunehmen, wenn die KG im Handelsregister eingetragen ist. Ab der Eintragung gilt in jedem Fall das Recht der Kommanditgesellschaft (§§ 161 ff. HGB).

---

111 Reichert/*Ihrig*, § 10 Rn. 19; Baumbach/Hopt/*Roth* HGB, § 105 Rn. 55.
112 MüKo/BGB/*Koch*, § 1365 Rn. 1.
113 MüKo/BGB/*Koch*, § 1365 Rn. 23.
114 Vgl. Baumbach/Hopt/*Roth* HGB, Anh. § 177 a Rn. 12 ff.; *Binz/Sorg*, § 3 Rn. 50 ff.; Hesselmann/Tillmann/Mueller-Thuns/*Lüke*, § 3 Rn. 223 ff.
115 Baumbach/Hopt/*Roth* HGB, Anh. § 177 a Rn. 15 ff.; *Binz/Sorg*, § 3 Rn. 74 ff.

I. Die Gesellschaftsverträge der typischen GmbH & Co. KG

b) Steuerrecht. Die Anschaffung der für den Geschäftsbetrieb erforderlichen Wirtschaftsgüter sollte erst nach Gründung erfolgen, da eine der Voraussetzungen für den umsatzsteuerlichen **Vorsteuerabzug** eine auf den Namen (Firmierung) des Leistungsempfängers lautende Rechnung ist. Sofern die Rechnung ausschließlich auf den Namen eines erwerbenden Gesellschafters lautet, steht der Gesellschaft hieraus kein Vorsteuerabzug zu.

314

4. Gesellschafter

Gesellschafter einer GmbH & Co. KG können grundsätzlich sein: Jede natürliche oder juristische Person, jede Personenhandelsgesellschaft, jede Gesellschaft bürgerlichen Rechts, die nach außen auftritt, sowie die Vor-GmbH und die Vor-AG.[116] Erbengemeinschaften und Innengesellschaften bürgerlichen Rechts können nicht Gesellschafter sein.[117] Ausländische Gesellschaften können sowohl Kommanditisten als auch Komplementäre sein.[118]

315

Das ab 1.7.2016 geltende, reformierte Erbschaftsteuerrecht sieht in § 13a Abs. 9 S. 1 Nr. 1 der Neufassung des ErbStG einen sog. Vorababschlag auf das begünstigte Vermögen von Familiengesellschaften vor (s. **Rn. 191**). Dies setzt jedoch u.a. voraus, dass nach dem Gesellschaftsvertrag als Rechtsnachfolger von Gesellschaften nur Mitgesellschafter, Angehörige i.S.v. § 15 Abgabenordnung und Familienstiftungen sein können.

316

5. Minderjährige Gründungsgesellschafter

Die Beteiligung Minderjähriger an der Gründung einer gewerblich tätigen Familien-GmbH & Co. KG kann die Gründung und später die Fassung von Gesellschafterbeschlüssen erschweren. Grund hierfür ist die eingeschränkte Vertretungsbefugnis der Eltern, wenn sie an der Gründung beteiligt sind und die Verpflichtung, die Genehmigung der Familiengerichte einzuholen.[119]

317

a) Zivilrecht. *aa) Ergänzungspfleger.* Minderjährige werden grundsätzlich von ihren Eltern gemeinsam vertreten (§§ 1626 Abs. 1, 1629 Abs. 1 S. 1 BGB). Übt ein Elternteil die elterliche Sorge allein aus, vertritt er das minderjährige Kind auch allein (§ 1629 Abs. 1 S. 3 BGB). Eltern können jedoch ihr minderjähriges Kind nicht vertreten, soweit ein Vormund von der Vertretung ausgeschlossen ist (§ 1629 Abs. 2 S. 1 BGB). Der Vormund ist u.a. in den Fällen des Selbstkontrahierens von der Vertretung seines Mündels ausge-

318

---

116 Baumbach/Hopt/*Roth* HGB, § 105 Rn. 28; BGH v. 16.7.2001, BGHZ 148, 291.
117 Baumbach/Hopt/*Roth* HGB, § 105 Rn. 29 m.w.N.
118 Baumbach/Hopt/*Roth* HGB, § 105 Rn. 28.
119 Zur Beteiligung von Minderjährigen an Handelsgesellschaften s. u.a.: Münchener Anwaltshandbuch Erbrecht/*Kögel*, § 40 Rn. 144 ff.; *Pauli* ZErb 2016, 131; *Menzel* MittBayNot 2010, 186; *Ivo* ZEV 2005, 193; *Funke/Gerber* FuS 2011, 121 und 2012, 8; *Rust* DStR 2005, 1942 und 1992; *Hohaus/Eickmann* BB 2004, 1707.

schlossen (§§ 1629 Abs. 2, 1795 Abs. 2, 181 1. Alternative BGB), also wenn er einen Vertrag zwischen ihm und dem Mündel abschließt und hierbei das Mündel vertritt. Eine Rückausnahme besteht dann, wenn das Rechtsgeschäft für den Minderjährigen rechtlich vorteilhaft wäre[120] und dieser sieben Jahre alt ist (§ 107 BGB). Für die Gründung einer Familiengesellschaft in der Rechtsform der GmbH & Co. KG bedeutet dies, dass die Eltern ihr/ihre Kind/Kinder beim Abschluss des Gesellschaftsvertrages einer KG nicht vertreten können. Es würde ein Fall des Selbstkontrahierens vorliegen (§ 181 Abs. 1 BGB). Der Abschluss eines Gesellschaftsvertrages einer KG ist nach herrschender Meinung auch nicht lediglich rechtlich vorteilhaft, weil die Beteiligung an einer Personengesellschaft ein ganzes Bündel von Rechten und Pflichten begründet[121]. In diesen Fällen ist ein Ergänzungspfleger gem. § 1909 Abs. 1 BGB zu bestellen. Sind an der Gründung der Gesellschaft mehrere Minderjährige beteiligt, müssen mehrere Ergänzungspfleger bestellt werden. Dies gilt auch dann, wenn die Eltern (der Elternteil) Anteile an der Komplementär-GmbH halten und deren Geschäftsführer sind[122]. Unerheblich ist auch, dass der Minderjährige nur Kommanditist wird.

319 *bb) Genehmigung des Familiengerichtes.* Zusätzlich muss die Genehmigung des Familiengerichtes eingeholt werden. § 1643 Abs. 1 S. 1 BGB bestimmt, dass die Eltern der Genehmigung des Familiengerichts zu den Geschäften bedürfen, zu denen der Vormund die Genehmigung nach den §§ 1821 und 1822 BGB einholen muss. Diese Verpflichtung gilt auch für den Ergänzungspfleger (§ 1915 Abs. 1 S. 1 BGB). Nach § 1822 Nr. 3, 2. Alt. BGB u.a. muss die Genehmigung des Familiengerichtes eingeholt werden zu einem Gesellschaftsvertrag, der zum Betrieb eines Erwerbsgeschäftes abgeschlossen wird. Unter einem „Erwerbsgeschäft" wird jede regelmäßig ausgeübte, auf selbstständigen Erwerb gerichtete Tätigkeit verstanden, die mit Gewinnerzielungsabsicht ausgeübt wird und auf eine gewisse Dauer ausgelegt ist[123]. Auf die Rechtsform kommt es hierbei nicht an. Diese Kriterien werden von einer gewerblich tätigen Handelsgesellschaft ohne weiteres erfüllt.

320 Die Genehmigung des Familiengerichtes richtet sich nach § 1697a BGB. Nach dieser Vorschrift soll das Familiengericht seine Entscheidung unter Berücksichtigung der tatsächlichen Gegebenheiten und Möglichkeiten treffen, die unter Berücksichtigung des berechtigten Interesses der Beteiligten, dem Wohl des Kindes am besten entsprechen. Ohne die Vertretung der minderjährigen Kinder durch einen Ergänzungspfleger und ohne Genehmigung des

---

120 BGH v. 27.9.1972, BGHZ 59, 240; Münchener Anwaltshandbuch Erbrecht/*Kögel*, § 40 Rn. 148; *Pauli* ZErb 2016, 132.
121 BGH v. 10.2.1977, BGHZ 68, 232; *Pauli* ZErb 2016, 132; Palandt/*Ellenberger* BGB, § 107 Rn. 4; Baumbach/Hopt/*Roth* HGB, § 105 Rn. 26; *Menzel/Wolf* MittBayNot 2010, 186; *Rust* DStR 2005, 1943; *Ivo* ZEV 2005, 194; *Hohaus/Eickmann* BB 2004, 1708; a. A. OLG Bremen, GmbHR 2008, 1264.
122 *Hohaus/Eickmann* BB 2004, 1709; *Rust* DStR 2005, 1943; Hesselmann/Tillmann/Mueller-Thuns/*Fatouros*, § 2 Rn. 211.
123 Palandt/*Götz* BGB, § 1822 Rn. 5.

I. Die Gesellschaftsverträge der typischen GmbH & Co. KG

Familiengerichtes ist der Minderjährige nicht Gesellschafter geworden, das Rechtsgeschäft ist schwebend unwirksam, kann aber vom Minderjährigen, wenn er volljährig geworden ist, genehmigt werden. Auch die nachträgliche Einschaltung eines Ergänzungspflegers und die nachträgliche Einholung der Genehmigung des Familiengerichtes sind möglich und wirkt auf den Gründungszeitpunkt zurück.[124]

cc) Ausübung von Gesellschafterrechten des minderjährigen Gesellschafters. 321
Grundsätzlich übt der gesetzliche Vertreter des Minderjährigen, also in der Regel die Eltern, die Gesellschafterrechte des minderjährigen Gesellschafters aus, ohne dass es eines Ergänzungspflegers oder der Zustimmung des Familiengerichtes bedarf, da nach herrschender Meinung bei normalen Gesellschafterbeschlüssen der Schutzzweck des § 181 BGB nicht angesprochen wird[125]. Hier sollen keine Interessengegensätze ausgefochten werden, sondern in der Regel der Gesellschaftszweck verfolgt werden. Dies gilt jedoch nicht, soweit es sich um Grundlagengeschäfte handelt. Der Kreis der Grundlagengeschäfte ist umstritten[126]. Dazu gehören u. a. Änderungen des Gesellschaftsvertrages, die Auflösung der Gesellschaft, Umwandlungsvorgänge und der Abschluss von Unternehmensverträgen. Eine familiengerichtliche Entscheidung ist in diesen Fällen nicht erforderlich, da es nicht um einen Abschluss eines Gesellschaftsvertrages geht.

b) Steuerrecht. Nach der Rechtsprechung des BFH wird die Gesellschafter- 322
stellung eines Minderjährigen an einer gewerblich tätigen Familien-KG nur dann anerkannt, wenn u. a. die Gesellschaftsverträge zivilrechtlich wirksam sind[127]; dies sind sie nur, wenn ein Ergänzungspfleger eingeschaltet wurde und das Familiengericht zugestimmt hat. Der BFH hält eine rückwirkende Genehmigung des Familiengerichts nur dann für wirksam, wenn es sich bei der Zeit bis zur Volljährigkeit nur um eine kurze Zeitspanne handelt, für den vorzeitigen Abschluss betriebliche Gründe vorliegen und mit der Rückwirkung keine besonderen steuerlichen Vorteile erstrebt werden[128].

6. Schenkung einer KG-Beteiligung

a) Gesellschaftsrecht. Die Schenkung einer Beteiligung an einer KG ist zivil- 323
rechtlich möglich.[129] Ein Schenkungsversprechen bedarf grundsätzlich der **notariellen Form** (§ 518 Abs. 1 S. 1 BGB). Jedoch wird der Mangel dieser Form gemäß § 518 Abs. 2 BGB durch das Bewirken der Leistung geheilt. Bei

---

124 *Funke/Gerber* FuS 2011, 122.
125 *Pauli* ZErb 2016, 133; *Funke/Gerber* FuS 2012, 9.
126 *Funke/Gerber* FuS 2012, 9.
127 BFH v. 12.5.2016, NJW 2016, 3470; *Hohaus/Eickmann* BB 2004, 1708 m. w. N. zur BFH-Rspr. in Fn. 5–19.
128 BFH v. 5.3.1981, BStBl. II 1981, 435.
129 BGH v. 2.7.1990, NJW 1990, 2616.

der vertraglichen Gestaltung ist darauf zu achten, dass der Beschenkte erst mit seiner **Eintragung** als Kommanditist im Handelsregister Gesellschafter wird, damit eine unbeschränkte Haftung des Beschenkten für Verbindlichkeiten vermieden wird, die im Unternehmen zwischen dem Abschluss des Schenkungsvertrages und der Eintragung des Beschenkten im Handelsregister entstehen. Gemäß § 172 Abs. 1 HGB wird die Haftung eines Kommanditisten erst durch die Eintragung im Handelsregister auf den in der Eintragung angegebenen Betrag („Haftsumme") begrenzt.

324 Bei einer KG als einer Außengesellschaft wird nach herrschender Meinung die Schenkung durch Umbuchung der Einlagen vom Kapitalkonto des Schenkers auf das Kapitalkonto des Beschenkten bewirkt.[130]

325 Wird die GmbH & Co. KG ohne die minderjährigen Kinder von Gesellschaftern gegründet und den Kindern die Gesellschaftsanteile der GmbH & Co. KG anschließend geschenkt, so ist streitig, ob die Eltern von der Vertretung der minderjährigen Kinder ausgeschlossen sind, da die Schenkung von Gesellschaftsanteilen an einer Personengesellschaft für den Minderjährigen nicht nur rechtlich vorteilhaft ist. Der BGH hat entschieden, dass die Schenkung eines Anteils an einer Personengesellschaft nicht rechtlich vorteilhaft ist[131]. In der Literatur[132] und der Rechtsprechung[133] der Instanzgerichte ist streitig, ob die Schenkung eines voll eingezahlten Kommanditanteils (nur) rechtlich vorteilhaft ist oder nicht. Wäre die Schenkung für den Minderjährigen lediglich rechtlich vorteilhaft, wäre kein Ergänzungspfleger erforderlich. Im Falle der Schenkung eines Gesellschaftsanteils an mehrere minderjährige Kinder genügt es, wenn für diese ein Ergänzungspfleger bestellt wird[134]. Ob die Schenkung des Kommanditanteils an den Minderjährigen die Genehmigung des Familiengerichts gem. § 1822 Nr. 3, 2. Alt. BGB bedarf, ist ebenfalls streitig. Da es sich bei der Schenkung eines Anteils an einer KG nicht um den Abschluss eines Gesellschaftsvertrages handelt, ist § 1822 Nr. 3, 2. Alt. BGB seinem Wortlaut nach nicht anwendbar. Nach der Rechtsprechung[135] und der Literatur[136] wird der schenkweise Eintritt in eine bestehende, gewerblich tätige Personengesellschaft wie die Gründung einer solchen behandelt. Vorsorglich wird der Berater auch im Fall der Schenkung eines voll eingezahlten Kommanditanteils die Bestellung eines Ergänzungspflegers und die Genehmigung des Familiengerichtes beantragen.

326 **b) Steuerrecht.** Bei der Gestaltung von **Familienpersonengesellschaften** ist die Rechtsprechung des BFH zur steuerlichen **Anerkennung** einer Familienper-

---

130 BGH v. 24.9.1952, BGHZ 7, 178; BdF v. 8.12.1975, BB 1976, 21; *Seer* DStR 1988, 601.
131 BGH v. 10.2.1997, BGHZ 68, 232.
132 Bejahend *Maier-Reimer/Marx* NJW 2005, 3026; Palandt/*Ellenberger* BGB, § 107 Rn. 4; verneinend *Hohaus/Eickmann* BB 2004, 1708.
133 Bejahend OLG Bremen v. 16.6.2008, ZEV 2008, 608; verneinend LG Aachen v. 21.6.1993, NJW-RR 1994, 1319; OLG Frankfurt v. 27.5.2008, ZEV 2008, 607; OLG München v. 6.11.2008, ZEV 2008, 609.
134 OLG München v. 17.6.2010, ZEV 2010, 646.
135 OLG Zweibrücken v. 2.3.2000, FamRZ 2000, 117; OLG Frankfurt v. 27.5.2008, ZEV 2008, 607 m. w. N.
136 Palandt/*Götz* BGB, § 1822 Rn. 9.

I. Die Gesellschaftsverträge der typischen GmbH & Co. KG   151

sonengesellschaft und zur **Angemessenheit** der Gewinnverteilung (vgl. **Rn. 130**) zu beachten. § 6 Abs. 3 EStG regelt die **unentgeltliche Einzelrechtsnachfolge** betrieblicher Einheiten. Hervorzuheben ist, dass auch die bruchteilsweise Übertragung von Personengesellschaftsanteilen **ohne** korrespondierende **Übertragung des Sonderbetriebsvermögens** zulässig ist. Dies erleichtert erheblich die Regelungen der vorweggenommenen Erbfolge, bei denen der Erblasser das Sonderbetriebsvermögen zur persönlichen Einkommens- und Vermögenssicherung zurückbehalten möchte. Zu beachten ist jedoch in diesen Fällen die **Sperrfrist** von 5 Jahren, innerhalb derer der Rechtsnachfolger den übernommenen Mitunternehmeranteil nicht veräußern oder aufgeben darf (§ 6 Abs. 3 Satz 2 EStG). Die Finanzverwaltung hat mit BMF-Schreiben vom 3.3.2005[137] zu den Zweifelsfragen im Zusammenhang mit der Übertragung von Mitunternehmeranteilen und Sonderbetriebsvermögen Stellung genommen.

Im Vorfeld von unentgeltlichen Anteilsübertragungen finden häufig Umstrukturierungen statt, insbesondere steuerneutrale Ausgliederungen von bislang wesentlichen Betriebsgrundlagen. Hier ging die Finanzverwaltung bislang von der Anwendung der Gesamtplanrechtsprechung aus und versagte den Beteiligten die Anwendung des Buchwertprivilegs gem. § 6 Abs. 3 EStG[138]. Der IV. Senat des BFH ist dieser Auffassung jedoch mit mehreren Urteilen vom 2.8.2012, 9.12.2014 und 12.5.2016 entgegengetreten.[139] Die Finanzverwaltung hat bereits auf das erste Urteil mit einem vorübergehenden Nichtanwendungserlass[140] reagiert, bis eine anhängige Entscheidung des I. Senat des BFH zur Frage der Anwendung der Gesamtplanrechtsprechung vorliegt.[141]   327

Voraussetzung für die steuerliche Anerkennung minderjähriger Kinder als Mitunternehmer ist nach überwiegender Auffassung[142] die zivilrechtliche Formwirksamkeit des Gesellschaftsvertrages, was bei schenkweiser Aufnahme minderjähriger Kinder die Bestellung eines Ergänzungspflegers sowie die familiengerichtliche Genehmigung bedarf.   328

7. Anmeldung zum Handelsregister

Die Errichtung der KG ist nach §§ 161 Abs. 2, 106, 162 Abs. 1 HGB beim Handelsregister des Amtsgerichts am Sitz der Gesellschaft zur Eintragung anzumelden. Alle Gesellschafter, also auch die Kommanditisten, müssen an der Anmeldung mitwirken, §§ 161 Abs. 2, 108 Abs. 1 HGB. Stellvertretung bei der Anmeldung ist möglich, bedarf allerdings einer öffentlich beglaubigten Vollmacht, § 12 Abs. 1 S. 2 HGB.[143]   329

---

[137] BMF v. 3.3.2005, TZ 7, BStBl. I 2005, 458.
[138] BMF v. 3.3.2005, TZ 7, BStBl. I 2005, 458.
[139] BFH v. 2.8.2012, DStR 2012, 2118; v. 9.12.2014, DStR 2015, 211; v. 12.5.2016, DStR 2016, 1518.
[140] BMF v. 12.9.2013, BStBl. I 2013, 1164.
[141] Az. BFH I R 80/12.
[142] Schmidt/*Wacker* EStG, § 15 Rn. 748.
[143] S. zur gesetzlichen Vertretung Minderjähriger durch die Eltern bei der Anmeldung Münchener Vertragshandbuch I/*Götze*, III. 2., S. 234 Anm. 1.

330 In der Anmeldung sind **folgende Angaben** zu machen:
331 – Namen, Vornamen, Geburtsdatum und Wohnort aller Gesellschafter (§§ 161 Abs. 2, 106 Abs. 2 Nr. 1 HGB),
332 – Firma und Sitz sowie inländische Geschäftsanschrift der Gesellschaft (§§ 161 Abs. 2, 106 Abs. 2 Nr. 2 HGB),
333 – Vertretungsmacht der Gesellschafter (§§ 161 Abs. 2, 106 Abs. 2 Nr. 1 HGB),
334 – Bezeichnung der Kommanditisten und Betrag der jeweiligen Einlage (Haftsumme; § 162 Abs. 2 HGB) sowie
335 – Gegenstand des Unternehmens (§ 24 HRV; Handelsregisterverordnung).
336 Der **Gesellschaftsvertrag** muss (anders als bei der GmbH) nicht mit eingereicht werden.
337 Die (von allen Gesellschaftern zu unterzeichnende) Anmeldung muss **öffentlich beglaubigt** werden (§ 12 Abs. 1 S. 1 HGB). Die **Gebühr** des Notars für die bloße Beglaubigung der Anmeldung richtet sich nach § 45 Abs. 1 KostO und beträgt (derzeit) max. EUR 130,00. Wenn der Notar die Anmeldung auch entwirft, entstehen weitere Kosten nach §§ 145 Abs. 1, 38 Abs. 2 Nr. 7 KostO. Die Gebühr des Registergerichts richtet sich nach §§ 79 Abs. 1, 79a KostO i. V.m. der Handelsregistergebührenverordnung (s. dort Gebührenverzeichnis zu § 1 HRegGebV).
338 Seit 1.1.2007 wird das Register in elektronischer Form geführt. Die beim Register einzureichenden Dokumente müssen seither elektronisch übermittelt werden (§ 12 Abs. 2 S. 1 HGB). Ist eine öffentliche Beglaubigung vorgesehen, wie etwa für die Handelsregisteranmeldung selbst, muss das entsprechende Dokument zuvor mit einem einfachen elektronischen Zeugnis nach § 39a BeurkG versehen werden; gleiches gilt für notariell beurkundete Dokumente (§ 12 Abs. 2 S. 2 HGB).

8. Varianten des Mustervertrages

339 Die **erste Variante** in § 1 des Mustervertrages geht von einem Sachverhalt aus, in dem sowohl die KG als auch die GmbH neu **gegründet** werden. Die GmbH ist bereits im Handelsregister eingetragen.
340 In der **zweiten Variante** soll eine GmbH & Co. KG dadurch gebildet werden, dass eine GmbH als persönlich haftende Gesellschafterin in die bestehende KG **eintritt** und die Stellung des bisherigen Komplementärs (eine natürliche Person) in die eines Kommanditisten umgewandelt wird.
341 Variante 3 enthält den Hinweis auf eine **Sacheinlage**.

§ 1
Firma, Sitz, Geschäftsjahr

342 (1) Die Firma der Gesellschaft lautet:

„... GmbH & Co. KG"

343 (2) Sitz der Gesellschaft ist ...

I. Die Gesellschaftsverträge der typischen GmbH & Co. KG

- **Variante 1:** 344
(3) Geschäftsjahr ist das Kalenderjahr.

- **Variante 2:** 345
(3) Das Geschäftsjahr beginnt am ... und endet am ... des folgenden Kalenderjahres.

Erläuterungen

1. Firma
2. Sitz
3. Geschäftsjahr

1. Firma[144]

a) Originäre Firma. Die originäre Firma einer KG kann eine **Personenfirma**, 346
eine **Sachfirma** oder eine **Fantasiefirma** sein, entscheidend ist allein, ob sie zur Kennzeichnung geeignet ist und Unterscheidungskraft besitzt (§ 18 Abs. 1 HGB). So kann z.B. in der Firma ein Name enthalten sein, ohne dass ein Träger dieses Namens Gesellschafter ist.[145] Firmenrechtlich unzulässig sind Angaben, die geeignet sind, über geschäftliche Verhältnisse irrezuführen (§ 18 Abs. 2 S. 1 HGB, Grundsatz der Firmenwahrheit). Eine Kommanditgesellschaft muss in der Firma die Bezeichnung „Kommanditgesellschaft" oder eine allgemein verständliche Abkürzung dieser Bezeichnung enthalten (§ 19 Abs. 1 Nr. 3 HGB). Haftet in der Kommanditgesellschaft keine natürliche Person, muss die Firma einen Hinweis auf die **Haftungsbeschränkung** enthalten (z.B. „GmbH & Co. KG", § 19 Abs. 2 HGB). Schließlich muss sich jede neue Firma von allen an demselben Ort oder in derselben Gemeinde bereits bestehenden und eingetragenen Firmen deutlich unterscheiden (§ 30 Abs. 1 HGB).

b) Abgeleitete Firma. Grundsätzlich ist die unveränderte Firmenfortführung 347
möglich (§§ 22, 24 HGB), jedoch ist der Hinweis auf die **beschränkte Haftung** des Komplementärs gemäß § 19 Abs. 2 HGB erforderlich („GmbH & Co. KG"). Zur Fortführung des **Namens** eines Gesellschafters in der Firma beim Ein- und Austritt eines neuen Gesellschafters bzw. beim Ausscheiden des namensgebenden Gesellschafters vgl. § 24 HGB.

2. Sitz

Jede Gesellschaft muss einen Sitz haben (§§ 161 Abs. 2, 106 Abs. 1 HGB). 348
Der Sitz bestimmt die Zuständigkeit des **Registergerichtes** (§§ 106, 13, 13a, 13c HGB) sowie den **allgemeinen Gerichtsstand** der KG gemäß § 17 Abs. 1

---

[144] Zur Bildung der Firma der KG bei einer GmbH & Co. vgl. Baumbach/Hopt/*Hopt* HGB, § 19 Rn. 24 ff.; *Binz/Sorg*, § 11 Rn. 1 ff.
[145] OLG Rostock v. 17.11.2014, GmbH-StB 2015, 33; MüKo/HGB/*Heidinger*, § 18 Rn. 179.

Satz 1 ZPO. Der Sitz der KG und der Sitz der GmbH sind auf **Geschäftsbriefen** der GmbH & Co. KG anzugeben (§ 125a i. V. m. § 177a HGB, § 35a GmbHG). Maßgeblich für die Bestimmung des Sitzes der KG ist der Ort, an dem die Geschäftsführung tatsächlich stattfindet, nicht der Ort, der im Gesellschaftsvertrag genannt ist.[146] Anders als bei der GmbH (§ 4a GmbHG) kommt also dem gesellschaftsvertraglich bestimmten Gesellschaftssitz keine entscheidende Bedeutung zu; insbesondere ist eine Sitzverlegung bei der KG auch ohne eine Änderung des Gesellschaftsvertrages durch bloße Verlegung der (Haupt-)Verwaltung möglich und dann auch als solche beim Handelsregister anmelde*pflichtig*.[147]

3. Geschäftsjahr

349 Ein Geschäftsjahr kann kürzer, aber nicht länger als 12 Monate sein (§ 240 Abs. 2 Satz 2 HGB, § 8b EStDV). Handelsrechtlich können Gesellschafter bei der Gründung der GmbH & Co. KG oder später ein vom Kalenderjahr **abweichendes** Geschäftsjahr wählen. **Steuerrechtlich** sind die Gesellschafter nur bei der Gründung frei. Wollen sie später auf ein vom Kalenderjahr abweichendes Wirtschaftsjahr umstellen, können sie dies nur im Einvernehmen mit dem Finanzamt (§§ 4a Abs. 1 Nr. 2 EStG, 8b S. 2 Nr. 2 EStDV).

§ 2
Gegenstand des Unternehmens

350 (1) Gegenstand des Unternehmens ist der Handel mit Kraftfahrzeugen der Marke BMW und deren Reparatur.

351 (2) Die Gesellschaft ist berechtigt, Hilfs- und Nebengeschäfte zu tätigen. Sie ist weiter berechtigt, sämtliche Geschäfte zu tätigen, die geeignet sind, den Gegenstand des Unternehmens mittelbar oder unmittelbar zu fördern.

352 (3) Die Gesellschaft kann sich an Unternehmen mit gleichem oder ähnlichem Unternehmensgegenstand beteiligen oder solche Unternehmen gründen; sie kann Zweigniederlassungen errichten.

Erläuterungen

1. Allgemeines
2. Hilfs- und Nebengeschäfte
3. Zweigniederlassungen

---

146 Baumbach/Hopt/*Roth* HGB, § 106 Rn. 8.
147 Siehe hierzu Staub/*Schäfer* HGB, § 106 Rn. 18 f.; Baumbach/Hopt/*Roth* HGB, § 106 Rn. 10.

I. Die Gesellschaftsverträge der typischen GmbH & Co. KG

1. Allgemeines

Das HGB verwendet den Begriff „**Gegenstand des Unternehmens**" nicht. Im Gesetzestext finden sich lediglich Hinweise auf den „**Zweck**" einer oHG oder KG. So bestimmt z.B. § 161 Abs. 1 HGB, dass eine Gesellschaft, deren „Zweck auf den Betrieb eines Handelsgewerbes unter gemeinschaftlicher Firma gerichtet ist", eine Kommanditgesellschaft ist, wenn bei einem oder einigen Gesellschaftern die Haftung auf eine bestimmte Haftsumme beschränkt ist. Der Gegenstand einer KG muss aber nicht auf den Betrieb eines Handelsgewerbes gemäß § 161 Abs. 1 HGB gerichtet sein. So kann z.B. eine Gesellschaft, die nur eigenes Vermögen verwaltet, zur KG durch Eintragung im Handelsregister werden (§§ 105 Abs. 2, 161 Abs. 1 HGB).

353

Der Gegenstand des Unternehmens beschreibt die **konkrete Tätigkeit** im Einzelfall. Der Gegenstand muss nicht im Gesellschaftsvertrag festgelegt werden. Die Festlegung erfolgt jedoch in jedem sorgfältig formulierten Gesellschaftsvertrag, da der konkrete Gegenstand des Unternehmens aus mehreren Gründen wichtig ist: Der Gegenstand des Unternehmens bestimmt den Umfang der Geschäftsführungsbefugnis des Komplementärs (§§ 161 Abs. 2, 116 Abs. 1 und 2 HGB). Gemäß § 116 Abs. 1 HGB erstreckt sich die Befugnis zur Geschäftsführung auf alle Handlungen, die der gewöhnliche Betrieb des Handelsgewerbes der Gesellschaft mit sich bringt. Zur Vornahme von Handlungen, die darüber hinausgehen, ist ein Beschluss sämtlicher Gesellschafter erforderlich (§ 116 Abs. 2 HGB). Ohne eine Kenntnis des konkreten Gegenstandes der Gesellschaft ist es also nicht möglich, den gewöhnlichen Betrieb des Handelsgewerbes der Gesellschaft und damit den Umfang der Geschäftsführungsbefugnis des Komplementärs zu bestimmen. Der „gewöhnliche Geschäftsbetrieb" ist auch wichtig für die **Mitwirkungsrechte der Kommanditisten**. So bestimmt § 164 HGB, dass die Kommanditisten zwar von der Führung der Geschäfte ausgeschlossen sind, sie jedoch einer Handlung des persönlich haftenden Gesellschafters widersprechen können, die über den gewöhnlichen Betrieb des Handelsgewerbes der Gesellschaft hinausgeht. Bedeutung hat der Gegenstand des Unternehmens ferner für das Wettbewerbsverbot des Komplementärs (§§ 161 Abs. 2, 112 HGB).

354

2. Hilfs- und Nebengeschäfte

Abs. 2 ermöglicht es, Geschäfte durchzuführen, die vom Gegenstand des Unternehmens unmittelbar nicht erfasst sind, wenn es sich um Geschäfte handelt, die Geschäfte der KG befördern.

355

3. Zweigniederlassungen

Abs. 3 des **Mustervertrages** erlaubt es der Gesellschaft, sich an Unternehmen mit gleichem oder ähnlichem Unternehmensgegenstand zu beteiligen oder

356

solche Unternehmen zu gründen oder Zweigniederlassungen zu errichten. In der Regel ist hierzu die Zustimmung der Gesellschafterversammlung erforderlich (s. z.B. § 8 Abs. 3, 2. Variante lit. b und c des KG-Mustervertrages).

357 Der Begriff der Zweigniederlassung deckt sich zum Teil mit dem steuerrechtlichen Begriff der **Betriebsstätte** (§ 12 AO). Die Zweigniederlassung ist eine räumlich getrennte Niederlassung des Kaufmanns, die die gleichen Geschäfte erledigt wie die Hauptniederlassung, auf eine gewisse Dauer angelegt ist usw.[148] Die Zweigniederlassung ist keine selbständige juristische Person. Sie ist zum Handelsregister anzumelden. Es gelten die §§ 13 ff. HGB.

§ 3
Gesellschafter, Einlagen, Haftsummen, Vermögensbeteiligung

358 (1) Persönlich haftende Gesellschafterin (Komplementärin) ist die ... GmbH. Sie ist zur Leistung einer Einlage nicht verpflichtet und nicht berechtigt.

359 (2) Weitere Gesellschafter (Kommanditisten) sind:
a) Herr/Frau ... mit einer Einlage von EUR ...
b) Herr/Frau ... mit einer Einlage von EUR ...
c) Herr/Frau ... mit einer Einlage von EUR ...
d) ...

- Variante 1:
360 (3) Die Einlagen sind auf Anforderung der Komplementärin einzuzahlen.

- Variante 2:
361 (3) Die Einlagen sind sofort in bar zu leisten, ausgenommen die Einlage des Gesellschafters ..., die im Wege der Sacheinlage (Abs. 4) erbracht wird.

362 (4) Die Einlage des Gesellschafters ... wird dadurch erbracht, dass dieser das am 31.12.20... (Stichtag) vorhandene Vermögen der von ihm betriebenen Einzelfirma (Teilbetrieb/Anteil an ... (Personengesellschaft)) ... mit dem Sitz in ... auf die KG überträgt. Übertragen werden sämtliche zum Betrieb der Einzelfirma (Teilbetrieb/Anteil an ... (Personengesellschaft)) gehörigen materiellen und immateriellen Wirtschaftsgüter, sofern es sich um wesentliche Betriebsgrundlagen handelt einschließlich der mit der Einzelfirma (Teilbetrieb/Anteil an ... (Personengesellschaft)) zusammenhängenden Rückstellungen und Verbindlichkeiten. Im Einzelnen werden mitübertragen die in der Anlage gesondert aufgeführten Vermögensgegenstände und Schulden gemäß den darin genannten Werten (gemeiner Wert). Mitübertragen werden auch die nicht in der Bilanz ausgewiesenen immateriellen Vermögensgegenstände (z.B. Geschäfts-/Firmenwert).

---

148 Siehe hierzu etwa Baumbach/Hopt/*Hopt* HGB, § 13 Rn. 3 ff.

I. Die Gesellschaftsverträge der typischen GmbH & Co. KG

- Variante 1 (stille Reserven vorhanden):
(5) Der Wert der Sacheinlage zum Stichtag, wird mit EUR ... beziffert. Ungeachtet des handelsrechtlichen Wertansatzes der Sacheinlage erfolgt für steuerliche Zwecke eine Einbringung zu Buchwerten. Sofern der Wert der Sacheinlage den Wert des steuerlichen Kapitalkontos des Gesellschafters ... zum Stichtag ... übersteigt, wird die steuerliche Buchwertfortführung durch Bildung einer steuerlichen Ergänzungsbilanz für den Gesellschafter ... herbeigeführt. 363

- Variante 2 (keine stillen Reserven vorhanden):
(5) Der Wert der Sacheinlage entspricht dem Buchwert der im Rahmen der Sacheinlage in die Gesellschaft eingebrachten Vermögensgegenstände und Schulden zum Stichtag. Die zu übertragenden Gegenstände und die zu übernehmenden Verbindlichkeiten ergeben sich aus der Schlussbilanz der Einzelfirma zum Stichtag und aus den Buchhaltungsunterlagen der Einzelfirma (der Teilbetrieb/Anteil an ... (Personengesellschaft)). 364

(6) Hinsichtlich der zu übernehmenden Verbindlichkeiten verpflichtet sich die KG, die Schuldübernahme auch im Außenverhältnis mit dem jeweiligen Gläubiger zu veranlassen. Sollte ein Gläubiger der Schuldübernahme durch die KG nicht zustimmen, verpflichtet sich der Gesellschafter ..., das Schuldverhältnis nach außen im eigenen Namen auf Rechnung der Gesellschaft fortzuführen; die KG verpflichtet sich, den Gesellschafter ... von den Ansprüchen der Gläubiger freizustellen. 365

- Variante 1:
(7) Die Haftung der Kommanditisten gegenüber Gesellschaftsgläubigern ist auf den Betrag der Einlagen gemäß Absatz 2 (Haftsumme) beschränkt. 366

- Variante 2:
(7) Die Haftung der Kommanditisten gegenüber Gesellschaftsgläubigern ist auf folgende Beträge (Haftsummen) beschränkt:
a) bei Herrn/Frau ... auf EUR ...
b) bei Herrn/Frau ... auf EUR ...
c) bei Herrn/Frau ... auf EUR ...
d) ... 367

- Variante 1:
(8) Die Gesellschafterversammlung kann mit einfacher Mehrheit aller vorhandenen Stimmen eine Erhöhung aller Einlagen beschließen, bis die Summe aller Einlagen den Betrag von EUR ... erreicht hat. Die Erhöhung der Einlagen erfolgt hierbei jeweils im Verhältnis der Kapitalkonten I der Kommanditisten. Im Übrigen bedürfen Beschlüsse über die Erhöhung von Einlagen der Stimmen aller Kommanditisten. Für Erhöhungen der Haftsummen gelten Satz 1 bis Satz 3 entsprechend. 368

• Variante 2:

369 (8) Änderungen der Einlagen können nur mit Zustimmung aller Kommanditisten erfolgen. Erhöhungen der Einlagen sollen vorwiegend zu Lasten der Rücklagekonten gemäß § 4 Abs. 7 erfolgen. Für Änderungen der Haftsummen gilt Satz 1 entsprechend.

370 (9) Die Kommanditisten sind im Verhältnis ihrer Kapitalkonten I am Vermögen der Gesellschaft beteiligt. Die Komplementärin ist am Vermögen der Gesellschaft nicht beteiligt.

Erläuterungen

1. Gesellschafter
2. Einlagen/Haftsummen
3. Sacheinlagen
4. Änderungen der Einlagen und Haftsummen
5. Beteiligung am Vermögen

1. Gesellschafter

371 Die Gesellschafter einer KG haften entweder unbeschränkt oder beschränkt auf die Haftsumme. Das Gesetz bezeichnet den unbeschränkt haftenden Gesellschafter als **persönlich haftenden Gesellschafter** und den beschränkt haftenden Gesellschafter als **Kommanditisten** (§ 161 Abs. 1 HGB). Für den persönlich haftenden Gesellschafter hat sich die Bezeichnung „Komplementär" eingebürgert. Komplementär einer GmbH & Co. KG kann auch eine Unternehmergesellschaft i. S. v. § 5a GmbHG sein (vgl. **Rn. 38 ff.**).[149] Die KG muss in diesem Fall als UG (haftungsbeschränkt) & Co. KG firmieren.[150]

2. Einlagen/Haftsummen

372 Im Gegensatz zum Recht der GmbH setzt das HGB für die KG **kein Mindestkapital** fest. Die Gesellschafter sind daher in der Bemessung der Höhe ihrer Einlagen und Haftsummen vollkommen frei. Zu beachten ist bei einer GmbH & Co. KG allerdings, dass die Einlagen bei der GmbH nach den Vorschriften des GmbH-Gesetzes und die Einlagen der Kommanditisten nach den Vorschriften des HGB zu erbringen sind. Die Einlage eines Kommanditisten kann daher nicht dadurch erbracht werden, dass er seine Anteile an der persönlich haftenden Gesellschafterin als Einlage in die KG einbringt (§ 172 Abs. 6 Satz 1 HGB).

373 Begrifflich ist zwischen der Pflichteinlage und der Haftsumme eines Kommanditisten zu unterscheiden.[151] Unter der **Pflichteinlage** versteht man die Einlage, zu der sich der Gesellschafter der Gesellschaft gegenüber verpflich-

---

149 Baumbach/Hueck/*Fastrich* GmbHG, § 5a Rn. 36 m. w. N.
150 KG v. 8.9.2009, GmbHR 2009, 1281 (m. Anm. *Omlor/Spies*); siehe auch *Wachter* NZG 2009, 1263.
151 Baumbach/Hopt/*Roth* HGB, § 171 Rn. 1.

I. Die Gesellschaftsverträge der typischen GmbH & Co. KG

tet. **Haftsumme** ist der Betrag, mit dem der Gesellschafter gegenüber Gläubigern der Gesellschaft haftet und der im Handelsregister als „**Einlage**" eingetragen wird. Die Haftsumme kann höher oder niedriger sein als die Pflichteinlage. In der Regel sind Einlage und Haftsumme gleich hoch. Die Formulierung der Bestimmungen über die Pflichteinlagen und die Haftsummen der Kommanditisten macht jedoch Schwierigkeiten, weil das Gesetz die Begriffe „Pflichteinlage" und „Haftsumme" nicht verwendet.

Im Gesetz finden sich vielmehr Begriffe wie „Betrag einer bestimmten Vermögenseinlage" (§ 161 Abs. 1 HGB), „Einlagen" (§ 162 HGB), „bedungene Einlage" (§ 167 Abs. 2 HGB), „rückständige Einlagen" (§ 167 Abs. 3 HGB), die „aus dem Handelsregister" ersichtliche Einlage (§ 172 Abs. 2 HGB). Für die Formulierung der Bestimmung über die Einlagen bestehen verschiedene Möglichkeiten. Eine Möglichkeit besteht darin, die Begriffe Pflichteinlage und Haftsumme zu verwenden. Die Haftsumme kann entweder der (Pflicht-) Einlage des Kommanditisten entsprechen oder von ihr abweichen. Im Handelsregister wird nur die „Einlage" eingetragen; diese entspricht der „Haftsumme" (§ 171 Abs. 1 HGB). **Absatz 7** des **Mustervertrags** stellt in **Variante 1** eine Klausel vor, in der die Haftsumme der Einlage entspricht. In älteren Gesellschaftsverträgen findet sich oft die Formulierung, dass Kommanditisten mit einem „**Kapitalanteil** in Höhe von €..." an der Gesellschaft beteiligt sind. (Zum Kapitalanteil s. **Rn. 46 ff.**) Der Kapitalanteil wird in modernen Gesellschaftsverträgen durch das Kapitalkonto (s. **Rn. 52 und § 4 Abs. 2 des Mustervertrages** (Rn. 409 ff.) ersetzt. 374

Die **Variante 2** zu **Abs. 7** des **Mustervertrages** kann in Fällen verwendet werden, in denen die Haftsumme der Kommanditisten höher oder niedriger sein soll als ihre jeweilige Pflichteinlage. 375

Der Komplementär einer GmbH & Co. KG leistet in der Regel keine Einlage. Falls er eine Einlage leistet, hat dies Auswirkungen auf die **Gewinnverteilung**. 376

3. Sacheinlagen

a) **Gesellschaftsrecht.** Einlagen sind Leistungen der Gesellschafter, die zur Mehrung der Haftungsmasse geleistet werden. Es können Geldeinlagen (Bareinlagen) und Sacheinlagen erbracht werden. Geldeinlagen werden durch bare und unbare Zahlungen geleistet. Als **Sacheinlage** wird jede Einlage bezeichnet, die nicht in Geld zu erbringen ist. Sacheinlagen können das Eigentum an einer beweglichen oder unbeweglichen Sache, an Aktien oder GmbH-Anteilen, Maschinen, Fahrzeugen, Patenten, Einzelfirmen, die Übernahme von Bürgschaften etc. sein. 377

Anders als bei Sacheinlagen in Kapitalgesellschaften findet bei Personengesellschaften eine externe **Prüfung** des Wertes der Einlagen **nicht** statt. Die Gesellschafter sind grundsätzlich in der **Bewertung** ihrer Sacheinlagen frei.[152] Es empfiehlt sich jedoch, Sacheinlagen **objektiv** zu bewerten. Eine Überbewer- 378

---

152 Baumbach/Hopt/*Roth* HGB, § 120 Rn. 17.

tung einer Sacheinlage ist zwar zwischen den Gesellschaftern im Hinblick auf ihre Pflichteinlagen unschädlich. Eine Überbewertung einer Sacheinlage wird jedoch in Zusammenhang mit der jeweiligen Haftsumme nicht anerkannt. Umgekehrt muss sich ein Kommanditist, dessen Sacheinlage im Rahmen der Pflichteinlage unterbewertet worden ist, eine derartige Unterbewertung im Rahmen der Haftsumme nicht anrechnen lassen, er kann sich daher im Haftungsfall auf den objektiven Wert der Sacheinlage berufen.

379 Das Muster regelt in **Abs. 4** den Fall einer **Sacheinlage**. Eingelegt werden soll ein Einzelunternehmen (alternativ ein Teilbetrieb oder ein Anteil an einer Personengesellschaft) gegen Gewährung von Gesellschaftsrechten. Der Gesellschaftsvertrag muss zunächst eine Verpflichtung zur Einbringung der Sacheinlage enthalten. Die Beschreibung der Sacheinlage muss dem **Bestimmtheitsgrundsatz** (nicht zu verwechseln mit dem aufgegebenen „Bestimmtheitsgrundsatz" im Zusammenhang mit Mehrheitsbeschlüssen, siehe § 9, Anm. 2 dieses **Mustervertrages, Rn. 566 ff.**) genügen, d. h. die einzubringenden Vermögenswerte (Aktien) und Schulden müssen so genau beschrieben sein, dass im Streitfall festgestellt werden kann, was eingebracht werden sollte und was nicht. Zu regeln ist bei der Einbringung von Unternehmen/Betrieben, welche Rechtsfolgen eintreten, wenn die Einlage mehr oder weniger wert ist als der Nominalbetrag des gewährten Gesellschaftsanteils.

380 **Abs. 5** des Musters regelt die **Bewertung** der Sacheinlage und unterscheidet aus steuerlichen Gründen zwischen dem Fall einer Sacheinlage mit (**Variante 1**) und ohne stille Reserven (**Variante 2**).

b) Steuerrecht. *aa) Einkommensteuer:*
– Übertragung aus dem Privatvermögen:

381 Werden bei der Errichtung einer GmbH & Co. KG (oder später) Wirtschaftsgüter aus dem Privatvermögen in die Personengesellschaft „eingebracht", ist genau zu prüfen, ob der Transfer der Wirtschaftsgüter einkommensteuerliche Folgen auslöst oder nicht.

Die Einholung von steuerlichem Rechtsrat bei sachkundigen Personen ist in diesen Fällen dringend geboten!

382 Die Einbringung von Wirtschaftsgütern des Privatvermögens in ein betriebliches Gesamthandsvermögen einer Personengesellschaft kann entweder **tauschähnlich, d. h. gegen Gewährung von Gesellschaftsrechten**, oder im Wege einer „**verdeckten Einlage**" erfolgen. Da die Einbringung von Wirtschaftsgütern außer in den Fällen der Veräußerung nur in Fällen der Gewährung von Gesellschaftsrechten ertragsteuerlich als tauschähnlicher Vorgang und damit als Veräußerung qualifiziert wird, ist die Einbringung von Sachwerten des Privatvermögens einkommensteuerlich immer dann von Bedeutung, wenn es sich um Wirtschaftsgüter handelt, deren Veräußerung eine Einkommensteuerpflicht auslöst (§§ 17, 20 Abs. 2 und § 23 EStG). Betroffen hiervon sind in erster Linie Grundstücke bzw. grundstücksgleiche Rechte sowie Wertpapiere und Beteiligungen. Sofern die Einkommensteuerpflicht vermieden werden soll, ist darauf zu achten, dass die Einbringung nicht gegen **Gewährung von Gesellschaftsrechten** erfolgt.

I. Die Gesellschaftsverträge der typischen GmbH & Co. KG

Unter welchen Voraussetzungen steuerlich eine Gewährung von Gesellschaftsrechten vorliegt, wird in dem Erlass vom 11.7.2011[153] beantwortet. Nach diesem Erlass liegt eine Gewährung von Gesellschaftsrechten immer dann vor, wenn die Gutschrift auf dem Kapitalkonto I oder einem Unterkonto des Kapitalkonto I erfolgt. 383

In Fällen der Gutschrift auf einem **variablen Kapitalkonto** hingegen kommt es auf die rechtliche Einordnung des variablen Kapitalkontos als Darlehenskonto oder Kapitalkonto an. Zur Abgrenzung eines Kapitalkontos von einem Darlehenskonto verweist das BMF auf seinen Erlass aus dem Jahre 1997.[154] Ein wesentliches Indiz für das Vorliegen eines Kapitalkontos ist, wenn nach der gesellschaftsvertraglichen Vereinbarung auf dem jeweiligen Kapitalkonto auch Verluste gebucht werden. 384

Aber auch in den Fällen, in denen die Gutschrift auf einem als Darlehenskonto zu qualifizierenden Kapitalkonto erfolgt (z.B. im 2-Kontenmodell), handelt es sich um einen veräußerungsähnlichen Einbringungsfall, der nach § 6 Abs. 1 oder 2 EStG mit den Anschaffungskosten zu bewerten ist und auf Seiten des Veräußerers ein ggfs. steuerlich relevantes Veräußerungsgeschäft begründet. 385

Eine Übertragung im Wege der **verdeckten Einlage** und damit außerhalb eines Veräußerungsgeschäftes ist nur dann anzunehmen, wenn die Übertragung der Wirtschaftsgüter auf einem gesamthänderisch gebundenen **Kapitalrücklagekonto** gutgeschrieben wird oder handelsrechtlich **als Ertrag** gebucht wird. Eine Einbringung gegen Gewährung von Gesellschaftsrechten liegt nach einer Entscheidung des BFH[155] auch dann vor, wenn nur ein Teil des Einbringungswertes auf dem Kapitalkonto und der übrige Teil in die Kapitalrücklage eingestellt werden. Es genügt somit für die Annahme einer entgeltlichen Einbringung, wenn Wirtschaftsgüter nur teilweise gegen Gewährung von Gesellschaftsrechten in eine Mitunternehmerschaft eingebracht werden. Dieser Beurteilung hat sich auch die Finanzverwaltung angeschlossen.[156] 386

Für die Beratungs- und Vertragspraxis kann auf folgende Unterscheidung im Zusammenhang mit der steuerlichen Beurteilung der Einbringung von Wirtschaftsgütern des Privatvermögens zurückgegriffen werden: 387

Gutschrift auf	Rechtsnatur des Kontos	steuerliche Rechtsfolgen
Kapitalkonto I	Kapitalkonto	Veräußerung/ Anschaffung
Unterkonto Kapitalkonto I	Kapitalkonto	Veräußerung/ Anschaffung
Kapitalkonto II (3-Kontenmodell)	Kapitalkonto	Verdeckte Einlage

---

153 BMF v. 11.7.2011, BStBl. I 2011, 713.
154 BMF v. 30.5.1997, BStBl. I. 1997, 627.
155 BFH v. 24.1.2008, BStBl. II 2011, 617.
156 BMF v. 11.7.2011, Rn. 153.

Gutschrift auf	Rechtsnatur des Kontos	steuerliche Rechtsfolgen
Kapitalkonto II (4-Kontenmodell)	Forderungskonto	Veräußerung/ Anschaffung
gesamthänderisch gebundenes Rücklagenkonto	Kapitalkonto	verdeckte Einlage.

388 In einer aktuellen Entscheidung des BFH vom 29.7.2015[157] hat der BFH nunmehr auch die Einbringung gegen Gutschrift ausschließlich auf dem Kapitalkonto II[158] als **Einlage** und nicht als Einbringung gegen Gewährung von Gesellschaftsrechten qualifiziert. Es liegt demnach auch kein Veräußerungsgeschäft vor. Auch die Finanzverwaltung hat das Urteil im Bundessteuerblatt veröffentlicht und wendet es an.[159] In Zukunft besteht daher die Möglichkeit, gezielt eine Gutschrift auf dem individuell dem Gesellschafter zuzurechnende Kapitalkonto II vorzunehmen, sofern ein Veräußerungsvorgang vermieden werden soll. Dies ist für die Gestaltungspraxis hilfreich, zumal im Falle einer Gutschrift auf dem gesamthänderisch gebundenen Rücklagekonto bei disquotalen Einlagen eine schenkungsteuerpflichtige freigebige Zuwendung an die Mitgesellschafter gegeben sein kann.

389 Zur Vermeidung drohender steuerpflichtiger Veräußerungsgeschäfte muss daher darauf geachtet werden, dass die Einbringung unentgeltlich, d.h. als Einlage gemäß § 7 Abs. 1 S. 5 EStG, und nicht unentgeltlich gestaltet wird. Dies erfordert, dass der Einlagewert ausnahmslos der gesamthänderisch gebundenen **Kapitalrücklage** gutgeschrieben und eine auch nur teilweise Gutschrift auf dem Kapitalkonto des Einlegenden vermieden wird. Nachdem das Urteil des BFH vom 29.7.2015 von der Finanzverwaltung angewandt wird, kann künftig auch eine ausschließliche Gutschrift auf dem **Kapitalkonto II** erfolgen, ohne dass hierdurch ein steuerpflichtiger Veräußerungsvorgang ausgelöst wird. Als Einlagewert gelten nach einer Entscheidung des BFH[160] nicht etwa die im Privatvermögen aufgewendeten Anschaffungs- oder Herstellungskosten vermindert um die bislang in Anspruch genommene Abschreibung, sondern bei Wirtschaftsgütern die älter als 3 Jahre sind, der **Teilwert** gekürzt um die bereits vor der Einlage geltend gemachte Abschreibung.

390 In allen anderen Fällen (vollständige oder teilweise Gutschrift auf Kapitalkonto I, Unterkonto, variablem Kapitalkonto oder Forderungskonto) führt die Einbringung zu einem entgeltlichen **Anschaffungs- und Veräußerungsgeschäft**, eine Gestaltung, die im Zusammenhang mit der Einbringung von **nicht** steuerverhafteten Wirtschaftsgütern, insbesondere Grundstücken mit vorhandenen stillen Reserven, bewusst gewählt werden kann. Durch die Einbringung zu Verkehrswerten gegen Gewährung von Gesellschaftsrechten wird der aufnehmenden Gesellschaft zudem die Möglichkeit zur Vornahme

---

[157] DStR 2016, 217.
[158] Vgl. Rn. 84.
[159] BMF v. 26.7.2016, BStBl. I 2016, 684.
[160] BFH v. 18.8.2009, BStBl. II 2010, 961.

I. Die Gesellschaftsverträge der typischen GmbH & Co. KG

von **Abschreibungen** auf die aufgestockte Vermögenssubstanz ohne Kürzung um zuvor im Privatvermögen vorgenommener Abschreibungen ermöglicht.

– *Übertragung von Einzelwirtschaftsgütern aus einem Betriebsvermögen des Gesellschafters:*
Stammt die Erfüllung der **Einlageverpflichtung** eines Gesellschafters aus einem einzelunternehmerischen Betriebsvermögen, einem Sonderbetriebsvermögen oder, soweit der betreffende Gesellschafter eine juristische Person ist, aus dem Vermögen einer Kapitalgesellschaft, findet § 6 Abs. 5 EStG Anwendung. 391

§ 6 Abs. 5 EStG bestimmt eine **einkommensteuerneutrale Buchwertfortführung** anlässlich des Transfers von einzelnen Wirtschaftsgütern zwischen verschiedenen Betriebsvermögen (Sonderbetriebsvermögen/Gesamthandsvermögen/Betriebsvermögen Einzelunternehmer) gewährleistet. 392

Problematisch sind in den Fällen eines **Rechtsträgerwechsels** die Übertragung gegen Übernahme bestehender Verbindlichkeiten (z. B., wenn auf dem übertragenen Grundstück noch Restschulden valutieren oder wenn teilweise als Gegenleistung für die Übertragung eine Gutschrift auf dem Darlehens- bzw. Verrechnungskonto des Gesellschafters erfolgt). Diese gemischten Vorgänge haben als teilentgeltliche Übertragungen eine teilweise bzw. vollständige Gewinnrealisierung zur Folge. Nach der herrschenden Auffassung erfolgt in Fällen der partiellen Schuldübernahme eine Gewinnrealisierung nach dem Verhältnis des Teilentgelts zum Verkehrswert des Wirtschaftsgutes.[161] 393

Der IV. Senat des BFH ist mit zwei Urteilen aus dem Jahre 2012 der **Trennungstheorie** bei teilentgeltlichen Einbringungsvorgängen im Anwendungsbereich des § 6 Abs. 5 EStG der Auffassung der Finanzverwaltung entgegen getreten.[162] Der BFH vertritt die Auffassung, dass Übertragungen bzw. Überführungen vom Betriebsvermögen bzw. Sonderbetriebsvermögen in eine Mitunternehmerschaft nur dann zur Gewinnrealisierung führen, wenn die Gegenleistung den Buchwert übersteigt. Bei der Trennungstheorie wird in Höhe der Quote des Entgelts (Verhältnis Entgelt zu Verkehrswert) ein Veräußerungsgewinn realisiert, da anders als bei der Einheitstheorie dem Entgelt nicht die gesamten Anschaffungskosten gegenübergestellt werden, sondern nur in Höhe der o. g. Entgeltsquote. Das BMF hat mit einem vorübergehenden Nichtanwendungserlass auf die beiden Urteile reagiert und seine endgültige Auffassung bis zur Entscheidung eines anhängigen Revisionsverfahrens des X. Senats zurückgestellt.[163] 394

Zur Vermeidung von Missbräuchen schreibt § 6 Abs. 5 Satz 4 EStG für Fälle der Buchwertübertragung von Einzelwirtschaftsgütern zwischen eigenem Betriebsvermögen des Gesellschafters, Sonderbetriebsvermögen und Gesamthandsvermögen eine dreijährige **Behaltefrist** (beginnend ab Einreichung der Steuererklärung des Übertragenden) vor, innerhalb derer die Wirtschafts- 395

---

161 BMF v. 8.12.2011, BStBl. I 2011, 1279.
162 BFH v. 21.6.2012, DStR 2012, 1500; v. 19.9.2012, DStR 2012, 2051.
163 BMF v. 12.9.2013, BStBl. I 2013, 1164; Rev. BFH X R 28/12.

güter weder veräußert noch entnommen werden dürfen. Auch ein **Gesellschafterwechsel** im Anschluss an einen Vermögenstransfer gemäß § 6 Abs. 5 EStG führt zu einer **rückwirkenden Versagung** der Buchwertübertragung, sofern sich durch den Gesellschafterwechsel innerhalb von 7 Jahren nach der Übertragung des Wirtschaftsguts der Anteil an einer Körperschaft, Personenvereinigung oder Vermögensmasse an dem übertragenen Wirtschaftsgut unmittelbar oder mittelbar begründet oder erhöht (§ 6 Abs. 5 Satz 6 EStG). Gerade die in § 6 Abs. 3 und Abs. 5 EStG gesetzlich verankerten **Sperrfristen** bedürfen ggf. der Einführung einer gesellschaftsvertraglichen Steuerklausel bzw. einer Steuerklausel im Rahmen unentgeltlicher Anteilsübertragungen gemäß § 6 Abs. 3 EStG (**Rn. 737**).

– *Übertragung von Sachgesamtheiten (Betriebe, Teilbetriebe, Mitunternehmeranteile):*

396 Die Einbringung von Sachgesamtheiten sowohl in Fällen der Einzelrechtsnachfolge (Einbringung eines bestehenden Betriebs, Teilbetriebs, Mitunternehmeranteils) wie auch in Fällen der Gesamtrechtsnachfolge (Verschmelzung, Ausgliederungen) erfolgen in Anwendung des § 24 UmwStG. Hiernach haben die Beteiligten grundsätzlich ein **Wahlrecht**, das eingebrachte Betriebsvermögen steuerlich zu **Buchwerten** oder einem höheren Wert (**Teilwert**) anzusetzen. Erfolgt die Einlage zu Teilwerten ist dies für den Einbringenden ein Veräußerungstatbestand gemäß § 16 EStG. Sofern die Einlage gleichwohl in der Handelsbilanz der GmbH & Co. KG zum Verkehrswert angesetzt wird, können die Beteiligten eine Buchwertfortführung durch Bildung steuerlicher **Ergänzungsbilanzen** herbeiführen. In diesen Fällen ist die Wahrung der Steuerneutralität gewährleistet. Ein höherer Verkehrswertansatz in der Handelsbilanz wird durch einen korrespondierenden Minderwert in der/den Ergänzungsbilanz(en) korrigiert, wodurch in der Gesamtschau (Summe beider Bilanzen) die Buchwerte fortgeführt werden. **Variante 3** regelt den Fall der Sacheinlage eines gesamten Betriebes. Problematisch waren bislang die Fälle, in denen dem betreffenden Gesellschafter neben der Gewährung von Gesellschaftsrechten (Gutschrift auf dem Kapitalkonto) noch eine weitere Gegenleistung gewährt wurde, z.B. eine Gutschrift auf dem Verrechnungskonto. Die Finanzverwaltung hat diese Fälle bislang aufgeteilt in einen unentgeltlichen und einen entgeltlichen Vorgang (**Trennungstheorie**), was regelmäßig eine partiell steuerpflichtige Gewinnrealisierung nach sich gezogen hatte. Der BFH hat sich erfreulicherweise der dagegen gerichteten Kritik im Fachschrifttum angeschlossen und wickelt diese Fälle nach der sog. **Einheitstheorie** ab. Demnach findet keine Aufteilung in einen entgeltlichen und unentgeltlichen Vorgang statt. Vielmehr tritt nur dann eine Gewinnrealisierung ein, wenn die Summe des Mischentgelts (Gutschrift auf Kapitalkonto und z.B. Verrechnungskonto) den steuerlichen Buchwert des eingebrachten Betriebs/Teilbetriebs/Mitunternehmeranteils übersteigt.[164] Der Gesetzgeber hat daraufhin mit dem Zollkodex-Anpassungsgesetz § 24 Abs. 2 S. 2 UmwStG mit Wirkung für Umwandlungen ab 2015 neu gefasst. Danach sollen sonstige

---

164 BFH v. 18.9.2013 DStR 2013, 2380.

I. Die Gesellschaftsverträge der typischen GmbH & Co. KG

Gegenleistungen entweder bis zur Höhe von 25 % des Buchwerts oder bis zur Höhe von EUR 500.000,- (Meistbegünstigung), höchstens jedoch bis zur Höhe des steuerlichen Buchwerts steuerunschädlich sein. Damit schließt sich der Gesetzgeber grundsätzlich der Auffassung des BFH an, bei gleichzeitiger Deckelung der Steuerunschädlichkeit auf die o. g. Grenzwerte.

bb) Umsatzsteuer. Umsatzsteuerlich muss bei der Einlage von Vermögenswerten geprüft werden, ob diese bislang einer unternehmerischen Nutzung zugeführt wurden. Sofern es sich um Sachgesamtheiten handelt (Unternehmen, Betrieb), liegt eine **Einbringung** vor, die gemäß § 1 Abs. 1a UStG nicht umsatzsteuerbar ist. Sofern die Einbringung unter § 24 UmwStG fällt (Einbringung von Betrieben, Teilbetrieben, Mitunternehmeranteilen), kann davon ausgegangen werden, dass auch umsatzsteuerlich eine nicht steuerbare **Geschäftsveräußerung im Ganzen** vorliegt. Die GmbH & Co. KG muss als Rechtsnachfolger des Einbringenden die Berichtigungsvorschrift des § 15a UStG beachten. Soweit ein Vorsteuerberichtigungszeitraum des Einbringenden noch nicht abgelaufen ist, muss die GmbH & Co. KG als übernehmender Rechtsträger eine etwaige Vorsteuerkorrektur für den verbleibenden Zeitraum fortführen bzw. bei Änderung der Verhältnisse eine Vorsteuerkorrektur durchführen.

397

Bei der Einbringung **einzelner Wirtschaftsgüter** handelt es sich um einen umsatzsteuerbaren Vorgang, der ggf. die Vorsteuerkorrektur des § 15a UStG auslöst. In den umsatzsteuerlich relevanten Fällen der Einbringung von Grundbesitz (keine Geschäftsveräußerung gemäß § 1 Abs. 1a UStG), ist zu prüfen, ob die Einbringung unter Verzicht auf die Steuerfreiheit gemäß § 9 Abs. 1 UStG (sofern zulässig) erfolgen kann, d. h. als umsatzsteuerpflichtiger Vorgang gestaltet werden kann. Durch die umsatzsteuerpflichtige Einbringung wird eine **Vorsteuerkorrektur** des Einbringenden vermieden. Auf der anderen Seite beginnt durch den Anschaffungsvorgang eine neue 5- bzw. 10-Jahres-Frist bei der aufnehmenden GmbH & Co. KG. Zwar steht der Gesellschaft im Zuge des umsatzsteuerpflichtigen Erwerbs unter den Voraussetzungen des § 15 UStG (soweit die KG selbst vorsteuerabzugsberechtigt ist) der Vorsteuerabzug zu. Dieser ist jedoch zu korrigieren, sofern innerhalb des neu beginnenden Berichtigungszeitraums eine umsatzsteuerschädliche Nutzung (z. B. umsatzsteuerfreie Vermietung) eintritt. Der Verzicht auf die Steuerbefreiung gemäß § 9 Abs. 1 UStG muss gemäß § 9 Abs. 3 UStG im notariell zu beurkundenden Vertrag erfolgen, nachdem ein gesonderter Umsatzsteuerausweis im Rahmen der Einbringung gemäß § 13b Abs. 2 Nr. 3 UStG nicht mehr vorgeschrieben ist. Die Abgrenzung einer steuerbaren Grundstückseinbringung von einer nicht steuerbaren Geschäftsveräußerung muss in diesem Zusammenhang genau geprüft werden.

398

cc) Grunderwerbsteuer. Die Einbringung von **Grundbesitz** im Rahmen des Gründungsaktes stellt grundsätzlich ein **grunderwerbsteuerbaren** Rechtsträgerwechsel dar, für den jedoch häufig die Befreiungsvorschrift des § 5 bzw. § 6 GrEStG einschlägig ist (Rn. 175). Vor der Einbringung von Grundbesitz in eine KG ist dringend sachkundiger Rat einzuholen!

399

400 Der **dingliche Vollzug** der Einbringung der Sacheinlage erfolgt in der Regel außerhalb des Gesellschaftsvertrages.

401 Hinsichtlich der übernommenen Schulden sollte geregelt werden, dass die Übernahme im Innenverhältnis stattfindet, wenn der jeweilige Gläubiger die **Zustimmung** zur Schuldübernahme verweigert. Im Muster ist dies in **Abs. 6** geregelt.

4. Änderung der Einlagen und Haftsummen

402 a) **Gesellschaftsrecht.** Grundsätzlich besteht nach § 707 BGB i. V. m. §§ 105 Abs. 3, 161 Abs. 2 HGB über die vereinbarten Beiträge hinaus keine Nachschusspflicht der Kommanditisten. Bestimmungen über Kapitalerhöhungen bei Personengesellschaften haben zu beachten, dass „**Nachschüsse**" nur innerhalb enger Grenzen zum Gegenstand von Mehrheitsentscheidungen gemacht werden können. Erforderlich für eine Erhöhung der Einlage ist stets die Zustimmung des betreffenden Kommanditisten, die allerdings auch antizipiert erteilt werden kann. Die Wirksamkeit einer entsprechenden gesellschaftsvertraglichen Regelung setzt voraus, dass diese eindeutig ist und **Ausmaß und Umfang** einer möglichen zusätzlichen Belastung erkennen lässt, indem sie etwa eine Obergrenze oder sonstige Kriterien festschreibt, die das Erhöhungsrisiko eingrenzen.[165] Ausnahmsweise kann sich aus der Treuepflicht der Kommanditisten die Verpflichtung zur Zustimmung zu einer Beitragserhöhung ergeben, wenn diese mit Rücksicht auf das Gesellschaftsverhältnis dringend erforderlich und dem betreffenden Kommanditisten zumutbar ist; insbesondere dürfen keine schützenswerten Interessen des einzelnen Kommanditisten entgegenstehen.[166]

403 Die **erste Variante** zu **Abs. 8** des **Mustervertrags** erlaubt eine Erhöhung der Kommanditeinlagen durch Mehrheitsbeschluss bis zu einem bestimmten Betrag. In dieser konkreten Mehrheitsklausel ist zugleich auch die antizipierte Zustimmung derjenigen Kommanditisten zu sehen, die einem solchen Mehrheitsbeschluss im Einzelfall später nicht zustimmen sollten. Die Bestimmung der Obergrenze macht dabei das Nachschussrisiko der Kommanditisten voraussehbar.

404 Die **zweite Variante** zu **Abs. 8** des **Mustervertrages** gestattet eine Erhöhung der Einlage eines jeden Kommanditisten nur mit seiner Zustimmung und schreibt vor, dass Erhöhungen der Einlagen vorwiegend aus Gesellschaftsmitteln (z. B. aus Rücklagenkonten) erfolgen sollen. Die Änderung der Haftsumme erfolgt in der Regel nach den Vorschriften, die die Beschlüsse der Gesellschafterversammlung über die Änderung der Einlagen regeln (vorliegend jeweils **Abs. 8, letzter Satz** des Musters).

---

165 BGH v. 4.7.2005, NZG 2005, 753; v. 23.1.2006, ZIP 2006, 562 und ZIP 2006, 754; s. hierzu auch MüKo/BGB/*Schäfer*, § 707 Rn. 7 ff.
166 Vgl. BGH v. 19.10.2009, BGHZ 183, 1 („*Sanieren oder Ausscheiden*").

I. Die Gesellschaftsverträge der typischen GmbH & Co. KG

b) Steuerrecht. Die Höhe der Einlagen ist von zentraler Bedeutung für die **steuerliche Verlustnutzung** der beschränkt haftenden Kommanditisten (vgl. Rn. 148 ff.). Zeichnet sich zum Jahresende ab, dass die Verluste das jeweils maßgebliche Kapitalkonto übersteigen, so bietet es sich u. a. an, durch Leistung weiterer Einlagen das Entstehen eines negativen Kapitalkontos zum Jahresende zu vermeiden. Die Einlagen müssen nach der Rechtsprechung des BFH[167] bis zum Bilanzstichtag **tatsächlich geleistet** sein, damit sie noch für die Einbeziehung in das Verlustausgleichspotential des betreffenden Jahres mit einbezogen werden können.

405

Daneben besteht auch ohne Erhöhung des Kommanditkapitals in Form von weiteren Einlagen die Möglichkeit durch die Eintragung einer höheren Haftsumme im Handelsregister gemäß § 171 Abs. 1 HGB i. V. m. § 15 a Abs. 1 Satz 2 EStG einen erhöhten Verlustausgleich zu erlangen. Voraussetzung hierfür ist jedoch nach der Auffassung des BFH[168] der Vollzug der Eintragung im Handelsregister noch im alten Jahr. Die Anmeldung zum Handelsregister noch im Jahr der Verlustentstehung bzw. eine rechtsverbindliche Änderung des Gesellschaftsvertrages reicht alleine nicht aus.[169]

406

5. Beteiligungen am Vermögen (Abs. 9)

Absatz 9 des Mustervertrages regelt die Beteiligung der Gesellschafter am **Vermögen** der Gesellschaft. An diesem sind üblicherweise nur die Kommanditisten beteiligt. Da die Komplementärin für die Schulden der KG haftet, wird sie in der Regel nicht am Vermögen der KG beteiligt. Gläubigern haftet damit im Ergebnis nur das Vermögen der Komplementär-GmbH, die sinnvollerweise nur mit dem Mindestkapital in Höhe von EUR 25000 gegründet wird.

407

§ 4
Konten der Gesellschafter

(1) Bei der Gesellschaft werden für jeden Kommanditisten u. a. ein Kapitalkonto I, ein Kapitalverlustkonto, und ein Rücklagekonto geführt und für alle Gesellschafter ein Verrechnungskonto (alt. „Privatkonto").

408

- Variante 1:
(2) Auf den Kapitalkonten I werden lediglich die Einlagen gemäß § 3 Abs. 2 dieses Vertrages gebucht. Die Kapitalkonten I werden als Festkonten geführt und nicht verzinst.

409

---

167 BFH v. 14.10.2003, BStBl. II 2004, 359.
168 BFH v. 28.5.1993, BStBl. II 1993, 665.
169 Vgl. hierzu *Paus* NWB Fach 3, 13171; *Ley* KÖSDI 2004, 14374 (14385); Schmidt/*Wacker* EStG, § 15a Rn. 132.

- Variante 2:

410 (2) Auf dem Kapitalkonto I werden lediglich die Einlagen der Kommanditisten gemäß § 3 Abs. 2 dieses Vertrages gebucht. Die Kapitalkonten I werden als Festkonten geführt. Soweit Kommanditisten darüber hinaus Einlagen in die Gesellschaft leisten, werden diese einem Kapitalkonto II gutgeschrieben, das als Unterkonto des Kapitalkontos I geführt wird. Die Kapitalkonten werden nicht verzinst. Der Anteil eines Kommanditisten am Ergebnis der Gesellschaft, am Vermögen und an den Stimmrechten bestimmt sich ausschließlich nach dem Kapitalkonto I.

411 (3) Auf den Kapitalverlustkonten werden die Verlustanteile der Kommanditisten, soweit sie nicht auf anderen Konten zu buchen sind, sowie alle Gewinnanteile bis zum Ausgleich des Verlustes verbucht. Die Kommanditisten sind nicht verpflichtet, Verluste auf Kapitalverlustkonten in anderer Weise als durch künftige Gewinnanteile auszugleichen. Im Falle des Ausscheidens sowie im Falle der Liquidation wird ein Bestand auf dem Kapitalverlustkonto mit dem Saldo der übrigen Eigenkapitalkonten (Kapitalkonten I/II und Rücklagenkonto) verrechnet; ein Ausgleich mit Fremdkapitalkonten (Verrechnungs- und/oder Darlehenskonten) findet nicht statt.

- Variante 1:

412 (4) Einlagen, die nicht auf Kapitalkonten zu buchen sind, Gewinnanteile, soweit sie nicht zum Ausgleich von Verlustkonten benötigt werden oder auf Rücklagenkonten zu verbuchen sind, sowie alle sonstigen Forderungen und Verbindlichkeiten zwischen der Gesellschaft und einem Gesellschafter sowie Entnahmen werden auf Verrechnungskonten (alt. Privatkonten) gebucht. Stehen gelassene Gewinne stellen keine Darlehen des Gesellschafters an die Gesellschaft dar, soweit nicht etwas anderes schriftlich vereinbart wird; die §§ 488 ff. BGB gelten nicht.

- Variante 2:

413 (4) Auf Verrechnungskonten (alt. Privatkonten) werden Einlagen, soweit sie nicht auf Kapitalkonten zu buchen sind, entnahmefähige Gewinnanteile, sonstige Forderungen und Verbindlichkeiten, soweit sie nicht auf Darlehenskonten zu buchen sind, Entnahmen und Anteile an Verlusten der Gesellschaft gebucht.

- Variante 1:

414 (5) Verrechnungskonten (alt. Privatkonten) werden im Soll und Haben mit ... Prozentpunkten über dem jeweiligen Basiszinssatz (§ 247 BGB) p.a. verzinst. Bemessungsgrundlage für die Zinsen ist der Stand der Verrechnungskonten zum Ende eines jeden Kalendermonats. Die Zinsen auf den Verrechnungskonten stellen im Verhältnis unter den Gesellschaftern Aufwand bzw. Ertrag dar.

415 Alternative 1: Die Zinsen werden im Rahmen der Gewinnverteilung als Gewinnvorab behandelt

I. Die Gesellschaftsverträge der typischen GmbH & Co. KG

Alternative 2: Die Zinsen können zusätzlich zu den Entnahmen gem. § ... entnommen werden.

- Variante 2:
(5) Verrechnungskonten werden im Soll und Haben mit ... Prozentpunkten über dem jeweiligen Basiszinssatz (§ 247 BGB) p.a. verzinst. Bemessungsgrundlage für die Zinsen ist der Stand der Verrechnungskonten zum Ende eines jeden Kalendermonats. Verzinst werden die Verrechnungskonten jedoch lediglich in Höhe desjenigen Betrages, um den die anderen Verrechnungskonten das niedrigste Verrechnungskonto übersteigen. Die Zinsen auf die Verrechnungskonten stellen im Verhältnis unter den Gesellschaftern Aufwand bzw. Ertrag dar. (Alternativ: Die Zinsen auf die Verrechnungskonten werden im Rahmen der Gewinnverteilung als Gewinnvorab behandelt) Gewinnanteile sind nur dann den Verrechnungskonten gutzuschreiben, wenn Verlustvortragskonten ausgeglichen sind.

(6) Darlehen eines Kommanditisten an die Gesellschaft und Darlehen der Gesellschaft an Kommanditisten werden auf Darlehenskonten gebucht. Für die Verzinsung, Kündigung etc. werden zwischen dem Kommanditisten und der Gesellschaft gesonderte Darlehensverträge geschlossen.

- Variante 1:
(7) Für alle Kommanditisten wird ein gemeinsames Rücklagekonto geführt, in das von der Gesellschafterversammlung beschlossene (die nach dem Gesellschaftsvertrag zu bildende) Kapital- und/oder Gewinnrücklagen eingestellt werden. Das Rücklagekonto wird nicht verzinst. Am Rücklagekonto sind die Kommanditisten im Verhältnis ihrer Kapitalkonten I beteiligt. Guthaben auf dem Rücklagekonto sind Eigenkapital und stellen keine Forderung des Gesellschafters gegen die Gesellschaft dar.

- Variante 2:
(7) Für jeden Kommanditisten wird ein Rücklagekonto geführt, in das von der Gesellschafterversammlung beschlossene (die nach dem Gesellschaftsvertrag zu bildenden) Kapital- und/oder Gewinnrücklagen eingestellt werden. Die Rücklagenkonten werden nicht verzinst. Verluste werden zunächst gegen Guthaben auf den Rücklagekonten gebucht und erst dann, wenn auf diesen keine Guthaben mehr vorhanden sind, auf Kapitalverlustkonten. Guthaben auf dem Rücklagekonto sind Eigenkapital und stellen keine Forderung des Gesellschafters gegen die Gesellschaft dar.

Erläuterungen

1. Allgemeines
2. Kapitalkonten
3. Kapitalverlustkonten
4. Verrechnungskonten
5. Zinsen
6. Darlehenskonten
7. Rücklagekonten

1. Allgemeines

421 Der im Gesetz vorgesehene variable Kapitalanteil sowohl für die Komplementär-GmbH als auch für den Kommanditisten (§§ 161 Abs. 2, 120 Abs. 2, 169 Abs. 1 S. 2, 2. HS, 2. Fall, 167 Abs. 2 HGB) und das für einen Kommanditisten im Gesetz vorgesehene Gewinnkonto[170] haben sich für die Praxis weitgehend als unpraktikabel erwiesen. Es haben sich in der Kautelarpraxis **Gestaltungsvarianten** entwickelt, insbesondere das 2-Kontenmodell, 3-Kontenmodell und das 4-Kontenmodell (Einzelheiten s. **Rn. 55 ff.**).[171] Das Muster folgt dem 4-Kontenmodell. Beim 4-Kontenmodell wird für jeden Kommanditisten ein (festes) Kapitalkonto, ein Kapitalverlustkonto, ein Verrechnungskonto und ein Rücklagekonto geführt.

2. Kapitalkonten[172]

422 a) **Gesellschaftsrecht.** Auf dem **Kapitalkonto I** wird der Betrag der (Pflicht-)Einlage der Kommanditisten verbucht. Das Konto bleibt auf die Dauer der Beteiligung des Kommanditisten bzw. auf die Dauer der Gesellschaft unverändert, es sei denn, die Kommanditisten beschließen eine Erhöhung. Zur Erhöhung der Kapitalkonten siehe § 3 **Abs. 8** dieses Mustervertrags. Das Konto ist **Maßstab** für den Gewinnanteil des Kommanditisten, für die Berechnung des Abfindungsguthabens und für die Anzahl der Stimmen des Kommanditisten bei Abstimmungen etc.

423 Das Kapitalkonto I ist im **4-Kontenmodell** (s. **Rn. 64**) stets positiv, da Verluste auf dem Kapitalverlustkonto gebucht werden. Ihrer **Rechtsnatur** nach sind Kapitalkonten (und Verlustvortragskonten) Beteiligungskonten, keine Forderungskonten. Bedeutung kann das Kapitalkonto I auch bei der Regelung der **Abfindung** eines ausgeschiedenen Gesellschafters haben, insbesondere bei der Buchwertabfindung (s. u. § 19 **Anm. 2 lit. d**).

424 **Variante 2** von **Abs. 2** sieht für gesonderte Einlagen einzelner Gesellschafter die Führung eines gesonderten Kapitalkontos II vor, dem Eigenkapitalcharakter zukommt, wobei nur das Kapitalkonto I für die Gewinnverteilung und die Stimmrechte maßgeblich ist. **Variante 1** zu **Abs. 1** und **Variante 2** unterscheiden sich dadurch, dass **Variante 2** ein weiteres Kapitalkonto II vorsieht, auf dem Einlagen gebucht werden, die nicht auf dem Kapitalkonto I gebucht werden und das u. a. für die Gewinn- und Stimmverteilung nicht relevant ist.

425 b) **Steuerrecht.** Die Rechtsnatur der Konten (Beteiligungs- oder Forderungskonto) ist insbesondere **steuerrechtlich** von Bedeutung.

---

170 Reichert/*Ihrig*, § 21 Rn. 7 ff.
171 S. näher auch bei Reichert/*Ihrig*, § 21 Rn. 15 ff.
172 Einzelheiten zu einzelnen Gesellschafterkonten s. Baumbach/Hopt/*Roth* HGB, § 120 Rn. 18 f.; *Reichert/Ihrig*, § 21; *Huber* ZGR 1988, 1, Fn. 55; *ders.* FS Knobbe-Keuk, 203 ff.; *Ley* KÖSDI 1994, 9972; *Rodenwald* GmbHR 1998, 521; *Oppenländer* DStR 1999, 939.

I. Die Gesellschaftsverträge der typischen GmbH & Co. KG

Sollen **Sacheinlagen** aus dem Privatvermögen zum Verkehrswert in die Gesellschaft eingelegt werden mit dem Ziel einer steuerwirksamen Aufstockung zu Abschreibungszwecken, muss in gewerblich tätigen oder gewerblich geprägten KGs die Einlage zumindest in Teilen gegen „Gewährung von Gesellschaftsrechten" erfolgen. Mit einer Gutschrift auf dem Kapitalkonto I wird diese Anforderung stets erfüllt (**Rn. 383**). Sofern eine steuerpflichtige Einlage gegen Gewährung von Gesellschaftsrechten vermieden werden soll, muss der Vorgang als **verdeckte Einlage** gestaltet werden, d. h. der Vorgang darf weder gegen Gewährung von Gesellschafterrechten (vollständige oder teilweise Gutschrift auf Kapitalkonto I), noch als Veräußerung (z. B. Gutschrift auf Darlehenskonto) gestaltet werden. Eine verdeckte Einlage kommt demnach bei einer ausschließlichen Gutschrift auf dem gesamthänderisch gebundenen Rücklagekonto oder nach der neueren Rechtsprechung des BFH auch bei einer Gutschrift auf dem Kapitalkonto II eines Gesellschafters in Betracht (**Rn. 386 ff.**).

426

3. Kapitalverlustkonten

a) **Gesellschaftsrecht.** Ein Kommanditist nimmt nach der **handelsrechtlichen** Regelung zwar nur bis zum „Betrag seines Kapitalanteils und seiner noch rückständigen Einlage" am Verlust teil (§ 167 Abs. 3 HGB). Nach herrschender Meinung bedeutet dies jedoch nicht, dass sein „Kapitalanteil" handelsrechtlich nicht negativ werden kann; ihm können daher handelsrechtlich Verluste über seinen „Kapitalanteil" und seine etwa noch rückständige Einlage hinaus belastet werden.[173] Etwaige Verlustanteile eines Kommanditisten werden im 3- und 4-Kontenmodell sog. Kapitalverlustkonten zugeschrieben. Spätere Gewinnanteile müssen zunächst dazu verwandt werden, dieses Konto auszugleichen.

427

Das **Kapitalverlustkonto** ist bei Auflösung der Gesellschaft oder bei Ausscheiden eines Kommanditisten mit dem Saldo auf dem festen Kapitalkonto zu verrechnen, wenn der Gesellschaftsvertrag nicht etwas Abweichendes bestimmt. Es ist nach seiner **Rechtsnatur** ein unselbständiger Rechnungsposten bei der Ermittlung des Anteils am Liquidationserlöses oder der Abfindung, keine Schuld des Kommanditisten gegenüber der Gesellschaft. Bei der Regelung der Abfindung eines ausgeschiedenen Kommanditisten in der Form der Buchwertabfindung (Saldo aller Konten aus der Handelsbilanz ohne Berücksichtigung stiller Reserven) wird daher zu überlegen sein, ob das Verrechnungskonto (s. hierzu unten), das eine Forderung des Kommanditisten gegen die Gesellschaft darstellt, gegen einen etwaigen negativen Saldo von festem Kapitalkonto und Kapitalverlustkonto ganz oder teilweise verrechnet werden soll. Eine solche Verrechnung ist durchaus möglich, wenn der Gesellschaftsvertrag dies anordnet, jedoch muss man sich darüber im Klaren sein, dass hiermit eine „**Nachschusspflicht**" des ausscheidenden Kommanditisten

428

---

173 Baumbach/Hopt/*Roth* HGB, § 167 Rn. 5.

begründet würde, auch wenn der ausscheidende Kommanditist keine Liquidität von außerhalb der Gesellschaft zuführen muss.

429 **Abs. 3 S. 1** beschreibt die Buchungen, die auf dem Kapitalverlustkonto vorgenommen werden dürfen. **S. 2** stellt klar, dass Bestände auf dem Kapitalverlustkonto nur durch spätere Gewinnanteile ausgeglichen werden müssen, nicht durch Nachschüsse der Kommanditisten. **S. 3** bestimmt, dass nicht ausgeglichene Kapitalverlustkonten in den Fällen des Ausscheidens eines Kommanditisten oder in Fällen der Liquidation des Kapitalkontos nur mit anderen Kapitalkonten (I/II) verrechnet werden darf und nicht mit dem Verrechnungskonto oder dem Darlehenskonto (Forderungskonten) des Kommanditisten, da ein Kommanditist zu Nachschüssen nur verpflichtet ist, wenn der Gesellschaftsvertrag dies bestimmt (§ 167 Abs. 3 HGB). Der Gesellschaftsvertrag kann jedoch auch eine Verrechnung mit Forderungskonten in den Fällen des Ausscheidens/der Liquidation anordnen und sogar Nachschusspflichten aus dem sonstigen Vermögen der Kommanditisten regeln.

430 **b) Steuerrecht.** Steuerrechtlich gilt folgendes: Außerhalb des zeitlichen und sachlichen Anwendungsbereiches des § 15a EStG ist einem Kommanditisten ein Verlustanteil, der nach dem allgemeinen Verteilungsschlüssel der KG auf ihn entfällt, einkommensteuerrechtlich grundsätzlich auch insoweit zuzurechnen, als er in der Steuerbilanz der Gesellschaft zu einem negativen Kapitalkonto führt.[174] Steht jedoch bei **Aufstellung der Bilanz** fest, dass ein Ausgleich des negativen Kapitalkontos mit künftigen Gewinnanteilen nicht mehr in Betracht kommt, ist der Gewinnanteil nicht mehr dem oder den Kommanditisten, sondern den übrigen Gesellschaftern zuzurechnen.[175] Soweit § 15a EStG anwendbar ist, ist einem Kommanditisten der auf ihn entfallende Anteil am Verlust[176] nicht nur bis zur Höhe seiner Haftsumme, sondern auch soweit zuzurechnen, als er zu einem negativen Kapitalkonto führt.[177] Der Verlustanteil ist jedoch insoweit nicht mit anderen (positiven) Einkünften **ausgleichsfähig**, sondern nur mit künftigen Gewinnanteilen **verrechenbar** (**Rn. 148 ff.**)

4. Verrechnungskonten

431 **a) Gesellschaftsrecht.** Auf dem Verrechnungskonto werden in der Regel entnahmefähige Gewinnanteile gebucht, während nicht entnahmefähige Gewinnanteile auf dem Rücklagenkonto verbucht werden. Das Verrechnungskonto hat daher in der Regel den Charakter einer **Forderung** gegen die Gesellschaft und wird daher in der Regel verzinst. Es wird jeweils ein Verrechnungskonto für alle Gesellschafter geführt, auch für die Komplementär-GmbH, da u.a. Zahlungen zwischen der KG und der GmbH erfolgen, die

---

[174] Schmidt/*Wacker* EStG, § 15a Rn. 10 ff. m.w.N. zur Rspr.
[175] Schmidt/*Wacker* EStG, § 15a Rn. 10 ff.
[176] Zum Begriff des „Anteils am Verlust der KG" vgl. Schmidt/*Wacker* EStG, § 15a Rn. 70.
[177] Schmidt/*Wacker* EStG, § 15a Rn. 52.

I. Die Gesellschaftsverträge der typischen GmbH & Co. KG

verbucht werden müssen (Haftungsvergütung, Auslagenersatz etc. s. § 7, Rn. 503 ff.). Das Verrechnungskonto ist ein variables Konto. Auf ihm werden Gewinnanteile und Entnahmen des Gesellschafters gebucht.

Der KG-Mustervertrag bietet für die Berechnung der Zinsen in den **Varianten 1** und **2** zu **Abs. 5** verschiedene Alternativen an.

Ein Problem stellen die **stehen gelassenen Gewinne** dar. Stehen gelassene Gewinne begründen ein Forderungsrecht des Kommanditisten, wenn sie nicht den Rücklagen zugeführt werden.[178] Fraglich ist, ob und wann das Forderungsrecht den Charakter einer **Darlehensforderung** annimmt und damit die Frage auslöst, ob die Kündigungsregeln der §§ 488 ff. BGB den Entnahmeregelungen des Gesellschaftsvertrages vorgehen oder nicht. Nach einer Auffassung in der Fachliteratur kann das Forderungsrecht nur durch eine Vereinbarung, die auch stillschweigend getroffen werden kann, in eine Darlehensforderung umgewandelt werden.[179] Nach der Gegenmeinung haben stehen gelassene Gewinne Darlehenscharakter.[180] Haben stehen gelassene Gewinne Darlehenscharakter, stellt sich die weitere Frage nach dem Verhältnis der Entnahmeregelungen/Entnahmebeschränkungen zu den z.T. zwingenden Vorschriften der §§ 489 ff. BGB (außerordentliches Kündigungsrecht des Darlehensnehmers). Der Meinungsstand kann hier nicht dargestellt werden.[181] Diese Probleme lassen sich vermeiden, wenn klargestellt wird, ob das Verrechnungskonto Darlehenscharakter hat oder nicht. Der Mustervertrag regelt in **Satz 2** der **Variante 1** von **Abs. 4**, dass Guthaben auf Verrechnungskonten keine Darlehen sind.

432

Variante 1 und **2** von **Abs. 4** unterscheiden sich im Wesentlichen dadurch, dass **Variante 2** es auch erlaubt, dass Verlustanteile auf den Verrechnungskonten gebucht werden können; dies hat den Vorteil, dass die Verrechnungskonten zum steuerlichen Kapitalkonto gerechnet werden und den Verlustausgleichsrahmen des § 15a EStG erweitern. Das mag steuerlich von Vorteil sein, hat aber den Nachteil, dass der Kommanditist Forderungen gegen die Gesellschaft in Höhe des jeweiligen Verlustanteils verlieren kann, wenn Verlustanteile gegen Guthaben auf Verrechnungskonten gebucht werden.

433

b) Steuerrecht. Für steuerliche Zwecke ist es von wesentlicher Bedeutung, ob die laut Gesellschaftsvertrag zu führenden Gesellschafterkonten **Eigenkapital- oder Forderungscharakter** haben. Die Rechtsprechung hat hier einige Leitsätze herausgearbeitet, die in dem BMF-Schreiben vom 30. Mai 1997[182] zusammengefasst sind (**Rn. 150** sowie die für die Anwendungspraxis hilfreiche Verfügung der OFD Hannover vom 7.2.2008.[183]

434

Sofern insbesondere für Zwecke der **Verlustverrechnung** bei beschränkt haftenden Kommanditisten wegen der Verlustausgleichsbeschränkungen des

435

---

178 *Rodewald* GmbHR 1998, 521 (522); *Huber* ZGR 1988, 1, 35.
179 *Huber* ZGR 1988, 1, 33; *Ley* KÖSDI 1994, 9972 (9973).
180 BGH v. 23.2.1978, DB 1978, 877; OLG Düsseldorf v. 18.10.1962, BB 1963, 284; *Weimar* DB 1978, 7285.
181 S. dazu *Huber* ZGR 1988, 1, 33.
182 BStBl. I 1997, 627.
183 DB 2008, 1350.

§ 15a EStG eine Einbeziehung des Verrechnungskontos in das Verlustausgleichspotenzial (steuerliches Eigenkapital) erfolgen soll, empfiehlt sich die Gestaltung eines 2- bzw. 3-Konten-Modells, bei dem auf die **Führung gesonderter Kapitalverlustkonten verzichtet** wird. Verluste werden dann auf dem Verrechnungskonto gebucht (s. hierzu **Variante 2** zu **Abs. 4** des Mustervertrages). Nach der Rechtsprechung des BFH handelt es sich dann um ein als Eigenkapital zu qualifizierendes Gesellschafterkonto, wenn auf dem entsprechenden Konto auch Verluste verbucht werden.[184]

436 **Eigenkapitalcharakter** hat das Verrechnungskonto nach dem Urteil des BFH[185] vom 7.4.2005 (**Rn. 150**) auch dann, wenn eine Verrechnung mit einem Verlustkonto nur im Ausscheidens- oder Liquidationsfall vorgesehen ist oder ein Finanzplandarlehen vorliegt. Finanzplandarlehen kennzeichnen sich dadurch, dass sie während des Bestehens der Gesellschaft nicht gekündigt werden können und beim Ausscheiden mit einem negativen Kapitalkonto zu verrechnen sind.[186] Eigenkapitalcharakter erlangt das Verrechnungskonto nicht bereits dadurch, dass aufgrund eines Gesellschafterbeschlusses Jahresfehlbeträge mit dem Verrechnungskonto abgedeckt werden.[187]

437 In einem 4-Konten-Modell handelt es sich bei einem auf der Passivseite der Bilanz auszuweisenden Verrechnungskonto steuerlich um **Fremdkapital** der Gesellschaft, dem eine korrespondierende Forderung des Kommanditisten im Sonderbetriebsvermögen gegenübersteht. Zu den steuerlichen Rechtsfolgen, insbesondere vor dem Hintergrund des § 15a EStG, **Rn. 151**.

438 Wird ein als Fremdkapital zu qualifizierendes Verrechnungskonto in Folge überhöhter Entnahmen aktivisch, sind dem Kommanditisten belastete **Zinsen** Betriebseinnahmen der Gesellschaft. Eine steuerliche Berücksichtigung der korrespondierenden Zinszahlung als Sonderbetriebsausgabe oder Werbungskosten beim Kommanditisten ist nur dann möglich, wenn die zu einem aktivischen Verrechnungkonto führenden Entnahmen im Zusammenhang mit einer steuerlich relevanten Einkunftsquelle stehen (z.B. Refinanzierung Mitunternehmeranteil, Erwerb vermietete Immobilie etc.). Soweit die Zinsen des Verrechnungskontos im Zusammenhang mit der Finanzierung privat veranlasster Entnahmen (z.B. Entnahmen für persönliche Steuern, selbstgenutzte Immobilie) stehen, ist ein Abzug als Sonderbetriebsausgaben bzw. als Werbungskosten ausgeschlossen.

439 Die Unterscheidung des variablen Kapitalkontos bzw. Verrechnungskontos hat in erster Linie Bedeutung für das **Ausgleichsvolumen** im Sinne des § 15a EStG (Kapitalkonto) sowie für die Frage des **Schuldzinsenabzuges** gemäß § 4 Abs. 4a EStG (Schuldzinsenkappung wegen schädlicher Überentnahmen).[188]

---

[184] BFH v. 3.11.1993, BStBl. II 1994, 88.
[185] BStBl. II 2008, 598.
[186] Vgl. Schmidt/*Wacker* EStG, § 15a Rn. 91.
[187] BFH v. 15.5.2008, BStBl. II 2008, 812.
[188] Zur Qualifizierung aktivischer und passivischer Gesellschafterkonten: *Ley* DStR 2003, 957; *dies.* KÖSDI 2002, 13460.

5. Zinsen

a) Gesellschaftsrecht: Soll das Verrechnungskonto verzinst werden, gibt es 3 Möglichkeiten der gesellschaftsrechtlichen Behandlung: 440

– Der Gesellschaftsvertrag kann bestimmen, ob Zinsen auf das Verrechnungskonto handelsrechtlich als **Aufwand**[189] bzw. als **Ertrag** behandelt werden sollen, 441

– oder ob die Zinsen erst bei der Gewinnverteilung beim betreffenden Kommanditisten **als Gewinnvorab** berücksichtigt werden sollen, 442

– oder ob Guthabenzinsen auf Verrechnungskonten – unabhängig von den normalen Entnahmeregelungen **entnommen** werden können. 443

Sollen die Zinsen als „**Gewinnvorab**" behandelt werden, hätte dies zur Folge, dass der Kommanditist im Falle eines Jahresverlustes der Gesellschaft mangels eines Gewinnes keine Verzinsung des Verrechnungskontos erhält. 444

Die Behandlung der Zinsen als Gewinnvorab kann ungerecht sein, wenn einzelne Kommanditisten ein so hohes Verrechnungskonto haben, dass der Gewinn der Gesellschaft durch die Zinsen stark geschmälert wird. In einem solchen Fall kann es sinnvoll sein, den (reichen) Kommanditisten zu gestatten, die auf ihre Verrechnungskonten entfallenden Zinsen zusätzlich zu entnehmen, ohne dass hierdurch die Gewinnansprüche der übrigen Kommanditisten beeinträchtigt werden. 445

Welche Variante im Einzelfall gewählt wird, muss im Gesellschafterkreis abgestimmt werden. Die Variante „Gewinnvorab" mit der Folge, dass in Verlustjahren keine Zinsen bezahlt werden, wird von den Gesellschaftern regelmäßig nicht genutzt; es wird in der Regel die „Aufwandslösung" gewählt. 446

Die Entscheidung für die Behandlung als Aufwand, Gewinnvorab oder zusätzliches Entnahmerecht sollte bei der jeweiligen Einzelbestimmung (in § 4 für Zinsen auf Verrechnungskonten, in § 7 für den Aufwendungsersatzanspruch der Komplementärin etc.) oder bei der Bestimmung über die Gewinnverteilung (hier § 11 des KG-Mustervertrages) und in den Bestimmungen über Entnahmen (§ 12 des Mustervertrages) geregelt werden. 447

b) Steuerrecht: Steuerrechtlich werden Zinsen auf Verrechnungskonten, Haftungsvergütung, Aufwendungsersatz etc. dem **Ergebnis der Gesellschaft** hinzugerechnet, wenn sie als Aufwand verbucht wurden. Die Behandlung als Aufwand hat jedoch zur Folge, dass eine Steuerpflicht der jeweiligen Vergütungen (im Sonderbetriebsvermögen) auch dann zu erfolgen hat, wenn dem betreffenden Kommanditisten gemäß § 15a EStG ein nicht ausgleichsfähiger, sondern nur verrechenbarer Verlust zugewiesen wird. Eine Saldierung verrechenbarer Verluste mit Einnahmen im Sonderbetriebsvermögen scheidet aus (**Rn. 153**). 448

---

189 Anmerkung: bei passivischen Verrechnungskonten liegt entweder Zinsaufwand oder Vorabgewinn des Gesellschafters vor, jedoch kein Zinsertrag. Nur aus Sicht des betreffenden Gesellschafters stellen die gutgeschrieben Zinsen Ertrag im Sonderbetriebsvermögen dar.

6. Darlehenskonten

449 Abs. 6 des Mustervertrages stellt i.V.m. Variante 1 zu Abs. 4 S. 2 klar, dass **Darlehen** eines Kommanditisten nur solche Beträge sind, für die dies zwischen Kommanditist und Gesellschaft ausdrücklich vereinbart wurde. Für ein Darlehen genügt es daher nicht, dass Gewinne auf dem Verrechnungskonto „stehen geblieben" sind. Darlehen können dabei den Kommanditisten von der Gesellschaft oder der Gesellschaft von den Kommanditisten gewährt werden.

7. Rücklagekonten

450 Auf Rücklagekonten werden im 3- und 4-Konten-Modell (**Rn. 59 ff.**) **nicht entnahmefähige Gewinnanteile** gebucht. Rücklagekonten können entweder als ein gemeinsames Konto für alle Kommanditisten geführt werden oder es kann für jeden Kommanditisten ein Rücklagekonto bestehen. Rücklagekonten sind in der Regel unverzinslich. Der Gesellschaftsvertrag sollte klarstellen, ob das Guthaben auf dem Rücklagekonto wie Kapital oder wie eine schuldrechtliche Forderung des Kommanditisten behandelt werden soll.[190] Der Mustervertrag behandelt das Guthaben auf dem Rücklagekonto wie **Eigenkapital** (**Abs. 7**). Der Eigenkapitalcharakter kann dadurch zum Ausdruck kommen, dass dieser ausdrücklich angeordnet wird (**Variante 1 zu Abs. 7**) oder dadurch, dass Verluste mit Guthaben auf Rücklagenkonten zu verrechnen sind (**Variante 2 zu Abs. 7**).

§ 5
Dauer der Gesellschaft, Kündigung

(1) Die Gesellschaft wird auf unbestimmte Dauer errichtet.

- Variante 1:

451 (2) Die Gesellschaft kann mit einer Frist von ... Monaten zum Ende eines Geschäftsjahres gekündigt werden, erstmals jedoch zum 31. 12. 20....

- Variante 2:

452 (2) Die Gesellschaft kann mit einer Frist von ... Monaten zum Ende eines Geschäftsjahres gekündigt werden, erstmals jedoch zum 31. 12. 20.... Kündigt ein Kommanditist, können sich andere Kommanditisten der Kündigung innerhalb einer Frist von ... Monaten nach Zugang der Kündigung anschließen (Anschlusskündigung). Kündigen alle Kommanditisten auf den gleichen Zeitpunkt, gilt dies als Beschluss zur Auflösung der Gesell-

---

190 Zur Problematik der Rücklagen in Personenhandelsgesellschaften s. *Westermann*, FS Caemmerer, 1978, 657; *Huber,* FS Knobbe-Keuk, 203 ff.

I. Die Gesellschaftsverträge der typischen GmbH & Co. KG

schaft. Satz 2 und 3 gelten entsprechend für den Fall, dass ein Privatgläubiger eines Gesellschafters kündigt.

- Variante 1:
(3) Jede Kündigung hat durch eingeschriebenen Brief mit Rückschein (Einwurfeinschreiben) an die Komplementärin zu erfolgen. Für die Rechtzeitigkeit der Kündigung ist der Tag der Aufgabe des Kündigungsschreibens zur Post maßgeblich. Die Komplementärin hat die anderen Kommanditisten unverzüglich von der Kündigung zu verständigen. 453

- Variante 2:
(3) Jede Kündigung hat durch eingeschriebenen Brief mit Rückschein (Einwurfeinschreiben) an alle anderen Gesellschafter zu erfolgen. Für die Rechtzeitigkeit der Kündigung ist der Tag der Aufgabe des Kündigungsschreibens zur Post maßgeblich. 454

- Variante 1:
(4) Durch die Kündigung wird die Gesellschaft nicht aufgelöst, sondern wird von den verbleibenden Gesellschaftern fortgesetzt, soweit der Gesellschaftsvertrag nichts Abweichendes bestimmt. 455

- Variante 2:
(4) Durch die Kündigung wird die Gesellschaft nicht aufgelöst, sondern von den verbleibenden Gesellschaftern fortgesetzt, soweit der Gesellschaftsvertrag nichts Abweichendes bestimmt. Abweichend von Satz 1 wird die Gesellschaft zum Zeitpunkt des Wirksamwerdens der Kündigung aufgelöst, wenn die verbleibenden Kommanditisten spätestens ... Monate nach Zugang der Kündigung (spätestens ... Monate vor Wirksamwerden der Kündigung) mit einer Mehrheit der Stimmen von Dreiviertel aller verbleibenden Kommanditisten die Auflösung der Gesellschaft beschließen; der Beschluss ist dem Gesellschafter, der gekündigt hat, unverzüglich bekannt zu geben. 456

Einstweilen frei. 457

Erläuterungen

1. Gesetzlich
2. Steuerliche Folgen des Ausscheidens
3. Die Regelungen im Einzelnen

1. Gesetzliche Ausgangslage

Die §§ 161 ff. HGB enthalten keine besonderen Kündigungsvorschriften für die KG. Es gelten daher die Kündigungsregelungen für die oHG entsprechend (§ 161 Abs. 2 HGB). Ist eine Gesellschaft für unbestimmte Zeit eingegangen, kann die Kündigung formlos mit einer Frist von mindestens **sechs** 458

Monaten zum Ende eines Geschäftsjahres erfolgen (§§ 132, 161 Abs. 2 HGB). Von dieser gesetzlichen Regelung können die Gesellschafter abweichen. Zulässig ist unter anderem der zeitweilige Ausschluss der Kündigung oder die Erschwerung zum Beispiel durch Anordnung des sofortigen Ausscheidens des Kündigenden etc. Unzulässig ist dagegen die Vereinbarung einer übermäßig langen Kündigungsfrist bzw. der Ausschluss der Kündigung auf Dauer oder die Bindung der Kündigung an die Zustimmung von Mitgesellschaftern.

459   Wenn der Gesellschaftsvertrag nicht etwas anderes bestimmt, hat die Kündigung eines Gesellschafters nicht die Auflösung der Gesellschaft, sondern das Ausscheiden des kündigenden Gesellschafters zur Folge (§ 131 Abs. 3 S. 1 Nr. 3 HGB). Das Ausscheiden erfolgt erst mit Ablauf der Kündigungsfrist (§ 161 Abs. 2, § 131 Abs. 3 S. 2 HGB).

460   Dem ausgeschiedenen Gesellschafter steht ein gesetzlicher Abfindungsanspruch in Höhe des Verkehrswertes (Ertragswertes) des Anteils zu, der üblicherweise gesellschaftsvertraglich abgeändert wird (s. hierzu § 19 Anm. 2).

2. Steuerliche Folgen des Ausscheidens

461   Steuerliche Rechtsfolge der Kündigung ist im Falle einer mitunternehmerischen Beteiligung gemäß § 15 Abs. 1 Nr. 2 EStG bzw. § 15 Abs. 3 Nr. 2 EStG die Realisierung eines Besteuerungstatbestand gemäß § 16 EStG (Veräußerung eines Mitunternehmeranteils) mit den sich hieraus ergebenden Konsequenzen (**Rn. 147**). Als **Veräußerungspreis** gilt der Betrag, den der ausscheidende Kommanditist nach der gesellschaftsvertraglichen Regelung als Abfindung erhält. Soweit der Abfindungsbetrag das steuerliche Kapitalkonto des ausscheidenden Kommanditisten übersteigt, entsteht ein **Veräußerungsgewinn** gemäß § 16 EStG, der unter den Voraussetzungen des § 34 Abs. 3 EStG (Vollendung 55. Lebensjahr bzw. dauernde Berufsunfähigkeit) ggf. tarifermäßigt besteuert wird. Soweit der Kommanditist über Sonderbetriebsvermögen verfügt (z. B. betrieblich genutzter Grundbesitz) und eine Veräußerung an die verbleibenden Gesellschafter nicht stattfindet, liegt einkommensteuerlich eine Entnahme in das Privatvermögen des ausscheidenden Kommanditisten vor. In diesem Fall erhöht sich der Veräußerungspreis um den gemeinen Wert (Verkehrswert) des ins Privatvermögen überführten Wirtschaftsguts abzüglich ihres Buchwertes.[191]

462   Zur Vermeidung einer steuerpflichtigen Aufdeckung der stillen Reserven anlässlich des Ausscheidens aus der Gesellschaft ist eine vorherige Einbringung des betreffenden Wirtschaftsguts in ein anderes Betriebsvermögen des ausscheidenden Kommanditisten erforderlich (**Ausgliederungsmodell**). Dies kann entweder im Rahmen einer Buchwertübertragung gemäß § 6 Abs. 5 EStG (unentgeltlich bzw. gegen Gewährung von Gesellschaftsrechten) oder über eine Veräußerung erfolgen, sofern im Einzelfall die Voraussetzungen des § 6 b

---

191 BFH v. 28.7.1994, BStBl. II 1995, 112.

I. Die Gesellschaftsverträge der typischen GmbH & Co. KG

EStG erfüllt sind. Die Gestaltung der Ausgliederung darf jedoch nicht Bestandteil einer einheitlichen Planung sein (schädlicher Gesamtplan), wodurch ein enger zeitlicher und sachlicher Zusammenhang der Ausgliederung mit der Anteilsveräußerung vermieden werden muss.[192]

Wegen der erbschaftsteuerlichen Besteuerung von fiktiven Schenkungen im Zusammenhang mit dem Ausscheiden von Kommanditisten, wenn die Abfindung niedriger ist als der erbschaftsteuerliche Wert (§ 7 Abs. 7, S. 1 ErbStG), ist es sinnvoll, in allen Fällen des Ausscheidens vorzusehen, dass die anderen Kommanditisten verlangen können, dass die Gesellschaftsanteile des betroffenen Kommanditisten stattdessen an Dritte und/oder an Kommanditisten abgetreten werden („**Zwangsabtretung**", s. im Einzelnen **Rn. 918**). 463

3. Die Regelungen im Einzelnen

Der Gesellschaftsvertrag sollte zur Vermeidung von Streitigkeiten genau regeln, in welcher **Form** eine Kündigung zu erfolgen hat (schriftlich, per Einschreiben mit Rückschein, per Einwurfeinschreiben usw.) und an wen die Kündigung zu richten ist (an die Gesellschaft vertreten durch die Komplementärin, an alle anderen Gesellschafter etc.) (**Abs. 3** des Mustervertrages). Ferner sollte der Vertrag regeln, mit welcher **Frist** und zu welchem **Zeitpunkt** der Vertrag gekündigt werden kann, wenn von der gesetzlichen 6-Monatsfrist abgewichen werden soll. Dabei sollte auch berücksichtigt werden, ob die Kündigung eines Kommanditisten Auswirkung auf die Kündigungsfristen der anderen Kommanditisten haben soll, insbesondere ob Anschlusskündigungen auch erst nach Ablauf der normalen Kündigungsfrist möglich sein sollen. 464

Die **Variante 2** zu **Abs. 2** des Mustervertrages bietet hier einen Vorschlag, der auch im Falle der kurz vor Fristablauf ausgesprochenen Kündigung den übrigen Kommanditisten noch einen angemessenen Zeitraum für ihre Reaktion belässt. In Betracht zu ziehen ist auch die Bestimmung eines besonderen Auflösungsrechts für die Kommanditisten, die nicht gekündigt haben (**Variante 2** zu **Abs. 4** des Mustervertrages). 465

§ 6
Geschäftsführung und Vertretung

(1) Zur Geschäftsführung und Vertretung der Gesellschaft ist die Komplementärin allein berechtigt und verpflichtet. 466

- Variante 1:
(2) Die Komplementärin ist für Rechtsgeschäfte zwischen ihr und der Gesellschaft von dem Verbot des Selbstkontrahierens gem. § 181 BGB 1. Alt. befreit. 467

---

192 BFH v. 6.9.2000, BStBl. II 2001, 229.

- Variante 2:
468 (2) Die Komplementärin und ihre Geschäftsführer sind für Geschäfte mit der Gesellschaft von dem Verbot des Insichgeschäftes gem. § 181 BGB 1. Alt. befreit.

- Variante 1:
469 (3) Die Komplementärin bedarf für alle Geschäfte, die über den gewöhnlichen Geschäftsbetrieb hinausgehen oder mit denen ein außerordentliches Risiko verbunden ist, der vorherigen Zustimmung der Gesellschafterversammlung.

- Variante 2:
470 (3) Die Komplementärin bedarf für folgende Angelegenheiten der vorherigen Zustimmung der Gesellschafterversammlung:
471 a) Erwerb, Veräußerung oder Belastung von Grundstücken und grundstücksgleichen Rechten sowie sonstige Verfügungen über Grundstücke und grundstücksgleiche Rechte;
472 b) Gründung oder Erwerb von Unternehmen oder Beteiligungen an solchen oder deren Veräußerung oder Belastung sowie Ausübung von Gesellschafterrechten bei Gesellschaften, an denen die Gesellschaft mit mehr als …% beteiligt ist;
473 c) Errichtung und Aufgabe von Zweigniederlassungen und Betriebsstätten;
474 d) Abschluss, Änderung und Beendigung von Organschaftsverträgen sowie Betriebsübernahme- und Betriebsüberlassungsverträgen jeder Art;
475 e) Abschluss, Änderung und Beendigung von Dienstverträgen mit Angestellten mit jährlichen Bruttobezügen von mehr als EUR …;
476 f) Abschluss, Änderung und Beendigung von Miet- und Pachtverträgen mit Miet- und Pachtzinsen von mehr als EUR … netto pro Monat;
477 g) Investitionen ab einem Betrag von EUR … ohne Mehrwertsteuer im Einzelfall, wenn sie in dem genehmigten jährlichen Investitionsplan nicht enthalten sind;
478 h) Abschluss, Änderung und Beendigung von Darlehensverträgen über mehr als EUR … im Einzelfall sowie über mehr als den Betrag von EUR … insgesamt je Geschäftsjahr;
479 i) Übernahme von Bürgschaften, Abschluss von Garantieverträgen, Schuldbeitritten, Abgabe von Patronatserklärungen und Eingehung von ähnlichen Verpflichtungen;
480 j) Führung von Aktivprozessen und prozessbeendenden Handlungen, soweit der Streitwert den Betrag von EUR … übersteigt;
481 k) Abschluss, Änderung und Aufhebung von Verträgen mit Kommanditisten oder deren Angehörigen im Sinne von § 15 AO oder Gesellschaften, die mehrheitlich von Gesellschaftern und/oder deren Angehörigen im Sinne von § 15 AO beherrscht werden;
482 l) Aufnahme von stillen Gesellschaftern;
483 m) Veräußerung und Verpachtung des gesamten Gesellschaftsvermögens, von Teilbetrieben oder wesentlichen Betriebsgrundlagen;

I. Die Gesellschaftsverträge der typischen GmbH & Co. KG

n) Rechtsgeschäfte oder Rechtshandlungen, die einen Verstoß gegen bestimmte einzelsteuergesetzliche Behaltensfristen darstellen, z. B. § 13 a Abs. 6 ErbStG, § 6 Abs. 5 S. 4 EStG, soweit die Gesellschafterversammlung die Einhaltung der Behaltensfrist beschlossen hat;
o) Aufnahme neuer sowie Änderung oder Aufgabe ausgeübter Geschäftstätigkeiten;
p) Bürgschaftsübernahmen, Garantiezusagen, Patronatserklärungen, Erfüllungsversprechen oder ähnliche Rechtsakte;
q) Ausübung nur steuerlicher Wahlrechte, die unabhängig vom handelsrechtlichen Wertansatz ausgeübt werden können.
r) Geschäfte, die über den gewöhnlichen Geschäftsbetrieb der Gesellschaft hinausgehen.
Die Gesellschafterversammlung kann den Katalog der zustimmungspflichtigen Geschäfte jederzeit ändern.

(4) Die Komplementärin ist verpflichtet, den Gesellschaftern, die dies verlangen, die für erbschaftsteuerliche Zwecke notwendige Fakten zur Ermittlung der Besteuerungsgrundlagen im Zusammenhang mit einem erbschaftsteuerpflichtigenlichen Vorgang zu ermitteln und/oder zur Verfügung zu stellen. Dies gilt auch für Informationen in der Folgezeit die zur Überprüfung der gesetzlichen Behaltensfristen erforderlich sind. Etwaige Kosten für die Tätigkeiten externer Dritter (Wirtschaftsprüfer, Steuerberater) trägt der betreffende Gesellschafter

Erläuterungen

1. Gesetzliche Ausgangslage
2. Insichgeschäfte (§ 181 BGB)
3. Zustimmungspflichtige Geschäfte
4. Erbschaftssteuerliche Aspekte

1. Gesetzliche Ausgangslage

Kommanditisten sind grundsätzlich von der Geschäftsführung (§ 164 S. 1 1. HS HGB) und von der Vertretung der Gesellschaft (§ 170 HGB) ausgeschlossen. Einer Geschäftsführungshandlung können Kommanditisten nur **widersprechen**, wenn die Handlung über den gewöhnlichen Betrieb des Handelsgewerbes der Gesellschaft hinausgeht (§ 164 Satz 1 2. HS HGB). Dieser Wortlaut des Gesetzes ist missverständlich. Geht eine Handlung über den gewöhnlichen Betrieb des Handelsgewerbes der Gesellschaft hinaus, kann ein Kommanditist nicht nur widersprechen, sondern die Vornahme einer solchen Handlung bedarf eines **Gesellschafterbeschlusses**[193] (§ 116 Abs. 2 HGB).

Das „Widerspruchsrecht" gemäß § 164 HGB ist zwar dispositiv und kann **ausgeschlossen** werden, wovon auch in vielen Gesellschaftsverträgen Gebrauch gemacht wird. Dies bedeutet jedoch, dass der Komplementär auch für außergewöhnliche Geschäfte keinen Zustimmungsbeschluss der anderen

---

[193] Baumbach/Hopt/*Roth* HGB, § 164 Rn. 2.

Kommanditisten gemäß § 116 Abs. 2 HGB benötigt. Ein Ausschluss des Widerspruchsrechts eines Kommanditisten würde auch eine Beschneidung der steuerlichen „Mitunternehmerinitiative" bedeuten (**Rn. 119**) und kann im Einzelfall (Gesamtbetrachtung) die Versagung der steuerlichen Mitunternehmerstellung zur Folge haben. Das Muster verzichtet daher auf einen entsprechenden Ausschluss.

493 Unter anderem zur Vermeidung einer gewerblichen Prägung der GmbH & Co. KG könnte der Gesellschaftsvertrag auch einem Kommanditisten Geschäftsführungsbefugnisse neben der Komplementärin einräumen oder eine natürliche Person als weiteren Komplementär einsetzen. Dann würde steuerrechtlich eine „vermögensverwaltende GmbH & Co. KG" entstehen, sofern die KG keine gewerbliche Tätigkeit ausübt. S. hierzu § 15 Abs. 3 Nr. 2 EStG und **§§ 3 Abs. 1 und 6 Abs. 1** des Mustervertrages der **vermögensverwaltenden GmbH & Co. KG (Rn. 1611 ff.)**.

2. Insichgeschäfte (§ 181 BGB)

494 Nach § 181 BGB kann ein Vertreter, soweit ihm nicht ein anderes gestattet ist, im Namen des Vertretenen mit sich im eigenen Namen (Verbot eines Insichgeschäftes) oder als Vertreter eines Dritten (Verbot der Mehrfachvertretung) kein Rechtsgeschäft vornehmen, es sei denn, dass das Rechtsgeschäft ausschließlich in der Erfüllung einer Verbindlichkeit besteht. Das Problem des **Selbstkontrahierungsverbotes** stellt sich bei einer GmbH & Co. KG in **doppelter** Weise. Es ist für Geschäfte zwischen der Komplementär-GmbH und der KG sowie für Geschäfte zwischen dem Geschäftsführer der Komplementär-GmbH und der KG zu beachten.[194] Sowohl die GmbH als auch die KG werden nämlich durch den oder die Geschäftsführer der GmbH vertreten. Der Verfasser der Gesellschaftsverträge der GmbH und der KG muss sich daher zunächst darüber klar werden, ob der oder die Geschäftsführer berechtigt sein sollen, sowohl Geschäfte zwischen der KG und der GmbH abzuschließen oder/und ob auch Geschäfte zwischen den jeweiligen Geschäftsführern persönlich und der KG gestattet sein sollen. Sollen der oder die Geschäftsführer Verträge zwischen der GmbH und der KG abschließen können, müssen **beide Gesellschaftsverträge** den oder die Geschäftsführer vom Verbot des § 181 BGB befreien. Soll der Geschäftsführer berechtigt sein, Verträge mit sich selbst und der KG abzuschließen, muss ihm dies im Gesellschaftsvertrag der KG ausdrücklich gestattet werden (s. die **Variante 2** zu **Abs. 2** des Mustervertrages). Diese Befreiung kann im Handelsregister der KG eingetragen werden[195]. Die Eintragung muss abstrakt formuliert sein und darf keinen Geschäftsführer namentlich benennen. Nach einer Entscheidung des OLG Düsseldorf[196] soll allerdings die Komplementär-GmbH in ihrer Eigenschaft als Geschäfts-

---

[194] Baumbach/Hopt/*Roth* HGB, Anh. § 177a Rn. 39f.; Hesselmann/Tillmann/Mueller-Thuns/ *Lüke,* § 3 Rn. 125.
[195] BayObLG v. 7.4.2000, DB 2000, 106.
[196] OLG Düsseldorf v. 29.9.2004, GmbHR 2005, 105 (106).

I. Die Gesellschaftsverträge der typischen GmbH & Co. KG

führerin der KG berechtigt sein, als Maßnahme der Geschäftsführung und Vertretung der KG ihrem Geschäftsführer für den Einzelfall das Selbstkontrahieren namens der KG zu gestatten, wenn der Geschäftsführer im Verhältnis zur GmbH von den Beschränkungen des § 181 BGB befreit ist.[197]

Soll nur die Komplementärin für Geschäfte mit der KG von § 181 BGB befreit werden, muss die Variante 1 zu Abs. 2 verwendet werden. Für eine generelle Befreiung vom Verbot der Mehrfachvertretung besteht in einer GmbH & Co. KG keine Veranlassung.

3. Zustimmungspflichtige Geschäfte

Bei der KG ist der Kommanditist nach dem Gesetz zwar von der Geschäftsführung ausgeschlossen, diese obliegt dem Komplementär (s. o. Anm. 1). Gesellschaftsverträge von Kommanditgesellschaften enthalten dennoch zum Schutz von Gesellschaftern, die nicht Geschäftsführer der Komplementär-GmbH sind, in der Regel einen Katalog von Geschäften, zu deren Vornahme die Komplementärin im Innenverhältnis der **vorherigen Zustimmung der Gesellschafterversammlung** bedarf. Der Katalog der zustimmungspflichtigen Geschäfte ist bei der Abfassung des Gesellschaftervertrages auf die Bedürfnisse der jeweils betroffenen Gesellschaft und auf die Bedürfnisse der Gesellschafter abzustimmen. Der Katalog kann jederzeit geändert werden, um veränderten Bedürfnissen gerecht zu werden.

Der Mustervertrag enthält in **Variante 1** zu **Abs. 2** eine kurze Klausel für zustimmungspflichte Geschäfte. Soweit Geschäfte, die über den gewöhnlichen Geschäftsbetrieb hinausgehen, zustimmungspflichtig sind, wird nur der Inhalt von § 164 S. 1, 2. HS HGB wiedergegeben. Im übrigen wird in Variante 1 zu Abs. 2 des Mustervertrages eine Zustimmungspflicht nur für Geschäfte angeordnet, die sich zwar im Rahmen des üblichen Geschäftsbetriebes halten, aber ein außergewöhnliches Risiko enthalten.

Der Mustervertrag enthält in **Variante 2** zu **Abs. 3** eine Aufzählung der Geschäfte, die üblicherweise an die Zustimmung der Gesellschafterversammlung gebunden werden. Im Außenverhältnis sind derartige Geschäfte allerdings in der Regel auch dann wirksam, wenn die Komplementärin die Zustimmung der Gesellschafterversammlung der KG nicht eingeholt hatte. Die Komplementärin bzw. ihr Geschäftsführer macht sich dann jedoch schadensersatzpflichtig, wenn die Zustimmung nicht eingeholt wird.

Als Folge der mittlerweile zahlreichen gesetzlichen Behaltensfristen in den Einzelsteuergesetzen, empfiehlt sich die Aufnahme hiervon betroffener Fälle in den Katalog der zustimmungsbedürftigen Rechtsgeschäfte (s. Variante 2 zu Abs. 3 lit. n) des Mustervertrages). Ein Minderheitsgesellschafter wird durch diese Klausel nicht geschützt. Ein Schutz besteht nur dann, wenn er von den anderen Kommanditisten verlangen kann, dass ein solcher Beschluss gefasst wird.

Auch die Ausübung lediglich steuerlicher Bilanzierungswahlrechte (insb. Bildung und Übertragung von § 6 b EStG Rücklagen, steuerliche Teilwertab-

---

[197] Ebenso etwa Scholz/*Schneider* GmbHG, § 35 Rn. 127; Baumbach/Hueck/*Zöllner/Noack* GmbHG, § 35 Rn. 132; a. A. MüKo/HGB/*Grunewald*, § 161 Rn. 72.

schreibungen) begründet gem. der 2. Variante zu Abs. 3, lit. q) des Mustervertrages die Verpflichtung der Geschäftsführung eine Abstimmung in der Gesellschafterversammlung herbeizuführen, da die Wahlrechtsausübung häufig erhebliche, z.T. unterschiedliche Auswirkungen auf die jeweilige Einkommensteuerbelastung der Kommanditisten hat. Für Veranlagungszeiträume ab 2009 können steuerrechtlich Wahlrechte unabhängig von der handelsrechtlichen Rechnungslegung ausgeübt werden.

501 Ist die KG (später) an weiteren Gesellschaften beteiligt, stellt sich die Frage, ob die Komplementärin die Gesellschafterrechte der KG und ihren Einfluss nach eigenem Ermessen ausüben kann oder ob sie vorher eine Beschlussfassung in der Gesellschafterversammlung der KG herbeiführen muss. Ohne Regelung in dem Gesellschaftsvertrag der GmbH & Co. KG ist die Ausübung der Gesellschafterrechte der KG in Beteiligungsunternehmen eine Geschäftsführungsmaßnahme der Komplementärin, es sei denn, es liegt ein Geschäft i.S.v. § 164, S. 1, 2. HS HGB vor.[198] In welchen Fällen ein Geschäft vorliegt, das über den gewöhnlichen Geschäftsbetrieb hinaus geht, ist streitig.[199] Es empfiehlt sich daher, in dem Gesellschaftsvertrag der GmbH & Co. KG festzulegen, bei welchen Entscheidungen in Beteiligungsgesellschaften die Komplementärin die Gesellschafterversammlung der KG befragen muss. Im Mustervertrag wird dieses Problem in der **Variante 2 zu Abs. 3** unter **lit. b)** angesprochen.

4. Erbschaftsteuerliche Aspekte

502 Sowohl im Rahmen der vorbereitenden Nachfolgeplanung als auch in einem konkreten erbschaftsteuerlichen Vorgang sind umfangreiche Berechnungs- und Informationen für den betreffenden Kommanditisten erforderlich, die nur mit Kenntnis des betrieblichen Datenmaterials aus dem betrieblichen Rechnungswesen ermittelt werden können. Der Vertrag enthält in **Abs. 5** eine Verpflichtung der Komplementärin zur Aufbereitung und Überlassung des hierfür erforderlichen Informationsmaterials auf Verlangen einzelner Kommanditisten verbunden mit einer Kostentragungspflicht des betreffenden Gesellschafters im Falle einer erforderlichen Hinzuziehung externer Dritter. Im Erbfall ist die Geschäftsführung gesetzlich zur Ermittlung und Aufbereitung der hierfür erforderlichen Daten verpflichtet.

§ 7
Haftungsvergütung, Ersatz der Aufwendungen

503 (1) Zur Abgeltung ihres Haftungsrisikos erhält die Komplementärin eine jährliche Vergütung in Höhe von …% ihres jeweiligen gezeichneten

---

198 *Westermann* ZIP 2007, 2289 (2291); *Wertenbruch* ZIP 2007, 798.
199 *Westermann* ZIP 2007, 2289 (2291).

I. Die Gesellschaftsverträge der typischen GmbH & Co. KG

Stammkapitals am Ende des Geschäftsjahres. Die Haftungsvergütung ist jeweils am Ende eines Geschäftsjahres zur Zahlung fällig.

(2) Die Komplementärin hat Anspruch auf Ersatz aller ihrer Aufwendungen, einschließlich der Ausgaben für ihre Geschäftsführer, der von ihr gezahlten Steuerberatungskosten etc. Satz 1 gilt nicht für Aufwendungen für Gewerbe- und Körperschaftsteuer. Für Vergütungen (einschließlich Tantiemen und Ruhegehälter) an ihre Geschäftsführer gilt S. 1 jedoch nur, wenn und soweit die Gesellschafterversammlung der KG vorher der Vergütung zugestimmt hat.

(3) Die Haftungsvergütung und der Aufwendungsersatz stellen im Verhältnis der Gesellschafter zueinander Aufwand dar.

(4) Soweit eine Vergütung gemäß Absatz 1 bis 4 Entgelt für eine umsatzsteuerpflichtige Leistung ist, ist die Komplementärin berechtigt und auf Verlangen der Gesellschaft verpflichtet, eine Rechnung zu erteilen und die gesetzlich geschuldete Umsatzsteuer offen auszuweisen.

Erläuterungen

1. Haftungsvergütung
2. Aufwendungsersatz
3. Aufwand
4. Ertragsteuern
5. Umsatzsteuer

1. Haftungsvergütung

Eine Komplementär-GmbH, die keine Einlage in die KG leistet, muss aus steuerlichen Gründen neben dem Ersatz ihrer Auslagen für die Geschäftsführung ein Entgelt für die Übernahme des Haftungsrisikos erhalten, dessen Höhe in etwa einer banküblichen **Avalprovision** entspricht.[200] Die Haftungsvergütung wird üblicherweise in Prozent des Stammkapitals der Komplementär-GmbH ausgedrückt und beträgt in der Regel 1,5 bis 6 % des jeweiligen Stammkapitals. Eine entsprechende Formulierung findet sich in **Abs. 1** des Mustervertrages. Eine Fälligkeitsregelung wie in **Abs. 1 S. 2** des Mustervertrages ist zweckmäßig; der Fälligkeitszeitpunkt muss aber nicht das Ende des Geschäftsjahres sein.

2. Aufwendungsersatz

§ 110 HGB bestimmt, dass die Gesellschaft einem Gesellschafter Aufwendungen zu ersetzen hat, die er in Gesellschaftsangelegenheiten den Umständen nach für erforderlich hält. Aus §§ 110 i.V.m. 161 Abs. 2 HGB lässt sich jedoch für den Komplementär selbst **kein Anspruch** auf eine Vergütung für

---

[200] Schmidt/*Wacker* EStG, § 15 Rn. 723 m.w.N. zur BFH-Rspr.

seine Tätigkeit als geschäftsführender Gesellschafter einer GmbH & Co. herleiten.[201] Auch die Ausgaben der GmbH für Gehälter und Tantiemen ihrer Geschäftsführer sind keine Aufwendungen im Sinne des § 110 HGB. Soll die KG jedoch vertraglich verpflichtet werden, der GmbH die Kosten der Geschäftsführung zu erstatten, muss dies im Gesellschaftsvertrag der KG vereinbart werden. Bei der entsprechenden Formulierung im Gesellschaftsvertrag ist darauf zu achten, dass klargestellt wird, welche Aufwendungen der Komplementär-GmbH zu erstatten sind. Die von der GmbH & Co. KG gezahlten Körperschafts- und Gewerbesteuern sollten von der Erstattungspflicht ausgenommen werden, um die Berechnung des handelsrechtlichen Gewinns nicht zu erschweren.

509 Aus steuerlichen Gründen ist es geboten, der Komplementär-GmbH einen Anspruch auf Ersatz der unmittelbaren Auslagen vertraglich einzuräumen, weil andernfalls das Steuerrecht die Gewinnverteilung innerhalb der GmbH & Co. KG in Frage stellen könnte.[202]

510 Bei einer **nicht beteiligungsidentischen** GmbH & Co. KG ergibt sich das weitere Problem, dass es das Interesse der Gesellschafter der KG sein kann, die Festsetzung der Höhe der Vergütung der Geschäftsführer einschließlich etwaiger Tantiemen und Ruhegelder nicht den Gesellschaftern der Komplementär-GmbH zu überlassen. In diesem Fall empfiehlt es sich, die Erstattungspflicht der KG hinsichtlich der Vergütungen an Geschäftsführer davon abhängig zu machen, dass die Gesellschafterversammlung der KG den jeweiligen Vergütungen vorher **zugestimmt** hat; eine entsprechende Formulierung findet sich in **Abs. 2 S. 3** des Mustervertrages.

3. Aufwand

511 Der Mustervertrag ordnet in Abs. 3 an, dass Haftungsvergütung und Aufwendungsersatz als „Aufwand" behandelt werden sollen (**Rn. 440 ff.**). Beides könnte gesellschaftsrechtlich als Aufwand oder als Gewinnvorab vereinbart werden. Als Aufwand mindern sie das handelsrechtliche Ergebnis der KG (nicht das steuerliche Ergebnis). Als Gewinnvorab würde die Komplementärin die Haftungsvergütung und den Aufwendungsersatz in Verlustjahren nicht erhalten. Dies kann bei der Haftungsvergütung zu steuerlichen Problemen führen; sie wird daher stets als Aufwand behandelt!

4. Ertragsteuern

512 Feste oder gewinnabhängige Vergütungen, die die Komplementär-GmbH von der KG erhält, sind Vergütungen im Sinne von § 15 Abs. 1 Satz 1 Nr. 2. 2. Halbsatz EStG und deshalb bei der Ermittlung des Gewinns der KG und ihres Gewerbeertrages nicht abzugsfähig. Auslagenersatz und Haftungsent-

---

[201] Staub/*Schäfer* HGB, § 110 Rn. 3, § 114 Rn. 47 m. w. N.
[202] Schmidt/*Wacker* EStG, § 15 Rn. 723, 725 m. w. N.

I. Die Gesellschaftsverträge der typischen GmbH & Co. KG

schädigung stellen somit **steuerrechtlich** stets einen Gewinn der GmbH aus der Beteiligung an der KG dar. Dies gilt unabhängig davon, ob die GmbH die Vergütungen von der KG gesondert ersetzt, erhält oder aus ihrem allgemeinen Gewinnanteil bestreitet. Überhöhte Tätigkeitsvergütungen können mittelbare **verdeckte Gewinnausschüttungen** der Komplementär-GmbH an der Gesellschaft sein.[203] Gehaltszahlungen, die die Komplementär-GmbH an ihren beherrschenden Gesellschafter-Geschäftsführer zahlt, der zugleich Kommanditist ist, sind als verdeckte Gewinnausschüttungen zu qualifizieren, wenn sie nicht im Voraus klar vereinbart bzw. unangemessen sind.[204] Das materielle Risiko der Umqualifizierung von Tätigkeitsvergütungen in verdeckte Gewinnausschüttungen besteht zwar unverändert, jedoch sind die steuerlichen Risiken seit Einführung des Teileinkünfteverfahrens deutlich entschärft. Der Grund liegt darin, dass keine Ausschüttungsbelastung mehr hergestellt wird und wegen der ohnehin gewerblichen Qualifizierung von Tätigkeitsvergütungen, anders als bei Rechtsform der GmbH oder AG, keine Entlastungseffekte bei der Gewerbesteuer erzielt werden können.

Die als verdeckte Gewinnausschüttungen umqualifizierten Tätigkeitsvergütungen unterliegen im Bereich des Teileinkünfteverfahrens bei dem empfangenden Kommanditisten nur einer anteiligen Besteuerung in Höhe von 40 % gemäß § 3 Nr. 40 EStG. Tätigkeitsvergütungen für den Geschäftsführer oder Arbeitnehmer der Komplementär-GmbH, der nicht zugleich auch Kommanditist ist, sind Sonderbetriebsausgaben der Komplementär-GmbH.[205] Diese Grundsätze gelten sinngemäß für die doppelstöckige GmbH & Co. KG bei mittelbarer Beteiligung des Geschäftsführers der Komplementär-GmbH an der KG.[206]

513

5. Umsatzsteuer

Zwischen der KG und der Komplementär-GmbH können umsatzsteuerbare Leistungen erfolgen (**Rn. 172 ff.**). Streitig war jedoch, ob die **Übernahme der Geschäftsführung gegen Entgelt** einen Leistungsaustausch im umsatzsteuerrechtlichen Sinne begründet.[207]

514

Der BFH hat unter Abweichung von seiner früheren Rechtsprechung entschieden, dass die Geschäftsführung durch die Komplementär-GmbH in einer GmbH & Co. KG in Abhängigkeit von der jeweiligen Vereinbarung entweder im Rahmen eines steuerbaren Leistungsaustausches oder als nicht steuerbarer Gesellschafterbeitrag erfolgen kann.[208]

515

Sofern die Kommanditgesellschaft umsatzsteuerrechtlich in vollem Umfang vorsteuerabzugsberechtigt ist, sollte auf die Vereinbarung eines **Gewinnvo-**

516

---

203 Schmidt/*Wacker* EStG, § 15 Rn. 718.
204 Schmidt/*Wacker* EStG, § 15 Rn. 718.
205 Schmidt/*Wacker* EStG, § 15 Rn. 719.
206 Schmidt/*Wacker* EStG, § 15 Rn. 721.
207 Zum Meinungsstand s. *Blanke* UR 1990, 137; s. a. *Schumann* GmbHR 1988, 151.
208 BFH v. 6.6.2002, BStBl. II 2003, 36.

raus verzichtet werden. Mit der umsatzsteuerpflichtigen Behandlung der Geschäftsführungsleistung als Sonderentgelt, die im Rahmen der Handelsbilanz als Aufwand behandelt wird, wird die Komplementär-GmbH umsatzsteuerrechtlich zur Unternehmerin und erlangt hierdurch den Vorsteuerabzug auf ihre Eingangsrechnungen. Ist die KG hingegen nicht oder nur teilweise zum Vorsteuerabzug berechtigt, führt eine in Rechnung gestellte Umsatzsteuer in voller Höhe, bzw. in Höhe der Vorsteuerausschlussquote gemäß § 15 Abs. 4 UStG zu einer Definitivbelastung, die sich durch Vereinbarung eines Gewinnvoraus an Stelle eines Sonderentgelts vermeiden lässt (**Rn. 145**).

517 Seit der Entscheidung des BFH vom 3. März 2011[209] hat auch der Anspruch auf **Haftungsvergütung** der Komplementärin Leistungscharakter. Die Haftungsvergütung ist folglich sowohl im Falle einer einheitlichen Vergütung für Geschäftsführung, Vertretung und Haftungsübernahme, als auch bei isolierter Übernahme lediglich der Haftung umsatzsteuerbares Sonderentgelt.

§ 8
Gesellschafterversammlungen

518 (1) Beschlüsse der Gesellschafter werden auf Gesellschafterversammlungen gefasst. Der Abhaltung einer Gesellschafterversammlung bedarf es nicht, wenn sich alle Gesellschafter mit dem vorgeschlagenen Beschluss in Textform (§ 126 b BGB) oder in Schriftform (§ 126 BGB) zugestimmt haben oder alle Gesellschafter mit einer Abstimmung in Textform oder in Schriftform einverstanden sind, soweit keine andere Form gesetzlich zwingend vorgeschrieben ist („Umlaufbeschlüsse"). Zulässig ist auch jede andere Form der Beschlussfassung, wenn alle Gesellschafter zustimmen. Adressat der Stimmabgabe ist die Komplementärin. Umlaufbeschlüsse kommen mit dem Zugang des Abstimmungsprotokolls (Abs. 12) bei allen stimmberechtigten Gesellschaftern zustande.

519 (2) Die Einberufung der Gesellschafterversammlung erfolgt durch die Komplementärin, soweit dieser Vertrag nicht etwas anderes bestimmt. Die Einberufung hat unter gleichzeitiger Bekanntgabe der Tagesordnung und des Tagungslokals mittels Einwurfeinschreiben, das mindestens 14 Tage vor dem Termin der Gesellschafterversammlung an die Kommanditisten zur Absendung gebracht sein muss, zu erfolgen. Die Einladung ist mit ihrer Aufgabe zur Post bewirkt. Der Tag der Absendung der Einladung (Poststempel) und der Tag der Versammlung werden bei der Fristberechnung nicht mitgezählt. Ist die Anschrift eines Kommanditisten unbekannt, oder kann er aus anderen Gründen nicht ordnungsgemäß geladen werden, so ruht sein Stimmrecht bis zur Beseitigung dieses Zustandes, soweit der Gesellschaftsvertrag nicht etwas anderes bestimmt.

---

[209] BFH v. 3.3.2011, BStBl. II 2011, 950; Abschnitt 1 Abs. 6 S. 6 UStAE.

I. Die Gesellschaftsverträge der typischen GmbH & Co. KG

(3) Kommanditisten, die über ...% des Kommanditkapitals verfügen, können unter Vorlage einer Tagesordnung von der Komplementärin verlangen, dass eine Gesellschafterversammlung einberufen wird; 520
§ 50 GmbHG gilt entsprechend mit der Maßgabe, dass die Form- und Fristvorschriften des Abs. 2 zu beachten sind. 521

(4) Gesellschafterversammlungen finden jeweils am Sitz der Gesellschaft statt, es sei denn, alle Gesellschafter stimmen im Einzelfall einem anderen Versammlungsort zu. 522

(5) Eine vertragsgemäß einberufene Gesellschafterversammlung ist beschlussfähig, wenn die anwesenden und vertretenen Kommanditisten ...% aller Stimmen auf sich vereinigen. Ist eine Gesellschafterversammlung gem. Satz 1 nicht beschlussfähig, so ist eine neue Gesellschafterversammlung mit gleicher Tagesordnung unter Einhaltung der in Absatz 2 genannten Form- und Fristvorschriften einzuberufen (zweite Gesellschafterversammlung). Die zweite Gesellschafterversammlung ist ohne Rücksicht auf die Zahl der Stimmen der anwesenden und vertretenen Kommanditisten beschlussfähig. Hierauf ist in der Einladung hinzuweisen. 523

(6) Ist eine Gesellschafterversammlung nicht vertragsgemäß einberufen worden, können Beschlüsse nur gefasst werden, wenn alle Gesellschafter anwesend oder vertreten sind („Vollversammlung") und alle anwesenden Gesellschafter und Vertreter von Gesellschaftern mit der Fassung von Beschlüssen einverstanden sind. 524

(7) Jeder Gesellschafter kann sich im Einzelfall auf Gesellschafterversammlungen nur von anderen Gesellschaftern oder von einem zur Berufsverschwiegenheit verpflichteten, sachverständigen Dritten vertreten lassen. Im Übrigen ist eine Vertretung nach § 9a aufgrund einer Vorsorgevollmacht zulässig. 525

(8) Jeder Gesellschafter kann sich von einem zur Berufsverschwiegenheit verpflichteten, sachverständigen Dritten in der Gesellschafterversammlung beraten lassen, wenn er dies den anderen Gesellschaftern mit einer Frist von mindestens 8 Tagen vorher schriftlich mitgeteilt hat. Im Fall von Satz 1 sind auch die anderen Gesellschafter berechtigt, sich von je einem Berater gem. Satz 1 in der Gesellschaftsversammlung beraten zu lassen. 526

- Variante 1:
(9) Die Gesellschafterversammlung wird von einem Geschäftsführer der Komplementärin geleitet; hat diese mehrere Geschäftsführer, steht die Leitung dem jeweils dienstältesten anwesenden Geschäftsführer zu. Ist kein Geschäftsführer anwesend oder ist kein Geschäftsführer bereit, die Gesellschafterversammlung zu leiten, wird der Leiter mit der einfachen Mehrheit der Stimmen der erschienenen und vertretenen Kommanditisten gewählt. 527

- Variante 2:

528 (9) Die Gesellschafterversammlungen werden durch den Vorsitzenden geleitet, den die Kommanditisten aus ihrer Mitte mit einfacher Mehrheit der Stimmen der erschienenen und vertretenen Kommanditisten wählen. Bis zur Wahl wird die Versammlung durch den nach Lebensjahren ältesten Kommanditisten geleitet, der hierzu bereit ist.

529 (10) Der Leiter der Gesellschafterversammlung bestimmt die Reihenfolge der Tagesordnungspunkte. Er kann einzelne Tagesordnungspunkte absetzen, wenn Kommanditisten, die über mehr als …% der Stimmrechte verfügen, dies beantragen, oder wenn ein Antrag gestellt wird, der von einem Tagesordnungspunkt nicht gedeckt ist oder wenn Meinungsverschiedenheiten über die Zulässigkeit eines Tagesordnungspunktes oder eines Antrags zwischen den Gesellschaftern bestehen.

530 (11) Über die Gesellschafterversammlung ist ein Protokoll zu fertigen, das von dem Leiter der Gesellschafterversammlung zu unterzeichnen ist; der Leiter des Gesellschafterversammlung kann einen Dritten mit der Erstellung des Protokolls beauftragen. Abschriften des Protokolls sind allen Gesellschaftern unverzüglich zuzuleiten. Das Protokoll hat mindestens die Namen der anwesenden und vertretenen Gesellschafter, die Namen der Vertreter und Berater, etwaige Verzichte auf die Einhaltung von Form- und Fristvorschriften, alle Anträge und alle Beschlüsse einschließlich der jeweiligen Abstimmungsergebnisse zu enthalten.

531 (12) Werden Umlaufbeschlüsse gefasst, ist der Wortlaut des Beschlussantrages und das Ergebnis der Abstimmung in einem Protokoll festzuhalten. Das Protokoll ist von der Komplementärin zu erstellen; Abschriften des Protokolls sind allen Kommanditisten unverzüglich zuzuleiten.

Erläuterungen

1. Gesetzliche Ausgangslage
2. Umlaufbeschlüsse
3. Ladungsfrist
4. Beschlussfähigkeit
5. Vollversammlung
6. Vertretung
7. Beratung durch Dritte
8. Leitung
9. Protokoll

1. Gesetzliche Ausgangslage

532 Das HGB sieht für eine KG keine Gesellschafterversammlung und daher keine Regelungen für die Einberufung und Durchführung von Gesellschafterversammlungen vor. Solche sind jedoch in der Praxis unverzichtbar. Der **Gesellschaftsvertrag** sollte daher die Form der Einberufung, die Einberufungsfristen, die Einberufungskompetenz, den Ort der Gesellschafterversammlung, die Vertretung von Gesellschaftern auf der Gesellschafterversammlung, die Leitung der Gesellschafterversammlung und die Erstellung des Protokolls über die

I. Die Gesellschaftsverträge der typischen GmbH & Co. KG 191

Gesellschafterversammlung regeln. Die dispositiven Regelungen der § 709 BGB, §§ 119, 161 Abs. 2 HGB sehen das Einstimmigkeitsprinzip vor. Sofern der Gesellschaftsvertrag Mehrheitsbeschlüsse zulässt, sollte in diesem auch geregelt werden, mit welcher Mehrheit Gesellschafterbeschlüsse zustande kommen. Grenzen erreicht die vertragliche Dispositionsfreiheit jedoch, sofern die Abhaltung einer Gesellschafterversammlung unangemessen erschwert wird oder sofern die Ausübung der Teilnahmerechte der Gesellschafter durch die Erleichterungen der Einberufung substantiell erschwert wird.[210] Ein Verstoß gegen Einberufungs- und Ladungsvorschriften führt bei Personengesellschaften zur Unwirksamkeit des Beschlusses, sofern nicht ausgeschlossen ist, dass der Beschluss nicht durch den Fehler beeinträchtigt wurde.[211] Gesellschafterbeschlüsse sind entweder nichtig oder fehlerfrei.[212] Beschlussmängel sind durch eine Feststellungsklage gegen die Mitgesellschafter geltend zu machen.[213]

2. Umlaufbeschlüsse

Umlaufbeschlüsse der Gesellschafter können mit Zustimmung aller Gesellschafter auch außerhalb einer Gesellschafterversammlung gefasst werden. Aus Gründen der Flexibilität können Umlaufbeschlüsse auch in anderer Form gefasst werden, wenn alle Gesellschafter der Form der Abstimmung zustimmen. Der Gesellschaftsvertrag sollte auch regeln, wer eine solche Beschlussfassung veranlassen kann, wer Abstimmungsempfänger ist und ab wann der Beschluss wirksam wird. 533

Für die Form der Abstimmung kommen in Betracht: **schriftliche** Abstimmung (§ 126 BGB), **telefonische** oder **telegrafische** Abstimmung, Abstimmung in **Textform** (§ 126 b BGB), oder **elektronische** Abstimmung (§ 126 a BGB). Schriftlich bedeutet, dass jeder Gesellschafter seine Abstimmungserklärung eigenhändig unterzeichnen muss (§ 126 BGB). Abstimmung in Textform bedeutet u.a. eine Abstimmung per Fax oder E-Mail (§ 126 b BGB). Unter „elektronischer" Form versteht das BGB eine Erklärung per E-Mail, die mit einer elektronischen Signatur nach dem Signaturgesetz versehen ist (§ 126 a BGB). Diese Art der Abstimmung scheidet derzeit wohl noch aus, weil die Gesellschafter in der Regel nicht über die erforderliche technische Ausstattung (Hard- und Software) verfügen, obwohl sie einen deutlich höheren Sicherheitsstandard bietet als eine Abstimmung in Textform. Für die Fälle der Beschlussfassung außerhalb der Gesellschafterversammlung sollte der Gesellschaftsvertrag eine Regelung zur Erstellung des Protokolls enthalten (siehe **Abs. 11** des Mustervertrages). 534

---

210 Reichert/*Liebscher*, § 17 Rn. 68.
211 BGH v. 11.3.2014, NZG 2014, 621.
212 BGH v. 11.3.2014, NZG 2014, 621.
213 Reichert/*Liebscher*, § 18 Rn. 52.

3. Ladungsfrist

535 Die Ladungsfrist für die Gesellschafterversammlung einer KG ist gesetzlich nicht geregelt. Die Ladungsfrist des § 51 Abs. 1 S. 1 GmbHG von mindestens einer Woche gilt nicht ohne weiteres.[214] Zwischen dem Zugang der Einladung und dem Termin der Gesellschafterversammlung muss eine angemessene Frist liegen, die den Gesellschaftern eine ausreichende Vorbereitung auf die Beschlussgegenstände ermöglicht.[215]

4. Beschlussfähigkeit

536 Regeln über die Beschlussfähigkeit können Kommanditisten davor schützen, dass Beschlüsse auf Gesellschafterversammlungen gefasst werden, bei denen sie nicht anwesend oder vertreten sind. Andererseits muss darauf geachtet werden, dass Kommanditisten (z. B. Minderheitsgesellschafter bei Mehrheitsbeschlüssen) die Fassung von Beschlüssen nicht dadurch verhindern können, dass sie der Gesellschafterversammlung fernbleiben. In der Regel wird hier **zweistufig** verfahren. Ist die erste Gesellschafterversammlung beschlussunfähig, so ist eine zweite Gesellschafterversammlung mit gleicher Tagesordnung einzuberufen, die ohne Rücksicht auf die Zahl der Stimmen der anwesenden und vertretenen Gesellschafter beschlussfähig ist.

5. Vollversammlung

537 Die Gesellschafterversammlung ist auch dann beschlussfähig, wenn zwar die Form- und Fristvorschriften für die Einberufung der Gesellschafterversammlung nicht eingehalten wurden, aber alle Gesellschafter anwesend oder vertreten sind. In diesem Fall entsteht das zusätzliche Problem, ob allein die Tatsache, dass alle Kommanditisten anwesend oder vertreten sind, die Beschlussfähigkeit herbeiführt oder ob die anwesenden Kommanditisten und die Vertreter von Kommanditisten noch zusätzlich erklären müssen, dass sie auf die Einhaltung der Form- und Fristvorschriften verzichten. Der BGH hat für die GmbH entschieden, dass im Falle einer Vollversammlung alle Gesellschafter damit einverstanden sein müssen, dass Beschlüsse gefasst werden.[216] Entsprechendes regelt der Mustervertrag auch für Vollversammlungen der KG in Abs. 6, der an § 51 Abs. 3 GmbHG angelehnt ist.

538 Bei Abstimmungen außerhalb der Gesellschafterversammlung spielt die Beschlussfähigkeit keine Rolle, da an der Abstimmung entweder alle Gesellschafter teilnehmen oder dem Beschlussvorschlag zustimmen müssen.

---

214 So etwa Scholz/*K. Schmidt* GmbHG, Anh. § 45 Rn. 33.
215 OLG Stuttgart v. 17.3.2014, GmbHR 2015, 309; vgl. Reichert/*Liebscher*, § 17 Rn. 109.
216 BGH v. 19.1.2009, DStR 2009, 646.

6. Vertretung

Eine weitere wichtige Frage ist es, welche Personen Kommanditisten auf Gesellschafterversammlungen vertreten können (nur andere Gesellschafter, Ehegatten bzw. Lebenspartner, Abkömmlinge, zur Berufsverschwiegenheit verpflichtete, sachverständige Dritte, Treugeber, Testamentsvollstrecker usw.?). Insbesondere **Familiengesellschaften** scheuen sich, andere Vertreter als Gesellschafter, Abkömmlinge oder Ehegatten bzw. Lebenspartner zuzulassen. **Abs.** 7 des Mustervertrages erlaubt eine Vertretung durch andere Gesellschafter oder durch zur Berufsverschwiegenheit verpflichtete, sachverständige Dritte und eine Vertretung aufgrund der Vorsorgevollmacht nach § 9a des Gesellschaftsvertrags, die für den Fall der Handlungsunfähigkeit erteilt wird, um eine Betreuung abzuwenden.

539

7. Beratung durch Dritte

Weiterer Regelungsbedarf besteht hinsichtlich der **Teilnahmerechte** von Beratern **gemeinsam** mit einem Gesellschafter auf Gesellschafterversammlungen. Insbesondere wenn Kommanditisten geschäftlich unerfahren sind, empfiehlt es sich, die Teilnahme Dritter zu gestatten, insbesondere, wenn die anderen Gesellschafter von der Absicht, einen Berater mitzubringen, vorab informiert werden. Eine „Beratungsklausel" wie in **Abs.** 8 des Musters ist zweckmäßig, damit vor einer Gesellschafterversammlung geklärt ist, ob Gesellschafter sich in der Versammlung von Dritten beraten lassen dürfen. Ohne eine solche Klausel müsste die Versammlung über die Zulassung von Beratern beschließen.

540

8. Leitung

Bei einer größeren Anzahl von Gesellschaftern erfordert die Durchführung der Gesellschafterversammlung einen Versammlungsleiter. Ein gesetzliches Recht zur Versammlungsleitung wird im Gesetz nicht geregelt. Es ist sinnvoll, dass der Gesellschaftsvertrag regelt, wer Leiter einer Gesellschafterversammlung sein soll. Der Mustervertrag bietet **zwei Varianten** hierzu an (**Abs.** 9), wobei die **Variante 1** der **Variante 2** in der Regel vorzuziehen ist, da die Geschäftsführer der Komplementärin mit den Geschäften und Problemen der KG besser vertraut sind als ein Kommanditist.

541

Trotz der fehlenden gesetzlichen Regelungen zur Versammlungsleitung ist es anerkannt, dass es Aufgabe des Versammlungsleiters ist, im Rahmen der geltenden, insbesondere gesellschaftsvertraglichen Regelungen für eine sachgerechte und effiziente Erledigung der Versammlungsgegenstände zu sorgen.[217]

542

---

217 Röhricht/v. Westphalen/Haas/*Haas* HGB, § 119 Rn. 4a.

Um diese Aufgabe erfüllen zu können, sind dem Versammlungsleiter, auch ohne eine ausdrückliche Bestimmung im Gesellschaftsvertrag, bestimmte Befugnisse eingeräumt. Für die GmbH besteht dabei Einigkeit, dass der Versammlungsleiter nicht befugt ist, Tagesordnungspunkte nicht behandeln zu lassen.[218] Teilweise wird dies jedoch dahingehend relativiert, dass dies nicht gelte, wenn etwaige Anträge rechts- und treuwidrig und daher unbeachtlich seien.[219] Dies dürfte auch für die KG gelten. **Absatz 10** weist dem Leiter der Gesellschafterversammlung ausdrücklich das Recht zu, unter den dort genannten Voraussetzungen Tagesordnungspunkte abzusetzen.

9. Protokolle

543 Vom Gesetz wird die Erstellung eines Versammlungsprotokolls nicht gefordert, ein solches ist aber aus **Beweisgründen** zu empfehlen. Der Inhalt des Protokolls muss dem Zweck gerecht werden, den Verlauf der Versammlung so genau wiederzugeben, dass Abwesende sich ohne Schwierigkeiten über den Inhalt der Veranstaltung unterrichten können und bei Streit über Vorgänge und gefasste Beschlüsse durch das Protokoll Klarheit geschaffen wird. Eine gesonderte Bestimmung für die Erstellung eines Protokolls empfiehlt sich für den Fall, dass Beschlüsse außerhalb von Gesellschafterversammlungen gefasst werden können. **Abs. 11** und **12** des Mustervertrages machen hierzu Vorschläge.

§ 9
Gesellschafterbeschlüsse

544 (1) Die von den Gesellschaftern zu treffenden Entscheidungen werden durch Beschlüsse der Gesellschafterversammlung gefasst, soweit der Gesellschaftsvertrag nicht etwas anderes bestimmt. Gesellschafterbeschlüsse werden mit der einfachen Mehrheit der Stimmen aller stimmberechtigten Gesellschafter (der einfachen Mehrheit der Stimmen der anwesenden und vertretenen stimmberechtigten Gesellschafter/der einfachen Mehrheit der abgegebenen Stimmen) gefasst, soweit der Vertrag oder das Gesetz nicht eine andere Mehrheit zwingend vorschreibt. Enthaltungen gelten als Nein-Stimmen.

545 (2) Eine Mehrheit von …% der Stimmen der anwesenden und vertretenen stimmberechtigten Gesellschafter (der Stimmen aller Gesellschafter/der abgegebenen Stimmen) ist in folgenden Angelegenheiten erforderlich, soweit der Gesellschaftsvertrag nicht etwas anderes bestimmt:

546 a) Feststellung des Jahresabschlusses;
547 b) Zustimmung zu zustimmungsbedürftigen Geschäften gemäß § 6 Abs. 3;

---

218 Lutter/Hummelhoff/*Bayer* GmbHG, § 48 Rn. 16.
219 MüKo/GmbHG/*Liebscher*, § 48 Rn. 112.

c) Bildung von Rücklagen; 548
d) Verbuchung von Gewinnanteilen; 549
e) Auszahlungen an Kommanditisten; 550
f) ... 551

(3) Folgende Beschlüsse können in jedem Fall nur mit den Stimmen aller vorhandenen stimmberechtigten Gesellschafter gefasst werden, soweit der Gesellschaftsvertrag nicht etwas anderes bestimmt, 552
a) Aufnahme neuer Gesellschafter; 553
b) Zustimmung zur Verfügung über Gesellschaftsanteile; 554
c) Auflösung der Gesellschaft; 555
d) Änderungen des Gesellschaftsvertrages; 556
e) Beschlüsse, die eine Nachschusspflicht begründen, soweit der Gesellschaftsvertrag nicht etwas anderes bestimmt; 557
f) die Verlegung des Verwaltungssitzes; 558
g) 559

(4) Je EUR ... des Kapitalkontos I gewähren eine Stimme. 560

(5) Das Stimmrecht der Komplementärin ist ausgeschlossen. 561

(6) Außer in den vom Gesetz angeordneten Fällen ist das Stimmrecht eines Gesellschafters auch in den Fällen des § 47 Abs. 4 GmbHG ausgeschlossen. 562

(7) Ist das Stimmrecht eines Gesellschafters in einzelnen Angelegenheiten ausgeschlossen, werden seine Stimmen bei der Ermittlung der für den Beschluss erforderlichen Stimmen nicht berücksichtigt. 563

(8) Rechtliche Mängel eines Gesellschafterbeschlusses sind innerhalb eines Monats seit Zugang des Protokolls, in dem der mangelhafte Beschluss enthalten ist, spätestens 6 Monate nach der Gesellschafterversammlung, durch Klage gegen die Gesellschaft geltend zu machen. 564

Erläuterungen

1. Gesetzliche Ausgangslage
2. Mehrheitsbeschlüsse
3. Mehrheiten
4. Stimmrechtsausschluss
5. Stimmrecht der Komplementärin
6. Anfechtung von Gesellschafterbeschlüssen

1. Gesetzliche Ausgangslage

Gesellschafterbeschlüsse in einer KG sind nach dem Gesetz grundsätzlich **einstimmig** zu fassen (§§ 161 Abs. 2, 119 Abs. 1 HGB), soweit der Gesellschaftsvertrag nichts anderes bestimmt. Hat nach dem Gesellschaftsvertrag die Mehrheit der Stimmen zu entscheiden, so ist nach dem Gesetz die Mehr- 565 heit im Zweifel nach der **Zahl der Gesellschafter** zu berechnen (§§ 161 Abs. 2, 119 Abs. 2 HGB). Gesellschafterbeschlüsse kommen formfrei zustande. Eine Versammlung der Gesellschafter ist nicht erforderlich. Es genügt eine Stimmabgabe.

2. Mehrheitsbeschlüsse

566 Die gesetzlichen Regelungen sind antiquiert. Moderne Gesellschaftsverträge sehen in der Regel Mehrheitsbeschlüsse vor, wobei sich die Zahl der Stimmen eines jeden Gesellschafters nach der Höhe seines **festen Kapitalkontos I** („kapitalorientiertes Stimmrecht") richtet.

567 Das nach §§ 161 Abs. 2, 119 Abs. 1 HGB vorgesehene Einstimmigkeitserfordernis für die Beschlussfassung der Gesellschafter ist dispositiv. Der Gesellschaftsvertrag kann daher für einzelne oder auch sämtliche Beschlussgegenstände eine mehrheitliche Beschlussfassung vorsehen. In der Praxis werden i.d.R. drei verschiedene Mehrheiten vorgesehen, Beschlüsse, die mit einfacher Mehrheit, mit qualifizierter Mehrheit und Beschlüsse, die mit allen vorhandenen Stimmen gefasst werden müssen. Lässt der Gesellschaftsvertrag Beschlüsse mit Stimmenmehrheit zu, so sind allerdings bestimmte **Grenzen** zu beachten: Zum Schutz von Minderheitsgesellschaftern hat der BGH im Jahr 1952[220] den sogenannten „**Bestimmtheitsgrundsatz**" wieder aufgegriffen, der vom Reichsgericht entwickelt worden war. Dieser beschränkte den Anwendungsbereich einer Mehrheitsklausel auf gewöhnliche Geschäfte. Eine solche Mehrheitsklausel erfasste danach nicht ohne Weiteres auch ungewöhnliche Beschlussgegenstände wie z.B. die Änderung des Gewinnverteilungsschlüssels, die Verlängerung der Dauer des Gesellschaftsvertrags und die Gestattung von nicht vorgesehenen Entnahmen. Die Zulässigkeit derartiger Mehrheitsbeschlüsse muss zweifelsfrei dem Gesellschaftsvertrag zu entnehmen sein. Diese Entscheidung wurde mit der „**Otto**"-**Entscheidung** des II. Zivilsenat des BGH v. 15.1.2007[221] weiterentwickelt. Nach dieser Entscheidung ist es nicht erforderlich, die einzelnen „gewöhnlichen" Beschlussgegenstände im Gesellschaftsvertrag einzeln aufzuführen. Es ist vielmehr geklärt, dass es genügt, wenn sich aus dem Gesellschaftsvertrag (auch durch Auslegung) eindeutig ergibt, dass der in Frage stehende Beschlussgegenstand einer Mehrheitsentscheidung unterworfen sein soll. In der „Otto-Entscheidung" entwickelte der BGH ein neues Prüfungsschema für Mehrheitsbeschlüsse. Zuerst ist zu prüfen, ob der Gesellschaftsvertrag der KG für den Beschlussgegenstand („formal") eine Mehrheitsentscheidung zulässt (1. Stufe). Dann ist auf einer 2. Stufe zu prüfen, ob die Mehrheitsentscheidung materiell unzulässig ist. Ob eine Mehrheitsentscheidung im Einzelfall legitimiert ist, ergibt sich im Rahmen einer materiellen Inhaltskontrolle.[222] Grenzen sind hier neben einer etwaig erfor-

---

220 BGH v. 12.11.1952, BGHZ 8, 35 = NJW 1953, 102.
221 BGH v. 15.1.2007, BGHZ 170, 283 = NJW 2007, 1685.
222 Vgl. BGH v. 15.1.2007, NJW 2007, 1685 (1686f., Tz. 9f.); v. 24.11.2008 („Schutzgemeinschaftsvertrag II"), BGHZ 179, 13 = NJW 2009, 669 (671, Tz. 17).

I. Die Gesellschaftsverträge der typischen GmbH & Co. KG

derlichen Zustimmung des betroffenen Gesellschafters, die auch bereits im Gesellschaftsvertrag antizipiert erteilt werden kann, insbesondere die allgemeine gesellschafterliche Treuepflicht der Mehrheit gegenüber der (überstimmten) Minderheit. Aus der gesellschafterlichen Treuepflicht kann sich umgekehrt aber auch eine Zustimmungsverpflichtung einzelner Gesellschafter ergeben[223], etwa im Hinblick auf die überragenden Interessen der Mitgesellschafter bei der Sanierung der Gesellschaft.[224] Im Jahr 2008 gab der BGH in der Entscheidung „**Schutzgemeinschaftsvertrag II**"[225] den Bestimmtheitsgrundsatz insgesamt auf und entwickelte sein zweistufiges Prüfungsschema aus der „Otto-Entscheidung" fort.

Mit Urteil vom 21. Oktober 2014[226] hat der BGH seine bisherige Rechtsprechung zu Mehrheitsbeschlüssen in Personengesellschaften zusammengefasst und konkretisiert. In dieser Entscheidung ging es um die Frage, ob Gesellschafterbeschlüsse, in denen die Mehrheit der Übertragung von Gesellschaftsanteilen auf Dritte zugestimmt hatte, von der Mehrheitsklausel des Gesellschaftsvertrages gedeckt war oder nicht. Nach dem Gesellschaftsvertrag der betroffenen KG erfolgten die Beschlussfassungen der Gesellschafterversammlung mit einfacher Mehrheit der vorhandenen Stimmen, soweit in dem Gesellschaftsvertrag oder im Gesetz nicht ausdrücklich etwas anderes geregelt war. In diesem Urteil kam der BGH durch Auslegung des Gesellschaftsvertrages zur Auffassung, dass die Zustimmung mit einem Mehrheitsbeschluss erteilt werden konnte. Der BGH hat klargestellt, dass dem früheren Bestimmtheitsgrundsatz für die formelle Legitimation einer Mehrheitsentscheidung keine Bedeutung mehr zukomme. Vielmehr sei ein mit Mehrheit gefasster Gesellschafterbeschluss immer dann formell wirksam (erste Stufe der Prüfung), wenn die Auslegung des Gesellschaftsvertrages nach allgemeinen Auslegungsgrundsätzen ergäbe, dass dieser Beschlussgegenstand einer Mehrheitsentscheidung unterworfen sein soll. Hinsichtlich der zweiten Stufe der Prüfung des angefochtenen Beschlusses kam der BGH in der Entscheidung vom 21.10.2014 vorläufig zum Ergebnis, dass die angegriffenen Beschlussfassungen nicht als eine treuwidrige Ausübung der Mehrheitsmacht gegenüber der Minderheit angesehen werden könnten und verwies den Rechtsstreit zur Prüfung der materiellen Legitimität der Mehrheitsbeschlüsse zurück an das OLG. Der sogenannte Bestimmtheitsgrundsatz wurde also abgeschafft und durch eine zweistufige Prüfung der formellen und materiellen Wirksamkeit eines Mehrheitsbeschlusses ersetzt.

568

---

223 Baumbach/Hopt/*Roth* HGB, § 119 Rn. 7.
224 Vgl. BGH v. 25.10.2009 („*Sanieren oder Ausscheiden*"), BGHZ 183, 1 = NJW 2010, 65.
225 BGH v. 24.11.2008, BGHZ 179, 13 = NJW 2009, 669.
226 BGH v. 21.10.2014, BGHZ 203, 77 = NJW 2015, 859.

3. Mehrheiten

569 Mehrheitsbeschlüsse können gefasst werden mit
- einer bestimmten Mehrheit **aller vorhandenen** Stimmen
- einer bestimmten Mehrheit der Stimmen der **anwesenden und vertretenen** Gesellschafter oder
- mit einer bestimmten Mehrheit der **abgegebenen** Stimmen.

570 Üblicherweise unterscheidet ein Gesellschaftsvertrag – je nach den Umständen des Einzelfalls und der Interessenlage der Gesellschafter – zwischen Beschlüssen, die mit einfacher Mehrheit (**Abs. 1 des Mustervertrages**), die mit einer qualifizierten Mehrheit (**Abs. 2 des Mustervertrages**), und solchen, die mit den Stimmen aller Gesellschafter (**Abs. 3 des Mustervertrages**) zu fassen sind. Bei Letzteren von „Einstimmigkeit" zu sprechen, ist nicht eindeutig, weil Einstimmigkeit auch „ohne Gegenstimme" bedeuten kann und auch dann vorliegen kann, wenn nicht alle sondern nur alle erschienenen und vertretenen Gesellschafter zustimmen. Enthaltungen würden bei solchen Mehrheiten als Nein-Stimme gewertet.

571 Viele Gesellschaftsverträge, die Mehrheitsentscheidungen zulassen, definieren die Stimmenmehrheit nicht ausreichend!

So kann man oft lesen, dass Beschlüsse mit der „Mehrheit von …% der Stimmen" gefasst werden. Derartige Formulierungen lassen die Frage offen, welche Mehrheit gemeint ist. Bei der Abfassung eines Gesellschaftsvertrages ist daher strikt darauf zu achten, dass die jeweilige Stimmenmehrheit genau definiert wird. Welche der drei Möglichkeiten im Einzelfall gewählt wird, hängt von der Bedeutung des jeweiligen Beschlussgegenstandes ab.

Der Halbsatz „… soweit der Gesellschaftsvertrag nicht etwas anderes bestimmt" ist erforderlich, weil § 3 Abs. 8, 1. Variante, vorsieht, dass Beschlüsse, die eine Nachschusspflicht begründen, bis zu einem bestimmten Betrag der Summe der Einlagen lediglich der einfachen Mehrheit aller vorhandenen Stimmen bedürfen.

4. Stimmrechtsausschluss

572 Das Gesetz schließt über die Verweisung in § 161 Abs. 2 HGB das Stimmrecht des betroffenen Gesellschafters einer KG lediglich in den Fällen der § 113 Abs. 2 (Geltendmachung von Ansprüchen gegen einen Gesellschafter, der das Wettbewerbsverbot verletzt hat), § 117 (Beschlussfassung über die Entziehung der Geschäftsführungsbefugnis), § 127 (Beschlussfassung über die Entziehung der Vertretungsmacht), 140 (Ausschluss eines Gesellschafters), § 141 (Beschluss über die Fortsetzung der Gesellschaft im Falle der Kündigung durch den Gläubiger eines Gesellschafters) HGB aus. Nicht geregelt im HGB ist die Frage des Ausschlusses des Stimmrechtes eines Gesellschafters in anderen Fällen der Kollision des persönlichen Interesses eines Gesellschafters mit dem Gesellschaftsinteresse. So schließt zum Beispiel § 47 Abs. 4 GmbHG das Stimmrecht auch in folgenden vier Fällen aus:

I. Die Gesellschaftsverträge der typischen GmbH & Co. KG

- Entlastung oder Befreiung von einer Verbindlichkeit
- Vornahme eines Rechtsgeschäfts
- Einleitung eines Rechtsstreites
- Erledigung eines Rechtsstreites

In der Regel ist es sinnvoll, das Stimmrecht auch in diesen Fällen auszuschließen (siehe Abs. 6 des Mustervertrags).

Das Stimmrecht aus dem Gesellschaftsanteil eines Kommanditisten kann ausgeschlossen werden, außer für Beschlüsse, die in den Kernbereich der Gesellschafterrechte eingreifen.[227]

Zur Klarstellung, dass sich die Mehrheiten in Abs. 1-Abs. 3 jeweils nur auf die stimmberechtigten Gesellschafter beziehen, ist dort jeweils von „stimmberechtigten Gesellschaftern" die Rede. Stimmberechtigt sind in der Regel nur die Kommanditisten, es sei denn, dass im Einzelfall ihr Stimmrecht ausgeschlossen ist.

573

5. Stimmrecht der Komplementärin

Auch Gesellschaftsanteile der Komplementärin ohne Stimmrecht sind zulässig,
- wenn sich das Stimmrecht nach den Kapitalkonten richtet und die Komplementärin über kein Kapitalkonto verfügt, weil sie keine Einlage geleistet hat[228];
- bei einer personenidentischen GmbH & Co. KG (auch für Beschlüsse, die in den Kernbereich der Gesellschafterrechte eingreifen)[229];
- bei einer Einheits-GmbH & Co. KG[230].

574

6. Anfechtung von Gesellschafterbeschlüssen

Die Rechtsschutzmodelle im Hinblick auf die Geltendmachung der Fehlerhaftigkeit einer Entscheidung der Gesellschafterversammlung sind bei der GmbH und bei einer KG grundlegend unterschiedlich.[231] Ein **GmbH-Gesellschafter** muss gegen fehlerhafte Beschlüsse mit aktienrechtlichen Gestaltungsklagen vorgehen, die gegen die Gesellschaft als Passivpartei zu richten sind. Fehlerhafte Beschlüsse sind in der Regel nur anfechtbar und nur selten nichtig. Bei einer GmbH ist die Anfechtungsklage eines Gesellschafters gegen die GmbH fristgebunden innerhalb eines Monats zu erheben[232], sofern nicht aufgrund der Besonderheiten der GmbH eine Abweichung erforderlich ist.

575

Demgegenüber sind fehlerhafte Gesellschafterbeschlüsse einer **Personengesellschaft** in der Regel nichtig. Soll die Nichtigkeit eines Beschlusses im Kla-

576

---

227 Str., so Baumbach/Hopt/*Roth* HGB, § 119 Rn. 13.
228 *Scholz/Schmidt* GmbHG, Anh. § 45 Rn. 40.
229 BGH v. 24.5.1993, NJW 1993, 2100; Baumbach/Hopt/*Roth,* HGB, Anh. § 177a Rn. 25.
230 *Scholz/Schmidt* GmbHG, Anh. § 45 Rn. 40.
231 Vgl. hierzu Reichert/*Liebscher,* § 18 Rn. 1 ff.
232 BGH v. 9.12.1968, NJW 1969, 841.

gewege gerügt werden, so ist die Unwirksamkeit im Wege der Feststellungsklage gemäß § 256 ZPO zu erheben. Die Klage ist nicht gegen die Gesellschaft, sondern gegen diejenigen Gesellschafter zu richten, welche die Nichtigkeit des Beschlusses bestreiten, sofern der Gesellschaftsvertrag nicht etwas anderes bestimmt.[233] Die Feststellungsklage ist grundsätzlich nicht fristgebunden, jedoch besteht das Risiko, dass das Klagerecht verwirkt wird, wenn die Klageerhebung zu lange herausgezögert wird.[234]

578 Es empfiehlt sich, das Rechtsschutzsystem der KG dem Klagesystem der GmbH anzupassen. Insbesondere sollte der Gesellschaftsvertrag der KG eine **Frist** enthalten, innerhalb derer die Klage zu erheben ist. Ferner sollte der Gesellschaftsvertrag vorsehen, dass der Beschluss nicht gegenüber anderen Gesellschaftern, sondern gegenüber der Gesellschaft als Beklagter geltend gemacht werden muss (siehe **Abs.** 8 des Mustervertrages). Die Klagefrist darf die Monatsfrist des § 246 Abs. 1 AktG nicht unterschreiten.[235] Im Personengesellschaftsrecht wird für den Beginn der Monatsfrist auf den Tag des Zugangs des Protokolls abgestellt, nicht auf den Tag der Beschlussfassung wie in § 246 Abs. 1 AktG. Für den Fall, dass kein Protokoll bis zum Ablauf z.B. von 6 Monaten ab dem Tag der Beschlussfassung versandt wurde, sollte die Anfechtungsfrist nach einer bestimmten, längeren Frist ablaufen, damit die Anfechtungsfrist nicht manipuliert werden kann. Zweckmäßigerweise wird der Gesellschaftsvertrag auch eine **Schiedsgerichtsklausel** enthalten, so dass die Klage nicht vor den staatlichen Gerichten erhoben werden muss, sondern vor einem Schiedsgericht verhandelt wird (s. hierzu auch die Schiedsgerichtsklausel in § 24 des Mustervertrages, **Rn. 959**).

§ 9a
Vorsorgevollmacht

578 (1) Jeder Kommanditist, der eine natürliche Person ist, ist verpflichtet, eine notarielle Vorsorgevollmacht zu errichten und aufrecht zu erhalten, in der Gesellschaftern oder Dritten Vollmacht zur Ausübung und Wahrnehmung seiner Gesellschafterrechte, einschließlich des Rechtes zu Verfügungen über seinen Gesellschaftsanteil, eingeräumt wird. Die Vollmachtsurkunde ist bei der Gesellschaft zu hinterlegen und von der Gesellschaft an den/die Bevollmächtigten oder den betreffenden Gesellschafter auf Verlangen herauszugeben.

579 (2) Bevollmächtigte sind zur Ausübung und Wahrnehmung von Gesellschafterrechten nur berechtigt, wenn die Gesellschafterversammlung der Erteilung der Vorsorgevollmacht mit Beschluss nach § 9 Abs. 1 dieses Vertrages zugestimmt hat; einer solchen Zustimmung bedarf es nicht für die Geltendmachung von Vermögensrechten (Gewinnrechte u.ä.).

---

233 BGH v. 24.3.2003, NJW 2003, 1729; OLG Celle v. 26.8.1998, NZG 1999, 64.
234 Reichert/*Liebscher,* § 18 Rn. 9.
235 BGH v. 13.2.1995, DB 1995, 920.

Ist als Bevollmächtigter eine Person bestimmt, die nach § 15 Abs. 1 dieses Vertrages zur Nachfolge in den Gesellschaftsanteil berechtigt ist, kann die Zustimmung nur aus wichtigem Grund verweigert werden. Die Gesellschafterversammlung hat den Beschluss über ihre Zustimmung unverzüglich nach Übergabe der Vollmachtsurkunde an die Gesellschaft und der Erklärung des/der Bevollmächtigten nach Abs. 4 zu fassen. Der betreffende Gesellschafter hat bei der Beschlussfassung kein Stimmrecht.

(3) Die Gesellschafterversammlung kann eine erteilte Zustimmung jederzeit mit Beschluss nach § 9 Abs. 1 dieses Vertrages widerrufen; ist ein Betreuungsfall (§ 1896 Abs. 1 BGB) eingetreten, oder ist ein Bevollmächtigter bestimmt worden, der nach diesem Vertrag zur Nachfolge in den Gesellschafteranteil berechtigt ist, kann der Widerruf nur aus wichtigem Grund erfolgen. Der betreffende Gesellschafter hat bei der Beschlussfassung kein Stimmrecht.

(4) Jeder Bevollmächtigte hat sich durch schriftliche Erklärung gegenüber der Gesellschaft persönlich zur Wahrung der gesellschafterlichen Treuepflichten zu verpflichten.

(5) Das Recht, sich im Einzelfall nach § 8 Abs. 7 dieses Vertrages auf Gesellschafterversammlungen vertreten zu lassen, bleibt unberührt.

Erläuterungen

1. Allgemeines
2. Beschränkung der Vollmachtsausübung im Innenverhältnis
3. Voraussetzungen der Vollmachtsausübung

1. Allgemeines

Wird ein Gesellschafter geschäftsunfähig, kann er seine Gesellschafterrechte nicht mehr ausüben. Dies kann für den Gesellschafter selbst, aber auch für die Gesellschaft und die Mitgesellschafter zu unerwünschten Belastungen führen.[236] Das Gesetz (§§ 1896 ff. BGB) sieht die Bestellung eines **Betreuers** vor, wenn ein Volljähriger aufgrund einer psychischen Krankheit oder einer körperlichen, geistigen oder seelischen Behinderung nicht in der Lage ist, seine Angelegenheiten zu besorgen. Hierbei besteht die Gefahr, dass das Betreuungsgericht eine Person zum Betreuer bestellt, mit dem die Mitgesellschafter nicht gedeihlich zusammenarbeiten können (oder wollen). Die Mitwirkung eines Betreuers kann durch den Gesellschaftsvertrag nach einer Entscheidung des BGH aus dem Jahr 1965[237] nicht ausgeschlossen werden.

---

[236] *Heckschen* NZG 2012, 10; *Reimann* ZEV 2014, 521.
[237] BGH v. 21.6.1965, BGHZ 44, 98.

584 Soweit ein Bevollmächtigter die Angelegenheiten ebenso wie ein Betreuer ausüben kann, ist die Bestellung eines Betreuers grundsätzlich unzulässig (§ 1896 Abs. 2 BGB).[238] Es ist daher im Interesse aller Gesellschafter ratsam, dass jeder Gesellschafter (rechtliche) Vorkehrungen für den Fall trifft, dass er seine Rechtsgeschäfte nicht selbständig ausüben kann, und einem Vertrauten – zumindest – für die Ausübung seiner Mitgliedschaftsrechte eine (Vorsorge-)Vollmacht erteilt.[239]

585 Der Mustervertrag sieht deshalb in **Abs. 1 S. 1** eine **Verpflichtung aller Gesellschafter** vor, eine solche inhaltlich auf die Ausübung der Gesellschafterrechte beschränkte (Vorsorge-)Vollmacht in notarieller Form zu erteilen und auch laufend aufrechtzuerhalten. Dies ändert freilich nichts daran, dass die einmal erteilte Vollmacht jederzeit durch den betreffenden Gesellschafter widerrufen werden kann. Er ist in diesem Fall verpflichtet, einen Ersatz-Bevollmächtigten zu bestimmen. Für juristische Personen gilt diese Verpflichtung selbstverständlich nicht.

586 Die hier verfolgte Regelungssystematik zielt darauf ab, dass jeder Gesellschafter eine auf die Ausübung von Gesellschafterrechten beschränkte **Sondervollmacht** für den Fall seiner Handlungsunfähigkeit erteilt. Nicht selten werden Gesellschafter (zudem) auch eine Vorsorgevollmacht im Umfang einer **Generalvollmacht** erteilen. Diese müsste zwar nicht nach der Regelungen des **Abs. 1 S. 2** bei der Gesellschaft hinterlegt werden. Gleichwohl hängt auch hier die Zulässigkeit der Vertretung des Gesellschafters innerhalb der Gesellschaft von den in **Abs. 2** genannten Voraussetzungen ab (näher sogleich unter **Anm. 3**).

2. Beschränkung der Vollmachtsausübung im Innenverhältnis

587 Die Vorsorgevollmacht zielt darauf ab, nur dann verwendet zu werden, wenn der betreffende Gesellschafter tatsächlich handlungsunfähig wird. Sie sollte allerdings im Interesse der Rechtssicherheit unbedingt ausgestaltet werden, da der Nachweis etwa der Geschäftsfähigkeit des vertretenden Gesellschafters oder der Betreuungsbedürftigkeit nur schwer zu führen sein wird.[240] Im **Außenverhältnis** *kann* der Bevollmächtigte den betreffenden Gesellschafter folglich im Grundsatz jederzeit wirksam vertreten. Ob und in welchem Umfang die Vollmacht von dem Bevollmächtigten tatsächlich ausgeübt werden *darf*, sollte demgegenüber im **Innenverhältnis** zwischen dem vollmachtgebenden Gesellschafter und dem Bevollmächtigten geregelt werden.

588 Abzuwägen ist im Einzelfall, ob im Gesellschaftsvertrag (zusätzliche) Schutzvorkehrungen getroffen werden, etwa indem der Gesellschaft oder auch einem Dritten ein Prüfungs- und Entscheidungsrecht über die Herausgabe der Vollmachtsurkunde eingeräumt wird. Hierauf wurde im Musterver-

---

238 S. hierzu etwa MüKo/BGB/*Schwab*, § 1896 Rn. 39 ff.
239 Vgl. etwa *Langenfeld* ZEV 2005, 52; *Reymann* ZEV 2005, 457 sowie zur Betreuung *Sorg* BWNotZ 2010, 107; *Wilde* GmbHR 2010, 123.
240 Einzelheiten s. Beck'sches Notar-Hdb/*Reetz*, F. X. Rn. 166 f.

I. Die Gesellschaftsverträge der typischen GmbH & Co. KG

trag verzichtet, um die Gesellschaft nicht durch etwaige Unsicherheiten über den Eintritt der Vertretungsbedingungen, insbesondere etwa über den Eintritt des Vorsorgefalles, zu belasten. Die Gesellschaft ist daher nach **Abs. 1 S. 2** verpflichtet, die Vollmachtsurkunde jederzeit auf Verlangen an den Bevollmächtigten herauszugeben.

3. Voraussetzungen der Vollmachtsausübung

Im Grundsatz ist die Erteilung einer widerruflichen Vollmacht zur Ausübung und Wahrnehmung von Gesellschafterrechten mit personengesellschaftsrechtlichen Grundsätzen vereinbar. Grenzen ergeben sich jedoch aus dem Grundsatz der **Höchstpersönlichkeit der Mitgliedschaft**.[241] Dies gilt insbesondere für Grundlagengeschäfte und die Teilnahme an Geschäftsführungsentscheidungen, gleich ob im Rahmen eines gesonderten Zustimmungskataloges, wie ihn etwa die **Variante 2** zu **§ 6 Abs. 3** des Mustervertrages vorsieht, oder des Widerspruchsrechts nach § 164 HGB für Handlungen, die über den gewöhnlichen Betrieb des Handelsgeschäfts hinausgehen (siehe hierzu die Erläuterungen zu § 6 des KG-Mustervertrages). Deshalb sieht **Abs. 2** vor, dass die Vollmachtsausübung, mit Ausnahme der Geltendmachung von Vermögensrechten, von der **Zustimmung der Gesellschafterversammlung** abhängt.

589

Die Mitgesellschafter haben grundsätzlich **freies Ermessen**, die Wahrnehmung von Gesellschafterrechten durch einen Bevollmächtigten zuzulassen. Dies gilt für die Erteilung der Zustimmung ebenso wie für einen etwaigen Widerruf einer solchen. Denn anders als für die Fälle der vorübergehenden Verhinderung dürfte der betreffende Gesellschafter keinen Anspruch auf Zustimmung haben, da wegen der jederzeit möglichen Betreuerbestellung keine Rechtslosigkeit dieses Gesellschafters zu besorgen ist.[242] **Grenzen** ergeben sich allerdings durch die allgemeinen gesellschafterlichen Treuepflichten, dem Grundsatz der Höchstpersönlichkeit der Mitgliedschaft, der Selbstorganschaft und dem Abspaltungsprinzip.[243]

590

Die Entscheidungsfreiheit der Mitgesellschafter, die Person des Bevollmächtigten zu akzeptieren, erscheint dann eingeschränkt, wenn der Bevollmächtigte im Falle des Todes des betreffenden Gesellschafters nach den Nachfolgeregelungen des Gesellschaftsvertrages selbst Gesellschafter werden würde. Wenn sich die Mitgesellschafter nach dem Gesellschaftsvertrag mit der Gesellschafterstellung der bevollmächtigten Person abfinden müssten, bedarf die Ablehnung der Bevollmächtigung einer besonderen sachlichen Rechtfertigung. **Abs. 2 S. 2** sieht deshalb vor, dass die Zustimmung der Mitgesellschafter nur aus wichtigem Grund verweigert werden darf, wenn der Bevollmächtigte zu den **nachfolgeberechtigten Personen** nach § 15 Abs. 1 des Mustervertrages gehört.

591

---

241 Siehe hierzu *C. Schäfer* ZHR 175 (2011), 557 (567 ff.).
242 *C. Schäfer* ZHR 175 (2011), 557 (568).
243 *Schäfer* ZHR 175 (2011), 557 (582).

592 Im Interesse des vollmachtgebenden Gesellschafters ist nach **Abs. 3 S. 1** des Musters die Möglichkeit eines Widerrufes nicht nur für den Fall auf das Vorliegen eines wichtigen Grundes beschränkt, dass ein nachfolgeberechtigter Bevollmächtigter betroffen ist. Der Widerruf bedarf vielmehr auch dann einer besonderen sachlichen Begründung, wenn der **Betreuungsfall**[244] eingetreten ist, da es dem betreffenden Gesellschafter in diesem Fall nicht (mehr) möglich ist, einen Ersatz-Bevollmächtigten zu bestimmen.[245] Mit Blick auf die Nachweisproblematik (siehe bereits oben unter Anm. 2) ist im Einzelfall abzuwägen, ob den Mitgesellschaftern die Nachweispflicht für das Nichtvorliegen eines Betreuungsfalls auferlegt werden soll, im Muster wurde hierauf verzichtet.

593 Der vollmachtgebende Gesellschafter möchte möglichst frühzeitig wissen, ob die Mitgesellschafter mit dem Bevollmächtigten einverstanden sind oder ob er einen Ersatz-Bevollmächtigten benennen muss. Das Muster sieht daher in **Abs. 2 S. 3** vor, dass die Mitgesellschafter verpflichtet sind, **unverzüglich** nach Übergabe der Vollmachtsurkunde an die Gesellschaft sowie der Erklärung des Bevollmächtigten, die gesellschafterlichen Treuepflichten einzuhalten, über die Zustimmung zu entscheiden.

594 Eine solche Verpflichtung zur Einhaltung der **Treuepflichten** des (vertretenen) Gesellschafters sieht die Regelung des **Abs. 4** des Musters vor. Hiermit soll verhindert werden, dass der vertretene (nunmehr geschäftsunfähige) Gesellschafter gegebenenfalls auf Einhaltung seiner Treuepflichten verklagt werden müsste, der seinerseits den Bevollmächtigten – im Wege der Vollmachtsbetreuung – entsprechend anweisen müsste.

§ 10
Jahresabschluss

595 (1) Die Komplementärin hat innerhalb der gesetzlichen Frist (§ 264 Abs. 1 i.V.m. § 264a HGB) nach dem Ende eines Geschäftsjahres den Jahresabschluss für das abgelaufene Geschäftsjahr unter Beachtung handelsrechtlicher Vorschriften aufzustellen und den Gesellschaftern den Entwurf unverzüglich zu übersenden. Die Ausübung von Bewertungswahlrechten und die Entscheidungen über Bilanzmaßnahmen, auch soweit sie gewinnverwendender Natur sind oder sein können, stehen der Komplementärin zu. Nimmt der Gesellschaftsvertrag Bezug auf Begriffe, wie etwa den Jahresüberschuss, Kapital- und Verrechnungskonten oder den Buchwert des Kapitalkontos, ist hiermit stets der handelsrechtliche Ansatz gemeint, soweit nicht dieser Vertrag eine abweichende Bezugsgröße vorschreibt.

596 (2) Die Verzinsung der Verrechnungskonten im Soll und Haben, die Kosten der Geschäftsführung und die Haftungsprämie für die Komplementärin sind als Aufwand bzw. als Ertrag zu behandeln.

---

244 Siehe hierzu etwa MüKo/BGB/*Schwab,* § 1896 Rn. 55 f.
245 Vgl. hierzu auch *C. Schäfer* ZHR 175 (2011) 557 (580 ff.).

I. Die Gesellschaftsverträge der typischen GmbH & Co. KG

- Variante 1:
(3) Der Jahresabschluss ist von einem, von der Gesellschafterversammlung gewählten Wirtschaftsprüfer zu prüfen. Der Entwurf des Jahresabschlusses und der Prüfungsbericht sind den Gesellschaftern unverzüglich zuzuleiten.

- Variante 2:
(3) Die Gesellschafterversammlung kann beschließen, dass der Jahresabschluss von einem Wirtschaftsprüfer geprüft wird. Der Entwurf des Jahresabschlusses und der Prüfungsbericht sind den Gesellschaftern unverzüglich zuzuleiten.

- Variante 1:
(4) Der Jahresabschluss wird von der Gesellschafterversammlung festgestellt. Der Entwurf des Jahresabschlusses ist den Gesellschaftern rechtzeitig vor der Beschlussfassung, mindestens jedoch 14 Tage vorher, zuzuleiten.

- Variante 2:
(4) Der Jahresabschluss wird von der Komplementärin festgestellt. Jedem Kommanditisten ist unverzüglich eine Abschrift des festgestellten Jahresabschlusses zu übersenden.

Erläuterungen

1. Allgemeines
2. Aufstellungsfrist
3. Aufstellungsgrundsätze
4. Aufwand oder Gewinnvoraus?
5. Prüfung des Jahresabschlusses
6. Feststellung des Jahresabschlusses
7. Publizität des Jahresabschlusses

1. Allgemeines

Es ist zu unterscheiden zwischen GmbH & Co. KGs, bei denen neben einer GmbH auch eine natürliche Person persönlich haftender Gesellschafter ist und GmbH & Co. KGs, bei denen dies nicht der Fall ist.

Ist nur eine GmbH persönlich haftender Gesellschafter einer gewerblich tätigen oder gewerblich geprägten GmbH & Co. KG, finden gem. § 264a HGB auf den Jahresabschluss die Vorschriften Anwendung, die (zusätzlich) für Kapitalgesellschaften gelten; dies sind die Vorschriften der §§ 264–289 HGB (**Rn. 66 ff.**). Dies gilt jedoch nicht, wenn neben der Komplementär-GmbH eine natürliche Person persönlich haftender Gesellschafter ist.

Dies hat insbesondere zur Folge, dass die GmbH & Co. KG, die wie eine Kapitalgesellschaft behandelt wird, einen **Anhang** (§§ 284 ff. HGB) und einen **Lagebericht** als Bestandteil des Jahresabschlusses erstellen muss. Kleine Kapitalgesellschaften (§ 267 Abs. 1 HGB) müssen keinen Lagebericht aufstellen.

Eine Gleichstellung der GmbH & Co. KG mit Kapitalgesellschaften erfolgt nicht nur hinsichtlich der Rechnungslegungsvorschriften, vielmehr sind auch die Vorschriften über die Prüfung und Offenlegung gemäß §§ 325 ff. HGB anzuwenden.

2. Aufstellungsfrist

605 Für GmbH & Co. KGs, bei denen **keine natürliche Person** persönlich haftender Gesellschafter ist, ist der Jahresabschluss grundsätzlich innerhalb von **drei Monaten** ab Ende des abgelaufenen Geschäftsjahres aufzustellen. Diese Frist verlängert sich für **kleine Gesellschaften** i. S. v. § 267 Abs. 1 HGB auf **sechs Monate**, soweit dies einem ordnungsgemäßen Geschäftsgang entspricht (§ 264 Abs. 1 S. 2 und 3 HGB).

606 Für GmbH & Co. KGs, bei denen **auch eine natürliche Person** persönlich haftender Gesellschafter ist, sieht das Gesetz keine bestimmte Frist vor, innerhalb derer die Aufstellung des Jahresabschlusses einer KG zu erfolgen hat. § 243 Abs. 3 HGB verlangt lediglich die Aufstellung innerhalb der einem **ordnungsgemäßen** Geschäftsgang entsprechenden Zeit. Die 6-Monatsfrist für kleine Kapitalgesellschaften (§ 264 Abs. 1 HGB) gilt aber grundsätzlich entsprechend auch für Personengesellschaften und darf nur in besonderen Ausnahmefällen geringfügig überschritten werden.[246]

3. Aufstellungsgrundsätze

607 a) **Gesellschaftsrecht** Der Jahresabschluss ist grundsätzlich nach den **handelsrechtlichen** Vorschriften (§§ 238 ff. HGB) aufzustellen (**Abs. 1** des Mustervertrages). Er muss klar und übersichtlich sein (§ 243 Abs. 1 und 2 HGB). Die Gesellschafter können, soweit die Vorschriften der §§ 238 ff. HGB nicht zwingender Natur sind, vereinbaren, von diesen Vorschriften abzuweichen.

608 Im Zusammenhang mit der Aufstellung und Feststellung der Bilanz stellt sich die Frage, wer über **Bewertungswahlrechte und Bilanzmaßnahmen** entscheidet: die Komplementärin oder die Gesellschafterversammlung? In der Literatur wird die Frage kontrovers diskutiert.[247] Der BGH hat mit Urteil vom 29.3.1996[248] die Frage dahingehend entschieden, dass Entscheidungen über „gewinnverwendende" Bilanzierungsmaßnahmen den Gesellschaftern zustehen. Das Urteil wird in der Literatur z.T. kritisch kommentiert.[249] Der Gesellschaftsvertrag sollte daher auch diese Frage regeln. Das Muster weist in **Abs. 1** alle Kompetenzen der Komplementärin zu.

---

246 OLG Düsseldorf v. 27.9.1979, NJW 1980, 1292; Baumbach/Hopt/*Merkt* HGB, § 243 Rn. 11.
247 Zum Meinungsstand: Staub/*Schäfer* HGB, § 120 Rn. 34 ff.; *Schulze-Osterloh* BB 1995, 2519, jew. m. w. N. zu Rspr. u. Lit.; Baumbach/Hopt/*Roth* HGB, § 164 Rn. 3; *Felix* ZIP 1995, 129 (130).
248 DB 1996, 926 = GmbHR 1996, 456.
249 *Hoffmann/Sauter* DStR 1996, 967; *Binz/Sorg* DB 1996, 969.

I. Die Gesellschaftsverträge der typischen GmbH & Co. KG

b) Steuerrecht. Früher wurde in Gesellschaftsverträgen i.d.R. bestimmt, dass bei der Aufstellung des Jahresabschlusses die **steuerrechtlichen** Vorschriften über die Gewinnermittlung zu beachten sind, soweit nicht zwingende handelsrechtliche Vorschriften entgegenstehen. Hiermit wurde der Versuch unternommen, die Aufstellung einer Steuerbilanz zu vermeiden (Aufstellung einer Einheitsbilanz). Heute ist eine solche Regelung nicht mehr sinnvoll, da die Unterschiede zwischen Handelsbilanz und Steuerbilanz zu groß geworden sind. Es macht daher Sinn, eine **Handelsbilanz** ohne Rücksicht auf steuerliche Vorschriften aufzustellen. **Abs. 1** des Musters trägt dieser Rechtslage Rechnung und stellt nur auf das Handelsrecht ab. Ab 2009 können steuerliche Wahlrechte bei der Bilanzierung unabhängig vom handelsrechtlichen Wertansatz ausgeübt werden (§ 5 Abs. 1 S. 1 Halbsatz 2 EStG). Für die Ausübung rein steuerlicher Wahlrechte kann ein Zustimmungsvorbehalt der Gesellschafter vereinbart werden (vgl. § 6 Abs. 3 lit. q des Mustervertrages, **Rn. 87**). 609

4. Aufwand oder Gewinnvoraus?

Durch **Absatz 2** wird im Verhältnis der Gesellschafter zueinander klargestellt, dass Geschäftsführergehälter, Haftungsprämien für die Komplementärin und Zinsen auf Guthaben auf Gesellschafterkonten im Verhältnis der Gesellschafter zueinander **handelsrechtlich Aufwand** sind, und zwar ohne Rücksicht auf die andere steuerliche Behandlung (steuerrechtlich werden Geschäftsführergehälter, Zinsen und Haftungsprämien als Gewinn des Gesellschafters behandelt, der diese Beträge erhält (Alternative: Gewinnvorab, vgl. hierzu **Rn. 440**). **Absatz 2** des Mustervertrages ist überflüssig, wenn jeweils bei den Regelungen über die Verrechnungskonten, die Geschäftsführung etc. bestimmt wurde, dass diese Beträge als Aufwand bzw. Ertrag zu behandeln sind (vgl. § 4 Abs. 5, § 7 Abs. 3 des Mustervertrags). Sofern aus steuerrechtlichen Gründen einzelne Vergütungsansprüche als **Gewinnvoraus** qualifiziert werden sollen, dürfen sie in der handelsrechtlichen Rechnungslegung nicht als Aufwand behandelt werden. In diesen Fällen wird der Vergütungsanspruch erst anlässlich der Gewinnverteilung als Vorabgewinn dem begünstigten Gesellschafter zugewiesen, was jedoch einen ausreichenden Gewinn der Gesellschaft voraussetzt. 610

5. Prüfung des Jahresabschlusses

Für **mittelgroße** und **große GmbH & Co. KGs** (§ 267 Abs. 2 und 3 HGB) besteht eine Verpflichtung, den Jahresabschluss prüfen zu lassen (§§ 264a, 316 Abs. 1 HGB). GmbH & Co. KGs, bei denen eine natürliche Person (zusätzlich) persönlich haftender Gesellschafter ist, sind nicht prüfungspflichtig (§ 264a Abs. 1 HGB). Der Gesellschaftsvertrag kann jedoch eine zwingende oder fakultative Prüfungspflicht vorsehen (so die Varianten zu **Abs. 3** des Mustervertrags). 611

6. Feststellung des Jahresabschlusses

612 Nur die **Aufstellung** des Jahresabschlusses ist Angelegenheit des persönlich haftenden Gesellschafters. Die **Feststellung** des Jahresabschlusses fällt als Grundlagengeschäft in die alleinige Zuständigkeit **aller** Gesellschafter[250], wenn der Gesellschaftsvertrag nichts Abweichendes bestimmt. Diese Auffassung wird in der gesellschaftsrechtlichen Literatur zum Teil bestritten.[251] Es empfiehlt sich daher, im Vertrag diese Streitfrage zu regeln. der Mustervertrag bietet in **Absatz 4** beide Varianten an.

7. Publizität des Jahresabschlusses

613 Für eine GmbH & Co. KG, bei der allein eine GmbH **persönlich haftender Gesellschafter** ist, gelten gem. § 264a Abs. 1 HGB die Offenlegungsvorschriften für Kapitalgesellschaften (§§ 325–329 HGB).[252] Offenlegung bedeutet grundsätzlich: Einreichung zum Handelsregister und Veröffentlichung im Bundesanzeiger. § 325 Abs. 1 HGB enthält hierfür den Grundtatbestand, Abs. 2 enthält Verschärfungen für große Kapitalgesellschaften und große GmbH & Co. KGs, die §§ 326, 327 HGB normieren Erleichterungen für kleine und mittlere Kapitalgesellschaften und kleine und mittlere GmbH & Co. KGs. **Veröffentlichung** i. S. v. § 325 Abs. 1 HGB bedeutet, dass im Bundesanzeiger lediglich veröffentlicht werden muss, bei welchem Handelsregister und unter welcher Nummer die beim Handelsregister offenzulegenden Unterlagen eingereicht worden sind.

§ 11
Gewinn- und Verlustverteilung, Gewinnverwendung

- Variante 1:
614 (1) Der Gewinn der Gesellschaft wird unter den Kommanditisten im Verhältnis ihrer Kapitalkonten I verteilt („Gewinnanteile").

- Variante 2:
(1) Der Gewinn wird wie folgt verteilt:
615 a) zunächst werden die Verrechnungskonten der Kommanditisten mit …% p. a. verzinst („Vorabgewinnanteile"). Maßgeblich ist der jeweilige Stand der Verrechnungskonten am Ende eines Kalendermonats. Verzinst wird jedoch nur der Teil, der über das jeweils niedrigste Verrechnungskonto eines Kommanditisten hinausgeht. Die Vorabgewinnanteile werden den Verrechnungskonten der Kommanditisten gutgeschrieben.

---

250 BGH v. 24.3.1980, BGHZ 76, 338; v. 29.3.1996, DB 1996, 926.
251 Baumbach/Hopt/*Roth* HGB, § 114 Rn. 3 und § 164 Rn. 3f.
252 *Eisold/Verdenhalven* NZG 2000, 130 (132); *Jansen* DStR 2000, 596.

I. Die Gesellschaftsverträge der typischen GmbH & Co. KG

b) Der verbleibende Gewinn wird unter den Kommanditisten im Verhältnis ihrer Kapitalkonten I verteilt („Gewinnanteile"). 616

- Variante 1:
(2) Die Gewinnanteile gem. Abs. 1 werden zu …% den Verrechnungskonten der Kommanditisten und zu …% den Rücklagenkonten/dem Rücklagenkonto gutgeschrieben. 617

- Variante 2:
(2) Über die Verbuchung der Gewinnanteile auf Verrechnungs- und Rücklagenkonten entscheidet die Gesellschafterversammlung, soweit keine Kapitalverlustkonten auszugleichen sind. 618

- Variante 3:
(2) Die jeweiligen Gewinnanteile nach Abs. 1 werden zu …% dem Rücklagenkonto/den Rücklagenkonten und zu …% den Verrechnungskonten der Kommanditisten gutgeschrieben. Die Gesellschafterversammlung kann mit einer Mehrheit von …% der Stimmen aller Kommanditisten (der abgegebenen Stimmen oder der Stimmen der anwesenden und vertretenen Kommanditisten) dem Rücklagenkonto/den Rücklagenkonten einen höheren Betrag zuweisen, max. jedoch …% der jeweiligen Gewinnanteile. 619

(3) Gewerbesteuermehr- oder Gewerbesteuerminderbelastungen werden wie folgt ausgeglichen: 620
  a) Steuerliche Be- und Entlastungen der Gesellschaft und der Kommanditisten aufgrund der Gewerbesteuer sollen bei der Gewinnverteilung verursachungsgerecht berücksichtigt werden. 621
  b) Hierzu sollen gewerbesteuerliche Be- und Entlastungen, die insbesondere auf Umständen aus der Sphäre eines Komannditisten beruhen (z.B. Ergänzungs- und Sonderbilanzen, Sondervergütungen, Vorgänge gemäß § 7 S. 2 GewStG, Untergang anteiliger Verlustvortrag anlässlich eines Gesellschafterwechsels), im Rahmen der handelsrechtlichen Ergebnisverteilung in der Form Berücksichtigung finden, dass dem verursachenden Kommanditisten auch der wirtschaftliche Vor- oder Nachteil durch die steuerliche Minder- oder Mehrbelastung der anderen Kommanditisten nach dem Verursachungsprinzip derart zugerechnet wird, dass die anderen Kommanditisten einen Nachsteuergewinn erfahren, der ohne diese Umstände eingetreten wäre. Die steuerliche Minder- oder Mehrbelastung ist typisierend auf Basis der für den jeweiligen Erhebungszeitraum geltenden Steuersätze zu ermitteln. Sofern dies in Einzelfällen nicht zu offensichtlich unzutreffenden Ergebnissen führt, ist bei natürlichen Personen vom jeweils gültigen Einkommensteuerspitzensatz (derzeit 45 %) auszugehen unter Berücksichtigung der Gewerbesteueranrechnung gemäß § 35 EStG. Im Fall des Be- und Entstehens gewerbesteuerlicher Verlustvorträge findet eine Berücksichtigung erst und nur insoweit für das Geschäftsjahr statt, in dem sich die Be- und Entlastung tatsächlich auswirkt. 622

623 (4) Ein Jahresfehlbetrag ist entsprechend den Kapitalkonten I unter den Kommanditisten zu verteilen. Die Komplementärin ist – ungeachtet ihrer unbeschränkten Haftung im Außenverhältnis – an einem etwaigen Verlust nicht beteiligt; die beschränkte Haftung der Kommanditisten wird hierdurch nicht durchbrochen.

624 (5) Scheidet ein Kommanditist im Laufe eines Geschäftsjahres aus, ist er am Ergebnis der Gesellschaft pro rata temporis beteiligt.

Erläuterungen

1. Gesetzliche Ausgangslage
2. Zeitgemäße Gewinnverteilung/ Gewinnverwendung
3. Verlustverteilung
4. Zinsen auf Verrechnungskonten
5. Mitunternehmerstellung
6. Beteiligung der Komplementär-GmbH am Ergebnis
7. Zufluss des Jahresüberschusses
8. Gewerbesteuerklausel
9. Ergebnisverteilung bei Ausscheiden oder Eintritt eines Gesellschafters

1. Gesetzliche Ausgangslage

625 Nach dem **Gesetz** wird der **Gewinn** einer KG wie folgt verteilt: Zunächst werden die Kapitalanteile mit je 4 % verzinst (§§ 168 Abs. 1, 121 Abs. 1 und 2 HGB). Der darüber hinausgehende Gewinn wird, soweit nicht im Gesellschaftsvertrag etwas anderes vereinbart ist, in einem **angemessenen Verhältnis** verteilt (§ 168 Abs. 1 und 2 HGB). Der Gewinnanteil des Kommanditisten wird seinem „Gewinnkonto" gutgeschrieben und kann von ihm in voller Höhe entnommen werden, solange sein Kapitalanteil nicht durch Verluste unter die vereinbarte Einlage gemindert ist oder durch die Auszahlung gemindert werden würde (§ 169 Abs. 1 S. 2 HGB).

626 Es liegt auf der Hand, dass die gesetzliche Regelung zum Streit darüber führen würde, wie der „Restgewinn" „nach den Umständen" angemessen zu verteilen ist. Es ist ferner nahe liegend, dass ein nahezu unbeschränktes Entnahmerecht in einer GmbH & Co. KG wirtschaftlich nicht vernünftig ist. Aus diesem Grund enthalten **moderne** Gesellschaftsverträge der GmbH & Co. KG abweichende Regelungen. Dabei lassen sich – wie bei der gesetzlichen Regelung – zwei Stufen unterscheiden: die Gewinnverteilung und die Gewinnverwendung.

2. Zeitgemäße Gewinnverteilung/Gewinnverwendung

627 Die **Gewinnverteilung** unter den Gesellschaftern erfolgt in der Regel entweder ausschließlich im Verhältnis der Kapitalkonten I (so **Abs. 1 Variante 1** des Mustervertrages) oder über einen Gewinnvorab und nur der Rest wird im Verhältnis der Kapitalkonten I verteilt (so **Abs. 1 Variante 2** des Mustervertrages). Die **Gewinnverwendung** besteht bei Personengesellschaften in der Beantwortung der Frage, auf welchen Konten die **Gewinnanteile** (nicht der

I. Die Gesellschaftsverträge der typischen GmbH & Co. KG

„Jahresgewinn" oder der „Jahresüberschuss"!) der Kommanditisten verbucht werden, nämlich ob sie auf Konten gebucht werden, deren Guthaben von Kommanditisten entnommen werden können (Verrechnungskonten) oder auf Konten, von denen grundsätzlich keine Entnahmen erfolgen (Rücklagekonten). Der Gesellschaftsvertrag hat auch festzulegen, wie die Entscheidung über die Gewinnverwendung erfolgt. Grundsätzlich gibt es drei Möglichkeiten: Entweder legt der Gesellschaftsvertrag fest, in welchem Verhältnis die Verbuchung auf welchen Konten erfolgt (siehe **Abs. 2, Var. 1** des Mustervertrags, **Modell der vorweggenommenen Gewinnverwendung**) oder die Gesellschafterversammlung trifft diese Entscheidung (siehe **Abs. 2 Var. 2** des Mustervertrags, **Modell Gewinnverwendung durch Gesellschafterbeschluss**) oder die Verbuchung der Gewinnanteile erfolgt zum Teil durch den Gesellschaftsvertrag und zum Teil durch die Gesellschafterversammlung (siehe **Abs. 2 Var. 3 des Mustervertrags, „Mischmodell"). Gesellschaftsverträge, in denen die Gewinnverwendung allein durch die Gesellschafterversammlung getroffen wird, sind in der Praxis selten.** Welche Beträge von den Verrechnungskonten durch die Gesellschafter entnommen werden können, regelt § 12 des Mustervertrags.

Das Modell „vorweggenommene Gewinnverwendung" wird man insbesondere dann wählen, wenn das Jahresergebnis nicht in der Bilanz gezeigt werden soll und wenn Minderheiten der Gesellschafter geschützt werden sollen (Der Mehrheitsgesellschafter hat dann keinen Einfluss auf die Gewinnverwendung). Bilanziell bedeutet dies, dass ein Jahresüberschuss unter **Vorwegnahme** der Gewinnverwendung aufgestellt wird. Dies kollidiert nicht mit § 264c Abs. 2 S. 1 HGB, der für die Gliederung des Eigenkapitals einer GmbH & Co. KG mit einer GmbH als alleinigem Vollhafter folgende Reihenfolge anordnet:

„I. Kapitalanteile
II. Rücklagen
III. Gewinnvortrag/Verlustvortrag
IV. Jahresüberschuss/Jahresfehlbetrag"

§ 268 Abs. 1 S. 1 HGB bestimmt, dass die Bilanz auch unter Berücksichtigung der **vollständigen** oder der **teilweisen Verwendung** des Jahresergebnisses aufgestellt werden kann. Dies gilt gemäß § 264c Abs. 2 und 1 HGB i.V.m. § 264a Abs. 1 HGB auch für gewerblich geprägte GmbH & Co. KGs, wenn keine natürliche Person neben der Komplementär-GmbH persönlich haftender Gesellschafter ist.

Die **Variante 2** zu **Absatz 2** des Mustervertrages (Modell Gewinnverwendung durch Gesellschafterbeschluss) überlässt die Gewinnverwendung der Gesellschafterversammlung. Sie sollte nur gewählt werden, wenn kein Kommanditist auf Entnahmen angewiesen ist oder wenn alle Kommanditisten Entnahmen zur Bestreitung ihres Lebensunterhalts bedürfen. Die **Variante 3** zu **Absatz 2** des Mustervertrages („Mischmodelle") wird man wählen, wenn einem Mehrheitsgesellschafter Minderheitsgesellschafter gegenüberstehen, die auf Entnahmen angewiesen sind.

Die Gewinnverteilung und Gewinnverwendung bei einer Personengesellschaft unterscheidet sich daher nur in der juristischen Technik von der Gewinnverteilung und der Gewinnverwendung bei einer Kapitalgesellschaft. Bei der **Kapitalgesellschaft** wird – wie bei der Personengesellschaft – die Gewinnverteilung durch den Gesellschaftsvertrag festgelegt. Die Gewinnverwendung erfolgt bei Kapitalgesellschaften durch den Gewinnverwendungsbeschluss und bei Personengesellschaften i. d. R. durch die Verbuchung der entnahme- bzw. nicht entnahmefähigen Gewinnanteile auf unterschiedlichen Konten in Verbindung mit den jeweiligen Entnahmeregelungen.

632 Die Auswahl der **Gewinnverwendungsklausel** hängt auch davon ab, wie die **Entnahmen** von Steuern durch den Gesellschaftsvertrag geregelt werden. Werden den Verrechnungskonten so viele Gewinnanteile zugewiesen, dass die Kommanditisten ihre Ertragsteuern (Einkommensteuer, „Soli" und ggf. Kirchensteuer) auf die Beteiligung an der GmbH & Co. KG aus ihren Zuweisungen auf ihre Rücklagenkonten (Verrechnungskonten) bezahlen können und besteht ein entsprechendes Entnahmerecht, so bedarf es keiner Steuerklausel wie z.B. in § 12 Abs. 3 des Mustervertrages. Wird in § 12 die Steuerklausel gem. Abs. 3 gewählt, muss in § 11 eine Gewinnverwendungsklausel formuliert werden, die sicherstellt, dass dem Rücklagenkonto/den Rücklagenkonten stets so viele Gewinnanteile zugewiesen werden, dass die jeweiligen Ertragsteuern aus dem/den Guthaben auf dem Rücklagenkonto/den Rücklagenkonten bestritten werden können.

3. Verlustverteilung

633 Hinsichtlich der Beteiligung des Kommanditisten am Verlust bestimmt das **Gesetz** in § 167 Abs. 3 HGB, dass der Kommanditist nur bis zum Betrag seines Kapitalanteils und seiner noch ausstehenden Einlage am Verlust teilnimmt. Die herrschende Meinung legt das Gesetz jedoch gegen seinen Wortlaut dahingehend aus, dass der Kommanditist sehr wohl einen negativen Kapitalanteil haben kann.[253] Er muss ihn allerdings mit späteren Gewinnanteilen zunächst wieder auf Null bringen, bevor Gewinnanteile seinem Verrechnungskonto gutgeschrieben werden können. Scheidet ein Kommanditist mit einem negativen Kapitalkonto aus, ist er grundsätzlich nicht zum Nachschuss verpflichtet.[254]

634 Es ist handelsrechtlich möglich und zur Vermeidung einer Überschuldung der GmbH zweckmäßig, die Komplementär-GmbH im Innenverhältnis von einer Beteiligung an einem etwaigen **Verlust** der KG auszuschließen. Ein derartiger Ausschluss bedeutet jedoch nicht ohne weiteres eine Freistellungspflicht der Kommanditisten, dies setzt vielmehr einen eindeutigen Ausschluss der Vorschriften des § 167 Abs. 3 HGB voraus, der in der Regel zu verneinen ist.[255] Wird eine Komplementär-GmbH von einem etwaigen Verlust der KG ausgeschlossen, so empfiehlt sich die Klarstellung, dass hiermit keine Durchbrechung des Grundsatzes in § 167 Abs. 3 HGB beabsichtigt ist. Diese Klar-

---

253 Baumbach/Hopt/*Roth* HGB, § 167 Rn. 5.
254 *Huber* ZGR 1988, 62; Baumbach/Hopt/*Roth* HGB, § 167 Rn. 5.
255 Baumbach/Hopt/*Roth* HGB, Anh. § 177 a Rn. 43.

I. Die Gesellschaftsverträge der typischen GmbH & Co. KG

stellung erfolgt durch die Einfügung des Satzes, dass die beschränkte Haftung der Komplementärin hierdurch nicht durchbrochen wird (vgl. **Abs. 4 letzter Halbsatz** des Mustervertrags).

4. Zinsen auf Verrechnungskonten

Sollen Zinsen auf Verrechnungskonten nicht als Aufwand der Gesellschaft behandelt werden (**zu den Wahlmöglichkeiten Rn. 145 u. 440 ff.**), sondern im Rahmen der Gewinnverteilung abgegolten werden, muss der Gesellschaftsvertrag bestimmen, dass bei der Gewinnverteilung zunächst die Verrechnungskonten nach einem bestimmten Modus zu verzinsen sind („**Vorweggewinnanteile**") und der verbleibende Jahresüberschuss auf die Gesellschafter im Verhältnis ihrer festen Kapitalkonten verteilt wird („**Gewinnanteile**"). Der Mustervertrag schlägt hierfür in der **Variante 2** zu **Abs. 1** eine Formulierung vor.

635

5. Mitunternehmerstellung

Die steuerliche Qualifizierung der Gesellschafter als Mitunternehmer ist an die Anerkennung einer Mitunternehmerstellung (Mitunternehmerinitiative und Mitunternehmerrisiko) der an der GmbH & Co. KG beteiligten Gesellschafter geknüpft (**Rn. 118**).

636

6. Beteiligung der Komplementär-GmbH am Ergebnis

Die Regelungen über die Beteiligung der GmbH am Ergebnis der KG sind in der Regel vom **Steuerrecht** geprägt. Handelsrechtlich ist es zwar ohne weiteres möglich, die GmbH am Ergebnis der Gesellschaft überhaupt nicht zu beteiligen. Steuerrechtlich wird eine Gewinnverteilung jedoch nur nach folgenden Grundsätzen[256] anerkannt: Hat die GmbH bei der KG eine **Vermögenseinlage** geleistet, ist eine Gewinnverteilung nur dann angemessen, wenn der GmbH auf Dauer Ersatz ihrer Auslagen und eine den Kapitaleinsatz und das eventuell vorhandene Haftungsrisiko berücksichtigende Beteiligung am Gewinn in einer Höhe eingeräumt ist, mit der sich eine aus gesellschaftsfremden Personen bestehende GmbH zufrieden gegeben hätte. Hat die GmbH **keine Vermögenseinlage** erbracht, ist eine Gewinnverteilungsabrede nur dann steuerlich beachtlich, wenn sie der GmbH (nebst Auslagenersatz) ein Entgelt für die Übernahme der Haftung gewährt, das in etwa einer banküblichen Avalprovision entspricht. Regelt der Gesellschaftsvertrag die Erstattung des Auslagenersatzes und die Haftungsvergütung nicht unabhängig von der Ergebnisverteilung und bestimmt er nicht, dass Auslagenerstattung und Haf-

637

---

[256] Vgl. Schmidt/*Wacker* EStG, § 15 Rn. 722 ff. m. w. N. zur BFH-Rspr.

tungsprämie von der Gesellschaft als Aufwand zu behandeln ist, muss die GmbH daher aus steuerrechtlichen Gründen einen **Vorabgewinn** in Höhe ihrer Auslagen und der steuerrechtlich erforderlichen Haftungsprämien erhalten. Nur der verbleibende Gewinn kann zur Verzinsung der Verrechnungskonten und/oder zur Gutschrift auf den Konten der Kommanditisten verwandt werden. Nach ständiger Rechtsprechung des BFH[257] kann in einem unangemessenen niedrigen Gewinnanteil der Komplementär-GmbH eine **verdeckte Gewinnausschüttung**[258] an den Kommanditisten liegen, der zugleich Gesellschafter der GmbH ist. Ein überhöhter Gewinnanteil der Komplementär-GmbH ist als **verdeckte Einlage**[259] zu beurteilen.[260]

638   Der **Vorabgewinnanteil** der Komplementär-GmbH kann im steuerlichen Umfeld des Teileinkünfteverfahrens als Stellschraube zur steuerlichen Optimierung der GmbH & Co. KG genutzt werden, da dieser für die Zuweisung des anteiligen Gewerbesteuermessbetrags keine Berücksichtigung findet (vgl. § 35 Abs. 2 S. 2 EStG). Wegen der niedrigen Ertragsteuerquote der GmbH könnte die Komplementär-GmbH beispielsweise die Funktion einer **Finanzierungsgesellschaft** übernehmen, wofür sie eine Verzinsung im Rahmen einer Vorabgewinnregelung erhält. Diese Vergütung stellt einkommensteuerlich eine Sondervergütung im Sinne des § 15 Abs. 1 S. 1 Nr. 2 EStG dar, die aufgrund der gewerbesteuerlichen Kürzungsvorschrift des § 9 Nr. 2 GewStG bei der GmbH nicht zur Gewerbesteuer herangezogen wird. Im Ergebnis ist die Verzinsung damit Bestandteil des Gewerbeertrags der KG (aufgrund der Hinzurechnungsvorschrift des § 15 Abs. 1 S. 1 Nr. 2 EStG) und unterliegt auf Ebene der GmbH nur der Körperschaftsteuer (15 % zzgl. SolZ). Die Kommanditisten erhalten im Rahmen der gesellschaftsvertraglichen Gewinnverteilung auch den auf die Verzinsung entfallenden anteiligen **Gewerbesteuermessbetrag**, wodurch eine Gewerbesteueranrechnung wegen § 35 Abs. 2 S. 2 EStG auch auf die anteilige Verzinsung erreicht wird. In diesem Zusammenhang muss darauf geachtet werden, dass als Folge zu niedriger Gewinnanteile durch die ausschließliche Zuweisung des Gewerbesteuermessbetrages bei den Kommanditisten keine Anrechnungsüberhänge entstehen (**Rn. 165**). Eine vorausschauende Steuerplanung ist daher erforderlich.

7. Zufluss des Jahresüberschusses

639   **Gesellschaftsrechtlich** hat ein Gesellschafter erst dann Anspruch auf seine Gewinnanteile, wenn die Bilanz der KG für das ablaufende Geschäftsjahr festgestellt worden ist.[261]

---

257 BFH v. 24.7.1990, BB 1990, 2025 m. w. N.; *Döllerer* DStR 1991, 1033.
258 Zum Begriff der verdeckten Gewinnausschüttung vgl. Blümich/*Rengers* KStG, § 8 Rn. 225 ff.; Schmidt/*Weber-Grelett* EStG, § 20 Rn. 61 ff.
259 Zum Begriff der verdeckten Einlage vgl. Blümich/*Rengers* KStG, § 8 Rn. 175; *Döllerer,* Verdeckte Gewinnausschüttung und verdeckte Einlagen bei Kapitalgesellschaften, insbes. S. 173 ff.
260 BFH v. 23.8.1990, BStBl. II, 1991, 172 = DStR 1991, 179.
261 MüKo/BGB/*Schäfer,* § 721 Rn. 13.

I. Die Gesellschaftsverträge der typischen GmbH & Co. KG

Das **Steuerrecht** weicht hiervon ab. Steuerrechtlich wird der Gewinn oder Verlust den Kommanditisten grundsätzlich zum Ende des jeweiligen Wirtschaftsjahres der Personengesellschaft zugerechnet.[262] Unerheblich für die Höhe und den Zeitpunkt der Zurechnung ist es, wann die Bilanz festgestellt wird, ob und wann die Kommanditisten eine Gewinnverwendung beschließen und ob der Gewinnanteil entnahmefähig ist oder nicht.[263] Mit der Thesaurierungsbegünstigung gemäß § 34a EStG (**Rn. 140**) steht den Gesellschaftern von Personengesellschaften ein Instrument zur Verfügung, das es ihnen ermöglicht, thesaurierte Gewinnanteile zunächst nur zu einem fixen Steuersatz zu versteuern. Das Thesaurierungsmodell bei Personengesellschaften ist jedoch aufgrund seiner Komplexität dem einfachen Gewinnverwendungsbeschluss einer Kapitalgesellschaft unter dem Aspekt der Praktikabilität deutlich unterlegen. Die Thesaurierungsbegünstigung kann zu einer günstigeren Besteuerung nicht entnommener Gewinne führen und lohnt sich insbesondere für ertragsstarke Personengesellschaften.[264]

640

Bei der Festlegung von Entnahmesperren der Gesellschaft sollte daher darauf geachtet werden, dass mindestens die auf den jeweiligen Gewinnanteil entfallenden persönlichen Einkommensteuern (inkl. „Soli" und ggf. Kirchensteuer) entnahmefähig bleiben (vgl. hierzu **§ 12 Abs. 3** des KG-Mustervertrags).

641

8. Gewerbesteuerklausel (Abs. 3)

Die Gewerbesteuerbelastung der GmbH & Co. KG wird nicht nur durch das steuerliche Ergebnis der Gesellschaft (Gesamthand) bestimmt. Aufgrund der zweistufig ausgerichteten Gewinnermittlung von Personengesellschaften wird der maßgebliche Gewerbeertrag auch durch gesellschafterbezogene Sondereffekte, z.B. aus steuerlichen **Ergänzungs-** und **Sonderbilanzen,** beeinflusst (**Rn. 164**).

642

Darüber hinaus kann eine zusätzliche Gewerbesteuerbelastung auch durch ein bestimmtes Handeln einzelner Gesellschafter ausgelöst werden. Gemäß § 7 S. 2 Nr. 2 GewStG unterliegt die Veräußerung eines Mitunternehmeranteils der Gewerbesteuer, soweit er nicht auf eine natürliche Person als unmittelbar beteiligter Mitunternehmer entfällt. Der steuerpflichtige Gewerbeertrag einer Personengesellschaft setzt sich häufig aus mehreren steuerpflichtigen Komponenten zusammen, wobei gesellschafterbezogene Ergebnisanteile in mehr oder weniger großem Ausmaß die Gewerbesteuerbelastung der Gesellschaft beeinflussen. Hingegen schreibt die einkommensteuerliche Vorschrift des § 35 Abs. 2 S. 2 EStG eine Anrechnung der anteiligen Gewerbesteuerbelastung bei den einzelnen Mitunternehmern nach dem gesellschaftsvertraglichen Gewinnverteilungsschlüssel zwingend vor. Weder gewinnabhängige Vorabgewinne noch gewinnabhängige Sondervergütungen gemäß § 15 Abs. 1

643

---

262 Schmidt/*Wacker* EStG, § 15 Rn. 441.
263 Schmidt/*Wacker* EStG, § 15 Rn. 441.
264 *Kessler/Pfuhl/Grether* DB 2011, 185 (188).

S. 1 Nr. 2 EStG werden bei der Gewerbesteueranrechnung berücksichtigt. Damit findet eine verursachungsgerechte Verteilung der anrechenbaren Gewerbesteuerbelastung auf die einzelnen Gesellschafter nicht statt. Dem kann im Einzelfall damit begegnet werden, dass bewusst auf die Vereinbarung von gewinnabhängigen Vergütungen verzichtet wird. Alternativ besteht die Möglichkeit, diese Fehlzuweisung der Gewerbesteuer durch eine entsprechende Gewerbesteuerklausel im Gesellschaftsvertrag zu regeln. Da nicht nur Sondervergütungen einzelner Gesellschafter, sondern auch Sondereffekte aus Ergänzungs- und Sonderbilanzen sowie schädliche Verfügungen einzelner Gesellschafter die Gewerbesteuerbelastung mit beeinflussen können, sollte in jedem Gesellschaftsvertrag eine entsprechende Regelung aufgenommen werden.

644 Besonders problematisch ist die rechnerische Ermittlung des Vorteilsausgleich in den Fällen schädlicher Verfügungen einzelner Gesellschafter über ihren Gesellschaftsanteil gemäß § 7 S. 2 Nr. 2 GewStG. Untersuchungen im Schrifttum[265] zeigen, wie schwierig die Ausgestaltung einer praxistauglichen Vertragsklausel ist, zumal die Ermittlung der Ausgleichsverpflichtung von unterschiedlichen Komponenten abhängt und zusätzlich häufig auch ein Vorteilsausgleich der verbleibenden Gesellschafter mit berücksichtigt werden muss. Daher empfiehlt sich in der Vertragspraxis die Vereinbarung einer „Generalklausel", die möglichst alle denkbaren Fälle erfasst. Zusätzlich sollte die Verfügung über Anteile der Zustimmung der übrigen Gesellschafter bedürfen, damit diese etwaige Auswirkungen prüfen und geeignete Maßnahmen treffen können. Sobald Einigkeit über den Ausgleichsbetrag besteht, hat der ausscheidende Gesellschafter die Möglichkeit, die dadurch gewonnenen Erkenntnisse mit in die Verkaufsverhandlungen einfließen zu lassen. Von den zahlreichen, im Schrifttum vorgeschlagenen Gewerbesteuerklauseln kommt die Klausel von *Fuhrmann*[266] den Anforderungen an eine allgemein gehaltene Generalklausel am nächsten. Die Klausel ist so formuliert, dass dem Verursachungsprinzip folgend den Gesellschaftern der von ihnen verursachte wirtschaftliche Vor- oder Nachteil zugewiesen wird. Die Zuweisung erfolgt im Wege eines Ausgleichs über die handelsrechtliche Gewinnverteilung.

645 Im Schrifttum wird zutreffend darauf hingewiesen, dass ungeachtet einer praktikablen Ausgleichsklausel das Auftreten von gewerbesteuerlichen Anrechnungsüberhängen (**Rn. 164**) damit nicht verhindert werden kann.[267] Erhält ein Gesellschafter einen Vorabgewinn als Tätigkeitsvergütung, der den aktuellen steuerlichen Jahresüberschuss weitgehend aufzehrt, verbleibt für die übrigen Gesellschafter im Ergebnis kein bzw. kein ausreichender Restgewinn, der eine vollständige Anrechnung der Gewerbesteuer ermöglicht. Der den übrigen Gesellschaftern aufgrund der Vorgabe des § 35 Abs. 2 S. 2 EStG zwingend zugewiesene anteilige Gewerbesteuermessbetrag für Zwecke der Anrechnung läuft folglich bei ihnen ins Leere, sofern sie keine anderweitigen gewerblichen Einkünfte im Veranlagungsjahr erzielen. Hier hilft nur der Ver-

---

265 *Kutt/Möllmann* DB 2010, 562.
266 *Fuhrmann* KÖSDI 2010, 16887.
267 *Levedag* GmbHR 2009, 17; *Schröder/Patek* DStZ 2009, 922.

I. Die Gesellschaftsverträge der typischen GmbH & Co. KG

zicht auf ergebnisabhängige Vorabgewinnvereinbarungen bzw. ergebnisabhängige Sondervergütungen gemäß § 15 Abs. 1 S. 1 Nr. 2 EStG und statt dessen die Vereinbarung gesellschafterbezogener Vergütungen, die im Rahmen der Gewinnermittlung als Aufwand behandelt werden und damit ergebnisunabhängig ausgestaltet sind.

9. Ergebnisverteilung bei Ausscheiden oder Eintritt eines Gesellschafters

Scheidet ein Kommanditist im Laufe eines Wirtschaftsjahres aus, stellt sich die Frage, ob er am Ergebnis dieses Wirtschaftsjahres pro rata temporis seiner Zugehörigkeit beteiligt ist oder nicht. **Handelsrechtlich** kann diese Frage beliebig geregelt werden.[268] 646

Steuerrechtlich ist der ausgeschiedene Kommanditist am Ergebnis pro rata temporis beteiligt (so **Abs. 4** des Mustervertrages).[269] Streitig ist, ob seine Beteiligung am Ergebnis des laufenden Wirtschaftsjahres auch mit steuerlicher Wirkung im Gesellschaftsvertrag ausgeschlossen werden kann.[270] 647

Ähnliche Probleme wie beim Ausscheiden stellen sich beim **Eintritt** eines Kommanditisten im Laufe eines Wirtschaftsjahres.[271] **Handelsrechtlich** kann ohne weiteres vereinbart werden, dass der eingetretene Kommanditist am Ergebnis des gesamten Wirtschaftsjahres teilnimmt. **Steuerlich** würde diese Gewinnbeteiligung nicht anerkannt werden, da die Rechtsprechung und die Finanzverwaltung nur eine Gewinnbeteiligung pro rata temporis zulassen.[272] Diese Rechtsprechung ist zwar abzulehnen; im Interesse der Gesellschafter ist ihr bei der Gestaltung der Gewinnbeteiligung beim Eintritt eines neuen Kommanditisten jedoch Rechnung zu tragen. Ein Bedürfnis, die Gewinnverteilung für den Fall des Eintritts eines neuen Kommanditisten bereits im Gesellschaftsvertrag allgemein zu regeln, besteht nicht; die Beteiligung des Kommanditisten am Ergebnis des Wirtschaftsjahres seines Eintritts wird in der Regel individuell ausgehandelt. 648

Eine Ausnahme von diesem Grundsatz lässt die Finanzverwaltung nur hinsichtlich der Zuteilung von **Sonderabschreibungen** und **degressiven Abschreibungen** zu. Hier besteht ein faktisches Wahlrecht zwischen anteiliger Zurechnung des Gesamtergebnisses entsprechend der zeitlichen Zugehörigkeit (Regelfall) oder einer Teilhabe an den betreffenden Abschreibungen für das ganze Wirtschaftsjahr. Dies gilt selbst bei einem Gesellschafterbeitritt am letzten Tag des Wirtschaftsjahres.[273] 649

---

268 § 168 HGB ist dispositiv (Baumbach/Hopt/*Roth* HGB, § 168 Rn. 4).
269 Schmidt/*Wacker* EStG, § 15 Rn. 452.
270 Schmidt/*Wacker* EStG, § 15 Rn. 445.
271 Zur Problematik in handels- und steuerrechtlicher Sicht: *Sommer* BB 1987, 307.
272 Schmidt/*Wacker* EStG, § 15 Rn. 453 m. w. N. zu Rspr. u. Lit.
273 Schmidt/*Wacker* EStG, § 15 Rn. 453.

§ 12
Entnahmen, Auszahlungen

650 (1) Die Kosten der Geschäftsführung und die Haftungsvergütung für die Komplementärin (§ 7 Abs. 1 und 2) können von dieser zum jeweiligen Fälligkeitszeitpunkt entnommen werden.

- Variante 1:

651 (2) Kommanditisten können Guthaben auf ihren Verrechnungskonten jederzeit (mit einer Ankündigungsfrist von .. Kalendermonaten) entnehmen. Im übrigen bedürfen Entnahmen eines Beschlusses der Gesellschafterversammlung, soweit der Gesellschaftsvertrag nicht etwas anderes bestimmt.

- Variante 2:

652 (2) Kommanditisten können pro Kalenderjahr einen Betrag von ihrem Verrechnungskonto entnehmen, der von der Gesellschafterversammlung für jedes Geschäftsjahr im Voraus festgelegt wird. Im übrigen entscheidet die Gesellschafterversammlung über Entnahmen, soweit der Gesellschaftsvertrag nicht etwas anderes bestimmt.

- Variante 3:

653 (2) Über Entnahmen der Kommanditisten beschließt die Gesellschafterversammlung. Hiervon ausgenommen sind Entnahmen von Ertragsteuern auf Gewinnanteile der Gesellschaft gem. Abs. 3.

- Variante 4:

654 (2) Kommanditisten können Erbschaftsteuern, die auf ihre Beteiligung an der Gesellschaft entfallen, ihren Verrechnungskonten entnehmen.

- Variante 5:

655 (2) Die Entnahmen eines Kommanditisten sind begrenzt auf maximal 37% des um die auf den Gewinnanteil anfallenden Steuern[274] vom Einkommen gekürzten Betrages des steuerrechtlichen Gewinns i.S.v. § 4 Abs. 1 EStG. Ergebnisse aus Sonder- und Ergänzungsbilanzen bleiben bei der Ermittlung des steuerrechtlichen Gewinns unberücksichtigt[275]. Hat ein Kommanditist Entnahmen getätigt, die über die Vorschrift in § 13a Abs. 9 S. 1 Nr. 1 ErbStG hinausgehen („Überentnahmen"), haben sie die Überentnahmen auf Aufforderung der Komplementärin unverzüglich zurückzuzahlen.

---

[274] Die koordinierten Erlasse der Länder zur Erbschaftssteuer v. 22.6.2017, BStBl. I 2017, 902 sehen vor, dass aus Vereinfachungsgründen bei Personengesellschaften die auf den Gewinn entfallende Steuer mit einem Steuersatz von 30% analog § 202 Abs. 3 BewG angenommen werden kann (Abschn. 13a.19 Abs. 2 Nr. 1).

[275] Die koordinierten Erlasse der Länder zur Erbschaftssteuer v. 22.6.2017, BStBl. I 2017, 902 stellen klar, dass Ergebnisse aus Sonder- und Ergänzungsbilanzen unberücksichtigt bleiben (Abschn. 13a.19 Abs. 2 Nr. 1).

I. Die Gesellschaftsverträge der typischen GmbH & Co. KG

- Variante 1
(3) Den Kommanditisten stehen Steuerentnahmerechte wie folgt zu:
  a) Die Kommanditisten sind berechtigt, eine jährliche Pauschale auf ihren einkommensteuerpflichtigen Gewinnanteil zu Lasten ihrer Rücklagekonten (des Rücklagenkontos) zu entnehmen. Bemessungsgrundlage für die Ermittlung der Pauschale bildet der Gewinnanteil eines jeden Kommanditisten gemäß § 15 Abs. 1 Satz 1 Nr. 2 Satz 1 Halbsatz 1 EStG, soweit dieser steuerpflichtig ist. Nicht in die Bemessungsgrundlage einzubeziehen sind z. B. gem. § 3 Nr. 40 i. V. m. § 3c EStG steuerfreie Beteiligungserträge sowie steuerfreie ausländische Betriebsstättengewinne sowie Sondervergütungen gem. § 15 Abs. 1 Satz 1 Nr. 2 Satz 1 Halbsatz 2 EStG. In die Bemessungsgrundlagen einzubeziehen sind dagegen steuerpflichtige Gewinnanteile aus steuerlichen Sonderbilanzen und Ergänzungsbilanzen der Kommanditisten.
  b) Die Steuerpauschale bemisst sich an dem zum jeweiligen Zeitpunkt geltende Höchststeuersatz zzgl. Solidaritätszuschlag (ggf. zzgl. der um den Sonderausgabeneffekt reduzierten Kirchensteuer in Höhe von typisierend 4%). Der entnahmefähige Betrag beträgt aktuell 47,475 % (Einkommensteuertarif 2017) der Bemessungsgrundlage gemäß lit a).
  c) Auf die Steuerpauschale angerechnet werden Kapitalertragsteuern auf Beteiligungserträge, anrechenbare Gewerbesteuer gemäß § 35 EStG sowie anrechenbare ausländische Einkommensteuer gem. § 34c EStG auf ausländische Betriebsstättengewinne, soweit die Anrechnungsmethode und nicht die Freistellungsmethode zur Anwendung gelangt.
  d) Die Steuerpauschale wird von der Geschäftsführung vor Beginn eines neuen Kalenderjahres überschlägig berechnet (vorläufige Steuerpauschale). Jeder Kommanditist kann zum 1.3., 1.6., 1.9. und 1.12. des laufenden Kalenderjahres Vorabentnahmen auf die Steuerpauschale in Höhe von je ¼ der voraussichtlichen Steuerpauschale entnehmen, unabhängig davon, ob und in welcher Höhe er Steuervorauszahlungen zu leisten hat.
  e) Die Steuerpauschale für das abgelaufene Kalenderjahr wird fällig mit der Abgabe der Erklärung zur gesonderten und einheitlichen Gewinnfeststellung der Gesellschaft. Ist der Gewinn für das abgelaufene Kalenderjahr gemäß der Erklärung zur gesonderten und einheitlichen Gewinnfeststellung höher als der Gewinn, der der vorläufigen Steuerpauschale zugrunde gelegt wurde, ist die Steuerpauschale entsprechend zu erhöhen. Ist der Gewinn gemäß der gesonderten und einheitlichen Gewinnfeststellung für das abgelaufene Kalenderjahr niedriger als der Gewinn, der der vorläufigen Steuerpauschale zugrunde gelegt worden ist, ist die Differenz anteilig von den Kommanditisten an die Gesellschaft zurückzuzahlen und auf deren Rücklagenkonten (dem Rücklagenkonto) zu buchen. S. 3 gilt entsprechend, wenn die Gesellschaft steuerlich einen Verlust erwirtschaftet.
  f) Erhöht oder vermindert sich der Gewinn nachträglich, z. B. aufgrund einer Betriebsprüfung, erhöht oder vermindert sich die Steuerpauschale für das betreffende Kalenderjahr. Erhöht sich der Gewinn der Ge-

sellschaft nachträglich, erhöhen Zinsforderungen der Finanzverwaltung auch die Steuerpauschale; vermindert sich der steuerliche Gewinn nachträglich, sind Erstattungszinsen der Finanzverwaltung abzgl. der Abgeltungssteuer an die Gesellschaft weiterzuleiten.

662 g) Vorstehende Absätze gelten entsprechend für den Solidaritätszuschlag gem. § 4 Satz 1 Solidaritätszuschlagsgesetz.

663 h) Fällt der in der Handelsbilanz ausgewiesene Gewinn gegenüber dem steuerrechtlichen Gewinn höher aus, wird eine gesonderte Rücklage in Höhe von 40 % des Differenzbetrages als zukünftige Liquiditätsreserve für künftige Einkommensteuerzahlungen den Rücklagenkonten (dem Rücklagenkonto) zugewiesen, sofern es sich um eine Gewinnverschiebung und nicht um eine dauerhafte Gewinnabweichung handelt.

664 i) Hat ein Kommanditist im Vertrauen auf die Berechnung seines steuerlichen Gewinnanteils durch die Gesellschaft oder im Vertrauen auf einen Steuerbescheid Überentnahmen getätigt, ist er verpflichtet die Überentnahmen unverzüglich zurückzuzahlen, sobald der Komplementärin die Überentnahme bekannt wird und sie die Rückzahlung angefordert hat.

665 j) Ist die Gesellschaft an Kapitalgesellschaften beteiligt, gilt die von diesen abgeführten Kapitalertragsteuern als Entnahme der Kommanditisten im Verhältnis ihrer Kapitalkonten I.

- Variante 2:

666 (3) Jeder Kommanditist kann Ertragsteuern (Einkommensteuer, Solidaritätszuschlag und 50 % Kirchensteuern), die auf seinen steuerpflichtigen Gewinnanteil entfallen, zu Lasten des Rücklagekontos entnehmen, unabhängig davon, ob es sich um Vorauszahlungen, Zahlungen aufgrund von Jahressteuerbescheiden oder Nachzahlungen aufgrund einer Betriebsprüfung handelt. Die Kommanditisten haben die individuellen auf ihre Gewinnanteile entfallenden Ertragsteuern durch geeignete Unterlagen nachzuweisen. Geeignete Unterlagen sind Steuerbescheide oder Bestätigungen des steuerlichen Beraters der Kommanditisten. Einzelheiten regelt ein Gesellschafterbeschluss, zu dem der Steuerberater der Gesellschaft vorab anzuhören ist.

667 (4) Die Vorschriften zur Ermittlung der entnahmefähigen Steuern gem. Abs. 3 gelten gleichfalls für Kommanditisten, die aufgrund ihres steuerlichen Wohnsitzes mit ihren Ergebnisanteilen an der Gesellschaft im Ausland steuerpflichtig sind. Soweit z.B. aufgrund höherer Steuersätze im ausländischen Wohnsitzstaat oder aufgrund einer verbleibenden Doppelbesteuerung insgesamt eine höhere Gesamtsteuerbelastung im Vergleich zum inländischen Kommanditisten eintritt, ist die Differenz nicht entnahmefähig (Alternativ: ... nur dann entnahmefähig, wenn der Kommanditist über ein ausreichendes Guthaben auf seinem Verrechnungskonto verfügt). Ein Entnahmerecht für einmalige fiktive Besteuerungsfälle anlässlich eines Wohnsitzwechsel eines Kommanditisten, z.B. gem. § 4 Abs. 1 S. 3 EStG oder § 50 i EStG, steht Kommanditisten nicht zu.

I. Die Gesellschaftsverträge der typischen GmbH & Co. KG

(5) Beantragt ein Kommanditist die Thesaurierungsbegünstigung gemäß § 34a EStG, hat dies keinen Einfluss auf sein Steuerentnahmerecht.

(6) Die Gesellschafterversammlung kann beschließen, dass die Gesellschaft dem betroffenen Kommanditisten ein Darlehen zur Begleichung seiner Erbschaftsteuer gewährt, die auf seine Beteiligung an der Gesellschaft entfällt, wenn
    a) der betroffene Kommanditist glaubhaft macht, dass er die fällige Erbschaftssteuer nicht aus eigenen Mitteln oder die Aufnahme von Darlehen bei Dritten begleichen kann
    b) und soweit die Liquidität der Gesellschaft dies zulässt.
Das Darlehen ist nach Ablauf der Behaltefrist des § 13a Abs. 6 ErbStG zurückzuzahlen. Die Dauer des Darlehens, die Zinsen und weitere Modalitäten des Darlehens sind zwischen der Gesellschaft und dem betroffenen Kommanditisten zu vereinbaren.
Der Zinssatz soll sich an den jeweils üblichen Zinssätzen für 10 jährige Immobiliendarlehen orientieren. Das Stimmrecht des betroffenen Kommanditisten ist bei diesem Beschluss ausgeschlossen.

Erläuterungen

1. Gesetzliche Ausgangslage
2. Gesellschaftsrechtliche Praxis
3. Die Klauseln im Einzelnen
4. Darlehen zur Finanzierung von Erbschaftsteuern (Abs. 6)

1. Gesetzliche Ausgangslage

Das Entnahmerecht regelt, welche Auszahlungen ein Gesellschafter von der KG zu welchem Zeitpunkt verlangen kann. Der Begriff der **„Entnahme"** ist unscharf; das Gesetz verwendet ihn nicht und spricht von „Erheben" von Geld aus der Gesellschaftskasse (§ 122 Abs. 1 HGB), „Auszahlungen" (§ 122 Abs. 1 HGB, § 169 HGB) etc. „Entnahmen" sind jede Art von Vermögenszuwendungen der Personengesellschaft an ihre Gesellschafter, ausgenommen Leistungen der Gesellschaft an den Kommanditisten aufgrund eines Geschäfts wie unter Dritten.[276]

Das **gesetzliche Entnahmerecht des Kommanditisten** ist in § 169 HGB gewinnabhängig geregelt, der bestimmt, dass der Kommanditist Anspruch auf Auszahlung des auf ihn entfallenden Gewinnanteils hat, vorausgesetzt, sein „Kapitalanteil" ist nicht unter seine Sollhöhe („bedungene Einlage") gesunken oder würde durch die Entnahme unter die „Sollhöhe" sinken. Anders ist das **gesetzliche Entnahmerecht des Komplementärs** geregelt; für diesen gilt das Recht der oHG, nämlich § 122 HGB. § 122 HGB bestimmt, dass der oHG-Gesellschafter in jedem Geschäftsjahr 4% seines für das letzte Geschäftsjahr festgestellten Kapitalanteils entnehmen kann, ohne Rücksicht darauf, ob die Gesellschaft einen Gewinn erzielt oder nicht. Hat die Gesell-

---

276 Baumbach/Hopt/*Roth* HGB, § 122 Rn. 1.

schaft im vorangegangenen Geschäftsjahr einen Gewinn erzielt, kann er auch die Auszahlung der Differenz zwischen seinem Gewinnanteil und dem Betrag, der 4 % seines festgestellten Kapitalanteils entspricht, verlangen, wenn dies nicht „zum offenbaren Schaden der Gesellschaft gereicht".

676 Das Entnahmerecht entsteht mit der **Feststellung des Jahresabschlusses**.[277] Streitig ist das Verhältnis von Gewinnanspruch und Entnahmerecht. Verfügungen über das Entnahmerecht sind nicht getrennt vom Gewinnanspruch möglich, es ist also nicht abtretbar, verpfändbar oder pfändbar[278]; unzulässige Entnahmen sind zurückzuzahlen und zu verzinsen.[279] Das Gesetz kennt kein gesondertes Steuerentnahmerecht.

2. Gesellschaftsrechtliche Praxis

677 a) **Gesellschaftsrecht.** Das gesetzliche Entnahmerecht ist antiquiert und wird den heutigen wirtschaftlichen Anforderungen nicht mehr gerecht. Da die Vorschriften der §§ 122, 169 HGB dispositiv sind, weicht die Praxis von ihnen ab und schafft ein neues Entnahmesystem. Es gibt eine Vielzahl von Möglichkeiten, das Entnahmerecht vertraglich zu regeln: Der Gesellschaftsvertrag kann das Entnahmerecht z. B. an den Gewinnanteil des Gesellschafters (**gewinnabhängige Entnahmeklausel**) anknüpfen; er kann auch Entnahmen aus dem Liquiditätsüberschuss der Gesellschaft (**liquiditätsabhängige Entnahmeklausel**) zulassen. Das Entnahmerecht kann in einem durch Gesellschafterbeschluss festgelegten jährlichen oder monatlichen Betrag bestehen (**zeitabhängige Fixentnahme/Regelentnahme**) , es kann – wie z.B. bei Gesellschaften von Freiberuflern üblich – aus einer Kombination von einer monatlichen festen Entnahme und weiteren unterjährigen Ausschüttungen aus dem Liquiditätsüberschuss (**kombinierte Entnahmeklausel**) bestehen, usw.

678 Welche Entnahmeklausel im Einzelfall passt, hängt von den Umständen ab, insbesondere davon, ob die Kommanditisten mitarbeiten oder nicht, ob die Gesellschaft Erträge abwirft und in welcher Höhe, ob die Kommanditisten ihren Lebensunterhalt aus Erträgen der Gesellschaft bestreiten müssen oder ob sie von anderen Einnahmen leben usw. Die Entnahmeregeln haben einen wichtigen Einfluss auf die **Innenfinanzierung** der Gesellschaft. Bei der Gestaltung des Entnahmerechts ist daher auch auf diesen Effekt zu achten. Schließlich ist auch die jeweilige Interessenlage des Auftraggebers ein Kriterium für die Abfassung von Entnahmeklauseln. Die Regelung des Entnahmerechts ist ein **Kernthema** bei Verhandlungen über einen Gesellschaftsvertrag. Es ist daher besondere Sorgfalt geboten!

679 b) **Steuerrecht.** Einkommensteuerlich sind Entnahmeregelungen besonders für den beschränkt haftenden Kommanditisten von Bedeutung. Da die steu-

---

277 Baumbach/Hopt/*Roth* HGB, § 122 Rn. 4.
278 Baumbach/Hopt/*Roth* HGB, § 122 Rn. 4.
279 Baumbach/Hopt/*Roth* HGB, § 122 Rn. 6.

I. Die Gesellschaftsverträge der typischen GmbH & Co. KG

erlichen Ergebnisse aufgrund nicht zahlungswirksamer Ergebnisauswirkungen (Abschreibungen, Rückstellungen etc.) in der Regel nicht mit der verfügbaren Liquidität übereinstimmen, sind mitunter Entnahmen über den Jahresüberschuss hinaus möglich. Entnahmen können daher zum Entstehen eines negativen Kapitalkontos oder aktivischer Verrechnungskonten beitragen, wodurch bei gleichzeitiger Verlustlage die Verlustverrechnung aufgrund § 15a Abs. 1 EStG für den betreffenden Kommanditisten in diesem Jahr ausgeschlossen sein kann (**verrechenbare Verluste s. Rn. 148 ff.**).

Soweit sich für das laufende Jahr die Entstehung eines Verlustes abzeichnet, empfiehlt sich rechtzeitig vor Ablauf des Wirtschaftsjahres die bisherige Entnahmepraxis auf die Auswirkungen des § 15a EStG hin zu überprüfen und ggf. erforderliche Korrekturmaßnahmen beispielsweise einen Entnahmestopp oder die rechtzeitige Vornahme von Einlagen vor Jahresende zu prüfen. 680

3. Die Klauseln im Einzelnen

a) **Entnahmen der Komplementärin.** Das Entnahmerecht der Komplementärin ist unproblematisch. Sie kann ihre Haftungsvergütung jeweils am Jahresende entnehmen (s. § 7 Abs. 1) und die Auslagen nach Anfall (§ 7 Abs. 2). 681

b) **Laufende Entnahmen der Kommanditisten (Abs. 2).** Die Klauseln zu Abs. 2, Variante 1, erlaubt Kommanditisten die Entnahme von Guthaben auf Verrechnungskonten zu jeder Zeit. Eine solche Klausel hängt eng mit der Gewinnverteilung und der Frage zusammen, ob ein gesondertes Steuerentnahmerecht besteht oder nicht. Wird den Verrechnungskonten jeweils mindestens ca. 40–50 % des jeweiligen (handelsrechtlichen) Gewinnanteils zugewiesen, können die Steuern auf den (steuerlichen) Gewinnanteil in der Regel gezahlt werden, so dass es keiner Steuerentnahmeklausel mehr bedarf. Entnahmen aus den Guthaben auf den Verrechnungskonten können dann nur auf Grund eines Gesellschafterbeschlusses zugelassen werden. 682

Abs. 2, Variante 2 erlaubt dem Kommanditisten die Entnahme eines bestimmtes Betrages zu Lasten ihres Verrechnungskontos p.a., im übrigen bedürfen Entnahmen eines Beschlusses der Gesellschafterversammlung. Je nach Höhe des Betrages der Jahresentnahme muss diese Klausel mit einer Steuerentnahmeklausel gekoppelt werden oder nicht. 683

Abs. 2, Variante 3: Hier wird jede Entnahme von einem Gesellschafterbeschluss abhängig gemacht. Eine solche Klausel kann nur dann verwendet werden, wenn kein Kommanditist zur Bestreitung seines Lebensunterhaltes auf Entnahmen angewiesen ist, z.B. weil er anderweitige Einkünfte hat, oder vermögend ist oder von der Gesellschaft eine Tätigkeitsvergütung erhält. In diesem Fall sollte er Kommanditist berechtigt sein, die Steuern auf seinen Gewinnanteil entnehmen zu können. 684

Abs. 2, Variante 4: Die Entnahmebefugnis der anteilig auf die Beteiligung entfallenden Erbschaftsteuer kann entweder gesondert im Rahmen der gesellschaftsvertraglichen Entnahmeklausel oder aber über einen gesonderten 685

Gesellschafterbeschluss außerhalb des Gesellschaftsvertrages geregelt werden. Das Problem einer Entnahmeklausel zur Finanzierung von Erbschaftsteuern besteht darin, wie die entnahmefähige Erbschaftsteuer berechnet wird. Am einfachsten ist eine allgemeine Entnahmeklausel, die die Entnahme aller anfallenden Erbschaftsteuern erlaubt. Dies wird jedoch in der Regel unbillig sein, weil der verstorbene Kommanditist in der Regel auch über anderes Vermögen verfügt. Regelmäßig wird daher eine **beteiligungsgebundene** Erbschaftsteuerklausel vereinbart. Der entnahmefähige Betrag entspricht der Differenz zwischen der Erbschaftsteuer auf den gesamte Nachlass und der Erbschaftsteuer ohne die Beteiligung an der GmbH & Co. KG. Entnahmefähig ist ferner nur rechtskräftig veranlagte Erbschaftssteuer. Alternativ kann die Finanzierung der Erbschaftsteuer, die auf die Beteiligung entfallen, durch ein Darlehen der Gesellschaft finanziert werden (s. Abs. 6). Dies hat den Vorteil, dass die Finanzierung der Erbschaftsteuer im Wege einer Entnahme nicht zu einer erbschaftsteuerlich schädlichen Entnahme über den Betrag von EUR 150.000,00 hinaus führt (s. § 13a Abs. 6 ErbStG und Anm. 7).

686 Abs. 2, Variante 5: enthält eine Entnahmeklausel, die darauf abzielt, den Kommanditisten einen Vorababschlag gem. § 13a, Abs. 9, ErbStG zu ermöglichen. In der Literatur ist u.a. umstritten, was der Gesetzgeber in § 13 Abs. 9 ErbStG

– unter dem „steuerrechtlichen Gewinn"[280] sowie
– unter „Entnahmen"[281] versteht und
– wie die Steuern auf den Gewinnanteil eines Kommanditisten zu ermitteln[282] sind.
– Ob Entnahmen auch in Verlustjahren getätigt werden können?[283]
– Welche Entnahmen dem steuerrechtlichen Gewinn eines Kalenderjahres zugerechnet[284] werden? Nur die Entnahmen, die im laufenden Kalenderjahr getätigt wurden? Können im folgenden Kalenderjahr noch Entnahmen getätigt werden, die dem vorangehenden Kalenderjahr zugerechnet werden?

687 Das ab 1.7.2016 geltende reformierte Erbschaftsteuerrecht sieht in § 13a Abs. 9 S. 1 Nr. 1 der Neufassung des Erbschaftsteuergesetzes einen sog. Vorabschlag für begünstigtes Betriebsvermögen von Familiengesellschaften vor (**Rn. 191**). Dies setzt u.a. eine Begrenzung der Gesellschafterentnahmen im Gesellschaftsvertrag voraus. Die Entnahmen dürfen nicht höher sein als die Steuern auf den jeweiligen steuerlichen Gewinnanteil zzgl. 37,5 % auf die Differenz zwischen dem steuerlichen Gewinnanteil eines Kalenderjahres und den hierauf anfallenden Steuern. Soll dieser Vorababschlag angestrebt werden, ist Variante 5 zu Abs. 2 des Mustervertrages erforderlich. § 13a Abs. 9 S. 1

---

280 *Weber* DStZ 2017, 15 ff.; *Weber/Schmid* ZEV 2016, 689 ff.; *Steger/Königer* BB 2016, 3100 ff.
281 *Steger/Königer* BB 2016, 3100.
282 *Weber/Schwind* ZEV 2016, 690 f.
283 *Steger/Königer* BB 2016, 3102.
284 *Steger/Königer* BB 2006, 3102.

Nr. 1 wirft weitere Probleme auf: Die Bemessungsgrundlage für die steuerunschädliche maximale Entnahme i.H.v. 37,5 % ist die Differenz zwischen dem steuerlichen Gewinnanteil und Steuervorauszahlungen, Steuernachzahlungen auf Grund eines Steuerbescheides und Nachzahlungen/Steuererstattungen auf Grund von Betriebsprüfungen für ein Kalenderjahr. Bis diese Bemessungsgrundlage endgültig feststeht, können Jahre vergehen. Wird in einem Jahr mehr als der – letztendlich – feststehende Maximalbetrag entnommen, könnte ein Verstoß gegen § 13 a Abs. 9 S. 1 Nr. 1 ErbStG n. F. vorliegen, da die „tatsächlichen Verhältnisse" den Bestimmungen des Gesellschaftsvertrages entsprechen müssen, und zwar 2 Jahre vor dem Erbfall/der Schenkung und 20 Jahre danach (§ 13 a Abs. 9 S. 4 und 5 ErbStG n.F.). Möglicherweise kann das Problem dadurch gelöst werden, dass der Kommanditist, der im Vertrauen (z. B.) auf die Berechnung seines steuerlichen Gewinnanteils durch das Unternehmen zu hohe Entnahmen getätigt hat, verpflichtet wird, die Überentnahmen an die Gesellschaft zurückzuzahlen; dies sieht Variante 5 zu Abs. 2 letzter Satz vor. Ob diese Auffassung von der Finanzverwaltung geteilt wird, ist offen.

Wird eine Vorschrift wie Variante 5 zu Abs. 2 in den Gesellschaftsvertrag aufgenommen, darf der Gesellschaftsvertrag **nicht** zulassen, dass die Kommanditisten Erbschaftsteuern entnehmen dürfen und es dürfen auch keine Erbschaftsteuern faktisch entnommen werden. 688

c) **Entnahmerecht für Ertragsteuern (Abs. 3).** Das HGB behandelt die Frage nicht, ob einem Gesellschafter über das Entnahmerecht gem. § 122 HGB hinaus ein Recht auf Entnahme der Steuern zusteht, die auf seinen steuerlichen Gewinnanteil entfallen. In der Literatur wird ein Steuerentnahmerecht u. a. auf die gesellschaftsrechtliche Treuepflicht[285], oder auf § 110 HGB[286] gestützt. Der BGH hat in seinem Urteil vom 29.3.1996[287] ein Steuerentnahmerecht abgelehnt, weil ein solches nicht in § 122 HGB geregelt sei. In einem Urteil vom 5.4.2016[288] hat der BGH diese Rechtsprechung bestätigt. Solange ein gesetzliches Steuerentnahmerecht nicht höchstrichterlich ausdrücklich anerkannt wurde, sollte ein solches im Gesellschaftsvertrag geregelt werden. 689

Das Steuerentnahmerecht kann individuell ausgestaltet sein (dann kann jeder Kommanditist nur die von ihm tatsächlich auf alle steuerpflichtigen Einnahmen zu zahlenden Steuern entnehmen (individuelle Steuerklausel), oder es kann pauschaliert werden (dann wird der Entnahme eine fiktiv errechnete Steuerbelastung zugrunde gelegt. (**pauschale Steuerentnahmeklausel**). Häufig wird das Steuerentnahmerecht auf die Steuern beschränkt, die mit der Beteiligung an der Personengesellschaft zusammenhängen und durch die Beteiligung verursacht werden (**beteiligungsabhängige Steuerklausel**). 690

---

285 Staub/*Schäfer* HGB, Bearbeitungsstand 1.7.2009, § 122 Rn. 21.
286 *Schön*, Festschrift Beisse, 1997, 487.
287 BGHZ 132, 263, 277.
288 BB 2016, 1383 ff., 1384.

691 Die Problematik von Steuerentnahmeklauseln beruht u. a. auf dem Umstand, dass nach dem geltenden Steuerrecht die Kommanditisten mit ihrem **Anteil am Jahresüberschuss** besteuert wird, unabhängig davon, ob und in welchem Umfang dieser entnommen werden kann.[289] Darüber hinaus fallen die Entstehung des gesetzlichen Gewinnanspruchs und die Fälligkeit der Steuern (Vorauszahlungen, Abschlusszahlung, Nachzahlung) zeitlich auseinander.

692 **Abs. 3 Variante 1:** In der Praxis werden Steuerentnahmen häufig über die gesellschaftsvertraglichen Verrechnungskonten der Gesellschafter gebucht, womit gleichzeitig das Problem einer **Verzinsung** der Steuerentnahmen entsteht, da die Vorauszahlungen regelmäßig vor Gutschrift des Gewinnanteils das betreffende Verrechnungskonto belasten. In Anlehnung an die Analyse von Fischer[290] enthält der Mustervertrag in Abs. 3, Variante 1, einen Vorschlag einer als Steuerpauschale konzipierten **beteiligungsabhängigen Steuerentnahmeklausel**, die eine Verbuchung nicht über die als Fremdkapital zu qualifizierenden Verrechnungskonten, sondern über ein variables Kapitalkonto oder ein Rücklagekonto (z. B. Kapitalkonto II im 3-Kontenmodell) vorsieht. Es folgt also bewusst eine Trennung der Steuerentnahmen von den entnahmefähigen Gewinnen der Gesellschafter, die beim 3- bzw. 4-Kontenmodell regelmäßig auf einen als Fremdkapital zu qualifizierenden Verrechnungskonto verbucht werden. Eine Verbuchung über ein **echtes Kapitalkonto** erscheint zutreffend, da der gesellschaftsbezogene Einkommensteueraufwand der Kommanditisten durch den Betrieb der Gesellschaft verursacht ist und nur aufgrund der steuerlichen Transparenz der Personengesellschaft auf der Einkommensteuerebene des jeweiligen Kommanditisten festgesetzt wird[291].

693 Steuerentnahmeklauseln sollten möglichst einfach sein, die der Gesellschaft die Kontrolle des Steuerentnahmerechts des einzelnen Kommanditisten erleichtern und den Kommanditisten möglichst nicht dazu zwingen, seine persönlichen Einkommensverhältnisse offen legen zu müssen. Der vorliegende Vorschlag einer **Steuerpauschale** berücksichtigt diesen Umstand durch eine am steuerpflichtigen Gewinnanteil und einer am jeweils aktuell gültigen Grenzsteuersatz ausgerichteten Steuerpauschale. Als Bemessungsgrundlagen orientiert sich die Pauschale nicht am handelsrechtlichen Gewinnanteil des Kommanditisten, sondern am **steuerpflichtigen Gewinnanteil**. Derzeit steuerfreie Gewinnanteile wie z. B. gem. § 3 Nr. 40 EStG Beteiligungserträge oder steuerfreie Betriebsstättengewinne werden daher von der Bemessungsgrundlage ausgenommen. Auch Sondervergütungen einzelner Kommanditisten gem. § 15 Abs. 1 Satz 1 Nr. 2 S. 1 HS 2 EStG werden ausgenommen, da den betreffenden Gesellschaftern die Vergütung brutto außerhalb ihrer entnahmefähigen Gewinne zufließt und die Kommanditisten daraus die anteilig auf die Sondervergütung entfallende Einkommensteuer selbst tragen können.

694 Da die Steuerpauschale losgelöst von den individuellen Steuersätzen der einzelnen Kommanditisten berechnet wird, ist eine Orientierung am jeweils

---

289 Schmidt/*Wacker* EStG, § 15 Rn. 441.
290 DB 2015, Beilage Nr. 4, 1 ff.
291 So auch *Fischer* DB 2015, Beilage Nr. 4 S. 3.

I. Die Gesellschaftsverträge der typischen GmbH & Co. KG

geltenden **Grenzsteuersatz** zzgl. Annexsteuern (Solidaritätszuschlag) zu empfehlen. Damit erhalten die Kommanditisten mit einer geringeren Steuerprogression zwar etwas mehr im Vergleich zur tatsächlich auf den Gewinnanteil entfallenden Steuerbelastung, während die Kommanditisten deren Gewinnanteil dem Höchststeuersatz unterliegen, eine der tatsächlichen Steuerbelastung nahekommende Steuerpauschale erhalten. Die durch die Steuerpauschale systemimmanente Ungleichbehandlung erscheint jedoch wegen der höheren Leistungsfähigkeit der höher besteuerten Kommanditisten vertretbar.

Bei der **Kirchensteuer** sollte als Regelfall von einer Einbeziehung abgesehen werden, da die Frage, ob ein Kommanditist Mitglied einer Kirche ist oder nicht, dessen Privatsache darstellt. Nur im Falle eines beschränkten Gesellschafterkreises bei der sämtliche Kommanditisten einer Konfession angehören, erscheint eine Einbeziehung der um den Sonderausgabeneffekt[292] gekürzten Kirchensteuern (z.B. 50%) in die Steuerpauschale nach vorheriger Abstimmung im Gesellschafterkreis vertretbar.

Die Einheitsbilanz, also die Übereinstimmung von Handels- und Steuerbilanz ist spätestens seit Abschaffung der umgekehrten Maßgeblichkeit durch das Bilanzrechtsmodernisierungsgesetz aus dem Jahre 2009 nicht mehr der Regelfall. Typische Auslöser eines abweichenden steuerrechtlichen gegenüber dem handelsrechtlichen Gewinns sind **steuerrechtliche Abschreibungswahlrechte**, die unabhängig von der Handelsbilanz nur in der Steuerbilanz ausgeübt werden können, sowie die Bildung einer § 6 b EStG-Rücklage anlässlich der Veräußerung von Gegenständen des Anlagevermögens. Hierdurch kommt es im Jahr des erstmaligen Abweichens zwischen Handels und Steuerbilanz zu einem niedrigeren steuerpflichtige Gewinnanteil, während in späteren Jahren der steuerpflichtige Gewinn höher ausfällt. Die Verschiebungen sind häufig zeitlich befristet. Sie führen jedoch zu latenten Steuerlasten der Kommanditisten in späteren Jahren, in denen der handelsrechtliche Gewinn gegenüber dem steuerlichen Gewinn als Folge einer anfänglich höheren steuerlichen Abschreibung niedriger ausfällt. Der Mustervertrag sieht hier die Bildung einer **Rücklage und Liquiditätsreserve** in Höhe von 40% des ergebniswirksamen Differenzbetrages vor. Die Rücklage wird in den Folgejahren in denen der steuerliche Gewinnanteil höher ausfällt, sukzessive aufgelöst.

Kapitalgesellschaften haben auf ausgeschüttete Gewinne (Dividenden) Einkommensteuer zzgl. SOLZ (wenn Kommanditisten natürliche Personen sind) bzw. Körperschaftsteuer zzgl. SOLZ (wenn Kommanditisten juristische Personen sind) einzubehalten (§ 43 Abs. 1 S. 1 EStG).

Obwohl die Personengesellschaft zivilrechtlicher Gläubiger der Kapitalerträge ist, werden steuerrechtlich die Gesellschafter einer Personengesellschaft als Gläubiger der Gewinnausschüttung und Schuldner der Kapitalertragsteuer angesehen und die **Kapitalertragsteuer** auf ihre Einkommensteuer bzw. Körperschafteuer angerechnet (§ 36 Abs. 4 EStG). Gleichzeitig stellen die

---

292 S. § 10 Abs. 1 Nr. 4 EStG.

Gewinnausschüttungen Früchte der Beteiligung an Personengesellschaften dar[293]. Der BGH[294] hat entschieden, dass die durch Abzug auf die Kapitalerträge der Gesellschaft erhobene Kapitalertragsteuer als Abzug von Gesellschaftskapital anzusehen und – wegen der Anrechnung auf die Einkommensteuer/Körperschaftsteuer der Gesellschafter – wie eine Entnahme des Gesellschafters der Personengesellschaft anzusehen sei. Sieht der Gesellschaftsvertrag der Personengesellschaft kein entsprechendes (fiktives) Entnahmerecht des Gesellschafters vor, besteht das Risiko, dass die Gesellschaft die Vorauszahlung auf die Steuerschuld des Gesellschafters als unberechtigte Entnahme ansieht und zurückfordert. Der Gesellschaftsvertrag sollte daher nicht nur das Recht auf Entnahme der laufenden Steuern auf seinen steuerlichen Gewinnanteil regeln, sondern auch das Recht auf die – fiktive – Entnahme der auf ihn entfallenden Kapitalertragsteuern und des entsprechenden Teils des Solidaritätszuschlages.

698 **Abs. 3 Variante 2:** Steuerklauseln, die alle vorstellbaren Lebenssachverhalte abbilden, sind umfangreich und komplex. Die Variante 2 stellt eine **einfache Steuerentnahmeklausel** dar, die bewusst auf Details im Gesellschaftsvertrag verzichtet und eine Konkretisierung in Form eines Berechnungsschemas vorsieht. Diese Variante ist insbesondere für Familiengesellschaften und Gesellschaften mit einem überschaubaren Gesellschafterkreis geeignet. Die Ermittlung der entnahmefähigen Steuern erfolgt im Einzelfall auf Grund eines Berechnungsschemas, das unter Mitwirkung des Steuerberaters der Gesellschaft entwickelt und von der Gesellschafterversammlung beschlossen wird. Diese Steuerklausel ist als individuelle Steuerklausel (unter Berücksichtigung der jeweiligen individuellen Verhältnisse der Gesellschafter) formuliert worden.

699 **d) Entnahme ausländischer Steuern (Abs. 4).** Absatz 4 hat folgenden Hintergrund: Zur Vermeidung von Auslegungs-schwierigkeiten der Entnahmeregelungen bei im Ausland ansässigen Kommanditisten empfiehlt sich die Aufnahme einer gesellschaftsvertraglichen Regelung zur Entnahmefähigkeit ausländischer Einkommensteuern. Das inländische Besteuerungssystem für Personengesellschaften führt häufig bei grenzüberschreitenden Sachverhalten zu abkommensrechtlichen Qualifikationskonflikten, die eine höhere ausländische Einkommensteuer oder sogar eine Doppelbesteuerungen mit in- und ausländischer Einkommensteuer bewirken können[295].

700 Absatz 4 stellt klar, dass auch in diesen Fällen Entnahmen nicht über das inländische fiktive Besteuerungsniveau hinaus zulässig sind. Von besonderer Brisanz in diesem Zusammenhang sind insbesondere **einmalige Besteuerungseffekte** z.B. anlässlich des Wegzugs eines Kommanditisten ins Ausland

---

293 BFH v. 9.11.1994, DStR 1995, 450; ausführlich zu diesen steuerlichen und zivilrechtlichen Fragen: *Weber-Grellet* DStR 2013, 1357 ff. und 1412 ff.; *Kurth* DStR 2013, 2224 ff. und DStR 2016, 1871 ff.
294 BGH v. 30.1.1995, DStR 1995, 574; v. 16.4.2013, DStR 2013, 1391; v. 4.5.2016, DB 2016, 1383 ff.
295 BMF v. 26.9.2014 BStBl I 2014 1258.

I. Die Gesellschaftsverträge der typischen GmbH & Co. KG

oder der Vererbung von Anteilen an im Ausland ansässige Personen. Dies kann z. B. bei gewerblich geprägten Personengesellschaften mit einer einmaligen Versteuerung sämtlicher in den Anteilen ruhenden stillen Reserven verbunden sein[296]. Da es sich insoweit um einen fiktiven Entnahmevorgang handelt, steht dem Kommanditisten daraus regelmäßig keine Entnahmemöglichkeit für die aufgrund der Entnahme ausgelöste Einmalbesteuerung zur Verfügung. Zum Schutz des Gesellschaftsvermögens vor derart unerwarteten und unkontrollierbaren Vorgängen empfiehlt sich ggf. die Aufnahme einer diesbezüglichen Klarstellung. Gleichzeitig empfiehlt sich zur Vermeidung derartiger ungewollter Besteuerungsvorgänge die Aufnahme einer vorbeugenden **Informationsklausel** in den Gesellschaftsvertrag (vgl. § 21 Abs. 4 und 5 des Mustervertrages).

e) **Entnahme von Steuern auf thesaurierte Gewinnanteile (Abs. 5).** Ein weiterer Regelungsbedarf kann im Zusammenhang mit der Thesaurierungsbegünstigung gem. § 34a EStG bestehen (s. Abs. 5 des Mustervertrages). Da jeder Kommanditist selbst entscheiden kann, ob er die Thesaurierungsbegünstigung in Anspruch nehmen will oder nicht, stellt sich die Frage, ob die Entscheidung eines Kommanditisten für die Inanspruchnahme Einfluss auf sein **Entnahmerecht** hat oder nicht. Im Falle einer individuellen Entnahmeklausel besteht kein weiterer Regelungsbedarf, weil die niedrigere Steuer (28,25 %, § 34a Abs. 1 EStG) bei der Inanspruchnahme später durch die Nachsteuer (25 %, § 34a Abs. 4 S. 2 EStG) annähernd per Saldo ausgeglichen wird.

Bei einer gewinnabhängigen, pauschalen Entnahmeklausel – wie im Mustervertrag in Abs. 3 vorgesehen – bedarf es ebenfalls keiner Anpassung, denn der Kommanditist erhält zunächst eine höhere Auszahlung von der Gesellschaft, weil die Steuerentnahmen an den ungekürzten Gewinnanteil anknüpft. Diese „**Überentnahme**" wird im Jahr der Nachsteuer durch eine höhere Steuerbelastung und ein geringeres Steuerentnahmerecht kompensiert. **Absatz 5** des Mustervertrages stellt dies klar.

4. Darlehen zur Finanzierung von Erbschaftsteuern (Abs. 6)

Erbschaftsteuerlich ist die **Entnahmebegrenzung** des § 13a Abs. 6 Nr. 3 ErbStG zu beachten, die auch die Entnahme der anteiligen Erbschaftsteuer als schädliche Entnahme im Sinne der Missbrauchsvorschrift qualifiziert, wenn sie zusammen mit den anderen Entnahmen innerhalb der 5- bzw. 7-jährigen Behaltensfrist (**Rn. 205**) den Betrag von EUR 150.000,- übersteigt.

Zur Vermeidung erbschaftsteuerlich schädlicher Überentnahmen empfiehlt sich in diesem Zusammenhang die Vereinbarung **fremdüblicher Gesellschafterdarlehen** zur Finanzierung der häufig beträchtlichen Erbschaftsteuerbelastung. Da nach dem Wortlaut des Gesetzes nur Entnahmen im steuerlichen

---

[296] § 4 Abs. 1 S. 3 EStG.

Sinne einer schädlichen Qualifizierung zugänglich sind, lassen sich die nachteiligen Steuerfolgen während der 5 bzw. 7 Jahre, während den Entnahmebegrenzungen, durch die Vereinbarung individueller Gesellschafterdarlehen vermeiden. Alternativ hierzu muss rechtzeitig vor Ablauf des Fünfjahreszeitraums geprüft werden, inwieweit ein schädliches Überschreiten der Entnahmen durch eine rechtzeitige Einlage wieder ausgeglichen werden kann. Die Finanzverwaltung akzeptiert dies und sieht darin keinen Gestaltungsmissbrauch, sofern die Einlage aus privaten Mitteln erfolgt.[297]

706 Das Muster stellt es der Gesellschafterversammlung frei, ob sie bei Vorliegen der Voraussetzungen des § 12 Abs. 7 der Gewährung eines Darlehens durch die Gesellschaft zur Tilgung der Erbschaftssteuerschuld des betroffenen Kommanditisten zustimmt.

§ 13
Verfügungen über Gesellschaftsanteile und Ansprüche gegen die Gesellschaft

- Variante 1:
707 (1) Verfügungen über Gesellschaftsanteile und/oder Ansprüche gegen die Gesellschaft bedürfen der Zustimmung der Komplementärin, die jeweils einen Beschluss der Gesellschafterversammlung einholen muss. Der Antrag auf Zustimmung ist an die Komplementärin zu richten. Die Zustimmung gilt als erteilt, wenn die Verweigerung der Zustimmung dem veräußerungswilligen Gesellschafter nicht innerhalb von ... vollen Kalendermonaten ab Zugang eines Antrags auf Zustimmung bei der Komplementärin zugegangen ist.

- Variante 2:
708 (1) Verfügungen über Gesellschaftsanteile und/oder Ansprüche gegen die Gesellschaft bedürfen der Zustimmung der Komplementärin, die jeweils einen Beschluss der Gesellschafterversammlung einholen muss. Die Zustimmung ist zu erteilen, wenn Erwerber leibliche Abkömmlinge des verfügungswilligen Kommanditisten, andere Kommanditisten und deren Abkömmlinge oder eine Familienstiftung i.S.v. § 1 Abs. 1 Nr. 4 ErbStG sind. Abs. 6 bleibt unberührt.

- Variante 3:
709 (1) Kommanditisten können über ihre Beteiligung und/oder Ansprüche gegen die Gesellschaft zugunsten von seinen Abkömmlingen, Ehegatten/Lebenspartner, Mitgesellschaftern und zugunsten von Abkömmlingen von Mitgesellschaftern frei verfügen, soweit der Gesellschaftsvertrag nicht etwas anderes bestimmt. Eine Verfügung zugunsten von anderen Personen bedarf der vorherigen Zustimmung der Gesellschafterversammlung. Der Beschluss bedarf der einfachen Mehrheit der Stimmen

---

297 Abschn. 13a.14 der koordinierten Erlasse der Länder zum Erbschaftssteuergesetz v. 22.6.2017, BStBl. I 2017, 902.

I. Die Gesellschaftsverträge der typischen GmbH & Co. KG   231

aller Kommanditisten und ist innerhalb von ... vollen Kalendermonaten ab dem Eingang des Zustimmungsantrages bei der Komplementärin zu fassen. Wird die Zustimmung zu einer entgeltlichen Veräußerung ohne wichtigen Grund verweigert oder wird der Beschluss über den Antrag nicht fristgerecht gefasst, kann der betroffene Kommanditist verlangen, dass die anderen Kommanditisten den Gesellschaftsanteil, der veräußert werden soll, im Verhältnis ihrer Kapitalkonten I erwerben. Als Kaufpreis erhält der veräußerungswillige Kommanditist den Betrag, der ihm als Abfindung gemäß § 19 dieses Vertrages zustehen würde.

- Variante 4 (Klausel gem. § 13a Abs. 9 S. 1 Nr. 2 ErbStG):
(1) Kommanditisten können zu Lebzeiten über ihre Anteile nur zu Gunsten von Mitgesellschaftern, Angehörigen im Sinne des § 15 der Abgabenordnung oder zu Gunsten einer Familienstiftung verfügen. 710

- Variante 5:
(1) Kommanditisten können über ihre Anteile an der Gesellschaft und/oder ihre Ansprüche gegen die Gesellschaft frei verfügen; Abs. 6 bleibt unberührt. 711

(2) Die Abtretung von Gesellschaftsanteilen von einem Treuhänder an den Treugeber bedarf nicht der Zustimmung gemäß Absatz 1, wenn für den Abschluss des Treuhandvertrages die Zustimmung gemäß Absatz 1 erteilt wurde. 712

(3) Teilübertragungen sind zulässig. Wird nur ein Teil eines Gesellschaftsanteils übertragen, so müssen die neuen Kapitalkonten I ein ganzzahliges Vielfaches von EUR ... betragen. 713

(4) Die Übertragung des Gesellschaftsanteils kann nur mit Wirkung zum Ende eines Geschäftsjahres erfolgen. 714

(5) Verfügungen über Gesellschaftsanteile und/oder sonstige Ansprüche gegen die Gesellschaft bedürfen der Schriftform. 715

(6) Verfügungen über Gesellschaftsanteile, für die steuerliche Mindesthaltefristen zu beachten sind, z.B. wegen § 6 Abs. 3 S. 2 EStG, oder deren Veräußerung für die Gesellschaft oder für die nicht an der Veräußerung beteiligten Gesellschafter steuerliche Nachteile bzw. eine Steuermehrbelastung nach sich ziehen, bedürfen der Zustimmung der Gesellschafterversammlung Der Zustimmung der Gesellschafterversammlung bedarf es auch bei unentgeltlichen bzw. teilentgeltlichen Verfügungen an im Ausland ansässige Erwerber. 716

(7) Betroffene Kommanditisten haben bei der Abstimmung über ihren Zustimmungsantrag kein Stimmrecht. 717

Erläuterungen

1. Gesetzliche Ausgangslage
2. Vertragliche Gestaltungsmöglichkeiten
3. Form
4. Ergebnisverteilung im Jahr des Ausscheidens
5. Inhalt des Abtretungsvertrages, Haftung
6. Die Klauseln im Einzelnen

1. Gesetzliche Ausgangslage

718 Nach heute herrschender Meinung ist eine Anteilsübertragung auf Dritte möglich, wenn die anderen Gesellschafter zustimmen.[298] Die Zustimmung kann vorab im Gesellschaftsvertrag für bestimmte Fälle oder uneingeschränkt oder im Einzelfall ad hoc erteilt werden. Mehrheitsentscheidungen der Gesellschafterversammlung sind zulässig. Die Gesellschafter sind in der konkreten Ausgestaltung der Regelungen über die Abtretbarkeit eines Gesellschaftsanteils weitestgehend frei. Bemerkenswert sind die Unterschiede zu den gesetzlichen Regeln über die Abtretung von **Geschäftsanteilen einer GmbH**. Geschäftsanteile sind nach dem Gesetz frei veräußerlich (§ 15 Abs. 1 GmbHG), die Abtretung kann im Gesellschaftsvertrag jedoch an bestimmte Voraussetzungen geknüpft werden (§ 15 Abs. 5 GmbHG). Vor diesem Hintergrund werden die Abtretungsregeln für beide Gesellschaften häufig **synchronisiert**. Im Falle einer beteiligungsidentischen GmbH & Co.KG (**Rn. 1301 ff.**) ist diese Synchronisierung zwingend erforderlich.

2. Vertragliche Gestaltungsmöglichkeiten

719 Die Formulierung der Bestimmungen über Verfügungen über die Beteiligungen von Kommanditisten bedarf besonderer Sorgfalt. Der Gesellschaftsvertrag kann die Übertragung erschweren oder erleichtern. In der Regel wird die Übertragung von Gesellschaftsanteilen dadurch erleichtert, dass Übertragungen in bestimmten Fällen von der bestehenden Zustimmungspflicht generell **freigestellt** werden. Im Übrigen ist insbesondere zu regeln, wer über die Zustimmung entscheidet (die Gesellschafterversammlung? Oder alle anderen Kommanditisten? Die Komplementär-GmbH? Ein bestimmter Kommanditist oder eine bestimmte Gesellschaftergruppe?), ob die Zustimmung ohne Grund verweigert werden oder ob sie nur in bestimmten Fällen verweigert werden darf, welche Rechte der betroffene Kommanditist hat, wenn die Zustimmung verweigert wird usw. Der Mustervertrag gibt in **Abs. 1** verschiedene Beispiele für derartige Regelungen. **Abkömmlinge** sind im Gegensatz zu „Kindern" alle mit einem Kommanditisten in gerader absteigender Linie verwandte Personen (Kinder, Enkel, Urenkel etc.). **Kinder** sind nur die unmittelbaren Abkömmlinge eines Kommanditisten. Wenn Erleichterungen für

---

[298] Baumbach/Hopt/*Roth* HGB, § 105 Rn. 69 ff.

I. Die Gesellschaftsverträge der typischen GmbH & Co. KG

Verfügungen über Gesellschaftsanteile von **Kommanditisten** im Gesellschaftsvertrag angeordnet werden, ist gleichzeitig klargestellt, dass diese Erleichterungen für Verfügungen der Komplementär-GmbH über ihren Gesellschaftsanteil **nicht** gelten.

Die Frage, mit welcher **Mehrheit** die Gesellschafterversammlung einen Zustimmungsbeschluss fassen muss, kann in § 9 geregelt werden. Wenn dies dort nicht erfolgt, ist diese Frage in § 13 zu regeln; im vorliegenden Mustervertrag erfolgt die Regelung der Stimmenmehrheit in § 9 Abs. 3 lit. b). 720

Bei der Gestaltung einer Verfügungsklausel ist zu überlegen, ob dem verfügungswilligen Kommanditisten im Falle einer entgeltlichen Verfügungsabsicht ein **Exit** ermöglicht werden soll, wenn die Zustimmung verweigert wurde. Dies ist möglich, indem dem verfügungswilligen Kommanditisten – im Falle einer Versagung der Zustimmung – bei entgeltlichen Veräußerungen entweder ein außerordentliches Kündigungsrecht eingeräumt wird oder die anderen Kommanditisten verpflichtet werden, den zur Veräußerung stehenden Gesellschaftsanteil (im Verhältnis ihrer Kapitalkonten I) zu erwerben. 721

Der Gesellschaftsvertrag sollte auch regeln, innerhalb welchen Zeitraumes eine Entscheidung über den Antrag auf Zustimmung erfolgen muss und welche Rechtsfolgen die Versäumung der Frist hat. 722

Schließlich ist zu entscheiden, ob es der Gesellschafterversammlung freisteht, der Verfügung zuzustimmen oder nicht, oder ob für bestimmte Erwerber eine Zustimmungspflicht begründet wird, oder ob die Zustimmungspflicht für bestimmte Erwerber entfällt. In den beiden ersten Fällen haben die anderen Gesellschafter die Kontrolle, wer jeweils Gesellschafter ist! Die Verpflichtung, eine Zustimmung einzuholen, ist für den betroffenen Kommanditisten allerdings nachteilig, da er notfalls die Zustimmung einklagen muss! Ist keine Zustimmung einzuholen, verliert die Gesellschaft die Kontrolle, wer jeweils Gesellschafter wird. 723

3. Form

Der Vertrag über die Abtretung eines Anteils an einer GmbH & Co. KG ist grundsätzlich **nicht formbedürftig.** Dieser Grundsatz erfährt jedoch unter anderem folgende **Ausnahmen:** Wird in dem Vertrag die Verpflichtung begründet, neben der Gesellschaftsbeteiligung auch Grundbesitz oder Anteile daran zu übertragen, ist der Vertrag insgesamt gemäß § 311 b BGB notariell zu beurkunden. Die notarielle Form ist bei der Verpflichtung zur Übertragung von Anteilen an einer GmbH & Co. KG ferner erforderlich, wenn gleichzeitig die Verpflichtung zur Übertragung von Geschäftsanteilen an der Komplementär-GmbH begründet wird (§ 15 Abs. 3 und 4 GmbHG). Noch nicht abschließend geklärt ist, ob mit der Beurkundung des Vertrages über die Abtretung der Geschäftsanteile an der Komplementär-GmbH der Formmangel auch im Hinblick auf die Übertragung der Kommanditbeteiligung gemäß § 15 Abs. 4 Satz 2 GmbHG geheilt wird.[299] 724

---

299 *Kempermann* NJW 1991, 684; *Schulze* NJW 1991, 1936.

4. Ergebnisverteilung im Jahr des Ausscheidens

725 **a) Gesellschaftsrecht.** Erfolgt die Abtretung des Gesellschaftsanteiles an der GmbH & Co. KG im Laufe eines Geschäftsjahres, ist das Ergebnis dieses Jahres **zivilrechtlich** zwischen Veräußerer und Erwerber aufzuteilen (§ 101 Nr. 2, 2. HS BGB), soweit der Kaufvertrag nicht etwas anderes regelt.

726 **b) Steuerrecht.** Steuerrechtlich ist das Ergebnis hingegen *zwingend* zwischen Erwerber und Veräußerer aufzuteilen.[300] Es empfiehlt sich, diese Divergenz zwischen Zivil- und Steuerrecht bei der Abfassung des Kaufvertrages zu beachten, wenn der Gesellschaftsvertrag – abweichend von **Abs. 5** des Musters – Verfügungen während eines Geschäftsjahres zulässt.

5. Inhalt des Abtretungsvertrages, Haftung

727 Wegen der Einzelheiten des Inhaltes eines Übertragungsvertrages bezüglich einer Beteiligung an einer Kommanditgesellschaft ist auf die einschlägigen Erläuterungsbücher[301] zu verweisen. Die Übertragung des Gesellschaftsanteils eines persönlich haftenden Gesellschafters und die Übertragung einer Kommanditbeteiligung wirft zahlreiche **haftungsrechtliche Probleme**[302] auf, auf die hier jedoch nicht näher eingegangen werden kann.

6. Die Klauseln im Einzelnen

728 Die **Variante 1 in Abs. 1** bindet die Verfügbarkeit der Gesellschafter über ihre Gesellschaftsanteile und über ihre Ansprüche gegen die Gesellschaft grundsätzlich an die Zustimmung der Gesellschafterversammlung.

729 **Abs. 1 Variante 2** verpflichtet die Gesellschafterversammlung, dem Antrag auf Zustimmung zu einer Verfügung zuzustimmen, wenn Erwerber bestimmte Personen sind.

730 **Abs. 1 Variante 3** kombiniert die Befreiung von Abtretungen an bestimmte Personen von der Zustimmungspflicht der Gesellschafterversammlung mit der Verpflichtung der anderen Kommanditisten, den Gesellschaftsanteil des veräußerungswilligen Kommanditisten zu übernehmen, wenn die Zustimmung zur Abtretung ohne wichtigen Grund verweigert wird. In diesem Fall wird der maximale Kaufpreis, den die Kommanditisten zahlen müssen, sofern sie ihre Zustimmung zu einer Verfügung verweigern, auf den Betrag begrenzt, den der verfügungswillige Kommanditist als Abfindung im Falle eines Ausscheidens erhalten hätte.

---

300 *Schmidt/Wacker* EStG, § 16 Rn. 452 ff. Zu diesem Problem bei Eintritt eines neuen Gesellschafters in eine Personengesellschaft während eines Wirtschaftsjahres vgl. *Sommer* BB 1987, 307 ff.
301 Baumbach/Hopt/*Roth* HGB, § 105 Rn. 69 ff.
302 Baumbach/Hopt/*Roth* HGB, § 173 Rn. 11 ff.

I. Die Gesellschaftsverträge der typischen GmbH & Co. KG

Abs. 1 Variante 4 enthält eine weitere Voraussetzung für die Gewährung eines **Vorababschlags** gem. § 13a Abs. 9 S. 1 Nr. 2 ErbStG für lebzeitige Anteilsübertragungen bei Familiengesellschaften. Neben der gesellschaftsvertraglichen Begrenzung des Entnahmerechts der Gesellschafter (**Rn. 686**) sowie der Abfindungsbeschränkung (**Rn. 890**) verlangt § 13a Abs. 9 S. 1 Nr. 2 ErbStG eine gesellschaftsvertraglich verankerte Verfügungsbegrenzung auf den in Variante 4 zu Abs. 1 genannten Personenkreis. Diese Bestimmung kann nur für lebzeitige und nicht für letztwillige Verfügungen gelten, da Verpflichtungen im Zusammenhang mit Verfügungen von Todes wegen nichtig sind (§ 2302 BGB)[303]. § 2302 BGB bestimmt: 731

„*Ein Vertrag, durch den sich jemand verpflichtet, eine Verfügung von Todes wegen zu errichten oder nicht zu errichten, aufzuheben oder nicht aufzuheben, ist nichtig*"

In der Literatur wird die Auffassung vertreten, dass Verfügungen zu Gunsten anderer Erwerber zulässig seien, wenn die Gesellschafterversammlung zustimmen muss.[304] Diese Auffassung ist angesichts des Wortlautes von § 13a Abs. 9 S. 1 Nr. 3 ErbStG nicht zutreffend[305] und wird kaum die Zustimmung der Finanzverwaltung in den künftigen Erlassen zur Erbschaftsteuerreform 2016 finden. Umstritten ist auch der Umfang des Begriffes der Verfügung in § 13a Abs. 9 S. 1 Nr. 2 ErbStG. Nach einer Auffassung erfasst der Begriff nur Abtretungen von Geschäftsanteilen, nicht aber die Verpfändung von Gesellschaftsanteilen oder die Bestellung eines Nießbrauches[306]; nach einer anderen Auffassung wird vom Begriff der Verfügung auch die Belastung eines Gesellschaftsanteils mit einem Nießbrauch und die Verpfändung erfasst[307].

Abs. 1 Variante 5 stellt die Abtretung unter keinen Zustimmungsvorbehalt; dies ist in der Praxis selten. 732

Abs. 2 lässt die **Rückübertragung** des Gesellschaftsanteils von Treuhänder an den Treugeber ohne weitere Zustimmungserfordernisse zu, wenn bei der Übertragung des Gesellschaftsanteils auf den Treuhänder die erforderliche Zustimmung erteilt worden war. 733

Abs. 3 lässt **Teilübertragungen** zu und will das Entstehen von Kapitalkonten verhindern, die nicht durch eine „runde" Zahl ohne Rest teilbar sind. 734

Abs. 4 bestimmt, dass Gesellschaftsanteile rechtsgeschäftlich nur zum Ende eines Geschäftsjahres abgetreten werden dürfen; dies erleichtert die Gewinnermittlung für den ausscheidenden und den eintretenden Gesellschafter. 735

Die in **Abs. 5** vorgesehene **Schriftform** dient dem Nachweis des Gesellschafterwechsels. 736

Abs. 6 enthält einen generellen **Zustimmungsvorbehalt** für steuerschädliche Verfügungen Der Gesetzgeber hat insbesondere zur Vermeidung rechts- 737

---

303 *Wachter*, NZG 2016, 1173; zum Vorababschlag allg. s. Rn. 191.
304 *Weber/Schwind*, ZEV 2016, 692; *Viskorf/Löcherbach/Jehle*, DStR 2016, 2430.
305 Ebenso *Carlé*, KÖSDI 2017, 20328.
306 *Wachter*, NZG 2016, 1173.
307 *Steger/Königer*, BB 2016, 3102.

missbräuchlicher oder ungewollter Gestaltungen eine Vielzahl von Missbrauchsklausel, bzw. Sperrfristen in den Einzelsteuergesetzen verankert, die im Falle eines Verstoßes gegen die Steuernorm eine ungewollte Einmalbesteuerung nach sich ziehen können. Aus ertragsteuerlicher Sicht geht es um bestimmte Einbringungs- und Umstrukturierungsvorgänge gemäß § 6 Abs. 3 EStG, § 6 Abs. 5 EStG und § 16 Abs. 3 S. 3 EStG. Hier wird ein bestimmtes Handeln innerhalb einer gesetzlichen **Sperrfrist** sanktioniert (z.B. Anteilsveräußerung oder spätere Entnahmevorgänge) womit eine Einmalbesteuerung ausgelöst wird. Auch bei der Grunderwerbsteuer enthält § 5 Abs. 3 und § 6 Abs. 3 GrEStG Sperrfristen im Zusammenhang mit der Inanspruchnahme personenbezogener Befreiungsvorschriften anlässlich grundstücksbezogener Einbringungs- und Übertragungsvorgänge, die im Falle eines Verstoßes gegen die Steuernorm (z.B. Anteilsveräußerung nach einer begünstigten Schenkung innerhalb 5- bzw. 7-jährigen Sperrfrist) einen rückwirkenden Wegfall der Steuerbefreiung nach sich zieht. Sofern nicht bereits anlässlich des Einbringungs- bzw. Umstrukturierungsvorgangs eine Ausgleichspflicht für steuerschädliche Verfügungen vereinbart wurde, können die Kommanditisten für Steuernachteile, die ihnen aus der steuerschädlichen Verfügung erwächst, ihre Zustimmung von einer Ausgleichspflicht des insoweit schädlich handelnden Kommanditisten abhängig machen.

738 Abs. 7 stellt klar, dass der betroffene Kommanditist bei der Abstimmung über seinen Antrag nicht mitstimmen darf.

§ 14
Vorkaufsrecht

739 (1) Verkauft ein Kommanditist seinen Gesellschaftsanteil ganz oder zum Teil, steht den anderen Kommanditisten ein Vorkaufsrecht im Verhältnis ihrer Kapitalkonten I zu (Vorkaufsrecht erster Stufe). Das Vorkaufsrecht kann bis zum Ablauf von drei (3) vollen Kalendermonaten nach Zugang des unterzeichneten Kaufvertrages ausgeübt werden. Jeder Kommanditist kann von seinem Vorkaufsrecht nur ganz oder keinen Gebrauch machen.

740 (2) Macht ein Kommanditist von seinem Vorkaufsrecht nicht oder nicht fristgerecht Gebrauch, geht das Vorkaufsrecht auf die vorkaufswilligen Kommanditisten im Verhältnis ihrer Kapitalkonten I nach Ausübung des Vorkaufsrechtes auf der ersten Stufe über (Vorkaufsrecht zweiter Stufe usw.). Abs. 1 Satz 2 und 3 gelten entsprechend mit der Maßgabe, dass an Stelle des Zugangs des Kaufvertrages die Mitteilung tritt, dass ein Kommanditist sein Vorkaufsrecht nicht ausüben will oder nicht ausgeübt hat. Kein Kommanditist, der sein Vorkaufsrecht auf einer Stufe ausgeübt hat, muss sein Vorkaufsrecht auf einer späteren Stufe ebenfalls ausüben.

741 (3) Die Kaufverträge zwischen dem Verkäufer des Gesellschaftsanteils und den Verkaufsberechtigten kommen auch dann zustande, wenn im Rah-

I. Die Gesellschaftsverträge der typischen GmbH & Co. KG

men des Vorkaufsrechts nicht alle verkauften Gesellschaftsanteile von anderen Gesellschaftern gekauft werden.

(4) Wird der verkaufte Gesellschaftsanteil von den anderen Kommanditisten nicht vollständig gekauft, und wird der Restanteil vom ursprünglichen Käufer nicht mehr erworben, ist der betroffene Kommanditist berechtigt, die Gesellschaft für diesen Restanteil mit einer Frist von 6 Monaten zum Ende eines Geschäftsjahres zu kündigen. Das Kündigungsrecht erlischt, wenn es nicht innerhalb von 6 Monaten ausgeübt worden ist; die Frist beginnt an dem Ende der letzten Vorkaufsfrist gemäß Absatz 1 Satz 2 und 3 und Absatz 2, Satz 2.

(5) Die Vorschriften der §§ 463 ff. BGB sind anzuwenden, wenn und soweit der Gesellschaftsvertrag keine abweichenden Regelungen enthält.

Erläuterungen

1. Gesetzliche Ausgangslage   2. Vertragspraxis

1. Gesetzliche Ausgangslage

Das Vorkaufsrecht ist die Befugnis, einen Gegenstand zu erwerben, wenn der Vorkaufsverpflichtete diesen Gegenstand an einen Dritten verkauft hat. Mit der Ausübung des Vorkaufsrechtes kommt dann der Kaufvertrag zwischen dem Vorkaufberechtigten und dem Vorkaufverpflichteten (Verkäufer) mit dem gleichen Inhalt zustande, wie der zwischen dem Verkäufer und dem Dritten. Das Vorkaufsrecht wird allgemein in den Vorschriften der §§ 463 ff. BGB geregelt. Das Vorkaufsrecht ist zu unterscheiden von der **Vorhand**,[308] dem Recht eines Dritten, in einen bestehenden Kaufvertrag mit dem gleichen oder veränderten Inhalt unter bestimmten Voraussetzungen als Käufer einzutreten[309] (**Eintrittsrecht**) und dem Ankaufsrecht[310] (**Optionsrecht**), das in drei Formen vorkommen kann, nämlich als bindendes Verkaufsangebot, als aufschiebend bedingter Kaufvertrag oder Kaufvorvertrag oder als Optionsvertrag; letzterer räumt dem Berechtigten das Recht ein, durch seine Willenserklärung einen Kaufvertrag mit festgelegtem Inhalt zustande zu bringen. Beim Optionsvertrag kommt der Kaufvertrag erst durch die Ausübung des Ankaufsrechts zustande.

2. Vertragspraxis

Die Regelung des Vorkaufsrechts steht in einer engen Verbindung mit den Regelungen über die Verfügung über Gesellschaftsanteile (s. § 13 des Mustervertrages), soweit sie **entgeltlich** erfolgen. Vorkaufsrechte entstehen nicht

---

308 Palandt/*Weidenkaff*, Vor § 463 Rn. 12.
309 Palandt/*Weidenkaff*, Vor § 463 Rn. 13.
310 Palandt/*Weidenkaff*, Vor § 463 Rn. 14.

bei unentgeltlichen Verfügungen. Wird ein Gesellschaftsanteil entgeltlich veräußert, besteht in der Regel ein Bedürfnis der anderen Gesellschafter, das Eindringen eines missliebigen Gesellschafters zu verhindern, soweit Gesellschaftsanteile nicht vinkuliert sind. Dies kann durch ein Vorkaufsrecht verhindert werden. Aber auch wenn Gesellschaftsanteile vinkuliert sind, kann ein Vorkaufsrecht sinnvoll sein, z. B. für Gesellschafter, die dem Verkauf nicht zugestimmt haben. Die Vorschriften des BGB (§§ 463 ff.) zum Vorkaufsrecht werden in der Regel analog angewendet. Im Einzelfall ist jede Bestimmung in den §§ 463 ff. BGB daraufhin zu überprüfen, ob sie angewendet werden soll. Im Falle von Gesellschaftsanteilen wird die Wochen-Frist des § 469 Abs. 2 S. 1 BGB in der Regel verlängert. Der Mustervertrag sieht in **Abs. 1 Satz 2** eine Frist von drei vollen Kalendermonaten ab Zugang des schriftlichen Kaufvertrages vor.

746 Steht das Vorkaufsrecht **mehreren Berechtigten** einzeln zu, entstehen viele Probleme: Zunächst stellt sich die Frage, ob der einzelne Kommanditist sein Vorkaufsrecht ganz oder nur teilweise ausüben kann. Entfällt auf sein „Vorkaufsrecht" ein Nominalbetrag von EUR 10.000,00, könnte der Kommanditist dieses z. B. nur in Höhe von EUR 5.000,00 ausüben. Dies schließt Abs. 1 S. 3 des Mustervertrages jedoch aus.

747 Haben nicht **alle Kommanditisten** von ihrem Vorkaufsrecht Gebrauch gemacht (Vorkaufsrecht erster Stufe), sollen den kaufwilligen Kommanditisten auch die Teile des verkauften Gesellschaftsanteils zum Erwerb offen stehen, die in der ersten Stufe nicht „vorgekauft" wurden. In diesem Fall stellen sich weitere Fragen. Nach welchem Verhältnis richtet sich das Vorkaufsrecht, nach dem Verhältnis der festen Kapitalkonten vor oder nach dem Ankauf auf erster Stufe? Kann ein kaufwilliger Kommanditist nur den ganzen weiteren Gesellschaftsanteil kaufen oder nur einen Teil? Müssen alle Kommanditisten, die auf der ersten Stufe gekauft haben, auch auf der zweiten Stufe (und bei weiteren Stufen) den auf sie weiter entfallenden Gesellschaftsanteil kaufen, oder können sie auf einer späteren Stufe „aussteigen"?

748 Schließlich stellt sich das Problem, welche Konsequenz es hat, wenn **nicht alle Vorkaufsberechtigten** von ihrem Vorkaufsrecht Gebrauch machen, der Gesellschaftsanteil nur zum Teil von den Vorkaufsberechtigten erworben wird und der Erwerber an dem Rest des Gesellschaftsanteils kein Interesse hat. Dies kann von erheblichem **Nachteil** für den betroffenen Kommanditisten sein, zum Beispiel dann, wenn der ihm verbliebene Gesellschaftsanteil so klein geworden ist, dass sich für den restlichen Gesellschaftsanteil kein Käufer mehr findet. In diesem Fall kann der Gesellschaftsvertrag regeln, dass der verkaufswillige Kommanditist die Gesellschaft, bezogen auf den Restanteil, außerordentlich kündigen kann.

749 Das **Kündigungsrecht** ist für den verfügungswilligen Kommanditisten insoweit von Vorteil, dass er früher kündigen kann als im Gesellschaftsvertrag allgemein vorgesehen. Nachteilig ist diese Lösung, wenn die Abfindung für den kündigenden Kommanditisten niedriger als der vereinbarte Kaufpreis ist oder die Auszahlung des Abfindungsguthabens über mehrere Jahre (max. 10 Jahre) gestreckt ist.

I. Die Gesellschaftsverträge der typischen GmbH & Co. KG

§ 15
Vererbung von Gesellschaftsanteilen

- Variante 1 (allgemeine (einfache) Nachfolgeklausel):
(1) Verstirbt ein Kommanditist, wird die Gesellschaft mit den Erben des verstorbenen Kommanditisten fortgesetzt. Der Gesellschaftsanteil des verstorbenen Kommanditisten geht auf die Erben im Verhältnis ihrer Erbquoten über. Jeder Kommanditist ist berechtigt, durch eine Verfügung von Todes wegen die Aufteilung des vererbten Gesellschaftsanteils abweichend von den Erbquoten zu regeln.

750

- Variante 2 (qualifizierte Nachfolgeklausel):
(1) Verstirbt ein Kommanditist, wird die Gesellschaft mit dessen Erben fortgesetzt. Der Gesellschaftsanteil geht auf die Erben im Verhältnis ihrer Erbquoten über, soweit der Erblasser nicht etwas anderes letztwillig bestimmt. Rechtsnachfolger eines verstorbenen Kommanditisten in den Gesellschaftsanteil können jedoch nur Abkömmlinge, der Ehegatte, Lebenspartner, andere Kommanditisten und Abkömmling von anderen Kommanditisten sein. Sofern kein Erbe nach Satz 2 nachfolgeberechtigt ist, scheidet der Kommanditist mit seinem Tod aus der Gesellschaft aus. Der/die Erbe(n) erhalten in diesem Fall keine/eine Abfindung gem. § 19 dieses Vertrages.

751

- Variante 3 (qualifizierte Nachfolgeklausel):
(1) Verstirbt ein Kommanditist, wird die Gesellschaft mit einem seiner Abkömmlinge als Nachfolger fortgesetzt. Die Bestimmung des nachfolgeberechtigten Abkömmlings steht dem betreffenden Kommanditisten zu. Die Bestimmung erfolgt durch schriftliche Erklärung gegenüber der Komplementärin zu Lebzeiten oder in einer Verfügung von Todes wegen. Hat der Kommanditist keinen Abkömmling als Nachfolger bestimmt oder wird kein Abkömmling Rechtsnachfolger des verstorbenen Kommanditisten, scheidet der verstorbene Kommanditist mit seinem Tod aus der Gesellschaft aus. Der/die Erbe(n) erhalten in diesem Fall keine/eine Abfindung gem. § 19 dieses Vertrages.

752

- Variante 4 (einfache Nachfolgeklausel kombiniert mit Ausschlussklausel):
(1) Die Gesellschaft wird mit den Erben eines verstorbenen Kommanditisten fortgesetzt. Einzelne oder alle Erben können innerhalb von drei (3) Monaten ab Kenntnis aller Erben von der Gesellschafterversammlung nach § 16 dieses Vertrages aus der Gesellschaft ausgeschlossen werden oder nach § 20 dieses Vertrages verpflichtet werden, ihren Gesellschaftsanteil abzutreten (Alternativ: Erben können von der Gesellschafterversammlung innerhalb von drei (3) Monaten ab Kenntnis aller Erben nach § 16 dieses Vertrages aus der Gesellschaft ausgeschlossen werden oder nach § 20 dieses Vertrages verpflichtet werden, ihren Gesellschaftsanteil abzutreten, wenn sie nicht Abkömmlinge, der Ehegatte, andere Gesellschafter

753

oder Abkömmlinge von anderen Gesellschaftern sind.). Die Stimmrechte der Erben in den Gesellschaftsanteil ruhen bis die Gesellschafterversammlung einen Ausschlussbeschluss gefasst oder auf den Ausschluss und die Abtretung gem. S. 2 verzichtet hat, längstens bis zum Ablauf der 3-Monatsfrist. Werden alle oder einzelne Erben ausgeschlossen, erhalten diese keine/eine Abfindung gem. § 19 dieses Vertrages.

- Variante 5 (Fortsetzungsklausel):

754 (1) Verstirbt ein Kommanditist, scheidet er aus der Gesellschaft aus. Die Gesellschaft wird mit den verbliebenen Gesellschaftern fortgesetzt. Der Gesellschaftsanteil des ausgeschiedenen Gesellschafters wächst den verbliebenen Kommanditisten im Verhältnis ihrer Kapitalkonten I an. Erben erhalten in diesem Fall keine/eine Abfindung gem. § 19 dieses Vertrages. Eine etwaige Steuer gem. § 3 Abs. 1 Nr. 2 S. 2 ErbStG tragen der verbliebene bzw. die verbliebenen Gesellschafter.

- Variante 6 (Eintrittsklausel):

755 (1) Verstirbt ein Kommanditist, sind die Personen, die er zu Lebzeiten durch Erklärung gegenüber der Gesellschaft oder durch Verfügung von Todes wegen bestimmt hat, berechtigt, mit Wirkung ab dem Tod des Kommanditisten in die Gesellschaft einzutreten. Das Eintrittsrecht ist innerhalb von sechs Monaten nach dem Tod des verstorbenen Kommanditisten auszuüben. Der Gesellschaftsanteil des verstorbenen Kommanditisten wird von den übrigen Kommanditisten im Verhältnis ihrer Kapitalkonten I so lange als Treuhänder gehalten, bis der oder die Eintrittsberechtigten von ihrem Eintrittsrecht Gebrauch gemacht haben oder die 6-Monatsfrist abgelaufen ist. Macht der Berechtigte von seinem Eintrittsrecht fristgerecht Gebrauch, haben die anderen Kommanditisten dem Eintrittsberechtigten die von ihnen anteilig gehaltene Beteiligung des verstorbenen Gesellschafters unentgeltlich zu übertragen. Macht der Eintrittsberechtigte von seinem Eintrittsrecht keinen Gebrauch, erhalten die Erben keine/eine Abfindung gem. § 19 dieses Vertrages.

756 (2) Sind mehrere Personen Erben eines verstorbenen Kommanditisten, die zum Zeitpunkt des Erbfalls noch nicht ... Jahre alt sind („Junge Gesellschafter"), so ist ihnen die Ausübung ihrer Stimmrechte – soweit rechtlich zulässig – jeweils bis zur Vollendung ihres ... Lebensjahres nur durch einen gemeinsamen Bevollmächtigten gestattet. Bevollmächtigter kann nur ein Rechtsanwalt, ein Wirtschaftsprüfer oder ein Steuerberater, der mindestens zehn (10) Jahren Berufserfahrung hat, oder ein anderer Gesellschafter sein, es sei denn, die Gesellschafterversammlung stimmt einem anderen Bevollmächtigten zu. Der Bevollmächtigte ist von den Jungen Gesellschaftern gegenüber der Gesellschaft unverzüglich – jedoch nicht, bevor die Erben feststehen – zu benennen. Das Stimmrecht der Jungen Gesellschafter ruht, bis der Bevollmächtigte eine unterzeichnete Vollmacht vorgelegt hat, die ihn zur einheitlichen Ausübung der Stimmrechte der Jungen Gesellschafter ermächtigt. S. 1 bis 4 gelten im Falle des Erlöschens der Vollmacht entsprechend.

I. Die Gesellschaftsverträge der typischen GmbH & Co. KG   241

(3) Jeder Kommanditist kann für seinen Gesellschaftsanteil Testamentsvollstreckung bis jeweils maximal zur Vollendung des ... Lebensjahres eines Erben anordnen. Abs. 2 S. 2 gilt entsprechend. In diesem Fall werden die Gesellschafterrechte des (der) Jungen Gesellschafter durch den Testamentsvollstrecker ausgeübt. Der Bestellung eines Bevollmächtigten gemäß Absatz 2 bedarf es in diesen Fällen erst mit dem Ende der Testamentsvollstreckung.   757

(4) Vermächtnisnehmer stehen Erben gleich. Die Zustimmung zur Übertragung des Gesellschaftsanteils des verstorbenen Gesellschafters im Vollzug eines Vermächtnisses ist zu erteilen, wenn der/die Vermächtnisnehmer gem. Abs. 1 nachfolgeberechtigt ist/sind.   758

Erläuterungen

1. Gesetzliche Ausgangslage
2. Einfache (allgemeine) Nachfolgeklausel
3. Qualifizierte Nachfolgeklausel
4. Fortsetzungsklausel
5. Eintrittsklausel
6. Gruppenvertretung (Abs. 2)
7. Testamentsvollstreckung (Abs. 3)

1. Gesetzliche Ausgangslage

Die Nachfolgeregelung in einer Personengesellschaft ist eines der schwierigsten Probleme bei der Abfassung des Gesellschaftsvertrages.[311] Auch wenn der Gesellschaftsanteil an einer Personengesellschaft kraft Erbrechts übergeht[312], treffen doch Erbrecht und Gesellschaftsrecht aufeinander, die miteinander in Konflikt geraten können, wenn die erbrechtliche Verfügung nicht mit dem Gesellschaftsvertrag abgestimmt ist. Unter den gesellschaftsrechtlichen Nachfolgeklauseln werden einfache (oder allgemeine) Nachfolgeklauseln (s. u. **Anm. 2**), qualifizierte Nachfolgeklauseln (s. u. **Anm. 3**), Fortsetzungsklauseln (s. u. **Anm. 4**) und Eintrittsklauseln (s. u. **Anm. 5**) unterschieden.   759

Die GmbH & Co. KG hat erbrechtlich allerdings den großen **Vorteil** gegenüber einer normalen KG, dass sie alle mit dem Tod des Komplementärs, der eine natürliche Person ist, verbundenen Probleme (§ 139 HGB) vermeidet.

Durch den Tod eines Kommanditisten wird die Gesellschaft nach dem Gesetz (anders als beim Tod eines oHG-Gesellschafters und eines Komplementärs) mit den Erben fortgesetzt, wenn der Gesellschaftsvertrag nicht etwas anderes bestimmt (§ 177 HGB). Bei Anteilen an Personengesellschaften besteht jedoch eine **erbrechtliche Besonderheit**. Hat ein Erblasser mehrere Erben, geht eine Beteiligung an der Personengesellschaft nicht auf die Erbengemeinschaft über. Vielmehr rückt jeder Erbe in Höhe seiner **Erbquote** unmittelbar im Wege eines automatischen Splittings des Gesellschaftsanteils in die Rechtsstellung des verstorbenen Gesellschafters (Kommanditisten)   760

---

311 Zur Problematik bei Personengesellschaften allgemein: Beck'sches Handbuch der Personengesellschaften/*Landsittel*, § 9 Rn. 1 ff.
312 MüKo/HGB/*K. Schmidt*, § 139 Rn. 12.

ein.[313] Die Sonderzuordnung wirkt wie eine „automatische Teil-Erbauseinandersetzung" der Erbengemeinschaft.[314] Grund für diese Sonderrechtsnachfolge ist, dass nach h. M. eine Erbengemeinschaft keine Gesellschafterin einer Personengesellschaft sein kann.[315]

761 Anders ist die Rechtslage, wenn der Gesellschaftsanteil im Wege eines **Vermächtnisses** auf Rechtsnachfolger übergehen soll. In diesem Fall werden die Erben zwar Gesellschafter in Höhe ihrer Erbquote, sie sind jedoch schuldrechtlich verpflichtet den Gesellschaftsanteil ganz oder zum Teil auf den/die Vermächtnisnehmer zu übertragen. Da das BGB kein dinglich wirkendes Vermächtnis kennt, bedarf es einer Abtretung des Gesellschaftsanteils von dem/den Erben an den/die Vermächtnisnehmer. Ob dieser Übergang unproblematisch erfolgen kann, hängt von der gesellschaftsrechtlichen Nachfolgeklausel ab. Die Nachfolgeklausel sollte als Rechtsnachfolger auch Vermächtnisnehmer zulassen und die Abtretung des Gesellschaftsanteils auf zugelassene Rechtsnachfolger ohne Rücksicht auf etwaige Zustimmungsrechte der Gesellschafterversammlung erlauben oder eine Verpflichtung der anderen Gesellschafter enthalten, der Abtretung des vererbten Gesellschaftsanteils im Vollzug eines Vermächtnisses zuzustimmen, wenn diese nachfolgeberechtigt sind. Diese Verpflichtung regelt **Abs. 4 des Mustervertrages**.

762 Ist der Wert des Anteils an der KG größer als der Wert des dem Erbengesellschafter zugewiesenen Anteils am Nachlass, besteht ein **Ausgleichsanspruch** der Erben, die nicht Gesellschafter geworden sind. Der Streit über den Wert des Gesellschaftsanteils ist damit vorprogrammiert und sollte durch entsprechende Anordnungen im Testament vermieden werden. Der Erblasser-Gesellschafter kann z.B. dem Gesellschaftererben den Mehrwert seines Gesellschaftsanteils als (Voraus-)Vermächtnis zuweisen oder den Nachfolgeberechtigten als Erben und die anderen Personen, die Teile des Nachlasses erhalten sollen, als Vermächtnisnehmer einsetzen. Im Falle eines Alleinerben findet keine Sonderrechtsnachfolge statt. Der Gesellschaftsanteil fällt dem Erben ungeteilt als Bestandteil des Nachlasses zu.[316]

763 Die Formulierung von Klauseln zur Vererbung von Gesellschaftsanteilen ist komplex, da sie eine Schnittstelle zwischen Gesellschaftsrecht, Erbrecht, Familienrecht, Erbschaftsteuerrecht und Ertragsteuerrecht bilden!

2. Einfache (allgemeine) Nachfolgeklausel

764 a) **Gesellschaftsrecht.** Der Gesellschaftsvertrag kann bestimmen, dass die KG beim Tod eines Kommanditisten mit den Erben des verstorbenen Gesellschafters fortgesetzt wird.[317] **Variante 1** zu **Abs. 1** gibt die gesetzliche Rechtslage (§ 177 HGB) wieder (einfache (allgemeine) Nachfolgeklausel). Diese Va-

---

313 Baumbach/Hopt/*Roth* HGB, § 177 Rn. 3; Palandt/Weidlich, § 1922 Rn. 21.
314 MüKo/HGB/*K. Schmidt*, § 139 Rn. 13.
315 MüKo/HGB/*K. Schmidt*, § 139 Rn. 13.
316 MüKo/HGB/*K. Schmidt*, § 139 Rn. 14.
317 Baumbach/Hopt/*Roth* HGB, § 139 Rn. 10.

I. Die Gesellschaftsverträge der typischen GmbH & Co. KG

riante ist zu empfehlen, wenn es für die anderen Kommanditisten keine Rolle spielt, wer als Rechtsnachfolger in die Gesellschaft eintritt und wenn eine Zersplitterung der Gesellschaftsanteile auf viele Rechtsnachfolger in Kauf genommen wird.[318] Darüber hinaus ist die einfache Nachfolgeklausel einfach zu handhaben und gibt dem Erblasser den größten **Gestaltungsspielraum**, der eine erbrechtliche Gleichbehandlung aller Nachkommen ermöglicht.[319] Sofern ein Gesellschaftsanteil im Wege eines **Vermächtnisses** weitergegeben wird, geht dieser zunächst auf den oder die Erben über. Der Vermächtnisnehmer kann von diesen dann die Abtretung des Anteils nach § 2174 BGB verlangen.[320] Diese Abtretung erfolgt im Wege einer Verfügung, für die nach **Abs. 4** die Zustimmung zu erteilen ist, sofern der Vermächtnisnehmer zum nachfolgeberechtigten Personenkreis gehört. Scheitert die Erfüllung des Vermächtnisses am Zustimmungserfordernis, tritt ein Fall der nachträglichen Unmöglichkeit i.S.d. § 275 BGB ein, der Erbe wird von seiner Leistungspflicht frei[321] und der Vermächtnisnehmer hat lediglich einen Anspruch auf Abtretung des in den Nachlass fallenden Abfindungsanspruches.[322]

b) **Ertragsteuerrecht.** Da im Falle der einfachen Nachfolgeklausel alle Erben unmittelbar die Nachfolge in den Gesellschaftsanteil antreten, liegt ein Fall der **Gesamtrechtsnachfolge** des § 6 Abs. 3 EStG vor, d.h. ein steuerpflichtiger Veräußerungsvorgang findet nicht statt. Die Erben treten in die Rechtsstellung des Erblassers ein und übernehmen dessen Kapitalkonto I. Der Vorgang beurteilt sich als unentgeltlicher Erwerb (kein Veräußerungs- und Anschaffungsvorgang) und bleibt folglich **ohne einkommensteuerliche Auswirkungen** für sämtliche Beteiligte. Nur im Falle einer späteren Erbauseinandersetzung kann es zu einkommensteuerlich relevanten Vorgängen kommen, sofern anlässlich der Auseinandersetzung beispielsweise Erben ihre Gesellschafterstellung aufgeben und **Ausgleichszahlungen** unter den Erben gezahlt werden[323]. Die Erfüllung von Vermächtnissen, Pflichtteilsansprüchen oder Erbersatzansprüchen stellen hingegen kein Entgelt für die Übernahme des Gesellschaftsanteils dar und begründet auch keine Anschaffungskosten des Verpflichteten. Es handelt sich um private Erbfallschulden, welche an der Unentgeltlichkeit der Nachfolge in den Gesellschaftsanteil nichts ändern.

765

Verfügt der Erblasser über **ausgleichsfähige Verluste** gem. § 10d EStG, gehen diese im Rahmen des Erbfalls unter. Eine künftige Nutzung der nicht ausgeglichenen Verluste des Erblassers durch die Erben ist daher ausgeschlossen. Dies gilt aber nicht für den Fall, dass der Erblasser über nur **verrechenbare Verluste** gem. § 15a EStG im Zusammenhang mit einer gesellschaftsrechtlichen Beteiligung an einer Kommanditgesellschaft verfügt. Dieser auf Ebene der Gesellschaft festgestellte Verlust haftet dem Komman-

766

---

318 Sudhoff/*Scherer* Unternehmensnachfolge, § 1 Rn. 19.
319 Ebenroth/Boujong/Joost/Strohn/*Lorz* HGB, § 139 Rn. 18.
320 Michalski/*Ebbing* GmbHG, § 15 Rn. 37.
321 MüKo/GmbHG/*Reichert/Weller*, § 15 Rn. 469.
322 *Reymann* ZEV 2006, 307 (308).
323 BMF v. 14.3.2006, BStBl. I 2006, 253, Tz. 72.

ditanteil des verstorbenen Gesellschafters an und geht damit im Erbfall nicht unter. Er geht vielmehr anteilig auf die in den Kommanditanteil nachfolgenden Gesellschafter über und kann von diesen zum Ausgleich mit zukünftigen Gewinnen aus der Gesellschaft genutzt werden.[324]

767 c) **Erbschaftsteuerrecht.** Die Erben des verstorbenen Kommanditisten erwerben gemäß ihrer **Erbquote** den Gesellschaftsanteil und damit ggf. gemäß §§ 13a, 13b ErbStG begünstigtes Vermögen. Soweit später im Rahmen einer Erbauseinandersetzung oder aufgrund einer Teilungsanordnung bzw. eines Vorausvermächtnisses einzelne Erben ihren Anteil auf Miterben übertragen, ist die Vorschrift des § 13a Abs. 5 ErbStG zu beachten. Die Vergünstigungen der §§ 13a und 13b ErbStG erhält nur derjenige, der im Rahmen der **Teilungsanordnung/Vermächtnisregelung** bzw. **Erbauseinandersetzung** (Realteilung ohne Spitzenausgleich) den Kommanditanteil erhält.

3. Qualifizierte Nachfolgeklausel

768 a) **Gesellschaftsrecht.** Der Gesellschaftsvertrag kann vorsehen, dass nur einzelne Erben Rechtsnachfolger des verstorbenen Kommanditisten in seinen Kommanditanteil werden dürfen. In diesem Fall spricht man von qualifizierten Nachfolgeklauseln.[325] Muster derartiger Klauseln finden sich in den **Varianten 2, 3 und 4 zu Abs. 1** des Mustervertrages. Qualifizierte Nachfolgeklauseln werden gewählt, wenn eine Vervielfältigung der Gesellschaftsanteile vermieden werden soll, oder nur besonders qualifizierte Nachfolger den Gesellschaftsanteil erhalten sollen. Qualifizierte Nachfolgeklauseln bergen die **Gefahr** in sich, dass der Erblasser eine Person als Erben benennt, die im Gesellschaftsvertrag nicht als Nachfolger zugelassen ist. In diesem Fall geht die Bestimmung des Erblassers ins Leere und die Gesellschaft wird mit den verbliebenen Gesellschaftern fortgesetzt, sofern im Einzelfall keine Umdeutung der Klausel in eine Eintrittsklausel möglich ist.[326] Ferner stellt sich dann die Frage, inwiefern sich das zunächst ersatzlose Ausscheiden des Kommanditisten auf den **Abfindungsanspruch** auswirkt.[327] Der Gesellschaftsvertrag sollte dies berücksichtigen und entsprechende Auffangregelungen vorsehen. Man sollte sich nicht darauf verlassen, dass sich im Wege der ergänzenden Vertragsauslegung ein rechtsgeschäftliches Eintrittsrecht des eingesetzten Erben ergeben kann. Variante 2 zu Abs. 1 sieht in S. 4 daher vor, dass der Gesellschaftsanteil den übrigen Kommanditisten entsprechend ihrer Kapitalkonten I anwächst.

769 Nach der Rechtsprechung des BGH[328] treten die in die Gesellschaft nachfolgenden Miterben grundsätzlich in vollem Umfang **nach Köpfen** geteilt in

---

324 BFH v. 15.7.1986, BStBl. II 1986, 896; BMF v. 23.3.2011, DStR 2011, 1427.
325 Baumbach/Hopt/*Roth* HGB, § 139 Rn. 14.
326 MüKo/BGB/*Schäfer*, § 727 Rn. 42.
327 MüKo/BGB/*Schäfer*, § 727 Rn. 42.
328 BGH v. 10.2.1977, NJW 1977, 1339.

I. Die Gesellschaftsverträge der typischen GmbH & Co. KG

den Gesellschaftsanteil ein, auch wenn sie den Gesellschaftererblasser nur mit einer Quote beerben. In diesem Fall entstehen **Ausgleichsansprüche** der weichenden Erben, wenn der Wert des Gesellschaftsanteils höher ist als der Anteil des Gesellschaftererben am Nachlass. Auch in diesen Fällen ist der Streit über den Wert des Gesellschaftsanteils vorhersehbar und nur zu vermeiden, wenn die Erben des Gesellschaftsanteils ein **Vorausvermächtnis** in Höhe des Wertes erhalten, in dem die Gesellschaftsanteile ihre Erbquote übersteigen.

Variante 4 zu **Abs. 1** enthält eine einfache Nachfolgeklausel mit der Besonderheit, dass alle Erben zunächst Gesellschafter der KG werden. Die Gesellschafterversammlung hat dann die Option, alle oder nur bestimmte Erben aus der Gesellschaft auszuschließen oder diese zur Abtretung ihres Gesellschaftsanteils zu verpflichten. Nachteil dieser Variante ist, dass „unerwünschte" Erben zunächst Gesellschafter werden und ihre Gesellschafterrechte ausüben können, ohne dass dies seitens der Gesellschaft verhindert werden kann. Im Zeitraum bis zur Ausschließung oder Abtretung des Gesellschaftsanteils hat die Gesellschaft somit weder einen Einfluss auf die dadurch folgende Zersplitterung des Gesellschaftsanteils noch auf die Qualifikation und das Interesse der Nachfolger.[329] Dies kann, insbesondere wenn der Gesellschaftsvertrag einstimmige Beschlüsse vorsieht, zu einer zwischenzeitlichen **Handlungsunfähigkeit** der Gesellschaft führen. Um dies zu verhindern, wird im vorliegenden Muster vorgesehen, dass das Stimmrecht aller eingetretenen Erben zunächst ruht, bis ein Ausschlussbeschluss gefasst wurde, auf einen Ausschluss verzichtet wurde oder die 3-monatige Ausschlussfrist abgelaufen ist. 770

Vorteilhaft ist jedoch, dass die Nachfolge trotz einer grundsätzlichen Einschränkung der nachfolgeberechtigten Erben flexibler gestaltet werden kann. Sofern sich unter den eingesetzten Erben eine besonders qualifizierte oder interessierte Person befindet, deren Beitritt die Gesellschaft nicht ablehnend gegenüber steht, können die anderen Kommanditisten auf einen Ausschluss verzichten. Dies ist insofern sinnvoll, da immer Unwägbarkeiten eintreten können, auf die durch eine reine qualifizierte Nachfolgeklausel nicht reagiert werden kann, da diese keinen Ermessensspielraum der Gesellschaft vorsieht. Diese Klausel erübrigt auch eine Abstimmung des Erblasser-Testaments mit dem Gesellschaftsvertrag, womit eine häufige Quelle für Streitigkeiten zwischen den Erben vermieden wird.[330] 771

b) Ertragsteuerrecht. Die qualifizierte Nachfolge wird **steuerlich** grundsätzlich wie der Fall der einfachen Nachfolgeklausel behandelt, mit dem Unterschied, das nur die Person des Nachfolgers in die Mitunternehmerstellung eintritt. 772

Soweit der Erblasser durch lebzeitige Verfügungen den übrigen Erben keine ausreichenden Vermächtnisse bzw. anderweitiges Nachlassvermögen zu- 773

---

329 Ebenroth/Boujong/Joost/Strohn/*Lorz* HGB, § 139 Rn. 18.
330 *Reimann* ZEV 2002, 487 (493).

gewiesen hat, können **erbrechtliche Ausgleichsverpflichtungen oder Pflichtteilsansprüche** entstehen, die nach der Rechtsprechung des BFH[331] jedoch einkommensteuerlich ohne Auswirkungen bleiben (private Nachlassverbindlichkeit). Etwaige **Finanzierungskosten** des Erben zur Begleichung seiner Ausgleichsverpflichtung können daher auch nicht steuerlich abgesetzt werden.

774 Ein in der Praxis häufig auftretendes Problem stellt vorhandenes **Sonderbetriebsvermögen** des Erblassers dar, soweit es im Rahmen der letztwilligen Verfügung nicht ausschließlich dem qualifizierten Nachfolger zugewiesen wird. Ähnlich wie im Fall der einfachen Nachfolgeklausel kommt es hierbei zur (quotalen) Zwangsentnahme der bislang im steuerlichen Sonderbetriebsvermögen gebundenen Wirtschaftsgüter. Fällt beispielsweise das bislang im zivilrechtlichen Alleineigentum des Erblassers befindliche, betrieblich genutzte Grundstück sämtlichen Erben zu, kommt es zu einer zwingenden Entnahme des anteilig den Nicht-Gesellschaftern zufallenden Bruchteils am Grundstück. Nur hinsichtlich des Bruchteils der dem zur Nachfolge bestimmten Erben zukommt, bleibt die Betriebsvermögenseigenschaft gewahrt. Die partielle Entnahme ist noch in der Person des Erblassers der Einkommensteuer zu unterwerfen und unterliegt, anders als im Fall der einfachen Nachfolgeklausel, als laufender Entnahmevorgang außerhalb einer Betriebsaufgabe auch der Gewerbesteuer.

775 Der Erblasser kann zur Vermeidung der nachteiligen Steuerfolgen entweder den qualifizierten Nachfolger als **Alleinerben** einsetzen und die pflichtteilsberechtigten Erben mit ausreichenden Vermächtnissen (ausgenommene Wirtschaftsgüter des Sonderbetriebsvermögens) versehen, oder er überträgt noch zu Lebzeiten die Wirtschaftsgüter des Sonderbetriebsvermögens zu Buchwerten gemäß § 6 Abs. 5 EStG auf eine gewerblich geprägte Schwesterpersonengesellschaft (**Rn. 327**). In beiden Fällen bleibt die **Betriebsvermögenseigenschaft** entweder als Sonderbetriebsvermögen des Nachfolgers (Alleinerbeinsetzung) oder als Gesamthandsvermögen der Schwesterpersonengesellschaft gewahrt.

776 c) **Erbschaftsteuerrecht.** Ein qualifizierter Nachfolger wird so besteuert, als hätte er von Beginn an begünstigtes Vermögen geerbt. Dies ergibt sich aus den Regelungen der §§ 13a Abs 5, und 19a Abs. 2 S. 3 ErbStG. Die Vorschrift des § 13a Abs. 5 ErbStG stellt klar, dass die weichenden Miterben die Vergünstigungen für Betriebsvermögen nicht in Anspruch nehmen können. Dies führt dazu, dass sich die **Erbschaftsteuerbelastung** unter den Erben unterschiedlich verteilt, je nachdem, ob ein Miterbe Vermögensgegenstände erhält, die begünstigt sind oder nicht. Auf diese steuerliche Rechtsfolge muss im Rahmen der Gestaltungspraxis geachtet werden. Gegebenenfalls ist eine nicht quotenentsprechende Vermögensverteilung zugunsten der nicht qualifizierten Erben vom Erblasser im Rahmen der letztwilligen Verfügung anzuordnen, sofern eine vermögensmäßige Gleichstellung der Erben „nach Steuern" erreicht werden soll. Die qualifizierte Nachfolge begegnet erbschaft-

---

331 BFH v. 29.10.1991, BStBl. II 1992, 512.

steuerlichen Problemen, sofern der qualifizierte Erbe nicht im Rahmen einer Realteilung des Nachlasses den Gesellschaftsanteil erhält. Sobald er eine **Ausgleichszahlung aus eigenem Vermögen** zu erbringen hat, führt dies zum anteiligen Verlust der Betriebsvermögensvergünstigungen, da gemäß § 13a Abs. 5 ErbStG der Erwerb des zusätzlichen Anteils von den Miterben nur dann begünstigt ist, wenn der qualifizierte Erbe anderes, vom Erblasser erworbenes Vermögen an die Miterben hingibt.[332] Bei einer qualifizierten Nachfolgeregelung muss daher im Rahmen der Nachfolgeplanung darauf geachtet werden, dass eine **Realteilung** der Erbengemeinschaft **ohne Ausgleichzahlungen** gelingt oder durch erbrechtliche Regelungen z.B. durch Alleinerbeinsetzung des qualifizierten Erben, eine Auseinandersetzung mit Ausgleichszahlungen unter den Erben vermieden wird. Auch eine vorausschauende Bewertung des Nachlasses ist vor diesem Hintergrund sinnvoll. So könnte z.B. eine vorzeitige Entnahme frei verfügbarer Mittel aus dem Betriebsvermögen vom Erblasser durchgeführt werden um hierdurch die Voraussetzungen für eine spätere Realteilung zu erreichen.

Sofern Sonderbetriebsvermögen vorhanden ist, empfiehlt sich sowohl aus ertragsteuerlicher, als auch erbschaftsteuerlicher Sicht die Anordnung der **Alleinerbeinsetzung des Nachfolgers** sowohl in den Gesellschaftsanteil, als auch in das Sonderbetriebsvermögen.

§ 13a Abs. 9 S. 1 Nr. 3 ErbStG gilt nicht für letztwillige Verfügungen, da diese gem. § 2302 BGB nicht beschränkt werden können[333]. Eine Bestimmung, die § 13 Abs. 1, Variante 4, entspricht, ist daher in diesem § 15 nicht enthalten.

4. Fortsetzungsklausel

a) Gesellschaftrecht. Obwohl § 177 HGB von einer **Fortsetzung** der Gesellschaft **mit den Erben** spricht, liegt nach herrschender Terminologie eine Fortsetzungsklausel vor, wenn der Gesellschaftsvertrag bestimmt, dass ein Kommanditist mit seinem Tod aus der Gesellschaft **ausscheidet** und die Gesellschaft von den **verbliebenen Kommanditisten** fortgesetzt wird.[334] In diesem Fall erhalten die Erben nach dem Gesetz eine **Abfindung**. Die Abfindung fällt – anders als die Beteiligung an der Gesellschaft selbst – auch bei mehreren Erben als ungeteilter Bestandteil in die Erbengemeinschaft. Der Gesellschaftsvertrag kann die Höhe der Abfindung abweichend vom Gesetz regeln. Der Gestaltungsspielraum reicht hierbei vom vollen Wert bis zum gänzlichen Ausschluss eines Abfindungsanspruches. Das Muster einer solchen Fortsetzungsklausel mit automatischem Ausscheiden der Erben findet sich in **Abs. 1 Variante 5** des Mustervertrages. Beim Tod eines Gesellschafters kann die Verpflichtung zur Zahlung einer Abfindung ausgeschlossen werden.[335] Dies hat jedoch zur Folge, dass die übernehmenden Gesellschafter einen ggf.

---

332 *Wälzholz* DStZ 2009, 591.
333 *Wachter*, NZG 2016, 1173.
334 Baumbach/Hopt/*Roth* HGB, § 139 Rn. 1.
335 MüKo/BGB/*Schäfer*, § 738 Rn. 61.

gem. §§ 13a bis 13cc ErbStG begünstigten erbschaftsteuerpflichtigen Erwerb gemäß § 3 Abs. 1 Nr. 2 S. 2 ErbStG erlangen. Zu den Rechtsfolgen im Einzelnen **Rn. 216 und 217**. Da Schuldner der Erbschaftsteuer neben dem Erwerber gem. § 20 Abs. 1 ErbStG grundsätzlich auch der Schenker ist, wird die gesellschaftsvertragliche Übernahmeverpflichtung der Erbschaftsteuer durch die Erwerber empfohlen. Die Fortsetzungsklausel gemäß **Variante 4 zu Abs. 1** im Mustervertrag enthält einen entsprechenden Vorschlag.

780 b) **Ertragsteuerrecht.** Mit der Übernahme der Kommanditbeteiligung durch die verbleibenden Kommanditisten gegen Zahlung einer Abfindung an die Erben liegt einkommensteuerlich eine **Betriebsaufgabe** in der Person des Erblassers vor.

781 Soweit der Abfindungsanspruch das steuerliche Kapitalkonto im Zeitpunkt des Erbfalls übersteigt, entsteht ein **Veräußerungsgewinn** gemäß § 16 EStG, der unter den Voraussetzungen des § 34 Abs. 3 EStG tarifbegünstigt ist. Sofern der Erblasser das 55. Lebensjahr im Zeitpunkt des Ablebens vollendet und die Tarifbegünstigung des § 34 EStG bislang noch nicht in Anspruch genommen hat, können die **Tarifvergünstigungen** des § 34 Abs. 3 EStG (56% des durchschnittlichen Steuersatzes für einen Veräußerungsgewinn bis max. EUR 5 Mio.) und § 16 Abs. 4 EStG (Freibetrag EUR 45.000,00) gewährt werden.

782 Mit dem Tod des Erblassers findet gleichzeitig eine **Entnahme** von bislang im Sonderbetriebsvermögen des Erblassers befindlichen Wirtschaftsgütern in das steuerliche Privatvermögen statt. Sofern stille Reserven hierbei aufgedeckt werden, führt dies zu einem zusätzlichen Gewinn, der im Rahmen der **Aufgabebesteuerung** gemäß §§ 16, 34 EStG mit erfasst wird. Diese ungünstige Konstellation ergibt sich zwangsläufig aus dem Umstand, dass die Erben nicht in die Gesellschafterstellung nachrücken und demzufolge auch kein Betriebsvermögen erben. Die Wirtschaftsgüter fallen in den Nachlass und stellen auch im Falle einer fortgesetzten betrieblichen Nutzung durch die Gesellschaft steuerliches Privatvermögen der Erbengemeinschaft dar. Vermeiden lässt sich dieses sowohl einkommen- als auch erbschaftsteuerlich ungünstige Ergebnis nur durch eine lebzeitige Übertragung des Sonderbetriebsvermögens in das Betriebsvermögen einer weiteren Gesellschaft, z.B. eine gewerblich geprägte **Schwesterpersonengesellschaft** in der Rechtsform einer GmbH & Co. KG.

783 Die Aufgabe des vollen Mitunternehmeranteils unterliegt nicht der **Gewerbesteuer** soweit er auf **natürliche Personen** entfällt (§ 7 S. 2 GewStG). Für die übernehmenden Kommanditisten stellen die Abfindungszahlungen **Anschaffungskosten** auf den Kommanditanteil dar, die bei Übersteigen des Buchwertes des übernommenen Kapitalkontos eine Aufstockung der Buchwerte nach sich zieht. Soweit die Aufstockungsbeträge auf abschreibungsfähige Wirtschaftsgüter entfallen (z.B. Geschäfts-/Firmenwert, Gebäudewert etc.), entsteht zusätzliches Abschreibungspotential auf Gesellschaftsebene.

784 c) **Erbschaftsteuerrecht.** Die Gesellschaft wird ohne die Erben des verstorbenen Kommanditisten fortgesetzt, der mit seinem Tod aus der Gesellschaft

I. Die Gesellschaftsverträge der typischen GmbH & Co. KG

ausscheidet. Die Erben erwerben den Abfindungsanspruch gegen die Gesellschaft und haben folglich nicht den Wert des Gesellschaftsanteils, sondern den **Nennwert ihres Abfindungsanspruchs** zu versteuern (§ 3 Abs. 1 Nr. 1 ErbStG), ohne jedoch die Begünstigung der §§ 13a bis 13c, 19a oder § 28a ErbStG in Anspruch nehmen zu können.[336] Soweit der Wert des Abfindungsanspruchs geringer ausfällt, als der steuerliche Wert des Anteils, erfüllt der (Anwachsungs-)Erwerb auf Seiten der verbleibenden Kommanditisten den Tatbestand des § 3 Abs. 1 Nr. 2 S. 2 ErbStG.[337] Die verbleibenden Kommanditisten können jedoch die Vergünstigungen der §§ 13a bis 13c, 19a sowie §§ 28, 28a ErbStG in Anspruch nehmen.[338] Im Falle einer **einfachen Fortsetzungsklausel** besteht kein Bedürfnis die Erbschaftsteuerlast anders zu verteilen, als das Gesetz es vorsieht, da alle Beteiligten nur den bei ihnen anfallenden Vermögenszuwachs zu versteuern haben. Da noch in der Person des Erblassers ein einkommensteuerpflichtiger Veräußerungsvorgang ausgelöst wird, ist die aus der Anteilsveräußerung entstehende Einkommensteuer als **Nachlassverbindlichkeit** gemäß § 10 Abs. 5 EStG abzugsfähig. Dieses Ergebnis kann auch dadurch erzielt werden, dass die Gesellschafter eine (einfache) Nachfolgeklausel (**Variante 1 zu Abs. 1**) vereinbaren und sich den jeweiligen Gesellschaftsanteil gegenseitig vermachen.

5. Eintrittsklausel

Eintrittsklauseln kommen in der Praxis selten vor, weshalb von einer Kommentierung abgesehen wird.

6. Gruppenvertretung (Abs. 2)[339]

Der Gesellschaftsvertrag kann mehrere Rechtsnachfolger eines Gesellschafters verpflichten, ihre Gesellschafterrechte durch einen Bevollmächtigten solange ausüben zu lassen, bis sie ein bestimmtes Alter erreicht haben. Eine Vertreterklausel erfasst nicht nur die Ausübung der Gesellschafterrechte sondern auch deren einheitliche Wahrnehmung im Fall der Gruppenvertretung.[340] Ziel einer solchen Klausel ist es, sicherzustellen, dass dem geschäftlich unerfahrenen Rechtsnachfolger ein wirtschaftlich erfahrener Berater bei der Willensbildung zur Seite steht. Die Entscheidung über das Abstimmungsverhalten treffen zwar die Eltern (bei Minderjährigen) oder der Rechtsnachfolger selbst (wenn er 18 Jahre alt ist). Da der betroffene Rechtsnachfolger das Stimmrecht nicht selbst ausüben kann, ist sichergestellt, dass die Entscheidung über das Abstimmungsverhalten erst nach einer Beratung mit dem Bevollmächtigten stattfindet. Darüber hinaus wird durch diese Vertreterklau-

---

336 Vgl. Troll/Gebel/Jülicher/*Gottschalk* ErbStG, § 3 Rn. 138f.
337 Troll/Gebel/Jülicher/*Gottschalk* ErbStG, § 3 Rn. 140.
338 Fischer/Jüptner/Pahlke/Wachter/*Fischer* ErbStG, § 3 Rn. 163.
339 Einzelheiten zur Vertreterklausel s. Baumbach/Hopt/*Roth* HGB, § 163 Rn. 10f. sowie: *Immenga* ZGR 1974, 385; *K. Schmidt* ZHR 146 (1982), 525; *Hueck* ZHR 1925, 1.
340 *K. Schmidt* ZHR 146 (1982), 525 (528).

sel erreicht, dass sich alle betroffenen Rechtsnachfolger über ihr Abstimmungsverhalten vor der Gesellschafterversammlung einigen müssen. Ferner schützt eine solche Vereinbarung die Gesellschaft und die Gesellschafter vor einer **erbrechtlichen Zersplitterung** der Gesellschaftsanteile und der damit zusammenhängenden Erhöhung der Gesellschafterzahl.[341] Das **Selbstbestimmungsrecht** wird durch diese Regelungen nicht aufgehoben, vielmehr erhält der Vertreter Weisungen von den Gesellschaftererben und handelt in deren Namen, womit auch der Vertretene vor Willkür des Vertreters geschützt ist. Wie seitens des Vertreters abgestimmt wird, entscheiden die Gesellschaftererben im Innenverhältnis.[342] Eine rechtsgeschäftliche Bevollmächtigung eines Vertreters ist weiterhin auch mit dem Grundsatz der **Selbstorganschaft** vereinbar, da die Gesellschaftererben hierbei ihre organschaftliche Stellung nicht aufgeben, sondern diese lediglich durch eine dritte Person ausgeübt wird.[343] Eine solche Vertreterklausel ist daher rechtlich unbedenklich. Die Vertreterklausel kann nicht nur die Stimmrechte der vertretenen Gesellschafter betreffen (**so die Klausel in Abs. 2**), sondern kann auch alle anderen Rechte aus dem Gesellschaftsanteil umfassen wie Mitverwaltungsrechte, Sonderrechte und reine Vermögensrechte.[344] Vertreterklauseln unterliegen denselben Grenzen wie Mehrheitsbeschlüsse, soweit Beschlüsse der Vertretenen mit Mehrheit gefasst werden können.[345] Die Reichweite des unantastbaren **Kernbereichs** ist jedoch noch nicht endgültig geklärt.[346] Insbesondere das Recht auf Teilnahme an der Gesellschafterversammlung[347] samt Rede- und Antragsrecht[348] und das Kündigungsrecht[349] können nicht eingeschränkt werden. Die Informationsrechte dürfen ebenfalls materiell-rechtlich nicht beschränkt werden. Das Stimmrecht darf nur dann nicht eingeschränkt werden, sofern es sich auf unverzichtbare Rechte bezieht.[350] Ob die Aufnahme neuer Gesellschafter oder eine Kapitalerhöhung von der Vertreterklausel umfasst sind, hängt von der Struktur der Gesellschaft ab. Die Aufnahme neuer Gesellschafter ist zumindest bei Familiengesellschaften mit **starker personalistischer Struktur** nicht umfasst, während eine Kapitalerhöhung möglich ist, wenn die Mitgliedschaftsrechte der vertretenen Gesellschafter auf eine kapitalistische Dimension verkürzt sind.[351] Der Bevollmächtigte kann jederzeit, auch ohne wichtigen Grund abberufen werden, was den Gesellschaftern zusätzlichen Schutz verleiht.[352] Es kann jedoch eine Vollmacht erteilt werden, die auch die Begründung neuer Gesellschafterpflichten umfasst.[353]

---

341 *Schörnig* ZEV 2002, 343 (345).
342 *Schörnig* ZEV 2002, 343 (346).
343 *Schörnig* ZEV 2002, 343 (346).
344 *K. Schmidt* ZHR 146 (1982), 525 (535).
345 Baumbach/Hopt/*Roth*/HGB, § 163 Rn. 11.
346 *K. Schmidt* ZHR 146 (1982), 525 (534).
347 *Grunewald* ZEV 2011, 283 (286).
348 *Schiffer* BB 2015, 584 (585).
349 *K. Schmidt* ZHR 146 (1982), 525 (535).
350 *Schiffer* BB 2015, 584 (586).
351 *K. Schmidt* ZHR 146 (1982), 525 (534).
352 *Grunewald* ZEV 2011, 283 (286).
353 *K. Schmidt* ZHR 146 (1982), 525 (533).

I. Die Gesellschaftsverträge der typischen GmbH & Co. KG

Die Gruppenvertreterklausel des Mustervertrages umfasst nur das **Stimmrecht** der „Jungen Gesellschafter". Bis zu welchem Alter eines Jungen Gesellschafters eine Stimmrechtsvertretung sinnvoll ist, hängt vom Einzelfall ab. Der Gesellschafter kann das Ende der Gruppenvertretung auch von anderen Kriterien abhängig machen, z. B. von der Beendigung einer (bestimmten) Berufsausbildung oder einer bestimmten Dauer der Berufstätigkeit. Zu überlegen ist, ob der Bevollmächtigte bestimmte Anforderungen an seinen Beruf oder an die Dauer seiner beruflichen Tätigkeit oder an besondere Erfahrung auf bestimmte Tätigkeitsgebiete erfüllen muss, oder ob die Gesellschafterversammlung dem Bevollmächtigten generell **zustimmen** muss. Ferner sollte geregelt werden, dass das Stimmrecht der Jungen Gesellschafter ruht, bis der Bevollmächtigte bestellt worden ist. Das Muster lässt in Abs. 2 das Stimmrecht ruhen, bis der Bevollmächtigte eine entsprechende Vollmacht vorgelegt hat.

Einstweilen frei.

Geregelt werden sollte auch, dass ein Bevollmächtigter im Sinne von Abs. 2 des Mustervertrages nicht erforderlich ist, wenn der Erblasser für (alle) Erben einen **Dauertestamentsvollstrecker** eingesetzt hat. In diesem Fall ist ein Bevollmächtigter nur erforderlich, wenn die Testamentsvollstreckung endet, bevor die Dauer der Amtszeit eines Bevollmächtigten ablaufen würde.

787

788
789

7. Testamentsvollstreckung (Abs. 3)

a) **Gesellschaftsrecht.** Es war lange Zeit umstritten, ob die Rechte aus einem Kommanditanteil von einem Testamentsvollstrecker des verstorbenen Kommanditisten ausgeübt werden können.[354] Der Streit wurde durch einen Beschluss des BGH[355] beendet. Der BGH hat entschieden, dass ein Testamentsvollstrecker berechtigt ist, die mit der Beteiligung an der KG verbundenen Mitgliedschaftsrechte auszuüben, wenn die übrigen Gesellschafter dem zustimmen oder eine solche Testamentsvollstreckung bereits im Gesellschaftsvertrag vorgesehen ist. Der Testamentsvollstrecker übt die den Gesellschaftsanteil betreffenden **Verwaltungs- und Vermögensrechte** aus, ohne hierbei an den Willen der Erben gebunden zu sein. Der Testamentsvollstrecker unterliegt jedoch ähnlich einem Vertreter den gesellschaftsrechtlichen **Stimmverboten**, wie dem Verbot, in eigener Sache zu richten, und einer Einschränkung aus seiner allgemeinen Pflichtenstellung dem Erben gegenüber[356]. Sofern der Testamentsvollstrecker bei einer Beschlussfassung über einen bestimmten Beschlussgegenstandes aufgrund eines Stimmverbotes ausgeschlossen ist, steht das Stimmrecht insoweit dem Erben zu. Der Mustervertrag enthält in **Abs. 3** eine entsprechende Klausel.

790

Der Testamentsvollstrecker bedarf allerdings der **Zustimmung** der Erben, wenn er deren **persönliche Haftung** begründen will oder in den Kernbereich ihrer Mitgliedschaftsrechte eingreifen möchte.[357]

791

---

354 Baumbach/Hopt/*Roth* HGB, § 139 Rn. 24.
355 BGH v. 3.7.1989, NJW 1989, 3152; *Ulmer* NJW 1990, 73.
356 BGH v. 13.5.2014, NZG 2014, 945.
357 Baumbach/Hopt/*Roth* HGB, § 139 Rn. 27.

792 **b) Steuerrecht.** Einkommensteuerrechtlich wird durch die Testamentsvollstreckung die **Mitunternehmerstellung** des vertretenen Kommanditisten nicht beeinträchtigt. Mitunternehmer bleibt auch bei einer treuhänderischen Verwaltung durch den Testamentsvollstrecker der Erbe.[358]

§ 16
Ausschluss von Gesellschaftern

793 (1) Die Gesellschafterversammlung kann mit einfacher Mehrheit aller Stimmen der stimmberechtigten Kommanditisten einen Gesellschafter aus der Gesellschaft ausschließen, wenn in seiner Person ein wichtiger Grund gegeben ist, der nach den Vorschriften der §§ 133, 140 HGB seinen gerichtlichen Ausschluss aus der Gesellschaft ermöglichen würde;

(2) Ein wichtiger Grund liegt insbesondere vor, wenn

794 a) ein Kommanditist auf Verlangen der Gesellschafterversammlung innerhalb von 4 Wochen ab Zugang des Verlangens durch Vorlage einer beglaubigten Abschrift seines notariellen Ehevertrages mit seinem Ehegatten nicht nachweist, dass er mit seinem Ehegatten

795 – Gütertrennung vereinbart hat oder

796 – vereinbart hat, dass seine Beteiligung an der Gesellschaft bzw. deren Werterhöhung in jeder Hinsicht vom Zugewinnausgleichsanspruch des anderen Ehegatten gem. §§ 1327 ff. BGB ausgenommen ist, und dass der Gesellschafter hinsichtlich seiner Gesellschaftsanteile von allen Einschränkungen seiner Verfügungsmacht gem. § 1365 BGB freigestellt ist, und dass

797 – sein Ehegatte auf Zwangsvollstreckungsmaßnahmen in seinen Gesellschaftsanteil zur Durchsetzung seiner Zugewinnausgleichsansprüche verzichtet hat.

798 Dies gilt nicht, soweit die Gesellschafterversammlung auf Antrag eines Kommanditisten auf diese Anforderungen ganz oder zum Teil verzichtet hat.

799 b) über das Vermögen eines Gesellschafter das Insolvenzverfahren eröffnet oder die Eröffnung des Insolvenzverfahrens über sein Vermögen mangels Masse abgelehnt wurde oder der betreffende Gesellschafter selbst Antrag auf Eröffnung des Insolvenzverfahrens über sein Vermögen gestellt hat;

800 c) die Einzelzwangsvollstreckung in Gesellschaftsanteile oder eines seiner Gesellschaftsrechte oder seine Ansprüche gegen die Gesellschaft aufgrund eines nicht nur vorläufig vollstreckbaren Titels betrieben wird, und zwar mit dem Ablauf einer Frist von drei Monaten ab Zustellung des Titels, falls die Zwangsvollstreckungsmaßnahme nicht zu diesem Zeitpunkt aufgehoben worden ist;

---

358 Schmidt/*Wacker* § 15 EStG, § 15 Rn. 301.

I. Die Gesellschaftsverträge der typischen GmbH & Co. KG

d) ein Kommanditist seinen Pflichten aus § 15 Abs. 2 trotz Aufforderung durch die Komplementärin und nach Ablauf einer angemessenen Frist nicht nachkommt.

(3) Ein Ausschließungsbeschluss kann nur innerhalb von sechs Monaten ab dem Zeitpunkt gefasst werden, ab dem der zur Ausschließung berechtigende Tatbestand den anderen Kommanditisten bekannt geworden ist.

(4) Der betroffene Gesellschafter hat bei der Fassung des Ausschließungsbeschlusses kein Stimmrecht.

(5) Jeder andere Gesellschafter ist bevollmächtigt, dem betroffenen Gesellschafter den Ausschließungsbeschluss bekanntzugeben.

(6) Der ausgeschlossene Gesellschafter scheidet mit Bekanntgabe des Ausschließungsbeschlusses aus der Gesellschaft aus, sofern nicht der Ausschließungsbeschluss einen späteren Zeitpunkt bestimmt, der nicht später als ... Monate nach Beschlussfassung liegen darf.

(7) Wird in den Fällen der Abs. 1 u. 2 durch den Ausschluss Schenkungsteuer bei den verbleibenden Kommanditisten ausgelöst (§ 7 Abs. 7 S. 1 ErbStG), wird diese im Innenverhältnis von den verbleibenden Kommanditisten getragen. S. 1 gilt nicht, wenn ein Kommanditist eine ihm nach dem Gesellschaftsvertrag obliegende wesentliche Verpflichtung vorsätzlich oder grob fahrlässig verletzt, oder trotz Abmahnung der Gesellschaft die Verletzung fortsetzt. In diesen Fällen trägt im Innenverhältnis der ausgeschlossene Kommanditist die durch seinen Ausschluss ausgelöste Schenkungsteuer der anderen Gesellschaft.

(8) § 20 bleibt unberührt.

Erläuterungen

1. Gesetzliche Ausgangslage
2. Rechtsfolgen
3. Abtretung statt Ausschluss
4. Stimmrecht des betroffenen Gesellschafters
5. Die Klauseln im Einzelnen

1. Gesetzliche Ausgangslage

Nach dem **Gesetz** erfolgt der Ausschluss eines Gesellschafters durch Gerichtsurteil (§ 140 HGB i.V.m. § 133 HGB). Das unfreiwillige Ausscheiden aus einer GmbH & Co. KG kann folgendermaßen erfolgen: entweder wird der Gesellschafter durch ein Gerichtsurteil oder durch einen Gesellschafterbeschluss (wenn der Gesellschaftsvertrag dies zulässt) aus der Gesellschaft **ausgeschlossen** (s. hierzu § 16 des Mustervertrages, **Rn. 733 ff.**) oder er **scheidet** bei Eintritt eines bestimmten Ereignisses „**automatisch**" aus der KG aus, ohne dass es eines Ausschließungsbeschlusses bedarf, wenn dies der Gesellschaftsvertrag erlaubt (s. hierzu § 18 des Mustervertrages, **Rn. 838 ff.**).

809 Ein wichtiger Grund liegt vor, wenn den anderen Gesellschaftern nicht mehr zugemutet werden kann, die Gesellschaft mit dem betroffenen Gesellschafter fortzusetzen[359]. In diesen Fällen bedarf es einer umfassenden **Interessensabwägung** zwischen den Interessen des betroffenen Gesellschafters und der Interessen der anderen Kommanditisten[360]. § 140 HGB steht in einem engen Zusammenhang mit § 133 HGB. § 140 Abs. 1 S. 1 HGB setzt voraus, dass der wichtige „Grund" in der Person eines Gesellschafters liegen muss.

810 Der gerichtliche Ausschluss eines Gesellschafters gemäß § 140 HGB i. V. m. § 133 HGB ist das letzte Mittel zum Schutz der Gesellschaft.[361] § 140 HGB besagt, sofern in der Person eines Gesellschafters ein Umstand eintritt, der nach § 133 HGB für die übrigen Gesellschafter das Recht begründet, die Auflösung der Gesellschaft zu verlangen, so kann vom Gericht auf Antrag der übrigen Gesellschafter anstatt der Auflösung die Ausschließung dieses Gesellschafters aus der Gesellschaft ausgesprochen werden. § 133 HGB begründet das Recht, die Auflösung der Gesellschaft auf Antrag zu verlangen, wenn ein **wichtiger Grund** vorliegt. Als Regelbeispiel für einen wichtigen Grund nennt § 133 Abs. 2 HGB den vorsätzlichen oder grob fahrlässigen Verstoß gegen wesentliche gesellschaftsvertragliche Verpflichtungen und die Unmöglichkeit, diese Verpflichtungen zu erfüllen. Weitere Gründe für eine Auflösung der Gesellschaft können zum Beispiel die Unverwertbarkeit der von einem Gesellschafter eingebrachten Schutzrechte oder ein erheblicher Kapitalverlust sein[362]. Der Gesellschafterausschluss soll grundsätzlich keine Strafe sein und nicht die verbleibenden Gesellschafter bereichern, sondern Schaden von der Gesellschaft abwenden. Er ist daher nur zulässig, wenn sich kein anderer zumutbarer Weg zur Bereinigung der aufgetretenen Probleme findet. Persönliche Spannungen und gesellschaftsbezogene Meinungsverschiedenheiten können die Ausschließung eines Gesellschafters aus der KG jedoch nur in besonders schwerwiegenden Fällen rechtfertigen.[363]

811 Die Vorschrift des § 140 HGB ist nicht zwingend. Der Gesellschaftsvertrag kann das Ausschlussrecht einengen oder erweitern. Insbesondere kann der Gesellschaftsvertrag die Ausschließung durch bloßen **Gesellschafterbeschluss** der übrigen Gesellschafter an Stelle einer Klage nach § 140 HGB vorsehen oder sogar bestimmten Gesellschaftern ein einseitiges Ausschließungsrecht zubilligen.[364] Der Ausschluss eines Gesellschafters ohne wichtigen Grund bedarf einer unzweideutigen Vereinbarung und ist nur ausnahmsweise aus besonderen Gründen zulässig.[365]

---

[359] Baumbach/Hopt/*Roth* HGB, § 140 Rn. 5.
[360] Baumbach/Hopt/*Roth* HGB, § 140 Rn. 5.
[361] Baumbach/Hopt/*Roth* HGB, § 140 Rn. 6.
[362] Ebenroth/Boujong/Joost/Strohn/*Lorz* HGB, § 133 Rn. 19.
[363] BGH v. 12.12.1994; GmbHR 1995, 131 f.
[364] Baumbach/Hopt/*Roth* HGB, § 140 Rn. 30.
[365] Baumbach/Hopt/*Roth* HGB, § 140 Rn. 31.

I. Die Gesellschaftsverträge der typischen GmbH & Co. KG

2. Rechtsfolgen

a) Gesellschaftsrecht. Ein ausgeschlossener Gesellschafter scheidet – anders als bei der GmbH – ohne weiteren Übertragungsakt aus der Gesellschaft aus. Für die Auseinandersetzung zwischen dem ausgeschlossenen Gesellschafter und den anderen Gesellschaftern gelten die Vorschriften der §§ 738–740 BGB.[366] Der ausgeschlossene Gesellschafter hat grundsätzlich Anspruch auf eine **Abfindung** in Höhe des vollen Wertes seines Gesellschaftsanteils (§ 738 BGB i.V.m. §§ 105 Abs. 3 und 161 Abs. 2 HGB). Der Abfindungsanspruch wird jedoch regelmäßig durch den Gesellschaftsvertrag zum Schutz der Gesellschaft gemindert. Zur Abfindung siehe die Erläuterungen zu § 19 des Mustervertrages.

812

b) Erbschaftsteuerrecht. Beim Ausschluss eines Gesellschafters und Fortsetzung der Gesellschaft durch die verbleibenden Kommanditisten besteht grundsätzlich dieselbe erbschaftsteuerliche Problematik wie im Fall des **§ 15 Abs. 1 Variante 5** des Mustervertrages (Fortsetzungsklausel; vgl. hierzu Rn. 780). Wird im Falle des Ausschlusses die Abfindung des ausscheidenden Gesellschafters auf einen Wert begrenzt, der **unter dem Verkehrswert** liegt, wird bei den verbleibenden Gesellschaftern ein erbschaftsteuerpflichtiger Erwerb gem. § 7 Abs. 7 ErbStG bewirkt. Ein steuerpflichtiger Erwerb gem. § 7 Abs. 7 ErbStG kann vermieden werden, indem der Anteil auf einen Mitgesellschafter bzw. einen Dritten aufgrund rechtsgeschäftlicher Übertragung der Beteiligung übergeht (vgl. **Abs. 5 Variante 1 § 20** des Mustervertrages).[367] Eine Steuerpflicht kann sich jedoch auch im Falle einer rechtsgeschäftlichen Abtretung unter dem Verkehrswert aufgrund des Grundtatbestands des § 7 Abs. 1 Nr. 1 ErbStG ergeben. Selbst wenn ein gleichfalls steuerpflichtiger Erwerb gem. § 7 Abs. 1 Nr. 1 ErbStG vorliegt, kann durch die gezielte Auswahl eines bestimmten Erwerbers bzw. einer bestimmten Erwerbergruppe die Einhaltung der Behaltensvorschriften des § 13a Abs. 6 ErbStG erreicht werden und damit ein steuerfreier bzw. begünstigter Erwerb bei den insoweit qualifizierten Erwerbern sicher gestellt werden.

813

3. Abtretung statt Ausschluss

Der **Gesellschaftsvertrag** kann bestimmen, dass in den Fällen, in denen ein Kommanditist ausgeschlossen werden könnte, dessen Gesellschaftsanteil an einen oder mehrere andere(n) Kommanditisten oder an einen oder mehrere Dritte(n) abzutreten ist.[368] Der Mustervertrag sieht diese Möglichkeit in Abs. 8 vor, der auf § 20 des Gesellschaftsvertrages verweist.

814

---

366 Baumbach/Hopt/*Roth* HGB, § 140 Rn. 26.
367 Troll/Gebel/Jülicher/*Gebel* ErbStG, § 7 Rn. 404.
368 Vgl. BGH v. 20.6.1983, DB 1983, 1970 für den Geschäftsanteil an einer GmbH; diese Rechtsprechung ist auf eine Personengesellschaft entsprechend anzuwenden.

4. Stimmrecht des betroffenen Gesellschafters

815 Der betroffene Kommanditist hat bei der Beschlussfassung über seinen Ausschluss aus der Gesellschaft kein Stimmrecht.[369] Da das Gesetz allerdings keinen ausdrücklichen Ausschlusstatbestand enthält, ist zu empfehlen, dies im **Gesellschaftsvertrag** klarzustellen (hier **Abs. 4**).

5. Die Klauseln im Einzelnen

816 Abs. 1 des Mustervertrages sieht verschiedene Fälle vor, in denen ein Gesellschafter ausgeschlossen werden kann. **Abs. 1** enthält einen generellen Ausschlusstatbestand (wichtiger Grund i. S. v. §§ 140, 133 HGB); der Gesellschaftsvertrag kann zudem die einen Ausschluss rechtfertigenden Gründe näher konkretisieren, diese etwa auf das Vorliegen bestimmter Tatsachen einschränken (z. B. schuldhaftes Verhalten oder Eintritt eines Schadens), aber auch ausweiten.[370] **Abs. 2 lit. a** sanktioniert die Unterlassung des Nachweises eines Kommanditisten, dass er seine Pflichten aus § 17 erfüllt hat. Wenn dies für den Fall des Todes eines Kommanditisten nicht gewollt wird, damit der Ehegatte die erbschaftsteuerlichen Vorteile des § 5 ErbStG ausnutzen kann (**Rn. 834**), muss insoweit ein Ausnahme gemacht werden. Diese Beschränkung wird in der Regel durch eine notarielle Modifizierung des Zugewinnausgleiches herbeigeführt (**Rn. 826**). Entsprechende (mittelbare) Verpflichtungen (§ 17 enthält eine unmittelbare Verpflichtung!) sollen die Gesellschaft vor Liquiditätsabflüssen im Falle von Ehescheidungen schützen, da Gesellschafter von Personengesellschaften oft nicht über die notwendige Liquidität verfügen, um den Zugewinnausgleichsanspruch ihres geschiedenen Ehegatten zu befriedigen. **Abs. 2 lit. b u. c** sollen vermeiden, dass im Fall einer **Insolvenz** der Insolvenzverwalter oder andere Gläubiger Einfluss auf die Gesellschaft erlangen kann/können. Sofern nämlich die Möglichkeit besteht, den insolventen Gesellschafter durch einen Gesellschafterbeschluss auszuschließen, besteht durch die Gefahr der Einflussnahme durch den Insolvenzverwalter keine Beeinträchtigung der Interessen der Gesellschafter mehr. Sobald eine Einflussnahme durch den Insolvenzverwalter eintritt oder es zu anderweitigen negativen Auswirkungen der Insolvenz des Gesellschafters auf die Gesellschaft kommt, kann dies durch einen Ausschluss des Gesellschafters beendet werden.[371]

817 Sinnvollerweise regelt der Gesellschaftsvertrag (hier **Abs. 3**), ob und innerhalb welcher Fristen ein solcher Ausschluss beschlossen werden muss.

818 Der Ausschließungsbeschluss bedarf für seine Wirksamkeit der **Mitteilung** an den betroffenen Gesellschafter (§ 737 S. 3 BGB). Sollte dieser nicht bei der Beschlussfassung anwesend sein, muss der Beschluss durch einen Be-

---

369 MüKo/BGB/*Schäfer,* § 737 Rn. 13; Baumbach/Hopt/Roth HGB, § 140 Rn. 30.
370 Näher hierzu Staub/*Schäfer* HGB, § 140 Rn. 55 f. m. w. N.
371 *Sommer/Müller/Leuchten* DB 2013, 329 (331).

I. Die Gesellschaftsverträge der typischen GmbH & Co. KG

vollmächtigten bekannt gegeben werden. Die entsprechende Bevollmächtigung kann im Einzelfall im Zuge der Beschlussfassung erfolgen; sinnvoller ist es, diese Bevollmächtigung bereits im Gesellschaftsvertrag vorzunehmen, wie dies **Abs. 5** vorsieht.

Abs. 6 legt den Zeitpunkt der Wirkung des Ausschlusses mit Bekanntgabe des Beschlusses an den betroffenen Gesellschafter fest; dies ergibt sich zwar bereits aus dem Gesetz, sollte aber als Klarstellung in den Gesellschaftsvertrag aufgenommen werden. Darüber hinaus enthält die Regelung eine **Öffnungsklausel**, die im Rahmen der Beschlussfassung auch die Bestimmung eines späteren Zeitpunktes zulässt.

819

Der Gesellschaftsvertrag sollte eine Regelung enthalten, wer im Falle eines Ausschluss die Erbschaftssteuer aus der **Differenz zwischen Verkehrswert des Gesellschaftsanteils und der Abfindung** trägt. Zur Schenkungssteuerfiktion durch § 7 Abs. 7 ErbStG in diesen Fällen, s. **Rn. 216**. Die Erbschaftsteuer sollten in der Regel die verbleibenden Gesellschafter tragen, da ihnen der Gesellschaftsanteil des ausgeschlossenen Gesellschafters anwächst. Der ausgeschlossene Gesellschafter sollte jedoch dann die Schenkungsteuer tragen, wenn er eine wesentliche Verpflichtung aus dem Gesellschaftsvertrag vorsätzlich oder grob fahrlässig verletzt hat oder trotz Abmahnung fortsetzt. Besondere Vorsicht ist geboten, wenn der ausscheidende Gesellschafter eine etwaige Erbschaftsteuerlast (auch) für den Fall seiner Kündigung tragen soll. Dies kann im Zusammenhang mit der im Übrigen gewährten Abfindung eine gegen § 723 Abs. 3 BGB verstoßende Beschränkung des Kündigungsrechtes darstellen oder gegen die guten Sitten i.S.v. § 138 BGB verstoßen; beides hätte die Nichtigkeit der betreffenden Regelungen zur Folge.[372]

820

Abs. 8 stellt klar, dass anstelle eines Ausschlusses auch ein **Abtretungsbeschluss** („Zwangsabtretung") gemäß § 20 des Mustervertrages gefasst werden kann.

821

§ 17
Güterstandsklausel

(1) Verheiratete Kommanditisten müssen mit ihrem Ehegatten durch notariellen Ehevertrag zur Schonung der Liquidität, zur Sicherung des Fortbestands der Gesellschaft und zum Ausschluss von Mitspracherechten seines Ehegatten (a) Gütertrennung gemäß § 1414 BGB vereinbaren oder (b) vereinbaren, dass ihre Beteiligung an der Gesellschaft bzw. deren Werterhöhung in jeder Hinsicht von einem Zugewinnausgleichsanspruch des anderen Ehegatten gemäß §§ 1327 ff. BGB ausgenommen wird (ausgenommen im Fall des Todes des Kommanditisten), dass der Kommanditist hinsichtlich seiner Gesellschaftsanteile von allen Einschränkungen seiner Verfügungsmacht gemäß §§ 1365 ff. BGB freigestellt ist, und dass sein Ehegatte auf alle Zwangsvollstreckungsmaßnahmen in die Gesell-

822

---

[372] Siehe hierzu ausführlich MüKo/BGB/*Schäfer*, § 738 Rn. 44 ff.

schaftsanteile zur Durchsetzung seiner Zugewinnausgleichsansprüche verzichtet hat.

823 (2) Die Gesellschafterversammlung kann einen Kommanditisten auf dessen Antrag von den Verpflichtungen gem. Abs. 1 ganz oder teilweise befreien.

824 (3) Vorstehende Regelungen gelten entsprechend für Kommanditisten, die in einer eingetragenen Lebenspartnerschaft leben.

Erläuterungen

1. Gesetzliche Ausgangslage
2. Vertragspraxis
3. Erforderlichkeit einer notariellen Beurkundung
4. Erbschaftssteuerrecht

1. Gesetzliche Ausgangslage

825 Der gesetzliche Regelgüterstand des § 1363 BGB (Zugewinngemeinschaft) sieht vor, dass die Vermögensmassen der Ehegatten getrennt bleiben und kein gemeinschaftliches Vermögen werden. Bei einer Beendigung der Zugewinngemeinschaft durch den Tod eines Ehegatten, die Aufhebung/Scheidung der Ehe oder durch den Abschluss eines Ehevertrags, mit dem der gesetzliche Güterstand aufgehoben und in einen anderen Güterstand gewechselt wird, kommt es jedoch zu einem Zugewinnausgleich. Hierzu wird das Anfangs- und Endvermögen der Ehegatten ermittelt und der jeweilige Zugewinn errechnet. Der Ehegatte mit dem höheren Zugewinn hat dann eine **Ausgleichszahlung** an den anderen Ehegatten zu entrichten, die sich aus der Hälfte der Differenz der Zugewinne errechnet. Gerade in erfolgreichen Unternehmen liegt es nahe, dass der Zugewinn des Unternehmerehegatten sehr hoch ausfallen kann und die Gefahr besteht, dass zur Ausgleichung dieses Zugewinns auf die **Liquidität** des Unternehmens zurückgegriffen werden muss. Ferner unterliegen Ehegatten, die in einer Zugewinngemeinschaft leben, den Verfügungsbeschränkungen der §§ 1365 ff. BGB. Dies bewirkt unter anderem, dass der Unternehmergatte nicht ohne Zustimmung des anderen Ehegatten über seine Beteiligung an der GmbH & Co. KG verfügen darf, sofern diese im Wesentlichen sein Vermögen im Ganzen ausmacht, § 1365 BGB. Dieses Risiko wird vermieden, wenn verheiratete Ehegatten mittels eines Ehevertrags eine modifizierte Zugewinngemeinschaft oder **Gütertrennung** vereinbaren.

826 Im Rahmen der **modifizierten Zugewinngemeinschaft** wird auf den Zugewinnausgleich verzichtet, sofern die Zugewinngemeinschaft durch einen anderen Grund als den Tod des Unternehmerehegatten beendet wird. Dies umfasst die Fälle der Scheidung, der Aufhebung der Ehe und der ehevertraglichen Vereinbarung eines anderen Güterstandes. Ferner werden die Verfügungsbeschränkungen der §§ 1365 ff. BGB ausgeschlossen. Der Zugewinnausgleich sollte im Todesfall bestehen bleiben, da dieser gemäß § 5 Abs. 1 S. 1 ErbStG erbschaftssteuerbegünstigt ist.

I. Die Gesellschaftsverträge der typischen GmbH & Co. KG

Im Rahmen der **Gütertrennung** wird eine gänzliche Trennung der Vermögensmassen bewirkt, ohne dass es bei einer Beendigung des Güterstandes zu einer Zugewinngemeinschaft kommt. Es ist jedoch fraglich, ob eine derart strikte Trennung der Vermögensmassen noch im Interesse der Gesellschaft liegt oder ob diese nicht mehr gerechtfertigt ist.[373] Die Gütertrennung führt zu einer Verringerung des Erb- und Pflichtteilsanspruchs des Ehegatten, sofern die Ehegatten zwei oder mehr Abkömmlinge haben. Ferner verliert der Ehegatte die Erbschaftssteuerfreiheit des Zugewinnausgleichs (siehe unten Ziff. 4).[374] Bei einer Ausgestaltung der Güterstandsklausel dahingehend, dass eine Gütertrennung zu erfolgen hat, ist darauf zu achten, dass nicht der Abschluss eines nach § 138 BGB nichtigen Ehevertrages von den Gesellschaftern verlangt wird. Der BGH geht davon aus, dass der Zugewinnausgleich allerdings am ehesten einer vertraglichen Gestaltung zugänglich ist und einer Abschluss- und Inhaltskontrolle der Gerichte standhält.[375]

827

2. Vertragspraxis

In der Vertragspraxis wird von einem Gesellschafterehegatten, der im Güterstand der Zugewinngemeinschaft lebt, nicht mehr verlangt, dass der Zugewinn für alle Fälle der Beendigung der Zugewinngemeinschaft ausgeschlossen wird. Eine **Ausnahme** wird für den Fall des **Versterbens des Gesellschafterehegatten** gemacht, weil dem überlebenden Ehegatten die erbschaftssteuerliche Begünstigung nach § 5 Abs. 1 S. 1 ErbStG erhalten bleiben soll. Im Falle eines Verstoßes gegen **Abs. 1** können der Gesellschafterversammlung verschiedene Sanktionsmöglichkeiten zur Verfügung gestellt werden (u. a. Stimmverbote, Entnahmeverbote und der Ausschluss bzw. die Abtretungsverpflichtung). Der Mustervertrag schlägt in **§ 16 Abs. 2 lit. a)** als Sanktion den Ausschluss bzw. eine Abtretungsverpflichtung vor (**§ 16 Abs. 8 i. V. m. § 20**), sieht jedoch in **§ 17 Abs. 2** die Möglichkeit vor, dass die Gesellschafterversammlung einen Gesellschafter von allen Verpflichtungen des § 17 befreien kann, z.B. wenn die Einhaltung der Verpflichtungen aus der Güterstandsklausel im Einzelfall unbillig, nicht notwendig oder nicht möglich ist.

828

Die **Sinnhaftigkeit** einer Güterstandsklausel wird in der Literatur bezweifelt.[376] Brambring weist unter anderem auf folgende Gesichtspunkte hin, die gegen eine Güterstandsklausel sprechen: Zum einen zieht eine Güterstandsklausel in der Regel keine inhaltlichen Grenzen. So kann eine aufgrund des Ausschlusses an den Gesellschafter zu zahlende Abfindung die Liquidität der Gesellschaft gefährden oder bei einem Gesellschafter, der nur im geringen Maße an der Gesellschaft beteiligt ist, keine Auswirkungen auf die Gesellschaft haben.[377] Ebenso ungefährlich ist ein etwaiger Zugewinnausgleich, so-

829

---

373 *Brambring* DNotZ 2008, 724 (735).
374 *Brambring* DNotZ 2008, 724 (735).
375 *Lange* DStR 2013, 2706 (2710).
376 *Brambring* DNotZ 2008, 724; *Meincke* DStR 1997, 515; *Haegele* GmbHR 1966, 24; *Wenckstern* NJW 2014, 1335.
377 *Brambring* DNotZ 2008, 724 (727).

fern die Gesellschaftsbeteiligung zum nicht ausgleichspflichtigen Anfangsvermögen des Gesellschafters gehört oder der Gesellschafter den Zugewinnausgleich aus seinem Privatvermögen bestreiten kann.[378] Zum anderen bestehe keine Gefahr, dass die Ehegatten als Gesellschafter in die Gesellschaft eintreten, da der Ausgleichsanspruch des § 1378 BGB auf Geld gerichtet ist.[379] Ferner werden im Rahmen der Güterstandsklausel regelmäßig nur die Vorteile des Unternehmers betrachtet, nicht jedoch die Nachteile für den Ehegatten, die zweifeln lassen, ob nach der neuen Rechtsprechung des BGHs eine solche Güterstandsklausel überhaupt Bestand hat.[380]

3. Erforderlichkeit einer notariellen Beurkundung

830 Eine Güterstandsklausel, die den Ehegatten-Gesellschafter verpflichtet, einen Ehevertrag abzuschließen, könnte zur Folge haben, dass der Gesellschaftsvertrag beurkundungspflichtig wird. Ob eine solche Güterstandsklausel entsprechend § 1410 BGB notariell beurkundet werden muss, ist umstritten. Nach § 1410 BGB ist ein **Ehevertrag** beurkundungspflichtig. Diese Formbedürftigkeit gilt ebenfalls für Eheverträge[381] und unwiderruflich erteilte Vollmachten zum Abschluss von Eheverträgen[382]. Von diesen Verträgen unterscheidet sich die Güterstands-klausel insofern, dass sie als Drittkontrahierungsklausel ausgestaltet ist. Der Gesellschafter verpflichtet sich dabei gegenüber den anderen Gesellschaftern zum Abschluss eines Ehevertrages, während der andere Ehegatte an dieser Vereinbarung nicht beteiligt ist.[383] Daher wird in der Literatur diskutiert, ob die Verpflichtung nur eines Ehegatten zum Abschluss eines Ehevertrages ausreicht, um eine Formnichtigkeit nach § 125 BGB anzunehmen, wenn die Güterstandsklausel nicht notariell beurkundet wird. Von den Vertretern der Formbedürftigkeit[384], der wohl heute noch herrschenden Meinung, wird als Argument angeführt, dass der Gesellschafter bei Abschluss des Gesellschaftsvertrages eine mittelbare Bindung eingeht und negative Folgen für den Fall eines Zuwiderhandelns vorgesehen sind.[385] Der Gesellschafter brauche weiterhin bereits beim Abschluss des Gesellschaftsvertrages eine sachkundige Beratung und einen Übereilungsschutz.[386]

831 Es werden jedoch vermehrt Stimmen[387] laut, die vertreten, dass eine Formbedürftigkeit nicht schon dann notwendig ist, wenn eine Verpflichtung nur

---

378 *Brambring* DNotZ 2008, 724 (728).
379 *Brambring* DNotZ 2008, 724 (729).
380 *Brambring* DNotZ 2008, 724 (730).
381 *Wenckstern* NJW 2014, 1335 (1340).
382 BGH v. 1.4.1998, DNotZ 1999, 46.
383 *Wenckstern* NJW 2014, 1335 (1340).
384 *Wachter*, Praxis des Handels- und Gesellschaftsrechts, § 4 Rn. 1104; MüKo/BGB/*Kanzleiter*, § 1410 Rn. 3; *Gassen* RNotZ 2004, 424 (439).
385 *Wachter*, Praxis des Handels- und Gesellschaftsrechts, § 4 Rn. 1104.
386 *Scherer* BB 2010, 323 (326).
387 *Kuhn* BWNotZ 2008, 86; *Scherer* BB 2010, 323; MüKo/BGB/*Ulmer/Schäfer*, § 705 Rn. 33; *Hölscher*, NJW 2016, 3057.

gegenüber Dritten vorgenommen wird. Den Mitgesellschaftern steht nicht die Möglichkeit zu, weiteren Druck bzw. Einfluss auf die Gesellschafter auszuüben. Der Ehevertrag kann nur zwischen den Ehegatten abgeschlossen werden, so dass dieser nicht durch eine einseitige Verpflichtung erzwungen werden kann.[388] Der Gesellschafter muss auch nicht vor einem Abschluss dieser Klausel gewarnt werden, da diese eine günstige Regelung für ihn enthält.[389]

Eine einheitliche Meinung gibt es in der Literatur somit bis heute nicht, weshalb eine höchstrichterliche Klärung dieser Problematik abzuwarten bleibt. Das Problem könnte vorsorglich durch eine notarielle Beurkundung des gesamten Gesellschaftsvertrages oder durch die Weglassung der Güterstandsklausel behoben werden. Ist beides nicht gewollt, sollte wie folgt verfahren werden: In dem Gesellschaftsvertrag wird eine Güterstandsklausel (s. § 17) und entsprechende Ausschlusstatbestände bei Verletzungen der Pflichten aus § 17 (s. § 16 Abs. 2 lit. a) des Mustervertrages) formuliert. Zusätzlich sollte eine Teilnichtigkeitsklausel in dem Gesellschaftsvertrag enthalten sein (s. vorliegend § 25, **Rn. 979**). Nach h.M.[390] ist die Formnichtigkeit auf die formnichtige Klausel beschränkt, die Formbedürftigkeit des gesamten Vertrages richtet sich nach den Grundsätzen über die Teilunwirksamkeit. § 139 BGB bestimmt, dass ein Rechtsgeschäft nichtig ist, wenn ein Teil des Rechtsgeschäftes nichtig ist und nicht anzunehmen ist, dass es auch ohne den nichtigen Teil vorgenommen sein würde. Die Teilnichtigkeitsklausel würde im Streitfall dafür sprechen, dass der Gesellschaftsvertrag auch ohne die Güterstandsklausel abgeschlossen worden wäre. Offen ist jedoch, ob sich ggf. die Nichtigkeit der Güterstandsklausel auf die entsprechenden Ausschlusstatbestände in § 16 Abs. 2 lit. a) erstrecken würde, die einen Verweis auf § 17 bewusst vermeiden. 832

Für Lebenspartner gelten nach dem Gesetz über die eingetragene Lebenspartnerschaft[391] im Wesentlichen die güterstandsrechtlichen und erbrechtlichen Vorschriften des BGB für Ehegatten entsprechend (§§ 6, 10 LPartG). Die Güterstandsklausel muss daher auch für Lebenspartner gelten, wie dies Abs. 3 der Musterklausel vorsieht.

4. Steuerrecht

Die Vereinbarung der Zugewinngemeinschaft stellt den Erwerb des überlebenden Ehepartners bei Beendigung der Zugewinngemeinschaft in Höhe des rechnerischen **Zugewinns** steuerfrei. 833

§ 5 Erbschaftsteuergesetz unterscheidet zwischen den Fällen des **lebzeitigen Zugewinnausgleich** gem. § 5 Abs. 2 ErbStG und dem **Zugewinnausgleich** 834

---

388 *Kuhn* BWNotZ 2008, 86 (88).
389 MüKo/BGB/*Ulmer/Schäfer*, § 705 Rn. 33.
390 BGH v. 29.6.1966, NJW 1966, 1741; v. 20.6.1980, NJW 1981, 222; v. 27.10.1982; NJW 1983, 565; BeckOK BGB, *Bamberger/Roth*, 42. Edition, Stand: 1.2.2017; a. A. MüKo/BGB/*Ulmer/Schäfer*, § 705 Rn. 35 u. 53, der eine fehlerhafte Gesellschaft annimmt.
391 LPartG v. 16.2.2001 (BGBl. I S. 266).

im Todesfall gemäß § 5 Abs. 1 ErbStG. Ziel der Güterstandsklausel ist es, das Gesellschaftsvermögen vor hohen Belastungen aus diesbezüglichen Forderungen des überlebenden Ehegatten zu schützen, da das Unternehmensvermögen häufig einen großen Anteil am Entstehen des Zugewinns hat. Gleichzeitig soll aber der steuerliche Vorteil der Zugewinngemeinschaft nicht völlig verloren gehen, womit sich in der Vertragspraxis die Modifizierung des Zugewinns in der hier beschriebenen Ausprägung als zielführende Lösung etabliert hat.

835 Nicht selten wird aus Gründen der Vermögens- und Nachfolgeplanung bei Gesellschafterehen im gesetzlichen Güterstand bereits lebzeitig ein **steuerfreier Vermögenstransfer** auf den Ehepartner durch Beendigung des Güterstands der Zugewinngemeinschaft angestrebt. Anschließend, d. h. nach Beendigung des Güterstands und dessen Abrechnung, können die Ehegatten unverzüglich wieder zum gesetzlichen Güterstand zurückkehren. Diese „**Güterstandsschaukel**" wird nach einer Bestätigung dieser Gestaltung durch den BFH[392] nunmehr auch von der Finanzverwaltung akzeptiert.

836 Die erstmalige gesellschaftsvertragliche Vereinbarung der Güterstandsklausel kann ggf. zum Anlass genommen werden, den bereits bisher entstandenen Zugewinnausgleichsanspruch durch Beendigung des gesetzlichen Zugewinns und anschließende Vereinbarung des modifizierten Zugewinns steuerfrei auf den Ehepartner oder Lebenspartner des Gesellschafters zu übertragen. Der Güterstandswechsel kann aber nur durch notariell beurkundeten Vertrag wirksam vollzogen werden. Eine lediglich lebzeitige Abrechnung des bislang entstandenen Zugewinns bei fortbestehender Zugewinngemeinschaft (sog. **fliegender Zugewinnausgleich**) ist als freigebige Zuwendung steuerpflichtig und kann nicht gemäß § 5 Abs. 2 ErbStG steuerfrei gestellt werden. Nur für den Fall, dass der vorweggenommene Zugewinnausgleich später tatsächlich auf die Ausgleichsforderung angerechnet wird, kommt es rückwirkend zum Erlöschen der Steuer gemäß § 29 Abs. 1 Nr. 3 ErbStG.[393]

837 Nicht selten fehlt dem Ausgleichsverpflichteten zur Erfüllung der Zugewinnausgleichsforderung die hierfür notwendige Liquidität. Überträgt der Gesellschafter daher Sachwerte auf seinen Ehepartner zur Erfüllung der Zugewinnausgleichsforderung, stellt dies einen veräußerungsähnlichen Vorgang dar, der ggf. **Einkommensteuer auslöst**, sofern **steuerverstrickte Vermögenswerte** auf den Ehepartner übertragen werden. Besondere Vorsicht ist daher geboten, wenn auf den Ehepartner ein Teilkommanditanteil einer gewerblich tätigen oder geprägten Kommanditgesellschaft in Erfüllung der Zugewinnausgleichsforderung übertragen werden soll, da dieser Vorgang einen gewinnrealisierenden Veräußerungsvorgang darstellt.[394]

---

392 BFH v. 12.7.2005, BStBl. II 2005, 843; H E 5.2 ErbStH.
393 BFH v. 28.6.2007, BStBl. II 2007, 785.
394 Schmidt/*Kulosa* EStG, § 6 Rn. 140.

§ 18
Ausscheiden aus der Gesellschaft

(1) Ein Gesellschafter scheidet u. a. aus der Gesellschaft mit dem Eintritt der folgenden Ereignisse aus:
   a) mit dem Ablauf der Kündigungsfrist, sofern die Gesellschaft nicht nach Maßgabe der Regelungen des § 5 dieses Vertrages aufgelöst wird und kein Abtretungsbeschluss gem. § 20 Abs. 1 lit. a gefasst wird;
   b) mit Wirksamwerden eines Ausschlusses nach § 16;
   c) in den sonstigen durch diesen Gesellschaftsvertrag bestimmten Fällen.

(2) § 20 (Zwangsabtretung) bleibt unberührt.

(3) In den Fällen der Absätze 1 und 2 wird die Gesellschaft unter Beibehaltung der bisherigen Firma von den verbleibenden Gesellschaftern fortgesetzt.

Erläuterungen

1. Gesetzliche Ausgangslage
2. Vertragspraxis
3. Steuerrecht

1. Gesetzliche Ausgangslage

Das Gesetz sieht ein automatisches Ausscheiden eines Gesellschafters einer KG u. a. dann vor, wenn er oder ein Privatgläubiger die Gesellschaft kündigen (§§ 162 Abs. 2, 131 Abs. 3, Nr. 3 und 4 HGB), soweit der Gesellschaftsvertrag nicht etwas anderes bestimmt. Anders als beim Komplementär (§§ 161 Abs. 1, 131 Abs. 3 Nr. 1 HGB) führt allerdings der Tod eines Kommanditisten nicht zu dessen Ausscheiden. Mit den **Erben eines Kommanditisten** wird die Gesellschaft vielmehr „fortgesetzt", es sei denn, der Gesellschaftsvertrag bestimmt etwas anderes (§ 177 HGB). Der Gesellschaftsvertrag kann weitere Ausscheidungsgründe bestimmen.

Rechtsfolge des Ausscheidens ist eine „Anwachsung" seines Anteils am Gesellschaftsvermögen bei den verbleibenden Gesellschaftern (§§ 161 Abs. 2, 131 Abs. 3 Nr. 1 HGB, § 738 Abs. 1 S. 1 BGB) und das Entstehen von Abfindungsansprüchen des ausgeschiedenen Gesellschafters.

2. Vertragspraxis

Der Verfasser eines KG-Vertrages hat zu entscheiden, welche Ausscheidensgründe zu einem automatischen Ausscheiden und welche Ausscheidensgründe zu einem Ausscheiden durch Beschluss der Gesellschafterversammlung (§ 16 des Mustervertrags) führen sollen. Grundsätzlich wird man wichtige

Gründe, bei deren Vorliegen es unwahrscheinlich ist, dass kein Ausscheiden erfolgt, unter die Fälle des automatischen Ausscheidens einordnen. Allerdings ist zu berücksichtigen, dass § 20 des Mustervertrags vorsieht, dass statt eines Ausschlusses von der Gesellschafterversammlung auch eine Übertragung des Gesellschaftsanteils beschlossen werden kann. Da eine Übertragung im Fall des automatischen Ausscheidens nicht mehr möglich ist, sollte der Verfasser des Gesellschaftsvertrags für möglichst viele Fälle, in denen ein Gesellschafter ausscheiden soll, einen **Ausschließungsbeschluss** vorsehen.

847 Im vorliegenden Muster (Abs. 1, lit. b)) wurden alle Ausscheidensgründe unter den Vorbehalt eines Ausschlussbeschlusses der Gesellschafterversammlung gestellt, ausgenommen das Ausscheiden aufgrund einer Kündigung. Im Falle einer Kündigung bedarf es keines Ausschlusses, da die Kündigung ebenso wie ein Ausschluss zu einer Anwachsung der Gesellschaftsanteile bei den verbleibenden Kommanditesten führt. Soll eine Anwachsung vermieden werden, kann die Gesellschafterversammlung Abtretungsbeschluss gem. § 20 des Gesellschaftsvertrages fassen.

3. Steuerrecht

848 **Einkommensteuerlich** liegt beim Ausscheiden aus einer Mitunternehmerschaft ein Fall des § 16 Abs. 3 EStG vor (Veräußerung eines Mitunternehmeranteils). Der ausgeschiedene Gesellschafter hat in Höhe der Differenz zwischen seinem Kapitalkonto und seinem Abfindungsanspruch einen ggf. nach § 34 EStG begünstigten **Aufgabegewinn** zu versteuern. Es gelten die in **§ 15, Ziff. 4, lit. b)** des Mustervertrages (**Rn. 780**) zur Fortsetzungsklausel gemachten Ausführungen entsprechend.

849 **Erbschaftsteuerlich** macht es keinen Unterschied, ob der Gesellschafter durch Beschluss gem. **§ 16** des Mustervertrages (**Rn. 793 ff.**) oder ob er automatisch aus der Gesellschaft ausscheidet. Eine Abfindung des Ausscheidenden unter dem Verkehrswert führt zu einem steuerpflichtigen Erwerb gem. § 7 Abs. 7 ErbStG durch die verbleibenden Gesellschafter (**Rn. 216**). Bei dem Erben entsteht hingegen kein Erbschaftsteuerproblem, da bei ihm regelmäßig ein Vermögensverlust und kein Zuwachs stattfindet.

850 Im Hinblick auf die **Vermeidung fiktiver Schenkungen** (**Rn. 214 ff.,**) muss die Realisierbarkeit einer **Zwangsabtretung** im Auge behalten werden.

§ 19
Abfindung

851 (1) In den Fällen des Ausscheidens eines Gesellschafters hat der ausscheidende Gesellschafter bzw. dessen Rechtsnachfolger Anspruch auf eine Abfindung nach Maßgabe folgender Regelungen, soweit dieser Vertrag nichts anderes bestimmt oder die Gesellschaft und der betroffene Gesellschafter etwas anderes vereinbaren.

I. Die Gesellschaftsverträge der typischen GmbH & Co. KG   265

- Variante 1:
(2) Die Abfindung entspricht …% des Anteils des ausgeschiedenen Kommanditisten am Ertragswert der Gesellschaft. Der Ertragswert ist nach der Methode zu ermitteln, die das Institut der Wirtschaftsprüfer in Düsseldorf jeweils am Stichtag des Ausscheidens empfiehlt (derzeit: Standard „S 1"). Der Kapitalisierungszinssatz beträgt …%. 852

- Variante 2:
(2) Die Abfindung entspricht …% des Erbschaftsteuerwertes des Anteils des betroffenen Kommanditisten, der nach den Vorschriften der §§ 199 ff. des Bewertungsgesetzes (vereinfachtes Ertragswertverfahren) auf den Stichtag des Ausscheidens zu ermitteln ist. § 11 Abs. 2 S. 3 des Bewertungsgesetzes ist zu beachten. 853

- Variante 3:
(2) Das Abfindungsguthaben entspricht dem Anteil des ausgeschiedenen Kommanditisten am Buchwert der Gesellschaft. Erfolgt das Ausscheiden zum Ende eines Geschäftsjahres, ist der Buchwert am Ende des Geschäftsjahres maßgeblich. Erfolgt das Ausscheiden im Laufe eines Geschäftsjahres, ist der Buchwert am Beginn des jeweiligen Geschäftsjahres maßgeblich. Ein Verlustvortragskonto ist nur mit dem Kapitalkonto I zu verrechnen. Sollte diese Bestimmung unwirksam oder unanwendbar sein, erhält der ausgeschiedene Kommanditist …% der gesetzlichen Abfindung. 854

- Variante 4:
(2) Die Abfindung ist nach billigem Ermessen ohne Bindung an § 738 BGB und dessen Auslegung unter Berücksichtigung der Dauer der Mitgliedschaft des ausgeschiedenen Kommanditisten in der Gesellschaft, seines Anteils an Aufbau und Erfolg des Unternehmens, des Anlasses seines Ausscheidens und unter Berücksichtigung der Liquidität und des Vermögens der Gesellschaft zum Zeitpunkt des Ausscheidens und der wirtschaftlichen Auswirkungen der Zahlung des Abfindungsguthabens auf die Gesellschaft ermitteln. 855

- Variante 5:
(2) Für den Fall des Ausscheidens eines Kommanditisten aus der Gesellschaft entspricht die Abfindung 70% des gemeinen Wertes der Gesellschaft. 856

(3) Können sich die Beteiligten nicht über die Höhe des Abfindungsguthabens einigen, so ist das Abfindungsguthaben für alle Beteiligten verbindlich durch einen Schiedsgutachter zu ermitteln. Können sich die Parteien nicht über die Person des Schiedsgutachters einigen, so wird dieser durch den Präsidenten der für die Gesellschaft zuständigen Industrie- und Handelskammer bestimmt und von der Gesellschaft zu üblichen Bedingungen beauftragt. Der Schiedsgutachter soll ein Rechtsanwalt und Wirtschaftsprüfer mit mindestens zehn (10) Jahren Berufserfahrung sein. 857

Der Schiedsgutachter entscheidet nach billigem Ermessen darüber, wer die Kosten für die Ermittlung des Abfindungsguthabens trägt.

858 (4) Die Auszahlung der Abfindung erfolgt in ... gleichen Jahresraten, von denen die erste ... Monate nach dem Stichtag des Ausscheidens zur Zahlung fällig wird. Ist bis zur Fälligkeit von Ratenzahlungen noch keine Einigung über die Höhe der Abfindung erzielt worden oder liegt bis dahin noch keine Entscheidung des Schiedsgutachtens vor, sind angemessene Abschlagszahlungen zu leisten.

859 (5) Sollte die Einhaltung der Jahresraten nicht ohne schweren Schaden für die Gesellschaft möglich sein, ermäßigt sich die Höhe der Jahresraten auf den Betrag, der für die Kommanditisten ohne schwere Schädigung tragbar ist, wobei sich die Zahl der Jahresraten entsprechend erhöht. Entsteht darüber, ob die Einhaltung der Jahresraten ohne schweren Schaden für die Gesellschaft möglich ist und/oder um welche Zahl sich die Jahresraten erhöhen, eine Meinungsverschiedenheit zwischen den Beteiligten, so wird diese von einem Wirtschaftsprüfer als Schiedsrichter nach billigem Ermessen entschieden. Können sich die Parteien nicht über die Person des Schiedsrichters einigen, so wird dieser durch den Präsidenten der für den Sitz der Gesellschaft zuständigen Industrie- und Handelskammer bestimmt und von der Gesellschaft zu angemessenen Bedingungen beauftragt. Die Kosten des Schiedsrichters tragen die Gesellschaft und der betroffene Gesellschafter je zur Hälfte.

860 (6) Das Abfindungsguthaben ist ab Fälligkeit der ersten Rate mit ... Prozentpunkten über dem jeweiligen Basiszinssatz p.a. (alternativ: ... mit ...% p.a.) zu verzinsen. Die aufgelaufenen Zinsen sind mit dem jeweiligen Hauptsachebetrag zu bezahlen. Die Gesellschaft ist berechtigt, die Abfindung ganz oder teilweise früher auszuzahlen.

861 (7) Guthaben auf seinem Verrechnungskonto sind dem ausgeschiedenen Kommanditisten innerhalb von ... Monaten ab dem Ausscheiden zur Hälfte und der Rest ... Monate später auszuzahlen. Ein negatives Verrechnungskonto ist zum Zeitpunkt des Ausscheidens vom Kommanditisten unverzüglich auszugleichen.

862 (8) Weitere Ansprüche des ausgeschiedenen Kommanditisten bestehen nicht. An schwebenden Geschäften ist er nicht beteiligt. Sicherheit wegen der Inanspruchnahme durch Gesellschaftsgläubiger oder Befreiung von den Gesellschaftsschulden kann er nicht verlangen.

863 (9) Sofern eine Abfindung festgesetzt wird, deren Höhe vom gemeinen Wert des Anteils abweicht, verpflichten sich die übernehmenden Gesellschafter die Gründe für die Angemessenheit der Abfindung dem für Erbschaft- und Schenkungsteuerfestsetzung zuständigen Finanzamt mitzuteilen bzw. eine Anzeige gem. § 30 ErbStG zu erstatten. Eine aufgrund eines gem.

I. Die Gesellschaftsverträge der typischen GmbH & Co. KG

§ 3 Abs. 1 Nr. 2 bzw. § 7 Abs. 7 ErbStG festgesetzte Erbschaftsteuer wird von den übernehmenden Gesellschaftern getragen.

Erläuterungen

1. Gesetzliche Ausgangslage
2. Gestaltungsprobleme
3. Einzelne Abfindungsklauseln
4. Schiedsgutachterklausel
5. Fälligkeit/Verzinsung
6. Befreiung von Schulden/Sicherheitsleistung
7. Ertragsteuerliche Auswirkungen des Ausscheidens
8. Erbschaftsteuerliche Aspekte
9. Anzeigepflichten

1. Gesetzliche Ausgangslage

a) **Allgemeines.** Ein ausscheidender Kommanditist bzw. dessen Erben hat/haben nach dem **Gesetz** Anspruch auf eine Abfindung (§§ 161 Abs. 2, 105 Abs. 3 HGB, § 738 BGB). Grundgedanke des Gesetzes ist es, den ausgeschiedenen Gesellschafter vermögensmäßig möglichst so zu behandeln, wie er bei einer Auseinandersetzung der Gesellschaft zum Zeitpunkt seines Ausscheidens stehen würde. Im Einzelnen bestimmt § 738 Abs. 1 BGB, dass 864

- der Anteil des ausgeschiedenen Gesellschafters an anderen Gesellschaftern „anwächst"
- die verbleibenden Gesellschafter verpflichtet sind,
  - dem ausgeschiedenen Gesellschafter die Gegenstände zurückzugeben, die er der Gesellschaft überlassen hat
  - den ausgeschiedenen Gesellschafter von gemeinschaftlichen Schulden zu befreien und
  - dem ausgeschiedenen Gesellschafter zu zahlen, was er erhalten hätte, wenn die Gesellschaft zum Zeitpunkt seines Ausscheidens aufgelöst würde.
- § 740 BGB sieht darüber hinaus vor, dass der ausgeschiedene Gesellschafter an schwebenden Geschäften der Gesellschaft beteiligt bleibt. 865
- Mit dem Ausscheiden erlischt die Gesellschafterstellung des betroffenen Gesellschafters; Verwaltungs-, Kontroll- und Stimmrechte erlöschen; der ausgeschiedene Gesellschafter ist dann auf Auskunftsanspruch gem. § 810 BGB angewiesen. 866
- Die Vorschriften der §§ 738–740 sind weitgehend dispositiv. In Gesellschaftsverträgen wird üblicherweise die Höhe der Abfindung beschränkt, die Fälligkeit der Abfindung geregelt und Ansprüche auf die Befreiung von Schulden der Gesellschaft und die Beteiligung an schwebenden Geschäften ausgeschlossen. 867
- Der Abfindungsanspruch richtet sich gegen die Gesellschaft, allerdings haften die verbliebenen Gesellschafter dem ausgeschiedenen Gesellschafter für die Erfüllung des Abfindungsanspruches[395]. 868

b) **Abfindungswert.** Grundlage für die Berechnung der Abfindung ist grundsätzlich der **Verkehrswert der Gesellschaft**, nicht der Wert der jeweiligen An- 869

---

[395] MüKo/BGB/*Schäfer*, § 738 Rn. 17.

teile an ihr. § 738 Abs. 2 BGB erlaubt die Schätzung des Wertes des Gesellschaftsvermögens. Schätzungsgrundlage ist nach h.M. der **Ertragswert** der Gesellschaft nach dem Ausscheiden des Gesellschafters[396]. Für die Bewertung von Unternehmen haben sich verschiedene Verfahren entwickelt, die bei der Schätzung des Unternehmenswertes heranzuziehen sind, u.a. die Ertragswertmethode, das Discounted cash flow-Verfahren etc.[397] Nach h.M. ist der Ertragswert[398] der Gesellschaft maßgebend.

870 Fraglich ist, ob – wie früher – eine **Abfindungs- oder Abschichtungsbilanz** zu erstellen ist, in der alle Aktiva und Passiva mit ihren Verkehrswerten angesetzt werden. Angesichts der neuen Bewertungsmethoden wie der Ertragswertmethode oder des Discounted cash flow-Verfahrens ist eine Abschichtungsbilanz nicht mehr erforderlich[399]. Dies schließt nicht aus, dass in der Vertragspraxis der Substanzwert als Bemessungsgrundlage vereinbart werden kann, nämlich dann, wenn erkennbar ist, dass die Substanzwerte höher sein werden, als der Ertragswert. Im übrigen bildet der Substanzwert dann die Bemessungsgrundlage für die Abfindung, wenn er unter dem Ertragswert liegt[400]. Entspricht die Abfindung dem anteiligen Buchwert, ist eine Abschichtungsbilanz allerdings noch zu erstellen.

871 **c) Abfindungsbeschränkungen.**[401] Motive für Abfindungsbeschränkungen sind u.a. die Vereinfachung der Berechnung der Abfindung und die Beschränkung von Liquiditätsabflüssen zum Schutz der Gesellschaft. Derartige Klauseln sind grundsätzlich zulässig[402].

872 In der Literatur[403] werden **4 Wirksamkeitsschranken** unterschieden, nämlich Sittenwidrigkeit gem. § 138 BGB, Gläubigerbenachteiligung, unzulässige Beschränkung des Kündigungsrechts (§ 723 Abs. 3 BGB) und den Rechtsmissbrauch.

873 **Sittenwidrig** sind Klauseln, die zum Zeitpunkt der Vereinbarung bereits eine wesentliche Diskrepanz zwischen der gesetzlichen Abfindung und der vertraglichen Abfindung aufweisen. Da es auf den Zeitpunkt der Vereinbarung der Abfindungsbeschränkung ankommt, werden Abfindungsbeschränkungen bei der Gründung einer Gesellschaft selten sittenwidrig sein. Tritt eine erhebliche Diskrepanz später zwischen dem gesetzlichen Wert und dem Abfindungswert (z.B. dem Buchwert) auf, wird diese Diskrepanz von der Rechtsprechung durch eine ergänzende Vertragsauslegung unter einer umfassenden Interessenabwägung aller Umstände gelöst. Die Rechtsprechung geht

---

396 MüKo/BGB/*Schäfer*, § 738 Rn. 32.
397 MüKo/BGB/*Schäfer*, § 738 Rn. 35, diese Bewertungsmethoden können hier nicht im Einzelnen dargestellt werden. Auf die einschlägige Fachliteratur wird verwiesen.
398 MüKo/BGB/*Schäfer*, § 738 Rn. 35.
399 MüKo/BGB/*Schäfer*, § 738 Rn. 23 ff. mit Nachweisen zur Rechtsprechung und zu den Fällen, in denen eine Substanzwertermittlung erforderlich ist.
400 MüKo/BGB/*Schäfer*, § 738 Rn. 24.
401 Einzelheiten s.b. MüKo/BGB/*Schäfer*, § 738 Rn. 39 ff.; *Reichert/Heinrich*, § 32 Rn. 19 ff.
402 BGH v. 16.12.1991, BGHZ 116, 359; BGH v. 21.1.2014, DStR 2014, 1404.
403 MüKo/BGB/*Schäfer*, § 738 Rn. 44 ff.

I. Die Gesellschaftsverträge der typischen GmbH & Co. KG

dabei davon aus, dass insoweit eine Lücke des Gesellschaftsvertrages vorliegt[404].

Klauseln, die speziell auf die **Insolvenz oder auf die Zahlungsunfähigkeit** abzielen, sind nach h. M. wegen Gläubigerbenachteiligung unwirksam[405]. 874

§ 723 Abs. 3 BGB erklärt Vereinbarungen, die das **Kündigungsrecht** beschränken oder ausschließen, für nichtig. Die Rechtsprechung ist zwar von der nachträglichen Unwirksamkeit von Klauseln, die das Kündigungsrecht beschränken, abgerückt und geht für solche Fälle von einer Regelungslücke aus, die im Wege der ergänzenden Vertragsauslegung zu schließen ist[406]. In welchen Fällen ein erhebliches Missverhältnis zwischen dem gesetzlichen Abfindungsanspruch und dem vertraglichen Anspruch besteht, ist unklar. Schäfer schlägt als Faustregel vor, dass eine Diskrepanz zwischen beiden Ansprüchen dann ein erhebliches Missverständnis darstellt, wenn der vertragliche Anspruch lediglich 2/3 des gesetzlichen Anspruchs beträgt, und wenn die Auszahlungsmodalitäten keine weiteren spürbaren Einschränkungen enthalten[407]. 875

Zur Schranke des **Rechtsmissbrauchs** wird auf die Darstellungen in der Literatur[408] verwiesen. 876

d) **Abfindungsausschluss.** Ein vollständiger Abfindungsausschluss ist grundsätzlich unwirksam[409]. Der BGH befasste sich in seinem Urteil vom 29.4.2014[410] mit dem Abfindungsausschluss durch einen GmbH-Gesellschaftsvertrag, dessen Grundsätze auch auf die Personengesellschaft angewendet werden können. Nach diesem Urteil ist ein völliger Ausschluss der Abfindung sittenwidrig gemäß § 138 Abs. 1 BGB.[411] Das Recht eines Gesellschafters eine Abfindung zu erhalten, gehört zum **Kernbereich** seiner Gesellschafterrechte, deren Ausschluss nur in Ausnahmefällen wie dem Tod des Gesellschafters, der Verfolgung eines ideellen Zwecks durch die Gesellschaft oder im Falle von Managerbeteiligungen auf Zeit möglich sei.[412] Einen **sachlichen Grund** für den Ausschluss der Abfindung des Gesellschafters auch bei der Verletzung einer Pflicht aus dem Gesellschaftsvertrag gibt es nicht. Dem Gesellschafter könnte sonst der Wert seiner Mitarbeit und seines Kapitaleinsatzes ohne Entschädigung entzogen werden. Dem Gesellschafter drohe bei einer Pflichtverletzung aus dem Gesellschaftsvertrag außerdem bereits der Ausschluss aus der Gesellschaft und damit der Verlust zukünftiger Einnahmen bzw. seiner Haupteinnahmequelle aus der Gesellschaft. Der Abfindungsausschluss biete daher keinen darüber hinausgehenden Anreiz für ein 877

---

404 Einzelheiten s. MüKo/BGB/*Schäfer*, § 738 Rn. 3 ff.
405 MüKo/BGB/*Schäfer*, § 738 BGB Rn. 47 mit weiteren Nachweisen in Rechtsprechung und Literatur.
406 MüKo/BGB/*Schäfer*, § 738 Rn. 50.
407 MüKo/BGB/*Schäfer*, § 738 Rn. 52.
408 Z. B. MüKo/BGB/*Schäfer*, § 738 Rn. 55.
409 Z. B. MüKo/BGB/*Schäfer*, § 738 Rn. 60.
410 BGH v. 29.4.2014, GmbHR 2014, 811.
411 BGH v. 29.4.2014, GmbHR 2014, 811 (812).
412 BGH v. 29.4.2014, GmbHR 2014, 811 (812).

pflichtgemäßes Verhalten.⁴¹³ Ein Ausschluss der Abfindung habe vielmehr Sanktionscharakter im Sinne einer **Vertragsstrafe**. Sinn einer Vertragsstrafe sei in der Regel das Vorhandensein eines Druckmittels zur ordnungsgemäßen Leistung oder die Pauschalierung eines Schadensersatzanspruchs.⁴¹⁴ Bei einem vollständigen Ausschluss der Abfindung fehle jedoch der Bezug zu einem etwaigen Schaden. Ferner müsse im Einzelfall die Verhältnismäßigkeit der Strafe geprüft werden, eine allgemeine Pauschalierung sei nicht verhältnismäßig.⁴¹⁵ Darüber hinaus müsse im Falle einer Pflichtverletzung eines Gesellschafters kein Verschulden vorliegen, während ein solches für eine Vertragsstrafe unabdingbar sei.

878 Eine **Verringerung der Abfindung** ist jedoch möglich, darf jedoch nicht einem vollkommenen Entzug der Abfindung gleich kommen.⁴¹⁶

2. Gestaltungsprobleme

879 **Forderungen** des ausscheidenden Kommanditisten gegen die Gesellschaft sind grundsätzlich nicht Bestandteil der Abfindung und beim Ausscheiden aus einer KG sofort fällig. Sie können allerdings grundsätzlich nicht mehr selbständig geltend gemacht werden, sondern sind in die Schlussrechnung aufzunehmen (**Durchsetzungssperre**), es sei denn, es liegen unstreitige Ansprüche vor, die der ausgeschiedene Gesellschafter in jedem Fall unabhängig von seinem Abfindungsanspruch hat⁴¹⁷. Durch den Gesellschaftsvertrag können Abfindung und (sämtliche) Forderungen des Kommanditisten gegen die KG zu einem einheitlichen „Abfindungsbetrag" verbunden und die Forderungen des Gesellschafters den Auszahlungsmodalitäten für die Abfindung unterworfen werden.

880 Wegen des gesetzlichen **Ausschlusses einer Nachschusspflicht** des Kommanditisten, der seine Einlage geleistet hat, muss im Rahmen der Abfindungsregelungen entschieden werden, ob es dabei bleibt oder ob der ausgeschiedene Kommanditist Nachschüsse zu leisten hat. Ersterenfalls muss darauf geachtet werden, dass im Falle einer **Buchwertklausel** (bei einer Abfindung zum Ertragswert spielt das Problem keine Rolle) ein Kapitalverlustkonto nicht gegen Forderungskonten verrechnet wird. Soll eine Nachschusspflicht des ausgeschiedenen Kommanditisten begründet werden, kann ein negativer Saldo auf dem Kapitalverlustkonto die Abfindung mindern oder mit Guthaben auf Forderungskonten verrechnet werden. Ein negatives Verrechnungskonto ist dagegen in jedem Fall vom Kommanditisten auszugleichen.

881 Die jeweilige Abfindungsklausel sollte unter Berücksichtigung der betrieblichen Gegebenheiten, insbesondere der jeweiligen Vermögens- und Ertragsverhältnisse des Unternehmens, bewusst gewählt werden. Auch eine **Kombi-**

---

413 BGH v. 29.4.2014, GmbHR 2014, 811 (813).
414 BGH v. 29.4.2014, GmbHR 2014, 811 (812).
415 BGH v. 29.4.2014, GmbHR 2014, 811 (813).
416 BGH v. 21.1.2014, DStR 2014, 1404; Reichert/*Heinrich*, § 36 Rn. 5.
417 MüKo/BGB/*Schäfer*, § 738 Rn. 38 u. 21.

I. Die Gesellschaftsverträge der typischen GmbH & Co. KG

nation von verschiedenen Bewertungsmethoden z. B. einer reinen Ertragsbewertung in Verbindung mit einer Bewertung nach dem Substanzwert (z. B. Durchschnitt beider Werte) kann im Einzelfall zur Vermeidung von Über- und Unterbewertungen eingesetzt werden. Rodenwald/Eckert[418] weisen auf Gestaltungen hin, wie im Gesellschaftsvertrag Vorsorge gegen Abfindungen getroffen werden kann, die – wegen eines zu hohen Kalkulationszinsfußes – gegenüber dem wirtschaftlichen Wert des Anteils unverhältnismäßig hoch sind.

3. Einzelne Abfindungsklauseln

a) **Abfindung zum Ertragswert.** Wird als Maßstab für die Abfindung der Ertragswert gewählt, so genügt es nicht, in einer Abfindungsklausel nur die Bewertung zum Ertragswert anzuordnen.[419] Es ist empfehlenswert, zusätzliche Aussagen zu machen, insbesondere zur **Methode** der Bewertung der Ertragskraft (pauschale/analytische Methode) und zum **Kapitalisierungszinssatz**. Je niedriger der Kapitalisierungszinssatz ist, umso höher ist der Kapitalisierungsfaktor. Scheuen sich die Gesellschafter, sich auf eine bestimmte Methode zur Bewertung des Unternehmens festzulegen, kann auf die jeweilige vom Institut der Wirtschaftsprüfer in Deutschland e. V. empfohlene Bewertungsmethode (derzeit IDW „S1") verwiesen werden. Bei der Berechnung der Abfindung nach dem Ertragswert ist die Aufstellung einer Abschichtungsbilanz nicht erforderlich. 882

Variante 1 zu Abs. 2 des Mustervertrages enthält eine **ertragswertabhängige** Abfindungsklausel.[420] 883

b) **Abfindung zum Erbschaftsteuerwert.** Häufig finden sich in Gesellschaftsverträgen Abfindungsregelungen, die an den Erbschaftsteuerwert anknüpfen. Seit dem 1.1.2008 entspricht der Erbschaftsteuerwert grundsätzlich dem **Verkehrswert**. Dieser kann nach verschiedenen Methoden ermittelt werden, z. B. nach dem betriebswirtschaftlichen Ertragswert gemäß den Regeln der Wirtschaftsprüferkammer. Der Gesetzgeber bietet ein besonderes „**vereinfachtes" Ertragswertverfahren** zur Ermittlung des Erbschaftsteuerwertes einer Beteiligung an einer KG und einer GmbH an, das in den §§ 199–203 BewG geregelt ist (**Rn. 188**). Soweit in Gesellschaftsverträgen eine Abfindung auf Basis des Erbschaftsteuerwertes vorgesehen ist (im Mustervertrag Variante 2 zu Abs. 2), bedeutet dies nach aktuellem Erbschaftsteuerrecht stets eine Abfindung auf Verkehrswertniveau. Ältere Verträge, in denen eine Abfindung zum Erbschaftsteuerwert enthalten ist, müssen daher ggf. überprüft und angepasst werden. Abfindungen zu Erbschaftsteuerwert werden nach der Neuregelung des § 203 BewG durch die Erbschaftsteuerreform 884

---

418 GmbHR 2017, 329.
419 *Sanfleber*, Abfindungsklauseln in Gesellschaftsverträgen, 1990, S. 78.
420 Ein Muster für eine ausführliche Ertragswertklausel findet sich bei *Ulmer*, FS Quack, 1991, 501 ff.

2016 bereits **rückwirkend** ab 1.1.2016 mit einem gesetzlich vorgeschriebenen **Kapitalisierungsfaktor von 13,75** (bisher 17,8571) bewertet (§ 203 Abs. 1 BewG). Das Bundesfinanzministerium wurde im Rahmen der Erbschaftsteuerreform in § 203 Abs. 2 BewG zugleich ermächtigt, den Kapitalisierungsfaktor an die Entwicklung der Zinsstrukturdaten anzupassen.

885 **c) Abfindung zum Buchwert.** Eine Buchwertklausel[421] liegt vor, wenn der Gesellschaftsvertrag bestimmt, dass der Kommanditist lediglich den „Buchwert" seines Anteils erhält. Der Buchwert entspricht dem Anteil eines Kommanditisten am **Eigenkapital** der KG (Kommanditkapital + Rücklagen). Der Buchwert enthält keine stillen Reserven der Gesellschaft. Buchwertklauseln sind grundsätzlich zulässig, sie können jedoch im Einzelfall **sittenwidrig** (wenn die erhebliche Diskrepanz zwischen der gesetzlichen und der vertraglichen Abfindung von Anfang an bestand) oder nicht anwendbar sein, wenn zwischen dem Verkehrswert des Gesellschaftsanteils und dem Buchwert im Laufe der Zeit ein erhebliches Missverhältnis entstanden ist (z. B. Buchwert entspricht weniger als der Hälfte des Verkehrswerts).

886 Ein Beispiel für eine **Buchwertklausel** findet sich in **Variante 3** zu **Abs. 2** des Mustervertrages. In den Fällen einer Buchwertklausel muss der Gesellschaftsvertrag klären, wie mit den **Forderungen des Kommanditisten gegen die Gesellschaft** (Verrechnungskonto, Darlehenskonto) umgegangen werden soll. Hier bestehen grundsätzlich zwei Möglichkeiten: Diese werden dem Saldo der Kapitalkonten hinzugerechnet und ergeben das „Abfindungsguthaben", das gemäß den Bestimmungen des Gesellschaftsvertrages (in der Regel ratenweise) ausgezahlt wird; oder der Gesellschaftsvertrag enthält für die Forderungskonten abweichende Auszahlungsregeln. Enthält der Gesellschaftsvertrag keine gesonderten Regeln für die Auszahlung der Forderungen des Gesellschafters gegen die Gesellschaft und werden diese Forderungen nicht in die Regeln über die Auszahlung der „Abfindung" einbezogen, sind sie beim Ausscheiden aus der KG sofort fällig! Dies kann zu einer unerwünschten Liquiditätsbelastung der Gesellschaft führen. Soll der „Buchwert" alle Konten des Kommanditisten umfassen, also auch Forderungskonten, stellt sich das Problem, wie mit dem **Kapitalverlustkonto** umgegangen werden soll. Wird ein solches Konto in den Buchwert einbezogen, und ist das Kapitalverlustkonto höher als das Kapitalkonto und das Rücklagenkonto, so führt dies zu einer „**Nachschusspflicht**" des ausgeschiedenen Kommanditisten jedenfalls dann, wenn das Kapitalverlustkonto zu einer Verringerung seines Verrechnungskontos oder Darlehenskontos führt. Zweckmäßigerweise wird der Zwang zur Erstellung einer Bilanz auf den **Tag des Ausscheidens** durch die Bestimmung des vorangegangenen Bilanzstichtages für die Berechnung des Buchwertes vermieden, wenn der Kommanditist im Laufe eines Geschäftsjahres ausscheidet.

887 Wegen des Risikos, dass die Buchwertklausel wegen eines Missverhältnisses zum Verkehrswert nicht anwendbar ist (vgl. hierzu **Anm. 1**), enthält **Abs. 2, Variante 3** eine **Auffangklausel**. Als Prozentsatz sollte ein Wert zwi-

---

[421] Baumbach/Hopt/*Roth* HGB, § 131 Rn. 64.

I. Die Gesellschaftsverträge der typischen GmbH & Co. KG   273

schen 50 und 70 eingesetzt werden. Der BGH hat früher geprüft, ob ein grobes Missverhältnis zwischen Abfindungsanspruch und dem Verkehrswert des betroffenen Gesellschaftsanteils besteht.[422] Heute wird vom BGH geprüft, ob der Unterschied zwischen dem Verkehrswert des betroffenen Gesellschaftsanteils und dem Abfindungsanspruch ein Mehrfaches des Abfindungsanspruches beträgt. In der Literatur wird die Grenze bei 50 % des Verkehrswertes gezogen.[423] Wird die kritische Grenze der Abfindungsbeschränkung überschritten, ist die Beschränkung des Abfindungsanspruches auf den Buchwert nicht anwendbar und der Abfindungsanspruch ist im Wege der ergänzenden Auslegung des Gesellschaftsvertrages gem. §§ 157, 242 BGB zu ermitteln, wobei sich die Abfindung nicht nach dem Verkehrswert richtet, sondern nach dem von den Gesellschaftern mit der Abfindungsklausel ursprünglich verfolgten Zweck und den zwischenzeitlich eingetretenen Änderungen.[424] Im Rahmen der ergänzenden Vertragsauslegung sind u.a. folgende Kriterien heranzuziehen: Grund des Ausscheidens des betroffenen Gesellschafters, Dauer der Mitgliedschaft des ausscheidenden Gesellschafters und dessen Beitrag zum Aufbau und der Entwicklung der Gesellschaft etc.

Buchwertklauseln führen im Regelfall zu einem Abfindungswert, der **unter dem Verkehrswert** des Gesellschaftsanteils liegt. Damit wird der Steuertatbestand des § 7 Abs. 7 ErbStG im Falle des Ausscheidens bzw. im Falle einer **Fortsetzungsklausel** § 3 Abs. 1 Nr. 2 ErbStG im Erbfall zur Anwendung gelangen (s. hierzu Anm. 8).   888

d) **Sonstige Abfindungsklauseln.** Variante 4 zu Abs. 2 macht die Höhe des Abfindungsguthabens von den Modalitäten des Einzelfalls abhängig.   889

Variante 5 zu Abs. 2 enthält eine Abfindungsklausel, die im Gesellschaftsvertrag enthalten sein muss, wenn die Gesellschafter den **Vorababschlag gem. § 13 a Abs. 9 S. 1 Nr. 1 ErbStG** nutzen wollen. Dieser sieht als Voraussetzung vor, dass die Abfindung für den Fall des Ausscheidens eines Gesellschafters unter dem gemeinen Wert der Beteiligung an der Personengesellschaft liegen muss. Die Höhe des Abschlags hängt von der Differenz zwischen dem gemeinen Wert der Beteiligung des ausgeschiedenen Gesellschafters und der vertraglichen Abfindung ab und beträgt max. 30 % des gemeinen Wertes. Diesem erbschafts- bzw. schenkungssteuerlichen Vorteil des ausscheidenden Gesellschafters steht der Nachteil der verbleibenden Gesellschafter gegenüber, die diese Differenz als (fiktive) Schenkung zu versteuern haben (**Rn. 216, 895**)[425]. 890

---

422 BGH vom 16.12.1991, GmbHR 1992, 257, Rn 27; Carlé, Abfindungsklauseln in Gesellschaftsverträgen, KÖSDI 2013, 18331; die nachfolgenden Ausführungen beruhen im Wesentlichen auf diesem lesenswerten Aufsatz.
423 Carlé (Fn. 422), 18331/2.
424 So z. B. BGH v. 20.9.1993, GmbHR 1993, 806; Carlé (Fn. 422), 18332.
425 Zum Vorababschlag vgl. auch Rn. 191, 686, 731.

4. Schiedsgutachterklausel

891 **Abs. 3** des Mustervertrages legt fest, dass die Abfindung durch einen Schiedsgutachter (nicht Schiedsrichter, zum Unterschied s. **Anm. 2** zu **§ 24** des Mustervertrages, **Rn. 970 f.**) bestimmt wird, wenn sich die Parteien nicht einigen.

5. Fälligkeit/Verzinsung

892 Der Anspruch auf die Abfindung ist grundsätzlich mit dem Ausscheiden fällig.[426] Diese objektive Härte wird in der Regel in Gesellschaftsverträgen durch **Ratenzahlungen** gemildert (**Abs. 4** der Musterklausel). Als Ratenzahlungszeitraum kommt max. ein Zeitraum von 10 Jahren in Betracht.[427] Die Zulässigkeit der Länge des Ratenzahlungszeitraumes hängt wesentlich von der vereinbarten **Verzinsung** (**Abs. 6** der Musterklausel) des Abfindungsguthabens ab.

893 **Abs. 5** trifft Vorsorge für den Fall, dass die Gesellschaft die geschuldeten Ratenzahlungen nicht einhalten kann.

6. Befreiung von Schulden/Sicherheitsleistung

894 Nach dem Gesetz sind die übrigen Gesellschafter verpflichtet, den ausgeschiedenen Gesellschafter von gemeinschaftlichen Schulden zu befreien oder hinsichtlich **noch nicht fälliger Schulden** Sicherheit zu leisten (§ 738 Abs. 1 Satz 2 und 3 BGB i.Vm. §§ 161 Abs. 1, 105 Abs. 3 HGB). Der ausgeschiedene Gesellschafter ist an **schwebenden Geschäften** am Stichtag beteiligt (§ 740 BGB). Alle diese Verpflichtungen können im Gesellschaftsvertrag ausgeschlossen werden.[428] Eine entsprechende Formulierung findet sich in **Abs. 8** des Mustervertrages.

7. Ertragsteuerliche Auswirkungen des Ausscheidens

895 Hinsichtlich der steuerlichen Wirkungen des Ausscheidens eines Kommanditisten s. **Rn. 147** sowie die Erläuterungen zu **§ 5**. Im Übrigen wird auf die einschlägigen Kommentare und Erläuterungsbücher verwiesen.[429]

8. Erbschaftsteuerliche Aspekte

896 Bestimmt der Gesellschaftsvertrag eine Abfindung, deren Höhe unter dem gemeinen Wert des Anteils, d.h. unter dem Verkehrswert liegt, werden hierdurch die in § 7 Abs. 7 S. 1 ErbStG bzw. § 3 Abs. 1 Nr. 2 S. 1 ErbStG fingierten Steuertatbestände ausgelöst. Es spielt hierbei keine Rolle, nach welcher Variante des Mustervertrags der Wert der Abfindung bestimmt wird. Entscheidend ist immer als Vergleichsgröße der **gemeine Wert des Anteils**, d.h. der erb-

---

426 Palandt/*Sprau* BGB, § 738 Rn. 6, str.; hierzu näher MüKo/BGB/*Schäfer*, § 738 Rn. 20 m. w. N.
427 Baumbach/Hopt/*Roth* HGB, § 131 Rn. 68.
428 Reichert/*Heinrich*, § 36 Rn. 9.
429 Z. B. Schmidt/*Wacker* EStG, § 16 Rn. 400 ff.

I. Die Gesellschaftsverträge der typischen GmbH & Co. KG   275

schaftsteuerlich relevante Steuerwert. Unterschreitet die gesellschaftsvertraglich modifizierte Abfindung den Steuerwert des Anteils, kommt es zu einem erbschaftsteuerpflichtigen Erwerb der übernehmenden Gesellschafter, auf den jedoch das Vergünstigungssystem der §§ 13a, 13b, 13c, 19a, 28 und 28a ErbStG zur Anwendung gelangt. Für alle Fälle, in denen es zu einer Abfindungszahlung unter dem Steuerwert des Anteils kommt (Kündigung gem. § 5, Fortsetzungsklausel gem. § 15, Ausschluss gem. § 16), empfiehlt sich die Aufnahme einer Regelung, wer im konkreten Fall eine anfallende Erbschaft- bzw. Schenkungsteuer zu tragen hat. Absatz 9 des Mustervertrags enthält eine für alle Fälle des Ausscheidens unter dem gemeinen Wert geltende einheitliche Regelung, nach der eine etwaige Schenkungsteuer/Erbschaftsteuer von den übernehmenden Gesellschaftern zu tragen ist verbunden mit einer Anzeigepflicht der übernehmenden Gesellschafter (§ 30 Abs. 1 ErbStG bestimmt nämlich, dass jeder der Erbschaftsteuer unterliegende Erwerb binnen einer Frist von 3 Monaten nach Kenntnis von dem Anfall dem für die Verwaltung der Erbschaftsteuer zuständigen Finanzamt anzuzeigen hat). Sofern für alle Fälle des Ausscheidens keine einheitliche Regelung bezüglich der Steuerübernahme vereinbart werden soll, ist eine entsprechende Differenzierung erforderlich.

Der Gesetzgeber schreibt als typisierendes Verfahren für die erbschaftsteuerliche Bewertung von Betriebsvermögen unabhängig von der Rechtsform des Unternehmens das **vereinfachte Ertragswertverfahren gemäß § 199 BewG** vor, sofern deren Anwendung nicht zu offensichtlich unzutreffenden Ergebnissen führt. Dies gilt nicht nur für Kapitalgesellschaften sondern auch für Personengesellschaften (§ 109 BewG). Nur dann, wenn **branchentypisch ertragswertorientierte Verfahren** ausgeschlossen sind, kommt das vereinfachte Ertragswertverfahren nicht zur Anwendung. Das Verfahren berücksichtigt jedoch nicht unternehmens- und branchenspezifische Gegebenheiten und führte in der Vergangenheit aufgrund seines variablen Kapitalisierungsfaktors häufig zu einer Überbewertung des betreffenden Unternehmens (s. **Rn. 190**). Mit der Festschreibung des Kapitalisierungsfaktors gem. § 203 Abs. 1 BewG auf 13,75 mit Wirkung ab 1.1.2016 ist das Problem des hohen Bewertungsfaktors mittlerweile beseitigt worden. Es bleibt jedoch bei den im Übrigen dem Verfahren zwingend vorgegebenen Typisierungen, womit das Bewertungsergebnis nicht selten von dem realistischen Unternehmenswert abweicht. Für diese Fälle besteht die Möglichkeit, den Unternehmenswert entweder im Wege einer Unternehmensbewertung nach dem vom Institut der Wirtschaftsprüfer vorgegebenen nicht branchentypischen Bewertungsverfahren (derzeit **IDW S-1**) zu bewerten. Dieses Verfahren ist nach § 11 Abs. 2 BewG nicht zwingend, wird aber wahlweise an Stelle des vereinfachten Ertragswertverfahrens anerkannt. Daneben gibt es auch branchenspezifische Bewertungsverfahren, deren Anerkennung für Zwecke der steuerlichen Wertermittlung vorab mit der Finanzverwaltung abgestimmt werden sollte. Der Erlass des FinMin Bayern vom 4.1.2013 gibt einen Überblick über die derzeit anerkannten branchenspezifischen Bewertungsverfahren.[430]

897

---

[430] FinMin Bayern v. 4.1.2013, DStR 2013, 1385.

898 Die Ermittlung des zutreffenden Werts der Beteiligung ist von zentraler Bedeutung für die erbschaftsteuerliche Planung der **Unternehmensnachfolge**. Der hiernach ermittelte Unternehmenswert bildet den Vergleichsmaßstab für den Abfindungswert und die Höhe einer etwaigen schenkungs- bzw. erbschaftsteuerpflichtigen Bereicherung. Darüber hinaus stellt er auch die zentrale Ausgangsgröße für die im Rahmen des erbschaftsteuerlichen Begünstigungssystem gem. §§ 13a, 13b, 13c, 19a, 28 und 28a ErbStG erforderlichen Berechnungen dar (**Rn. 193**).

899 Bereits im Rahmen der Abfassung des Gesellschaftsvertrags kommt daher der Bestimmung der Abfindungsklausel und der Höhe der Abfindung zentrale Bedeutung zu. Hier müssen betriebswirtschaftlich z.T. sinnvolle und gewünschte Abfindungsreduzierungen (Liquiditätsschonung des Unternehmens) gegen den sich daraus evtl. ergebenden steuerlichen Belastungen abgewogen werden.

9. Anzeigepflichten

900 Die Abtretung von Kommanditanteilen bedarf keiner notariellen Beurkundung und fällt damit nicht unter die gesetzliche Anzeigepflicht der Notare und Gerichte gemäß § 34 ErbStG. Privatschriftliche Abtretungen müssen daher gem. § 30 ErbStG vom Erwerber innerhalb einer Frist von 3 Monaten dem zuständigen **Erbschaftsteuerfinanzamt angezeigt** werden. Absatz 10 verpflichtet die übernehmenden Gesellschafter zur Durchführung der Anzeige und stellt gleichzeitig klar, dass eine evtl. anfallende Erbschaftsteuer von den übernehmenden Gesellschaftern getragen wird.

§ 20
Verpflichtung zur Abtretung von Gesellschaftsanteilen

901 (1) Die Gesellschafterversammlung kann mit einfacher Mehrheit der Stimmen aller stimmberechtigten Kommanditisten beschließen, dass der Gesellschaftsanteil eines Kommanditisten ganz oder teilweise auf einen oder mehrere Kommanditisten und/oder Dritte abzutreten ist, wenn

902 a) der betroffene Kommanditist oder sein Privatgläubiger kündigen, und zwar innerhalb von … Monaten nach Zugang der Kündigung auf den Zeitpunkt der Wirksamkeit der Kündigung; der betreffende Gesellschafter scheidet in diesem Fall nicht gemäß § 18 Abs. 1 lit. a dieses Vertrages aus der Gesellschaft aus;

903 b) die Voraussetzungen für einen Ausschluss des betroffenen Kommanditisten nach Maßgabe der Regelungen des § 16 dieses Vertrages vorliegen, und zwar innerhalb von sechs Monaten ab dem Zeitpunkt, ab dem der zur Ausschließung berechtigende Tatbestand den anderen Kommanditisten bekannt geworden ist, soweit der Gesellschaftsvertrag nicht etwas anderes bestimmt;

c) …

I. Die Gesellschaftsverträge der typischen GmbH & Co. KG

(2) Ein betroffener Kommanditist hat bei der Fassung des Beschlusses kein Stimmrecht.

(3) Die Komplementärin wird bevollmächtigt, dem betroffenen Kommanditisten den Beschluss mitzuteilen.

(4) Die Komplementärin wird ermächtigt, die Abtretung des Gesellschafteranteils des betroffenen Kommanditisten an denjenigen vorzunehmen, der in dem Abtretungsbeschluss als Erwerber benannt worden ist. Die Abtretung hat auf den Zeitpunkt zu erfolgen, der im Beschluss genannt ist. Die Abtretung kann auch dann erfolgen, wenn noch keine Einigung über den Kaufpreis und den Inhalt des Kaufvertrages erfolgt ist.

- Variante 1:
(5) Der betroffene Kommanditist und der Erwerber sollen sich über die Höhe des von dem Erwerber zu zahlenden Kaufpreises und über den Inhalt des Kaufvertrages einigen. Kommt eine solche Einigung nicht innerhalb von acht Wochen nach Fassung des Beschlusses über die Zwangsabtretung zustande, wird der Kaufpreis und der Inhalt des Kaufvertrages durch das Schiedsgericht gemäß § 24 dieses Vertrages nach billigem Ermessen gem. § 317 BGB bestimmt. Der Kaufpreis darf nicht niedriger sein, als die Abfindung, die der betroffene Gesellschafter im Falle seines Ausschlusses erhalten hätte. Die Gesellschaft haftet für den Kaufpreis wie ein Bürge, der auf die Einrede der Vorausklage verzichtet hat. Sofern der betroffene Kommanditist zur Abtretung an mehrere Berechtigte verpflichtet ist, gelten die Sätze 1 bis 3 entsprechend im Hinblick auf die einzelne Anteilsübertragung.

- Variante 2:
(5) Der Kaufpreis für den abgetretenen Gesellschaftsanteil entspricht dem Betrag der Abfindung nach § 19, den der betroffene Kommanditist erhalten würde, wenn er nach § 18 Abs. 1 ausgeschieden wäre. § 19 Abs. 1–3 finden entsprechende Anwendung. Die Gesellschaft haftet für den Kaufpreis wie ein Bürge, der auf die Einrede der Vorausklage verzichtet hat. Sofern der betroffene Kommanditist zur Abtretung an mehrere Berechtigte verpflichtet ist, gelten die Sätze 1 bis 3 entsprechend im Hinblick auf die einzelne Anteilsübertragung. Können sich der betroffene Gesellschafter und der/die Erwerber nicht über den sonstigen Inhalt des Kaufvertrages innerhalb von 3 Monaten nach der Fassung des Beschlusses über die Zwangsabtretung einigen, bestimmt das Schiedsgericht gem. § 24 den sonstigen Inhalt des Kaufvertrages nach billigem Ermessen.

(6) Das Recht zum Ausschluss des betroffenen Kommanditisten bleibt unberührt, bis die Abtretung des Gesellschaftsanteils erfolgt ist.

Erläuterungen

1. Allgemeines
2. Voraussetzungen des Abtretungsbeschlusses
3. Fristen
4. Stimmrecht des betroffenen Gesellschafters; Bekanntgabe des Beschlusses
5. Rechtsfolgen und Vollzug der Abtretungsverpflichtung
6. Verhältnis zum Ausschlussrecht

1. Allgemeines

910 Der Gesellschaftsvertrag kann bestimmen, dass ein Gesellschafter, anstatt aus der Gesellschaft auszuscheiden, verpflichtet ist, seinen Gesellschaftsanteil an einen oder mehrere Gesellschafter oder an einen oder mehrere Dritte abzutreten. Dies gilt insbesondere für diejenigen Fälle, in denen ein Gesellschafter ausgeschlossen werden könnte.[431]

911 Solche Abtretungsklauseln finden sich häufig in GmbH-Satzungen, da der Gesellschafterausschluss bei einer GmbH nicht automatisch erfolgt, sondern einen Umsetzungsakt erfordert (Einziehung oder Übertragung des Geschäftsanteils).[432] Das gesetzlich vorgesehene Konzept von Ausscheiden und Anwachsung kann auch bei Personengesellschaften durch eine Übertragungsverpflichtung („Zwangsabtretung") ergänzt werden.[433]

912 Auch mit Blick auf die drohende erbschaftsteuerliche Besteuerung von fiktiven Schenkungen im Zusammenhang mit den üblichen, die Abfindung des ausscheidenden Gesellschafters beschränkenden Abfindungsklauseln (§ 7 Abs. 7 ErbStG), können sich Abtretungsklauseln als vorteilhaft erweisen.

2. Voraussetzungen des Abtretungsbeschlusses

913 Nach dem Mustervertrag kann ein Kommanditist zur Abtretung seines Gesellschaftsanteils verpflichtet werden, wenn die Voraussetzungen für dessen Ausschluss nach § 16 des Mustervertrages vorliegen (**Abs. 1 lit. b**) des Musters). Ferner kann ein Kommanditist in den Fällen zur Abtretung seines Gesellschaftsanteils verpflichtet werden, in denen er ansonsten aufgrund einer Kündigung nach § 20 des Mustervertrages ausscheiden würde (**Abs. 1 lit. a**) des Musters). Für die **Komplementärin** ist eine Zwangsabtretung ihres Gesellschaftsanteils verzichtbar. Da sie keine Abfindung erhält, genügt ein Ausschluss.

---

[431] Vgl. BGH v. 20.6.1983, DB 1983, 1970 für den Geschäftsanteil an einer GmbH; diese Rechtsprechung ist auf eine Personengesellschaft entsprechend anzuwenden.
[432] Vgl. Baumbach/Hueck/*Fastrich* GmbHG, Anh. § 34 Rn. 15.
[433] OLG Karlsruhe v. 12.10.2006, NZG 2007, 423.

3. Fristen

Um eine gewisse (Planungs-)Sicherheit bei allen Beteiligten zu erzielen, sollte der Gesellschaftsvertrag einen Abtretungsbeschluss an die Einhaltung angemessener Fristen knüpfen. Der Mustervertrag sieht in **Abs. 1** für die einzelnen Beschlussgründe **gesonderte Fristen** vor, um den bei den unterschiedlichen Interessenlagen gerecht werden zu können. So erscheint im Fall der Kündigung (**Abs. 1 lit. a**) des Musters) eine kurze, an die Kündigungserklärung anknüpfende Frist angemessen, da insbesondere dem Kündigenden nur begrenzt zumutbar sein dürfte, über die Rechtsfolgen seiner Kündigung im Ungewissen zu bleiben. Für den Fall des Zwangsausschlusses sollte die Zwangsabtretung hingegen ebenso lange möglich sein, wie der Ausschließungsbeschluss selbst. Die Frist des **Abs. 1 lit. b**) entspricht daher seinem Wortlaut der Regelung des § 16 Abs. 3 des Mustervertrags.

914

4. Stimmrecht des betroffenen Gesellschafters; Bekanntgabe des Beschlusses

Der betroffene Gesellschafter hat bei der Beschlussfassung über die Zwangsabtretung seines Gesellschaftsanteils aus der Gesellschaft kein Stimmrecht.[434] Da das Gesetz allerdings den **Stimmrechtsausschluss** nicht ausdrücklich regelt, ist zu empfehlen, diesen klarstellend in den **Gesellschaftsvertrag** aufzunehmen (hier **Abs. 2**).

915

Der Beschluss über die **Zwangsabtretung** ist als Gestaltungsakt dem betroffenen Gesellschafter mitzuteilen. Zumindest für den Fall, dass dieser an der betreffenden Gesellschafterversammlung nicht teilnimmt, erfolgt diese Bekanntgabe in der Praxis regelmäßig durch eine von den übrigen Gesellschaftern bevollmächtigte Person. Diese Bevollmächtigung kann im Rahmen der Beschlussfassung über die Abtretungsverpflichtung erfolgen. Zu empfehlen ist jedoch, bereits im Gesellschaftsvertrag eine entsprechende Regelung vorzusehen. **Abs. 3** des Mustervertrages sieht die Bevollmächtigung der Komplementärin vor.

916

5. Rechtsfolgen und Vollzug der Abtretungsverpflichtung

Rechtsfolge des Gesellschafterbeschlusses ist zunächst, dass der betreffende Gesellschafter verpflichtet ist, seinen Gesellschaftsanteil zu dem im Beschluss genannten Zeitpunkt an den oder die im Gesellschafterbeschluss genannten Personen abzutreten. Im Gegenzug hat der betroffene Gesellschafter gegen den oder die Erwerber einen Anspruch auf Zahlung eines **Kaufpreises**, dessen Höhe nach **Abs. 5 S. 1 1. Variante** des Mustervertrages zwischen dem betroffenen Gesellschafter und dem jeweiligen Erwerber frei verhandelt werden

917

---

[434] MüKo/BGB/*Schäfer*, § 737 Rn. 13; Baumbach/Hopt/*Roth* HGB, § 140 Rn. 30.

soll. Gelingt eine Einigung nicht innerhalb der genannten Frist, so soll nach **Abs. 5 S. 2 1. Variante** des Mustervertrages das Schiedsgericht nach § 24 des Mustervertrages den Kaufpreis und den Inhalt des Kaufvertrages bestimmen.

918 Der BFH hat zwar bereits mit seiner Entscheidung vom 1.7.1992[435] entschieden, dass § 7 Abs. 7 ErbStG in seiner damaligen Fassung nicht auf rechtsgeschäftliche Abtretungen Anwendung findet und diese Meinung in der Entscheidung vom 20.1.2016[436] bestätigt. Allerdings kann nicht ausgeschlossen werden, dass die Finanzverwaltung in den Fällen einer gesellschaftsvertraglichen Abtretungsverpflichtung zum gesellschaftsvertraglichen Abfindungswert der Rechtsauffassung des BFH nicht folgt. Zumindest bei einer zeitnahen Entnahme des Kaufpreises aus der Gesellschaft durch die erwerbenden Gesellschafter könnte der Vorwurf einer missbräuchlichen Umgehung von § 7 Abs. 7 ErbStG oder die Annahme eines gemäß § 7 Abs. 7 ErbStG vergleichbaren Vorgangs aufkommen. In der Entscheidung des BFH vom 4.3.2015[437] ging es um eine gesellschaftsvertragliche Verpflichtung (geregelt in einem Poolvertrag der Gesellschafter) zur Weiterübertragung des Anteils im Falle des Ausscheidens aus der Gesellschaft zum Buchwert an einen Mitgesellschafter oder einen neuen Gesellschafter einer GmbH (sog. Managermodell). Der BFH hat in dieser Entscheidung ausdrücklich offen gelassen, ob der Vorgang unter den Tatbestand des § 7 Abs. 7 ErbStG fällt, da dies im entschiedenen Fall nicht von Bedeutung war.

Das Finanzgericht München hat in einer aktuellen Entscheidung vom 5.4.2017[438] entschieden, dass der Übergang eines Anteils an einer Personen- oder Kapitalgesellschaft nur dann dem besonderen Besteuerungstatbestand des § 7 Abs. 7 ErbStG unterliegt, wenn der Vorgang des Anteilsübergang kraft Gesetz oder Gesellschaftsvertrag auf dem Ausscheiden eines Gesellschafters beruht. Der hier beschriebene Fall der Zwangsabtretung zum gesellschaftsvertraglichen Abfindungswert könnte daher als vergleichbarer Vorgang unter § 7 Abs. 7 ErbStG fallen. Allerdings liegt kein Fall einer „Anwachsung" vor, der in der Literatur als Hauptfall der Anwendung des § 7 Abs. 7 ErbStG gilt[439]. Bei einer Abtretung an einen Dritten, der nicht Gesellschafter ist, wäre § 7 Abs. 7 ErbStG nicht anwendbar.

919 Insbesondere vor dem Hintergrund, dass eine etwaige Abfindung von der Gesellschaft zu zahlen wäre, erscheint es unangemessen, dem betroffenen Kommanditisten das Solvenzrisiko des von den übrigen Kommanditisten bestimmten Erwerbers des Gesellschaftsanteils aufzuerlegen. Der Mustervertrag sieht daher in **Abs. 5 S. 3** vor, dass die Gesellschaft für den Kaufpreis gleich einem **selbstschuldnerischen Bürgen** haftet.

---

435 BStBl 1992 II 921.
436 BFHE 252, 453.
437 BStBl. II 2015, 472.
438 Az: 4 K 711/16, NWB-Datenbank KAAAG-47123.
439 *Schuck* in Viskorf/Knobel/Schuck/Wälzholz ErbStG, § 7 Rn. 245; *Fischer* in Fischer/Jüpnter/Pahlke/Wachter ErbStG, § 7 Rn. 544; *Gebel* in Troll/Gebel/Jülicher ErbStG, § 7 Rn. 401, Meincke ErbStG § 7 Rn. 146.

I. Die Gesellschaftsverträge der typischen GmbH & Co. KG

Regelmäßig haben die Beteiligten ein Interesse an Planungssicherheit über den Zeitpunkt der Änderungen des Gesellschafterbestandes. Um den Vollzug der Abtretung zum vorgesehenen Zeitpunkt sicher zu stellen, ist es daher zweckmäßig, den betroffenen Kommanditisten unabhängig von der Einigung über den Kaufpreis zur Abtretung zu verpflichten und die Komplementärin zu ermächtigen (§ 185 BGB), die Abtretung für den betroffenen Kommanditisten vorzunehmen (s. **Abs. 4** des Mustervertrages). Der betroffene Kommanditist wird hierdurch nicht schlechter gestellt, als er bei seinem Ausschluss stünde, da er in diesem Fall ebenfalls unabhängig von der Zahlung seiner Abfindung ausscheiden würde.

6. Verhältnis zum Ausschlussrecht

Auch nachdem die Gesellschafter einen Mitgesellschafter zur Übertragung seines Gesellschaftsanteils verpflichtet haben, sind Fallgestaltungen denkbar, die seinen (sofortigen) Ausschluss erforderlich erscheinen lassen. Der Gesellschaftsvertrag kann dem Rechnung tragen, indem er vorsorglich klarstellt, dass das Ausschließungsrecht durch die Übertragungsverpflichtung nicht ausgeschlossen wird. **Abs. 6** des Mustervertrages enthält hierzu einen Vorschlag.

§ 21
Informationsrechte/Informationspflichten

(1) Jedem Kommanditisten stehen abweichend von § 166 Abs. 2 HGB auch die Rechte aus § 118 HGB zu. Sie können jederzeit Auskünfte über Angelegenheiten der Gesellschaft verlangen. Angelegenheiten der Gesellschaft sind auch Angelegenheiten von Gesellschaften, an denen die Gesellschaft mit mindestens 10 % beteiligt ist. Die Kommanditisten können ihre Einsichtsrechte aus § 118 Abs. 1 HGB auf ihre Kosten auch durch sachverständige Dritte, die berufsrechtlich zur Verschwiegenheit verpflichtet sind, ausüben lassen.

(2) Treugebern von Treuhandgesellschaften, Nießbrauchern an Gesellschaftsanteilen und Testamentsvollstreckern stehen die gleichen Rechte zu, die Kommanditisten nach Abs. 1 zustehen.

(3) Die Kommanditisten sind verpflichtet, die Geschäftsführung innerhalb von 8 Wochen ab dem Ablauf eines Geschäftsjahres über den Bestand ihres Sonderbetriebsvermögens und etwaiger persönlich getragener Sonderbetriebsausgaben zu informieren.

(4) Die Kommanditisten sind dazu verpflichtet, die Geschäftsführung rechtzeitig über eine geplante Verlegung Ihres steuerlichen Wohnsitzes ins Ausland zu informieren (Wegzug). Gleiches gilt bei einer beabsichtigten

Vererbung Ihrer Gesellschaftsbeteiligung an im Ausland ansässige Erben.

926 (5) Die Kommanditisten sind dazu verpflichtet, die Komplementärin zeitnah über Veränderungen ihrer Anschrift (und ggf. ihres Familienstands) zu unterrichten.

Erläuterungen

1. Gesetzliche Ausgangslage
2. Kontrollrechte
3. Auskunftsrechte
4. Informationspflichten der Gesellschafter

1. Gesetzliche Ausgangslage

927 Die Informationsrechte eines Kommanditisten zerfallen in **Kontrollrechte** und **Auskunftsrechte**. Jeder Kommanditist hat Anspruch auf eine ordentliche Geschäftsführung. Zur Sicherung dieses Anspruches hat er gesetzliche Kontrollrechte. Grundsätzlich stehen einem Kommanditisten dabei nur die Rechte aus § 166 Abs. 3 HGB zu und nicht die erweiterten Rechte aus § 118 HGB, die persönlich haftenden Gesellschaftern einer oHG zustehen.[440]

928 Auskunftsrechte[441] dienen dem Zweck, dem Kommanditisten die sachgerechte Ausübung seines Stimmrechtes zu ermöglichen. Zu unterscheiden sind ferner individuelle Informationsrechte, die jeder Kommanditist alleine ausüben kann (z.B. aus § 166 HGB) und kollektive Informationsrechte, die eines Gesellschafterbeschlusses bedürfen (z.B. die Auskunftsrechte aus § 666 BGB).

2. Kontrollrechte

929 Gesellschafter einer **OHG** können die Geschäftsführung **jederzeit** kontrollieren, d.h. sie können sich von den Angelegenheiten der Gesellschaft persönlich unterrichten, die Handelsbücher und die Papiere der Gesellschaft einsehen und sich aus ihnen eine Bilanz und einen Jahresabschluss anfertigen (§ 118 Abs. 1 HGB). Diese Rechte stehen jedem einzelnen Gesellschafter zu. Sie haben also ein allgemeines, **individuelles** Informationsrecht hinsichtlich der Angelegenheiten der Gesellschaft.

930 Die gesetzlichen Kontrollrechte eines Kommanditisten richten sich nach § 166 HGB. Nur bei Vorliegen eines wichtigen Grundes kann das Gericht auf Antrag eines Kommanditisten die Mitteilung einer Bilanz und eines Jahresabschlusses oder sonstiger Aufklärungen oder die Vorlegung der Bücher und Papiere anordnen (§ 166 Abs. 3 HGB). Ein wichtiger Grund ist zum Beispiel der begründete Verdacht nicht ordnungsgemäßer Geschäfts- oder Buch-

---

440 Reichert/*Schlitt*/*Maier-Reinhardt*, § 25 Rn. 14; Baumbach/Hopt/*Roth* HGB, § 166 Rn. 11.
441 Baumbach/Hopt/*Roth* HGB, § 166 Rn. 12.

I. Die Gesellschaftsverträge der typischen GmbH & Co. KG

führung. Allerdings hat der BGH in seinem Urteil vom 14.6.2016[442] entschieden, dass § 166 Abs. 3 HGB das außerordentliche Informationsrecht nicht auf Auskünfte beschränkt, die der Prüfung des Jahresabschlusses dienen oder zu dessen Verständnis erforderlich sind. Das Informationsrecht erfasst bei Vorliegen eines wichtigen Grundes auch allgemeine Auskünfte über die Geschäftsführung des Komplementärs und die entsprechenden Unterlagen der KG.

Die Vorschrift des § 166 HGB ist jedoch dispositiv, d.h. der Gesellschaftsvertrag kann den Kommanditisten weitergehende Rechte einräumen. Den Kommanditisten können zum Beispiel die Rechte aus § 118 HGB eingeräumt werden. 931

3. Auskunftsrecht

Ein individuelles Auskunftsrecht steht auch Gesellschaftern einer **oHG** nur ausnahmsweise zu, wenn sich die erforderlichen Angaben nicht aus den Unterlagen der Gesellschaft ergeben und sich die Gesellschafter ohne die Auskunft keine Klarheit über die Angelegenheiten der Gesellschaften verschaffen können[443]. Das Auskunftsrecht ergänzt hier lediglich das Informationsrecht aus § 118 Abs. 1 HGB.[444] **Kommanditisten** können ihr Auskunftsrecht gemäß § 666 BGB lediglich **kollektiv** geltend machen, mit der Folge, dass es hierzu eines **Gesellschafterbeschlusses** bedarf.[445] Sollen die Auskunftsrechte der Kommanditisten erweitert werden, so ist eine entsprechende Bestimmung in den Gesellschaftsvertrag aufzunehmen. **Abs. 1** des Mustervertrages gewährt den Kommanditisten das jederzeitige Recht, Auskünfte zu verlangen und stellt die Streitfrage klar, ob Angelegenheiten der Gesellschaft auch die Angelegenheiten von Gesellschaften sind, an denen die Gesellschaft beteiligt ist. Zudem ist ausdrücklich geregelt, dass die Kommanditisten ihr Informationsrecht auch durch sachverständige **Dritte** ausüben lassen können. 932

Einem Gesellschafter, der sowohl Gesellschafter der Komplementär-GmbH als auch der KG ist, stehen auch die Rechte aus § 51a GmbHG zu.[446] § 51a GmbH gewährt dem Gesellschafter der GmbH ein Einsichts- und Auskunftsrecht. Das Einsichts- und Auskunftsrecht kann dem Gesellschafter jedoch durch einen Gesellschafterbeschluss verweigert werden, wenn die Gefahr besteht, dass sie der Gesellschafter zu gesellschaftsfremden Zwecken verwendet oder dass dadurch der Gesellschaft selbst oder einem verbundenen Unternehmen ein nicht unerheblicher Nachteil zugefügt wird. Zu den Angelegenheiten der GmbH im Sinne des § 51a Abs. 1 GmbHG gehören in solchen Fällen auch die Angelegenheiten der KG, womit ein GmbH-Gesellschafter auch Informations- und Auskunftsrechte bezüglich der Angelegenheiten der 933

---

[442] DB 2016, 1769; hierzu *Carper/Selbach* NZG 2016, 1324.
[443] *Baumbach/Hopt/Roth* HGB, § 118, Rn. 7.
[444] MüKo/HGB/*Enzinger*, § 118 Rn. 2.
[445] Vgl. Baumbach/Hopt/*Roth* HGB, § 166 Rn. 12.
[446] BeckOKGmbHG/*Schindler*, § 51a Rn. 81.

KG hat.[447] Das unternehmerische Geschehen einer GmbH & Co. KG spielt sich ohne eigenen Geschäftsbetrieb der GmbH nämlich in der KG ab. Ferner wird die Komplementär-GmbH aufgrund ihrer unbeschränkten Haftung von sämtlichen Angelegenheiten der KG betroffen. Hierbei wird auch vertreten, dass es keine Geschäftsgeheimnisse der Kommanditgesellschaft gibt, die gegenüber dem „Nur-GmbH-Gesellschafter" verheimlicht werden dürfen, vielmehr stehen diesem wegen der engen Verflechtung der GmbH mit der KG dieselben Informations- und Auskunftsrechte wie einem Gesellschafter zu, der gleichzeitig Kommanditist der KG und der Komplementär-GmbH ist.[448]

4. Mitwirkungspflichten der Kommanditisten

934 **Absatz 3** betrifft eine steuerliche Mitwirkungspflicht, die dem Kommanditisten eine Informationspflicht hinsichtlich des Bestands ihres Sonderbetriebsvermögens auferlegt. Dieses steht regelmäßig in der Disposition des jeweiligen Kommanditisten. Betroffen von der Informationspflicht ist einerseits der Bestand, d.h. etwaige Veränderungen an den betreffenden Wirtschaftsgütern (Investitionen oder Instandhaltung bzw. Übertragungen usw.) sowie Informationen über die im Sonderbetriebsvermögen ausgeübten isolierten steuerlichen Bilanzierungswahlrechte, die gleichfalls dem jeweiligen Kommanditisten vorbehalten sind.[449] Die Geschäftsführung benötigt diese Informationen um deren Auswirkungen auf die steuerliche Gewinnermittlung zu berücksichtigen.

935 **Absatz 4** regelt eine Informationspflicht im Vorfeld eines geplanten Umzugs eines Kommanditisten ins Ausland zur vorbeugenden Abklärung etwaiger damit verbundener Besteuerungsfolgen (Wegzugsbesteuerung). Das Risiko einer unbeabsichtigten Wegzugsbesteuerung kann insbesondere bei gewerblich geprägten Gesellschaften auch bei einer beabsichtigten Vererbung des Gesellschaftsanteils an im Ausland ansässige Kinder auftreten. Auch für diese Fälle normiert der Mustervertrag eine entsprechende Informationspflicht der Kommanditisten.

936 **Absatz 5** normiert die Verpflichtung der Kommanditisten, die Komplementärin über ihre jeweilige Anschrift zu informieren. Dies ist für Einladungen zu Gesellschafterversammlungen wichtig.

§ 22
Wettbewerbsverbot

937 (1) Kein Gesellschafter darf während seiner Zugehörigkeit zur Gesellschaft mittelbar oder unmittelbar, gelegentlich oder gewerbsmäßig, unter eigenem oder fremdem Namen, auf eigene oder fremde Rechnung auf dem Tätigkeitsgebiet der Gesellschaft Geschäfte machen oder ein Unterneh-

---

447 OLG Düsseldorf v. 2.3.1990, NJW-RR 1991, 620; BeckOKGmbHG, § 51a Rn. 81.
448 Michalski/*Römermann* GmbHG, § 51a Rn. 42.
449 BFH v. 25.1.2006, BStBl. II 2006, 418.

I. Die Gesellschaftsverträge der typischen GmbH & Co. KG

men, das Geschäfte auf dem Tätigkeitsgebiet der Gesellschaft betreibt, erwerben, sich an einem solchen Unternehmen beteiligen oder es auf andere Weise unterstützen, soweit dies ohne Verstoß gegen gesetzliche Vorschriften vereinbart werden kann.

(2) Das Wettbewerbsverbot gemäß Absatz 1 gilt auch bis zum Ablauf von ... Kalendermonaten ab dem Ausscheiden des Gesellschafters aus der Gesellschaft, soweit gesetzlich zulässig. 938

(3) Durch Gesellschafterbeschluss können Gesellschafter von dem Wettbewerbsverbot befreit werden. Betroffene Gesellschafter haben hierbei kein Stimmrecht. 939

(4) Im Falle der Verletzung des Wettbewerbsverbotes gem. Abs. 1 und 2 gilt § 113 HGB entsprechend. 940

Erläuterungen

1. Gesetzliche Ausgangslage
2. Abweichende gesellschaftsrechtliche Vereinbarungen
3. Nachvertragliche Wettbewerbsverbote
4. Die Klauseln im Einzelnen

1. Gesetzliche Ausgangslage

Ein gesetzliches Wettbewerbsverbot gilt gem. §§ 112, 161 Abs. 2 HGB nur für die Komplementär-GmbH.[450] Gesellschafter der Komplementär-GmbH unterliegen nur ausnahmsweise einem Wettbewerbsverbot.[451] Anders der Geschäftsführer der Komplementär-GmbH, der aufgrund seiner **Treuepflicht** gegenüber der GmbH auch einem Konkurrenzverbot gegenüber der GmbH & Co. KG unterliegt.[452] Die GmbH & Co. KG hat einen unmittelbaren Schadensersatzanspruch gegen den Geschäftsführer der GmbH auch dann, wenn dieser einen Anstellungsvertrag mit der GmbH abgeschlossen hat. Dieser entfaltet Schutzwirkung für die KG als Dritte, so dass eine Verletzung dieses Anstellungsvertrages zu einem Anspruch der KG führt.[453] 941

Auf Kommanditisten findet das gesetzliche Wettbewerbsverbot des § 112 HGB grundsätzlich keine Anwendung (§ 165 HGB). Ausnahmen gelten nur, wenn der Kommanditist in der Lage ist, auf die KG einen beherrschenden Einfluss auszuüben.[454] Dabei kommt es auf das **Innenverhältnis** des Kommanditisten zur Gesellschaft an. Soweit er die Geschicke der Gesellschaft im Innenverhältnis maßgebend bestimmt, treffen ihn erhöhte Pflichten, die sich bis zu einem Wettbewerbsverbot ausweiten können.[455] Der Bundesgerichts- 942

---

450 Baumbach/Hopt/*Roth* HGB, Anh. § 177 a Rn. 23.
451 Baumbach/Hopt/*Roth* HGB, Anh. § 177 a Rn. 23.
452 Baumbach/Hopt/*Roth* HGB, Anh. § 177 a Rn. 27.
453 *Hoffmann-Becking* ZHR 175 (2011), 597 (599).
454 Baumbach/Hopt/*Roth* HGB, § 165 Rn. 3.
455 KG v. 6.3.2014, BeckRS 2014, 06778.

hof hat in einer grundlegenden Entscheidung nicht nur einen Kommanditisten mit einer beherrschenden Mehrheitsbeteiligung dem Wettbewerbsverbot unterworfen, sondern auch die hinter dem Mehrheitsgesellschafter stehende 100 %ige **Muttergesellschaft**.[456] Die ist jedoch nicht schematisch zu sehen, sondern es ist eine Gesamtwürdigung aller Umstände des Einzelfalles vorzunehmen.[457] Das gesetzliche Wettbewerbsverbot gilt nur für die Dauer der Zugehörigkeit zur Gesellschaft. Soll eine Wettbewerbstätigkeit auch nach dem Ausscheiden eines Gesellschafters verboten sein, ist diese im Gesellschaftsvertrag zu vereinbaren (s. u. **Anm. 3**).

943 Die gesetzlichen Rechtsfolgen eines Verstoßes gegen das gesetzliche Wettbewerbsverbot (Schadensersatzansprüche, Eintrittsrechte, Unterlassungsansprüche etc.) sind in §§ 161 Abs. 2, 113 HGB geregelt.

944 Das Wettbewerbsverbot ermöglicht auch **Ansprüche auf Unterlassung** einer Tätigkeit im Wettbewerb zur Gesellschaft und auf Abschöpfung von **Gewinnen** aus der verbotenen Tätigkeit.[458]

2. Abweichende gesellschaftsrechtliche Vereinbarungen

945 Das Wettbewerbsverbot des § 112 HGB, die Rechtsfolgen eines Verstoßes (§ 113 HGB) und die Befreiung des Kommanditisten in § 165 HGB stellen kein zwingendes Recht dar. Der Gesellschaftsvertrag kann das Verbot erweitern, aufheben, gegenständlich, zeitlich oder persönlich beschränken.[459] Er kann auch anordnen, dass alle Gesellschafter einer KG dieser auf ihrem Tätigkeitsgebiet keine Konkurrenz machen dürfen (s. Abs. 1 des Mustervertrages).

3. Nachvertragliche Wettbewerbsverbote (Abs. 2)

946 Wettbewerbsverbote, die sich über die Dauer der Zugehörigkeit zur Gesellschaft hinaus erstrecken, sind insbesondere an § 1 Abs. 1 GWB zu messen.[460] Gemäß § 1 Abs. 1 GWB sind Verträge, die Unternehmen zu einem gemeinsamen Zweck schließen, unwirksam, soweit sie geeignet sind, die Erzeugung oder die Marktverhältnisse für den Verkehr mit Waren und gewerblichen Leistungen durch Beschränkung des Wettbewerbs zu beeinflussen. Nach der Rechtsprechung muss es sich dabei um eine **spürbare Beeinträchtigung** des Wettbewerbs handeln. Unterhalb dieser Schwelle greift § 1 GWB nicht ein mit der Folge, dass sich eine Normenkollision zwischen § 1 GWB und einem gesellschaftsvertraglichen Wettbewerbsverbot nicht stellt. Ein gesellschaftsvertraglich vereinbartes Wettbewerbsverbot für einen **persönlich haftenden**

---

456 BGH v. 5.12.1983, BGHZ 89, 162 (165).
457 KG v. 6.3.2014, BeckRS 2014, 06778.
458 *Weller* ZHR (175) 2011, 110 (142).
459 Baumbach/Hopt/*Roth* HGB, Anh. § 177a Rn. 23.
460 Baumbach/Hopt/*Roth* HGB, § 112 Rn. 15; § 165 Rn. 4.

I. Die Gesellschaftsverträge der typischen GmbH & Co. KG

Gesellschafter, welches inhaltlich über den § 112 HGB hinausgeht, darf nicht das Maß überschreiten, welches zum Schutz des Gesellschaftsunternehmens notwendig ist. Sachlich muss sich das Wettbewerbsverbot auf den Geschäftszweig der Gesellschaft beschränken.

Welche **Dauer** ein solches nachvertragliches Wettbewerbsverbot haben kann, ohne mit § 1 GWB zu kollidieren, hängt vom Einzelfall ab. Maßstab ist, ob ein derartiges nachvertragliches Wettbewerbsverbot für den **Bestand** der Gesellschaft **erforderlich** ist. Beurteilungskriterien hierfür sind u. a. die Kenntnisse des persönlich haftenden Gesellschafters über Kundenkreis und die Wettbewerbsstruktur, Vertriebssysteme, Produktionsverfahren etc. sowie die Möglichkeit, derartige Kenntnisse zu eigenen Zwecken zu missbrauchen. Bei **Kommanditisten** ist zu unterscheiden, ob diese zur Geschäftsführung berechtigt sind oder nicht. Ist ein Kommanditist geschäftsführungsberechtigt, kann das Wettbewerbsverbot über sein Ausscheiden aus der Geschäftsführung hinaus erstreckt werden, wobei darauf zu achten ist, dass die Fortdauer des Wettbewerbsverbotes an das Ausscheiden des Kommanditisten aus der Geschäftsführung, nicht an sein Ausscheiden aus der Gesellschaft anzuknüpfen ist.[461] Ein Wettbewerbsverbot für einen Kommanditisten, der lediglich über die gesetzlichen Kontroll- und Informationsrechte verfügt, wird gegen § 1 GWB verstoßen. Anders ist es wiederum bei Kommanditisten mit erweiterten Kontroll- und Informationsrechten. Ein Kommanditist, der die Gesellschaft im Sinn von § 17 Abs. 1 AktG beherrscht, unterliegt einem gesetzlichen Wettbewerbsverbot. Ein gesellschaftsrechtliches Wettbewerbsverbot in gesetzlichem Umfang verstößt nicht gegen § 1 GWB.

947

Die Länge des Zeitraumes für das nachvertragliche Wettbewerbsverbot hängt davon ab, welcher Zeitraum für den Schutz der Gesellschaft erforderlich ist; die Rechtsprechung sieht ein Wettbewerbsverbot bis zu einem Zeitraum von **zwei Jahren** in der Regel nicht als Verstoß gegen § 1 GWB an.[462]

4. Die Klauseln im Einzelnen

Abs. 1 erweitert das gesetzliche Wettbewerbsverbot sachlich. Nach § 112 Abs. 1 Alt. 2 HGB ist die Beteiligung an einem anderen gleichartigen Handelsgeschäft lediglich als „persönlich haftender Gesellschafter" verboten. Die Teilnahme als Kommanditist, stiller Gesellschafter, Aktionär oder als Gesellschafter einer GmbH ist nach dem Wortlaut des Gesetzes zulässig, wird durch die Formulierung in **Abs. 1** jedoch untersagt. Mit dem letzten Halbsatz (… „soweit dies ohne Verstoß gegen gesetzliche Vorschriften vereinbart werden kann") soll vermieden werden, dass das Wettbewerbsverbot wegen Verstoß gegen § 1 GWB oder wegen Verstoß gegen § 138 BGB insgesamt unwirksam ist. In **Abs. 2** des Mustervertrages wird das Wettbewerbsverbot

948

---

[461] S. im Einzelnen hierzu Ebenroth/Boujong/Joost/Strohn/*Weipert* HGB, § 165 Rn. 13 ff.
[462] OLG Celle v. 17.7.1985, WuW/E OLG 3699/3701 („*Marktspiegel*"); OLG Hamburg v. 10.5.1984, WuW/E OLG 3320/3324 („*Dieselmotoren*") m. w. N.

auf einen bestimmten Zeitraum nach dem Ausscheiden aus der Gesellschaft erstreckt; soweit gesetzlich zulässig.

949 Abs. 3 des Mustervertrages enthält eine „Öffnungsklausel", die es der Gesellschafterversammlung ermöglicht, einen Gesellschafter vom Wettbewerbsverbot zu befreien.

950 Abs. 4 des Mustervertrages bestimmt, dass die gesetzlichen Rechtsfolgen entsprechend für Verstöße gegen das gesellschaftsvertragliche Wettbewerbsverbot gelten sollen.

§ 23
Liquidation

951 (1) Die Liquidation der Gesellschaft erfolgt durch die Komplementärin, soweit die Gesellschafterversammlung nichts Abweichendes beschließt. § 6 gilt für Liquidatoren entsprechend.

952 (2) Das nach Befriedigung der Gläubiger verbleibende Vermögen der Gesellschaft ist im Verhältnis der Kapitalkonten I unter den Kommanditisten zu verteilen.

Erläuterungen

1. Gesetzliche Rechtslage
2. Verteilung des Liquidationsgewinnes
3. Steuerfolgen der Liquidation

1. Gesetzliche Rechtslage

953 Die Liquidation einer GmbH & Co. KG wird durch die Vorschriften der §§ 145 ff. HGB geregelt. Nach dem Gesetz sind sämtliche Gesellschafter Liquidatoren, auch solche, die vor der Auflösung keine Geschäftsführungsbefugnis und Vertretungsmacht hatten, in der KG also auch die Kommanditisten. Durch den **Gesellschaftsvertrag** oder durch einen ad hoc gefassten **Gesellschafterbeschluss** kann vor oder nach Auflösung der Gesellschaft die Liquidation einzelnen Gesellschaftern unter Ausschluss anderer oder Dritten übertragen werden. Der Gesellschaftsvertrag macht von dieser Möglichkeit Gebrauch und bestimmt, dass die Komplementärin auch für die Liquidation zuständig ist. Die Gesellschafter können jedoch eine andere Person zum Liquidator bestellen. Wenn der Gesellschaftsvertrag nichts Abweichendes bestimmt, ist dieser Beschluss einstimmig zu fassen.

2. Verteilung des Liquidationsgewinnes

954 Bestimmt der Gesellschaftsvertrag, dass für die Beteiligung des Gesellschafters am Gewinn und am Vermögen die jeweiligen Kapitalkonten I maßgeblich

I. Die Gesellschaftsverträge der typischen GmbH & Co. KG

sind, so empfiehlt es sich, auch die Verteilung des Liquidationsgewinnes unter den Kommanditisten nach dem Verhältnis der **Kapitalkonten I** vorzusehen.

3. Steuerfolgen der Liquidation

Die Liquidation stellt eine Aufgabe des Geschäftsbetriebes dar, die von § 16 EStG erfasst wird. Im Ergebnis werden die im Betriebsvermögen vorhandenen stillen Reserven im Zuge der Überführung in das Privatvermögen aufgedeckt soweit sie nicht bereits anlässlich einer vorangegangenen Veräußerung der Einzelwirtschaftsgüter realisiert wurden.[463] Der hierbei entstehende Gewinn ist unter den Voraussetzungen des § 34 EStG tarifbegünstigt und unterliegt als Aufgabe des gesamten Gewerbebetriebes nicht der Gewerbesteuer (Rn. 147).

955

Von materieller Bedeutung ist in diesem Zusammenhang die Abgrenzung zwischen laufendem (nicht tarifbegünstigtem) und tarifbegünstigtem Aufgabegewinn. In Fällen einer sukzessiven Abwicklung des Betriebes sollte darauf geachtet werden, dass diese zeitlich nicht zu sehr gestreckt wird. Eine Frist von 6 Monaten innerhalb derer der Abverkauf erfolgt, wird in diesem Zusammenhang als begünstigter Abwicklungszeitraum angesehen. In Einzelfällen wird auch ein längerer Zeitraum für zulässig erachtet.

956

Häufig verfügen die Kommanditisten noch über bislang nicht zum Ausgleich gebrachte verrechenbare Verluste gemäß § 15a EStG. Ein anteilig auf den Kommanditisten entfallender Aufgabegewinn wird hiermit verrechnet, so dass nur der darüber hinaus verbleibende Gewinn der persönlichen Einkommensbesteuerung unterliegt.

957

§ 24
Schiedsgericht

(1) **Alle Streitigkeiten zwischen Gesellschaftern oder zwischen der Gesellschaft und Gesellschaftern im Zusammenhang mit diesem Gesellschaftsvertrag oder über seine Gültigkeit oder Auslegung werden – soweit gesetzlich zulässig – nach der Schiedsgerichtsordnung (DIS-SchO) und den Ergänzenden Regeln für Gesellschaftsrechtliche Streitigkeiten (DIS-ERGeS) der Deutschen Institution für Schiedsgerichtsbarkeit e. V. (DIS) unter Ausschluss des ordentlichen Rechtswegs endgültig entschieden, soweit dieser Vertrag nicht etwas anderes bestimmt.**

958

(2) **Die Wirkungen des Schiedsspruches erstrecken sich auch auf die Gesellschafter, die fristgemäß als Betroffene benannt wurden, unabhängig davon, ob sie von der ihnen eingeräumten Möglichkeit, dem schiedsrichterlichen Verfahren als Partei oder Nebenintervenient beizutreten, Gebrauch gemacht haben (§ 11 DIS-ERGeS). Die fristgemäß als Betroffene**

959

---

463 BFH v. 26.5.1993, BStBl. II 1993, 710.

benannten Gesellschafter verpflichten sich, die Wirkungen eines nach Maßgabe der Bestimmungen in den DIS-ERGeS ergangenen Schiedsspruchs anzuerkennen.

960 (3) Ausgeschiedene Gesellschafter bleiben an diese Schiedsvereinbarung gebunden.

961 (4) Die Gesellschaft hat gegenüber Klagen, die gegen sie vor einem staatlichen Gericht anhängig gemacht werden und Streitigkeiten betreffen, die dieser Schiedsvereinbarung unterfallen, stets die Einrede der Schiedsvereinbarung zu erheben.

962 (5) Der Ort des schiedsgerichtlichen Verfahrens ist ....

963 (6) Die Verfahrenssprache ist Deutsch.

964 (7) Die Anzahl der Schiedsrichter beträgt drei.

965 (8) Diese Schiedsvereinbarung gilt nicht für Verfahren, in denen eine einstweilige Verfügung oder ein Arrest beantragt wird; insoweit sind die staatlichen Gerichte zuständig.

Erläuterungen

1. Vor- und Nachteile einer Schiedsvereinbarung
2. Gesetzliche Grundlagen
3. Beschlussmängelstreitigkeiten
4. Form
5. Muster

1. Vor- und Nachteile einer Schiedsvereinbarung

966 Das Schiedsgericht entscheidet bürgerliche Rechtsstreitigkeiten an Stelle eines staatlichen Gerichts. Einen Instanzenzug zwischen Schieds- und Staatsgericht gibt es nicht. Der **Vorteil** eines Schiedsgerichtes ist es, dass die Möglichkeit besteht, sachverständige Schiedsrichter zu benennen, die das Vertrauen der Parteien genießen. Schiedsgerichtsverfahren können kostengünstiger sein im Vergleich zum voll ausgeschöpften Instanzenzug der staatlichen Gerichtsbarkeit. Schiedsgerichte entscheiden in der Regel schneller als staatliche Gerichte. Da die mündliche Verhandlung vor Schiedsgerichten nicht öffentlich ist, ist es möglich, Streitigkeiten diskreter abzuwickeln als vor staatlichen Gerichten. Diesen Vorteilen steht der **Nachteil** entgegen, dass der Schiedsspruch keiner weiteren Kontrolle unterliegt, sofern er nicht an schwerwiegenden Mängeln leidet und dass eine Partei das Schiedsverfahren in die Länge ziehen kann.

2. Gesetzliche Grundlagen

967 Die gesetzlichen Grundlagen eines Schiedsgerichtsverfahrens finden sich in den Vorschriften der §§ 1025 ff. ZPO. Zu unterscheiden sind zum einen die **Schiedsvereinbarung** und zum anderen der **Schiedsrichtervertrag**.

I. Die Gesellschaftsverträge der typischen GmbH & Co. KG

Die **Schiedsvereinbarung** ist eine Vereinbarung zwischen den Parteien, alle oder einzelne Streitigkeiten zwischen ihnen in Bezug auf ein bestimmtes Rechtsverhältnis vertraglicher oder nicht vertraglicher Art der Entscheidung des Schiedsgerichts zu unterwerfen (§ 1029 Abs. 1 ZPO). Eine Schiedsvereinbarung kann in Form einer selbständigen Vereinbarung (**Schiedsabrede**) oder in Form einer Klausel in einem Vertrag (**Schiedsklausel**) geschlossen werden (§ 1029 Abs. 2 ZPO). 968

Der **Schiedsrichtervertrag** ist der zwischen den Parteien und dem oder den Schiedsrichtern vereinbarte Vertrag. Er verpflichtet den Schiedsrichter zur Ausübung des Schiedsrichteramtes.[464] 969

Das **Schiedsverfahren** ist ferner abzugrenzen vom **Schiedsgutachterverfahren**.[465] Ein Schiedsgutachten entscheidet nicht einen Rechtsstreit anstelle des staatlichen Gerichtes wie beim Schiedsgerichtsverfahren, das Schiedsgutachten regelt vielmehr einzelne Elemente eines Rechtsverhältnisses. So ist z.B. die Abrede, ein Dritter soll eine Leistung nach billigem Ermessen bestimmen (§§ 317 ff. BGB), ein Schiedsgutachtenvertrag. Ein Schiedsgutachten und kein Schiedsspruch ist in der Regel auch dann gewollt, wenn der Dritte nur Tatsachen oder sonstige Elemente, die für die Entscheidung eines Rechtsstreits erheblich sind, feststellen soll. 970

Schiedsgutachterklauseln finden sich z.B. in **Abs. 3** von § 19 des Mustervertrages (**Rn. 857**). 971

Schiedsrichter können nur natürliche Personen sein. Ein Beteiligter darf nicht Schiedsrichter sein, denn niemand darf in eigener Sache entscheiden. 972

Die Schiedsvereinbarung ist ein **privatrechtlicher** Vertrag über prozessuale Beziehungen und verpflichtet die Parteien, zu seiner Durchführung nach Kräften mitzuwirken, z.B. Schiedsrichter zu ernennen, die von den Schiedsrichtern verlangten Vorschüsse zu zahlen etc. Rechtsnachfolger sind an die Schiedsvereinbarung gebunden, unabhängig davon, ob sie als Gesamtrechtsnachfolger oder im Wege der Einzelrechtsnachfolge in die Gesellschaft eintreten. 973

3. Beschlussmängelstreitigkeiten

Das Schiedsgericht ist, sofern es so ausgestaltet ist, dass es bezüglich seines Rechtsschutzes einem staatlichen Verfahren vergleichbar ist, auch für Beschlussmängelstreitigkeiten zuständig. Beschlussmängelstreitigkeiten in einer GmbH sind nach dem Urteil des BGH vom 6.4.2009[466] auch ohne ausdrückliche gesetzliche Anordnung der Wirkungen der §§ 248 Abs. 1 S. 1, 249 Abs. 1 S. 1 AktG kraft einer Vereinbarung im Gesellschaftsvertrag oder außerhalb des Gesellschaftsvertrages aufgrund einer von allen Gesellschaftern und der Gesellschaft getroffenen Individualvereinbarung unter bestimmten Voraussetzungen **schiedsfähig**. Diese Vereinbarung muss folgende **Mindestanforderungen** erfüllen: alle Gesellschafter müssen der Schiedsabrede zuge- 974

---

[464] Einzelheiten s. bei Musielak/Voit/*Voit* ZPO, § 1035 Rn. 20 ff.
[465] S. hierzu Musielak/Voit/*Voit* ZPO, § 1029 Rn. 17 f.
[466] BGHZ 180, 221 („*Schiedsfähigkeit II*").

stimmt haben oder an dieser mitgewirkt haben, müssen über die Einleitung und den Ablauf des Verfahrens informiert sein, so dass jederzeit ein Beitritt als Nebenintervenient möglich ist, und an der Auswahl und Bestellung der Schiedsrichter beteiligt sein, sofern dieser nicht durch eine neutrale Stelle bestellt wird.[467] Ferner müssen alle Beschlussmängelstreitigkeiten, die sich auf denselben Streitgegenstand beziehen, demselben Schiedsgericht unterliegen, Es muss also zu einer Konzentrationswirkung kommen.[468] Schiedsklauseln, die diesen Anforderungen nicht genügen werden vom BGH als nach § 138 BGB nichtig angesehen. Diese Mindestanforderungen gelten im Grundsatz auch für Personengesellschaften wie Kommanditgesellschaften.[469]

4. Form

975 Die Form der Schiedsvereinbarung wird in § 1031 ZPO geregelt. Die Vereinbarung muss entweder in einem von den Parteien unterzeichneten Schriftstück oder in zwischen ihnen gewechselten Schreiben, Fernkopien, Telegrammen oder anderen Formen der Nachrichtenübermittlung, die einen Nachweis der Vereinbarung sicherstellen, enthalten sein. Notariell beurkundete Gesellschaftsverträge erfüllen diese Formerfordernisse (§ 1031 Abs. 5 S. 3 ZPO). Nach herrschender Meinung[470] muss die **Schiedsordnung**, auf die in einem beurkundungspflichtigen Vertrag verwiesen wird, nicht mitbeurkundet werden. Diese Auffassung hat das OLG München[471] und ihm folgend der BGH[472] bestätigt. Insbesondere wenn auf die „jeweilige" Schiedsordnung verwiesen wird, besteht kein Beurkundungszwang, da es faktisch nicht möglich ist, eine künftige Schiedsordnung zu beurkunden. Auch im Recht der Personengesellschaften reicht die Wahrung der Formvorschriften, die für den Gesellschaftsvertrag gelten.[473] Die Schiedsvereinbarung muss in einem von den Parteien unterzeichneten Dokument oder in zwischen ihnen gewechselten Schreiben, Fernkopien, Telegrammen etc. enthalten sein, wobei es genügt, dass ein diesen Formerfordernissen entsprechender Vertrag auf ein Dokument, das eine Schiedsklausel enthält, derart Bezug nimmt, dass sie die Schiedsklausel zu einem Bestandteil des Vertrages macht.[474] Sofern jedoch ein Verbraucher am Vertrag beteiligt ist, muss die Schiedsvereinbarung gesondert in schriftlicher Form vereinbart werden. Anderer Ansicht ist K. Schmidt, der auch bei Personengesellschaften die Anwendbarkeit des § 1066 ZPO bejaht, wonach die Formvorschrif-

---

[467] OLG Frankfurt v. 9.9.2010, GmbHR 2011, 431.
[468] *Von Hase* BB 2011, 1993.
[469] BGH v. 6.4.2017, GmbHR 2017, 759 mit Anm. von *Römermann*; *Baumann/Wagner* BB 2017, 1993.
[470] *Böttcher/Fischer* NZG 2011, 601; *Hauschild/Böttcher* DNotZ 2012, 577; *Heskamp* RNotZ 2012, 415.
[471] OLG München v. 10.9.2013, NZG 2014, 994.
[472] BGH v. 24.7.2014, NJW 2014, 3652.
[473] BeckOKZPO/*Wolf/Eslami*, § 1066 Rn. 5.
[474] *Hauschild/Böttcher* DNotZ 2012, 577 (587).

ten des § 1031 ZPO auch bei Personengesellschaften nicht anwendbar wären.[475] Dann wäre eine Vereinbarung der Schiedsklausel im Gesellschaftsvertrag stets ausreichend.

Die §§ 1034 ff. ZPO regeln die **Zusammensetzung** des Schiedsgerichtes, wenn die Parteien keine abweichende Vereinbarung treffen. Nach dem Gesetz besteht ein Schiedsgericht aus drei Schiedsrichtern (§ 1034 Abs. 1 S. 2 ZPO). In den Vorschriften der §§ 1040 f. ZPO wird die Zuständigkeit des Schiedsgerichtes geregelt und die §§ 1042 ff. ZPO beschäftigen sich mit der Durchführung des schiedsgerichtlichen Verfahrens etc.

976

5. Das Vertragsmuster

§ 24 enthält eine Schiedsklausel, die auf einer Empfehlung der **Deutschen Institution für Schiedsgerichtsbarkeit e. V. (DIS)** beruht.[476] Sie bringt die Schiedsordnung der DIS (DIS-SchO) als allgemeine Verfahrensregeln sowie die Ergänzenden Regeln für gesellschaftsrechtliche Streitigkeiten der DIS (DIS-ERGeS) zur Anwendung.[477]

977

Abs. 8 greift § 1033 ZPO auf, nach dem grundsätzlich während eines Schiedsgerichtsverfahrens auch einstweilige Anordnungen getroffen werden können, für diese dann aber die staatlichen Gerichte zuständig sind. Abs. 8 enthält daher lediglich einen Hinweis auf die gesetzliche Rechtslage.

978

§ 25
Salvatorische Klausel

Sollte eine Bestimmung dieses Vertrages unwirksam sein oder werden, so gelten die übrigen Bestimmungen gleichwohl. Die Gesellschafter verpflichten sich, die nichtige Bestimmung durch eine solche zu ersetzen, die dem wirtschaftlichen Zweck der unwirksamen Bestimmung am nächsten kommt. Entsprechendes gilt, wenn der Vertrag eine Lücke aufweisen sollte.

979

Erläuterungen

1. Allgemeines   2. Ersetzungsklauseln

1. Allgemeines

Gesellschaftsverträge enthalten regelmäßig salvatorische Klauseln. Diese bestehen aus zwei Bestandteilen, nämlich einer **Teilnichtigkeitsklausel** und einer **Ersetzungsklausel**.[478] Salvatorische Klauseln haben ihren Grund in der Vorschrift des § 139 BGB. Nach dieser Vorschrift ist bei einer Nichtigkeit ei-

980

---

475 MüKo/HGB/*K. Schmidt*, § 105 Rn. 121; *ders.* BB 2001, 1857 (1862 f.).
476 DIS-Musterklausel für gesellschaftsrechtliche Streitigkeiten 09.
477 Jeweils abrufbar unter www.dis-arb.de.
478 Vgl. hierzu: *Baur*, FS Vieregge, 1996, 31; *Sommer/Weitbrecht* GmbHR 1991, 449; *Westermann*, FS Philipp Möhring, 1975, 135; *Mayer-Maly*, FS Flume, 1978, Bd. 1, 621.

nes Teiles eines Rechtsgeschäftes im Zweifel das ganze Rechtsgeschäft nichtig, wenn nicht anzunehmen ist, dass es auch ohne den nichtigen Teil vorgenommen sein würde.

981 Salvatorische Klauseln verfolgen das Ziel, bei unvorhergesehener Unwirksamkeit einzelner Bestimmungen das Gesellschaftsverhältnis entsprechend der ursprünglichen Intentionen fortzusetzen.

982 Zwar ist auch bei Vorliegen einer salvatorischen Klausel nach § 139 BGB zu prüfen, ob die Parteien das teilnichtige Geschäft als Ganzes verworfen hätten oder aber den Rest hätten gelten lassen.[479] Bei dieser Prüfung kommt dem Parteiwillen, der in der Erhaltungsklausel Ausdruck gefunden hat, entscheidende Bedeutung zu.

983 Salvatorische Klauseln führen dabei zu einer von § 139 BGB abweichenden Zuweisung der **Darlegungs- und Beweislast** – es ist grundsätzlich nicht von der Gesamtnichtigkeit, sondern von der Teilnichtigkeit des Geschäfts auszugehen – mit der Folge, dass denjenigen die Darlegungs- und Beweislast trifft, der entgegen der Erhaltungsklausel aus der Nichtigkeit einzelner Klauseln auf die Gesamtnichtigkeit des Vertrages folgern will.[480] Im Einzelfall kann jedoch trotz einer salvatorischen Klausel die **Gesamtnichtigkeit** des Vertrages anzunehmen sein. Die Reichweite einer salvatorischen Klausel ist ihrerseits der Auslegung zugänglich.[481] Die Aufrechterhaltung des Restgeschäfts ist trotz einer entsprechenden Regelung unter Umständen nicht mehr durch den Parteiwillen gedeckt, wenn Bestimmungen von grundlegender Bedeutung nichtig sind.[482]

2. Ersetzungsklauseln

984 Ersetzungsklauseln können unterschiedlich ausgestaltet sein. Es gibt Klauseln, die **fingieren,** dass diejenige Bestimmung als vereinbart gilt, die dem entspricht, was die Parteien nach Sinn und Zweck dieses Vertrages vernünftigerweise vereinbart hätten. Derartige Formulierungen sind für Ersetzungsklauseln in Personengesellschaften geeignet, nicht jedoch für Klauseln in GmbH-Gesellschaftsverträgen.[483] Andere Klauseln **verpflichten** die Gesellschafter, die nichtige Bestimmung durch eine andere zu ersetzen (so die Formulierung in dem Mustervertrag).

---

479 BGH v. 11.10.1995, WM 1996, 22 = NJW 1996, 773; v. 8.4.1976, DB 1976, 2106; OLG Stuttgart v. 28.10.1988, ZIP 1989, 60; *Roth* JZ 1989, 415; a. A. *Westermann,* FS Philipp Möhring, 1975, 139; *Baur,* FS Vieregge, 1996, 33 f.; *Mayer-Maly,* FS Flume, 1978, Bd. 1, 623.
480 Vgl. BGH v. 24.9.2002, NJW 2003, 347 sowie MüKo/BGB/*Busche,* § 139 Rn. 35 und Bamberger/Roth/*Wendtland* BGB, § 139 Rn. 7, jew. m. w. N.
481 Vgl. schon BGH v. 23.9.1977, BGHZ 69, 266 (269) = NJW 1978, 102.
482 BGH v. 11.10.1995, NJW 1996, 773 (774); KG v. 9.10.1995, NJW-RR 1996, 431; Palandt/*Ellenberger* BGB, § 139 Rn. 17.
483 *Sommer/Weitbrecht* GmbHR 1991, 449, 452.

I. Die Gesellschaftsverträge der typischen GmbH & Co. KG

§ 26
Schlussbestimmungen

(1) Änderungen und Ergänzungen dieses Vertrages bedürfen zu ihrer Wirksamkeit der Schriftform, soweit nicht im Gesetz eine notarielle Beurkundung vorgeschrieben ist. 985

(2) Die Kosten dieses Vertrages werden von der Gesellschaft getragen.

Erläuterungen
1. Notarkosten und Registerkosten 2. Grunderwerbsteuer

1. Notarkosten und Registerkosten

Notarkosten fallen in der Regel nur für die **Anmeldung der GmbH & Co. KG** zum Handelsregister und gegebenenfalls für die Beurkundung der Satzung der GmbH an. Zu den Kosten im Einzelnen s. **Rn. 77 ff.** 986

2. Grunderwerbsteuer

Zum Anfall von Grunderwerbsteuern s. **Rn. 175.** 987

Einstweilen frei. 988–1050

2. Satzung der Komplementär-GmbH der typischen GmbH & Co. KG

§ 1
Firma, Sitz, Geschäftsjahr

(1) Die Firma der Gesellschaft lautet: 1051

„...GmbH"

(2) Die Gesellschaft hat ihren Satzungs- und Verwaltungssitz in ... 1052

- Variante 1:
(3) Geschäftsjahr ist das Kalenderjahr. 1053

- Variante 2:
(3) Das Geschäftsjahr beginnt am ... und endet am ... des darauffolgenden Kalenderjahres. 1054

Erläuterungen

1. Firma
2. Sitz
3. Geschäftsjahr

1. Firma

1055 Die Firma einer GmbH kann als Sachfirma, als Personenfirma oder als Phantasiefirma oder aus einer Kombination dieser Möglichkeiten gebildet werden.[484] § 4 GmbHG bestimmt, dass die Firma den Bestandteil „Gesellschaft mit beschränkter Haftung" oder eine allgemein verständliche Abkürzung dieses Bestandteils enthalten muss. Zu beachten sind jedoch die Vorschriften der §§ 18, 22 ff. und 30 HGB. Nach § 18 Abs. 1 HGB muss die Firma **Kennzeichnungs- und Unterscheidungskraft** besitzen. Die Firma darf nicht geeignet sein, die angesprochenen Verkehrskreise über wesentliche geschäftliche Verhältnisse **irrezuführen** (§ 18 Abs. 2 HGB).

1056 Die Vorschriften der §§ 22 ff. HGB regeln die Fortführung der Firma beim Erwerb des Handelsgeschäftes (abgeleitete Firma). Nach § 30 HGB muss die Firma von allen an demselben Ort oder in der Gemeinde bestehenden und in das Handelsregister eingetragenen Firmen unterscheidbar sein.

2. Sitz

1057 § 4a GmbHG regelt das „Sitzrecht" einer GmbH. Hiernach bestimmt (allein) der Gesellschaftsvertrag den Sitz der Gesellschaft (sog. **Satzungssitz**). Der Satzungssitz kann nur ein Ort innerhalb Deutschlands sein. Er ist bedeutsam für die Zuständigkeit des Registergerichts und des Prozessgerichts. Die Verwaltung der GmbH kann sich an einem anderen Ort befinden (**Satzungssitz**). (Satzungs-)Sitz der GmbH muss daher nicht mehr zwingend ein Ort sein, an dem die GmbH einen Betrieb hat, an dem sich die Geschäftsleitung befindet oder an dem die Verwaltung geführt wird.[485]

3. Geschäftsjahr

1058 Die Gesellschafter können die zeitliche Lage des Geschäftsjahres frei regeln. Fehlt im Gesellschaftsvertrag eine Regelung, dann entspricht das Geschäftsjahr dem Kalenderjahr.[486] Das Geschäftsjahr ist bedeutsam im Hinblick auf die Vorschriften über die Aufstellung des Inventars und des Jahresabschlusses (vgl. § 240 Abs. 2 Satz 1 und §§ 242 f. HGB). Steuerrechtlich entspricht dem Geschäftsjahr das **Wirtschaftsjahr** (§ 4a EStG). Die **Umstellung** des

---

[484] Baumbach/Hueck/*Fastrich* GmbHG, § 4 Rn. 5.
[485] S. hierzu Bork/Schäfer/*Kindler* GmbHG, § 4a Rn. 6 ff. sowie zur Schranke des Rechtsmissbrauchs MüKo/GmbHG/*Mayer*, § 4a Rn. 9; Baumbach/Hueck/*Fastrich* GmbHG, § 4a Rn. 3 f., jew. m. weit. Nachw.
[486] Vgl. BeckOKGmbHG/*Deussen*, § 29 Rn. 8.

I. Die Gesellschaftsverträge der typischen GmbH & Co. KG

Wirtschaftsjahres auf einen vom Kalenderjahr abweichenden Zeitraum ist steuerrechtlich nur wirksam, wenn sie im Einvernehmen mit der Finanzverwaltung vorgenommen wird (§ 4a Abs. 1 Nr. 2 Satz 2 EStG, § 8b EStDV). Dagegen bedarf die Umstellung des Wirtschaftsjahres auf das Kalenderjahr nicht der Zustimmung der Finanzverwaltung. Es liegt auch dann eine zulässige Regelung des Geschäftsjahres im Gesellschaftsvertrag vor, wenn das Geschäftsjahr durch die Geschäftsführung bestimmt wird. Inhaltlich wird dann kein fixes Jahr festgelegt, sondern die Geschäftsführer können selbst regeln, zu welchem Zeitpunkt das neue Geschäftsjahr beginnt. Dies stellt in diesem Fall auch keine Satzungsänderung dar.[487]

§ 2
Gegenstand des Unternehmens

Gegenstand des Unternehmens ist die Geschäftsführung und Vertretung der ... GmbH & Co. KG mit dem Sitz in ... (im Folgenden „Hauptgesellschaft") genannt, als deren persönlich haftende Gesellschafterin.

1059

Erläuterungen

1. Allgemeines
2. Gegenstand des Unternehmens bei einer Komplementär-GmbH

1. Allgemeines

Die Angabe des Gegenstandes des Unternehmens[488] ist notwendiger Inhalt der Satzung einer GmbH (§ 3 Abs. 1 Nr. 2 GmbHG). Die Angabe des Gegenstandes muss den Tätigkeitsbereich der Gesellschaft in groben Zügen erkennen lassen und die Zuordnung zu einem Geschäftszweig als Sachbereich des Wirtschaftslebens bzw. eine Einordnung im nicht wirtschaftlichen Bereich ermöglichen.[489] Formeln wie „Handelsgeschäfte aller Art" sind unzulässig.[490] Der Gegenstand des Unternehmens definiert den Bereich zwischen der Über- und Unterschreitung des Unternehmensgegenstands, in dessen Korridor die Geschäftsführung tätig werden darf.[491]

1060

---

487 *Kleinert/v. Xylander* GmbHR 2003, 506 (516).
488 Zum Unterschied zwischen dem Gegenstand des Unternehmens und dem Gesellschaftszweck vgl. Baumbach/Hueck/*Fastrich* GmbHG, § 1 Rn. 5, § 3 Rn. 7 und eingehender MüKo/GmbHG/*Fleischer*, § 1 Rn. 6 ff.
489 Baumbach/Hueck/*Fastrich* GmbHG, § 3 Rn. 8.
490 S. hierzu Bork/Schäfer/*Schäfer* GmbHG, § 3 Rn. 8 m. w. N.
491 *Blasche* DB 2011, 517 (522).

2. Gegenstand des Unternehmens bei einer Komplementär-GmbH

1061 Streitig ist, ob es für den Gegenstand des Unternehmens einer Komplementär-GmbH ausreicht, als Unternehmensgegenstand die Geschäftsführung und Vertretung der ... GmbH & Co. KG aufzuführen. Die Rechtsprechung[492] verlangte früher, dass im Gegenstand des Unternehmens der Komplementär-GmbH der Gegenstand des Unternehmens der KG angegeben wird. Hiervon ist das BayObLG mit seinem Beschluss vom 22.6.1995[493] abgewichen, in dem es in einem obiter dictum ausführt, dass der Unternehmensgegenstand einer Komplementär-GmbH bereits dann hinreichend bestimmt ist, wenn die Beteiligung als persönliche haftende Gesellschafterin und die Übernahme der Geschäftsführung angegeben werden. Im Schrifttum wird noch vereinzelt vertreten, dass die Angabe des Unternehmensgegenstands der KG notwendig ist[494], während in der Praxis und in Teilen des Schrifttums heutzutage auf diese Angabe verzichtet wird.[495]

§ 3
Stammkapital/Gesellschafter

1062 (1) Das Stammkapital der Gesellschaft beträgt EUR ... (in Worten EUR ...).

(2) An dem Stammkapital sind beteiligt:
1063   a) Herr/Frau ... mit dem Geschäftsanteil Nr. 1 im Nennbetrag von EUR ...;
1064   b) Herr/Frau ... mit dem Geschäftsanteil Nr. 2 im Nennbetrag von EUR ...;
1065   c) Herr/Frau ... mit dem Geschäftsanteil Nr. 3 im Nennbetrag von EUR ....

- Variante 1:

1066 (3) Die Einlagen auf die Geschäftsanteile sind vor Anmeldung zum Handelsregister in voller Höhe einzuzahlen.

- Variante 2:

1067 (3) Die Einlagen auf die Geschäftsanteile sind in Höhe von 50% vor Anmeldung zum Handelsregister, im Übrigen auf Anforderung der Geschäftsführung einzuzahlen.

- Variante 1:

1068 (4) Die Teilung von Geschäftsanteilen bedarf der Zustimmung der Geschäftsführung.

---

492 BayObLG v. 15.12.1975, NJW 1976, 1694; OLG Hamburg v. 18.9.1967, BB 1968, 267.
493 BayObLG v. 22.6.1995, NJW-RR 1996, 413.
494 Reichert/*Reichert/Ullrich*, § 58.
495 MüKo/HGB/*Grunewald*, § 161 Rn. 56; Baumbach/Hueck/*Fastrich* GmbHG, § 3 Rn. 9.

I. Die Gesellschaftsverträge der typischen GmbH & Co. KG

- Variante 2:
(4) Die Teilung von Geschäftsanteilen bedarf eines Gesellschafterbeschlusses, der nur mit allen vorhandenen Stimmen (mit einer Mehrheit von ...% aller vorhandenen Stimmen/der abgegebenen Stimmen/der Stimmen der anwesenden/vertretenen Gesellschafter) gefasst werden kann.

- Variante 3:
(4) § 46 Nr. 4 GmbHG gilt nicht; jeder Gesellschafter kann seine Gesellschaftsanteile durch schriftliche Erklärung gegenüber der Gesellschaft teilen.

Erläuterungen

1. Stammkapital/Stammeinlagen
2. Namen der Gesellschafter
3. Beteiligung Minderjähriger
4. Fälligkeit der Einlagen; Kapitalaufbringung
5. Teilung von Geschäftsanteilen

1. Stammkapital/Stammeinlagen

Der Gesellschaftsvertrag muss die Höhe des Stammkapitals und die Anzahl und Höhe der Nennbeträge der **Geschäftsanteile**, die jeder Gesellschafter gegen Einlage auf das Stammkapital (Stammeinlagen) übernimmt, angeben (§ 3 Abs. 1 Nr. 3 und 4 GmbHG). Das **Stammkapital**[496] ist ein durch den Gesellschaftsvertrag bestimmter Geldbetrag und entspricht der Summe der bei der Gründung aufzubringenden Einlagen. Das Stammkapital kann nur durch eine – notariell zu beurkundende (§ 53 Abs. 2 S. 1, 1. HS GmbHG) – Änderung des Gesellschaftsvertrages erhöht werden. Es muss mindestens EUR 25.000,00 betragen (§ 5 Abs. 1 GmbHG).

Die von den einzelnen Gesellschaftern zu leistenden **Einlagen** richten sich nach den Nennbeträgen der Geschäftsanteile (§ 14 GmbHG). Jeder Gründer kann mehrere Geschäftsanteile übernehmen (§ 5 Abs. 2 S. 2 GmbHG). Die Nennbeträge müssen auf volle Euro lauten (§ 5 Abs. 2 S. 1 GmbHG) und können für jeden Geschäftsanteil verschieden bestimmt werden (§ 5 Abs. 3 S. 1 GmbHG).

Der Nennbetrag der Geschäftsanteile gibt Aufschluss über die **Beteiligungsverhältnisse** unter den Gesellschaftern. Deshalb ist der Geschäftsanteil normalerweise Maßstab für die Rechte und Pflichten, die von der Höhe der Beteiligung abhängen, wie der Gewinnanspruch (§ 29 Abs. 3 GmbHG), Stimmrechte (§ 47 Abs. 2 GmbHG), Ausfallhaftung (§§ 24, 31 Abs. 3 GmbHG), Nachschusspflicht (§ 26 Abs. 2 und 3 GmbHG), Anteil am Auseinandersetzungsguthaben (§ 72 GmbHG).

---

[496] Zur Bedeutung des Stammkapitals als Haftungsfonds/Garantieziffer vgl. Baumbach/Hueck/*Fastrich* GmbHG, § 3 Rn. 14.

2. Namen der Gesellschafter

1074 Im ersten Gesellschaftsvertrag einer GmbH sind mit den Stammeinlagen auch die Namen der Gesellschafter anzugeben. Für spätere Neufassungen der Satzung gilt § 3 Abs. 1 Nr. 4 GmbHG nur eingeschränkt. Die Angabe der ursprünglichen Gesellschafter mit ihren Stammeinlagen kann jedenfalls dann entfallen, wenn die Einlagen voll geleistet sind.[497]

3. Beteiligung Minderjähriger

1075 a) **Gründung einer GmbH.** *aa) Ergänzungspfleger.* Die Eltern können einen Minderjährigen bei der Gründung der Komplementär-GmbH nicht vertreten (§§ 1629 Abs. 2, 1795 Abs. 2, 181, 1. Alt. BGB, **Rn. 318**). Sie bedürfen eines Ergänzungspflegers gem. § 1909 Abs. 1 S. 1 BGB.[498] Sollen mehrere Kinder an der GmbH beteiligt werden, bedarf jedes Kind eines Ergänzungspflegers.[499]

1076 *bb) Genehmigung des Familiengerichtes.* Die Gründung einer GmbH unter Beteiligung von Minderjährigen bedarf nach herrschender Meinung auch der Genehmigung des Familiengerichts.[500] Rechtsgrundlage hierfür ist die Norm des § 1822 Nr. 10 BGB, der die familienrechtliche Genehmigung für die Übernahme einer fremden Verbindlichkeit vorsieht. Der minderjährige Gründer einer GmbH haftet für fremde Verbindlichkeiten u.a. nach §§ 24 GmbHG, 31 Abs. 3 GmbHG. Die Gründung einer GmbH mit Minderjährigen bedarf daher einer **Genehmigung des Familiengerichtes**.[501]

1077 *cc) Ausübung von Gesellschafterrechten des Minderjährigen.* Nach herrschender Meinung in der Rechtsprechung und in der Literatur können die Eltern einen Minderjährigen vertreten, soweit sich der Gesellschafterbeschluss auf Maßnahmen der Geschäftsführung bezieht.[502] Bei Beschlüssen, die das Verhältnis der Gesellschafter untereinander betreffen, ist § 181 BGB 1. Alt. anwendbar. Dies ist insbesondere bei den sogenannten **Grundlagenbeschlüssen** der Fall. Grundlagengeschäfte sind u.a. Änderungen der GmbH-Satzung, Einziehungs- und Auflösungsbeschlüsse.[503] Bei Beschlüssen über die Bestellung eines Elternteils zum Geschäftsführer, die Befreiung eines Elternteils von den Beschränkungen des § 181 BGB oder der Entlastung eines El-

---

497 HM, vgl. Baumbach/Hueck/*Fastrich* GmbHG, § 3 Rn. 18; Bork/Schäfer/*Schäfer* GmbHG, § 3 Rn. 15, jew. m.w.N.
498 *Bürger* RNotZ 2006, 156 (158).
499 *Bürger* RNotZ 2006, 156 (158).
500 *Bürger* RNotZ 2006, 156 (159).
501 *Bürger* RNotZ 2006, 156 (160); Scholz/*Emmerich* GmbHG, § 2 Rn. 43; Baumbach/Hueck/*Fastrich* GmbHG, § 2 Rn. 23.
502 BGH v. 18.9.1975, BGHZ 65, 93 (96); *Bürger* RNotZ 2006, 156 (171).
503 *Bürger* RNotZ 2006, 156 (171).

I. Die Gesellschaftsverträge der typischen GmbH & Co. KG

ternteils in seiner Eigenschaft als Geschäftsführer der GmbH, können die Eltern den Minderjährigen ebenfalls vertreten.[504] Diese Probleme lassen sich (teilweise) durch die Einrichtung eines **Aufsichts- oder Beirates** lösen, der für die Bestellung und Abberufung von Geschäftsführern und deren Entlastung zuständig ist.[505]

b) Schenkung des GmbH-Anteils. *aa) Ergänzungspfleger.* Die Frage, ob bei der Schenkung eines GmbH-Anteils an einen Minderjährigen die Bestellung eines Ergänzungspflegers notwendig ist, richtet sich danach, ob der Erwerb eines Geschäftsanteils einer GmbH für den Minderjährigen lediglich **rechtlich vorteilhaft** i.S.v. § 107 BGB ist. Dies wird überwiegend verneint.[506] Vorsorglich wird daher ein Berater darauf drängen, dass ein Ergänzungspfleger bestellt wird. 1078

bb) Genehmigung des Familiengerichts. Die herrschende Meinung in der Rechtsprechung und in der Literatur verlangt nur dann eine Genehmigung des Familiengerichts, wenn zum Zeitpunkt der Schenkung an den Minderjährigen eine **fremde Verbindlichkeit** i.S.v. § 1822 Nr. 10 BGB besteht. Eine Genehmigung nach § 1822 Nr. 3 BGB ist nicht erforderlich.[507] 1079

4. Fälligkeit der Einlagen; Kapitalaufbringung

Nach dem Gesetz beschließt die Gesellschafterversammlung über die **Einforderung von Einlagen,** sofern der Gesellschaftsvertrag nichts Abweichendes bestimmt (§ 46 Nr. 2 GmbHG). Vor der Anmeldung ist jedoch mindestens ein Viertel der auf jede Stammeinlage zu leistenden Geldeinlage (Bareinlage) einzubezahlen (§ 7 Abs. 2 Satz 1 GmbHG). Insgesamt muss auf das Stammkapital vor Anmeldung so viel einbezahlt werden, dass der Gesamtbetrag der einbezahlten Geldeinlagen zuzüglich des Gesamtbetrages der Stammeinlagen, für die Sacheinlagen zu leisten sind, EUR 12.500,00 erreicht (§ 7 Abs. 2 Satz 2 GmbHG). Der Gesellschaftsvertrag kann die Fälligkeit statt von einem Gesellschafterbeschluss von einer Entscheidung der Geschäftsführung abhängig machen (vgl. die **Variante 2** zu **Abs. 3** des Mustervertrages). 1080

Die **Bareinlage** kann von den Gesellschaftern in bar oder durch Gutschrift auf das Bankkonto der Vor-GmbH oder ein für diese geführtes (Treuhand-)Konto des Geschäftsführers oder eines Dritten geleistet werden.[508] Sie muss dem Geschäftsführer zur **endgültigen freien Verfügung** stehen (vgl. § 8 Abs. 2 S. 1 GmbHG).[509] Ist bereits vor der Zahlung durch den Gesellschafter ver- 1081

---

504 *Bürger* RNotZ 2006, 156 (172) m.w.N.
505 *Bürger* RNotZ 2006, 156 (172).
506 Staudinger/*Klumpp* BGB, § 107 Rn. 60; *Maier-Reimer/Marx* NJW 2005, 3025 (3026); *Bürger* RNotZ 2006, 156 ff., 162.
507 BGH v. 20.2.1989, DB 1989, 918.
508 Baumbach/Hueck/*Fastrich* GmbHG, § 7 Rn. 8.
509 S. hierzu nur Baumbach/Hueck/*Fastrich* GmbHG, § 7 Rn. 10 f.; Bork/Schäfer/*Schäfer* GmbHG, § 7 Rn. 16 ff., jew. auch zum Sonderproblem der Einzahlung auf debitorische Konten.

einbart, dass die Zahlung wirtschaftlich an den Gesellschafter zurückgezahlt wird, kann dies dennoch nach § 19 Abs. 5 GmbHG zulässig sein, wenn hierin keine verdeckte Sacheinlage zu sehen ist, wenn die Leistung durch einen jederzeit fälligen, vollwertigen Rückgewähranspruch gedeckt ist und wenn die Vereinbarung der Rückzahlung bei der Anmeldung der Gesellschaft dem Handelsregister angezeigt wird.[510]

1082 Der BGH[511] hat die direkte Zahlung der GmbH-Einlagen auf ein Konto der KG für Rechnung der GmbH wie eine Rückzahlung an die Gesellschafter gewertet.[512] Die Verwendung der von der GmbH empfangenen Bareinlagen als Kredit stellt damit einen Mittelrückfluss an die Gesellschafter dar, der in § 19 GmbHG mit einer Haftung des Gesellschafters sanktioniert wird, die erst in 10 Jahren verjährt (§ 19 Abs. 6 GmbHG).

5. Teilung von Geschäftsanteilen

1083 Die Teilung eines Geschäftsanteils bedarf eines Beschlusses der Gesellschafterversammlung (§ 46 Nr. 4 GmbHG). Die Regelung ist jedoch **disponibel**; die Teilung kann erleichtert, erschwert oder auch ausgeschlossen werden.[513] Die Varianten zu **Abs. 4** des Musters reflektieren diese Möglichkeiten.

§ 4
Dauer der Gesellschaft

Die Gesellschaft beginnt mit der Eintragung im Handelsregister. Ihre Dauer ist unbestimmt.

Erläuterungen

1. Entstehung einer GmbH   3. Dauer
2. Vor-GmbH   4. Kündigung

1. Entstehung einer GmbH

1084 Die Gründung einer GmbH vollzieht sich in folgenden **sieben** Schritten:
– Notarieller Abschluss des Gesellschaftsvertrages (§ 2 Abs. 1 GmbHG); der Vertrag ist von sämtlichen Gesellschaftern zu unterzeichnen, die Unterzeichnung durch Bevollmächtigte ist nur auf Grund einer notariell errichteten oder beglaubigten Vollmacht zulässig (§ 2 Abs. 2 GmbHG);
– Bestellung eines oder mehrerer Geschäftsführer (§ 6 GmbHG);

---

510 Zu den Einzelheiten s. Baumbach/Hueck/*Fastrich* GmbHG, § 19 Rn. 70 ff.; Bork/Schäfer/*Bartels* GmbHG, § 19 Rn. 35 ff.
511 BGH v. 10.12.2007, BGHZ 174, 370.
512 Michalski/*Heidinger* GmbHG, § 30 Rn. 159.
513 Vgl. MüKo/GmbHG/*Liebscher*, § 46 Rn. 95; Roth/Altmeppen/*Roth* GmbHG, § 46 Rn. 16 d.

I. Die Gesellschaftsverträge der typischen GmbH & Co. KG

- Leistung auf die Stammeinlagen (§ 7 Abs. 2 und 3 GmbHG);
- Anmeldung zum Handelsregister (§ 7 Abs. 1 GmbHG);
- registergerichtliche Prüfung;
- Eintragung; mit ihr entsteht die GmbH (§ 11 Abs. 1 GmbHG);
- Bekanntmachung (§§ 9c, 10 GmbHG).

2. Vor-GmbH

Von der Entstehung der GmbH (Eintragung im Handelsregister) ist die Errichtung einer GmbH zu unterscheiden.[514] Letztere erfolgt bereits durch Abschluss des Gesellschaftsvertrages. In dem Stadium zwischen Errichtung und Eintragung in das Handelsregister besteht die GmbH als sogenannte „Vorgesellschaft" oder „Vor-GmbH". Die Vorgesellschaft ist eine Personenvereinigung eigener Art, die rechts- und parteifähig[515] ist und die künftige GmbH bereits weitgehend vorwegnimmt.[516] Auf sie sind neben dem Gesellschaftsvertrag bereits die Normen des GmbH-Rechts anzuwenden, soweit diese nicht gerade die Eintragung der Gesellschaft voraussetzen oder sonst mit dem besonderen Zweck der Vorgesellschaft nicht vereinbar sind.[517]

1085

3. Dauer

Die Dauer einer GmbH ist nach dem Gesetz **unbestimmt**. Der Gesellschaftsvertrag kann eine zeitliche Beschränkung vorsehen (§ 3 Abs. 2 GmbHG); dies ist jedoch unüblich.

1086

4. Kündigung

Das Gesetz sieht **keine Kündigung** der GmbH vor. Der Gesellschaftsvertrag kann den Gesellschaftern ein Kündigungsrecht einräumen. Ein Kündigungsrecht bei der Komplementär-GmbH ist nicht erforderlich, wenn Geschäftsanteile des Gesellschafters der GmbH, der die KG gekündigt hat, von den Gesellschaftern der Komplementär-GmbH eingezogen werden kann oder deren Abtretung verlangt werden kann. Der Mustervertrag sieht keine Kündigung vor.

1087

---

514 Baumbach/Hueck/*Fastrich* GmbHG, § 11 Rn. 3.
515 BGH v. 31.3.2008, NJW 2008, 2441 (2442, Tz. 6).
516 S. hierzu etwa Bork/Schäfer/*Schroeter* GmbHG, § 11 Rn. 10 ff.; MüKo/GmbHG/*Merkt*, § 11 Rn. 6.
517 BGH v. 23.10.2006, NJW 2007, 589 (590, Tz. 10); Bork/Schäfer/*Schroeter* GmbHG, § 11 Rn. 10; Baumbach/Hueck/Fastrich GmbHG, § 11 Rn. 6; MüKo/GmbHG/*Merkt*, § 11 Rn. 12.

§ 5
Vertretung und Geschäftsführung

1088 (1) Die Gesellschaft hat einen oder mehrere Geschäftsführer. Durch Beschluss der Gesellschafterversammlung kann jedem Geschäftsführer auch Einzelvertretungsbefugnis erteilt werden. Ist nur ein Geschäftsführer bestellt, vertritt dieser die Gesellschaft allein.

1089 (2) Durch Beschluss der Gesellschafterversammlung kann jedem Geschäftsführer generell oder im Einzelfall Befreiung von den Beschränkungen des § 181 BGB erteilt werden. Für Geschäfte zwischen der Hauptgesellschaft und der Gesellschaft sind die Geschäftsführer in jedem Fall von den Beschränkungen des § 181 BGB befreit.

- Variante 1:
1090 (3) Bei der Führung der Geschäfte der Hauptgesellschaft haben die Geschäftsführer das Gesetz und den jeweiligen Gesellschaftsvertrag der Hauptgesellschaft zu beachten.

- Variante 2:
1091 (3) Bei der Führung der Geschäfte der Hauptgesellschaft haben die Geschäftsführer das Gesetz, den jeweiligen Gesellschaftsvertrag der Hauptgesellschaft und die Weisungen der Gesellschafterversammlung zu beachten. Die Gesellschafter können den Geschäftsführern jedoch hinsichtlich der Geschäftsführung der Hauptgesellschaft keine Weisungen gemäß erteilen.

1092 (4) Geschäfte der Gesellschaft mit Dritten, die nicht der Geschäftsführung der Hauptgesellschaft zuzuordnen sind, bedürfen der vorherigen Zustimmung der Gesellschafterversammlung.

- Variante 1:
1093 (5) Sind mehrere Geschäftsführer bestellt, führen sie die Geschäfte gemeinschaftlich; Beschlüsse werden mit der einfachen Mehrheit aller vorhandenen Stimmen gefasst. Jeder Geschäftsführer hat eine Stimme.

- Variante 2:
1094 (5) Sind mehrere Geschäftsführer bestellt, führt jeder Geschäftsführer, unbeschadet seiner Verantwortlichkeit für das Wohl der gesamten Gesellschaft, die Geschäfte innerhalb der ihm zugewiesenen Aufgaben allein.

1095 (6) Die Geschäftsführer haben unverzüglich nach Wirksamwerden jeder Veränderung in den Personen der Gesellschafter oder des Umfangs ihrer Beteiligung eine von ihnen unterschriebene Gesellschafterliste zum Handelsregister einzureichen, aus welcher Name, Vorname, Geburtsdatum und Wohnort der Gesellschafter sowie die Nennbeträge und die laufenden Nummern der von einem jeden derselben übernommenen Ge-

I. Die Gesellschaftsverträge der typischen GmbH & Co. KG

schäftsanteile zu entnehmen sind. Die Veränderungen sind den Geschäftsführern schriftlich mitzuteilen und nachzuweisen. Als Nachweis sind im Allgemeinen Urkunden in Urschrift oder beglaubigte Abschriften vorzulegen. Für den Nachweis der Erbfolge gilt § 35 Grundbuchordnung entsprechend. Nach Aufnahme der geänderten Gesellschafterliste im Handelsregister haben die Geschäftsführer allen Gesellschaftern unverzüglich eine Abschrift der geänderten Gesellschafterliste zu übersenden. Unabhängig hiervon sind die Geschäftsführer verpflichtet, wenigstens einmal im Jahr sämtlichen Gesellschaftern einen aktuellen Auszug der im Handelsregister aufgenommenen Gesellschafterliste zur Kenntnis zu geben.

(7) Die vorstehenden Vorschriften gelten für Liquidatoren der Gesellschaft entsprechend.

Erläuterungen

1. Vertretung
2. Geschäftsführung
3. Befreiung von § 181 BGB
4. Weisungen hinsichtlich der Geschäftsführung bei der Hauptgesellschaft
5. Gesellschafterliste

1. Vertretung

Die Vertretungsmacht der Geschäftsführer ist im Außenverhältnis unbeschränkbar (§ 37 Abs. 2 GmbHG). Die Vertretungsmacht kann nach außen weder durch die Satzung noch durch Gesellschafterbeschluss noch durch Anstellungsverträge oder auf sonstige Weise beschränkt werden. Interne Beschränkungen der Vertretungsbefugnis der Geschäftsführer sind möglich (§ 37 Abs. 1 GmbHG) und üblich, können aber nur in Ausnahmefällen auf das Außenverhältnis gegenüber Dritten durchschlagen.[518] Die Formulierung in **Abs. 1** des Mustervertrages entspricht den Anforderungen, die von den Registergerichten an die Formulierung der Vertretungsbefugnis gestellt werden. Die Registergerichte verlangen insbesondere, dass der Gesellschaftsvertrag ausdrücklich die Bestimmung enthält, dass – wenn nur ein Geschäftsführer bestellt ist – dieser die Gesellschaft alleine vertritt (eine Selbstverständlichkeit).

2. Geschäftsführung

Zwischen der Geschäftsführung (Innenverhältnis) und der Vertretungsmacht (Außenverhältnis) ist streng zu unterscheiden. Die Frage, wie sich die Geschäftsführungsbefugnis auf mehrere Geschäftsführer verteilt, ist gesetzlich nicht geregelt. Nach herrschender Meinung[519] steht die Geschäftsführungs-

---

[518] Einzelheiten s. Baumbach/Hueck/*Zöllner*/*Noack* GmbHG, § 37 Rn. 41 ff.
[519] Baumbach/Hueck/*Zöllner*/*Noack* GmbHG, § 37 Rn. 29.

befugnis mehreren Geschäftsführern nur gemeinschaftlich zu (**Gesamtgeschäftsführung**). Dies bedeutet, dass Entscheidungen der Geschäftsführer **einstimmig** gefasst werden müssen. Die **Satzung** kann diese Frage abweichend regeln, zum Beispiel Mehrheitsentscheidungen zulassen, Ressortverteilungen vorgeben etc. Soweit die Satzung keine bindenden Regelungen vorgibt, können die Gesellschafter die Geschäftsführungsbefugnis auch durch Gesellschafterbeschluss regeln, zum Beispiel in Form einer Geschäftsordnung. Solange keine durch die Gesellschafter erlassene Geschäftsordnung besteht, können sich auch die Geschäftsführer selbst eine Geschäftsordnung geben und darin die Geschäftsführungsbefugnis regeln.[520] Der Mustervertrag bietet in § 5 **Abs. 5** je eine Formulierung für eine Gesamtgeschäftsführung (Variante 1) und eine Einzelgeschäftsführung (Variante 2) an. Sollen Mehrheitsbeschlüsse möglich sein, ist es wichtig, die **Stimmenmehrheit** zu definieren.

1099   Eine Komplementär-GmbH soll in der Regel keine eigenen Geschäfte machen, sondern nur die Geschäfte ihrer KG führen. Aus diesem Grund unterwirft **Abs. 4** des Mustervertrages Geschäfte mit Dritten der vorherigen Zustimmung der Gesellschafterversammlung.

3. Befreiung von § 181 BGB[521]

1100   Bezüglich der Befreiung im Sinne von § 181 BGB wird zunächst auf die Erläuterungen in **Anm. 2 zu § 6** des Gesellschaftsvertrags der typischen GmbH & Co. KG verwiesen (**Rn. 494**). Die Satzung kann eine Befreiung der oder einzelner Geschäftsführer von den Beschränkungen des § 181 BGB ausdrücklich anordnen oder die Gesellschafterversammlung zu einer generellen Befreiung oder einer Befreiung im Einzelfall ermächtigen.[522] Der Mustervertrag kombiniert in **Abs. 2** beide Möglichkeiten.

4. Weisungen hinsichtlich der Geschäftsführung bei der Hauptgesellschaft

1101   Die Gesellschafterversammlung (nicht einzelne Gesellschafter) einer GmbH können den Geschäftsführern nach dem Gesetz grundsätzlich **Weisungen** hinsichtlich ihrer Geschäftsführung erteilen. Dies wirft das Problem auf, ob die Geschäftsführer auch hinsichtlich der Geschäftsführung bei der Hauptgesellschaft den Weisungen der Gesellschafterversammlung der Komplementär-GmbH unterliegen.[523] Zur Vermeidung von Streitigkeiten, sollte dieses Problem in dem **Gesellschaftsvertrag** der GmbH geregelt werden[524]; im Mustervertrag wird das Weisungsrecht der Gesellschafterversammlung der Komplementär-GmbH in Bezug auf die Geschäftsführung in den **Varianten 1**

---

520 Baumbach/Hueck/*Zöllner/Noack* GmbHG, § 37 Rn. 29.
521 Einzelheiten s. Baumbach/Hueck/*Zöllner/Noack* GmbHG, § 35 Rn. 128 ff.
522 Baumbach/Hueck/*Zöllner/Noack* GmbHG, § 35 Rn. 132.
523 Zum Meinungsstand vgl. *Esch* NJW 1988, 1553 (1554 f.).
524 So *Esch* NJW 1988, 1553 (1559).

I. Die Gesellschaftsverträge der typischen GmbH & Co. KG

und 2 zu **Absatz 3** angesprochen und in **Variante 1** bejaht, während es in **Variante 2** verneint wird.

5. Gesellschafterliste

§ 16 Abs. 3 GmbHG soll den gutgläubigen Erwerb von Geschäftsanteilen von Nichtberechtigten unter bestimmten Bedingungen ermöglichen. Dies setzt u. a. voraus, dass sich die Rechtsinhaberschaft des Veräußerers aus der im Handelsregister aufgenommenen Gesellschafterliste ergibt. Vor diesem Hintergrund kommt der Pflicht des Geschäftsführers, Änderungen im Bestand der Gesellschafter auch in der Gesellschafterliste nachzuvollziehen, besondere Bedeutung zu. Zwar ergibt sich diese Pflicht bereits aus dem Gesetz (§ 40 Abs. 1 S. 1 GmbHG), es erscheint jedoch zweckmäßig, sie (deklaratorisch) auch ausdrücklich in die Gesellschaftssatzung aufzunehmen, wie dies **Abs. 6 S. 1** des Mustervertrages vorsieht. Nach dem Gesetz erfolgt eine Änderung der Gesellschafterliste auf Mitteilung und Nachweis (§ 40 Abs. 1 S. 2 GmbHG). Mit Blick auf die Haftung nach § 40 Abs. 3 GmbHG sollte die Satzung zum Schutz der Geschäftsführer diese Anforderungen näher konkretisieren. Die Regelungen des **Abs. 6 S. 2 bis 4** des Mustervertrages enthalten hierzu einen Vorschlag. 1102

Zudem sollte der Gesellschaftsvertrag eine Regelung enthalten, die die Geschäftsführer dazu verpflichtet, den Gesellschaftern Änderungen an der im Handelsregister aufgenommenen Gesellschafterliste mitzuteilen (**Abs. 6 S. 5** des Mustervertrages). Diese **Informationspflicht** nutzt freilich in den Fällen wenig, wenn nicht der Geschäftsführer, sondern der beurkundende Notar die geänderte Gesellschafterliste zum Handelsregister einreicht (§ 40 Abs. 2 GmbHG). Die Gesellschafter müssen sich daher zum eigenen Schutz regelmäßig selbst beim Handelsregister über den Inhalt der Gesellschafterliste erkundigen. Aus Vereinfachungszwecken kann dies auch turnusmäßig über die Geschäftsführer erfolgen, wie dies **Abs. 6 S. 6** des Mustervertrages vorsieht. 1103

Zu § 16 Abs. 3 GmbHG gibt es zahlreiche Probleme[525], die hier nicht dargestellt werden können. § 16 Abs. 3 GmbHG schützt u. a. nicht den guten Glauben des Erwerbers an die Existenz des Geschäftsanteils, an die Freiheit von Lasten, an die Verfügungsbefugnis des Veräußerers und die freie Übertragbarkeit des Veräußerers. 1104

§ 6
Geschäftsführer

(1) Geschäftsführer werden von der Gesellschafterversammlung bestellt und abberufen, soweit dieser Vertrag nichts Abweichendes bestimmt. 1105

---

525 Hierzu z. B. *Mayer* DNotZ 2008, 403 (420 ff.).

1106 (2) Gesellschafter, die allein oder zusammen über mindestens ...% des Stammkapitals verfügen, haben das Recht, jeweils einen Geschäftsführer zu bestellen und abzuberufen. Der so bestellte Geschäftsführer kann von der Gesellschafterversammlung nur aus wichtigem Grund und nur mit einem Beschluss abberufen werden, der der einfachen Mehrheit der Stimmen aller vorhandenen Gesellschafter bedarf.

1107 (3) Solange der Gesellschafter ... an der Gesellschaft beteiligt ist, steht ihm bis zur Vollendung seines ... Lebensjahres das Sonderrecht zu, als Geschäftsführer bestellt zu werden. Das Sonderrecht ist höchstpersönlich und nicht vererblich. Der Gesellschafter kann vor der Vollendung seines ... Lebensjahres nur abberufen werden, wenn ein wichtiger Grund für seine Abberufung vorliegt.

Erläuterungen

1. Gesetzliche Ausgangslage
2. Vertragliche Abweichungen
3. Anstellungsvertrag

1. Gesetzliche Ausgangslage

1108 Der Geschäftsführer ist – neben der Gesellschafterversammlung – eines der beiden gesetzlich vorgesehenen Organe der GmbH. Die GmbH hat einen oder mehrere Geschäftsführer (§ 6 Abs. 1 GmbHG). Die Satzung kann – muss aber nicht – Bestimmungen über die Anzahl der Geschäftsführer treffen. Bereits im **Gründungsstadium** der GmbH ist die Bestellung des Geschäftsführers notwendig, um die Handlungsfähigkeit der Vorgesellschaft zu gewährleisten. Geschäftsführer müssen unbeschränkt geschäftsfähige natürliche Personen sein. Personen, die wegen einer Insolvenzstraftat (§§ 283–283 d StGB) rechtskräftig verurteilt worden sind oder die brancheneinschlägigen **Berufsverboten** unterliegen, können nicht Geschäftsführer sein (§ 6 Abs. 2 GmbHG).

1109 Die Bestellung der Geschäftsführer obliegt, sofern der Gesellschaftsvertrag keine abweichende Bestimmung trifft, der **Gesellschafterversammlung** (§ 6 Abs. 3, § 46 Nr. 5 GmbHG). Die Abberufung des Geschäftsführers kann jederzeit frei ohne Vorliegen besonderer Gründe erfolgen (§ 38 Abs. 1 GmbHG), soweit die Satzung nichts Abweichendes bestimmt.

2. Vertragliche Abweichungen

1110 Die **Satzung** kann die Kompetenz für die Bestellung von Geschäftsführern anderweitig regeln.[526] So ist es möglich, Gesellschaftern, die allein oder zusammen über einen bestimmten Prozentsatz des Stammkapitals verfügen, das Recht zu geben, jeweils einen Geschäftsführer zu bestellen und abzuberufen

---

526 Baumbach/Hueck/*Zöllner*/*Noack* GmbHG, § 46 Rn. 34 f.

I. Die Gesellschaftsverträge der typischen GmbH & Co. KG

(ein Formulierungsbeispiel findet sich in **Abs. 2** des Mustervertrages). Es ist auch möglich, einzelnen Gesellschaftern ein unentziehbares **Sonderrecht** zur Geschäftsführung einzuräumen[527] (Formulierungsbeispiel siehe **Abs. 3** des Mustervertrages). Das Bestehen eines derartigen Sonderrechts schließt jedoch eine Abberufung des Geschäftsführers aus wichtigem Grund nicht aus.[528]

3. Anstellungsvertrag

Ein Geschäftsführer kann mit oder ohne einen Anstellungsvertrag für die GmbH tätig sein. Das GmbHG regelt nicht die Zuständigkeit für den Abschluss, die Änderung und die Beendigung des Anstellungsvertrags mit. Nach herrschender Meinung[529] steht der Gesellschafterversammlung insoweit die **Annexkompetenz** aus § 46 Abs. 1 Nr. 5 GmbHG zu. Sofern der Anstellungsvertrag mit der KG abgeschlossen wird (Drittanstellung), ist für den Abschluss die Komplementär-GmbH und damit der Geschäftsführer selbst zuständig. Der Geschäftsführer, der angestellt werden soll, kann aufgrund des **Insichverbots des § 181 BGB** aber bei Vertragsabschluss nicht für die Gesellschaft und sich selbst tätig werden. Es gibt daher drei Möglichkeiten, wie es zu einem Vertragsschluss zwischen dem Geschäftsführer und der KG kommen kann: Der Geschäftsführer wird durch den Gesellschaftsvertrag der GmbH & Co. KG oder einen satzungsändernden Mehrheitsbeschluss der GmbH & Co. KG vom Verbot des § 181 BGB befreit[530], es gibt einen weiteren vertretungsbefugten Geschäftsführer, der für die KG tätig wird, oder das Tätigwerden wird durch einen Beschluss der Gesellschafterversammlung der Komplementär-GmbH gestattet.[531] Änderungen dieses Vertrages mit der KG kann dann wiederum die Gesellschafterversammlung der GmbH beschließen, sofern kein anderes vertretungsberechtigtes Organ zur Verfügung steht.[532]

1111

§ 7
Gesellschafterversammlungen

(1) Beschlüsse der Gesellschafter werden in Versammlungen gefasst. Eine Gesellschafterversammlung ist alljährlich innerhalb der jeweiligen gesetzlichen Fristen (§ 42 a Abs. 2, Abs. 1 GmbHG, ordentliche Gesellschafterversammlung) abzuhalten, im Übrigen nach Bedarf. Der Abhaltung einer Gesellschafterversammlung bedarf es nicht, wenn alle Gesellschafter dem von der Geschäftsführung vorgeschlagenen Beschluss in Textform (§ 126 b BGB) oder in Schriftform (§ 126 BGB) zugestimmt haben

1112

---

527 Baumbach/Hueck/*Fastrich* GmbHG, § 6 Rn. 27.
528 Baumbach/Hueck/*Fastrich* GmbHG, § 6 Rn. 27.
529 *Lieder* NZG 2015, 569; MüKo/GmbHG/*Jaeger/Stephan/Tieves*, § 35 Rn. 44.
530 KG v. 20.12.2012, BeckRS 2014, 12837.
531 Reichert/*Breitfeld*, § 16 Rn. 78.
532 BGH v. 1.12.1969, WM 1970, 249.

oder mit der Stimmabgabe in Textform oder in Schriftform einverstanden sind, soweit keine andere Form gesetzlich zwingend vorgeschrieben ist („Umlaufbeschlüsse"). Zulässig ist auch jede andere Form der Beschlussfassung, wenn alle Gesellschafter zustimmen. Umlaufbeschlüsse kann jeder Geschäftsführer veranlassen. Adressat der Stimmabgabe ist die Gesellschaft. Umlaufbeschlüsse kommen mit dem Zugang des Abstimmungsprotokolls (Abs. 11) bei allen stimmberechtigten Gesellschaftern zustande.

1113 (2) Jeder Geschäftsführer kann eine Gesellschafterversammlung einberufen. Die Einberufung hat unter gleichzeitiger Bekanntgabe der Tagesordnung und des Tagungslokals mittels eingeschriebenem Brief (Einwurfeinschreiben), das mindestens 14 Tage vor dem Termin der Gesellschafterversammlung an die Gesellschafter zur Absendung gebracht sein muss, zu erfolgen. Die Einladung ist mit ihrer Aufgabe zur Post bewirkt. Der Tag der Absendung der Einladung (Poststempel) und der Tag der Versammlung werden bei der Fristberechnung nicht mitgezählt. Ist der Aufenthalt eines Gesellschafters unbekannt oder kann er aus anderen Gründen nicht geladen werden, so ruht bis zur Beseitigung dieses Zustandes sein Stimmrecht, soweit der Gesellschaftsvertrag nicht etwas anderes bestimmt. § 50 GmbHG gilt mit der Maßgabe, dass die Form- und Fristvorschriften gem. S. 2–5 zu beachten sind.

1114 (3) Gesellschafterversammlungen finden jeweils am Sitz der Gesellschaft statt, es sei denn, alle Kommanditisten stimmen im Einzelfalls einem anderen Versammlungsort zu.

1115 (4) Eine vertragsgemäß einberufene Gesellschafterversammlung ist beschlussfähig, wenn die anwesenden und vertretenen Gesellschafter …% aller Stimmen auf sich vereinigen. Ist eine Gesellschafterversammlung beschlussunfähig, so ist eine neue Gesellschafterversammlung mit gleicher Tagesordnung unter Einhaltung der in Abs. 2 genannten Form- und Fristvorschriften einzuberufen. Diese Gesellschafterversammlung ist ohne Rücksicht auf die Zahl der Stimmen der anwesenden und vertretenen Gesellschafter beschlussfähig. Hierauf ist in der Einladung hinzuweisen.

1116 (5) Jeder Gesellschafter kann sich auf Gesellschafterversammlungen nur durch einen anderen Gesellschafter oder einen zur Berufsverschwiegenheit verpflichteten, sachverständigen Dritten oder seinen Ehegatten oder Lebenspartner vertreten lassen.

1117 (6) Ist eine Gesellschafterversammlung nicht vertragsgemäß einberufen worden, können Beschlüsse nur gefasst werden, wenn alle Gesellschafter anwesend oder vertreten sind und alle Gesellschafter und Vertreter mit der Fassung von Beschlüssen einverstanden sind.

I. Die Gesellschaftsverträge der typischen GmbH & Co. KG   311

(7) Jeder Gesellschafter kann sich von einem zur Berufsverschwiegenheit verpflichteten, sachverständigen Dritten in der Gesellschafterversammlung beraten lassen, wenn er dies den anderen Gesellschaftern mit einer Frist von mindestens 8 Tagen vorher schriftlich mitgeteilt hat. Im Fall von S. 1 sind auch die anderen Gesellschafter berechtigt, sich von je einem Berater in der Gesellschaftsversammlung beraten zu lassen. 1118

(8) Die Gesellschafterversammlungen werden von einem Geschäftsführer, hilfsweise von einem Gesellschafter geleitet, den die Gesellschafter/Vertreter mit einfacher Mehrheit der abgegebenen Stimmen der erschienenen und vertretenen Gesellschafter wählen. Bis zur Wahl wird die Versammlung von dem ältesten anwesenden Gesellschafter bzw. Vertreter eines Gesellschafters geleitet. 1119

(9) Der Leiter der Gesellschafterversammlung bestimmt die Reihenfolge der Tagesordnungspunkte. Er kann einzelne Tagesordnungspunkte absetzen, wenn Gesellschafter, die über mehr als …% der Stimmrechte verfügen, dies beantragen, wenn ein Antrag gestellt wird, der von einem Tagesordnungspunkt nicht gedeckt ist oder, wenn Meinungsverschiedenheiten über die Zulässigkeit eines Tagesordnungspunktes oder eines Antrags zwischen den Gesellschaftern bestehen. 1120

(10) Über die Gesellschafterversammlung ist ein Protokoll zu fertigen, das von dem Leiter der Gesellschafterversammlung zu erstellen ist. Abschriften des Protokolls sind allen Gesellschaftern unverzüglich zuzuleiten. Das Protokoll hat mindestens die anwesenden und vertretenen Gesellschafter, etwaige Verzichte auf die Einhaltung von Form- und Fristvorschriften, alle Anträge und alle Beschlüsse einschließlich der jeweiligen Abstimmungsergebnisse zu enthalten. 1121

(11) Werden Beschlüsse außerhalb von Gesellschafterversammlungen gefasst, ist der Wortlaut der Beschlussanträge und das Ergebnis der Abstimmung in einem Protokoll festzuhalten. Das Protokoll ist von der Geschäftsführung zu erstellen; Abschriften des Protokolls sind den Gesellschaftern unverzüglich zuzuleiten. 1122

Erläuterungen

1. Gesetzliche Ausgangslage
2. Umlaufbeschlüsse (Abs. 1)
3. Einladungen (Abs. 2)
4. Vollversammlung (Abs. 6)
5. Beschlussfähigkeit (Abs. 4)
6. Versammlungsleitung (Abs. 8 u. 9)
7. Protokoll (Abs. 10 u. 11)

1. Gesetzliche Ausgangslage

Das GmbHG bestimmt, dass Beschlüsse der Gesellschaft grundsätzlich in Versammlungen gefasst werden (§ 48 Abs. 1 GmbHG). § 48 Abs. 2 GmbHG 1123 lässt in zwei Fällen eine Abstimmung **außerhalb einer Gesellschafterversammlung** zu: Sämtliche Gesellschafter sind in Textform (§ 126 BGB), z. B. durch Fax oder E-Mail, mit dem vorgeschlagenen Beschlussantrag oder mit einer schriftlichen Abstimmung einverstanden. § 48 Abs. 2 GmbHG ist jedoch dispositiv (§ 45 Abs. 2 GmbHG). Die Satzung kann andere Arten der Beschlussfassung außerhalb von Gesellschafterversammlungen und andere Formen der Abstimmung zulassen.[533]

1124 Die gesetzlichen Regelungen über die Einberufung einer Gesellschafterversammlung finden sich in den §§ 49 bis 51 GmbHG. Nach der dispositiven gesetzlichen Regelung erfolgt die Einberufung durch die Geschäftsführer (§ 49 GmbHG). Nach herrschender Meinung kann die Einberufung durch jeden **einzelnen Geschäftsführer** erfolgen, gleichgültig wie die Geschäftsführung und die Vertretung geregelt sind.[534] Prokuristen können eine Gesellschafterversammlung nur im Rahmen eines konkreten Auftrags der Geschäftsführung einberufen.[535] Der Mustervertrag stellt klar, dass jeder Geschäftsführer eine Versammlung einberufen kann (**Abs. 2 S. 1** des Musters).

2. Umlaufbeschlüsse (Abs. 1)

1125 **Abs. 1** des Musters lässt beide Varianten des § 48 Abs. 2 GmbHG zu, reichert sie jedoch mit Formen der Abstimmung bzw. der Zustimmung zu Umlaufbeschlüssen an. Der Gesellschaftsvertrag kann alle drei vorgeschlagenen Formvarianten kumulativ zulassen oder sich auf eine Form konzentrieren. Die Bestimmungen in **§ 7 Abs. 1** entsprechen weitgehend den entsprechenden Klauseln in **§ 8 Abs. 1** des Mustervertrages der typischen KG (**Rn. 517**); auf die Anmerkungen dort wird verwiesen.

3. Einladungen (Abs. 2)

1126 Einladungen zu Gesellschafterversammlungen haben nach dem Gesetz durch **eingeschriebenen Brief** zu erfolgen (§ 51 Abs. 1 GmbHG). Ein Einschreiben zeichnet sich dadurch aus, dass ein Nachweis über die Einlieferung des Briefes erfolgt und die Auslieferung an den Empfänger dokumentiert wird.[536] Fraglich ist dabei, ob nur Übergabeeinschreiben von der Formulierung „eingeschriebener Brief" erfasst sind oder ob auch **Einwurfeinschreiben bzw. einfache Briefe** ausreichen. Abweichend von der bisher herrschenden Meinung, die dem Einwurfeinschreiben eine geringere Nachweiswirkung zuspricht, wird vermehrt die Auffassung vertreten, dass auch ein Einwurf-Einschreiben ausreicht.[537] Der BGH hat in seiner Entscheidung vom 27.9.2016 entschie-

---

533 Siehe hierzu den instruktiven Aufsatz von *Blasche* GmbHR 2011, 232.
534 Baumbach/Hueck/*Zöllner/Noack* GmbHG, § 49 Rn. 3 m. w. N.
535 LG Mannheim v. 8.3.2007, NZG 2008, 111 (112).
536 Baumbach/Hueck/*Zöllner/Noack* GmbHG, § 51 Rn. 12.
537 LG Mannheim v. 8.3.2007, NZG 2008, 111; *Köper* NZG 2008, 96.

I. Die Gesellschaftsverträge der typischen GmbH & Co. KG

den, dass für die Vorschrift des § 21 Abs. 1 S. 2 GmbHG ein Einwurf-Einschreiben der Deutschen Post AG die Voraussetzung eines „eingeschriebenen Briefes" erfüllt[538]. Lieder/Bialluch[539] haben überzeugend dargestellt, dass diese Entscheidung auch auf § 51 Abs. 1 GmbHG anzuwenden ist, da diese Vorschrift ebenfalls der Sicherung des Zugangs und der Erleichterung der Beweisführung dient. Da § 51 Abs. 1 GmbHG dispositiv ist, sollte der Gesellschaftsvertrag klarstellen, dass auch Einwurf-Einschreiben für die Einladung zu einer Gesellschafterversammlung ausreichen (so **Abs. 2 S. 2** des Mustervertrags).

Mit der Einladung soll auch die **Tagesordnung** mitgeteilt werden (§ 51 Abs. 2 GmbHG). Wird gegen diese Bestimmung verstoßen, ist die Einberufung nicht unwirksam; die Bekanntmachung der Tagesordnung kann noch später nachgeholt werden, allerdings nur bis drei Tage vor der Gesellschafterversammlung (§ 51 Abs. 4 GmbHG).

1127

Im Gesetz ist eine **Einladungsfrist von mindestens einer Woche** vorgesehen (§ 51 Abs. 1 Satz 2 GmbHG). Diese dürfte jedoch in der Regel zu kurz sein. Aus diesem Grund sieht das Muster in **Abs. 2 S. 2** eine Einladungsfrist von 14 Tagen vor. Abweichend von der gesetzlichen Regelung für den Fristbeginn und die Fristberechnung stellt das Formular außerdem nicht auf den Zugang, sondern auf den der Absendung des Einladungsschreibens ab.

1128

4. Vollversammlung (Abs. 6)

Ist eine Versammlung nicht ordnungsgemäß einberufen, so können Beschlüsse nur gefasst werden, wenn sämtliche Gesellschafter anwesend sind (§ 51 Abs. 3 GmbHG). Abs. 6 des Mustervertrages erweitert § 51 Abs. 3 GmbHG dahingehend, dass es genügt, dass alle Gesellschafter **anwesend oder vertreten** sind und alle Gesellschafter und Vertreter mit der **Fassung von Beschlüssen einverstanden** sind (auf die Anm. 5 zu § 8 des Gesellschaftsvertrages der typischen GmbH & Co. KG (**Rn. 536**) wird verwiesen.

1129

5. Beschlussfähigkeit (Abs. 4)

Siehe die Kommentierung zu § 8 des Gesellschaftsvertrages der typischen GmbH & Co. KG (**Rn. 535**).

1130

6. Versammlungsleitung (Abs. 8 u. 9)

Das GmbHG enthält keine Bestimmungen über die Leitung von Gesellschafterversammlungen.[540] Regelungen, wie sie das Formular in **Abs. 7** vorschlägt,

1131

---

538 NZG 2016, 1417.
539 NZG 2017, 9.
540 Baumbach/Hueck/*Zöllner*/*Noack* GmbHG, § 48 Rn. 17 f. zu den Aufgaben des Versammlungsleiters.

sind jedoch zweckmäßig, insbesondere bei einem größeren Gesellschafterkreis. Die Frage, welcher Gesellschafter die Versammlung leitet, ist durchaus von praktischer Bedeutung. Der Versammlungsleiter hat nach einem Abstimmungsvorgang festzustellen, ob und mit welchem Inhalt ein Beschluss gefasst wurde. Besteht darüber Streit – etwa wegen Meinungsverschiedenheiten über die Beschlussfähigkeit etc. –, kann der Versammlungsleiter darüber, wenn auch nur vorläufig, mit **Verkündigung des Beschlussergebnisses** entscheiden. Der Versammlungsleiter bestimmt die **Reihenfolge** der einzelnen Tagesordnungspunkte und sollte bei Meinungsverschiedenheiten rechtlicher Art zwischen den Gesellschaftern einzelne Tagesordnungspunkte **absetzen** können.

7. Protokoll (Abs. 10. u. 11)

1132 Eine Protokollierung des Ablaufes einer Gesellschafterversammlung ist nur für **Einmann**-Gesellschaften im Gesetz vorgeschrieben (§ 48 Abs. 3 GmbHG). In anderen Fällen sind Niederschriften über die Beschlüsse nur dann erforderlich, wenn **satzungsändernde** Beschlüsse gefasst werden; diese sind **notariell** zu beurkunden (§ 53 Abs. 2 Satz 1 1. HS GmbHG). Die Satzung kann die generelle Protokollierung und die Form des Protokolls vorschreiben.[541] Von dieser Möglichkeit wird in dem Mustervertrag (**Abs. 8** und **9**) Gebrauch gemacht, wobei zwischen der Protokollierung von normalen Gesellschafterversammlungen und der Erstellung von Protokollen für Beschlüsse, die außerhalb von Gesellschafterversammlungen gefasst werden, unterschieden wird.

§ 8
Gesellschafterbeschlüsse

1133 (1) Gesellschafterbeschlüsse werden mit der einfachen Mehrheit der abgegebenen Stimmen gefasst, soweit der Vertrag oder das Gesetz nicht eine andere Mehrheit zwingend vorschreibt.

1134 (2) Folgende Beschlüsse können in jedem Fall nur mit den Stimmen aller vorhandenen Gesellschafter gefasst werden:
 a) Aufnahme neuer Gesellschafter;
 b) Zustimmung zu Verfügungen über Geschäftsanteile, zur Belastung von Geschäftsanteilen und zu Verfügungen über sonstige Ansprüche gegen die Gesellschaft;
 c) Auflösung der Gesellschaft;
 d) Änderungen des Gesellschaftsvertrages;
 e) Beschlüsse, die eine Nachschusspflicht begründen.

1135 (3) Je EUR 1,00 eines Geschäftsanteils gewähren eine Stimme.

---

541 Baumbach/Hueck/*Zöllner*/*Noack* GmbHG, § 48 Rn. 23.

I. Die Gesellschaftsverträge der typischen GmbH & Co. KG

(4) Die Stimmen eines Gesellschafters, dessen Stimmrecht ausgeschlossen ist, werden bei der Abstimmung nicht berücksichtigt. 1136

(5) Gesellschafterbeschlüsse können nur innerhalb von einem Monat nach Zugang des Protokolls, in dem der mangelhafte Beschluss enthalten ist, spätestens 3 Monate nach der Gesellschafterversammlung durch Klage gegen die Gesellschaft angefochten werden. 1137

Erläuterungen

1. Mehrheitsbeschlüsse
2. Stimmrechte
3. Stimmrechtsausschluss
4. Nichtigkeit und Anfechtbarkeit von Gesellschafterbeschlüssen

1. Mehrheitsbeschlüsse

Anders als bei Personengesellschaften gilt im Recht der GmbH grundsätzlich das **Mehrheitsprinzip**. Beschlüsse werden mit der **einfachen** Mehrheit der **abgegebenen** Stimmen gefasst (§ 47 Abs. 1 GmbHG). Das Gesetz sieht jedoch in einer Reihe von Fällen eine **qualifizierte** Mehrheit von drei Vierteln der abgegebenen Stimmen vor; der wichtigste Fall ist hierbei die Satzungsänderung (§ 53 Abs. 2 GmbHG). In dem Gesellschaftsvertrag können andere Mehrheitserfordernisse vorgesehen werden. Zu den verschiedenen Arten von Mehrheiten vgl. die Erläuterungen in **Anmerkung 3** zu § 9 des Mustervertrages der typischen GmbH & Co. KG (**Rn. 569**). Es ist zulässig, an Stelle der einfachen Mehrheit der abgegebenen Stimmen qualifizierte Mehrheiten oder Einstimmigkeit vorzuschreiben.[542] Der Mustervertrag sieht in **Abs. 1** die gesetzliche Mehrheit vor und in Abs. 2 die Zustimmung aller Gesellschafter. Der Verfasser von Gesellschaftsverträgen einer GmbH hat für jede Art von besonderen Beschlüssen der Gesellschafterversammlung, die in dem Gesellschaftsvertrag erwähnt werden, zu entscheiden oder die Beschlussfassung mit der Regelmehrheit gem. Abs. 1 oder mit einer anderen Mehrheit (z.B. ¾ aller abgegebenen/vorhandenen Stimmen) gefasst werden sollen. Dabei ist es eine Geschmackssache, ob von Abs. 1 abweichende Mehrheiten in § 8 oder bei der jeweiligen Bestimmung, die einen Beschluss der Gesellschafterversammlung vorsieht, geregelt werden, oder ob die Mehrheiten doppelt (in § 8 und bei der jeweiligen Bestimmung) geregelt werden. 1138

2. Stimmrechte

Die Formulierung in **Abs. 3** des Mustervertrages entspricht der gesetzlichen Rechtslage (§ 47 Abs. 2 GmbHG). Die Satzung kann das Stimmrecht jedoch abweichend regeln, zum Beispiel das Stimmrecht von der Leistung der Einla- 1139

---

[542] Baumbach/Hueck/*Zöllner*/Noack GmbHG, § 47 Rn. 24.

gen abhängig machen, an die Höhe der geleisteten Einlagen anknüpfen, nach Köpfen verteilen, einzelnen Gesellschaftern ein **Mehrstimmrecht** verleihen, ein **Höchststimmrecht** vorschreiben (z. B. „kein Gesellschafter kann mehr als ... Stimmen haben") etc.

3. Stimmrechtsausschluss

1140 § 47 Abs. 4 GmbHG enthält zwei Fälle von gesetzlichen Stimmverboten, nämlich **Insichgeschäfte** (§ 181 BGB) und **Richten in eigener Sache**. Die Bestimmung ist nur teilweise dispositiv.[543] Der Gesellschaftsvertrag kann Stimmverbote einschränken oder erweitern, abdingbar ist jedoch nur das Stimmverbot bei Insichgeschäften. Satzungsfest ist dagegen das Stimmverbot, soweit es dem Gesellschafter verwehrt, als Richter in eigener Sache tätig zu werden.

4. Nichtigkeit und Anfechtbarkeit von Gesellschafterbeschlüssen

1141 Nach herrschender Auffassung finden die **aktienrechtlichen Vorschriften** über die Anfechtbarkeit und Nichtigkeit (§§ 241 ff. AktG) entsprechende Anwendung, wenn ein Gesellschafterbeschluss einen Mangel aufweist, es sei denn, Besonderheiten der GmbH erfordern eine Abweichung. Einzelheiten hierzu können nicht dargestellt werden. Insoweit ist auf die gängigen Erläuterungswerke zu verweisen.[544] Nach herrschender Meinung gilt die **Monatsfrist** gemäß § 246 Abs. 1 AktG **nicht unmittelbar**, sondern nur als Leitbild. Gesellschafterbeschlüsse sind ab Kenntnis der Beschlussfassung innerhalb angemessener Frist, die an den Besonderheiten des Einzelfalls zu messen ist, anzufechten. Die Frist kann in keinem Fall kürzer als einen Monat, jedoch nicht länger als drei Monate sein. Es empfiehlt sich daher, in der Satzung eine Regelung zu treffen, die die Rechtsunsicherheit über die Länge der Anfechtungsfrist beseitigt. Diese Funktion hat **Abs. 5** des Mustervertrages.

§ 8 a
Vorsorgevollmacht

1142 (1) Jeder Gesellschafter, der eine natürliche Person ist, ist verpflichtet, eine notarielle Vorsorgevollmacht zu errichten und aufrecht zu erhalten, in der Gesellschaftern und/oder einem Dritten Vollmacht zur Ausübung und Wahrnehmung seiner Gesellschafterrechte, einschließlich des Rechtes zu Verfügungen über seinen Gesellschaftsanteil, eingeräumt wird. Die Vollmachtsurkunde ist bei der Gesellschaft zu hinterlegen und von der

---

543 Baumbach/Hueck/*Zöllner*/*Noack* GmbHG, § 47 Rn. 106.
544 Etwa Baumbach/Hueck/*Zöllner*/*Noack* GmbHG, Anh. § 47.

I. Die Gesellschaftsverträge der typischen GmbH & Co. KG

Gesellschaft an den/die Bevollmächtigten oder den betreffenden Gesellschafter auf Verlangen herauszugeben.

(2) Bevollmächtigte sind zur Ausübung und Wahrnehmung von Gesellschafterrechten nur berechtigt, wenn die Gesellschafterversammlung der Erteilung der Vorsorgevollmacht mit Beschluss nach § 8 Abs. 1 dieses Vertrages zugestimmt hat. Ist dem Bevollmächtigten auch hinsichtlich der Ausübung und Wahrnehmung der Gesellschafterrechte in der Hauptgesellschaft Vollmacht erteilt und haben die Gesellschafter der Hauptgesellschaft dem zugestimmt, so gilt die Zustimmung nach Satz 1 als erteilt. Die Gesellschafterversammlung hat den Beschluss über ihre Zustimmung unverzüglich nach Übergabe der Vollmachtsurkunde an die Gesellschaft und der Erklärung des Bevollmächtigten nach Abs. 4 zu fassen. Der betreffende Gesellschafter hat bei der Beschlussfassung kein Stimmrecht.

1143

(3) Die Gesellschafterversammlung kann jede Zustimmung jederzeit mit Beschluss nach § 8 Abs. 1 dieses Vertrages widerrufen. Ist ein Betreuungsfall (§ 1896 Abs. 1 BGB) eingetreten, kann der Widerruf nur aus wichtigem Grund erfolgen; Gleiches gilt, wenn einem Bevollmächtigten auch hinsichtlich der Ausübung und Wahrnehmung der Gesellschafterrechte in der Hauptgesellschaft Vollmacht erteilt wurde und die Gesellschafter der Hauptgesellschaft dem zugestimmt haben. Der betreffende Gesellschafter hat bei der Beschlussfassung kein Stimmrecht.

1144

(4) Jeder Bevollmächtigte hat sich durch schriftliche Erklärung gegenüber der Gesellschaft persönlich zur Wahrung der gesellschafterlichen Treuepflichten zu verpflichten.

1145

(5) Das Recht, sich nach § 7 Abs. 5 dieses Vertrages auf Gesellschafterversammlungen vertreten zu lassen, bleibt unberührt.

1146

Erläuterungen

1. Allgemeines
2. Vereinheitlichung mit der Vertretung in der Hauptgesellschaft

1. Allgemeines

Der Gesellschaftsvertrag der typischen GmbH & Co. KG (**Rn. 578 ff.**) sieht in § 9a eine Verpflichtung aller Gesellschafter vor, eine inhaltlich auf die Ausübung der Gesellschafterrechte beschränkte (Vorsorge-)Vollmacht in notarieller Form zu erteilen und auch laufend aufrecht zu erhalten. Eine solche Regelung sollte auch für die Komplementär-GmbH vorgesehen werden. Dies auch vor dem Hintergrund, dass sich die (gesetzlichen) Anforderungen an die (rechtsgeschäftliche) Stellvertretung bei der Wahrnehmung und Ausübung

1147

von Mitgliedschaftsrechten zwischen beiden Gesellschaftsformen unterscheidet.[545] Die Regelungen in § 8a des GmbH-Gesellschaftsvertrages entsprechen im Wesentlichen denen in § 9a der Gesellschaftsvertrags der typischen GmbH & Co. KG. Zu den Gründen und der Ausgestaltung der einzelnen Regelungen siehe näher die Erläuterungen zu § 9a des GmbH & Co. KG-Mustervertrages (**Rn. 583 ff.**).

2. Vereinheitlichung mit der Vertretung in der Hauptgesellschaft

1148 Ist ein Gesellschafter sowohl an der Komplementär-GmbH als auch an der Hauptgesellschaft beteiligt, ist es stets sinnvoll, wenn die Gesellschafterrechte in beiden Gesellschaften weitgehend einheitlich ausgeübt werden können. Das GmbH-Muster sieht daher in **Abs. 2 S. 2** eine Privilegierung solcher Bevollmächtigten vor, denen auch hinsichtlich der Ausübung und Wahrnehmung der Gesellschafterrechte in der Hauptgesellschaft Vollmacht erteilt wurde und die Gesellschafter der Hauptgesellschaft demselben Bevollmächtigten zugestimmt haben.

§ 9
Jahresabschluss, Gewinnverwendung, Gewinnverteilung

1149 (1) Die Aufstellung des Jahresabschlusses erfolgt unter Beachtung der Grundsätze ordnungsgemäßer Buchführung innerhalb der gesetzlichen Fristen.

1150 (2) Für die Verwendung des Ergebnisses gelten die Vorschriften des GmbH-Gesetzes, insbesondere § 29 GmbHG.

1151 (3) Die Verteilung des Gewinns erfolgt nach dem Verhältnis der Geschäftsanteile.

Erläuterungen:

1. Allgemeines
2. Aufstellung des Jahresabschlusses
3. Feststellung des Jahresabschlusses
4. Gewinnverwendung
5. Steuerrecht

---

545 S. näher zur Stellvertretung des GmbH-Gesellschafters etwa Roth/Altmeppen/*Roth* GmbHG, § 48 Rn. 4 (zur Teilnahme an der Gesellschafterversammlung), § 47 Rn. 30 ff. (zur Stimmrechtsausübung) sowie § 51a Rn. 15 (zur Ausübung von Informationsrechten), jew. m. w. N.

I. Die Gesellschaftsverträge der typischen GmbH & Co. KG

1. Allgemeines

Anders als bei einer normalen GmbH haben die Vorschriften über den Jahresabschluss, die Gewinnverwendung und die Gewinnverteilung bei einer Komplementär-GmbH keine wesentliche Bedeutung. Bei der Komplementär-GmbH fallen in der Regel keine wesentlichen Gewinne an, es entsteht damit keine Ermittlungs- oder Verteilungsproblematik.

1152

2. Aufstellung des Jahresabschlusses

Der Jahresabschluss besteht aus der Bilanz, der Gewinn- und Verlustrechnung sowie einem einzelne Bilanzpositionen erläuternden Anhang. Er wird ergänzt durch einen sogenannten Lagebericht. Die Bilanz ist grundsätzlich innerhalb der ersten drei Monate des Geschäftsjahres aufzustellen (§ 264 Abs. 1 S. 2 HGB). Eine Ausnahme gilt lediglich für die sogenannte kleine GmbH (§ 267 Abs. 1 HGB), für die die Frist nach Maßgabe eines ordnungsgemäßen Geschäftsganges auf höchstens sechs Monate verlängert ist. Der Gesellschaftsvertrag kann diese Frist nicht verlängern, auch nicht für kleine Gesellschaften generell eine Frist von sechs Monaten vorsehen. Ein Verstoß gegen die Aufstellungsfrist kann nach § 43 Abs. 2 GmbHG zu Schadensersatzpflichten des Geschäftsführers gegenüber der Gesellschaft führen. Da bei einer typischen Komplementär-GmbH keine wesentlichen Gewinne anfallen, bedarf es keiner vertraglichen Regelung der bei der Aufstellung des Jahresabschlusses zu beachtenden Grundsätze im Einzelnen.

1153

3. Feststellung des Jahresabschlusses

Der von der Geschäftsführung aufgestellte Jahresabschluss wird von der Gesellschafterversammlung festgestellt (§§ 29 Abs. 2, 46 Nr. 1 GmbHG). Der Beschluss über die Feststellung und Gewinnverwendung hat spätestens bis zum Ablauf von acht Monaten ab Beginn des folgenden Geschäftsjahres zu erfolgen, bei kleinen Kapitalgesellschaften (§ 267 Abs. 1 HGB) bis zum Ablauf von elf Monaten (§ 42 Abs. 2 S. 1 GmbHG). Der Gesellschaftsvertrag kann die Fristen nicht verlängern (§ 42a Abs. 2 S. 2 HGB).

1154

4. Gewinnverwendung

Da bei der normalen Komplementär-GmbH kein nennenswerter Gewinn anfällt, genügt der pauschale Hinweis auf § 29 GmbHG (**Abs. 2** des Musters).

1155

Erst mit dem Verwendungsbeschluss entstehen die Auszahlungsansprüche der Gesellschafter.[546]

1156

---

546 Baumbach/Hueck/*Fastrich* GmbHG, § 29 Rn. 49 f.

5. Steuerrecht

1157 Anders als bei einer KG wird das Ergebnis einer GmbH weder handelsrechtlich noch steuerrechtlich unmittelbar den Gesellschaftern zugerechnet. Ist die GmbH am Gewinn der KG beteiligt, wird dieser Gewinnanteil zur Vermeidung einer Doppelbesteuerung bei der Komplementär-GmbH einer GmbH & Co. KG von der Gewerbesteuer freigestellt, da er bereits bei der Kommanditgesellschaft der Gewerbesteuer unterliegt (§ 9 S. 1 Nr. 2 GewStG). Das Ergebnis der GmbH unterliegt damit im Regelfall nur noch der 15 %igen Körperschaftsteuer zzgl. Solidaritätszuschlag.

1158 Die Ausschüttung des hiernach verbleibenden Gewinns nach Steuern unterliegt beim Gesellschafter dem Teileinkünfteverfahren. Die Regelungen zur Abgeltungsteuer kommen bei einem Geschäftsanteil eines Kommanditisten an der Komplementär-GmbH nicht zur Anwendung, sofern sich die Beteiligung an der Komplementär-GmbH im steuerlichen Sonderbetriebsvermögen II des betreffenden Kommanditisten befindet[547]. Hier kommt zwingend das Teileinkünfteverfahren (**Rn. 220, 513**) zur Anwendung. Der Gesellschafter versteuert aufgrund der Vorbelastung bei der GmbH lediglich 60 % der ausgeschütteten Dividende. **Abs. 3** des Mustervertrages wiederholt den Inhalt von § 29 Abs. 3 S. 1 GmbHG.

1159 In der Regel ist die Komplementär-GmbH jedoch nicht am Gewinn der KG beteiligt. In diesem Fall erhält sie von der KG lediglich die Erstattung ihres Aufwandes und die Haftungsvergütung (s. § 7 der typischen KG, 503 ff.).

§ 10
Verfügungen über Geschäftsanteile und Ansprüche gegen die Gesellschaft

1160 (1) Jede Verfügung über Geschäftsanteile oder Ansprüche des Gesellschafters gegen die Gesellschaft bedürfen der vorherigen Zustimmung der Gesellschaft, wobei im Innenverhältnis die vorherige Zustimmung der Gesellschafterversammlung erforderlich ist.

1161 (2) Die Gesellschafter sind verpflichtet, Verfügungen über Geschäftsanteile zu Gunsten von Ehegatten, Lebenspartner, Abkömmlingen und anderen Gesellschaftern zuzustimmen, wenn diese Gesellschafter der Hauptgesellschaft sind.

1162 (3) Abs. 2 gilt entsprechend für die Teilung und Abtretung von Geschäftsanteilen in Vollzug eines Vermächtnisses und im Rahmen der Auseinandersetzung einer Erbengemeinschaft.

---

547 BFH v. 14.4.1988, BStBl II 1988, 667.

I. Die Gesellschaftsverträge der typischen GmbH & Co. KG

Erläuterungen

1. Gesetzliche Ausgangslage
2. Vertragspraxis
3. Teilung von Geschäftsanteilen

1. Gesetzliche Ausgangslage

Geschäftsanteile einer GmbH sind veräußerlich und vererblich (§ 15 Abs. 1 GmbHG). Die Veräußerung kann erschwert werden (§ 15 Abs. 5 GmbHG), sie kann sogar ausgeschlossen werden, obwohl das im Gesetz nicht ausdrücklich bestimmt ist. Die schuldrechtliche Verpflichtung zur Abtretung eines Geschäftsanteils und die (dingliche) Abtretung sind **formbedürftig** (§ 15 Abs. 3 und 4 GmbHG), um den Handel mit Geschäftsanteilen zu erschweren.

1163

2. Vertragspraxis

Die Vertragspraxis macht in weitem Umfang von der Möglichkeit Gebrauch, die Abtretung von Geschäftsanteilen durch entsprechende Bestimmungen in der Satzung zu erschweren (**Vinkulierung**). Die häufigste Vinkulierung erfolgt in der Form eines Zustimmungsvorbehaltes entweder zu Gunsten der GmbH oder zu Gunsten der Gesellschafterversammlung oder zu Gunsten der anderen Gesellschafter. Wird die Zustimmung der Gesellschafter vorgesehen, so ist klarzustellen, ob damit ein Mehrheitsbeschluss der Gesellschafterversammlung oder die Zustimmung aller anderen Gesellschafter einzeln gemeint ist. Wird in der Satzung die Abtretung an die Zustimmung der Gesellschaft geknüpft, so wird sie von den Geschäftsführern in vertretungsberechtigter Zahl durch formlose, aber empfangsbedürftige Willenserklärung gegenüber dem Veräußerer oder dem Erwerber erteilt bzw. versagt. Ob die Geschäftsführer zuvor die Meinung der Gesellschafter oder gar einen Beschluss der Gesellschafterversammlung einholen müssen, bestimmt die Satzung; im Zweifel ist ein Beschluss der Gesellschafterversammlung erforderlich.[548] Die Satzung kann auch Kriterien für die Erteilung bzw. Versagung festlegen. Hat die Gesellschafterversammlung entschieden, so ist der Geschäftsführer intern gebunden. Ergeht die Erklärung gegenüber dem Erwerber, ist sie nach außen wirksam, auch wenn kein Gesellschafterbeschluss vorliegt.[549]

1164

Abs. 2 des Musters ist erforderlich, da der Gesellschaftsvertrag der GmbH & Co. KG (Hauptgesellschaft) i. d. R. vorsieht, dass Verfügungen zugunsten bestimmter Personen (z. B. Ehegatten, Abkömmlinge, andere Gesellschafter und dessen Abkömmlinge, vgl. die Varianten zu **§ 15 Abs. 1** des Gesellschaftsvertrags der typischen GmbH & Co. KG, **Rn. 750 ff.**) ohne Zustimmung möglich ist oder die Gesellschafterversammlung zustimmen muss. Ist ein Gleich-

1165

---

[548] Baumbach/Hueck/*Fastrich* GmbHG, § 15 Rn. 43.
[549] Baumbach/Hueck/*Fastrich* GmbHG, § 15 Rn. 42.

lauf der Gesellschafter der GmbH & Co. KG und der GmbH gewollt, muss die Satzung der GmbH die entsprechende Regelung im Gesellschaftsvertrag der GmbH & Co. KG spiegeln.

3. Teilung von Geschäftsanteilen

1166 Anders als die Abtretung des ganzen Geschäftsanteils bedarf die Veräußerung von **Teilen** eines Geschäftsanteils grundsätzlich eines **Gesellschafterbeschlusses**. § 46 Nr. 4 GmbHG weist der Gesellschafterversammlung die alleinige Kompetenz zur Vornahme der erforderlichen Teilung des Geschäftsanteils zu. Die Regelung ist allerdings disponibel, die Teilung kann also ausgeschlossen, erschwert aber auch erleichtert werden (vgl. die Varianten zu § 3 Abs. 4 des Mustervertrages, Rn. 1068 ff.).[550] Abs. 3 regelt, dass Abs. 2 entsprechend gilt, wenn zu Abtretungen gem. Abs. 2 eine Teilung von Geschäftsanteilen erforderlich ist.

§ 11
Vorkaufsrecht

1167 (1) Veräußert einer der Gesellschafter seinen Geschäftsanteil, steht den anderen Gesellschaftern ein Vorkaufsrecht im Verhältnis ihrer Stammeinlagen zu (Vorkaufsrecht erste Stufe). Für das Vorkaufsrecht gelten die Vorschriften der §§ 463 ff. BGB entsprechend, wobei das Vorkaufsrecht bis zum Ablauf des nächsten vollen Kalendermonats nach Zugang des notariellen Kaufvertrages auszuüben ist. Jeder Gesellschafter kann von seinem Vorkaufsrecht nur insgesamt oder gar nicht Gebrauch machen. § 10 Abs. 1 bleibt unberührt.

1168 (2) Macht ein Gesellschafter von seinem Vorkaufsrecht nicht oder nicht fristgerecht Gebrauch, geht das Vorkaufsrecht auf vorkaufswillige Gesellschafter im Verhältnis ihrer Stammeinlagen nach Ausübung des Vorkaufsrechtes auf erster Stufe über (Vorkaufsrecht zweite Stufe usw.). Abs. 1 Satz 2 und 3 gelten entsprechend mit der Maßgabe, dass anstelle des Zugangs des notariellen Kaufvertrages die Mitteilung tritt, dass ein Gesellschafter sein Vorkaufsrecht nicht ausüben will oder nicht ausgeübt hat. Kein Gesellschafter, der sein Vorkaufsrecht auf einer Stufe ausgeübt hat, muss sein Vorkaufsrecht auf späteren Stufen ebenfalls ausüben.

(3) Die Kaufverträge zwischen dem Verkäufer des Gesellschaftsanteils und den Verkaufsberechtigten kommen auch dann zustande, wenn im Rahmen des Vorkaufsrechts nicht alle verkauften Gesellschaftsanteile von andern Gesellschaftern gekauft werden.

---

550 Roth/Altmeppen/*Roth* GmbHG, § 46 Rn. 16 d.

I. Die Gesellschaftsverträge der typischen GmbH & Co. KG

(4) Wird der verkaufte Gesellschaftsanteil von den andere Kommanditisten nicht vollständig gekauft, und wird der Restanteil vom ursprünglichen Käufer nicht mehr erworben, ist der betroffene Kommanditist berechtigt, die Gesellschaft für diesen Restanteil mit einer Frist von 6 Monaten zum Ende eines Geschäftsjahres zu kündigen. Das Kündigungsrecht erlischt, wenn es nicht innerhalb von 6 Monaten ausgeübt worden ist; die Frist beginnt an dem Ender der letzten Vorkaufsfrist gemäß Absatz 1 Satz 2 und 3 und Absatz 2, Satz 2.

(5) Die Vorschriften der §§ 463 ff. BGB sind anzuwenden, wenn und soweit der Gesellschaftsvertrag keine abweichenden Regelungen enthält.

Erläuterungen:

Auf die Erläuterungen zu § 14 des Gesellschaftsvertrags der typischen GmbH & Co. KG (**Rn. 742**) wird verwiesen.

1169

§ 12
Vererbung von Geschäftsanteilen

(1) Im Falle des Todes eines Gesellschafters wird die Gesellschaft mit seinen Erben fortgesetzt. § 13 Abs. 2 lit. d) bleibt unberührt.

1170

(2) Sind mehrere Personen Erben der Geschäftsanteile eines verstorbenen Gesellschafters geworden, so haben sie einen gemeinsamen Vertreter der Erben i.S.v. § 18 Abs. 3 S. 1 GmbHG zu bestellen, der sämtliche Gesellschafterrechte im Außenverhältnis solange ausübt, solange an den vererbten Geschäftsanteilen Mitberechtigte i.S.v. § 18 Abs. 1 GmbHG beteiligt sind. Gemeinsamer Vertreter kann nur ein Rechtsanwalt, ein Wirtschaftsprüfer oder ein Steuerberater sein, der über mindestens 10 Berufsjahre verfügt oder ein Gesellschafter, der mindestens 40 Jahre alt ist, es sei denn, alle anderen Kommanditisten stimmen einem gemeinsamen Vertreter zu, der nicht diese Anforderungen erfüllt. Die Bestellung des gemeinsamen Vertreters soll unverzüglich – nicht jedoch bevor alle Erben feststehen – erfolgen. Das Stimmrecht der Erben ruht, bis der gemeinsame Vertreter eine Vollmacht vorgelegt hat, die ihn zur einheitlichen, umfassenden Ausübung der Gesellschafterrechte der Erben berechtigen. Endet die Bestellung des gemeinsamen Vertreters vorzeitig, gelten die S. 1–4 entsprechend.

1171

(3) Jeder Gesellschafter kann für seine(n) Geschäftsanteil(e) Testamentsvollstreckung jeweils maximal bis zur Vollendung des ... Lebensjahres eines Erben anordnen. Abs. 2 S. 2 gilt entsprechend. In diesem Fall werden die Gesellschafterrechte der Erben durch den Testamentsvollstrecker ausgeübt. Der Bestellung eines gemeinsamen Vertreters gemäß Abs. 2 bedarf es in diesen Fällen erst mit dem Ende der Testamentsvollstreckung.

1172

Erläuterungen

1. Gesetzliche Ausgangslage
2. Vertragspraxis
3. Gemeinsame Vertreter gem. § 18 GmbHG
4. Testamentsvollstreckung
5. Vermächtnisnehmer

1. Gesetzliche Ausgangslage

1173 Anders als der Anteil an einer KG geht der Geschäftsanteil eines verstorbenen GmbH-Gesellschafters mit dessen Tod bei mehreren Erben auf die **Erbengemeinschaft** über. Das kann durch die Satzung nicht ausgeschlossen und auch nicht geändert werden.[551] Die Vererbung des Anteils an einer GmbH richtet sich ausschließlich nach Erbrecht. **Nachfolgeklauseln** wie bei einer KG (vgl. die Erläuterungen **zu § 15** des GmbH & Co. KG-Vertrages, insbes. die **Anm.** 4–8) mit dem Inhalt, dass nur bestimmte Erben oder nur ein Erbe Gesellschafter werden sollen/soll, sind nicht möglich. Die Miterben können die Rechte aus dem geerbten Geschäftsanteil nur gemeinschaftlich ausüben (§ 18 Abs. 1 GmbHG). Ob aber der oder die Erben auch Gesellschafter **bleiben**, richtet sich danach, ob die Satzung eine Einziehung der vererbten Geschäftsanteile vorsieht oder nicht (vgl. **Anmerkung 2**).

2. Vertragspraxis

1174 Soll die Gesellschaft nicht mit allen Erben/Vermächtnisnehmern eines verstorbenen Gesellschafters fortgesetzt werden, muss in der Satzung Vorsorge getroffen werden. Diese Vorsorge kann darin bestehen, dass die Satzung eine Bestimmung enthält, dass beim Tod eines Gesellschafters die Gesellschafterversammlung der GmbH den Anteil einziehen kann oder muss. Die Satzung kann die Erben auch verpflichten, den Anteil auf einen von ihnen oder auf einen Dritten zu übertragen. Um eine reibungslose Nachfolge zu gewährleisten, ist es wichtig, die Testamente der Gesellschafter auf den Gesellschaftsvertrag abzustimmen.

1175 Der Mustervertrag enthält in **Abs. 1** eine Regelung, die die gesetzliche Rechtslage wiedergibt. Ist dies nicht gewollt, muss in § 13 des Mustergesellschaftsvertrages der GmbH geregelt werden, dass Geschäftsanteile von Rechtsnachfolgern, die nicht nachfolgeberechtigt sein sollen, eingezogen werden können. Welche Personen dies sind, wird in der Regel im Gesellschaftsvertrag der KG entschieden und hängt davon ab, welche Personen Rechtsnachfolger eines verstorbenen Gesellschafters der Hauptgesellschaft werden können.

---

551 Baumbach/Hueck/*Fastrich* GmbHG, § 15 Rn. 9.

I. Die Gesellschaftsverträge der typischen GmbH & Co. KG   325

3. Gemeinsamer Vertreter

Abs. 3 enthält die Bestimmung, dass mehrere Erben, die den Geschäftsanteil/ die Geschäftsanteile des verstorbenen Gesellschafters erhalten haben, einen gemeinsamen Vertreter bestellen müssen, der die Gesellschafterrechte aus den vererbten Gesellschaftsanteilen ausübt, solange Miteigentum am dem/ den Geschäftsanteil(en) besteht. Mit dieser Bestimmung wird § 18 Abs. 1 GmbHG ausgehebelt, der bestimmt, dass Mitberechtigte an einem ungeteilten Geschäftsanteil ihre Rechte nur gemeinschaftlich ausüben können. § 18 Abs. 1 GmbHG gilt nicht, wenn die mitberechtigten Erben einen gemeinsamen Vertreter bestellen.[552] Die Satzung kann besondere Anforderungen an den gemeinsamen Vertreter stellen.[553]   1176

Das Innenverhältnis der Rechtsnachfolger richtet sich nach den Vorschriften des jeweiligen Gemeinschaftsverhältnisses, vorliegend nach den Regeln der Erbengemeinschaft (§§ 2038 ff. BGB).   1177

Hinsichtlich der Teilung bzw. Aufteilung der/des vererbten Geschäftsanteile(s) gilt folgendes: Sind die Geschäftsanteile durchnummeriert und hat jeder Geschäftsanteil einen Nominalwert von EUR 1,00, können die Geschäftsanteile unter den Rechtsnachfolgern problemlos aufgeteilt werden. Zur Abtretung des Geschäftsanteils an Erben benötigen die Rechtsnachfolger der Zustimmung der Gesellschafterversammlung gem. § 10 Abs. 1 des Gesellschaftsvertrages der Komplementär-GmbH. Diese ist jedoch nach § 10 Abs. 3 i.V.m. Abs. 2 zu erteilen, wenn der Rechtsnachfolger nachfolgeberechtigt ist. Ist ein Geschäftsanteil größer als nominal EUR 1,00 (z.B. ein Geschäftsanteil mit einem Nominalwert von EUR 50.000,00), so bedarf die Teilung des Geschäftsanteils ebenfalls der Zustimmung der Gesellschafterversammlung der GmbH (§ 46 Nr. 4 GmbHG).   1178

4. Testamentsvollstreckung

Testamentsvollstreckung an einem Geschäftsanteil ist möglich, auch ohne Zulassung einer Testamentsvollstreckung in der Satzung der GmbH.[554] Der Testamentsvollstrecker ist berechtigt und verpflichtet, alle Rechte aus dem Geschäftsanteil, (Verwaltungsrechte, Stimmrechte, Gestaltungsrechte) wahrzunehmen, soweit der Erblasser nicht etwas anderes bestimmt. Die Satzung kann die Ausübung der Verwaltungsrechte durch einen Testamentsvollstrecker, der nicht Gesellschafter ist, ausschließen, sie stehen dann dem Erben zu.[555] Gegebenenfalls sollte der Gesellschaftsvertrag der Komplementär-GmbH Bestimmungen darüber enthalten, wer Testamentsvollstrecker sein kann (Gesellschafter, Eltern, Rechtsanwälte, Steuerberater, Wirtschaftsprüfer   1179

---

552 Baumbach/Hueck/*Fastrich* GmbH, § 18 Rn. 5.
553 Ulmer/Löbbe GmbHG, § 18 Rn. 25.
554 Baumbach/Hueck/*Fastrich* GmbHG, § 15 Rn. 17.
555 Baumbach/Hueck/*Fastrich* GmbHG, § 15 Rn. 17.

oder sonstige Dritte), und ob der Testamentsvollstrecker der Geschäftsanteile derselbe sein soll, wie der Bevollmächtigte gem. § 15 Abs. 2 des Gesellschaftsvertrages der GmbH & Co. KG. Solange ein Testamentsvollstrecker im Amt ist, übt dieser die Gesellschaftsrechte aus den vererbten Geschäftsanteilen aus. Ein gemeinsamer Vertreter ist dann von der Vertretung der Erben ausgeschlossen.[556]

5. Vermächtnisnehmer

1180   Abs. 4 ordnet an, dass Vermächtnisnehmer wie Erben behandelt werden sollen. Zur Verpflichtung der Gesellschafterversammlung, der Übertragung von vererbten Geschäftsanteilen von der Erbengemeinschaft auf Vermächtnisnehmer zuzustimmen, s. § 10 Abs. 3 i. V. m. Abs. 2.

§ 13
Einziehung und Zwangsabtretung von Geschäftsanteilen

1181   (1) Mit Zustimmung des betroffenen Gesellschafters kann der Geschäftsanteil jederzeit eingezogen werden.

1182   (2) Die Gesellschafterversammlung kann die Einziehung eines Geschäftsanteils ganz oder teilweise beschließen, wenn
ein wichtiger Grund im Sinne der Vorschriften der §§ 133, 140 HGB in der Person eines Gesellschafters vorliegt.

1183   Ein wichtiger Grund liegt insbesondere vor, wenn
a) über das Vermögen eines Gesellschafters das Insolvenzverfahren eröffnet wird oder die Eröffnung des Insolvenzverfahrens mangels Masse abgelehnt wird oder wenn ein Gesellschafter Antrag auf Eröffnung des Insolvenzverfahrens über sein Vermögen stellt;

1184   b) die Einzelzwangsvollstreckung in den Geschäftsanteil eines Gesellschafters oder eines seiner sonstigen Gesellschaftsrechte oder seine Ansprüche gegen die Gesellschaft aufgrund eines nicht nur vorläufig vollstreckbaren Titels betrieben wird, und zwar mit Ablauf einer Frist von drei Monaten nach Zustellung des Pfändungs- oder/und Überweisungsbeschlusses, falls die Zwangsvollstreckung nicht innerhalb dieses Zeitraumes aufgehoben worden ist;

1185   c) ein Gesellschafter nicht (mehr) an der Hauptgesellschaft beteiligt ist.

1186   d) ein Rechtsnachfolger eines verstorbenen Gesellschafters nicht Rechtsnachfolger in den Gesellschaftsanteil der Hauptgesellschaft geworden ist (alternativ: Rechtsnachfolger eines verstorbenen Gesellschafters nicht Abkömmlinge, Ehegatten, andere Gesellschafter oder Abkömmlinge von anderen Gesellschaftern sind).

---

556 MüKoGmbHG/*Reichert/Weller*, § 18 Rn. 71.

I. Die Gesellschaftsverträge der typischen GmbH & Co. KG

e) ein Gesellschafter seinen Pflichten gem. § 12 Abs. 2 trotz Aufforderung und Fristsetzung durch einen Geschäftsführer nicht nachkommt.
f) ...

(3) Steht ein Gesellschaftsanteil mehreren Mitberechtigten ungeteilt zu, so kann der Geschäftsanteil auch dann eingezogen werden, wenn die Voraussetzungen gemäß Abs. 2 nur in der Person eines Mitberechtigten vorliegen.

(4) Der Beschluss zur Einziehung eines Geschäftsanteils soll entweder mit einem Beschluss zur Neubildung eines Geschäftsanteils zu verbinden, oder – soweit gesetzlich zulässig – mit einem Beschluss zur Aufstockung der Nennbeträge der übrigen Geschäftsanteile oder mit einem Beschluss zur Kapitalherabsetzung im Umfang des Nennbetrages des eingezogenen Geschäftsanteils verbunden werden.

(5) Statt der Einziehung kann die Gesellschafterversammlung beschließen, dass der Anteil ganz oder teilweise an einen oder mehrere Gesellschafter im Verhältnis der Nominalbeträge ihrer Geschäftsanteile und/oder an Dritte verkauft und abgetreten wird. In diesen Fällen ist der betroffene Gesellschafter verpflichtet, seinen Geschäftsanteil unverzüglich gemäß dem gefassten Beschluss in notarieller Form abzutreten. Der betroffene Gesellschafter ermächtigt bereits jetzt für diesen Fall die jeweiligen Geschäftsführer jeweils einzeln, den Kaufvertrag abzuschließen und die Abtretung vorzunehmen. Der Kaufpreis entspricht der Abfindung gem. § 14 Abs. 2. Das Recht zur Einziehung des ganzen Geschäftsanteils oder eines Teils des Geschäftsanteils des betroffenen Gesellschafters bleibt unberührt, bis die Abtretung erfolgt ist.

(6) Der Beschluss über die Einziehung von Geschäftsanteilen an die Gesellschaft kann nur unter der Bedingung gefasst werden, dass durch die Zahlung der Abfindung das Stammkapital zur Zeit der Zahlung der Abfindung nicht geschmälert wird.

Erläuterungen

1. Gesetzliche Ausgangslage
2. Zeitpunkt der Einziehung
3. Verfahren
4. Zwangsabtretung (Abs. 5)
5. Abfindung

1. Gesetzliche Ausgangslage

§ 34 GmbHG regelt die Einziehung von Geschäftsanteilen, ohne allerdings Voraussetzungen und Wirkungen erschöpfend zu regeln. Einziehung (Amortisation) bedeutet Vernichtung des Geschäftsanteils und der entsprechenden Mitgliedschaftsrechte.[557] Das Stammkapital ändert sich hierdurch jedoch

---

[557] Baumbach/Hueck/*Fastrich* GmbHG, § 34 Rn. 2.

nicht zwingend. Da nach § 5 Abs. 3 S. 2 GmbHG die Summe der Nennbeträge der Geschäftsanteile mit dem Stammkapital der Gesellschaft übereinstimmen muss („Kongruenzgebot"), ist allerdings ein privatschriftlicher Gesellschafterbeschluss (keine Satzungsänderung!) erforderlich, der die Nennwerte der verbliebenen Geschäftsanteile entsprechend erhöht.[558] Alternativ können die Gesellschafter auch eine Kapitalherabsetzung oder die Schaffung eines neuen Geschäftsanteils beschließen (vgl. **Abs. 4** des Mustervertrages).[559] Nach einem Urteil des BGH vom 2.12.2014[560] ist der Beschluss über die Einziehung eines GmbH-Geschäftsanteils nicht deshalb nichtig, weil die Gesellschafterversammlung nicht gleichzeitig Maßnahmen ergriffen hat, um ein Auseinanderfallen der Summe der Nennbeträge der nach der Einziehung verbleibenden Geschäftsanteile und dem Stammkapital der Gesellschaft zu verhindern, wie es § 5 Abs. 3 S. 2 GmbHG erfordert.

1193 Die Einziehung kann stattfinden entweder mit Zustimmung oder auf Antrag des Gesellschafters (**freiwillige Einziehung**, Abs. 1 des Musters) oder gegen den Willen des Betroffenen als sogenannte „**Zwangseinziehung**" (Abs. 2 des Musters). Voraussetzung der Zwangseinziehung ist, dass die Voraussetzungen der Einziehung (Gründe) in der Satzung genannt sind. Die Gründe müssen so genau formuliert sein, dass sie die mit der Klausel konkret verbundenen Risiken für den einzelnen Gesellschafter deutlich machen.[561] Insbesondere bei einer Einziehung ohne volle Abfindung müssen Voraussetzungen und Rechtsfolgen so deutlich erkennbar sein, dass sich ein Gesellschafter darauf einstellen und das Vorliegen der Voraussetzungen rechtlich überprüfen kann. **Einziehungsgründe** sind üblicherweise Insolvenz des Gesellschafters, Pfändung des Geschäftsanteils, wichtiger Grund in der Person eines Gesellschafters, Erbfälle, Erwerb von Geschäftsanteilen durch Familienfremde etc. Der Katalog der Einziehungsfälle in **Abs. 2** des Mustervertrages enthält die üblichen Einziehungsgründe. Im Einzelfall ist der Katalog jedoch den jeweiligen Umständen anzupassen. Die Einziehung ist nur wirksam, wenn der betreffende Anteil voll eingezahlt ist.[562] Zudem sind nach § 34 Abs. 3 das Kapitalerhaltungsgebot nach § 30 Abs. 1 GmbHG zu beachten. Die Einziehung ist eine Rechtshandlung, die den gesamten Geschäftsanteil umfasst, weshalb er gegenüber allen Mitberechtigten des betroffenen Geschäftsanteils wirkt, auch wenn diese nur einem Mitberechtigten gegenüber vorgenommen wird (**Einzelvornahme mit Gesamtwirkung**).[563] Hierzu muss die wirksame Einziehungserklärung gegenüber einem Mitberechtigten erfolgen, der nach § 16 GmbHG oder in sonstiger Weise zur Entgegennahme derartiger Erklä-

---

558 Bork/Schäfer/*Thiessen* GmbHG, § 34 Rn. 52 ff.; a. A. Baumbach/Hueck/*Fastrich* GmbHG, § 34 Rn. 17a, 20, jew. m. w. N.
559 Bork/Schäfer/*Thiessen* GmbHG, § 34 Rn. 22; Baumbach/Hueck/*Fastrich* GmbHG, § 34 Rn. 11, 20.
560 NJW 2015, 1385.
561 Baumbach/Hueck/*Fastrich* GmbHG, § 34 Rn. 7.
562 Bork/Schäfer/*Thiessen* GmbHG, § 34 Rn. 54; Baumbach/Hueck/*Fastrich* GmbHG, § 34 Rn. 11.
563 MüKo/GmbHG/*Reichert/Weller*, § 18 Rn. 103, 105.

I. Die Gesellschaftsverträge der typischen GmbH & Co. KG

rungen befugt ist.[564] Diese Einziehungserklärung entfaltet dann gegenüber sämtlichen Mitberechtigten Wirkung, womit der Geschäftsanteil im Gesamten eingezogen wurde. **Abs. 3** dieses Mustervertrags sieht ferner vor, dass die Gründe, die eine Einziehung ermöglichen, nur in der Person eines Mitberechtigten vorliegen müssen und dennoch eine Erstreckung der Einziehung auf sämtliche Mitberechtigten erfolgt. Dies erleichtert die Einziehung eines Geschäftsanteils von Mitberechtigten ungemein, da sonst, sofern nur gegenüber einem Mitberechtigten am Geschäftsanteil eine Einziehung möglich wäre, eine Teilung des Geschäftsanteils erforderlich wäre.

2. Zeitpunkt der Einziehung

Nach dem Urteil des BGH vom 24.1.2012[565] tritt die Wirksamkeit der Einziehung, soweit die Satzung nicht etwas anderes vorsieht, mit der Mitteilung des Einziehungsbeschlusses an den betroffenen Gesellschafter ein und der Einziehungsbeschluss weder nichtig ist noch für nichtig erklärt wird. Der Beschluss würde zum Beispiel dann für nichtig erklärt werden, wenn bereits im Zeitpunkt der Beschlussfassung feststeht, dass die Gesellschaft die Abfindung nicht aus freiem Vermögen zahlen kann. Durch diese Entscheidung wurde der lang anhaltende Streit gelöst, ob die Einziehung unter der aufschiebenden Bedingung der Zahlung der Abfindung steht[566] oder sofort wirksam ist. Der Gesellschafter, dessen Geschäftsanteil eingezogen wird, wird dadurch geschützt, dass die verbleibenden Gesellschafter für den Abfindungsanspruch im Verhältnis ihrer Beteiligungen haften, sofern sie nicht für die Auszahlung der Abfindung sorgen.

1194

3. Verfahren

Die Einziehung bedarf eines Gesellschafterbeschlusses (§ 46 Nr. 4 GmbHG) und dessen formfreie Mitteilung an den betroffenen Gesellschafter. Für die Beschlussfassung genügt die einfache Mehrheit, falls die Satzung nichts anderes bestimmt. Die Einziehung ist wirksam, sobald sie dem betroffenen Gesellschafter von den Geschäftsführern in vertretungsberechtigter Zahl mitgeteilt wird.

1195

4. Zwangsabtretung

Statt der Einziehung und unter den gleichen Voraussetzungen kann die Satzung (auch wahlweise) vorsehen, dass die Gesellschafterversammlung beschließen kann, dass der betroffene Gesellschafter seinen Anteil ganz oder

1196

---

564 MüKo/GmbHG/*Reichert/Weller*, § 18 Rn. 107.
565 DB 2012, 504.
566 U. a. OLG Frankfurt v. 26.11.1996, NJW-RR 1997, 612.

teilweise auf einen oder mehrere Gesellschafter/Dritte abtreten muss.[567] Dies ist insbesondere vor dem Hintergrund zweckmäßig, dass die (Zwangs-)Abtretung, anders als die Einziehung, auch bei nicht voll eingezahlten Anteilen möglich ist.[568] Der Mustervertrag macht in **Abs. 5** von dieser Möglichkeit Gebrauch und ermächtigt jeden Geschäftsführer gem. § 185 BGB, den Kaufvertrag abzuschließen und die Abtretung vorzunehmen[569]. Die Satzung könnte aber auch die Kaduzierungsregeln (§§ 21 ff. GmbHG) für anwendbar erklären.[570]

5. Abfindung

1197 Enthält der Gesellschaftsvertrag keine abweichende Regelung, so ist der **Verkehrswert** als Abfindung geschuldet.[571] Der Gesellschaftsvertrag kann jedoch eine andere Art oder Höhe der Abfindung festsetzen. Einzelheiten sind streitig, vgl. die nachfolgenden Erläuterungen zu § 14. Zu Streitigkeiten kann es hierbei insbesondere wegen der Höhe der Abfindungszahlung und der Art und Weise, wie die Abfindung ausgezahlt wird kommen. Nach § 30 Abs. 1 GmbHG darf das Stammkapital durch die Zahlung der Abfindung nicht geschmälert werden. Der Zweck dieser Regelung ist es, das Kapital der Gesellschaft zu erhalten. Bei der Beurteilung, ob die Auszahlung der Abfindung das Stammkapital tangiert, wird auf den Zeitpunkt der Zahlung der Abfindung und nicht der Einziehung abgestellt.[572] Dem gegenüber steht das Interesse der Gesellschafter, die Abfindung zeitnah zu erhalten. Sofern bereits bei der Beschlussfassung feststeht, dass die liquiden Mittel nicht ausreichen, um die Abfindung zu zahlen, ist der Einziehungsbeschluss nichtig.[573] Bei einer Komplementär-GmbH mit einem Stammkapital von EUR 25.000 und nur geringen Einnahmen dürften diese Probleme nicht bestehen.

**§ 14
Abfindung**

1198 (1) Wird ein Geschäftsanteil ganz oder teilweise eingezogen, so erhält der betroffene Gesellschafter bzw. seine Rechtsnachfolger eine Abfindung. Wird der Geschäftsanteil gemäß § 13 Abs. 5 abgetreten, entspricht der Kaufpreis der Abfindung gemäß Abs. 2.

1199 (2) Die Abfindung entspricht dem Saldo des auf die betreffende Stammeinlage eingezahlten Nominalbetrages zuzüglich bzw. abzüglich des auf die

---

567 MüKo/mbHG/*Strohn*, § 34 Rn. 100 a.
568 Bork/Schäfer/*Thiessen* GmbHG, § 34 Rn. 46 m. w. N.
569 Einzelheiten s. Ulmer/Ulmer/*Habersack* GmbHG, § 34 Rn. 120 ff.; BGH v. 20.6.1983, NJW 1983, 2880.
570 Lutter/Hommelhoff/*Lutter* GmbHG, § 34 Rn. 68.
571 Baumbach/Hueck/*Fastrich* GmbHG, § 34 Rn. 22.
572 Baumbach/Hueck/*Fastrich* GmbHG, § 34 Rn. 39.
573 Baumbach/Hueck/*Fastrich* GmbHG, § 34 Rn. 40a.

betroffene Stammeinlage entfallenden Anteils des Gesellschafters an Rücklagen sowie an etwaigen Gewinnvorträgen bzw. Verlustvorträgen.

(3) Wird ein Geschäftsanteil im Laufe eines Jahres eingezogen oder abgetreten, ist der betroffene Gesellschafter am Ergebnis des laufenden Geschäftsjahres nicht beteiligt.

(4) Das Abfindungsguthaben ist innerhalb von sechs Wochen ab dem Zeitpunkt der Einziehung bzw. ab dem Zeitpunkt der Abtretung auszuzahlen. Bis zum Ablauf der 6-Wochen-Frist ist es nicht zu verzinsen.

Erläuterungen

1. Allgemeines
2. Ergebnisverteilung im Jahre der Einziehung
3. Fälligkeit/Verzinsung
4. Besteuerung der Abfindung

1. Allgemeines

Der von der Einziehung betroffene Gesellschafter hat grundsätzlich Anspruch auf eine Abfindung in Höhe des Verkehrswertes des Geschäftsanteils, wenn die Satzung keine Einschränkung enthält.[574] Die Satzung kann Art und Höhe der Abfindung, Berechnungsverfahren und Modalitäten der Auszahlung regeln.[575] Aus Gründen des Bestandsschutzes der Gesellschaft und zur Verringerung der Bewertungsprobleme wird häufig vereinbart, dass maßgeblich die Bewertung in der vorausgehenden oder folgenden Jahresbilanz sein soll, und dem anteiligen Eigenkapital entsprechen soll (so auch Abs. 2 des Mustervertrages). Abfindungsregelungen sind im Rahmen der Vertragsfreiheit wirksam, jedoch darf die Abfindungsbeschränkung weder geeignet sein, den Gesellschafter von einem Austritt aus wichtigem Grund abzuhalten noch der Willkür der übrigen Gesellschafter auszuliefern.[576] Eine schematische Grenzziehung ist nicht möglich. Bei Komplementär-GmbHs sind Abfindungsregelungen meistens jedoch unproblematisch, da die Komplementär-GmbH in der Regel über keine stillen Reserven verfügt.

2. Ergebnisverteilung im Jahre der Einziehung

Abs. 3 des Mustervertrages stellt klar, dass der betroffene Gesellschafter am Ergebnis des laufenden Geschäftsjahres – abweichend von der Regel des § 101 Nr. 2, 2. HS BGB – nicht beteiligt ist.

---

574 Baumbach/Hueck/*Fastrich* GmbHG, § 34 Rn. 22 ff.
575 Baumbach/Hueck/*Fastrich* GmbHG, § 34 Rn. 25 ff.
576 Zu den Grenzen der Gestaltungsfreiheit bei Abfindungen vgl. Baumbach/Hueck/*Fastrich* GmbHG, § 34 Rn. 26 ff.

3. Fälligkeit/Verzinsung

1204 Der Abfindungsanspruch ist mit dem Ausscheiden fällig. Ist dies nicht gewollt, sollte die Satzung Bestimmungen über die Fälligkeit und die Verzinsung enthalten. Bei einer Komplementär-GmbH ist es in der Regel nicht erforderlich, das Abfindungsguthaben in Raten auszuzahlen.

4. Besteuerung der Abfindung

1205 Es ist streitig, wie die einkommensteuerrechtliche Behandlung von Abfindungen vorzunehmen ist.[577] Zum einen wird vertreten, dass Abfindungen Ausschüttungen und damit Einkünfte des Anteilseigners i.S.v. § 20 Abs. 1 Nr. 1 EStG oder eine Teilliquidation i.S.d § 17 Abs. 4 EStG darstellen. Nach der herrschenden Meinung liegt eine Veräußerung im Sinne von §§ 16 bzw. 17 EStG vor. Fraglich ist daher, auf welche Weise die Einziehung vorgenommen wird.

1206 Sofern keine Übernahmevereinbarung vorliegt und die verbleibenden Gesellschafter einen Beschluss fassen, nach dem die Geschäftsanteile erhöht werden, liegen mangels Erwerbsvorgang keine Anschaffungskosten vor. Eine Veräußerung liegt nur dann vor, wenn es nicht zu begleitenden Kapitalmaßnahmen kommt. In kombinierten Fällen ist auf § 17 Abs. 4 EStG oder auf § 20 Abs. 1 Nr. 2 EStG zurückzugreifen.

§ 15
Liquidation der Gesellschaft

1207 (1) Die Liquidation erfolgt durch die Geschäftsführer, soweit die Gesellschafterversammlung nichts Abweichendes beschließt. § 5 gilt für Liquidatoren entsprechend.

1208 (2) Das nach Befriedigung der Gläubiger verbleibende Vermögen der Gesellschaft ist im Verhältnis der Stammeinlagen auf die Gesellschafter zu verteilen.

Erläuterungen

1. Allgemeines   2. Schlussverteilung

1. Allgemeines

1209 Ist eine Gesellschaft aufgelöst, schließt sich daran ihre Liquidation (Abwicklung) an. Diese ist für GmbHs in den Vorschriften der §§ 66 ff. GmbHG ge-

---

577 Zum Meinungsstand vgl. Schmidt/*Wacker* EStG, § 16 Rn. 450 ff.

regelt. Nach der gesetzlichen Regel des § 66 Abs. 1 GmbHG sind grundsätzlich alle Geschäftsführer Liquidatoren. Durch Gesellschaftsvertrag oder Beschluss der Gesellschafter kann etwas anderes bestimmt werden. Die Liquidatoren haben grundsätzlich dieselben Rechte und Pflichten wie die Geschäftsführer, beschränkt jedoch auf die Zwecke der Liquidation. Das Gesetz geht von der Gesamtvertretungsbefugnis der Liquidatoren aus (§ 68 Abs. 1 S. 2 GmbHG). Abweichungen hiervon sind für die Liquidatoren gesondert im Gesellschaftsvertrag zu regeln, da nicht ohne weiteres auf die Regelungen für die Geschäftsführer zurückgegriffen werden kann. Gleiches gilt für eine etwaige Befreiung oder Befreiungsermächtigung vom Selbstkontrahierungsverbot des § 181 BGB.[578] **Abs. 1 S. 2** des Musters erklärt daher die Regelungen des § 5 des Mustervertrages für entsprechend anwendbar. Einzelheiten des Liquidationsverfahrens können hier nicht dargestellt werden. Es ist hier auf die einschlägigen Erläuterungsbücher zu verweisen.

2. Schlussverteilung

Nach Ablauf des Sperrjahres und Befriedigung oder Sicherstellung aller Gläubiger kann die Schlussverteilung stattfinden, wenn sich ein Liquidationsguthaben ergeben hat. Maßgebend ist das Verhältnis der Geschäftsanteile, der Gesellschaftsvertrag kann jedoch ein anderes Verhältnis für die Verteilung bestimmen (§ 72 GmbHG). Der Anspruch geht grundsätzlich auf Geldzahlung. Durch Gesellschaftsvertrag oder Beschluss aller Gesellschafter kann auch bestimmt werden, dass Sachwerte übertragen werden.[579]

§ 16
Veröffentlichungen

Bekanntmachungen der Gesellschaft erfolgen nur im elektronischen Bundesanzeiger.

Erläuterungen

1. Bekanntmachungsfälle 2. Gesellschaftsblätter

1. Bekanntmachungsfälle

Das Gesetz sieht in einzelnen Bestimmungen vor, dass bestimmte Sachverhalte in den Blättern der Gesellschaft bekannt zu machen sind. Es handelt sich hierbei insbesondere um folgende Sachverhalte:
– Beschluss über die Rückzahlung von Nachschüssen (§ 30 Abs. 2 S. 2 GmbHG),

---

578 Vgl. zum Ganzen nur MünchHdb GesR III/*Weitbrecht* § 63 Rn. 11 ff.
579 Vgl. hierzu etwa MünchHdb GesR III/*Weitbrecht* § 63 Rn. 43 ff.

- Beschluss über eine ordentliche Kapitalherabsetzung (§ 58 Abs. 1 Nr. 1 GmbHG),
- Auflösung der Gesellschaft und Gläubigeraufruf (§ 65 Abs. 2 GmbHG),
- Erhebung der Nichtigkeitsklage (§ 246 Abs. 4 S. 1 AktG i.V.m. § 75 Abs. 2 GmbHG),
- Wechsel von Aufsichtsratsmitgliedern, sofern nach dem Gesellschaftsvertrag ein Aufsichtsrat zu bestellen ist (§ 52 Abs. 2 S. 2 GmbHG).

1213 Die Satzung der GmbH kann weitere Sachverhalte bestimmen, die über öffentliche Blätter bekanntzumachen sind.

2. Gesellschaftsblätter

1214 Der **elektronische Bundesanzeiger** gem. § 12 GmbHG ist das „Gesellschaftsblatt" für Bekanntmachungen der GmbH.[580] Der elektronische Bundesanzeiger ist unter www.ebundesanzeiger.de für jedermann kostenfrei im Internet einsehbar.

1215 Sämtliche Bekanntmachungen müssen zwingend im elektronischen Bundesanzeiger erfolgen. Die darüber hinaus bestehende Möglichkeit, im Gesellschaftsvertrag zusätzlich andere öffentliche Blätter oder elektronische Informationsmedien als Gesellschaftsblätter zu bestimmen (§ 12 S. 3 GmbHG), wird – schon aus Kostengründen – in der Praxis nicht genutzt.

§ 17
Schiedsgericht

1216 (1) Alle Streitigkeiten zwischen Gesellschaftern oder zwischen der Hauptgesellschaft und Gesellschaftern im Zusammenhang mit diesem Gesellschaftsvertrag oder über seine Gültigkeit oder Auslegung werden nach der jeweiligen Schiedsgerichtsordnung (DIS-SchO) und den jeweiligen Ergänzenden Regeln für Gesellschaftsrechtliche Streitigkeiten (DIS-ERGeS) der Deutschen Institution für Schiedsgerichtsbarkeit e.V. (DIS) unter Ausschluss des ordentlichen Rechtswegs endgültig entschieden.

1217 (2) Die Wirkungen des Schiedsspruches erstrecken sich auch auf die Gesellschafter, die fristgemäß als Betroffene benannt wurden, unabhängig davon, ob sie von der ihnen eingeräumten Möglichkeit, dem schiedsrichterlichen Verfahren als Partei oder Nebenintervenient beizutreten, Gebrauch gemacht haben (§ 11 DIS-ERGeS). Die fristgemäß als Betroffene benannten Gesellschafter verpflichten sich, die Wirkungen eines nach Maßgabe der Bestimmungen in den DIS-ERGeS ergangenen Schiedsspruchs anzunehmen.

1218 (3) Ausgeschiedene Gesellschafter bleiben an diese Schiedsvereinbarung gebunden.

---

580 *Noack* DB 2005, 599.

I. Die Gesellschaftsverträge der typischen GmbH & Co. KG

(4) Die Gesellschaft hat gegenüber Klagen, die gegen sie vor einem staatlichen Gericht anhängig gemacht werden und Streitigkeiten betreffen, die dieser Schiedsvereinbarung unterfallen, stets die Einrede der Schiedsvereinbarung zu erheben. 1219

(5) Der Ort des schiedsrichterlichen Verfahrens ist 1220

(6) Die Verfahrenssprache ist deutsch. 1221

(7) Die Anzahl der Schiedsrichter beträgt 1222

(8) Diese Schiedsvereinbarung gilt nicht für Verfahren, in denen eine einstweilige Verfügung oder ein Arrest beantragt wird; insoweit sind die staatlichen Gerichte zuständig. 1223

Erläuterungen

Auf die Erläuterungen zu § 24 des Gesellschaftsvertrags der typischen GmbH & Co. KG (**Rn. 959 ff.**) wird verwiesen. 1224

§ 18
Schlussbestimmungen

(1) Sollten einzelne oder mehrere Bestimmungen dieses Vertrages ganz oder teilweise nichtig, anfechtbar oder nicht durchführbar sein, so gelten die übrigen Bestimmungen gleichwohl. Eine unwirksame oder nichtige Bestimmung ist durch notariellen Gesellschafterbeschluss durch eine solche Bestimmung zu ersetzen, die die Parteien bei Kenntnis des Mangels zum Zeitpunkt des Vertragsabschlusses vereinbart hätten, um den gleichen wirtschaftlichen Erfolg zu erzielen. 1225

(2) Im Übrigen gelten die gesetzlichen Bestimmungen. Zwingende gesetzliche Vorschriften gehen der Satzung vor. 1226

(3) Die Kosten der Beurkundung des Gesellschaftsvertrages, der Bekanntmachung, der Anmeldung der Gesellschaft und ihrer Eintragung im Handelsregister, die anfallenden Steuern und die Kosten der Gründungsberatung trägt die Gesellschaft bis zu einem geschätzten Betrag von EUR 3.000,00. Etwa darüber hinausgehende Gründungskosten tragen die Gesellschafter. 1227

Erläuterungen

1. Salvatorische Klauseln   2. Gründungsaufwand

1. Salvatorische Klauseln

1228 Siehe hierzu die Erläuterungen zu § 25 des Gesellschaftsvertrages der typischen GmbH & Co. KG (Rn. 980 ff.).

1229 In GmbH-Satzungen sind nur Klauseln zulässig, die die Ersetzung oder Ergänzung der Satzung an einen **Gesellschafterbeschluss** knüpfen.

2. Gründungsaufwand

1230 Gründungsaufwand, der von der GmbH getragen werden soll, ist daher in der Satzung als **Gesamtbetrag** gesondert festzusetzen.[581] Von den Registergerichten wird ein Betrag i. H. v. EUR 3.000,00 ohne Nachweis in der Regel anerkannt. Zu den Notar- und Handelsregisterkosten bei der Gründung einer GmbH im Einzelnen s. **Rn. 77 ff.** Der Gründungsaufwand – auch der von der GmbH selbstgeschuldete – ist von den Gründern analog § 26 Abs. 2 AktG zu tragen, soweit in der Satzung der GmbH nichts Abweichendes geregelt ist.[582]

1231–1300 *Einstweilen frei.*

---

[581] BGH v. 20.2.1989, BGHZ 107, 1; Baumbach/Hueck/*Fastrich* GmbHG, § 5 Rn. 57.
[582] Baumbach/Hueck/*Fastrich* GmbHG, § 5 Rn. 57.

II. Zusätzliche Bestimmungen der Gesellschaftsverträge der beteiligungsidentischen GmbH & Co. KG

1. Zusätzliche Bestimmungen für den Gesellschaftsvertrag der KG

Sachverhalt:

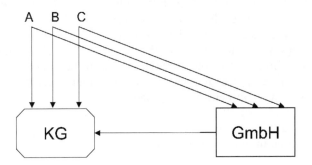

Dem nachfolgenden Muster liegt folgender Sachverhalt zugrunde:

A, B, und C gründen als Gesellschafter sowohl eine (gewerblich tätige oder gewerblich geprägte) KG als auch eine GmbH mit jeweils gleichen Beteiligungsverhältnissen. Die GmbH wird Komplementärin der KG. Die Beteiligten an der KG sollen stets im gleichen Verhältnis an der Komplementär-GmbH beteiligt sein. 1301

Vorbemerkung

1. Allgemeines
2. Form des KG-Vertrages
3. Die Beteiligung minderjähriger Kinder

1. Allgemeines

Sofern in einer GmbH & Co. KG die Gesellschafter der KG und der GmbH mit den gleichen Beteiligungsrelationen personenidentisch sind und dies so bleiben soll, ist es notwendig, die Gesellschaftsverträge der KG und der GmbH so zu gestalten, dass die Beteiligungsverhältnisse stets identisch sind und bei Abweichungen wieder identische Beteiligungsverhältnisse von den Gesellschaftern hergestellt werden können.[583] Die Beteiligungsidentität erfordert daher eine Verzahnung der Gesellschaftsverträge im Zusammenhang mit der Kündigung der Gesellschaftsbeteiligung, mit Verfügungen über Beteiligungen an beiden Gesellschaften, mit Vorkaufsrechten, der Vererbung von Gesellschafts-anteilen und beim Ausschluss von Gesellschaftern. Dabei kann lediglich die KG in ihrem Gesellschaftsvertrag auf Regelungen der GmbH- 1302

---

[583] MüKo/GmbHG/*Liebscher,* § 45 Rn. 154.

Satzung verweisen[584], während Verweisungen von der Satzung der GmbH auf den Gesellschaftsvertrag der KG nicht möglich sind, es sei denn, der Gesellschaftsvertrag der KG wird vom Notar beurkundet.[585]

2. Form des KG-Vertrages

1303   Ein KG-Vertrag ist grundsätzlich **formlos** gültig (**Rn. 311**). Der Gesellschaftsvertrag einer **beteiligungsidentischen** GmbH & Co. KG bedarf jedoch der notariellen Beurkundung, wenn sich die Gesellschafter der KG verpflichten, bei Übertragung von Anteilen an der KG auch ihre Geschäftsanteile an der Komplementär-GmbH abzutreten.[586] Dies ist darin begründet, dass die Verpflichtung, die Beteiligung an einer GmbH abzutreten nach § 15 Abs. 4 S. 1 GmbHG der notariellen Beurkundung bedarf.

3. Die Beteiligung minderjähriger Kinder

1304   Die Beteiligung minderjähriger Kinder, deren Eltern an der Gründung einer beteiligungsidentischen KG und an deren Komplementär-GmbH beteiligt sind, der unentgeltliche Erwerb einer Beteiligung an beiden Gesellschaften durch Minderjährige und die Fassung von Beschlüssen in der KG und der Komplementär-GmbH, wenn auch die Elternteile an der KG oder der GmbH beteiligt sind, können zu Problemen führen, da die Eltern teilweise von der Vertretung ihrer minderjährigen Kinder ausgeschlossen sind und ggf. die Genehmigung des zuständigen Familiengerichtes eingeholt werden muss. Einzelheiten **Rn. 317 ff.!**

Nachfolgend werden nur die Paragraphen aus dem Gesellschaftsvertrag der typischen GmbH & Co. KG übernommen und kommentiert, welche geändert werden müssen:

§ 3
Gesellschafter, Einlagen, Haftsummen, Vermögensbeteiligung

(1–9) wie § 3 des Gesellschaftsvertrags der typischen KG (Rn. 358 ff.)

zusätzlich:

1305   (10) Jeder Kommanditist soll im gleichen Verhältnis wie an der KG am Stammkapital der Komplementär-GmbH beteiligt sein. Jeder Kommanditist verpflichtet sich, gegenüber der Gesellschaft und gegenüber jedem anderen Gesellschafter, alles zu tun, damit diese Beteiligungsgleichheit erhal-

---

584 MüKo/HGB/*Grunewald*, § 161 Rn. 63.
585 *Binz/Mayer*, NJW 2002, 3057.
586 Baumbach/Hueck/*Fastrich* GmbHG, § 15 Rn. 22.

ten oder wiederhergestellt wird, insbesondere muss er allen Maßnahmen der Gesellschafterversammlung zustimmen und alle Handlungen vornehmen, die erforderlich sind, um diese Beteiligungsgleichheit zu erhalten oder wiederherzustellen, wobei Maßstab die jeweilige Beteiligung an der KG ist.

Erläuterungen

Die Regelung in **§ 3 Abs. 10** dieses Mustervertrages enthält den Grundsatz der Beteiligungsidentität in beiden Gesellschaften und verpflichtet alle Kommanditisten, die Beteiligungsidentität wieder herzustellen, wenn sie nicht mehr besteht. Die Beteiligung an der KG wird dabei als Maßstab für die Beteiligung an der Komplementär GmbH angeordnet. 1306

§ 5
Dauer der Gesellschaft, Kündigung

(1)–(4) wie § 5 des Gesellschaftsvertrags der typischen GmbH & Co. KG (Rn. 451 ff.).

ggf. zusätzlich:
(5) Die KG kann durch einen Kommanditisten gekündigt werden, wenn zum gleichen Zeitpunkt auch die Beteiligung an der Komplementär-GmbH gekündigt wird. 1307

Erläuterungen

Kündigt ein Gesellschafter die KG oder die GmbH, muss das Vertragswerk der GmbH & Co. KG sicherstellen, dass der Kommanditist, der gekündigt hat, aus beiden Gesellschaften ausscheidet. Zu beachten ist hierbei, dass die Satzung der Komplementär-GmbH ein Kündigungsrecht enthalten kann, aber nicht muss. Das GmbHG sieht nämlich keine Kündigung vor. Es sind daher zwei Gestaltungen zu unterscheiden. 1308

Kündigungsregeln in beiden Gesellschaftsverträgen

In diesem Fall sollte der Gesellschaftsvertrag der KG die Bestimmung enthalten, dass die KG nur gekündigt werden kann, wenn gleichzeitig auf denselben Termin auch die GmbH gekündigt wird, s. **Absatz 5** des Mustervertrages. Die Satzung der Komplementär-GmbH sollte eine entsprechende Regelung enthalten. Bei Kündigungsfristen und Kündigungstermine sollten identisch geregelt werden. 1309

Kündigungsmöglichkeit nur im Gesellschaftsvertrag der KG

In diesem Fall sollte die Satzung der Komplementär-GmbH eine Einziehung des Geschäftsanteils des Gesellschafters der GmbH, der die KG gekündigt hat, auf den Zeitpunkt der Wirksamkeit der Kündigung der KG zulassen. 1310

§ 13
Verfügungen über Gesellschaftsanteile und
Ansprüche gegen die Gesellschaft

1311 (1) Verfügungen über Gesellschaftsanteile und/oder Ansprüche gegen die Gesellschaft bedürfen stets der Zustimmung der Gesellschafterversammlung. Der Zustimmungsbeschluss kann nur mit den Stimmen aller stimmberechtigten Gesellschafter gefasst werden.

- Variante 1:

1312 (2) Die Zustimmung gem. Abs. 1 ist zu erteilen, wenn Verfügungen zugunsten von Abkömmlingen (Ehegatten, Lebenspartner) des Gesellschafters, zugunsten von anderen Gesellschaftern, zugunsten von Abkömmlingen von anderen Gesellschaftern oder zugunsten einer Familienstiftung gem. § 1 Abs. 1 Nr. 4 ErbStG erfolgen.

- Variante 2:

1313 (2) Die Zustimmung zu Verfügungen über Gesellschaftsanteile ist zu erteilen, wenn zu Gunsten von Mitgesellschaftern, Angehörigen i.S.v. § 15 AO oder zu Gunsten einer Familienstiftung verfügt wird.

1314 (3)–(8) wie § 13 Abs. 2–7 des Gesellschaftsvertrages der typischen GmbH & Co. KG (Rn. 712 ff.).

Erläuterungen

1315 Abs. 1 macht lebzeitige Verfügungen über Gesellschaftsanteile und Ansprüche eines Gesellschafters einer Gesellschaft der KG stets von der Zustimmung der Gesellschafterversammlung der KG abhängig, die nur mit den Stimmen aller stimmberechtigten Kommanditisten erteilt werden kann. Der verfügende Kommanditist ist (nach dem Mustervertrag) vom Stimmrecht ausgeschlossen.

1316 Abs. 1 ist im Zusammenhang mit § 10 Abs. 1 des Gesellschaftsvertrages der Komplementär-GmbH (**Rn. 1360**) zu sehen. Durch die in beiden Gesellschafterversammlungen erforderliche Zustimmung zu Verfügungen ist sichergestellt, dass die Gesellschafterversammlung der beiden Gesellschaften die Kontrolle darüber haben, welche Personen jeweils Kommanditisten sind, und dass die Personenidentität jeweils in beiden Gesellschaften gewahrt werden kann.

1317 Üblicherweise bestimmen Gesellschaftsverträge einer beteiligungsidentischen KG in der Regel, dass Verfügungen über Gesellschaftsanteile insgesamt oder über Teile von Gesellschaftsanteilen nur wirksam sind, wenn der verfügende Kommanditist gleichzeitig und im gleichen Verhältnis über seinen Geschäftsanteil (seine Geschäftsanteile) an der Komplementärin ganz oder teilweise zugunsten des gleichen Erwerbers verfügt (so Abs. 9 des Mustervertrages). Eine solche Ergänzung des Gesellschaftsvertrages einer beteiligungsidentischen GmbH & Co. KG ist möglich und bezweckt den Gleichlauf der Beteiligungen eines Kommanditisten an der KG einerseits und der Komplementär-GmbH andererseits. Allerdings hat dieser Zusatz zur Folge, dass wegen der Verpflichtung des Kommanditisten, über seinen Geschäftsanteil an der Komplementär-GmbH im gleichen Verhältnis wie über seine Beteiligung an der KG zu verfügen, auch der Gesellschaftsvertrag der KG notarielle beurkundet werden muss (§ 15 Abs. 4 S. 1 GmbHG).

Einfacher ist es, den vorstehenden Text des Mustervertrages zu § 13 des Gesellschaftsvertrages der beteiligungsidentischen KG zu verwenden und in der Satzung der Komplementär-GmbH (**Rn. 1360**) die Verfügung über Geschäftsanteile ebenfalls von der Zustimmung der Gesellschafterversammlung der GmbH abhängig zu machen. Beide Gesellschafterversammlungen werden nur dann zustimmen, wenn der Grundsatz der Beteiligungsidentität gewahrt wird, wenn also die Gesellschafter der KG und der Komplementär-GmbH identisch sind. **1318**

§ 13 des Mustervertrages vermeidet nach unserer Ansicht die Verpflichtung, auch den KG-Vertrag notariell beurkunden zu lassen. § 13 des Mustervertrages begründet keine unmittelbare Verpflichtung im Sinne von § 15 Abs. 4 GmbHG. Mittelbare Verpflichtungen begründen keine notarielle Beurkundungspflicht[587]. **1319**

Abs. 2 bestimmt, in welchen Fällen eine Zustimmung der Gesellschafterversammlung zu Verfügungen zu erteilen ist. Variante 1 regelt, wer Erwerber eines Gesellschaftsanteils sein kann ohne Rücksicht auf das Erbschaftsteuerrecht. Variante 2 dient dem Gleichlaut der Beteiligungen an beiden Gesellschaften, wenn die Kommanditisten der KG die Vorteile eines Vorababschlages gem. § 13a Abs. 9 ErbStG in Anspruch nehmen wollen. Einzelheiten hierzu **Rn. 191** und die Erläuterungen zu § 13 des Gesellschaftsvertrages der typischen KG (**Rn. 731**). **1320**

Im Übrigen wird auf die Erläuterungen zu § 13 des Gesellschaftsvertrages der typischen GmbH & Co. KG (**Rn. 718 ff.**) verwiesen.

§ 14
Vorkaufsrecht

(1)–(5) wie § 14 des Gesellschaftsvertrags der typischen KG (Rn. 739 ff.).

ggf. zusätzlich:
(6) **Das Vorkaufsrecht kann nur gleichzeitig und im gleichen Verhältnis mit dem Vorkaufsrecht hinsichtlich des Geschäftsanteils des betroffenen Kommanditisten an der Komplementärin ausgeübt werden.** **1321**

Erläuterungen

Der Verfasser eines Gesellschaftsvertrages einer beteiligungsidentischen GmbH & Co. KG sollte überlegen, ob es überhaupt sinnvoll ist, ein Vorkaufsrecht in dem Gesellschaftsvertrag der KG und in der Satzung der **1322**

---

587 Baumbach/Hueck/*Fastrich* GmbHG, § 15 Rn. 32 (h. M.).

GmbH zu regeln. Wird im Gesellschaftsvertrag der KG geregelt, dass das Vorkaufsrecht bzgl. der Gesellschaftsanteile der KG nur gleichzeitig und im gleichen Verhältnis mit dem Vorkaufsrecht hinsichtlich des Geschäftsanteils des betreffenden Kommanditisten an der Komplementärin ausgeübt werden kann, stellt sich nicht nur die Frage, ob auch der Gesellschaftsvertrag der KG notariell beurkundet werden muss, sondern es bedarf im Einzelfall einer genauen Kontrolle durch die Gesellschafter, ob das Vorkaufsrecht ordnungsgemäß für beide Gesellschaftsanteile ausgeübt worden ist. Einzelne Kommanditisten können auch übersehen, dass sie das Vorkaufsrecht zweimal ausüben müssen, nämlich einmal für den Gesellschaftsanteil an der KG und zum anderen für den Geschäftsanteil an der Komplementär-GmbH.

1323 Einfacher ist es aus unserer Sicht, das Problem der Verzahnung zwischen dem Gesellschaftsvertrag der KG und der Satzung der Komplementär-GmbH über die Vinkulierungsklausel des § 13 und eine entsprechende Klausel in dem Gesellschaftsvertrag der Komplementär-GmbH zu regeln. Im Falle einer Veräußerung von Anteilen an der KG und von Geschäftsanteilen an der Komplementär-GmbH müssten lediglich beide Gesellschafterversammlungen zustimmen.

1324 Bei der Abfassung des Gesellschaftsvertrages könnte überlegt werden, dem Kommanditisten, der zu Gunsten eines Dritten entgeltlich verfügen möchte und hierzu die Zustimmung der beiden Gesellschafterversammlungen nicht erhält, ein außerordentliches Kündigungsrecht für beide Gesellschaften mit entsprechenden Kündigungsfristen einzuräumen, falls ihm für diesen Fall ein Exit ermöglicht werden soll.

1325 Im Übrigen wird auf die Erläuterungen zu § 14 des Gesellschaftsvertrages der typischen KG (**Rn. 744 ff.**) verwiesen.

§ 15
Vererbung von Gesellschaftsanteilen

- Variante 1 (einfache Nachfolgeklausel):

1326 (1) Verstirbt ein Kommanditist, wird die Gesellschaft mit den Erben des verstorbenen Gesellschafters fortgesetzt. Der Gesellschaftsanteil des Erblassers geht auf die Erben im Verhältnis ihrer Erbquoten über. Jeder Kommanditist ist berechtigt, durch eine Verfügung von Todes wegen eine andere Aufteilung des Gesellschafteranteils unter den Erben zu bestimmen.

- Variante 2 (qualifizierte Nachfolgeklausel):

1327 (1) Verstirbt ein Kommanditist, wird die Gesellschaft mit dessen Erben fortgesetzt. Der Gesellschaftsanteil des Erblassers geht auf die Erben im Verhältnis ihrer Erbquoten über. Jeder Kommanditist ist berechtigt, durch eine Verfügung von Todes wegen eine andere Aufteilung des Gesellschafteranteils unter den Erben zu bestimmen. Erben eines verstorbenen Kommanditisten in den Gesellschaftsanteil können jedoch nur Abkömmlinge, der Ehegatte, der Lebenspartner, andere Gesellschafter oder Abkömmlinge von anderen Gesellschaftern sein. Sofern kein Erbe nachfolgeberechtigt ist, scheidet der Kommanditist mit seinem Tod aus der Gesellschaft aus; seine Erben erhalten eine/keine Abfindung gem. § 19.

- Variante 3 (Qualifizierte Nachfolgeklausel):

(1) Verstirbt ein Kommanditist, wird die Gesellschaft mit einem seiner Abkömmlinge als Nachfolger fortgesetzt. Die Bestimmung des nachfolgeberechtigten Abkömmlings steht dem Erblasser zu. Die Bestimmung erfolgt durch schriftliche Erklärung gegenüber der Komplementärin zu Lebzeiten oder durch Verfügung von Todes wegen. Hat der Erblasser keinen Abkömmling nach S. 2 und 3 als Nachfolger bestimmt oder wird kein Abkömmling Rechtsnachfolger des verstorbenen Kommanditisten, scheidet der verstorbene Kommanditist mit seinem Tod aus der Gesellschaft aus. Die/der Erbe(n) erhalten/erhält in diesem Fall eine (keine) Abfindung gem. § 19. 1328

(2) Rechtsnachfolger eines verstorbenen Kommanditisten soll nur werden, wer im selben Verhältnis Rechtsnachfolger des Erblassers hinsichtlich seines Geschäftsanteils/seiner Geschäftsanteile an der Komplementärin wird. Ist dies nicht der Fall, sind alle Rechtsnachfolger verpflichtet, die Beteiligungen des Erblassers an beiden Gesellschaften so anzupassen, dass alle oder einzelne Rechtsnachfolger im gleichen Verhältnis an beiden Gesellschaften beteiligt sind. 1329

(3) Mehrere Erben des Gesellschaftsanteiles des verstorbenen Kommanditisten haben zur einheitlichen Ausübung aller Gesellschaftsrechte – soweit gesetzlich zulässig – einen gemeinsamen Bevollmächtigten zu bestellen, bis an dem/den Geschäftsanteil(en) der Erben an der Komplementär-GmbH keine Mitberechtigung gem. § 18 Abs. 1 GmbHG mehr besteht. Der gemeinsame Bevollmächtigte kann nur ein Gesellschafter sein, es sei denn, die Gesellschafterversammlung stimmt einem anderen gemeinsamen Bevollmächtigten zu. Der Bevollmächtigte ist von den Erben unverzüglich – nicht jedoch bevor die Erben feststehen – zu benennen. Das Stimmrecht der Erben ruht, bis der gemeinsame Bevollmächtigte eine Vollmacht vorgelegt hat, die ihn zur einheitlichen Ausübung der Gesellschafterrechte der Erben – soweit gesetzlich zulässig – berechtigt. S. 1–4 gelten für den Fall des Erlöschens der Vollmacht entsprechend, bis ein neuer Bevollmächtigter eine entsprechende Vollmacht i.S.v. S. 4 vorgelegt hat. Die Erben haben ihr Innenverhältnis so zu regeln, dass der Bevollmächtigte die Gesellschafterrechte der Erben – soweit gesetzlich zulässig – ausüben kann. 1330

(4) Jeder Kommanditist kann für seinen Gesellschaftsanteil (Dauer-)Testamentsvollstreckung anordnen, wenn er im gleichen zeitlichen und sachlichen Umfang Testamentsvollstreckung auch für seinen Geschäftsanteil an der Komplementär-GmbH angeordnet hat. In diesem Fall werden die Gesellschafterrechte der Erben durch den Testamentsvollstrecker ausge- 1331

übt. Der Bestellung eines Bevollmächtigten gem. Abs. 2, bedarf es in diesen Fällen erst mit dem Ende der Testamentsvollstreckung.

1332 (5) Vermächtnisnehmer stehen Erben gleich. Die anderen Kommanditisten sind verpflichtet, der Abtretung des Gesellschaftsanteils des verstorbenen Gesellschafters im Vollzug eines Vermächtnisses zuzustimmen, wenn der/die Vermächtnisnehmer nachfolgeberechtigt ist/sind und wenn der/die Vermächtnisnehmer im gleichen Verhältnis an der Komplementär-GmbH beteiligt ist/sind.

Erläuterungen

1. Zu Abs. 1
2. Zu Abs. 2
3. Zu Abs. 3
4. Zu Abs. 4

1. Zu Abs. 1

1333 Auf die Darstellung der gesetzlichen Ausgangslage zu § 15 des Gesellschaftsvertrages der typischen KG (**Rn. 759 ff.**) wird verwiesen.

1334 Nicht alle Klauseln zu § 15 Abs. 1 des Gesellschaftsvertrages der typischen KG sind für die beteiligungsidentische KG sinnvoll. Praktikabel sind die Nachfolgeklauseln gem. den Varianten 1 bis 3 zu Abs. 1 des § 15 der typischen KG und die Fortsetzungsklausel gem. Variante 5 zu Abs. 1 des § 15 des Gesellschaftsvertrages der typischen KG.

1335 *Einstweilen frei.*

2. Zu Abs. 2

1336 Eine Bestimmung, die anordnet, dass Rechtsnachfolger eines verstorbenen Kommanditisten nur werden **kann**, wer im selben Verhältnis Rechtsnachfolger in den Geschäftsanteil des Erblassers an der Komplementär-GmbH wird, wäre kontraproduktiv. Durch eine solche Bestimmung würde die Frage aufgeworfen, ob der Rechtsnachfolger, der ungleich an der KG und der Komplementär-GmbH beteiligt wird, überhaupt Gesellschafter der KG werden kann. Ferner würde nicht berücksichtigt, dass der KG-Anteil unmittelbar auf den Erben übergeht, der vererbte Geschäftsanteil bei mehreren Erben Bestandteil der Erbengemeinschaft wird. Der Mustervertrag enthält insoweit nur eine „Soll"-bestimmung, um die Kommanditisten darauf hinzuweisen, worauf sie bei ihrer letztwilligen Verfügung u. a. zu achten haben; Abs. 2 verpflichtet die betroffenen Rechtsnachfolger die Beteiligungsgleichheit in beiden Gesellschaften herzustellen und die anderen Gesellschafter den/die betroffenen Rechtsnachfolger auszuschließen, wenn es diesen innerhalb der gesetzten Frist nicht gelingt, die Beteiligungsgleichheit herzustellen. Verstoßen die Rechtsnachfolger gegen diese Verpflichtung, sind sie aus der Gesellschaft auszuschließen (s. § 16 Abs. 1 S. 2 und Abs. 2 lit. c) und d)).

3. Zu Abs. 3

Auf die Erläuterungen zu § 15 Ziff. 6 des Gesellschaftsvertrages der typischen KG (**Rn. 786**) wird verwiesen. Viele Gesellschaftsverträge ordnen eine Vertretung der Erben durch einen Bevollmächtigten an, ohne zu bestimmen, wann diese Verpflichtung enden soll. Dies wird in den vorliegenden Mustern unterschiedlich geregelt. Anders als in § 15 Abs. 2 des Gesellschaftsvertrages der typischen KG endet die Verpflichtung der Erben, zur Ausübung ihrer Gesellschafterrechte einen Bevollmächtigten zu bestellen, nicht mit der Erreichung eines bestimmten Lebensalters, sondern dann, wenn an dem/den Geschäftsanteil(en) der Erben an der Komplementär-GmbH keine Mitberechtigung (Erbengemeinschaft) i. S. v. § 18 Abs. 1 GmbHG mehr besteht.

1337

Der bevollmächtigte Vertreter von den Gesellschaftern sollte identisch sein mit dem gemeinsamen Vertreter gem. § 12 Abs. 2 der Satzung der Komplementär-GmbH in der beteiligungsidentischen GmbH & Co. KG (**Rn. 1362**). Diese Personenidentität wird in § 12 Abs. 3 S. 2 der Satzung der Komplementär-GmbH der personenidentischen GmbH & Co. KG angeordnet.

1338

4. Zu Abs. 4

(Dauer-)Testamentsvollstrecker sollten im Gesellschaftsvertrag der KG nur dann zugelassen werden, wenn der Erblasser auch für seine Geschäftsanteile an der Komplementär-GmbH Testamentsvollstreckung angeordnet hat. Der Testamentsvollstrecker für die Gesellschaftsanteile der KG sollte derselbe sein wie der Testamentsvollstrecker für die Geschäftsanteile an der Komplementär-GmbH. Dies wird in § 12 Abs. 4 S. 1 der Satzung der Komplementär-GmbH der personenidentischen GmbH & Co. KG angeordnet.

1339

§ 16
Ausschluss von Gesellschaftern

(1) Die Gesellschafterversammlung kann mit einfacher Mehrheit aller Stimmen der anderen stimmberechtigten Kommanditisten einen Gesellschafter aus der Gesellschaft ausschließen, wenn in seiner Person ein wichtiger Grund gegeben ist, der nach den Vorschriften der §§ 133, 140 HGB seinen gerichtlichen Ausschluss aus der Gesellschaft ermöglichen würde. In den Fällen des Abs. 2 ist der betroffene Gesellschafter auszuschließen.

1340

(2) Ein wichtiger Grund liegt insbesondere vor, wenn
    a) über das Vermögen eines Gesellschafter das Insolvenzverfahren eröffnet oder die Eröffnung des Insolvenzverfahrens über sein Vermögen mangels Masse abgelehnt wurde oder der betreffende Gesellschafter

1341

selbst Antrag auf Eröffnung des Insolvenzverfahrens über sein Vermögen stellt;

1342 b) die Einzelzwangsvollstreckung in Gesellschaftsanteile oder eines seiner Gesellschaftsrechte oder seine Ansprüche gegen die Gesellschaft aufgrund eines nicht nur vorläufig vollstreckbaren Titels betrieben wird, und zwar mit dem Ablauf einer Frist von drei Monaten ab Zustellung des Titels, falls die Zwangsvollstreckungsmaßnahme nicht zu diesem Zeitpunkt aufgehoben worden ist.

1343 c) wenn ein Kommanditist nicht (mehr) Gesellschafter der Komplementärin ist. Ein teilweiser Ausschluss ist zulässig, wenn die Herstellung der Beteiligungsidentität bei beiden Gesellschaften auf andere Weise in angemessener Zeit nicht hergestellt werden kann.

1344 d) ein Kommanditist seinen Pflichten aus § 15 Abs. 2 S. 2 und/oder Abs. 3 trotz Aufforderung durch die Komplementärin innerhalb einer angemessenen Frist nicht nachkommt.

1345 e) ein Kommanditist seinen Verpflichtungen aus § 3 Abs. 10 trotz Aufforderung durch die Komplementäre innerhalb einer angemessenen Frist nicht nachkommt.

(3)–(8) wie § 16 des Gesellschaftsvertrags der typischen KG (Rn. 799 ff.).

Erläuterungen

1346 Eines der Hauptprobleme bei der Abfassung des Gesellschaftsvertrages einer **beteiligungsidentischen GmbH & Co. KG** ist die Aufrechterhaltung der Beteiligungsidentität der Kommanditist in beiden Gesellschaften. Es muss sichergestellt sein, dass die gleichen Personen im gleichen Verhältnis an der KG und an der GmbH beteiligt sind. Jede Veränderung der Beteiligung an einer Gesellschaft muss zu einer entsprechenden Veränderung der Beteiligung an der anderen Gesellschaft führen. Ein Kommanditist muss aus der KG ausgeschlossen werden, wenn er insolvent oder zahlungsunfähig oder nicht mehr Gesellschafter der Komplementär-GmbH ist oder nicht im gleichen Verhältnis wie an der KG an der Komplementär-GmbH beteiligt ist oder seinen Pflichten aus § 15 Abs. 2 S. 2 und/oder § 3 Abs. 10 des Mustervertrages nicht nachkommt. Dies regelt § 16 Abs. 2 lit. a) und b) des Mustervertrages.

Im Übrigen wird auf die Erläuterungen zu § 16 des Gesellschaftsvertrags der typischen KG (**Rn. 808 ff.**) verwiesen.

§ 21
Informationsrechte/Informationspflichten

(1)–(5) wie § 21 des Gesellschaftsvertrags der typischen GmbH & Co. KG (Rn. 922 ff.).

1347 Für das Auskunfts- und Einsichtsrecht des Kommanditisten einer beteiligungsidentischen GmbH & Co. KG gilt eine Besonderheit. Normalerweise

sind Kommanditisten auf die individuellen Informationsrechte aus § 166 HGB und § 666 BGB beschränkt. Ein GmbH-Gesellschafter, der gleichzeitig Kommanditist der GmbH & Co. KG ist, hat neben seinem Informationsrecht aus § 166 HGB gegenüber der KG auch ein solches aus § 51a GmbHG gegen die Komplementär-GmbH, die ihm ebenfalls wie die KG Auskunft über die Angelegenheiten der GmbH und der GmbH & Co. KG sowie Einsicht in die Bücher und Schriften schuldet (s. Anm. 3 zu § 21 des Gesellschaftsvertrages der typischen KG, **Rn. 930**).
Einstweilen frei. 1348

2. Zusätzliche Bestimmungen der Satzung der Komplementär-GmbH der beteiligungsidentischen GmbH & Co. KG

§ 3
Stammkapital

(1)–(4) wie § 3 der Satzung der Komplementär-GmbH einer typischen GmbH & Co. KG (Rn. 1062 ff.) 1349

zusätzlich:

(5) Der Anteil des jeweiligen Gesellschafters am Stammkapital soll seinem jeweiligen prozentualen Anteil am Kommanditkapital (Kapitalkonto I) der Hauptgesellschaft entsprechen. Jeder Gesellschafter ist verpflichtet, allen Maßnahmen zuzustimmen und alle Handlungen vorzunehmen, die erforderlich sind, um diese Beteiligungsgleichheit zu erhalten oder wiederherzustellen, wenn sie verlorengegangen ist, wobei Maßstab die jeweilige Beteiligung an der Hauptgesellschaft ist. 1350

Erläuterungen

Die Regelung dient ebenfalls dem Gleichlauf der Beteiligung an der KG und an der GmbH. Bei einer beteiligungsidentischen GmbH & Co KG ist eines der Hauptprobleme bei der Abfassung der beiden Gesellschaftsverträge deren Verzahnung. Es muss sichergestellt sein, dass die gleichen Gesellschafter im gleichen Verhältnis an der GmbH und an der KG beteiligt sind. Jede Veränderung der Beteiligung an einer Gesellschaft muss zu einer entsprechenden Veränderung der Beteiligung an der anderen Gesellschaft führen. Aus diesem Grund sollte eine Verpflichtung in den Gesellschaftsvertrag der Komplementär-GmbH aufgenommen werden, nach der die Beteiligungsgleichheit durch die Gesellschafter der GmbH wiederhergestellt werden muss, wie in § 3 **Abs. 5** vorgesehen. 1351

§ 10
Verfügungen über Geschäftsanteile und Ansprüche gegen die Gesellschaft

1352 (1) Verfügungen über Geschäftsanteile und über Ansprüche gegen die Gesellschaft bedürfen der Zustimmung der Gesellschaft, wobei im Innenverhältnis die Zustimmung der Gesellschafterversammlung erforderlich ist. Der Zustimmungsbeschluss bedarf der Zustimmung aller stimmberechtigten Gesellschafter.

1353 (2) Die Zustimmung gem. Abs. 1 ist zu erteilen, wenn Verfügungen über Geschäftsanteile der Gesellschaft zugunsten von Abkömmlingen (Ehegatten, Lebenspartner) des Gesellschafters, zugunsten von anderen Gesellschaftern, zugunsten von Abkömmlingen von anderen Gesellschaftern oder zugunsten einer Familienstiftung gem. § 1 Abs. 1 Nr. 4 ErbStG erfolgen und gleichzeitig über den entsprechenden Anteil des verfügenden Gesellschafters an der Hauptgesellschaft verfügt wird.

1354 (3) Betroffene Gesellschafter sind bei der Beschlussfassung der Gesellschafterversammlung über Verfügungen i. S. v. Abs. 1 vom Stimmrecht ausgeschlossen.

1355 *Einstweilen frei.*

Erläuterungen

1356 Auf die Erläuterungen zu § 10 der Satzung der Komplementärin der typischen GmbH & Co. KG (**Rn. 1315 ff.**) wird verwiesen.

1357 Anders als bei § 10 Abs. 2 des Gesellschaftsvertrages der beteiligungsidentischen KG ist es unschädlich, wenn die Zustimmung zu Verfügungen über Geschäftsanteile u. a. auch davon abhängig gemacht werden, dass der verfügende Gesellschafter auch über seinen Gesellschaftsanteil an der Hauptgesellschaft verfügt, da die Verpflichtung, über den Gesellschaftsanteile der Hauptgesellschaft zu verfügen, nicht beurkundungspflichtig ist.

§ 11
Vorkaufsrecht

1358 (1)–(2) wie § 11 der Satzung der Komplementär-GmbH einer typischen KG (Rn. 1167 ff.).

ggf. zusätzlich:

1359 (3) Das Vorkaufsrecht gemäß Abs. 1 und 2 kann nur zusammen mit dem Vorkaufsrecht gemäß dem Gesellschaftsvertrag der Hauptgesellschaft ausgeübt werden.

Erläuterung

Auf die Erläuterungen zu § 14 des Gesellschaftsvertrages der typischen KG (**Rn. 744 ff.**) und auf die Erläuterungen zu § 14 des Gesellschaftsvertrages der beteiligungsidentischen KG (**Rn. 1322 ff.**) wird verwiesen. Nach unserer Auffassung ist es sinnvoller auf ein Vorkaufsrecht zu verzichten und in beiden Gesellschaften Verfügungen über Gesellschaftsanteile an die Zustimmung der Gesellschafterversammlung zu knüpfen. Ggf. kann einem Gesellschafter ein Exit ermöglicht werden, wenn er eine Zustimmung zu einer entgeltlichen Verfügung über Gesellschaftsanteile beantragt hat und eine solche von der Gesellschafterversammlung verweigert wurde.

1360

§ 12
Vererbung von Geschäftsanteilen

(1) Rechtsnachfolger eines verstorbenen Gesellschafters soll nur werden, wer im selben Verhältnis Rechtsnachfolger des verstorbenen Gesellschafters in seinen Gesellschaftsanteil an der Hauptgesellschaft geworden ist. Ist dies nicht der Fall, sind alle Rechtsnachfolger verpflichtet, die Beteiligungsgleichheit der Rechtsnachfolger in beiden Gesellschaften herzustellen.

1361

(2) Mehrere Erben des Geschäftsanteils eines verstorbenen Gesellschafters haben zur einheitlichen Ausübung aller Gesellschafterrechte einen gemeinsamen Vertreter i.S.v. § 18 Abs. 3 S. 1 GmbHG zu bestellen. Gemeinsamer Vertreter kann nur derjenige sein, der von den Erben zum gemeinsamen Bevollmächtigten gem. § 15 Abs. 2 des Gesellschaftsvertrages der KG bestellt wurde. Die Gesellschafterrechte der Erben aus dem/den geerbten Geschäftsanteil(en) ruh(t(/en), bis der gemeinsame Vertreter eine Vollmacht vorgelegt hat, die ihn zur einheitlichen Ausübung der Gesellschafterrechte aus den vererbten Geschäftsanteilen ermächtigt. Das Amt des gemeinsamen Vertreters endet, wenn an dem/den Geschäftsanteil(en) der Erben an der Gesellschaft keine Mitberechtigung gem. § 18 Abs. 1 GmbHG mehr besteht.

1362

(3) Jeder Gesellschafter kann für seinen Geschäftsanteil Testamentsvollstreckung bis maximal zur Vollendung des ... Lebensjahres der Rechtsnachfolger anordnen, wenn er im gleichen zeitlichen und sachlichen Umfang Testamentsvollstreckung für seinen Gesellschaftsanteil an der Hauptgesellschaft angeordnet hat. Testamentsvollstrecker kann nur sein, wer gleichzeitig Testamentsvollstrecker über den Gesellschaftsanteil des verstorbenen Gesellschafters an der Hauptgesellschaft ist. In diesem Fall werden die Gesellschafterrechte durch den Testamentsvollstrecker ausgeübt. Die Bestellung eines gemeinsamen Vertreters gem. Abs. 2 bedarf es in diesen Fällen erst mit dem Ende der Testamentsvollstreckung.

1363

1364 (4) Vermächtnisnehmer stehen Erben gleich. Die anderen Gesellschafter sind verpflichtet der Teilung und Übertragung der Geschäftsanteile des verstorbenen Gesellschafters im Vollzug eines Vermächtnisses oder im Rahmen der Auseinandersetzung der Erbengemeinschaft zuzustimmen, wenn und soweit der/die Vermächtnisnehmer im gleichen Verhältnis Rechtsnachfolger in den Gesellschaftsanteil des verstorbenen Gesellschafters an der Hauptgesellschaft geworden ist/sind und er/sie/seinen/ihren Verpflichtungen aus Abs. 2 nachgekommen ist/sind.

Erläuterung

1365 Auf die Erläuterungen zu § 12 der Satzung der typischen GmbH (**Rn. 1173 ff.**) wird verwiesen.

1366 Abs. 1 des Mustervertrages enthält die Sollbestimmung, dass der Geschäftsanteil der GmbH im gleichen Verhältnis wie die Beteiligung an der KG an dieselben Personen vererbt werden soll. S. 2 verpflichtet die Rechtsnachfolger des verstorbenen Gesellschafters, die Beteiligungsgleichheit herzustellen, wenn der Erblasser die Beteiligungen an beiden Gesellschaften ungleich verteilt hat. Kommen die Rechtsnachfolger dieser Verpflichtung nicht nach, sind die vererbten Geschäftsanteile einzuziehen. Das Amt des gemeinsamen Vertreters endet, wenn an dem/den Geschäftsanteil(en) der Erben keine Mitberechtigung gem. § 18 Abs. 1 GmbHG mehr besteht.

§ 13
Einziehung und Zwangsabtretung von Geschäftsanteilen

(1) Mit Zustimmung des betroffenen Gesellschafters kann der Geschäftsanteil jederzeit eingezogen werden.

1367 (2) Die Gesellschafterversammlung hat die Einziehung eines Geschäftsanteils ganz oder teilweise zu beschließen, wenn

1368 a) über das Vermögen eines Gesellschafters das Insolvenzverfahren eröffnet wird oder die Eröffnung des Insolvenzverfahrens mangels Masse abgelehnt wird oder wenn ein Gesellschafter Antrag auf Eröffnung des Insolvenzverfahrens über sein Vermögen stellt;

1369 b) die Einzelzwangsvollstreckung in den Geschäftsanteil eines Gesellschafters oder eines seiner sonstigen Gesellschaftsrechte oder seine Ansprüche gegen die Gesellschaft aufgrund eines nicht nur vorläufig vollstreckbaren Titels betrieben wird, und zwar mit Ablauf einer Frist von drei Monaten nach Zustellung des Pfändungs- oder/und Überweisungsbeschlusses, falls die Zwangsvollstreckung nicht innerhalb dieses Zeitraumes aufgehoben worden ist;

1370 c) ein Gesellschafter nicht mehr an der Hauptgesellschaft beteiligt ist.

1371 d) ein Rechtsnachfolger eines verstorbenen Gesellschafters nicht zur Nachfolge zugelassen ist.

e) ein Gesellschafter nicht im gleichen Verhältnis Gesellschafter der Hauptgesellschaft ist, soweit dies zur Herstellung von gleichen Beteiligungsverhältnissen in beiden Gesellschaften erforderlich ist; 1372

f) Gesellschafter ihren Pflichten aus § 3 Abs. 5 und/oder aus § 12 Abs. 1 S. 2 und 3 und/oder Abs. 2 trotz Aufforderung durch die Komplementärin innerhalb einer angemessenen Frist nicht nachgekommen sind. 1373

(3)–(6) wie § 13 der Satzung der typischen GmbH (Rn. 1188 ff.)

Erläuterungen

Im Unterschied zur Personengesellschaft, in der für das Ausscheiden genügt, dass ein betroffener Gesellschafter ausgeschlossen wird oder einen Ausscheidenstatbestand verwirklicht, regelt die Satzung der GmbH in der Regel, dass der Geschäftsanteil eingezogen werden **kann**, wenn ein Einziehungstatbestand vorliegt. Damit wahren sich die Gesellschafter einen Entscheidungsspielraum und sind nicht zur Einziehung verpflichtet. Dies ist bei einer GmbH, die Komplementärin einen beteiligungsidentischen GmbH & Co. KG nicht sinnvoll. Hier **muss** in den Fällen des § 13 Abs. 2 des Mustervertrages eine Einziehung erfolgen, weil in der beteiligungsidentischen GmbH & Co. KG jeder Gesellschafter im gleichen Verhältnis an KG und GmbH beteiligt sein muss. Es ist daher in der Satzung der Komplementär-GmbH vorzusehen, dass der Geschäftsanteil eines Gesellschafters eingezogen werden muss, wenn einer der Fälle des Abs. 2 vorliegt. 1374

Im Übrigen wird auf die Erläuterungen zu § 13 der Satzung der typischen GmbH (**Rn. 1192 ff.**) verwiesen.

Einstweilen frei. 1375–1450

III. Zusätzliche Bestimmungen für die Gesellschaftsverträge der Einheits-GmbH & Co. KG

1. Zusätzliche Bestimmungen für den Gesellschaftsvertrag der KG

Sachverhalt:

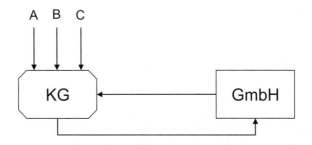

Dem nachfolgenden Muster liegt folgender Sachverhalt zugrunde:

1451 Drei natürliche Personen beabsichtigen, eine gewerblich tätige GmbH & Co. KG zu gründen, deren Komplementär- GmbH von der KG selbst gehalten werden soll. Aus diesem Grund haben die drei natürlichen Personen A, B und C eine GmbH und mit dieser eine GmbH & Co. KG gegründet. Anschließend wurden alle Geschäftsanteile der Komplementär-GmbH in die GmbH & Co. KG als Sacheinlage eingebracht.

Nachfolgend werden nur die Paragraphen aus dem Gesellschaftsvertrag der typischen KG (Rn. 342 ff.) aufgeführt und kommentiert, bei denen Ergänzungen erfolgen müssen; § 6a ist allerdings neu!

§ 3
Gesellschafter, Einlagen, Haftsummen

(1)–(9) wie § 3 des Gesellschaftsvertrags der typischen KG (Rn. 358 ff.)

zusätzlich:

1452 (10) Zusätzlich zu der Geldeinlage gemäß Abs. 2 verpflichtet sich jeder Kommanditist, seinen Geschäftsanteil an der Komplementärin voll einbezahlt und frei von Rechten Dritter in der gesetzlich vorgeschriebenen Form unentgeltlich als Einlage aus seinem Sonderbetriebsvermögen zum Buchwert gem. § 6 Abs. 5 EStG an die Gesellschaft abzutreten.

Erläuterungen

1. Allgemeines
2. Gesellschaftsrecht
3. Form des KG-Vertrages
4. Die Beteiligung minderjähriger Kinder

III. Zus. Best. f. d. GesVerträge d. Einheits-GmbH & Co. KG   353

1. Allgemeines

Eine Einheits-GmbH & Co. KG liegt vor, wenn alle Anteile der Komplementär-GmbH von der KG selbst gehalten werden. Gegenüber einer beteiligungsidentischen GmbH & Co. KG (**Rn. 1301 ff.**) hat die **Einheitsgesellschaft** den **Vorteil**, dass bei der Abfassung ihrer Gesellschaftsverträge die Bestimmungen entfallen können, die in der beteiligungsidentischen GmbH & Co. KG der Aufrechterhaltung der jeweils gleichen Beteiligungshöhe an der Hauptgesellschaft und an der Komplementär-GmbH dienen. Ist die KG nämlich die alleinige Gesellschafterin ihrer Komplementär-GmbH, so sind alle Kommanditisten mittelbar stets im gleichen Verhältnis an der Komplementär-GmbH beteiligt, in dem sie an der KG beteiligt sind. Ein weiterer Vorteil einer Einheits-GmbH & Co. KG ist, dass sich der Gesellschaftsvertrag der Komplementär-GmbH auf die notwendigsten Bestimmungen beschränken kann. Im Erbfall geht unmittelbar nur die Beteiligung an der KG auf die Erben über. Es kann also nicht dazu kommen, dass die Beteiligung an der KG und an der Komplementär-GmbH auf unterschiedliche Personen übergeht. Steuerliches Sonderbetriebsvermögen (**Rn. 142**) wird vermieden. Anteile an einer Einheits-GmbH & Co. KG können formfrei übertragen werden.   1453

Die Zulässigkeit einer Einheits-GmbH & Co. KG wird unter Hinweis auf § 172 Abs. 6 Satz 1 HGB allgemein anerkannt.[588]   1454

Probleme wirft die Einheitsgesellschaft jedoch im Gesellschaftsrecht zum einen im Bereich der **Willensbildung** bei der Komplementär-GmbH und zum anderen im **haftungsrechtlichen** Bereich und im **Steuerrecht** auf. Auf das Problem der Willensbildung bei der Komplementär-GmbH und steuerrechtliche Probleme wird nachfolgend bei den Erläuterungen zu § 6 a eingegangen.   1455

2. Gesellschaftsrecht

Ein haftungsrechtliches Problem besteht darin, dass durch die Beteiligung der KG an der GmbH die Aufbringung und Erhaltung des Stammkapitals der GmbH und die Leistung der Einlagen in die KG nicht beeinträchtigt werden dürfen. Dies bedeutet, dass die Haftungsmassen beider Gesellschaften unvermischt nebeneinander bestehen müssen[589] und die Kommanditisten ihre Hafteinlagen weder ganz noch teilweise dadurch erbringen können, dass sie der KG ihre Geschäftsanteile an der Komplementär-GmbH übertragen. Nach § 172 Abs. 6 HGB gilt die Einlage dann als nicht geleistet. Wenn die Geschäftsanteile der Komplementär-GmbH entgeltlich auf die KG übertragen werden, gilt eine bereits zuvor geleistete Einlage eines Kommanditisten als zurückbezahlt, wodurch die Haftung des Kommanditisten nach § 172   1456

---

[588] Staub/Casper HGB, § 161 Rn 89; MüKo/HGB/*Grunewald*, § 161 Rn. 95; *Binz/Sorg* GmbH § 8 Rn. 6; *Reichert/Liebscher* § 8 Rn. 9.
[589] *Reichert/Liebscher*, § 3 Rn. 13.

Abs. 4 HGB wieder auflebt.[590] Abzuraten ist auch von der Gestaltung, dass die Kommanditisten ihre Hafteinlagen in Geld erbringen und anschließend die KG mit den Einlagen die Geschäftsanteile an ihrer Komplementär-GmbH erwirbt. Die Kommanditisten müssen vielmehr über die Einlage der Komplementär-GmbH-Anteile weitere Eigenleistungen erbringen, damit das Kommanditkapital neben dem Vermögen der GmbH in vollem Umfang für Vollstreckungszugriffe von Gläubigern der KG zur Verfügung steht.[591] Diese Probleme können wie folgt vermieden werden: Die Übertragung der Geschäftsanteile an der Komplementär-GmbH auf die KG erfolgt als Einlage aus dem Sonderbetriebsvermögen der Kommanditisten zum Buchwert gem. § 6 Abs. 5 EStG. Der Mustervertrag folgt in § 3 Abs. 10 dieser Variante. Damit wird eine Beeinträchtigung des Haftkapitals der Einheits-GmbH & Co. KG, das sowohl aus dem Stammkapital der GmbH als auch aus den Haftsummen der Kommanditisten besteht, in jedem Fall verhindert.

Weitere Haftungsprobleme werfen der Erwerb nicht voll eingezahlter Geschäftsanteile der Komplementär-GmbH und eine Kapitalerhöhung bei dieser auf[592].

Gestaltungsvarianten zu der Einheits-GmbH & Co. KG sind das Poolen der Stimmrechte aus den GmbH-Geschäftsanteilen und die Errichtung einer gemeinsamen Holdinggesellschaft[593].

3. Form des KG-Vertrages

1456a Der an sich formfrei abschließbare Gesellschaftsvertrag der KG kann bei der Einheits-GmbH & Co. KG mit dem der Komplementär-GmbH verknüpft werden. Die Verpflichtung der Kommanditisten gemäß **Abs. 10** des Mustervertrages, die Geschäftsanteile an der Komplementär-GmbH auf die KG zu übertragen hat daher grundsätzlich zur Folge, dass auch der KG-Vertrag der **notariellen** Form bedarf (§ 15 Abs. 4 S. 1 GmbHG). Wird der KG-Vertrag jedoch privatschriftlich abgeschlossen und werden dann alle Geschäftsanteile der Komplementär-GmbH in notarieller Form an die KG abgetreten, wird die Formnichtigkeit des KG-Vertrages gemäß § 15 Abs. 4 Satz 2 GmbHG geheilt.

4. Die Beteiligung minderjähriger Kinder an der KG

1457 Zu den Problemen, die die Beteiligung von Minderjährigen an der Gründung einer Einheits-GmbH & Co. KG aufwerfen **Rn. 317ff.** Zur Schenkung von Beteiligungen an einer GmbH & Co. KG an Minderjährige **Rn. 325**.

---

590 *Reichert/Liebscher*, § 3 Rn. 16.
591 *Reichert/Ihrig*, § 43 Rn. 14.
592 Einzelheiten bei *v. Bonin*, RNotZ 2017, 6 ff.
593 Einzelheiten bei *v. Bonin*, RNotZ 2017, 13 ff.

§ 5
Dauer der Gesellschaft, Kündigung

(1)–(4) wie § 5 des Gesellschaftsvertrags der typischen GmbH & Co. KG (Rn. 450 ff.)

zusätzlich:

(5) Sofern in Folge einer Kündigung der alleinige Gesellschafter die Komplementärin wird, wird die Gesellschaft zu dem Zeitpunkt, zu dem die Kündigung wirksam wird, aufgelöst. Der letzte Kommanditist, der gekündigt hat, scheidet nicht aus, sondern nimmt an der Liquidation teil; dies gilt entsprechend, wenn mehrere Kommanditisten auf den gleichen Zeitpunkt gekündigt haben.

Erläuterungen

Eine Personengesellschaft muss mindestens aus zwei Personen bestehen und erlischt somit, wenn der vorletzte Gesellschafter (infolge der Kündigung) ausscheiden würde. Dem letzten verbleibenden Gesellschafter würde in diesem Fall das Vermögen der KG anwachsen. Verbliebe allein die Komplementärin in der Gesellschaft, hätte dies bei der Einheits-KG zur Folge, dass die KG untergehen würde und eine GmbH ohne Gesellschafter entstehen würde. Zweckmäßigerweise sollte in diesem Fall allerdings die Liquidation der KG erfolgen, wie dies § 5, **Abs. 5** des Mustervertrages vorsieht.

§ 6 a
Wahrnehmung der Gesellschafterrechte in der persönlich haftenden Gesellschafterin

- Variante 1:

(1) Ist die Gesellschaft alleinige Gesellschafterin der Komplementär-GmbH, ist die Komplementärin von der Geschäftsführung und Vertretung ausgeschlossen, soweit es um die Wahrnehmung der Gesellschafterrechte an der persönlich haftenden Gesellschafterin selbst geht. Zur Wahrnehmung der Rechte in der persönlich haftenden Gesellschafterin wird den Kommanditisten jeweils einzeln das unwiderrufliche, vererbliche Sonderrecht zur Geschäftsführungsbefugnis und Vertretungsmacht nach Maßgabe der folgenden Bestimmungen unter Befreiung von den Beschränkungen des § 181 BGB eingeräumt.

(2) Die Gesellschafterrechte in der Komplementär-GmbH werden wie folgt ausgeübt: Die Kommanditisten haben in der Kommanditistenversammlung zu jeder Maßnahme, die die Komplementär-KG betrifft, einen Beschluss zu fassen. Dies gilt insbesondere für die Festlegung des Abstimmungsverhaltens in der Gesellschafterversammlung der Komplementärin (Kommanditistenbeschlüsse).

1463 (3) Für die Kommanditistenversammlungen gelten die Regelungen dieses Vertrages für Gesellschafterversammlungen und Gesellschafterbeschlüsse entsprechend, mit der Maßgabe, dass Beschlüsse der Kommanditisten, die Verfügungen über Geschäftsanteile der persönlich haftenden Gesellschafterin, die Änderung des Gesellschaftsvertrages der persönlich haftenden Gesellschafterin oder deren Auflösung oder deren Umwandlung zum Gegenstand haben, einer Mehrheit von 75 % der abgegebenen Stimmen bedürfen. In der Kommanditistenversammlung hat jeder Kommanditist dieselbe Anzahl von Stimmen wie in der Gesellschafterversammlung. § 47 Abs. 4 GmbHG ist analog anzuwenden.

1464 (4) Zur Umsetzung der Kommanditistenbeschlüsse ist jeder Kommanditist einzeln befugt, die Gesellschafterrechte aus den Geschäftsanteilen der Komplementär-GmbH wahrzunehmen, insbesondere Gesellschafterversammlungen der Komplementär-GmbH einzuberufen, die Tagesordnung festzulegen und nach Maßgabe der Kommanditistenbeschlüsse das Stimmrecht aus den Geschäftsanteilen auszuüben. Die Kommanditistenversammlung bestimmt jeweils einen oder mehrere Kommanditisten, der/die Beschlüsse der Kommanditistenversammlung umzusetzen hat/haben.

- Variante 2:

1465 (1) Ist die Gesellschaft alleinige Gesellschafterin ihrer Komplementärin, ist die Komplementärin verpflichtet, die Gesellschafterrechte der Komplementärin nur nach Weisung oder nur mit Zustimmung der Kommanditistenversammlung auszuüben.

1466 (2) Die Kommanditistenversammlung übt ihr Weisungsrecht und den Zustimmungsvorbehalt in der Weise aus, dass sie zu jeder von der Geschäftsführung vorgeschlagenen Maßnahme einen Beschluss fasst. Die Kommanditistenversammlung kann der Geschäftsführung auch Weisungen erteilen, ohne dass ein Vorschlag der Geschäftsführung vorliegt. Jeder Kommanditist ist berechtigt, der Komplementärin den Beschluss mit der Weisung, der Zustimmung bzw. der Verweigerung der Zustimmung mitzuteilen, sofern kein Geschäftsführer der Komplementärin an der Kommanditistenversammlung teilgenommen hat. Die Komplementärin ist zur Umsetzung der Beschlüsse verpflichtet.

1467 (3) Für die Kommanditistenversammlung gelten die Regelungen dieses Gesellschaftsvertrages für Gesellschafterversammlungen und Gesellschafterbeschlüsse entsprechend, mit der Maßgabe, dass Beschlüsse der Kommanditisten, die Verfügungen über Geschäftsanteile der persönlich haftenden Gesellschafterin, die Änderung des Gesellschaftsvertrages der persönlich haftenden Gesellschafterin oder deren Auflösung zum Gegenstand haben, bedürfen der Zustimmung aller vorhandenen Kommanditisten.

III. Zus. Best. f. d. GesVerträge d. Einheits-GmbH & Co. KG

(4) In der Kommanditistenversammlung hat jeder Kommanditist dieselbe Anzahl von Stimmen wie in der Gesellschafterversammlung. § 47 Abs. 4 GmbHG gilt analog. 1468

- Variante 3:
Abs. 1–3 wie Variante 1
(4) Zur Ausführung der Kommanditistenbeschlüsse wird jedem Kommanditisten unter Befreiung von § 181 BGB die unwiderrufliche Vollmacht zur Wahrnehmung der Gesellschafterrechte aus den Geschäftsanteilen der Komplementärin erteilt, insbesondere Gesellschafterversammlungen einzuberufen und die Stimmrechte aus den Geschäftsanteilen der Komplementär-GmbH auszuüben. Der Kommanditistenbeschluss hat jeweils einen oder mehrere Kommanditisten zu bestimmen, der/die die von der Kommanditistenversammlung gefassten Beschlüsse umzusetzen hat/haben. 1469

Einstweilen frei. 1470

Erläuterungen

1. Problemstellung
2. Rechtslage de lege lata
3. Gestaltungsvarianten
4. Vertragstechnische Einzelheiten
5. Steuerrecht

1. Problemstellung

Im Rahmen der Einheitsgesellschaft besteht folgendes Problem: Dem Geschäftsführer der Komplementär-GmbH obliegt die Geschäftsführung der KG und damit die Ausübung der Beteiligungsrechte der KG an der Komplementär-GmbH.[594] Die Kommanditisten sind hingegen von Gesetzes wegen von der Geschäftsführung (§ 164 HGB) dispositiv und von der Vertretung (§ 170 HGB) der KG zwingend ausgeschlossen. Praktisch bedeutsam wird dies in den Fällen des § 46 Abs. 1 Nr. 5–8 GmbHG, insbesondere bei der Bestellung, Abberufung und Entlastung von Geschäftsführern der Komplementär-GmbH (§ 46 Abs. 1 Nr. 5 GmbHG), und beim Abschluss von Verträgen zwischen der KG und der GmbH bzw. dem Geschäftsführer. 1471

Diese Entscheidungen obliegen grundsätzlich der Gesellschafterversammlung der Komplementär-GmbH. Einzige Gesellschafterin der Komplementärin ist aber die KG, vertreten durch die Komplementärin, diese wiederum vertreten durch ihren/ihre Geschäftsführer. Dies führt zu einem „Richten in eigener Sache" seitens der GmbH. Darüber hinaus enthält § 47 Abs. 4 GmbHG in bestimmten Fällen Stimmverbote für Gesellschafter einer GmbH (Entlastung, Befreiung von einer Verbindlichkeit, Einleitung/Erledigung eines Rechtsstreits, Vornahme eines Rechtsgeschäfts), die bei einer Einheits-GmbH & Co. KG dazu führen würden, dass die Geschäftsführer der Komplementär-GmbH nicht abstimmen könnten. Die damit entstehenden Probleme und 1472

---

594 Reichert/Liebscher, § 3 Rn. 11.

Lösungsmöglichkeiten werden im Rahmen der nachfolgenden Erläuterungen dargestellt.

2. Rechtslage de lege lata

1473 In der Literatur werden zur Lösung des Problems der Willensbildung in der Einheits-KG verschiedene Lösungen vertreten, u. a. die „Trennungslösung", die „Einheitslösung" und die „ergänzende Vertragsauslegung" im Sinne einer stillschweigenden Einräumung einer Vollmacht an die Kommanditisten zur Vertretung der KG bei der Beschlussfassung über die Ausübung von Gesellschafterrechten bei der Komplementär-GmbH. Einzelheiten können hier nicht dargestellt werden. Eine gute Übersicht über die Rechtslage de lege lata enthält der Aufsatz von Bonin[595].

1474 Der BGH hat mehrfach entschieden[596], dass die organschaftlichen Vertreter der Komplementär-GmbH (also die Geschäftsführer der Komplementär-GmbH) die der KG als Alleingesellschafterin zustehenden Rechte in der Gesellschafterversammlung der Komplementär-GmbH wahrnehmen können, sofern **die Gesellschafter im Gesellschaftsvertrag der KG keine abweichende Regelung getroffen haben.** Damit steht fest, dass den Geschäftsführern der Komplementär-GmbH die Wahrnehmung der Stimmrechte in der Gesellschafterversammlung der Komplementär-GmbH als Vertreter der „Einheits-KG" entzogen werden kann. Wie dies geschehen soll, mit welchen Einschränkungen und in welchem Gesellschaftsvertrag (dem der KG oder im Gesellschaftsvertrag der Komplementär-GmbH), geht aus der Rechtsprechung des BGH nicht hervor und ist in der Literatur umstritten.

3. Gestaltungsvarianten

1475 In der Literatur werden verschiedene Gestaltungsmöglichkeiten diskutiert. Im Rahmen der „Einheitslösung" wird davon ausgegangen, dass der Gesellschaftsvertrag der KG dem Kommanditisten Geschäftsführungsbefugnis und Vertretungsmacht zur Wahrnehmung der Gesellschafterrechte in der Komplementär-GmbH einräumen kann (Variante 1 des Mustervertrages). Eine weitere Möglichkeit besteht darin, dass die Komplementär-GmbH die Kommanditisten einzeln oder zusammen rechtsgeschäftlich bevollmächtigt, die Gesellschafterrechte bei der Komplementärin auszuüben (Variante 3). Andere Lösungen binden die Ausübung der Gesellschafterrechte in der Komplementär-GmbH an die Verpflichtung der Geschäftsführer vor der Fassung von Beschlüssen in der Gesellschafterversammlung der Komplementär-GmbH die Zustimmung der Gesellschafterversammlung der KG einzuholen und gewähren der Gesellschafterversammlung der KG ein entsprechendes Weisungs-

---

595 RNotZ 2017, 8 ff.
596 BGH v. 16.7.2007, ZIP 2007, 1658 (Leitsatz!); ebenso OLG Celle v. 6.7.2016, DStR 2016, 10 ff.; BGH v. 19.4.2016, NZG 2016, 827; BGH v. 19.4.2016, NZG 2016, 824.

III. Zus. Best. f. d. GesVerträge d. Einheits-GmbH & Co. KG   359

recht gegenüber der Komplementär-GmbH (s. hierzu Variante 2). Eine weitere Variante besteht darin, einen Beirat bei der GmbH mit der Ausübung der Gesellschafterrechte der Komplementär-GmbH zu beauftragen, wobei Mitglieder des Beirats Kommanditisten sind. Allen Lösungsvorschlägen ist gemeinsam, dass sie jeweils rechtliche Nachteile haben. Einzelheiten können hier nicht dargestellt werden. Auf die ausführlichen Darstellungen in der Kommentarliteratur, in Handbüchern, Festschriften und Aufsätzen wird verwiesen.[597]

Dieses Vertragsmuster folgt in der **Variante 1** einer in der Praxis üblichen 2-stufigen Regelung, in der zuerst in einer Kommanditistenversammlung als Organ der KG die Willensbildung erfolgt und anschließend ein Kommanditist die Gesellschafterversammlung der GmbH abhalten und die Beschlüsse so fasst, wie sie die Kommanditistenversammlung vorgegeben hat („Einheitslösung" ohne rechtsgeschäftliche Vollmacht). Die **Variante 2** zu § 6a des Mustervertrages arbeitet mit Zustimmungs- und Weisungsrechten der Kommanditisten gegenüber der Komplementärin. Die **Variante 3** folgt der „Vollmachtslösung". 1476

Als Notlösung können die Kommanditisten die Komplementär-GmbH immer ausschließen, wenn die Geschäftsführer Rechte aus den Geschäftsanteilen der Komplementäre entgegen § 6a des Mustervertrages ausüben (s. hierzu § 16 Abs. 8 des Mustervertrages). 1477

4. Vertragstechnische Einzelheiten

Variante 1: Zunächst stellt sich die Frage, in welchem Gesellschaftsvertrag die Willensbildung der Komplementär-GmbH geregelt werden soll – in dem Gesellschaftsvertrag der KG, in dem der Komplementär-GmbH oder in beiden Gesellschaftsverträgen? Die Meinungen in der Literatur sind geteilt.[598] Da eine Zuweisung aller Gesellschaftsrechte im Gesellschaftsvertrag der Komplementär-GmbH an Dritte nicht möglich ist[599], sollte die Willensbildung grundsätzlich in dem Gesellschaftsvertrag der KG geregelt werden. Hierfür spricht auch, dass es sich bei den Bestimmungen über die Wahrnehmung der Rechte in der Komplementär-GmbH um einen Bestandteil der Organisationsverfassung der KG handelt[600]. In der Satzung der Komplementär-GmbH ist die abstrakte Vertretungsmacht der Kommanditisten nachrichtlich zu wiederholen[601] und die Geschäftsführer anzuweisen, sich im Umfang der 1478

---

597 v. Bonin RNotZ 2017, 1, 10 ff.; Brosius/Frese NZG 2016, 808 ff.; Reichert/Liebscher, § 3 Rn. 11 ff.; Hesselmann/Tillmann/Mueller-Thuns/Lücke, Rn. 2.461 ff., Rn. 2.472; Binz/Sorg, § 8 Rn. 8; Staub/Casper HGB, § 161 Rn. 89 ff.; MüKo/HGB/Grunewald, § 161 Rn. 92; Karsten Schmidt Zur Einheits-GmbH & Co. KG, Festschrift Westermann, 2008, S. 1425 ff., Schilling in Festschrift Barz, 1974, S. 71 ff.
598 MüKo/HGB/Grunewald, § 161 Rn. 96, 97; Binz/Sorg, § 8 Rn 15 ff. mit weiteren Nachweisen in Fußnote 26.
599 Baumbach/Hueck/Zoller, § 46 Rn. 6 und § 45 Rn. 7.
600 v. Bonin RNotZ 2017, 12; ebenso OLG Celle v. 6.7.2016, NZG 2016, 1147.
601 v. Bonin RNotZ 2017, 12.

Geschäftsführungs- und Vertretungsmacht der Kommanditisten ihrer Geschäftsführung und Vertretung für die KG zu enthalten[602].

1479 Die nächste Entscheidung, die der Verfasser der Gesellschaftsverträge einer Einheits-KG zu treffen hat, ist die Frage, auf welcher rechtlichen Grundlage der Ausschluss der Komplementärin von der Willensbildung in der Gesellschafterversammlung der Komplementärin erfolgen soll. Für uns ist die Lösung durch Einschränkung der Geschäftsführungs- und der Vertretungsbefugnis der Komplementär-GmbH die überzeugendste Lösung. Dieser folgt in der 1. Variante des § 6a der Mustervertrag, der die Geschäftsführung und die Vertretung in der Gesellschafterversammlung der Komplementärin den Kommanditisten unter Ausschluss der Komplementärin als unwiderrufliches und nicht vererbliches Sonderrecht überträgt. Der Ausschluss der Geschäftsführung der Komplementär-GmbH für die Wahrnehmung der Gesellschafterrechte ist rechtlich möglich. § 164 S. 1 HGB, der die Kommanditisten von der Geschäftsführung ausschließt, ist insoweit dispositiv[603]. Das Problem ist formal der gesetzliche Ausschluss der Vertretung der Gesellschaft durch Kommanditisten gem. § 170 HGB. Vorliegend handelt es sich jedoch bei der Ausübung der Gesellschafterrechte bei der Komplementär-GmbH um einen internen Vorgang bei der Einheits-KG und nicht um eine rechtsgeschäftliche Vertretung der KG im Außenverhältnis gegenüber Dritten.

1480 Da der Mustervertrag mit der Kommanditistenversammlung ein neues Organ der KG einführt, müssen die Formalien der Einberufung der Kommanditistenversammlung und deren Beschlussfähigkeit, die Vertretung in der Kommanditistenversammlung etc. geregelt werden. Der Mustervertrag erklärt die entsprechenden Bestimmungen des Gesellschaftsvertrages der KG für die Versammlung der Kommanditisten für entsprechend anwendbar (§ 6a Abs. 4 Variante 1 des Musters).

1481 Bzgl. der Mehrheiten in der Versammlung der Kommanditisten bestimmt § 6a Abs. 3 in Variante 1 des Mustervertrages, dass die Bestimmungen des Gesellschaftsvertrages der KG über Beschlussfassungen entsprechend gelten sollen. Mehrheitsbeschlüsse der Kommanditisten kollidieren zwar nicht mit dem teilweise strengeren Recht der GmbH[604], dennoch sollte aus praktischen Gründen mit Rücksicht auf das Registergericht möglichst wenig von den einschlägigen Bestimmungen des GmbHG abgewichen werden, daher werden in Abs. 3 S. 1 des Musters für Beschlüsse, die im GmbHR einer ¾ Mehrheit bedürfen, auch eine solche Mehrheit vorgesehen.

1482 Brosius/Frese (aaO) weisen darauf hin, dass anstelle der Kommanditistenversammlung auch der Gesellschafterversammlung der KG die Wahrnehmung der Gesellschafterrecht der persönlich haftenden Gesellschafterin übertragen werden könne. Dies ist ein spannender Gedanke. Wäre die Gesellschafterversammlung der KG zuständig, würde sich ein 2-stufiges Abstimmungsverfahren erübrigen und es würde eine Beschlussfassung durch die Gesellschafterversammlung der KG genügen. Da die Komplementärin in der

---

602 *v. Bonin* RNotZ 2017, 12.
603 *Baumbach/Hopt/Roth* HGB, § 164 Rn. 4.
604 *Brosius/Frese* NZG 2016, 811.

III. Zus. Best. f. d. GesVerträge d. Einheits-GmbH & Co. KG

Regel in der Gesellschafterversammlung der Einheits-KG kein Stimmrecht hat, wäre sie von der Beschlussfassung ausgeschlossen. Mit Rücksicht darauf, dass sich in der Praxis die Zuweisung der Gesellschaftsrechte der Komplementärin an die Kommanditisten eingebürgert hat und diese Praxis von den Registergerichten in der Regel akzeptiert wird, wurde von einer entsprechenden Klausel abgesehen.

Das Stimmverbot des § 47 Abs. 4 GmbHG gilt auch für Personengesellschaften als Gesellschafter einer KG, insbesondere wenn der Gesellschafter der Personengesellschaft, der befangen ist, auf die Personengesellschaft einen maßgeblichen Einfluss hat[605]. Die Aufnahme von Stimmverboten ist nach Auffassung von v. Bonin in den Gesellschaftsvertrag einer Einheits-KG zwingend aufzunehmen[606]. 1483

Die Zuweisung der Geschäfts- und Vertretungsbefugnisse im Rahmen der Wahrnehmung der Gesellschafterrechte bei der Komplementär-GmbH einer Einheits-GmbH & Co. KG als unwiderrufliches Sonderrecht an jeden Kommanditisten wird in der Literatur für möglich gehalten[607]. 1484

Variante 2: Diese kombiniert ein Weisungsrecht mit einem Zustimmungsrecht der Kommanditistenversammlung gegenüber der Komplementär-GmbH, soweit das Geschäftsführungs- und Vertretungsrecht der Komplementärin zur Ausübung der Gesellschafterrechte der persönlich haftenden Gesellschafterin betroffen sind. 1485

Der Gesellschaftsvertrag einer KG kann die Geschäftsführung ihrer Komplementärin ohne weiteres an Zustimmungsvorbehalte der Gesellschafterversammlung der KG knüpfen; der Gesellschaftsvertrag kann aber auch ein eigenes Organ, nämlich die Kommanditistenversammlung schaffen, die dieses Recht wahrnimmt. 1486

Da die Geschäftsführer der Komplementär-GmbH an die Beschlüsse der Gesellschafterversammlung/Kommanditistenversammlung gebunden sind, haben sie die Weisungen/Zustimmungsbeschlüsse der Kommanditistenversammlungen umzusetzen. Der praktische Nachteil dieser Variante liegt in dem Risiko, dass die Geschäftsführer sich an ihre Verpflichtungen aus § 6a nicht halten und ohne Zustimmung der Kommanditisten-/Gesellschafterversammlung der KG Beschlüsse i. S. v. § 46 Nr. 4–8 GmbHG fassen oder Weisungen nicht umsetzen, z. B. die Weisung, einen Geschäftsführer (nicht) abzuberufen oder einen neuen Geschäftsführer (nicht) zu bestellen. 1487

Die Variante 2 hat aber den Vorteil, dass sie nicht in Konflikt mit § 170 HGB (Kommanditisten sind von der Vertretung der KG ausgeschlossen) gerät wie möglicherweise Variante 1. 1488

Im Übrigen kann auf die Kommentierung der 1. Variante verwiesen werden. 1489

---

605 Scholz/*K. Schmidt* GmbHG, § 47 Rn. 160 mit weiteren Nachweisen.
606 RNotZ 2017, 1, 11 ff.
607 Scholz/*K. Schmidt* GmbHG, Anhang zu § 45 Rn. 59.

1490 **Variante 3:** Die Variante 3[608] arbeitet hinsichtlich der Vertretung der KG mit einer gesellschaftsvertraglichen, unwiderruflichen Vollmacht der KG zugunsten der Kommanditisten (Variante 3, Abs. 4)[609].

1491 Der Nachteil dieser Variante wird in der Literatur darin gesehen, dass die Vollmacht grundsätzlich von den Geschäftsführern der Komplementär-GmbH widerrufen werden kann. Nach wohl h. M. stellt die Vollmacht an die Kommanditisten eine rechtsgeschäftliche Vollmacht[610] dar. Nach zutreffender Auffassung[611], handelt es sich insoweit um einen gesellschaftsrechtlichen Akt „sui generis" handelt, der nicht gegen § 170 HGB verstößt, weil den Kommanditisten in der Variante 3 keine organschaftliche Vertretungsmacht gegenüber Dritten eingeräumt wird.

5. Steuerrecht

1492 Bei einer gewerblich geprägten Einheits-KG besteht folgendes steuerrechtliches Problem. Nach § 15 Abs. 3 Nr. 2 EStG ist die KG gewerblich geprägt, wenn

1493 – ausschließlich ein oder mehrere Kapitalgesellschaften persönlich haftende Gesellschafter sind

1494 – und nur diese oder andere Personen, die nicht Gesellschafter sind, zur Geschäftsführung befugt sind.

1495 Damit ist die Frage aufgeworfen, ob die Geschäftsführung der Kommanditisten im Zusammenhang mit der Ausübung der Gesellschafterrechte bei der Komplementär-GmbH die GmbH & Co. KG entprägen, weil die Kommanditisten (teilweise) zur Geschäftsführung befugt sind. Das Finanzgericht Münster hat in einem Urteil vom 28.8.2014[612] entschieden, dass die Wahrnehmung der Rechte an der Komplementär-GmbH durch Kommanditisten ihrer gewerblichen Prägung nicht entgegensteht. Derselbe Standpunkt wird in den Einkommensteuerrichtlinien 2012[613] von der Finanzverwaltung vertreten. Dem Urteil des FG Münster ist zu entnehmen, dass im streitgegenständlichen Gesellschaftsvertrag, der dem Urteil zugrunde lag, die Einheitslösung (siehe oben Anm. 2a) gewählt worden war. Die Finanzverwaltung hatte in dem Rechtsstreit offenbar argumentiert, dass lediglich die Vollmachtlösung eine Entprägung verhindert hätte. Der BFH hat mit Urteil vom 13.7.2017 die Entscheidung des FG Münster bestätigt. Damit besteht aus steuerlichen Gründen keine Notwendigkeit, die Vollmachtslösung zu verwenden.

---

[608] Ein gutes Muster dieser Variante ist bei *v. Bonin* RNotZ 2017, 12 ff. abgedruckt.
[609] *Grunewald*, MüKo/HGB, § 161, Rn. 99 hält eine unwiderrufliche Vollmacht in der Einheits-KG für möglich.
[610] *Göz* NZG 2004, 352; Schlegelberger-*Martens*, HGB, § 161 Rn. 101.
[611] *Binz/Sorg*, § 8 Rn. 24; ebenso Hesselmann/Tillmann/Müller-Thums/*Lüke*, Rn. 2478 m. w. Nachweisen in Fn. 1.
[612] FG Münster, EFG 2015, 121; BFH v. 13.7.2017, DStR 2017, 2031.
[613] Einkommessteuerrichtlinien 2012, R 15.8 (6).

§ 16
Ausschluss von Gesellschaftern

(1)–(7) wie § 16 des Gesellschaftsvertrages der typischen GmbH & Co. KG (Rn. 790 ff.)

zusätzlich:
(8) Die Komplementärin kann ausgeschlossen werden, wenn
    a) das Stimmrecht aus den Geschäftsanteilen der Komplementär-GmbH von Dritten ausgeübt werden kann, ohne dass die Kommanditistenversammlung vorher zugestimmt hat.
    b) die Komplementärin unter Verletzung der Geschäftsführungs- und der Vertretungsrechte der Kommanditisten in § 6a vorsätzlich verstößt. Mit dem Ausschließungsbeschluss ist gleichzeitig eine neue GmbH als Komplementärin aufzunehmen.

Erläuterungen

Die zusätzliche Bestimmung (**Abs.** 8) ermöglicht den Kommanditisten den Ausschluss der Komplementär-GmbH, wenn das Stimmrecht an den Geschäftsanteilen der Komplementär-GmbH (z.B. auf der Pfändung der Geschäftsanteile) nicht mehr von Kommanditisten ausgeübt werden kann oder wenn die Komplementärin entgegen § 6a des Mustervertrages Gesellschafterrechte aus ihren Geschäftsanteilen selbst ausübt.

2. Satzung der Komplementär-GmbH der Einheits-GmbH & Co. KG

Nachfolgend werden alle Paragraphen der beteiligungsidentischen GmbH aufgeführt. Soweit sie nicht kommentiert werden, wird auf die Kommentierung der Bestimmungen des Gesellschaftsvertrages der Komplementär-GmbH der typischen GmbH & Co. KG verwiesen. Es wird deutlich, dass der Gesellschaftsvertrag der Komplementär-GmbH einer Einheits-GmbH & Co. KG sehr kurz sein kann.

§ 1
Firma, Sitz, Geschäftsjahr

(1) Die Firma der Gesellschaft lautet:

„…"

(2) Die Gesellschaft hat ihren Sitz in ….

(3) Geschäftsjahr ist das Kalenderjahr.

§ 2
Gegenstand des Unternehmens

1504 Gegenstand des Unternehmens ist die Beteiligung als persönlich haftende Gesellschafterin an der ... GmbH & Co. KG mit dem Sitz in ... (nachfolgend „Hauptgesellschaft")

§ 3
Stammkapital

1505 (1) Das Stammkapital der Gesellschaft beträgt EUR 25.000,00.

(2) Auf das Stammkapital übernimmt
1506 Herr A einen Geschäftsanteil in Höhe von nominal EUR 8.330,00 (Geschäftsanteil Nr. 1)
1507 Herr B einen Geschäftsanteil in Höhe von nominal EUR 8.330,00 (Geschäftsanteil Nr. 2)
1508 Herr C einen Geschäftsanteil in Höhe von nominal EUR 8.340,00 (Geschäftsanteil Nr. 3)

1509 (3) Die Einlagen auf die Geschäftsanteile Nr. 1–3 sind sofort in Höhe von 50 % auf ein Konto der Gesellschaft einzuzahlen.

§ 4
Beginn, Dauer

1510 Die Gesellschaft beginnt mit der Eintragung im Handelsregister. Ihre Dauer ist unbestimmt.

§ 5
Geschäftsführung, Vertretung

1511 (1) Die Gesellschaft hat einen oder mehrere Geschäftsführer. Ist nur ein Geschäftsführer bestellt, vertritt dieser die Gesellschaft allein. Hat die Gesellschaft mehrere Geschäftsführer, so wird sie durch zwei Geschäftsführer oder durch einen Geschäftsführer gemeinsam mit einem Prokuristen vertreten.

1512 (2) Durch Beschluss der Gesellschafterversammlung kann jedem Geschäftsführer generell oder im Einzelfall Befreiung von den Beschränkungen des § 181 BGB erteilt werden.

1513 (3) Bei der Führung der Geschäfte der Hauptgesellschaft haben die Geschäftsführer das Gesetz, den jeweiligen Gesellschaftsvertrag der Haupt-

III. Zus. Best. f. d. GesVerträge d. Einheits-GmbH & Co. KG

gesellschaft und die Weisungen der Gesellschafterversammlung zu beachten. Geschäfte außerhalb der Geschäftsführung und Vertretung der Hauptgesellschaft bedürfen der Zustimmung der Gesellschafterversammlung.

- Variante 1:
(4) Ist die Hauptgesellschaft alleinige Gesellschafterin der Gesellschaft, obliegt die Ausübung der Gesellschafterrechte aus den Geschäftsanteilen der Gesellschaft, insbesondere das Stimmrecht den Kommanditisten der Hauptgesellschaft jeweils einzeln und unter Befreiung von den Beschränkungen des § 181 BGB. Die Rechtsstellung der Kommanditisten ergibt sich aus der Eintragung im Handelsregister der Hauptgesellschaft.

- Variante 2:
(4) Ist die Hauptgesellschaft Inhaberin aller Geschäftsanteile der Gesellschaft, bedarf jede Maßnahme der Gesellschaft als Komplementärin in Ausübung der Gesellschafterrechte aus ihren Geschäftsanteilen an der Hauptgesellschaft der Zustimmung der Kommanditisten der Hauptgesellschaft. Die Kommanditistenversammlung kann den Geschäftsführern insoweit auch Weisungen erteilen.

- Variante 3:
(4) Ist die Hauptgesellschaft Inhaberin aller Geschäftsanteile der Gesellschaft, sind die Kommanditisten der Hauptgesellschaft jeweils einzeln und unter Befreiung von den Beschränkungen des § 181 BGB berechtigt, die Gesellschafterrechte bei der Gesellschaft auszuüben. Die Geschäftsführer sind insoweit verpflichtet, jegliche Geschäftsführungs- und Vertretungshandlungen zu unterlassen. Die Rechtsstellung der Kommanditisten ergibt sich aus deren Eintragung im Handelsregister der Hauptgesellschaft.

(5) Die Abs. (1) bis (4) gelten für Liquidatoren der Gesellschaft entsprechend.

Erläuterungen

Wird im Gesellschaftsvertrag der KG die Variante 1 in § 6a gewählt, muss in § 5 der Satzung der Komplementär-GmbH Variante 1 von Abs. 4 gewählt werden. Abs. 4 S. 1 ist im wesentlichen nachrichtlicher Natur.

S. 2 soll dem Registergericht der Komplementär-GmbH die Feststellung erleichtern, ob ein Gesellschafterbeschluss der Komplementär-GmbH wirksam gefasst wurde.

Auch Abs. 4 der Variante 2 hat lediglich nachrichtliche Funktion.

Wird im Gesellschaftsvertrag der KG die Variante 2 des § 6a gewählt, korrespondiert mit dieser Bestimmung die Variante 2 zu § 5 Abs. 4 des Gesellschaftsvertrages der Komplementär-GmbH. Wird im Gesellschaftsvertrag der

KG die Variante 3 in § 6a gewählt (Vollmachtslösung), sollte diese Bestimmung mit der Variante 3 in § 5 Abs. 4 der Satzung der Komplementär-GmbH kombiniert werden.

1522   Im Übrigen wird auf die Erläuterungen zu § 6a des Gesellschaftsvertrages der GmbH & Co. KG (**Rn. 1471 ff.**) verwiesen.

§ 6
Jahresabschluss, Ergebnisverwendung

1523   (1) Die Aufstellung des Jahresabschlusses erfolgt unter Beachtung der handelsrechtlichen Vorschriften sowie der Grundsätze ordnungsgemäßer Buchführung.

1524   (2) Für die Ergebnisverwendung gilt § 29 GmbHG.

§ 7
Verfügungen über Geschäftsanteile und Ansprüche gegen die Gesellschaft

1525   Rechtsgeschäftliche Verfügungen über Geschäftsanteile und Ansprüche gegen die Gesellschaft bedürfen der vorherigen Zustimmung der Gesellschafterversammlung.

§ 8
Informationsrechte

1526   Gehören Geschäftsanteile an der Gesellschaft der Hauptgesellschaft, hat jeder Kommanditist der Hauptgesellschaft die Rechte aus den §§ 51a, b GmbHG.

Erläuterungen

1527   Kommanditisten stehen grundsätzlich nur die Informationsrechte aus § 166 HGB zu (s. hierzu Anm. 1–3 zu § 21 des Gesellschaftsvertrages der typischen KG (**Rn. 925 ff.**). Sofern Kommanditisten auch Gesellschafter der Komplementär-GmbH sind, stehen ihnen zusätzliche Auskunfts- und Informationsrechte aus §§ 51a und b GmbHG zu[614]. Dies läuft bei der Einheits-GmbH & Co. KG leer, da das Informationsrecht aus § 51a GmbHG nur der KG zustehen würde, welche durch die Geschäftsführer der GmbH vertreten wird. Kommanditisten stehen die Informationsrechte gem. §§ 51a, 51b GmbHG nicht zu[614a]. Aus diesem Grund sollte in den Gesellschaftsvertrag aufgenom-

---

614 *Baumbach/Hopt/Roth* HGB, Anhang § 177a, Rn. 25.
614a *Scholz/K. Schmidt* GmbHG, § 51a, Rn. 52 m. weiteren Nachw (hM); ebenso OLG Celle, v. 14.3.2017, 9 W 18/17 – juris.

men werden, dass den Kommanditisten die Informationsrechte gem. §§ 51 a, 51 b GmbHG zustehen.

§ 9
Liquidation der Gesellschaft

(1) Die Liquidation erfolgt durch die Geschäftsführer, soweit die Gesellschafterversammlung nichts Abweichendes beschließt.

(2) Das nach Befriedigung der Gläubiger verbleibende Vermögen der Gesellschaft ist im Verhältnis der Stammeinlagen auf die Gesellschafter zu verteilen.

§ 10
Veröffentlichungen

Bekanntmachungen der Gesellschaft erfolgen nur über den elektronischen Bundesanzeiger.

§ 11
Kosten

Die Kosten der Beurkundung des Gesellschaftsvertrages, der Bekanntmachung, der Anmeldung der Gesellschaft, die Kosten der Eintragung im Handelsregister und die Kosten der Berater (Rechtsanwälte/Steuerberater) trägt die Gesellschaft bis zu dem Betrag von EUR 2.500,00.
Einstweilen frei.

IV. Die Gesellschaftsverträge der vermögensverwaltenden GmbH & Co. KG

1. Gesellschaftsvertrag der vermögensverwaltenden GmbH & Co. KG

Sachverhalt

1601 Dem nachfolgenden Muster liegt folgender Sachverhalt zugrunde:

1602 Eltern (A + B) und ihre beiden Kinder (C + D) sind an der GmbH & Co. KG beteiligt, die über umfangreichen Grundbesitz verfügt (Verkehrswert ca. EUR 5 Mio.). B, C + D sind Kommanditisten, A (Vater) ist neben der Komplementär GmbH weiterer Komplementär der KG, damit die KG nicht gewerblich geprägt wird. Gewerbliche Tätigkeiten und Einkünfte der KG sollen ausgeschlossen sein, damit das Vermögen der KG nicht zu (steuerlichem) Betriebsvermögen wird. Die Geschäftsanteile der Komplementär-GmbH werden überwiegend von den Eltern A + B gehalten. A ist auch Geschäftsführer der Komplementär-GmbH. Die Gewinne der KG sollen möglichst thesauriert werden. Die Kinder C + D haben kein weiteres Vermögen und sollen Auszahlungen der KG nur mit Zustimmung von A verlangen können (ausgenommen die Ertragsteuern auf ihre Beteiligung). Das Immobilienvermögen soll möglichst lang der Familie erhalten bleiben.

Vorbemerkung

1. Vor- und Nachteile einer vermögensverwaltenden Familien-KG
2. „Entprägung"
3. Beteiligung von Minderjährigen
4. Einkommensteuerrechtliche Aspekte
5. Investmentvermögen

1. Vor- und Nachteile[615]

1603 Eine vermögensverwaltende KG ist insbesondere dann eine ideale Rechtsform, wenn die Haftung aller Gesellschafter, die natürliche Personen sind, auf ihre jeweilige Haftsumme beschränkt werden soll und wenn die Gesellschafter steuerrechtliches Betriebsvermögen vermeiden wollen. Eine vermögensverwaltende Familien-KG wird u. a. durch folgende Aspekte gekennzeichnet:

1604 **Gesellschaftsrechtliche Aspekte**
- Kommanditisten sind von der Geschäftsführung und Vertretung grundsätzlich ausgeschlossen; Kommanditisten kann Geschäftsführungsbefugnis eingeräumt werden
- Haftungsbeschränkung für Kommanditisten
- Organschaftliche Vertretung durch Komplementär (-GmbH)

---

615 S. Teil E, Ausgewählte Literatur (ab 2000), Stichwort „Vermögensverwaltende GmbH & Co. KG" unter I. KG/GmbH & Co. KG, 1. Gesellschaftsrecht und 2. Steuerrecht.

- Gesellschaftsvertrag kann langfristig angelegt werden
- KG kann im Handelsregister eingetragen werden
- KG ist handelsrechtlich zur Buchführung und Bilanzierung verpflichtet (§§ 6, 242 ff. HGB)
- Keine Beurkundungspflicht bei Übertragung von KG-Anteilen
- Keine Publizitäts- und Prüfungspflichten, wenn „Entprägung" durch weiteren Komplementär in Form einer natürlichen Person erfolgt
- Gesellschafterwechsel im Handelsregister zu veröffentlichen

Steuerrechtliche Aspekte 1605
- Keine Versteuerung stiller Reserven außerhalb der §§ 17, 20, 23 EStG
- Kein Betriebsvermögen
- Keine Gewerbesteuer
- Zusätzliche Einnahmen-Überschuss-Rechnung zur Ermittlung des steuerlichen Ergebnisses notwendig
- Kapitalkonto für jeden Kommanditisten zu führen
Verlustabzugsbeschränkung gem. § 15 a EStG gelten analog
- Keine Anwendung der erbschaftsteuerlichen Begünstigungsvorschriften für Betriebsvermögen gemäß §§ 13 a–c, 19 a, 28, 28 a ErbStG

Sonstige Aspekte 1606
- Keine Zwangsmitgliedschaft in der IHK
- Gewerbeordnung nicht anwendbar

Die Verpflichtung zur ordnungsgemäßen Buchführung und Bilanzierung und 1607 der Offenlegung des Jahresabschlusses liegt vor, wenn die „Entprägung" durch den Einsatz eines Gesellschafters erfolgt, der zur Geschäftsführung befugt ist. Erfolgt die „Entprägung" dadurch, dass neben der Komplementär-GmbH eine natürliche Person als Komplementär fungiert, entfällt die Verpflichtung zur Bilanzierung und Veröffentlichung (§ 264a Abs. 1 HGB). Diese Form der Entprägung ist in der Regel nur dann sinnvoll, wenn das Haftungsrisiko gegenüber Dritten, die nicht Gesellschafter sind, für die natürliche Person gering ist, z.B. bei einer nur vermögens- und grundstücksverwaltenden GmbH & Co. KG, Das Vertragsmuster „entprägt" die GmbH & Co. KG durch den Einsatz einer **natürlichen Person als weiteren Komplementär**.

Die vermögensverwaltende GmbH & Co. KG eignet sich insbesondere als 1608 Instrument der Nachfolgegestaltung von Familienangehörigen.[616] Sie kann auch als Einheitsgesellschaft (siehe Musterverträge in **Teil C, III**) ausgestaltet werden.

Bei der Formulierung der einzelnen Klauseln ist darauf zu achten, dass es 1609 drei verschiedenen Gruppen von Gesellschaftern gibt, wenn die Entprägung durch eine natürliche Person als weiteren Komplementär erfolgt:
– die Komplementär-GmbH
– die natürliche Person als Komplementär
– die Kommanditisten.

---

616 *Spiegelberger/Schallmoser*, Kapitel 8, C.

1610 Da die natürliche Person als Komplementär zum Teil wie die Komplementär-GmbH und zum Teil wie die Kommanditisten behandelt wird, ist streng darauf zu achten, dass die natürliche Person entsprechend zugeordnet wird. Wird sie wie die Komplementär-GmbH behandelt, muss es heißen „… die Komplementär-GmbH und der Komplementär, der eine natürliche Person ist.". Wird die natürliche Person als Komplementär wie die Kommanditisten behandelt, muss dies ebenfalls deutlich werden, z.B. durch die Formulierung „… der Komplementär, der eine natürliche Person ist und die Kommanditisten …" oder „… die Gesellschafter ausgenommen die Komplementär-GmbH …".

2. „Entprägung"

1611 Eine vermögensverwaltende GmbH & Co. KG ist ein Konstrukt des Steuerrechts. Eine GmbH & Co. KG übt in der Regel eine gewerbliche Tätigkeit aus oder ist gewerblich geprägt. Gewerblich tätige und gewerblich geprägte GmbH & Co. KGs erzielen gewerbliche Einkünfte und ihr Vermögen ist Betriebsvermögen. Betriebsvermögen und gewerbliche Einkünfte sind u.U. nachteilig (Gewerbesteuer, Veräußerungsgewinne sind steuerpflichtig etc.). Will ein Steuerpflichtiger eine KG gründen, die nicht gewerblich tätig ist, seine Haftung beschränken und Betriebsvermögen vermeiden, kann er die Rechtsform einer GmbH & Co. KG nutzen, wenn er die gewerbliche Prägung der KG durch die GmbH ausschließt. Eine gewerbliche Prägung setzt voraus, dass eine GmbH & Co. KG, die nicht gewerblich tätig ist, als persönlich haftenden Gesellschafter ausschließlich eine oder mehrere Kapitalgesellschaften hat und nur diese oder Personen, die nicht Gesellschafter sind, zur Geschäftsführung befugt sind (gewerblich geprägte Personengesellschaft). Damit ist klar, wie eine GmbH & Co. KG „entprägt" werden kann: Entweder dadurch, dass neben der Komplementär-GmbH eine natürliche Person für die KG unbeschränkt haftet oder dadurch, dass einem Kommanditisten Geschäftsführungsbefugnisse eingeräumt werden.

1612 Eine vermögensverwaltende GmbH & Co. KG kann somit – je nach ihrer Tätigkeit – Einkünfte aus Kapitalvermögen, aus Vermietung und Verpachtung oder sonstige Einkünfte i.S.v. § 22 EStG haben. Allerdings ist darauf zu achten, dass die vermögensverwaltende GmbH & Co. KG keine oder nur geringfügige gewerbliche Einkünfte erzielt, da sonst die gewerbliche Tätigkeit alle anderen Einkünfte infizieren und dazu führen würde, dass insgesamt gewerbliche Einkünfte und damit Betriebsvermögen vorliegen würde. Der BFH hat in einer Entscheidung kürzlich festgelegt, ab welcher Grenze gewerbliche Einkünfte schädlich sind. Dies ist der Fall, wenn sie höher als 3% der Nettoeinnahmen der Personengesellschaft oder höher als EUR 24.000 p.a. sind.[617]

---

617 BFH v. 27.8.2014, BStBl. 2015 II, 1002.

IV. Die Gesellschaftsverträge d. vermögensverwalt. GmbH & Co. KG   371

3. Beteiligung von Minderjährigen

Die Probleme einer Gesellschaftsgründung mit Minderjährigen im Falle einer gewerblich tätigen GmbH & Co. KG wurden bereits in Teil B I (s. **Rn 317ff.**) beschrieben. Bei vermögensverwaltenden Gesellschaften stellen sich dieselben Probleme wie folgt dar: 1613

a) **Gründung.** *aa) Ergänzungspfleger.* Gründet der Minderjährige mit einem Elternteil oder mit beiden Elternteilen eine vermögensverwaltende Familien-KG, so sind beide Elternteile von der Vertretung des Minderjährigen ausgeschlossen. Es gelten insoweit die Ausführungen unter **Rn. 318** in Teil B entsprechend. Allerdings wird für vermögensverwaltende Gesellschaften vertreten, dass die Schenkung eines volleingebrachten Kommanditanteils einer solchen Gesellschaft ein vorteilhaftes Geschäft i.S.v. § 107 BGB sei[618], weil sie keine persönlichen Verpflichtungen begründe. Das OLG Bremen begründete seine Entscheidung mit folgenden Argumenten: 1614

– Das Verlustrisiko des Minderjährigen sei auf die bereits erbrachte Kommanditeinlage beschränkt. 1615

– Die Schenkung an den Minderjährigen erfolge unter der aufschiebenden Bedingung seiner Eintragung im Handelsregister. 1616

– Die Haftung aus § 172 Abs. 4 HGB stelle keinen rechtlichen, sondern nur einen wirtschaftlichen Nachteil dar. 1617

– Die Verpflichtung Gütertrennung mit dem Ehegatten zu vereinbaren und mit diesem einen partiellen Pflichtteilsverzicht zu vereinbaren, gilt nach dem streitgegenständlichen Gesellschaftsvertrag für den Minderjährigen nur dann, wenn er nach Eintritt seiner Volljährigkeit diesen Verpflichtungen durch ausdrückliche Erklärung beitritt. 1618

– Widerrufs- und Rücktrittsrechte des Gesellschaftsvertrages sollen entfallen, wenn der Vorbehalt dieser Rechte den lediglich rechtlichen Vorteil entfallen lassen würden. 1619

Ähnlich haben die Oberlandesgericht in Zweibrücken[619], Bremen[620] und Jena[621] entschieden. 1620

Das OLG Frankfurt war anderer Auffassung. Insbesondere hat es das Risikos des Wiederauflebens der beschränkten Haftung gem. § 172 Abs. 4 HGB als Grund dafür gesehen, dass kein lediglich vorteilhaftes Rechtsgeschäft vorliege. Ein Ergänzungspfleger ist auch dann notwendig, wenn die Eltern/ein Elternteil nicht selbst Kommanditist werden/wird, sondern nur Geschäftsanteile an der Komplementär-GmbH erwerben/erwirbt und die/der Geschäftsführer sind/ist.[622] Zu beachten ist, dass für den Minderjährigen auch ein Verfahrenspfleger bestellt werden kann (§ 276 FamFG). 1621

---

618 OLG Bremen v. 16.6.2008, ZEV 2008, 608ff.
619 V. 2.3.2000, ZEV 2001, 76ff.
620 V. 24.2.1999, NJW RR 1999, 876.
621 V. 22.3.2013, ZEV 2013, 521ff. mit weiteren Rechtsprechungs- und Literaturnachweisen.
622 *Hohaus/Eickmann* BB 2004, 1707ff., 1709.

1622 **bb) Genehmigung des Familiengerichts.** Umstritten ist auch, ob und in welchen Fällen ein Fall des § 1822 Nr. 3, 2. Alt. BGB (Abschluss eines Gesellschaftsvertrages, der auf den Betrieb eines Erwerbsgeschäftes gerichtet ist) im Fall einer vermögensverwaltenden Familien-KG mit der Folge vorliegt, dass eine Genehmigung des Familiengerichts eingeholt werden muss!

1623 Ist der Gesellschaftszweck auf die Verwaltung des Familienvermögens beschränkt, soll nach einer in der Literatur und der Rechtsprechung vertretenen Auffassung keine familiengerichtliche Genehmigung erforderlich sein[623], da die GmbH & Co. KG in diesem Fall nur Vermögen verwaltet. Streitig ist jedoch, in welchen Fällen der Rahmen einer Vermögensverwaltung überschritten ist. Als Indizien für ein Erwerbsgeschäft werden angeführt geschäftsmäßige, gleichsam berufliche bzw. regelmäßige ausgeübte und auf Gewinnerzielung gerichtete Tätigkeit, die Übernahme unternehmerischen Risikos durch die Gesellschaft, lange Dauer der Gesellschaft, bedeutender Umfang und Wert des verwalteten Vermögens sowie das Ziel, weiteres Vermögen hinzuzugewinnen[624]. Das OLG München hat in seiner Entscheidung vom 6.11.2008[625] entschieden, dass der schenkweise Erwerb eines Kommanditanteils durch einen Minderjährigen nicht der gerichtlichen Genehmigung bedürfe, wenn sich die Tätigkeit der KG auf die Verwaltung des von den Gesellschaftern selbst genutzten Wohnhauses beschränke.

1624 **b) Ausübung von Gesellschafterrechten von Minderjährigen.** Auf **Rn. 321** wird verwiesen.

1625 **c) Schenkung von Gesellschaftsanteilen.** Bei der Schenkung eines Gesellschaftsanteils einer vermögensverwaltenden Familien-KG von den Eltern an ihre Kinder ist sowohl die Notwendigkeit der Bestellung eines Ergänzungspflegers als auch die Notwendigkeit einer gerichtlichen Genehmigung gem. § 188 Nr. 3, 2. Alt. und Nr. 10 BGB streitig.

1626 Das OLG Bremen hat entschieden, dass der unentgeltliche Beitritt eines Minderjährigen zu einer vermögensverwaltenden KG keines Ergänzungspflegers im entschiedenen Einzelfall bedarf[626]. Andererseits hat das OLG München entschieden, dass der unentgeltliche Erwerb eines Kommanditanteils an einer Gesellschaft, deren Tätigkeit sich auf die Verwaltung des von den Gesellschaftern selbst genutzten Wohnhauses beschränkt, nicht der gerichtlichen Genehmigung nach § 1822 Nr. 3, 2. Alt. BGB bedarf[627], weil die Gesellschaft keine berufsmäßig ausgeübte, auf selbständigen Erwerb gerichtete Tätigkeit zum Gegenstand habe. Die Frage, ob die Schenkung einer vermögensverwaltenden GmbH & Co. KG unter Einschaltung eines Ergän-

---

623 *Lautner*, MittBayNot 2002, 256; Palandt/*Diederichsen* BGB, § 1822, Rn. 8; *Hohaus/Eickmann*, BB 2004, 1707 ff. 1709; Rust, DStR 2005, 1942 ff., 1947.
624 Bay.ObLG v. 5.3.1997, NJW RR 1997, 1163.
625 OLG München v. 6.11.2008, ZEV 2008, 609.
626 V. 16.6.2008, NZG 2008, 750; ebenso *Führ/Nicoleyczik* BB 2009, 2105 ff., 2106, wenn der Erwerb unter der aufschiebenden Bedingung der Handelsregistereintragung des Minderjährigen gestellt wird.
627 V. 6.11.2008, MittBayNot 2009, 52 ff.

IV. Die Gesellschaftsverträge d. vermögensverwalt. GmbH & Co. KG

zungspflegers und unter Genehmigung des zuständigen Gerichts gem. § 1822 Nr. 3 2. Alt. oder Nr. 10 BGB fällt, hängt vom Inhalt des Gesellschafts- und Schenkungsvertrages und von der Tätigkeit der GmbH & Co. KG im Einzelfall ab[628].

4. Einkommensteuerliche Aspekte

a) **laufende Besteuerung.** Die vermögensverwaltende GmbH & Co. KG erzielt steuerlich Einkünfte aus Privatvermögen in gesamthänderischer Verbundenheit. Je nach Betätigungsfeld können Einkünfte aus Vermietung und Verpachtung gemäß § 21 EStG, Einkünfte aus Kapitalvermögen gemäß § 20 EStG Einkünfte aus dem Verkauf einer Beteiligung gemäß § 17 EStG sowie Einkünfte aus privaten Veräußerungsgeschäften gem. § 23 EStG auftreten. Damit finden grundsätzlich die im Privatvermögen einer Einzelperson für die jeweilige Einkunftsart relevanten Besteuerungsvorschriften auch in der GmbH & Co. KG Anwendung, wobei einige Besonderheiten zu beachten sind, auf die im Folgenden wegen ihrer besonderen Bedeutung kurz eingegangen wird: 1627

Die vermögensverwaltende Personengesellschaft ist nur im Hinblick auf die Umsatz- und Grunderwerbsteuer eigenständiges Steuersubjekt, nicht jedoch für die Einkommensteuer. Dieser Tatbestand wird unmittelbar von den beteiligten Gesellschaftern verwirklicht. Einkommensteuerlich können steuerpflichtige Vorgänge entweder durch die Gesellschaft selbst den Gesellschaftern vermittelt werden, oder durch Vorgänge, die sich zwischen Gesellschafter und Gesellschaft abspielen. Die Gesellschaft erzielt Einkünfte aus der Vermögensanlage ihrer gesamthänderisch gebundenen Wirtschaftsgüter, d.h. Einkünfte aus Vermietung und Verpachtung gem. § 21 EStG, Einkünfte aus Kapitalvermögen gemäß § 20 EStG oder Einkünfte aus steuerverstrickte Privatvermögen gemäß § 17 EStG oder § 23 EStG. 1628

Gemäß § 39 Abs. 2 AO erfolgt eine **Bruchteilsbetrachtung**, d.h. den Gesellschaftern werden steuerlich relevante Vorgänge auf Ebene der Gesellschaft entsprechend ihrer Vermögensbeteiligung für einkommensteuerliche Zwecke zugerechnet. Die vermögensverwaltende Gesellschaft ist somit für einkommensteuerliche Zwecke transparent[629]. 1629

Die Bruchteilsbetrachtung führt dazu, dass sich bestimmte ertragsteuerliche definierte Merkmale wie z.B. Beteiligungshöhe gem. § 17 EStG, Behaltefristen gem. § 23 EStG auf den jeweiligen Gesellschafter beziehen. 1630

Veräußert z.B. eine vermögensverwaltende Familien-KG ein Grundstück oder eine Beteiligung, so muss für jeden beteiligten Gesellschafter geprüft werden, wie lange er an der Gesellschaft beteiligt ist (Zurechnung von Behaltefristen) bzw. welche Beteiligungshöhe ihm gemäß seiner Beteiligungsquote zukommt. 1631

Veräußert eine Gesellschaft an der A mit 75 % und B mit 25 % beteiligt ist, ihre gesamte Beteiligung an einer Aktiengesellschaft in Höhe von 2 % führt 1632

---

628 Palandt/*Götz* BGB, § 1822 Rn. 9.
629 BFH v. 6.10.2012, BStBl. 2013, II, 142.

dies nur für Gesellschafter A zur Vermittlung eines steuerpflichtigen Veräußerungsvorgangs gemäß § 17 EStG nicht jedoch für Gesellschafter B, weil A mit 1,5 % an der AG beteiligt ist und damit zu mehr als 1 %. Für B könnte der Veräußerungsvorgang jedoch ein steuerpflichtiges Veräußerungsgeschäft gemäß § 20 Abs. 2 EStG darstellen, sofern die Beteiligung nach Einführung der Abgeltungsteuer erworben wurde und somit die Übergangsregelung für Altbestand nicht mehr greift.

1633 Im Rahmen der Prüfung der einkommensteuerlichen Auswirkungen von Veräußerungsgeschäften der Gesellschaft muss somit für jeden Gesellschafter gesondert geprüft werden, welche steuerlichen, insbesondere einkommensteuerlichen Auswirkungen das Veräußerungsgeschäft für ihn hat. Dies wird besonders bei Grundstücksveräußerungen der Gesellschaft deutlich:

1634 **Beispiel:** Die Gesellschaft veräußert ein Grundstück, das sie erst vor 5 Jahren erworben hat. Die Veräußerung führt zur Vermittlung eines steuerpflichtigen Veräußerungsgeschäfts für alle Gesellschafter. Veräußert die Personengesellschaft hingegen ein Grundstück, dass ihr bereits seit mehr als 10 Jahren gehört, so stellt dies nur für die Gesellschafter einen einkommensteuerpflichtigen Vorgang gem. § 23 EStG dar, die noch nicht länger als 10 Jahre an der Personengesellschaft beteiligt sind.[630]

1635 Veräußerungen von im steuerlichen Privatvermögen befindlichen Grundstücken können neben § 23 EStG auch dann steuerpflichtig sein, wenn aufgrund der Anzahl der Veräußerungsvorgänge innerhalb eines bestimmten Zeitraums die von der Rechtsprechung entwickelten Voraussetzungen eines **gewerblichen Grundstückshandels** erfüllt werden. Der An- und Verkauf bzw. die Herstellung und der anschließende Verkauf von mehr als 3 Grundstücken innerhalb eines Zeitraums von 5 Jahren führen hiernach stets zur (rückwirkenden) Qualifizierung eines gewerblichen Grundstückshandels, deren Rechtsfolgen sich von denen des § 23 EStG unterscheiden (u.A. Gewerbesteuerpflicht). In diesem Zusammenhang kommt es regelmäßig auf die Anzahl der innerhalb eines 5 Jahresezeitraums verwirklichten Grundstücksveräußerungen des Gesellschafters an, wobei neben den Veräußerungen des Gesellschafters auch anteilige Veräußerungen der Gesellschaft als Zählobjekte berücksichtigt werden[631].

1636 **b) Anteilsveräußerung.** Aber nicht nur Veräußerungen der Wirtschaftsgüter selbst, sondern auch die **Veräußerung der Gesellschaftsbeteiligung** kann gem. § 23 Abs. 1 S. 4 EStG oder § 17 EStG bzw. § 20 Abs. 2 EStG einen steuerpflichtigen Vorgang für den betreffenden Gesellschafter auslösen. Nach dem Gesetzeswortlaut stellt die Veräußerung der Beteiligung eine anteilige Veräußerung der im Gesamthandsvermögen der Gesellschaft befindlichen Wirtschaftsgüter dar. Bei Gesellschaften mit Grundbesitz, der sich noch nicht länger als 10 Jahre im Vermögen der Gesellschaft befinden wird folglich durch die Veräußerung der Gesellschaftsbeteiligung ein steuerpflichtiger Vorgang

---

630 BFH v. 20.4.2004, BStBl. 2004 II, 987.
631 BFH v. 3.07.1995, BStBl. 1995 II, 617.

gem. § 23 EStG im Hinblick auf den anteiligen Grundbesitzverkauf realisiert. Dies gilt auch dann, wenn die Beteiligung an der Gesellschaft unentgeltlich übertragen wird, sofern sich im Vermögen der Gesellschaft Verbindlichkeiten befinden. Aufgrund der Bruchteilsbetrachtung wird die Übernahme der Verbindlichkeiten als Teilentgelt betrachtet und führt im Ergebnis gerade nicht zur Annahme eines unentgeltlichen Rechtsgeschäfts. Da es sich bei der vermögensverwaltenden nicht gewerblich geprägten Personengesellschaft um steuerliches Privatvermögen handelt, kommt es nicht darauf an, ob das Entgelt bzw. die anteilig übernommenen Verbindlichkeiten den Saldo des Kapitalkontos des veräußernden Gesellschafters übersteigen. Aufgrund der im Privatvermögen geltenden Trennungstheorie führen auch **teilentgeltliche Anteilsveräußerungen** (Entgelt liegt betragsmäßig unter dem Verkehrswert) immer zu einem anteiligen Veräußerungsgewinn bzw. Verlust, auch wenn das Entgelt den anteiligen Verkehrswert nicht übersteigt[632].

Veräußert der Gesellschafter seine Beteiligung an der vermögensverwaltenden Familien-KG, so stellt dies gleichfalls eine anteilige Veräußerung sämtlicher im Betriebsvermögen der Gesellschaft befindlichen Grundstücke dar, womit nicht selten gleich mehrere Zählobjekte (gewerblicher Grundstückhandel) durch die Veräußerung der Beteiligung für den betreffenden Gesellschafter verwirklicht werden[633]. Auf Seiten des erwerbenden Gesellschafters liegt gleichzeitig ein anteiliges Anschaffungsgeschäft in Höhe des Bruchteils des Erwerbs vor.

c) Einbringungsvorgänge durch die Gesellschafter. Die Übertragung von steuerverstricktem Privatvermögen (insb. Grundbesitz < 10 Jahre, Beteiligungen i.S. des § 17 EStG, Wertpapiere usw.) auf eine vermögensverwaltende Personengesellschaft stellt grundsätzlich keinen Veräußerungs- und Anschaffungsvorgang aus Sicht der beteiligten Gesellschafter dar. Dies gilt unabhängig davon, ob die Einbringung gegen Gewährung von Gesellschaftsrechten oder im Wege einer verdeckten Einlage erfolgt. Dies gilt jedenfalls für den Fall, dass die Gründungsgesellschafter z.B. ihre bisher im Bruchteilseigentum befindliche Immobilie oder Beteiligung in eine vermögensverwaltende Gesellschaft einbringen. Während bei gewerblich geprägten Gesellschaften hierdurch bei entsprechender Gestaltung anteilige Veräußerungsgeschäfte begründet werden (mit der Möglichkeit zur Aufstockung der Abschreibung), liegt bei einer korrespondierenden Einbringung eines bisher im Bruchteilseigentum befindlichen Wirtschaftsgut durch die bisherigen Bruchteilseigentümer keine anteiligen Veräußerungsgeschäfte vor.

Eine anteilige Veräußerung liegt jedoch dann vor, wenn die Gründungsgesellschafter anlässlich der Gründung **unterschiedliche Wirtschaftsgüter** in die Gesellschaft einbringen. Hier liegt ein tauschähnliches Rechtsgeschäft vor, bei dem die Gesellschafter durch Einbringung ihrer Wirtschaftsgüter jeweils anteilig die Wirtschaftsgüter der anderen Gesellschafter erwerben und umgekehrt ihre Wirtschaftsgüter anteilig veräußern. Eine anteilige Veräußerung

---

632 BMF v. 13.1.1993, BStBl. 1993 I, 80, Tz. 9.
633 BFH v. 10.12.1998, BStBl. 1999 II, 390.

und korrespondierende Anschaffung gem. §§ 17, 20 Abs. 2 EStG oder § 23 EStG liegt auch dann vor, wenn nur ein Gesellschafter ein steuerverstricktes Wirtschaftsgut anlässlich der Gründung einbringt und die übrigen Gesellschafter jeweils eine Bareinlage in die Gesellschaft einzahlen. Dies gilt unabhängig davon, ob der, das Wirtschaftsgut einbringende Gesellschafter zeitnah zum Gründungsvorgang das anteilig ihm zuzurechnende Barvermögen aus der Gesellschaft wieder entnimmt.

1640 Eine Veräußerung und ein korrespondierendes anteiliges Anschaffungsgeschäft liegen auch dann vor, wenn nur ein Gesellschafter sein Wirtschaftsgut anlässlich der Gründung oder des Beitritts in eine bestehende Gesellschaft gegen Gewährung von Gesellschaftsrechten einbringt und sich hierdurch die Beteiligungsquoten verschieben.[634]

1641 Nicht einkommensteuerpflichtig ist hingegen die unentgeltliche Einbringung von Wirtschaftsgütern in eine Familienpersonengesellschaft, bei der im Zuge der Einbringung die übrigen gleichfalls an der Gesellschaft beteiligten Familienmitglieder keine korrespondierende Einlage leisten. Hier handelt es sich um ein insgesamt unentgeltliches Rechtsgeschäft, das in Höhe der unentgeltlichen Bereicherung der übrigen Familienmitglieder einen schenkungsteuerpflichtigen Tatbestand gem. § 7 Abs. 1 Nr. 1 EStG auslösen kann.

5. Investmentvermögen

1642 Ein Investmentvermögen i.S.d. § 1 Abs. 1 S. 1 Kapitalanlagegesetzbuch (KAGB) liegt in aller Regel dann vor, wenn mehrere natürliche Personen Geld in einem Vehikel, z.B. in einer Gesellschaft „anlegen" und anhand einer festgelegten Strategie eine Rendite erwirtschaftet werden soll.[635] Das Vorliegen eines Investmentvermögens eröffnet den Anwendungsbereich des KAGB, was zur Aufsicht durch die Bundesanstalt für Finanzdienstleistungsaufsicht (BaFin) und zu zusätzlichen internen Organisations- sowie fortlaufenden Melde- und Reportingpflichten führt.

1643 Das Investmentrecht nimmt jedoch zwei Gestaltungen aus dem Anwendungsbereich des KAGB aus: Zum einen bestimmte Family Offices und zum anderen sog. Investmentclubs.

1644 a) **Family Offices.** Unter dem gesetzlich nicht definierten Begriff des Family Office versteht die BaFin Unternehmen, die sich, unabhängig von ihrer Rechtsform, mit der bankenunabhängigen Verwaltung großer privater Vermögen befassen.[636] Erwägungsgrund 7 der dem KAGB zugrunde liegenden

---

634 BFH v. 18.10.2011, BStBl. 2012, 205.
635 Bundesanstalt für Finanzdienstleistungsaufsicht (BaFin): Auslegungsschreiben zum Anwendungsbereich des KAGB und zum Begriff des „Investmentvermögens"; *Weitnauer/Boxberger/Anders* KAGB, § 1 Rn. 2 ff.; *Moritz/Klebeck/Jesch* KAGB, § 1 Rn. 23 ff.
636 BaFin – Merkblatt zur Erlaubnispflicht gemäß KWG und KAGB von Family Offices v. 14.5.2014.

IV. Die Gesellschaftsverträge d. vermögensverwalt. GmbH & Co. KG 377

europäischen AIFM-Richtlinie.[637] als auch die Gesetzesbegründung zu § 2 Abs. 1 KAGB gehen davon aus, dass Family Offices, welche das Privatvermögen von Familienangehörigen investieren, ohne dabei Kapital von Dritten zu beschaffen, nicht als Alternative Investmentfonds bzw. Investmentvermögen im Sinne dieser Richtlinie bzw. des KAGB zu betrachten sind.

Geht man wie im vorliegenden Fall davon aus, dass das Family Office von Familienangehörigen initiiert wurde, liegt bereits das Merkmal „Einsammeln von Kapital" gem. § 1 Abs. 1 S. 1 KAGB nicht vor, da keine direkten oder indirekten Schritte unternommen wurden, um gewerblich bei einem oder mehreren Anlegern Kapital zu beschaffen.[638] Als Familienangehörige gelten dabei **Ehegatten, Lebenspartner, Eltern, Geschwister, Kinder, Neffen, Nichten, Enkel, Onkel und Tante, Cousins ersten Grades und die jeweiligen Hinterbliebenen**.[639] Zu beachten ist in diesem Zusammenhang jedoch, dass keine weiteren, nicht unter den Begriff der Familienangehörigen fallenden Investoren, z. B. Freunde der Familie oder entferntere Verwandte beteiligt sein dürfen.[640] Die Familienzugehörigkeit muss allerdings nur zum Zeitpunkt der Investition bestehen. Fällt sie zu einem späteren Zeitpunkt weg, ist dies unschädlich. Kommt es jedoch zur Neuinvestition, so ist darauf zu achten, dass zu diesem Zeitpunkt lediglich Familienangehörige Teil des Family Office sind.[641] Ferner ist es möglich, Vermögen, welches zunächst nicht durch das Family Office verwaltet wurde, zu einem späteren Zeitpunkt in das Family Office bzw. in die einzelne „Familieninvestition" einzubringen.[642]

1645

Weiter führt die ESMA aus, dass es sich bei Family-Offices um eine „preexisting group" handeln muss, also eine bereits vor der Investition bestehenden Gruppe, weswegen es an einem Einwerben von Kapital fehlt.[643] Auch scheint es aus dem Aspekt des Schutzzwecks des KAGB heraus nicht erforderlich, dass entsprechende Family-Offices einer umfangreichen Regulierung unterfallen, da es sich um eine eng verbundenen, begrenzten Familienkreis handelt, der nur innerhalb der Familie gemeinsam investiert.[644/645]

1646

---

637 Richtlinie 2011/61/EU des Europäischen Parlaments und des Rates vom 8.6.2011 über die Verwalter alternativer Investmentfonds und zur Änderung der Richtlinien 2003/41/EG und 2009/65/EG und der Verordnungen (EG) Nr. 1060/2009 und (EU) Nr. 1095/2010.
638 *Baur/Tappen*, Investmentgesetze Großkommentar, § 1 Rn. 12.
639 ESMA – Final Report – Guidelines on key concepts of the AIFMD v. 24.5.2013, S. 30.
640 ESMA – Final Report – Guidelines on key concepts of the AIFMD v. 24.5.2013, S. 30 – sog. „family and friends"-Investmentgruppen.
641 *Eckhold/Balzer* in: Assmann/Schütze, Handbuch des Kapitalanlagerechts, § 22 Rn. 17.
642 ESMA – Final Report – Guidelines on key concepts of the AIFMD v. 24.5.2013, S. 4.
643 ESMA – Final Report – Guidelines on key concepts of the AIFMD v. 24.5.2013, S. 30.
644 Moritz/Klebeck/Jesch/*Gottschling*, KAGB, § 1 Rn. 97.
645 Zu beachten ist, dass die konkrete Art der Geldanlage des Family Office ggf. *als* Bank- oder Finanzdienstleistungsgeschäft gem. § 1 Abs. 1 S. 2 bzw. § 1 Abs. 1a Sätze 2 und 3 KWG, die die Anlage von Vermögen in Finanzinstrumente im Sinne des § 1 Abs. 11 KWG betreffen, zu qualifizieren ist, und somit eine Erlaubnispflicht nach § 32 Abs. 1 S. 1 KWG auslösen kann. Hinsichtlich einer überblickartigen Aufzählung möglicher einschlägiger Tatbestände siehe Ziffer 2 des BaFin Merkblatt zur Erlaubnispflicht gemäß KWG und KAGB von Family Offices vom 14 Mai 2014.

1647 Unterliegen die Family Offices als solche danach zwar nicht der Regulierung des KAGB, sieht die BaFin allerdings den Anwendungsbereich des Kreditwesengesetzes (KWG) eröffnet[646/647]. Dies gilt jedoch nur insoweit, als beispielsweise Wertpapiere für fremde Rechnung vermittelt oder verwahrt werden. Schafft das Family Office jedoch Finanzinstrumente an oder veräußert sie auf eigene Rechnung, wie dies regelmäßig der Fall sein wird, greift die Ausnahmeregelung des § 1 Abs. 1a Satz 3 KWG und das Family Office ist von der Erlaubnispflicht befreit.

1648 Verwaltet das Family Office die Vermögen mehrerer Familien – sog. Multi Family Office – werden die engen Voraussetzungen, unter denen die BaFin die Ausnahme vom Anwendungsbereich des KAGB akzeptiert, in aller Regel nicht mehr vorliegen. Für die Geschäftstätigkeit des Multi Family Office und die Anlage in Finanzinstrumente gelten darüber hinaus ggf. die zuvor geschilderten Erlaubnispflichten nach dem KWG.

1649 **b) Investmentclubs.** Auch aus dem Anwendungsbereich des KAGB fallen die sog. Investmentclubs. Bei diesen geht die BaFin davon aus, dass kein Investmentvermögen vorliegen soll. Ein solcher Investmentclub ist dann gegeben, wenn sich ausschließlich natürliche Personen, die sich bereits vor ihrem „Investment" persönlich kannten, beschlossen haben, das gemeinsame Vermögen in eigener Regie zu verwalten und ihr Geld gemeinsam gewinnbringend anzulegen. In einem solchen Fall unterstellt die BaFin, dass kein gewerbsmäßiges Anwerben bzw. Herantreten an den Markt vorliegt, und somit keine Notwendigkeit einer aufsichtsrechtlichen Regulierung besteht.

1650 Die Grenzen des Vorliegens eines „Investmentclubs" werden von der BaFin allerdings eng gezogen. So ist dessen Vorliegen bereits dann zu verneinen, wenn lediglich eine (externe), nicht bereits vorher bekannte Person dem „Club" beitritt. Auch die Leitung des Investmentclubs muss einer Person obliegen, die „aus dessen Mitte" stammt. Würde beim Ausgangsfall nicht wie unterstellt ein Familienangehöriger die Geschäftsführung der GmbH übernehmen, sondern ein externer Geschäftsführer rekrutiert werden, würde dies nach Ansicht der BaFin das Vorliegen eines „Investmentclubs" ausschließen und somit die Anwendung der Ausnahmeregelung verhindern mit der Folge der Registrierungs- bzw. Lizenzierungspflicht.

1651 Als Regelfall geht die BaFin davon aus, dass sich „Investmentclubs" in Form einer GbR zusammen finden. Die Gründung. einer Kapitalgesellschaft wird in diesem Zusammenhang von der BaFin als problematisch angesehen. Hierfür findet sich allerdings weder in der AIFM Richtlinie noch im KAGB oder seiner Gesetzesbegründung ein Anhaltspunkt. Die meisten Stimmen in der Literatur[648] gehen deshalb davon aus, dass die Gründung einer Kapitalgesellschaft, zum Beispiel zur steuerlichen Optimierung unproblematisch wäre. Hier bleibt aber abzuwarten, ob die BaFin ihre restriktive Verwaltungspraxis auflockert.

---

646 Moritz/Klebeck/Jesch/*Gottschling*, KAGB, § 1 Rn. 97.
647 Siehe im Einzelnen Ziffer 2 des BaFin Merkblatts zur Erlaubnispflicht gemäß KWG und KAGB von Family Offices vom 14 Mai 2014.
648 *Assmann/Schütze*, Handbuch des Kapitalanlagerechts, § 22 Rn. 19.

IV. Die Gesellschaftsverträge d. vermögensverwalt. GmbH & Co. KG

c) Regulierte Investmentvermögen. Liegt kein „Family Office" und kein „Investmentclub", sondern ein Investmentvermögen vor, bedarf die Gesellschaft grundsätzlich der Erlaubnis durch die BaFin (§ 20 Abs. 1 KAGB). Damit sind weitreichende Pflichten wie z. B. das Vorhalten eines Prospekts, Anforderungen an die Risikomischung, Begrenzung der Fremdkapitalaufnahme sowie eine Fülle weiterer interner Organisationspflichten verbunden.

1652

Um eine Erleichterung für bestimmte Arten von Investmentvermögen zu schaffen, sieht das KAGB die sog. de-minimis-Regelung in § 2 Abs. 4–6 vor. Sind die dort genannten Voraussetzungen erfüllt, u. a. die ausschließlich Beteiligung professioneller (§ 1 Abs. 19 Nr. 32 KAGB) oder semiprofessioneller (§ 1 Abs. 19 Nr. 33 KAGB) Investoren (es darf hier kein Vertrieb an Verbraucher oder Privatanleger stattfinden), und beträgt das eingebrachte und verwaltete Vermögen weniger als EUR 100 Mio. bei Einsatz von Fremdkapital bzw. max. EUR 500 Mio. bei ausschließlicher Verwaltung von Eigenkapital, reduziert sich der Katalog anwendbaren Vorschriften des KAGB beträchtlich. Auch sind in diesem Fall beim Registrierungsverfahren, welches in § 44 KAGB geregelt ist, weit weniger Unterlagen einzureichen als in dem sehr umfangreichen Erlaubnisverfahren.

1653

Gesellschaftsvertrag der vermögensverwaltenden (GmbH & Co.) KG

§ 1
Firma, Sitz, Geschäftsjahr

(1) Die Firma der Gesellschaft lautet:

1654

„... KG"

(2) Sitz der Gesellschaft ist ...

1655

(3) Geschäftsjahr ist das Kalenderjahr.

1656

Der Hinweis auf eine GmbH als persönlich haftender Gesellschafter ist nur erforderlich, wenn keine natürliche Person persönlich haftet. Vorliegend haftet A als Komplementär persönlich. Es genügt daher, wenn die Gesellschaft unter „... KG" firmiert. Im Übrigen wird auf die Erläuterungen zu § 1 des Gesellschaftsvertrags der typischen GmbH & Co. KG (**Rn. 346 ff.**) wird verwiesen.

1657

§ 2
Gegenstand des Unternehmens

(1) Gegenstand des Unternehmens ist die Verwaltung eigenen Vermögens. Die Gesellschaft ist jedoch nicht berechtigt, in irgendeiner Weise gewerb-

1658

lich tätig zu werden, d.h. sie darf keine gewerblichen Einkünfte erzielen, insbesondere keine Vermögensanlagen durchführen, die zu gewerblichen Einkünften führen und auch keine Beteiligungen an gewerblich tätigen oder gewerblich geprägten Personengesellschaften eingehen.

1659 (2) Die Gesellschaft soll in das Handelsregister eingetragen werden.

Erläuterungen

1. Gegenstand des Unternehmens
2. Eintragung in das Handelsregister
3. Steuerrecht

1. Gegenstand des Unternehmens

1660 Die Verwaltung eigenen Vermögens setzt eine nicht völlig unbedeutende und wirtschaftlich über den alltäglichen privaten Bereich herausreichende Betätigung voraus.[649] Dabei muss ausschließlich eigenes Vermögen verwaltet werden, da die Verwaltung fremden Vermögens bereits eine gewerbliche Tätigkeit bewirkt.[650] Neben der Verwaltung eigenen Vermögens darf keine gewerbliche, freiberufliche oder land- bzw. forstwirtschaftliche Tätigkeit vorgenommen werden, da sonst das Vermögen der KG zu steuerlichen Betriebsvermögen werden würde (s. Ziff. 3).

2. Eintragung in das Handelsregister

1661 Die vermögensverwaltende KG kann nach Wahl ihrer Gesellschafter in das Handelsregister eingetragen werden oder nicht (§§ 161 Abs. 2, 105 Abs. 2 S. 1 HGB). Wird sie nicht in das Handelsregister eingetragen, ist sie eine Gesellschaft des bürgerlichen Rechts (GbR).

3. Steuerrecht

1662 Das Verbot der Ausübung originär gewerblicher Tätigkeiten (s. **Rn. 1612**) hat seinen Hintergrund in der sog. Abfärbe- oder Infektionstheorie deren Rechtsgrundlage in § 15 Abs. 3 Nr. 1 EStG begründet liegt. Hiernach führt die Ausübung einer in geringem Umfang gewerblichen Tätigkeit zur gewerblichen Infizierung der gesamten ansonsten vermögensverwaltenden, nicht gewerblichen Tätigkeit. Die Rechtsprechung erkennt lediglich Bagatellfälle bei denen der gewerbliche Anteil einen äußerst geringen Umfang ausmacht als unschädlich an. Soweit der gewerbliche Umsatzanteil im Verhältnis zum gesamten Umsatz nur einen geringfügigen Anteil ausmacht und auch die

---

649 *Weiterneyer* in Oetker HGB, § 105 Rn. 24.
650 *Weiterneyer* in Oetker HGB, § 105 Rn. 25.

IV. Die Gesellschaftsverträge d. vermögensverwalt. GmbH & Co. KG 381

Einnahmen absolut nicht über dem gewerbesteuerlichen Freibetrag für Personengesellschaften gem. § 11 Abs. 1 S. 3 Nr. 1 GewStG (EUR 24.500,–) liegen, soll von einer Umqualifizierung der vermögensverwaltenden Einkünfte in gewerbliche Einkünfte abgesehen werden. Im Fachschrifttum[651] wird ein Umsatzanteil von 2 bis max. 3 % des Gesamtumsatz noch als unschädlich beurteilt, sofern die gewerblichen Einnahmen absolut den gewerbesteuerlichen Freibetrag von EUR 24.500,– nicht übersteigen (vgl. Rn. 1612).

Eine weitere Rechtsfolge der gewerblichen Infizierung ist die Gewerbesteuerpflicht und der Verlust der erweiterten Gewerbeertragskürzung gem. § 9 Nr. 1 S.2 GewStG für grundbesitzverwaltende Personengesellschaften. 1663

Beispiel: Eine vermögensverwaltende Grundstücksgesellschaft vermietet Lagerhallen. Auf einer der Hallen befindet sich eine Photovoltaikanlage. Die Einspeisevergütung aus dem Betrieb der Anlage übersteigt den Freibetrag von EUR 24.000,00 im Jahr. Mit dem Betrieb der Photovoltaikanlage erzielt die Gesellschaft originär gewerbliche Einkünfte. Obgleich eine Trennung der Einkünfte leicht möglich wäre, bestimmt § 15 Abs. 3 Nr. 1 EStG eine Umqualifizierung sämtlicher Einkünfte aus der Vermögensverwaltung in gewerbliche Einkünfte. Neben dem Wechsel der Einkunftsart und dem Verlust der Gewerbesteuerbefreiung kommt es zur fingierten Einlage des bislang im steuerlichen Privatvermögen befindlichen Grundbesitzes, da dieser nunmehr zum notwendigen Betriebsvermögen des insgesamt als Gewerbebetrieb zu qualifizierenden Betriebs der Personengesellschaft gehört. 1664

§ 3
Gesellschafter, Einlagen, Haftsummen, Vermögensbeteiligung

(1) Persönlich haftende Gesellschafter (Komplementäre) sind 1665
    a) die ... GmbH. Sie ist zur Leistung einer Einlage nicht berechtigt und verpflichtet.
    b) Herr A mit einer Kapitaleinlage i. H. v. EUR ...

(2) Weitere Gesellschafter (Kommanditisten) sind: 1666
    a) Frau B mit einer Einlage von EUR ...
    b) Herr C mit einer Einlage von EUR ...
    c) Herr D mit einer Einlage von EUR ...

(3) Die Einlagen sind bereits geleistet. 1667

(4) Die Haftung der Kommanditisten gegenüber Gesellschaftsgläubigern ist auf folgende Beträge (Haftsummen) beschränkt: 1668
    a) bei Frau B ... auf EUR ...
    b) bei Herrn C ... auf EUR ...
    c) bei Herrn D ... auf EUR ...

---

651 *Schmidt/Wacker* EStG, § 15 Rn. 188 mit Nachw. d. Rechtspr.

1669 (5) Komplementäre, die natürliche Personen sind, und die Kommanditisten sind im Verhältnis ihrer Kapitalkonten I gem. § 4 Abs. 2 am Vermögen der Gesellschaft beteiligt. Die Komplementär-GmbH ist nicht am Vermögen der Gesellschaft beteiligt.

1670 (6) Ist Herr A nicht mehr Komplementär, haben die anderen Gesellschafter unverzüglich einen neuen Komplementär zu bestimmen. Bis ein neuer Komplementär bestimmt wird, übernimmt der Gesellschafter B, die Stellung als Komplementär. Ist B nicht mehr Gesellschafter oder nicht mehr Komplementär, übernimmt C die Stellung als Komplementär.

Erläuterungen

1671 Auf die Erläuterungen zu § 3 des Gesellschaftsvertrags der typischen GmbH & Co. KG (**Rn. 371 ff.**) wird verwiesen.

1672 Mit dem Komplementär A wird im vorliegenden Fall die Familien-KG steuerrechtlich „entprägt" (s. **Rn. 1611**). Da mit dem Ausscheiden von A, die Entprägung entfällt, muß gewährleistet sein, dass nach dem Ausscheiden von A ein anderer Gesellschafter als weiterer Komplementär fungiert. Durch den weiteren Einsatz einer natürlichen Person als Komplementär wird nicht nur die Entprägung verhindert, sondern auch die Bilanzierungs- und Offenlegungspflichten des Jahresabschlusses gem. §§ 264–330 HGB vermieden (vgl. **Rn 1761**). Da eine vermögensverwaltend tätige Personengesellschaft grundsätzlich nur eine Einnahmen- Überschussrechnung für steuerrechtliche Zwecke zu erstellen hat, lassen sich hierdurch die Kosten für die jährliche Aufstellung und Offenlegung einer Bilanz vermeiden. Allerdings kann die Entprägung durch eine natürliche Person nur dann empfohlen werden, wenn ein durch den Geschäftsbetrieb verursachtes persönliches Haftungsrisiko des Komplementärs ausgeschlossen bzw. vernachlässigbar ist.

1673 § 3 Abs. 8 des Gesellschaftsvertrages der typischen KG (antizipierte Zustimmung zu Kapitalerhöhungen mit einfacher Mehrheit aller vorhandenen Stimmen, s. **Rn. 368**) wurde in diesem Vertrag gestrichen, da eine solche Bestimmung bei vermögensverwaltenden Familien-KG's nur Sinn macht, wenn alle Kommanditisten in der Lage sind, weitere Einlagen bis zu einer bestimmten Höhe zu leisten. Dies ist bei den Kindern C + D laut Sachverhalt nicht der Fall.

§ 4
Konten der Gesellschafter

1674 (1) Bei der Gesellschaft werden für Komplementäre, die natürliche Personen sind, und jeden Kommanditisten u.a. ein Kapitalkonto I, ein Kapitalverlustkonto, ein Verrechnungskonto, ein Darlehenskonto und ein Rücklagekonto geführt.

IV. Die Gesellschaftsverträge d. vermögensverwalt. GmbH & Co. KG

(2) Auf den Kapitalkonten I werden lediglich die Einlagen gemäß § 3 dieses Vertrages gebucht. Die Kapitalkonten I werden als Festkonten geführt und nicht verzinst.

(3) Auf den Kapitalverlustkonten werden die Verlustanteile der Kommanditisten und der Komplementäre, die natürliche Personen sind, sowie alle Gewinnanteile bis zum Ausgleich der Verluste verbucht. Kein Kommanditist ist verpflichtet, Verluste auf Kapitalverlustkonten in anderer Weise als durch künftige Gewinnanteile auszugleichen. Im Falle des Ausscheidens sowie im Falle der Liquidation wird ein Bestand des Kapitalverlustkontos mit dem Saldo der übrigen Eigenkapitalkonten (Kapitalkonto I, Kapitalverlustkonto, Rücklangenkonto) verrechnet; ein Ausgleich mit Verrechnungs- und/oder Darlehenskonten findet nicht statt.

(4) Auf Verrechnungskonten werden Einlagen, soweit sie nicht auf Kapitalkonten zu buchen sind, entnahmefähige Gewinnanteile, sonstige Forderungen und Verbindlichkeiten gebucht. Verrechnungskonten werden im Soll und Haben mit ...% p. a. verzinst.

(5) Darlehen eines Kommanditisten an die Gesellschaft werden auf Darlehenskonten gebucht. Verzinsung, Kündigung, Verzinsung etc. werden zwischen dem Gesellschafter und der Gesellschaft in einem Darlehensvertrag vereinbart.

(6) Für alle Kommanditisten und Komplementäre, die natürliche Personen sind, wird ein Rücklagekonto geführt, in das die von der Gesellschafterversammlung beschlossenen und/oder vom Gesellschaftsvertrag vorgesehenen (Gewinn-)Rücklagen eingestellt werden. Das Rücklagenkonto wird nicht verzinst.

Erläuterungen

Auf die Erläuterungen zu § 4 des Gesellschaftsvertrages der typischen GmbH & Co. KG (**Rn. 421 ff.**) wird verwiesen.

Im Einzelfall muss geprüft werden, ob an Stelle des hier vorgeschlagenen 4-Kontenmodells nicht auch ein 2- oder 3-Kontenmodell den Anforderungen an die gesamthänderische Vermögensverwaltung genügt. Zu den Kontensystemen s. **Rn. 55 ff.**!

Bei der **Verzinsung** der Kapital- und Darlehenskonten ist jedoch zu beachten dass aufgrund der Bruchteilsbetrachtung die Verzinsung des betreffenden Kontos einkommensteuerlich nur für die übrigen Gesellschafter mit steuerlicher Wirkung anerkannt wird. Für den Kommanditisten, dessen Konto verzinst wird, liegt ein nicht steuerbares „In Sich"-Geschäft vor. Dies gilt sowohl für Darlehensgewährungen der Gesellschaft an einzelne Kommanditisten, als auch für Nutzungsüberlassungen der Gesellschaft an einen Kommanditisten. Das für gewerblich tätige bzw. geprägte Personengesellschaften geltende Sonderrecht des § 15 Abs. 1 Nr. 2 HS 1 EStG gilt nicht für vermögensverwaltenden Personengesellschaften mit steuerlichem Privatvermögen aufgrund der Anordnung des § 39 Abs. 2 Nr. 2 AO[652].

1683 Gewährt der Kommanditist der Gesellschaft hingegen ein Darlehen, wird das Darlehensverhältnis im Falle einer fremdüblichen Gestaltung grundsätzlich auch für steuerliche Wirkung anerkannt. Bei der Gesellschaft können die Zinsen als Werbungskosten bei den Einkünften aus Vermietung und Verpachtung anerkannt werden, sofern das Darlehen dieser Einkunftsquelle dient. Werden mit dem Darlehen Einkünfte aus Kapitalvermögen durch die Gesellschaft erzielt, kommt auf Ebene der Gesellschaft das Werbungskostenabzugsverbot gem. § 20 Abs. 9 S. 1 HS 2 EStG zur Anwendung.

1684 Inwieweit aufgrund der Bruchteilsbetrachtung auch Darlehensgewährungen oder Nutzungsüberlassungen des Kommanditisten an die Gesellschaft einkommensteuerlich nur anteilig beim überlassenden Kommanditisten anerkannt werden, ist derzeit umstritten.[653]

1685 Im Rahmen der gesellschaftsvertraglichen Bestimmung der Kapitalkonten sind die für gewerbliche Kommanditgesellschaften geltenden Überlegungen im Zusammenhang mit der Vorschrift des § 15a EStG gleichermaßen zu beachten. Für grundstücksverwaltende GmbH & Co. KGs mit steuerlichem Privatvermögen gilt aufgrund der gesetzlichen Anordnung gem. § 21 Abs. 1 S. 2 EStG die Vorschrift des § 15a EStG auch bei Kommanditgesellschaften mit steuerlichem Privatvermögen (s. **Rn. 148 ff.**).

§ 5
Dauer der Gesellschaft, Kündigung

1686 (1) Die Gesellschaft wird auf unbestimmte Dauer errichtet.

1687 (2) Die Gesellschaft kann mit einer Frist von ... Monaten zum Ende eines Geschäftsjahres gekündigt werden, erstmals jedoch zum 31.12.20... Kündigt ein Gesellschafter, können sich andere Gesellschafter der Kündigung innerhalb einer Frist von ... Monaten nach Zugang der Kündigung anschließen (Anschlusskündigung); Absatz 3 gilt entsprechend. Kündigen alle Gesellschafter auf den gleichen Zeitpunkt, gilt dies als Beschluss zur Auflösung der Gesellschaft. Satz 2 und 3 gelten entsprechend für den Fall, dass ein Privatgläubiger eines Gesellschafters kündigt.

1688 (3) Die Kündigung hat durch eingeschriebenen Brief mit Rückschein (Einwurfeinschreiben) an alle anderen Gesellschafter zu erfolgen. Für die Rechtzeitigkeit der Kündigung ist der Tag der Aufgabe des Kündigungsschreibens zur Post maßgeblich.

---

652 BFH v. 18.5.2004, BStBl. 2004 II, 898.
653 *Engel*, Vermögensverwaltende Personengesellschaften im Ertragsteuerrecht, S. 143 ff. m. w. N.

IV. Die Gesellschaftsverträge d. vermögensverwalt. GmbH & Co. KG   385

(4) Durch die Kündigung wird die Gesellschaft nicht aufgelöst, sondern von den verbleibenden Gesellschaftern fortgesetzt, soweit der Gesellschaftsvertrag nicht etwas anderes bestimmt. Abweichend von Satz 1 wird die Gesellschaft zum Zeitpunkt des Wirksamwerdens der Kündigung aufgelöst, wenn die verbleibenden Kommanditisten spätestens ... Monate nach Zugang der Kündigung (spätestens ... Monate vor Wirksamwerden der Kündigung) mit einer Mehrheit der Stimmen von Dreiviertel aller verbleibenden Kommanditisten die Auflösung der Gesellschaft beschließen; der Beschluss ist dem Gesellschafter, der gekündigt hat, unverzüglich bekannt zu geben. Satz 2 gilt entsprechend für den Fall, dass ein Privatgläubiger eines Gesellschafters kündigt, mit der Maßgabe, dass der Beschluss dem betroffenen Gesellschafter und dem Privatgläubiger des Gesellschafters bekannt zu geben ist.   1689

Erläuterungen

Auf die Erläuterungen zu § 5 des Gesellschaftsvertrages der typischen GmbH & Co. KG (**Rn. 458 ff.**) wird verwiesen.   1690

§ 6
Geschäftsführung und Vertretung

(1) Die Geschäftsführung der Gesellschaft obliegt den Komplementären gemeinsam. Jeder Komplementär hat eine Stimme. Bei der Geschäftsführung sind dieser Gesellschaftsvertrag und das Gesetz zu beachten.   1691

(2) Die Gesellschafterversammlung kann den Komplementären Weisungen zur Geschäftsführung erteilen.   1692

(3) Die Komplementäre bedürfen zu folgenden Geschäften der Zustimmung der Gesellschafterversammlung: 1693
   a) Erwerb, Bebauung, Belastung von Grundstücken und grundstücksgleichen Rechten sowie Verfügungen über diese;   1694
   b) Abschluss, Änderung und Beendigung von Kreditverträgen;   1695
   c) Abschluss von Werkverträgen mit Handwerkern, Architekten und Bauingenieuren, wenn der Vertrag die Gesellschaft zu Zahlungen von mehr als EUR ... (netto) im Einzelfall verpflichtet;   1696
   d) Abschluss, Änderung und Aufhebung von Dienstverträgen mit Angestellten, soweit deren Jahresgehalt EUR ... (brutto) übersteigt;   1697
   e) Einleitung von Aktivprozessen, wenn der Streitwert mehr als EUR ... beträgt;   1698
   f) Abschluss von Prozessvergleichen, wenn der Streitwert mehr als EUR ... im Einzelfall beträgt;   1699
   g) ...

(4) Abs. 2 und 3 gelten nicht, solange der Gesellschafter A Komplementär oder Geschäftsführer der Komplementär-GmbH ist.   1700

1701 (5) Jeder Komplementär ist berechtigt, die Gesellschaft alleine zu vertreten.

1702 (6) Die Komplementär-GmbH und Komplementäre, die natürliche Personen sind, sind für Geschäfte mit der Gesellschaft von allen Beschränkungen des § 181 BGB in weitestmöglichem Umfang befreit.

Erläuterungen

1. Entprägung der Familien-KG
2. Gesamtgeschäftsführung
3. Weisungsrecht
4. Vertretung
5. Zustimmungspflichtige Geschäfte

1. Entprägung der Familien-KG

1703 Die Bestellung eines weiteren Gesellschafters zum zweiten Komplementär dient der Entprägung der Familien-KG nach § 15 Abs. 3 Nr. 2 EStG (s. Rn. 1611) und der Vermeidung von Bilanzierungs- und Offenlegungspflichten (s. Rn. 1756, 1761).

2. Gesamtgeschäftsführung

1704 §§ 161, Abs. 2, 115 Abs. 1 HGB sieht vor, dass die Geschäftsführung von jedem geschäftsführungsberechtigten Gesellschafter allein ausgeübt werden kann, sofern sie allen oder mehreren Gesellschaftern zusteht. Von diesem Grundsatz kann der Gesellschaftsvertrag abweichen und eine gemeinschaftliche Geschäftsführung anordnen (s. o. **Abs. 1 S. 1** des Mustervertrages). Damit ist für die Vornahme jeder Maßnahme im Rahmen der Geschäftsführung die Zustimmung der Komplementär-GmbH und des Gesellschafters A nötig, es sei denn es besteht Gefahr im Verzug (§§ 161 Abs. 2. 115 Abs. 2 HGB).[654]

3. Weisungsrecht

1705 Ferner kann den Kommanditisten auch dadurch Einfluss auf die Geschäftsführung eingeräumt werden, dass ihnen ein Weisungsrecht gegenüber den Komplementären im Gesellschaftsvertrag der KG eingeräumt wird. Das Weisungsrecht geht über das Zustimmungsrecht hinaus. Weisungen bezüglich außergewöhnlicher Geschäfte sind nur dann für die Geschäftsführung bindend, sofern alle Gesellschafter an diesen beteiligt waren.[655] Die Grenzen des Weisungsrechts werden durch die Treuepflicht und die Gesetzes- und Sittenwidrigkeit gezogen; ferner dürfen die Weisungen nicht in den Kernbereich der Gesellschafterrechte eingreifen.[656]

---

654 *Weitemeyer* in Oetker HGB, § 115 Rn. 18.
655 *Oetker* in Oetker HGB, § 164 Rn. 46.
656 *Oetker* in Oetker HGB, § 164 Rn. 46.

IV. Die Gesellschaftsverträge d. vermögensverwalt. GmbH & Co. KG

Das Weisungsrecht der Gesellschafterversammlung und die Verpflichtung der Komplementäre, den Katalog der zustimmungspflichtigen Geschäfte in Abs. 3 zu beachten, wird vorliegend für den Zeitraum ausgeschlossen, in dem der Gesellschafter A Komplementär oder Geschäftsführer der Komplementär-GmbH ist.

4. Vertretung

Die Vertretung einer KG erfolgt grundsätzlich durch jeden Komplementär, der Gesellschaftsvertrag kann einzelne Komplementäre von der Vertretung ausschließen (§§ 161 Abs. 1, 125 Abs. 1 HGB). Kommanditisten sind von der organschaftlichen Vertretung zwingend ausgeschlossen (§ 170 HGB)[657]; sie können jedoch rechtsgeschäftlich zur Vertretung ermächtigt werden. Das Muster ordnet in **Abs. 4** an, dass jeder Komplementär die Gesellschaft allein vertreten kann.

5. Zustimmungspflichtige Geschäfte

§ 6 Abs. 3 enthält einen Katalog von Geschäften, die bei einer Immobiliengesellschaft i.d.R. der Zustimmung der Gesellschafterversammlung bedürfen. Abs. 4 bestimmt jedoch, dass die Komplementäre einer Zustimmung der Gesellschafterversammlung erst dann bedürfen, wenn A (Vater) nicht mehr Komplementär und nicht mehr Geschäftsführer der Komplementär-GmbH ist.

Im Übrigen wird auf die Erläuterungen zu § 6 des Gesellschaftsvertrages der typischen GmbH & Co. KG (**Rn. 491 ff.**) verwiesen.

§ 7
Haftungsvergütung, Geschäftsführervergütung, Ersatz der Aufwendungen

(1) Zur Abgeltung ihres Haftungsrisikos erhält die Komplementär-GmbH eine jährliche Vergütung in Höhe von ...% ihres jeweiligen gezeichneten Stammkapitals am Ende des Geschäftsjahres. Die Haftungsvergütung ist jeweils am Ende eines Geschäftsjahres zur Zahlung fällig.

(2) Für die Übernahme der Stellung als Komplementär der Gesellschaft erhalten Komplementäre, die natürliche Personen sind, eine Geschäftsführervergütung, sofern sie keine Vergütung als Geschäftsführer der Komplementär-GmbH erhalten. Diese Vergütung wird von der Gesell-

---

[657] Dies macht sich bei der Gestaltung der Einheits-GmbH & Co. KG störend bemerkbar (s. § 6a des Musters zur Einheits-GmbH & Co. KG **Rn. 1461 ff.**).

schafterversammlung festgesetzt und ist in gleichen monatlichen Teilbeträgen zum Schluss eines jeden Kalendermonats zur Zahlung fällig.

1712 (3) Die Komplementäre haben Anspruch auf Ersatz aller ihrer Aufwendungen im Zusammenhang mit der Geschäftsführung der Gesellschaft. Bei der Komplementär-GmbH gilt dies auch für die Vergütung für ihre Geschäftsführer und ihre sonstigen Kosten; Satz 1 gilt nicht für ihre Aufwendungen für Gewerbe- und Körperschaftsteuer. Für die Vergütungen (einschließlich Tantiemen und Ruhegehälter) der Geschäftsführer der Komplementär-GmbH gilt S. 1 jedoch nur, wenn und soweit die Gesellschafterversammlung der KG vorher der Vergütung zugestimmt hat.

1713 (4) Haftungsvergütung, Geschäftsführervergütung und Aufwendungsersatz stellen im Verhältnis der Gesellschafter zueinander Aufwand dar.

1714 (5) Abs. 3 S. 3 gilt nicht, solange der Gesellschafter A Komplementär ist.

Erläuterungen

1715 Auf die Erläuterungen zu § 7 des Gesellschaftsvertrages der typischen GmbH & Co. KG (**Rn. 507 ff.**) wird verwiesen.

1716 Da die Sondervorschrift des § 15 Abs. 1 Nr. 1 S. 2 EStG nur für gewerbliche Personengesellschaften gilt, führen schuldrechtlich begründete Tätigkeitsvergütungen der Komplementäre, die natürliche Personen sind, je nach vertraglicher Ausgestaltung entweder zu Einkünften aus nichtselbstständiger Arbeit gem. § 19 EStG (zivilrechtlich wirksamer Anstellungsvertrag), Einkünfte aus selbständiger Arbeit, gem. § 18 EStG oder Einkünfte aus Gewerbebetrieb gem. § 15 EStG. Sofern es sich um Einkünfte aus nichtselbstständiger Arbeit handelt, ist die Gesellschaft zur Abführung von Lohnsteuer und Sozialabgaben verpflichtet. Erhält der Komplementär, der eine natürliche Person ist hingegen ein Gewinnvorab, ist für die Einkunftsqualifikation dieser Vergütung die von der Personengesellschaft ausgeübte Tätigkeit maßgebend.

§ 8
Gesellschafterversammlung

1717 (1) Beschlüsse der Gesellschafter werden auf Gesellschafterversammlungen gefasst. Der Abhaltung einer Gesellschafterversammlung bedarf es nicht, wenn alle Gesellschafter dem vorgeschlagenen Beschluss in Textform (§ 126b BGB) oder in Schriftform (§ 126 BGB) zustimmen oder mit einer Abstimmung in Textform oder in Schriftform einverstanden sind, soweit keine andere Form gesetzlich zwingend vorgeschrieben ist („Umlaufbeschluss"). Zulässig ist auch jede andere Form der Beschlussfassung, wenn kein Gesellschafter widerspricht. Umlaufbeschlüsse kommen mit dem Zugang des Abstimmungsprotokolls bei allen stimmberechtigten Gesellschaftern zustande.

IV. Die Gesellschaftsverträge d. vermögensverwalt. GmbH & Co. KG

(2) Die Einberufung der Gesellschafterversammlung erfolgt durch einen Komplementär, soweit der Gesellschaftsvertrag nicht etwas anderes bestimmt. Die Einberufung hat unter gleichzeitiger Bekanntgabe der Tagesordnung und des Tagungslokals mittels Einwurfeinschreiben, das mindestens 14 Tage vor dem Termin der Gesellschafterversammlung an die Gesellschafter zur Absendung gebracht sein muss, zu erfolgen. Die Einladung ist mit ihrer Aufgabe zur Post bewirkt. Der Tag der Absendung der Einladung (Poststempel) und der Tag der Versammlung werden bei der Fristberechnung nicht mitgezählt. Ist der Aufenthalt eines Gesellschafters unbekannt oder kann er aus anderen Gründen nicht vertragsgemäß geladen werden, so ruht sein Stimmrecht, soweit der Gesellschaftsvertrag nicht etwas anders bestimmt. 1718

(3) Kommanditisten, die über … % des Kommanditkapitals verfügen, können von den Komplementären verlangen, dass eine Gesellschafterversammlung einberufen wird; § 50 GmbHG gilt entsprechend mit der Maßgabe, dass die Form- und Fristvorschriften des Abs. 2 zu beachten sind. 1719

(4) Gesellschafterversammlungen finden jeweils am Sitz der Gesellschaft statt, es sei denn, alle Kommanditisten stimmen im Einzelfall einem anderen Versammlungsort zu. 1720

(5) Eine vertragsgemäß einberufene Gesellschafterversammlung ist beschlussfähig, wenn die anwesenden und vertretenen Gesellschafter … % aller Stimmen auf sich vereinigen. Ist eine Gesellschafterversammlung gem. S. 1 nicht beschlussfähig, so ist eine neue Gesellschafterversammlung mit gleicher Tagesordnung unter Einhaltung der in Absatz 2 genannten Form- und Fristvorschriften einzuberufen (zweite Gesellschafterversammlung). Die zweite Gesellschafterversammlung ist ohne Rücksicht auf die Zahl der Stimmen der anwesenden und vertretenen Gesellschafter beschlussfähig. Hierauf ist in der Einladung hinzuweisen. 1721

(6) Ist eine Gesellschafterversammlung nicht vertragsgemäß einberufen worden, können Beschlüsse nur gefasst werden, wenn alle Gesellschafter anwesend oder vertreten sind („Vollversammlung") und alle Gesellschafter und Vertreter mit der Fassung von Beschlüssen einverstanden sind. 1722

(7) Jeder Gesellschafter kann sich im Einzelfall auf Gesellschafterversammlungen nur von anderen Gesellschaftern vertreten lassen. Die Vertretung durch andere Personen bedarf der Zustimmung der Gesellschafterversammlung. Die Vertretung nach § 9a aufgrund einer Vorsorgevollmacht bleibt unberührt. 1723

(8) Dem Gesellschafter A steht das unentziehbare, nicht vererbliche Sonderrecht zu, die Gesellschafterversammlung zu leiten, solange er Komplementär der Gesellschaft oder Geschäftsführer der Komplementär- 1724

GmbH ist. Ist A nicht mehr Komplementär und nicht mehr Geschäftsführer der Komplementär-GmbH, oder nicht anwesend oder nicht bereit, die Gesellschafterversammlung zu leiten, wird die Gesellschafterversammlung von dem Komplementär geleitet, der eine natürliche Person ist. Ist ein solcher Komplementär nicht vorhanden, nicht anwesend oder nicht bereit, die Gesellschafterversammlung zu leiten, steht die Leitung dem Geschäftsführer der Komplementär-GmbH zu. Hat diese mehrere Geschäftsführer, steht die Leitung dem jeweils ältesten anwesenden Geschäftsführer zu. Ist kein Geschäftsführer anwesend oder ist kein Geschäftsführer bereit, die Gesellschafterversammlung zu leiten, wird der Leiter mit der einfachen Mehrheit der Stimmen der erschienenen und vertretenen Gesellschafter gewählt.

1725 (9) Der Leiter der Gesellschafterversammlung bestimmt die Reihenfolge der Tagesordnungspunkte. Er kann einzelne Tagesordnungspunkte absetzen, wenn Kommanditisten, die über mehr als …% der Stimmrechte verfügen, dies beantragen oder wenn ein Antrag gestellt wird, der von einem Tagesordnungspunkt nicht gedeckt ist oder, wenn Meinungsverschiedenheiten über die Zulässigkeit eines Tagesordnungspunktes oder eines Antrags zwischen den Gesellschaftern bestehen.

1726 (10) Über die Gesellschafterversammlung ist ein Protokoll zu fertigen, das von dem Leiter der Gesellschafterversammlung zu unterzeichnen ist; der Leiter des Gesellschafterversammlung kann einen Dritten mit der Erstellung des Protokolls beauftragen. Abschriften des Protokolls sind allen Gesellschaftern unverzüglich zuzuleiten. Das Protokoll hat mindestens die Namen der anwesenden und vertretenen Gesellschafter, die Namen der Vertreter und Berater, etwaige Verzichte auf die Einhaltung von Form- und Fristvorschriften, alle Anträge und alle Beschlüsse einschließlich der jeweiligen Abstimmungsergebnisse zu enthalten.

1727 (11) Werden Beschlüsse außerhalb von Gesellschafterversammlungen gefasst, ist der Wortlaut des Beschlussantrages und das Ergebnis der Abstimmung in einem Protokoll festzuhalten. Das Protokoll ist von einem Komplementär zu erstellen; Abschriften des Protokolls sind allen Gesellschaftern unverzüglich zuzuleiten.

Erläuterungen

1728 Auf die Erläuterungen zu § 8 des Gesellschaftsvertrages der typischen GmbH & Co. KG (**Rn. 532 ff.**) wird verwiesen.

Zu Abs. 3:
1729 Gem. § 50 Abs. 1 GmbHG können Gesellschafter, die über mindestens 10% des Stammkapitals verfügen, verlangen, dass eine Gesellschafterversammlung einberufen wird. Bei der Bestimmung der%-Sätzen der Kommanditisten, die die Einberufung einer Gesellschafterversammlung gem. Abs. 3 des Muster-

IV. Die Gesellschaftsverträge d. vermögensverwalt. GmbH & Co. KG

vertrages verlangen können, wird man sich an § 50 Abs. 1 GmbH G orientieren.

Zu Abs. 5:
Zur Bestimmung, ab welchem %-Satz der Stimmen der anwesenden und vertretenen Gesellschafter eine Gesellschafterversammlung beschlussfähig ist, wird der Verfasser eines KG-Vertrages einen %-Satz bestimmen, der über 50 % aller vorhandenen Stimmen (der abgegebenen Stimmen) liegt.

Zu Abs. 7:
Da in Familiengesellschaften Dritte möglichst keine Einblicke in die Gesellschaft erhalten und nicht bei Gesellschafterversammlungen am Tisch sitzen sollen, erlaubt Abs. 7 in der Gesellschafterversammlung nur die Vertretung durch Gesellschafter; andere Personen dürfen nur mit Zustimmung der Gesellschafterversammlung einen Gesellschafter vertreten.

Zu Abs. 8:
Dem Gesellschafter A steht gem. Abs. 8 S. 1 das unentziehbare, nicht vererbliche Sonderrecht zu, die Gesellschafterversammlung zu leiten, solange er Komplementär oder Geschäftsführer der Komplementär-GmbH ist.

§ 9
Gesellschafterbeschlüsse

(1) Die von den Gesellschaftern zu treffenden Entscheidungen werden durch Beschlüsse der Gesellschafterversammlung gefasst. Gesellschafterbeschlüsse werden mit der einfachen Mehrheit der Stimmen aller Gesellschafter (der einfachen Mehrheit der Stimmen der anwesenden und vertretenen Gesellschafter/der einfachen Mehrheit der abgegebenen Stimmen) gefasst, soweit der Gesellschaftsvertrag oder das Gesetz nicht eine andere Mehrheit zwingend vorschreibt. Enthaltungen gelten als Nein-Stimmen.

(2) Eine Mehrheit von …% der Stimmen aller Gesellschafter ist in folgenden Angelegenheiten erforderlich, soweit der Gesellschaftsvertrag nicht etwas anderes bestimmt:
a) Feststellung des Jahresabschlusses;
b) Zustimmung zu zustimmungsbedürftigen Geschäften gemäß § 6 Abs. 3;
c) Auszahlungen an Gesellschafter, soweit der Gesellschaftsvertrag nicht etwas anderes bestimmt;
d) …

(3) Folgende Beschlüsse können in jedem Fall nur mit den Stimmen aller vorhandenen stimmberechtigten Gesellschafter gefasst werden, soweit der Gesellschaftsvertrag nicht etwas anderes bestimmt:

a) Aufnahme neuer Gesellschafter;
b) Auflösung der Gesellschaft;
c) Änderungen des Gesellschaftsvertrages;
d) Beschlüsse, die eine Nachschusspflicht begründen;
e) Beschlüsse über den Erwerb, Bebauung, die Belastung und die Verfügung über Grundstücke und grundstücksgleichen Rechte.
f) Beschlüsse gem. § 5 Abs. 4, S. 2, § 13 Abs. 1.

1736 (4) Je EUR ... des Kapitalkontos I eines Gesellschafters gewähren eine Stimme. Solange A Komplementär ist, verfügt er über mindestens 51 % aller Stimmen. Beschlüsse können nicht gegen die Stimmen von A gefasst werden. Das Stimmrecht der Komplementärin ist ausgeschlossen.

1737 (5) Das Stimmrecht eines Gesellschafters ist nur dann ausgeschlossen, wenn dies vom Gesetz zwingend oder in diesem Gesellschaftsvertrag angeordnet ist.

1738 (6) Ist das Stimmrecht eines Gesellschafters in einzelnen Angelegenheiten ausgeschlossen, werden seine Stimmen bei der Ermittlung der für den Beschluss erforderlichen Stimmen nicht berücksichtigt.

1739 (7) Einwendungen gegen die Wirksamkeit eines Beschlusses sind innerhalb eines Monats seit Zugang des betreffenden Protokolls durch Klage geltend zu machen. Die Klage ist gegen die Gesellschaft zu richten.

Erläuterungen

1740 Auf die Erläuterungen zu § 9 des Gesellschaftsvertrages der typischen GmbH & Co. KG (**Rn. 565 ff.**) wird verwiesen.

1741 Abs. 4 S. 2 u. 3 des Mustervertrages sollen dafür sorgen, dass A stets entscheidenden Einfluss auf Beschlussfassungen hat[658].

1742 Abs. 5 hat den Zweck, dass das Stimmrecht von Gesellschaftern nur dann ausgeschlossen sein soll, wenn dies durch gesetzliche Bestimmungen zwingend ausgeschlossen ist oder der Gesellschaftsvertrag den Ausschluss des Stimmrechts anordnet. Gesetzliche Stimmverbote sind dispositiv, sie können im Gesellschaftsvertrag weitgehend ausgeschlossen werden[659].

1743 Wegen der gesellschafterindividuellen Zurechnung einkommensteuerrechtlich relevanter Merkmale (Besitzzeiten, Beteiligungshöhen, Objektverkäufe s. Rn. 1627 ff.) empfiehlt sich die gesellschaftsvertragliche Anordnung des Einstimmigkeitsprinzip für bestimmte Veräußerungsvorgänge, sofern z.B. der Verkauf eines Grundstücks aus der Gesellschaft zu dem beabsichtigten Zeitpunkt bei einzelnen Gesellschaftern eine Steuerpflicht gem. § 23 EStG, § 17 EStG oder § 15 EStG (gewerblicher Grundstückshandel) auslösen sollte.

---

658 Zur Zulässigkeit und Mehrstimmrechten s. BGH v. 14.5.1956, BGHZ 20, 370; Baumbach/Hopt/*Roth* HGB,§ 119 Rn. 14; Zur Zulässigkeit von Vetorechten s. *Schäfer* in Großkommentar,§ 119 Rn. 50.
659 Baumbach/Hopt/*Roth* HGB, § 119, Rn. 12.

§ 9a
Vorsorgevollmacht

(1) Jeder Gesellschafter, der eine natürliche Person ist, ist verpflichtet, eine notarielle Vorsorgevollmacht zu errichten und aufrecht zu erhalten, in der Gesellschaftern oder Dritten Vollmacht zur Ausübung und Wahrnehmung seiner Gesellschafterrechte, einschließlich des Rechtes zu Verfügungen über seinen Gesellschaftsanteil, eingeräumt wird. Die Vollmachtsurkunde ist bei der Gesellschaft zu hinterlegen und von der Gesellschaft an den /die Bevollmächtigten oder den betreffenden Gesellschafter auf Verlangen herauszugeben.

(2) Bevollmächtigte sind zur Ausübung und Wahrnehmung von Gesellschafterrechten nur berechtigt, wenn die Gesellschafterversammlung der Erteilung der Vorsorgevollmacht mit Beschluss nach § 9 Abs. 1 dieses Vertrages zugestimmt hat; einer solchen Zustimmung bedarf es nicht für die Geltendmachung von Vermögensrechten (Gewinnrechte u. ä.). Ist als Bevollmächtigter eine Person bestimmt, die nach § 15 Abs. 1 dieses Vertrages zur Nachfolge in den Gesellschaftsanteil berechtigt ist, kann die Zustimmung nur aus wichtigem Grund verweigert werden. Die Gesellschafterversammlung hat den Beschluss über ihre Zustimmung unverzüglich nach Übergabe der Vollmachtsurkunde an die Gesellschaft und der Erklärung des/der Bevollmächtigten nach Abs. 4 zu fassen. Der betreffende Gesellschafter hat bei der Beschlussfassung kein Stimmrecht.

(3) Die Gesellschafterversammlung kann eine erteilte Zustimmung jederzeit mit Beschluss nach § 9 Abs. 1 dieses Vertrages widerrufen; ist ein Betreuungsfall (§ 1896 Abs. 1 BGB) eingetreten, oder ist ein Bevollmächtigter bestimmt worden, der nach diesem Vertrag zur Nachfolge in den Gesellschaftsanteil berechtigt ist, kann der Widerruf nur aus wichtigem Grund erfolgen. Der betreffende Gesellschafter hat bei der Beschlussfassung kein Stimmrecht.

(4) Jeder Bevollmächtigte hat sich durch schriftliche Erklärung gegenüber der Gesellschaft persönlich zur Wahrung der gesellschaftlichen Treuepflichten zu verpflichten.

(5) Das Recht, sich nach § 8 Abs. 7 dieses Vertrages auf Gesellschafterversammlungen vertreten zu lassen, bleibt unberührt.

Erläuterungen

Auf die Erläuterungen zu § 9a des Gesellschaftsvertrags der typischen GmbH & Co. KG (**Rn. 583 ff.**) wird verwiesen.

§ 10
Jahresabschluss/Jahresrechnung

1750 (1) Die Gesellschaft hat jährlich einen den handelsrechtlichen Vorschriften entsprechenden Jahresabschluss aufzustellen. Die Ermittlung der Einkünfte der Gesellschaft erfolgt für einkommensteuerliche Zwecke durch Ermittlung des Überschuss der Einnahmen über die Werbungskosten (Jahresrechnung).

1751 (2) Der handelsrechtliche Jahresabschluss und die Jahresrechnung sind innerhalb von sechs (6) Monaten nach dem Ende des Geschäftsjahres aufzustellen und den Gesellschaftern unverzüglich zu übersenden.

1752 (3) Die Verzinsung der Verrechnungskonten im Soll und Haben und die Kosten der Komplementäre (§ 7) sind als Aufwand bzw. als Ertrag zu behandeln.

1753 (4) Die Gesellschafterversammlung kann beschließen, dass der Jahresabschluss von einem Wirtschaftsprüfer geprüft wird. Der Prüfungsbericht ist den Kommanditisten unverzüglich zuzuleiten.

1754 (5) Der Jahresabschluss wird von der Gesellschafterversammlung festgestellt.

Erläuterungen

1. Einnahmen- und Überschussrechnung oder Bilanzierung
2. Offenlegung des Jahresabschlusses
3. Frist für die Aufstellung des Jahresabschlusses

1. Einnahmen- und Überschussrechnung oder Bilanzierung

1755 Problematisch ist bei einer vermögensverwaltenden Familien-KG die Frage, ob sie den Buchführungs- und Bilanzierungspflichten einer gewerblich tätigen KG unterliegt.

1756 a) **Handelsrecht.** Eine GmbH & Co. KG, die im Handelsregister eingetragen ist (§§ 2, 105 Abs. 2, 161 Abs. 2 HGB), ist nach einhelliger Auffassung verpflichtet, Bücher gem. § 238 ff. HGB zu führen und am Schluss eines Geschäftsjahres einen Jahresabschluss (Bilanz, Gewinn- und Verlustrechnung (§ 242 ff. HGB) aufzustellen[660] (§ 6 Abs. 1 HGB). GmbH & Co. KGs, bei denen keine natürliche Person Komplementär ist, unterliegen den Bilanzierungs-, Prüfungs- und

---

[660] *Tipke/Kruse/Drüen* AO, Stand: Okt. 2012, § 140 Rn. 22; *Dahlke/König/Cöster* AO § 140 Rn. 14; *Winnefeld*, Bilanz-Handbuch, MüKo/BilR/*Graf*, § 238 Rn. 22; Beck'scher Bilanz-Kommentar/*Winkeljohann/Hauckel*, § 238 Rn. 70 ff.

IV. Die Gesellschaftsverträge d. vermögensverwalt. GmbH & Co. KG

Offenlegungsvorschriften der §§ 264–330 HGB. Dies gilt auch für vermögensverwaltende GmbH & Co. KGs, die im Handelsregister eingetragen sind[661].

b) Steuerrecht. § 140 AO bestimmt, dass Steuerpflichtige, die nach anderen Gesetzen als den Steuergesetzen Bücher und Aufzeichnungen zu führen haben, die für die Besteuerung von Bedeutung sind, haben diese Pflichten auch für die Besteuerung zu erfüllen. § 2 Abs. 1 EStG regelt, dass Einkünfte der Einkommensteuer unterliegen, und dass u. a. bei Einkünften aus Kapitalvermögen, Vermietung und Verpachtung Einkünfte der Überschuss der Einnahmen über die Werbungskosten sind (§§ 8, 9 EStG). Dies bedeutet unter Zugrundelegung der herrschenden Meinung im Handelsrecht, dass eine vermögensverwaltende Familien-KG zwei Abschlüsse zu erstellen hätte, nämlich einen Abschluss nach Handelsrecht (§§ 238 ff. HGB) und eine Einnahmen-Überschussrechnung (§§ 8, 9 EStG)[662]. Spiegelberger[663] meint dagegen, dass aus § 140 AO keine steuerlichen Buchführungs- und Bilanzierungspflichten abgeleitet werden können.

1757

Daher laufe die herrschende Meinung im Handelsrecht faktisch leer, da die Finanzverwaltung von der vermögensverwaltenden Familien-KG nur eine Einnahmen- und Überschussrechnung verlangen könne. Allerdings können Verstöße gegen die Buchführungsverpflichtung im Falle der Eröffnung eines Insolvenzverfahrens oder der Ablehnung eines Antrags auf Eröffnung eines Insolvenzverfahrens oder im Falle der Zahlungseinstellung einer vermögensverwaltenden GmbH & Co. KG aus den § 283 Abs. 1 Nr. 5 StGB (Bankrott), § 283b Abs. 1 Nr. 1 Abs. 3 StGB (Verletzung der Buchführungspflicht) zu strafrechtlichen Folgen führen.

1758

Im Ergebnis bleibt festzuhalten, dass eine vermögensverwaltende Familien-KG nach überwiegender Auffassung zwei Abschlüsse aufzustellen hat. In der laufenden Besteuerungspraxis verzichtet die Finanzverwaltung zwar regelmäßig auf die Einreichung einer gesonderten Bilanz neben der Einnahmen-Überschussrechnung. Jedoch befreit dies nicht von der handelsrechtlichen Bilanzierung für Zwecke der Offenlegung.

1759

Aus diesem Grund bestimmt § 10 Abs. 1 des Mustervertrages, dass die vermögensverwaltende Familien-KG zwei Abschlüsse aufzustellen hat, einen nach § 238 ff. HGB („Jahresabschluss") und einen nach §§ 8 und 9 EStG („Jahresrechnung").

1760

2. Offenlegungsverpflichtung/Pflichtprüfung

Eine Verpflichtung, den handelsrechtlichen Jahresabschluss gem. den Vorschriften der §§ 329 ff. HGB als persönlich haftender Gesellschafter offenzu-

1761

---

661 *Tipke/Kruse/Drüen*, AO/FGO, § 140 AO, Rn. 22; *Brune* StBp. 1998, 244; *Früchtl/Prohaska* DStZ 2010, 597 ff.; kritisch: *Demuth/Klingbeil* DStR 2009, 2538 ff., für die eine vermögensverwaltende GmbH & Co. KG kein Kaufmann nach § 2 HGB ist!
662 So ausdrücklich *Tipke/Kruse/Drüen* AO/FGO, § 140 Rn. 17 und 22; *Fatouros* in: Hesselmann/Tillmann/Mueller-Thun, Rn. 2.436.
663 ZEV 2003, 391 ff., 330 ff.

legen, besteht für eine vermögensverwaltende GmbH & Co. KG nur dann, wenn **keine natürliche Person** persönlich haftender Gesellschaft ist (§ 264a Abs. 1 HGB). Dies ist der Fall, wenn die „Entprägung" einer vermögensverwaltenden Familien-KG dadurch stattfindet, dass einem Kommanditisten Geschäftsführungsbefugnisse eingeräumt werden. Dann unterliegt die vermögensverwaltende Familien-KG der Verpflichtung zur Offenlegung ihres Jahresabschlusses gem. den Vorschriften der §§ 325 ff. HGB und der Verpflichtung zur Prüfung ihres Jahresabschlusses gem. §§ 316 ff. HGB.

1762 Wird die Entprägung (s. Rn. 1611) allerdings durch eine natürliche Person als Komplementär (neben der GmbH) herbeigeführt, entfallen sowohl die Offenlegungsverpflichtung als auch die Verpflichtung, den Jahresabschluss gem. §§ 316 ff. HGB prüfen zu lassen (§ 264a Abs. 1 HGB).

3. Frist für die Aufstellung des Jahresabschlusses

1763 Weiter stellt sich die Frage, in welcher Frist der Jahresabschluss einer vermögensverwaltenden KG zu erstellen ist. Nach § 243 Abs. 3 HGB ist der Jahresabschluss innerhalb der einem ordnungsgemäßen Geschäftsgang entsprechenden Zeit aufzustellen. Im Schrifttum wird zum einen von einer Frist bis zu 6 Monaten ausgegangen[664], zum anderen von einer längeren Frist.[665] Es ist jedenfalls von einer Obergrenze von 12 Monaten auszugehen.[666] Eine Verlängerung dieser Frist durch eine gesellschaftsvertragliche Regelung ist unzulässig.[667]

1764 Im Übrigen wird auf die Erläuterungen zu § 10 des Gesellschaftsvertrags der typischen GmbH & Co. KG (**Rn. 601 ff.**) verwiesen.

§ 11
Gewinn und Verlustverteilung – Gewinnverwendung

1765 (1) Am Gewinn der Gesellschaft nehmen die Gesellschafter mit Ausnahme der Komplementär-GmbH im Verhältnis ihrer Kapitalkonten I teil.

1766 (2) Dem Rücklagenkonto sind 50% der jeweiligen Gewinnanteile gutzuschreiben. Im Übrigen beschließt die Gesellschafterversammlung, welcher Teil der restlichen Gewinnanteile den Verrechnungskonten und welcher Teil dem Rücklagenkonto gutgeschrieben wird.

1767 (3) Ein etwaiger Jahresfehlbetrag ist im Verhältnis der Kapitalkonten I auf die Gesellschafter mit Ausnahme der Komplementär-GmbH zu verteilen. Die Komplementär-GmbH ist – ungeachtet ihrer unbeschränkten Haf-

---

664 *Baumbach/Hopt/Merkt* HGB, § 243 Rn. 11.
665 *Förschle/Usinger* in: Beck'scher Bilanz-Kommentar, § 243 Rn. 93.
666 BFH, v. 6.12.1983, BStBl. 1984 II 227.
667 *Förschle/Usinger* in: Beck'scher Bilanz-Kommentar, § 243 Rn. 93 a. E.

tung im Außenverhältnis – an einem etwaigen Verlust nicht beteiligt; die beschränkte Haftung der Kommanditisten wird hierdurch nicht durchbrochen.

Erläuterungen

Es wird auf die Erläuterungen zu § 11 des Gesellschaftsvertrages der typischen GmbH & Co. KG (**Rn. 625 ff.**) verwiesen, mit der Maßgabe, dass die Gewerbesteuerklausel in § 11 Abs. 3 des Gesellschaftsvertrags der typischen GmbH & Co. KG auf die vermögensverwaltende Familien-KG nicht anwendbar ist. 1768

Steuerrechtlich haben die Gesellschafter einer vermögensverwaltenden Familien-KG keine Einkünfte aus Gewerbebetrieb. Die vermögensverwaltende Familien-KG hat damit kein Betriebsvermögen sondern steuerliches Privatvermögen. Es fällt daher keine Gewerbesteuer an. 1769

Mit der Gutschrift von 50 % der Gewinnanteile auf Rücklagekonten der Gesellschafter (ausgenommen die Komplementär-GmbH) erübrigt sich eine Steuerklausel, da Steuern gem. § 12 Abs. 2 des Mustervertrages den Rücklagekonten entnommen werden dürfen. 1770

§ 12
Entnahmen, Auszahlungen

(1) Die Kosten der Geschäftsführung und die Haftungsvergütung für die Komplementäre (§ 7 Abs. 1 und 2) können von diesen zum jeweiligen Fälligkeitszeitpunkt entnommen werden. 1771

(2) Jeder Kommanditist und Komplementäre, die natürliche Personen sind, können Ertragsteuern i.S.v. Abs. 3, die auf ihre steuerpflichtigen Gewinnanteile aus der Gesellschaft entfallen, zu Lasten des Rücklagenkontos entnehmen, unabhängig davon, ob es sich um Vorauszahlungen, Zahlungen auf Grund von Jahressteuerbescheiden oder Nachzahlungen handelt. Einzelheiten des Steuerentnahmerechts regelt ein Gesellschafterbeschluss, zu dem der Steuerberater der Gesellschaft vorab anzuhören ist. Im Übrigen beschließt die Gesellschafterversammlung über Auszahlungen an Gesellschafter. 1772

(3) Ertragsteuern sind die Einkommensteuern, der Solidaritätszuschlag und 50 % der gezahlten Kirchensteuern. 1773

(4) Auf Verlangen der Komplementärin haben entnahmeberechtigte Gesellschafter die individuellen Ertragsteuern, die auf ihre Beteiligung entfallen, durch geeignete Unterlagen wie Steuerbescheide, Bestätigungen ihrer Steuerberater etc. nachzuweisen. 1774

(5) Ist die Gesellschaft an Kapitalgesellschaften beteiligt, gilt die von diesen abgeführte Kapitalertragsteuer auf Gewinnausschüttungen an die Gesell- 1775

schaft als Entnahmen im Verhältnis der Kapitalkonten I der Kommanditisten und des Komplementärs, der eine natürliche Person ist. Kapitalertragsteuern mindern das Steuerentnahmerecht gem. Abs. 2.

Erläuterungen

1776 Auf die Erläuterungen zu § 12 des Gesellschaftsvertrages der typischen GmbH & Co. KG wird verwiesen (Rn. 674 ff.).

1777 Da jeder Kommanditist und der Gesellschafter A Ertragsteuern auf die Beteiligung an der Gesellschaft zu Lasten von Rücklagen entnehmen können, können weitere Auszahlungen von einem Gesellschafterbeschluss abhängig gemacht werden.

1778 Da Gewinne thesauriert werden sollen, bedürfen weitere Entnahmen der Zustimmung der Gesellschafterversammlung. Die Gesellschafter unterliegen bei der Beschlussfassung über weitere Ausschüttungen der Treuepflicht gegenüber der Gesellschaft und den Mitgesellschaftern und haben im Rahmen ihrer Ermessensausübung die Interessen der Gesellschaft wie die Rücklagenbildung und Sicherung der Zukunft der Gesellschaft dem Ausschüttungsinteresse der Mitgesellschafter gegenüber zu stellen.[668] Der Gesellschaftsvertrag muss für die Thesaurierung keine Ober- und Untergrenzen vorsehen, da die gesellschafterliche Bindung an die Treuepflicht ausreichend ist, um ein vertragsgemäßes Ergebnis zu sichern, kann aber Grenzen vorsehen.[669]

1779 Da Kirchensteuern als Sonderausgaben abzugsfähig sind (§ 10 Abs. 1 Nr. 4 EStG), sollten Kirchensteuern nur anteilig (z. B. mit 50 %) entnahmefähig sein.

§ 13
Verfügungen über Gesellschaftsanteile und Ansprüche gegen die Gesellschaft

1780 (1) Verfügungen über Gesellschaftsanteile und/oder Ansprüche gegen die Gesellschaft bedürfen der Zustimmung der Gesellschafterversammlung. Die Zustimmung ist zu erteilen bei Verfügungen zugunsten von Personen, die Abkömmlinge von A + B in gerader Linie sind und zugunsten einer Familienstiftung, wenn die anderen Gesellschafter, die natürliche Personen sind, der Satzung der Familienstiftung zugestimmt haben.

1781 (2) Teilübertragungen sind zulässig. Wird nur ein Teil eines Gesellschaftsanteils übertragen, so müssen die betroffenen Einlagen ein ganzzahliges Vielfaches von EUR ... betragen.

1782 (3) Verfügungen über Gesellschaftsanteile und/oder Ansprüche gegen die Gesellschaft bedürfen der Schriftform.

1783 (4) Abs. 1 S. 1 gilt nicht für die Gesellschafter A + B.

---

668 MüKo/HGB/*Grunewald*, § 167 Rn. 5.
669 MüKo/HGB/*Grunewald*, § 167 Rn. 5.

Erläuterungen

Auf die Erläuterungen zu § 13 des Gesellschaftsvertrages der typischen GmbH & Co. KG wird verwiesen (**Rn. 718 ff.**).

Da Familiengesellschaften ein starkes Interesse daran haben, dass keine fremden Gesellschafter in die Gesellschaft eindringen, sollte ein Gesellschafterwechsel nur dann stattfinden, wenn alle stimmberechtigten Gesellschafter oder die Gesellschafterversammlung zustimmen. **Abs. 1, S. 1** des Mustervertrages bestimmt daher, dass Verfügungen über Geschäftsanteile und Ansprüche gegen die Gesellschaft der Zustimmung der Gesellschafterversammlung bedürfen.

Verfügungen zu Gunsten von Abkömmlingen von A + B und zu Gunsten von Familienstiftungen ist zuzustimmen. Die (antizipierte) Zustimmung zu Verfügungen zu Gunsten einer Familienstiftung sollte davon abhängig gemacht werden, wie die Satzung der Familienstiftung ausgestaltet ist. Würden z. B. die Organe der Familienstiftung nur mit familienfremden Dritten besetzt oder Dritte begünstigt, wäre der Charakter der KG als Familiengesellschaft gefährdet!

Abs. 4 bestimmt, dass die Verfügungsbeschränkungen gem. Abs. 1 nicht für die Eltern (A + B) gelten sollen.

§ 14
Vorkaufsrecht

Da Familienfremde nicht Kommanditisten werden sollen, bedarf jeder Verkauf von Gesellschaftsanteilen der Zustimmung der Gesellschafterversammlung. Ein Vorkaufsrecht gem. § 14 des Gesellschaftsvertrages der typischen KG (**Rn. 739 ff.**) ist daher nicht notwendig.

§ 15
Vererbung von Gesellschaftsanteilen

(1) Verstirbt ein Gesellschafter, wird die Gesellschaft mit dessen Erben fortgesetzt. Die Gesellschaftsanteile des verstorbenen Erblassers gehen auf seine Erben im Verhältnis ihrer Erbquoten über, soweit der Erblasser letztwillig keine andere Aufteilung seines Gesellschaftsanteils angeordnet hat. Erben eines verstorbenen Gesellschafters in den Gesellschaftsanteil können jedoch nur Personen i. S. v. § 13 Abs. 1 S. 2 sein. Sofern kein Erbe nach Satz 3 nachfolgeberechtigt ist, scheidet der verstorbene Gesellschafter mit seinem Tod aus der Gesellschaft aus; seine Erben erhalten eine Abfindung gem. § 19.

(2) Mehrere Erben eines verstorbenen Gesellschafters, die zum Zeitpunkt des Erbfalls noch nicht ... Jahre alt sind („Junge Gesellschafter"), haben zur Ausübung ihrer Stimmrechte jeweils bis zur Vollendung ihres ... Lebens-

jahres – soweit gesetzlich zulässig – gemeinsam einen Bevollmächtigten zu bestellen. Bevollmächtigter soll ein anderer Gesellschafter oder eine Person sein, die Erfahrung mit der Bewertung und Verwaltung von Immobilien hat, mindestens 40 Jahre alt ist und mindestens über 10 Jahre Berufserfahrung verfügt. Der Bevollmächtigte bedarf der Zustimmung aller anderen stimmberechtigten Gesellschafter. Der Bevollmächtigte ist von den Jungen Gesellschaftern unverzüglich- jedoch nicht bevor allen Erben feststehen – nach dem Tode des Gesellschafters zu bestellen. Das Stimmrecht der Jungen Gesellschafter ruht, bis der Bevollmächtigte eine Vollmacht vorlegt, die ihn zur einheitlichen Ausübung der Stimmrechte der Jungen Gesellschafter ermächtigt. S. 1 bis 6 gelten im Falle des Erlöschens der Vollmacht entsprechend. Es ist Sache der Jungen Gesellschafter, ihr Innenverhältnis und ihr Verhältnis zu dem gemeinsamen Bevollmächtigten so zu gestalten, dass der Bevollmächtigte bei jeder Abstimmung berechtigt ist, die Jungen Gesellschafter zu vertreten, soweit gesetzlich zulässig.

1791 (3) Jeder Gesellschafter, der eine natürliche Person ist, kann für seine Beteiligung an der Gesellschaft (Dauer-)Testaments-vollstreckung bis maximal zur Vollendung des jeweils ... Lebensjahres seiner Erben anordnen. Abs. 2 S. 2 und 3 gelten entsprechend. Der Bestellung eines Bevollmächtigten gemäß Absatz 2 für die Jungen Gesellschafter bedarf es in diesen Fällen erst mit dem Ende der Testamentsvollstreckung.

1792 (4) Vermächtnisnehmer stehen Erben gleich.

Erläuterungen

1793 Auf die Erläuterungen zu § 15 des Gesellschaftsvertrags der typischen GmbH & Co. KG (**Rn. 759 ff.**) wird verwiesen.

1794 Eine Dauertestamentsvollstreckung an Gesellschaftsanteilen einer Personengesellschaft ist nur mit der Zustimmung der anderen Gesellschafter möglich[670]. Die Zustimmung kann im Gesellschaftsvertrag antizipiert oder – wenn dies nicht der Fall ist – ad hoc erteilt werden.

1795 In Gesellschaftsverträgen von Familiengesellschaften werden oft keine Anforderungen an die Qualifikation der Testamentsvollstrecker aufgestellt und nicht geregelt, dass die anderen Gesellschafter dem eingesetzten Testamentsvollstrecker zustimmen müssen. Beide Fehler vermeidet Abs. 3 des Mustervertrages.

1796 Stimmen die anderen Gesellschafter der Person des Testamentsvollstreckers nicht zu, erfolgt eine Testamentsvollstreckung nur an der „Außenseite" des Gesellschaftsanteils[671].

1797 Die Vererbung der Gesellschaftsbeteiligung erfolgt erbschaftsteuerlich nach den für steuerliches Privatvermögen geltenden Vorschriften. Als sachliche Ver-

---

[670] MüKo/BGB/*Zimmermann*, § 2205, Rn. 33.
[671] Palandt/*Weidlich* BGB, § 2205, Rn. 11; BGH v.14.5.1986, BGHZ 98, 48; 57; MüKo/BGB/*Zimmermann*, § 2205 Rn. 36.

IV. Die Gesellschaftsverträge d. vermögensverwalt. GmbH & Co. KG

günstigungen kann insbesondere die 10%ige Befreiung gem. § 13 d ErbStG für zu Wohnzwecken vermieteten Grundbesitz in Anspruch genommen werden. §§ 13a bis 13c, 19a, 28 und 28a ErbStG kommen nicht zur Anwendung.

§ 16
Ausschluss von Gesellschaftern

(1) Die Gesellschafterversammlung kann mit einfacher Mehrheit aller vorhandenen Stimmen einen Gesellschafter aus der Gesellschaft ausschließen, wenn in seiner Person ein wichtiger Grund gegeben ist, der nach den Vorschriften der §§ 133, 140 HGB die Auflösung der Gesellschaft oder seinen gerichtlichen Ausschluss aus der Gesellschaft ermöglichen würde;

(2) Ein wichtiger Grund liegt insbesondere vor,
   a) wenn ein Gesellschafter vorsätzlich gegen wesentliche Pflichten aus diesem Gesellschaftsvertrag verstößt und den Verstoß trotz schriftlicher Abmahnung durch die Komplementärin fortsetzt;
   b) mit der Eröffnung des Insolvenzverfahrens über das Vermögen eines Gesellschafters oder mit der Ablehnung der Eröffnung des Insolvenzverfahrens über sein Vermögen mangels Masse oder mit dem von dem betreffenden Gesellschafter selbst gestellten Antrag auf Eröffnung des Insolvenzverfahrens über sein Vermögen;
   c) mit der Einzelzwangsvollstreckung in seine Gesellschaftsanteile oder eines seiner Gesellschaftsrechte oder seine Ansprüche gegen die Gesellschaft aufgrund eines nicht nur vorläufig vollstreckbaren Titels, und zwar mit dem Ablauf einer Frist von drei Monaten ab Zustellung eines nicht nur vorläufig vollstreckbaren Titels, falls die Zwangsvollstreckungsmaßnahme nicht zu diesem Zeitpunkt aufgehoben worden ist;
   d) wenn ein oder mehrere Kommanditisten seinen/ihren Verpflichtungen aus § 15 Abs. 2 trotz Aufforderung durch die Komplementärin und innerhalb einer angemessenen Frist nicht nachkommt/nachkommen.

(3) Ein Ausschließungsbeschluss kann nur innerhalb von sechs Monaten ab dem Zeitpunkt gefasst werden, ab dem der zur Ausschließung berechtigende Sachverhalt allen anderen stimmberechtigten Gesellschafter bekannt geworden ist.

(4) Der betroffene Gesellschafter hat bei der Fassung des Ausschließungsbeschlusses kein Stimmrecht.

(5) Die Komplementäre sind jeweils einzeln bevollmächtigt, dem betroffenen Gesellschafter den Ausschließungsbeschluss bekanntzugeben.

(6) Der ausgeschlossene Gesellschafter scheidet mit Bekanntgabe des Ausschließungsbeschlusses aus der Gesellschaft aus, sofern nicht der Aus-

schließungsbeschluss einen späteren Zeitpunkt bestimmt, der nicht später als ... Monate nach Beschlussfassung liegen darf.

1807 (7) Wird in den Fällen des Abs. 1 lit. a durch den Ausschluss Schenkungsteuer bei den verbleibenden Gesellschaftern ausgelöst, ist diese von dem ausgeschlossenen Gesellschafter zu tragen. Wird in den Fällen des Abs. 1 lit. b) bis e) durch den Ausschluss Schenkungsteuer bei den verbleibenden Gesellschaftern ausgelöst, wird diese im Innenverhältnis von den verbliebenen Gesellschaftern getragen.

1808 (8) § 20 bleibt unberührt.

Erläuterungen

1809 Auf die Erläuterungen zu § 16 des Gesellschaftsvertrages der typischen GmbH & Co. KG (**Rn. 808 ff.**) wird verwiesen.

§ 17
Güterstandsklausel

1810 (1) Verheiratete Gesellschafter müssen mit ihrem Ehegatten durch notariellen Ehevertrag zur Schonung der Liquidität, zur Sicherung des Fortbestands der Gesellschaft und zum Ausschluss von Mitspracherechten seines Ehegatten (a) Gütertrennung gemäß § 1414 BGB vereinbaren oder (b) vereinbaren, dass ihre Beteiligung an der Gesellschaft bzw. deren Werterhöhung in jeder Hinsicht von einem Zugewinnausgleichsanspruch des anderen Ehegatten gemäß §§ 1327 ff. BGB ausgenommen wird (ausgenommen im Fall des Todes des Gesellschafters), dass der Gesellschafter hinsichtlich seiner Gesellschaftsanteile von allen Einschränkungen seiner Verfügungsmacht gemäß §§ 1365 ff. BGB freigestellt ist, und dass der Ehegatte auf alle Zwangsvollstreckungsmaßnahmen in die Gesellschaftsanteile zur Durchsetzung seiner Zugewinnausgleichsansprüche verzichtet hat.

1811 (2) Die Gesellschafterversammlung kann einen Gesellschafter auf dessen Antrag von den Verpflichtungen gemäß Abs. 1 ganz oder teilweise befreien. Der betroffene Gesellschafter ist von dem Stimmrecht für diesen Beschluss ausgeschlossen.

1812 (3) Vorstehende Regelungen gelten entsprechend für Gesellschafter, die in einer eingetragenen Lebenspartnerschaft leben bzw. eine solche eingehen.

Erläuterungen

1813 Auf die Erläuterungen zu § 17 des Gesellschaftsvertrages der typischen GmbH & Co. KG (**Rn. 825 ff.**) wird verwiesen.

IV. Die Gesellschaftsverträge d. vermögensverwalt. GmbH & Co. KG 403

§ 18
Ausscheiden aus der Gesellschaft

(1) Ein Gesellschafter scheidet aus der Gesellschaft mit dem Eintritt der folgenden Ereignisse aus: 1814
 a) mit dem Ablauf der Kündigungsfrist, sofern die Gesellschaft nicht nach Maßgabe der Regelungen des § 5 dieses Vertrages aufgelöst wird und kein Abtretungsbeschluss gem. § 20 Abs. 1 lit. a gefasst wird; 1815
 b) mit dem Wirksamwerden eines Ausschließungsbeschlusses gem. § 16; 1816
 c) in den sonstigen durch diesen Gesellschaftsvertrag bestimmten Fällen. 1817

(2) § 20 bleibt unberührt. 1818

(3) In den Fällen des Absatzes 1 und 2 wird die Gesellschaft unter Beibehaltung der Firma von den verbleibenden Gesellschaftern fortgesetzt. 1819

Erläuterungen

Auf die Erläuterungen zu § 18 des Gesellschaftsvertrags der typischen GmbH & Co. KG (**Rn. 844 ff.**) wird verwiesen. 1820

§ 19
Abfindung

(1) In den Fällen des Ausscheidens eines Gesellschafters (ausgenommen der Komplementär-GmbH) hat der ausscheidende Gesellschafter bzw. haben dessen Rechtsnachfolger Anspruch auf eine Abfindung nach Maßgabe der folgenden Bestimmungen, soweit dieser Vertrag nichts anderes bestimmt. Die Gesellschaft und der betroffene Gesellschafter/Erbe können einvernehmlich von den nachfolgenden Bestimmungen abweichen. 1821

(2) Für die Berechnung der Abfindung ist der Anteil des ausscheidenden Gesellschafters am Vermögen der Gesellschaft (§ 3 Abs. 9) zu ermitteln. Zur Ermittlung des Vermögens ist eine Abfindungsbilanz auf den Stichtag des Ausscheidens aufzustellen, in der die Aktiva und Passiva mit ihren Verkehrswerten anzusetzen sind, soweit nachfolgend nicht etwas anderes bestimmt wird. Der Grundbesitz der Gesellschaft wird abweichend von Satz 2 nur mit dem 10-fachen der durchschnittlich erzielten Jahresmiete (ohne Nebenkosten), errechnet aus dem Durchschnitt der letzten drei Jahresmieten, angesetzt, hilfsweise mit der Miete, die bei einer Fremdvermietung erzielbar gewesen wäre, mindestens jedoch mit …% des Wertes der Grundstücke nach Bodenrichtwerten. Das Kapitalvermögen der Gesellschaft wird mit dem jeweiligen Börsen-, Kurs- oder Nennwert am Stichtag des Ausscheidens angesetzt. Die Abfindung bedarf der Zustimmung der Gesellschafterversammlung. Der betroffene Gesellschafter hat bei der Beschlussfassung kein Stimmrecht. 1822

1823 (3) Können sich die Beteiligten innerhalb von … Monaten ab dem Ausscheiden nicht über die Höhe des Abfindungsguthabens einigen, so ist das Abfindungsguthaben für alle Gesellschafter verbindlich durch einen Schiedsgutachter zu ermitteln. Können sich die Parteien nicht über die Person des Schiedsgutachters einigen, so wird dieser durch den Präsidenten der für die Gesellschaft zuständigen Industrie- und Handelskammer bestimmt und von der Gesellschaft zu üblichen Bedingungen beauftragt. Der Schiedsgutachter soll ein Rechtsanwalt und Wirtschaftsprüfer mit mindestens zehn (10) Jahren Berufserfahrung sein. Der Schiedsgutachter wird von der Gesellschaft zu angemessenen Bedingungen beauftragt. Der Schiedsgutachter kann Gutachten zum Wert von Gebäuden und Grundstücken einholen und Kostenvorschüsse zur Bezahlung der Gutachten von der Gesellschaft verlangen. Der Schiedsgutachter entscheidet nach billigem Ermessen darüber, wer die Kosten für die Ermittlung des Abfindungsguthabens trägt.

1824 (4) Die Auszahlung der Abfindung erfolgt in … gleichen Jahresraten, von denen die erste … Monate nach dem Stichtag des Ausscheidens zur Zahlung fällig wird. Ist bis zur Fälligkeit von Ratenzahlungen noch keine Einigung über die Höhe der Abfindung erzielt oder liegt bis dahin noch keine Entscheidung des Schiedsgutachters vor, sind angemessene Abschlagszahlungen zu leisten.

1825 (5) Sollte die Einhaltung der Jahresraten nicht ohne schweren Schaden für die Gesellschaft möglich sein, ermäßigt sich die Höhe der Jahresraten auf den Betrag, der für die Gesellschaft ohne schwere Schädigung tragbar ist, wobei sich die Zahl der Jahresraten entsprechend erhöht. Entsteht darüber, ob die Einhaltung der Jahresraten ohne schweren Schaden für die Gesellschaft möglich ist und/oder um welche Zahl sich die Jahresraten erhöhen, eine Meinungsverschiedenheit zwischen den Beteiligten, so wird diese von einem Wirtschaftsprüfer als Schiedsrichter nach billigem Ermessen entschieden. Können sich die Parteien nicht über die Person des Schiedsrichters einigen, so wird dieser durch den Präsidenten der für den Sitz der Gesellschaft zuständigen Industrie- und Handelskammer bestimmt und von der Gesellschaft zu angemessenen Bedingungen beauftragt. Die Kosten des Schiedsrichters tragen die Gesellschaft und der betroffene Gesellschafter je zur Hälfte.

1826 (6) Das Abfindungsguthaben ist ab Fälligkeit der ersten Rate mit …% über dem jeweiligen Basiszinssatz p.a. (alternativ: … mit …% p.a.) zu verzinsen. Die aufgelaufenen Zinsen sind mit dem jeweiligen Hauptsachebetrag zu bezahlen. Die Gesellschaft ist berechtigt, die Abfindung ganz oder teilweise früher auszuzahlen.

1827 (7) Guthaben auf den Verrechnungskonten sind innerhalb von … Monaten ab dem Stichtag des Ausscheidens auszuzahlen.

IV. Die Gesellschaftsverträge d. vermögensverwalt. GmbH & Co. KG

(8) Weitere Ansprüche des ausgeschiedenen Gesellschafters bestehen nicht. Sicherheit wegen der Inanspruchnahme durch Gesellschaftsgläubiger oder Befreiung von den Gesellschaftsschulden kann er nicht verlangen. 1828

(9) Etwaige Erbschaftsteuern gem. § 3 Abs. 1 Nr. 2 S. 2 ErbStG oder Schenkungsteuern gemäß § 7 Abs. 7 ErbStG tragen der/die verbliebene(n) Gesellschafter. 1829

Erläuterungen

1. Gesellschaftsrecht 2. Steuerrecht

1. Gesellschaftsrecht

Auf die Ausführungen zu § 19 des Gesellschaftsvertrages der typischen GmbH & Co. KG (**Rn. 864 ff.**) wird verwiesen. 1830

2. Steuerrecht

a) **Einkommensteuer.** Das Ausscheiden gegen Barabfindung eines Gesellschafters stellt aus Sicht des ausscheidenden Gesellschafters eine Veräußerung der anteilig im Gesamthandsvermögen vorhandenen Wirtschaftsgüter dar. Der ausscheidende Gesellschafter kann in diesem Zusammenhang Einkünfte aus steuerpflichtigen Veräußerungsgeschäften gem. § 23 EStG, § 20 Abs. 2 EStG oder gem. § 17 EStG erzielen, sofern jeweils die Voraussetzungen für eine Steuerpflicht bezogen auf das anteilig veräußerte Wirtschaftsgut erfüllt sind. Für die verbleibenden Gesellschafter werden korrespondierend anteilige Anschaffungsgeschäfte begründet. 1831

Erhält der ausscheidende Gesellschafter keine Barabfindung sondern eine **Sachwertabfindung** aus dem Gesamthandsvermögen, liegt ein tauschähnlicher Veräußerungsvorgang vor. Der ausscheidende Gesellschafter gibt seine anteilig ihm zuzurechnenden Wirtschaftsgüter an die verbleibenden Gesellschafter hin, wodurch jeweils isolierte ggf. steuerpflichtige Veräußerungsvorgänge für den ausscheidenden Gesellschafter vorliegen können. Im Gegenzug übertragen die verbleibenden Gesellschafter in Erfüllung ihrer Abfindungsverpflichtung an den ausscheidenden Gesellschafter ein Wirtschaftsgut in dessen Alleineigentum. Diese Hingabe erfolgt veräußerungsähnlich und kann unter den Voraussetzungen des § 17 EStG, § 23 EStG oder § 20 Abs. 2 EStG einen einkommensteuerpflichtigen Vorgang für die verbleibenden Gesellschafter darstellen[672]. 1832

b) **Erbschaftssteuerrecht.** Sowohl im Falle eines lebzeitigen Ausscheidens aus der Gesellschaft, als auch im Erbfall kann eine steuerpflichtige Bereicherung 1833

---

[672] *Engel*, S. 143 ff. m. w. N.

gemäß § 3 Abs. 1 Nr. 2 S. 2 ErbStG bzw. § 7 Abs. 7 ErbStG für die verbleibenden Gesellschafter eintreten, sofern aufgrund einer gesellschaftsvertraglichen Beschränkung der Wert der Beteiligung den steuerlichen Abfindungswert unterschreitet. Aufgrund der im Vertragsmuster gewählten pauschalierten Bewertungsmethode für den Grundbesitz der Gesellschaft kann sich im Einzelfall ein wertmäßig unter dem steuerlichen Verkehrswert gem. § 12 ErbStG liegender Abfindungswert ergeben.

Die Berechnung des erbschaftsteuerlichen Wertes einer Beteiligung an einer vermögensverwaltenden Familien-KG anlässlich des Ausscheidens aus der Gesellschaft ist abhängig vom Gesellschaftsgegenstand. Auf eine vermögensverwaltende Familien-KG sind die Bewertungsmethoden für gewerbliche oder gewerblich geprägte Personengesellschaften nicht anwendbar. Es erfolgt damit keine Bewertung der wirtschaftlichen Einheit, sondern es sind unterschiedliche gesonderte Feststellungen nach § 151 Abs. 1 BewG für die einzelnen Vermögensgegenstände und Schulden vorzunehmen. Der Erwerb eines Gesellschaftsanteils gilt daher als Erwerb der anteiligen Wirtschaftsgüter und der Schulden, § 12 Abs. 6 ErbStG. Nicht in die gesonderte Feststellung einzubeziehen sind inländischer Grundbesitz, inländisches Betriebsvermögen und Anteile an Kapitalgesellschaften mit Sitz oder Geschäftsleitung im Inland, da diese nach § 151 Abs. 1–3 BewG gesondert festzustellen sind. Begünstigungen für Unternehmensvermögen werden bei diesen Bewertungen jedoch nicht gewährt. Die Begünstigungen der §§ 13a bis 13c, § 19a, § 28 und § 28a ErbStG sind mangels Betriebsvermögens bei der vermögensverwaltenden Familien-KG nicht anwendbar.

1834 Aufgrund der häufig geringen Freibeträge bei familienfremden Mitgesellschaftern und der fehlenden Möglichkeit zur Inanspruchnahme sachlicher Steuerbefreiungen gem. §§ 13a bis 13c ErbStG, empfiehlt sich eine Regelung hinsichtlich der Übernahme einer etwaig anfallenden Schenkungsteuer in den Gesellschaftsvertrag aufzunehmen. Das Muster bestimmt, dass die anfallende Schenkungsteuer von dem/den verbleibenden Gesellschafter(n) getragen wird (Abs. 9).

§ 20
Verpflichtung zur Abtretung von Gesellschaftsanteilen

1835 (1) Die Gesellschafterversammlung kann mit einfacher Mehrheit der Stimmen aller stimmberechtigten Gesellschafter beschließen, dass der Gesellschaftsanteil eines Kommanditisten ganz oder teilweise auf einen oder mehrere Gesellschafter und/oder Dritte abzutreten ist, wenn

1836 a) der betroffene Kommanditist oder sein Privatgläubiger die Gesellschaft kündigen, und zwar innerhalb von … Monaten nach Zugang der Kündigung auf den Zeitpunkt der Wirksamkeit der Kündigung; der betroffene Kommanditist scheidet in diesem Fall nicht gemäß § 18 Abs. 1 lit. a dieses Vertrages aus der Gesellschaft aus;

1837 b) die Voraussetzungen für einen Ausschluss des betroffenen Kommanditisten nach Maßgabe der Regelungen des § 16 dieses Vertrages vorlie-

IV. Die Gesellschaftsverträge d. vermögensverwalt. GmbH & Co. KG

gen, und zwar innerhalb von drei Monaten ab dem Zeitpunkt, ab dem der zur Ausschließung berechtigende Sachverhalt den anderen Gesellschaftern bekannt geworden ist;
c) Rechtsnachfolger eines verstorbenen Gesellschafters nicht zu den nachfolgeberechtigten Personen nach § 15 Abs. 1 gehören.

(2) Der betroffene Gesellschafter hat bei der Fassung des Beschlusses gem. Abs. 1 kein Stimmrecht.

(3) Die Komplementäre werden jeweils einzeln bevollmächtigt, dem betreffenden Gesellschafter den Beschluss mitzuteilen.

(4) Die Komplementäre werden jeweils einzeln ermächtigt, die Abtretung an denjenigen vorzunehmen, der in dem Abtretungsbeschluss als Erwerber benannt worden ist. Die Abtretung hat auf den Zeitpunkt zu erfolgen, der im Beschluss bestimmt wurde. Die Abtretung kann auch dann erfolgen, wenn noch keine Einigung über den Kaufpreis nach Abs. 3 erfolgt ist.

(5) Der betroffene Gesellschafter und der Erwerber sollen sich über die Höhe des von dem Erwerber an den betroffenen Gesellschafter zu zahlenden Kaufpreises und den Inhalt des Kaufvertrages einigen. Kommt eine solche Einigung nicht innerhalb von acht Wochen nach Kenntnis des betroffenen Kommanditisten von dem Beschluss über die Zwangseinziehung zwischen dem betroffenen Kommanditisten und dem Erwerber zustande, wird der Kaufpreis und der Inhalt des Kaufvertrages durch das Schiedsgericht gemäß § 24 dieses Vertrages nach billigem Ermessen nach § 317 BGB festgesetzt. Der Kaufpreis darf nicht niedriger sein, als die Abfindung, die der ausgeschlossene Kommanditist im Fall eines Ausschlusses erhalten hätte. Die Gesellschaft haftet für den Kaufpreis wie ein Bürge, der auf die Einrede der Vorausklage verzichtet hat. Sofern der betroffene Kommanditist zur Abtretung an mehrere Berechtigte verpflichtet ist, gelten die Sätze 1 bis 3 entsprechend im Hinblick auf die einzelne Anteilsübertragung.

(6) Das Recht zum Ausschluss des betroffenen Kommanditisten bleibt solange unberührt, bis die Abtretung des Gesellschaftsanteils erfolgt ist.

Erläuterungen

Auf die Erläuterungen zu 20 des Gesellschaftsvertrags der typischen GmbH & Co. KG (**Rn. 910 ff.**) wird verwiesen.

§ 21
Informationsrechte und -pflichten

(1) Jedem Kommanditisten stehen abweichend von § 166 Abs. 2 HGB auch die Rechte aus § 118 HGB zu. Angelegenheiten der Gesellschaft sind auch Angelegenheiten von Gesellschaften, an denen die Gesellschaft mit mindes-

tens ...% beteiligt ist. Die Kommanditisten können ihr Informationsrecht auf ihre Kosten auch durch sachverständige Dritte, die berufsrechtlich zur Verschwiegenheit verpflichtet sind, ausüben lassen.

1846 (2) Treugebern von Treuhandgesellschaftern, Nießbrauchern an Gesellschaftsanteilen und Testamentsvollstreckern stehen die gleichen Rechte zu, die Kommanditisten nach Abs. 1 zustehen.

1847 (3) Die Gesellschafter sind dazu verpflichtet, die Geschäftsführung zeitnah über Veränderungen Ihrer Anschrift (und ggf. ihres Familienstands) zu unterrichten.

Erläuterungen

1848 Auf die Erläuterungen zu § 21 des Gesellschaftsvertrags der typischen GmbH & Co. KG (**Rn. 927 ff.**) wird verwiesen.

§ 22
Wettbewerbsverbot

1849 Für eine vermögensverwaltende Familien-KG nicht erforderlich.

§ 23
Liquidation

1850 (1) Die Liquidation der Gesellschaft erfolgt durch die Komplementäre, soweit die Gesellschafterversammlung nichts Abweichendes beschließt. § 6 gilt für Liquidatoren entsprechend.

1851 (2) Das nach Befriedigung der Gläubiger verbleibende Vermögen der Gesellschaft ist im Verhältnis der Kapitalkonten I unter den Gesellschaftern, die am Vermögen der Gesellschaft beteiligt sind (§ 3 Abs. 5 S. 1 des Mustervertrags) zu verteilen.

Erläuterungen

1852 Auf die Erläuterungen zu § 23 des Gesellschaftsvertrags der typischen GmbH & Co. KG (**Rn. 953 ff.**) wird verwiesen.

Steuerrechtlich gilt folgendes:
1853 Die Auflösung der Gesellschaft kann entweder im Wege der Liquidation oder im Wege der Realteilung unter den beteiligten Gesellschaftern erfolgen. Bei einer Liquidation werden noch durch die Gesellschaft die Vermögensgegenstände der Gesellschaft veräußert, wodurch ggf. steuerpflichtigen Veräußerungsgewinne gem. § 17 EStG, § 20 Abs. 2 EStG oder § 23 EStG realisiert werden, die den Gesellschaftern jeweils anteilig zugerechnet werden.

IV. Die Gesellschaftsverträge d. vermögensverwalt. GmbH & Co. KG

Wird auf eine Liquidation verzichtet und die Gesellschafter erhalten jeweils gemäß ihrer bisherigen gesamthänderischen Beteiligungsquote die anteiligen Wirtschaftsgüter im Wege der Sachauskehrung zugewiesen, wird hierdurch keine ggf. steuerpflichtige Veräußerung bewirkt. 1854

Erfolgt die Realteilung unter den Gesellschaftern hingegen nicht durch eine quotenentsprechende Zuweisung der jeweiligen Bruchteile der Vermögensgegenstände, sondern durch individuelle Aufteilung, können hierdurch wiederum steuerpflichtige Veräußerungsgeschäfte begründet werden. Dies wäre z.B. dann der Fall, wenn sich die Gesellschafter einer aus zwei Kommanditisten bestehenden GmbH & Co. KG dahingehend auseinandersetzen, das Gesellschafter A ausschließlich den Grundbesitz und Gesellschafter B das übrige (dem Wert seiner Beteiligung entsprechende) Vermögen erhält. Hier tauscht Gesellschafter B seine anteilige Mitberechtigung an dem Grundstück in einen wertgleichen Anteil an dem sonstigen Vermögen und realisiert damit einen ggf. steuerpflichtigen Veräußerungsvorgang im Zuge der Realteilung. 1855

§ 24
Schiedsgericht

Auf die Vertragstexte und die Erläuterungen zu § 24 des Gesellschaftsvertrages der typischen GmbH & Co. KG (**Rn. 958 ff.**) wird verwiesen. 1856

§ 25
Salvatorische Klausel

Sollte eine Bestimmung dieses Vertrages unwirksam sein oder werden, so gelten die übrigen Bestimmungen gleichwohl. Die Gesellschafter verpflichten sich, die nichtige Bestimmung durch eine solche zu ersetzen, die dem wirtschaftlichen Zweck der unwirksamen Bestimmung am nächsten kommt. Entsprechendes gilt, wenn der Vertrag eine Lücke aufweisen sollte. 1857

Erläuterungen

Auf die Erläuterungen zu § 25 des Gesellschaftsvertrags der typischen GmbH & Co. KG (**Rn. 980 ff.**) wird verwiesen. 1858

§ 26
Schlussbestimmungen

(1) Änderungen und Ergänzungen dieses Vertrages bedürfen zu ihrer Wirksamkeit der Schriftform, soweit nicht im Gesetz eine notarielle Beurkundung vorgeschrieben ist. 1859

(2) Die Kosten dieses Vertrages werden von der Gesellschaft getragen. 1860

Erläuterungen

1861 Auf die Erläuterungen zu § 26 des Gesellschaftsvertrags der typischen GmbH & Co. KG (**Rn. 986 ff.**) wird verwiesen.

2. Satzung der Komplementär-GmbH der vermögensverwaltenden Familien-GmbH & Co. KG

§ 1
Firma, Sitz, Geschäftsjahr

1862 (1) Die Firma der Gesellschaft lautet:

„… GmbH"

1863 (2) Die Gesellschaft hat ihren Satzungs- und Verwaltungssitz in …

1864 (3) Geschäftsjahr ist das Kalenderjahr.

Erläuterungen

1865 Auf die Erläuterungen zu § 1 der Satzung der Komplementär-GmbH einer typischen GmbH & Co. KG (**Rn. 1055 ff.**) wird verwiesen.

§ 2
Gegenstand der Gesellschaft

1866 Gegenstand des Unternehmens ist die Geschäftsführung und Vertretung der … KG mit dem Sitz in … (im Folgenden „Hauptgesellschaft"), als deren persönlich haftende Gesellschafterin.

Erläuterungen

1867 Auf die Erläuterungen zu § 2 der Satzung der Komplementär-GmbH einer typischen GmbH & Co. KG (**Rn. 1060 ff.**) wird verwiesen.

§ 3
Stammkapital

1868 (1) Das Stammkapital der Gesellschaft beträgt EUR … (in Worten EUR …).

(2) An dem Stammkapital sind beteiligt:
1869   a) Herr A mit dem Geschäftsanteil Nr. 1 im Nennbetrag von EUR …;
1870   b) Frau B mit dem Geschäftsanteil Nr. 2 im Nennbetrag von EUR …;

c) Herr C mit dem Geschäftsanteil Nr. 3 im Nennbetrag von EUR 1871
d) Herr D mit dem Geschäftsanteil Nr. 2 im Nennbetrag von EUR ...; 1872

(3) Die Einlagen auf die Geschäftsanteile sind vor Anmeldung zum Handelsregister in voller Höhe einzuzahlen. 1873

(4) Die Teilung von Geschäftsanteilen bedarf der Zustimmung der Geschäftsführung, die zuvor einen Beschluss der Gesellschafterversammlung herbeizuführen hat. 1874

Erläuterungen

Auf die Erläuterungen zu § 3 der Satzung der Komplementär-GmbH einer typischen GmbH & Co. KG (**Rn. 1071 ff.**) wird verwiesen. 1875

§ 4
Dauer der Gesellschaft

Die Gesellschaft beginnt mit der Eintragung im Handelsregister. Ihre Dauer ist unbestimmt. 1876

Erläuterungen

Auf die Erläuterungen zu § 4 der Satzung der Komplementär-GmbH einer typischen GmbH & Co. KG (**Rn. 1084 ff.**) wird verwiesen. 1877

§ 5
Vertretung und Geschäftsführung

(1) Die Gesellschaft hat einen oder mehrere Geschäftsführer. Durch Beschluss der Gesellschafterversammlung kann jedem Geschäftsführer auch Einzelvertretungsbefugnis erteilt werden. Ist nur ein Geschäftsführer bestellt, vertritt dieser die Gesellschaft allein. 1878

(2) Durch Beschluss der Gesellschafterversammlung kann jedem Geschäftsführer generell oder im Einzelfall Befreiung von den Beschränkungen des § 181 BGB erteilt werden. Für Geschäfte zwischen der Hauptgesellschaft und der Gesellschaft sind die Geschäftsführer in jedem Fall von den Beschränkungen des § 181 BGB befreit. 1879

(2a) Herr A hat das unentziehbare und nicht vererbliche Sonderrecht – solange er Geschäftsführer der Gesellschaft ist – stets einzelvertretungsberechtigt und von den Beschränkungen des § 181 BGB in weitestmöglichem Umfang befreit zu sein. 1880

1881 (3) Bei der Führung der Geschäfte der Hauptgesellschaft haben die Geschäftsführer das Gesetz, den jeweiligen Gesellschaftsvertrag der Hauptgesellschaft und die Weisungen der Gesellschafterversammlung zu beachten. Ein Weisungsrecht besteht nicht, solange Herr A Geschäftsführer der Gesellschaft ist.

1882 (4) Geschäfte der Gesellschaft mit Dritten, die nicht der Geschäftsführung der Hauptgesellschaft zuzuordnen sind, bedürfen der vorherigen Zustimmung der Gesellschafterversammlung. S. 1 gilt nicht, solange Herr A Geschäftsführer der Gesellschaft ist.

1883 (5) Sind mehrere Geschäftsführer bestellt, führen sie die Geschäfte gemeinschaftlich; Beschlüsse werden mit der Mehrheit aller vorhandenen Stimmen gefasst. Jeder Geschäftsführer hat eine Stimme. Solange Herr A Geschäftsführer der Gesellschaft ist, können keine Beschlüsse gegen seine Stimme gefasst werden.

1884 (6) Die Geschäftsführer haben unverzüglich nach Wirksamwerden jeder Veränderung in den Personen der Gesellschafter oder des Umfangs ihrer Beteiligung eine von ihnen unterschriebene Gesellschafterliste zum Handelsregister einzureichen, aus welcher Name, Vorname, Geburtsdatum und Wohnort der Gesellschafter sowie die Nennbeträge und die laufenden Nummern der von einem jeden derselben übernommenen Geschäftsanteile zu entnehmen sind. Die Veränderungen sind den Geschäftsführern schriftlich mitzuteilen und nachzuweisen. Als Nachweis sind im Allgemeinen Urkunden in Urschrift oder beglaubigte Abschriften vorzulegen. Für den Nachweis der Erbfolge gilt § 35 Grundbuchordnung entsprechend. Nach Aufnahme der geänderten Gesellschafterliste im Handelsregister haben die Geschäftsführer allen Gesellschaftern unverzüglich eine Abschrift der geänderten Gesellschafterliste zu übersenden. Unabhängig hiervon sind die Geschäftsführer verpflichtet, wenigstens einmal im Jahr sämtlichen Gesellschaftern einen aktuellen Auszug der im Handelsregister aufgenommenen Gesellschafterliste zur Kenntnis zu geben.

1885 (7) Die vorstehenden Vorschriften gelten für Liquidatoren der Gesellschaft entsprechend.

Erläuterungen

1886 Auf die Erläuterungen zu § 5 der Satzung der Komplementär-GmbH einer typischen GmbH & Co. KG (**Rn. 1097ff.**) wird verwiesen.

§ 6
Geschäftsführer

1887 (1) Geschäftsführer werden von der Gesellschafterversammlung bestellt und abberufen, soweit dieser Vertrag nichts Abweichendes bestimmt.

IV. Die Gesellschaftsverträge d. vermögensverwalt. GmbH & Co. KG

(2) Solange Herr A Gesellschafter der Gesellschaft ist, hat er das unentziehbare, nicht vererbliche Sonderrecht, stets Geschäftsführer der Gesellschaft zu sein und andere Geschäftsführer bestellen und abberufen zu können. 1888

Erläuterungen

Auf die Erläuterungen zu § 6 der Satzung der Komplementär-GmbH einer typischen GmbH & Co. KG (**Rn. 1108 ff.**) wird verwiesen. 1889

§ 7
Gesellschafterversammlungen

Abs. (1)–(4) wie § 7 der Satzung der Komplementär-GmbH der typischen GmbH & Co. KG (Rn. 1112 ff.). 1890

(5) Jeder Gesellschafter kann sich auf Gesellschafterversammlungen der Gesellschaft durch einen anderen Gesellschafter vertreten lassen. Die Vertretung durch andere Personen bedarf der Zustimmung der Gesellschafterversammlung. Der Beschluss kann nur mit den Stimmen aller stimmberechtigten Gesellschafter gefasst werden. Der Gesellschafter, der den Antrag auf Zustimmung gestellt hat, ist vom Stimmrecht ausgeschlossen. 1891

(6) Ist eine Gesellschafterversammlung nicht vertragsgemäß einberufen worden, können Beschlüsse nur gefasst werden, wenn alle Gesellschafter anwesend oder vertreten sind und alle Gesellschafter und Vertreter mit der Fassung von Beschlüssen einverstanden sind. 1892

(7) Die Gesellschafterversammlungen werden von Gesellschafter A geleitet, solange dieser Gesellschafter der Gesellschaft ist. Ist A nicht mehr Gesellschafter, werden Gesellschafterversammlungen von einem Geschäftsführer der Gesellschaft geleitet. Ist kein Geschäftsführer anwesend oder bereit die Gesellschafterversammlung zu leiten, wird der Leiter der Gesellschafterversammlungen von den Gesellschaftern mit einfacher Mehrheit der abgegeben Stimmen der anwesenden und vertretenen Gesellschafter gewählt. Bis zur Wahl wird die Versammlung von dem ältesten anwesenden Gesellschafter bzw. Vertreter eines Gesellschafters geleitet. 1893

Abs. (8)–(10) wie § 7 des Gesellschaftsvertrages der Komplementär-GmbH der typischen GmbH & Co. KG (Rn. 1119 ff.). 1894

Erläuterungen

Auf die Vertragstexte und Erläuterungen zu § 7 der Satzung der Komplementär-GmbH einer typischen GmbH & Co. KG (**Rn. 1123 ff.**) wird verwiesen. 1895

§ 8
Gesellschafterbeschlüsse

1896 Abs. (1) und (2) wie § 8 der Satzung der Komplementär-GmbH der typischen GmbH & Co. KG (Rn. 1133 ff.).

1897 (3) Je EUR 1,00 eines Geschäftsanteils gewähren eine Stimme. Der Gesellschafter A hat stets 51 % aller vorhandenen Stimmen. Gegen seine Stimmen kann kein Beschluss gefasst werden.

1898 (4) Das Stimmrecht eines Gesellschafters ist nur dann ausgeschlossen, wenn dies vom Gesetz zwingend oder von der Satzung der Gesellschaft angeordnet ist. Die Stimmen eines Gesellschafters, dessen Stimmrecht ausgeschlossen ist, werden bei der Abstimmung nicht berücksichtigt.

1899 (5) Gesellschafterbeschlüsse können nur innerhalb von einem Monat nach Zugang des Protokolls, in dem der mangelhafte Beschluss enthalten ist, spätestens 3 Monate nach der jeweiligen Gesellschafterversammlung, durch Klage gegen die Gesellschaft angefochten werden.

Erläuterungen

1900 Auf die Vertragstexte und Erläuterungen zu § 8 des Gesellschaftsvertrages der Komplementär-GmbH einer typischen GmbH & Co. KG (**Rn. 1038 ff.**) wird verwiesen.

1901 Das GmbH-Recht lässt ebenfalls Mehrstimmrechte – wie in Abs. 3 normiert – zu[673]. Stimmverbote können – wie in Abs. 4 – weitgehend eingeschränkt werden[674].

§ 8a
Vorsorgevollmacht

1902 Auf den Vertragstext und die Erläuterungen zu § 8a der Satzung der Komplementär-GmbH einer typischen GmbH & Co. KG (**Rn. 1142 ff.**) wird verwiesen.

§ 9
Jahresabschluss, Gewinnverwendung, Gewinnverteilung

1903 (1) Die Aufstellung des Jahresabschlusses erfolgt unter Beachtung der Grundsätze ordnungsgemäßer Buchführung innerhalb der gesetzlichen Fristen.

---

673 Baumbach/Hueck/Zöllner/*Noack* GmbHG, § 47 Rn. 67 ff.
674 Baumbach/Hueck/Zöllner/*Noack* GmbHG, § 47 Rn. 106.

IV. Die Gesellschaftsverträge d. vermögensverwalt. GmbH & Co. KG

(2) Für die Verwendung des Ergebnisses gelten die Vorschriften des GmbH-Gesetzes, insbesondere § 29 GmbHG.

(3) Die Verteilung des Gewinns erfolgt nach dem Verhältnis der Geschäftsanteile.

Erläuterungen

Auf die Erläuterungen zu § 9 der Satzung der Komplementär-GmbH einer typischen GmbH & Co. KG (**Rn. 1152 ff.**) wird verwiesen.

§ 10
Verfügungen über Geschäftsanteile und Ansprüche gegen die Gesellschaft

(1) Verfügung über Geschäftsanteile oder Ansprüche des Gesellschafters gegen die Gesellschaft bedürfen der Zustimmung der Gesellschaft, wobei im Innenverhältnis die Zustimmung aller anderen Gesellschafter erforderlich ist. Die Zustimmung ist zu erteilen bei Verfügungen zu Gunsten von Abkömmlingen von A + B in gerader Linie und bei Verfügungen zu Gunsten einer Familienstiftung, deren Satzung alle anderen Gesellschafter, die natürliche Personen sind, zugestimmt haben.

(2) Abs. 1 gilt nicht für die Gesellschafter A und B.

Erläuterungen

Auf die Erläuterungen zu § 10 der Satzung der Komplementär-GmbH einer typischen GmbH & Co. KG (**Rn. 1163 ff.**) wird verwiesen.

Da der Gesellschaftsvertrag für jede Verfügung die Zustimmung der Gesellschafterversammlung verlangt, können die anderen Gesellschafter verhindern, dass Geschäftsanteile an der Komplementär-GmbH an Dritte abgetreten werden.

Abs. 2 befreit die Eltern A und B von der Zustimmungspflicht des Abs. 1. Sie können über ihre Geschäftsanteile – ebenso wie ihre Gesellschaftsanteile an der KG – frei verfügen.

§ 11
Vorkaufsrecht

Da bei der Familien-GmbH keine Familienfremden Gesellschafter werden sollen und Verfügungen über Geschäftsanteile stets der Zustimmung der Gesellschaft bedürfen, ist ein Vorkaufsrecht gem. § 11 des Gesellschaftsvertrages der typischen GmbH (**Rn. 1167 ff.**) nicht erforderlich.

§ 12
Vererbung von Geschäftsanteilen

1913 (1) Im Falle des Todes eines Gesellschafters wird die Gesellschaft mit Erben fortgesetzt. Erben können jedoch nur Abkömmlinge der Gesellschafter A + B in gerader Linie und eine Familienstiftung sein, wenn alle anderen Gesellschafter, die natürliche Personen sind, der Satzung der Familienstiftung zugestimmt haben.

1914 (2) Mehrere Erben eines verstorbenen Gesellschafters, die das ... Lebensjahr noch nicht vollendet haben („Junge Gesellschafter"), haben einen gemeinsamen Vertreter zu bestimmen, der ihre Gesellschafterrechte aus dem/den vererbten Geschäftsanteil(en) ausübt, solange an den Geschäftsanteilen Mitberechtigte i. S. v. § 18 Abs. 1 GmbHG beteiligt sind. Gemeinsamer Vertreter soll ein anderer Gesellschafter oder eine Person sein, die Erfahrung mit der Bewertung und Verwaltung von Immobilien hat, mindestens 40 Jahre alt ist und mindestens 10 Jahre Berufserfahrung hat. Der gemeinsame Vertreter, der nicht Gesellschafter ist, bedarf der Zustimmung aller anderen stimmberechtigten Gesellschafter. Die Bestellung soll unverzüglich nach dem Tod des Gesellschafters erfolgen, jedoch nicht, bevor die Erben feststehen. Das Stimmrecht der Erben ruht, bis der gemeinsame Vertreter eine unterzeichnete Vollmacht vorlegt, die ihn zur einheitlichen Ausübung aller Gesellschaftsrechte der Erben ermächtigt. Endet die Bestellung des gemeinsamen Vertreters vorzeitig, gelten die S. 1–6 entsprechend.

1915 (3) Jeder Gesellschafter, der eine natürliche Person ist, kann für seinen Gesellschaftsanteil Dauertestamentsvollstreckung bis zur Vollendung des ... Lebensjahres jedes Erben anordnen. Abs. 2 S. 2 u. 3 gelten entsprechend. Der Bestellung eines gemeinsamen Vertreters gemäß Absatz 2 bedarf es in diesen Fällen erst mit dem Ende der Testamentsvollstreckung.

1916 (4) Vermächtnisnehmer stehen Erben gleich.

Erläuterungen

1917 Auf die Erläuterungen zu § 12 der Satzung der Komplementär-GmbH einer typischen GmbH & Co. KG (**Rn. 1173 ff.**) wird verwiesen.

§ 13
Einziehung von Geschäftsanteilen

1918 (1) Mit Zustimmung des betroffenen Gesellschafters kann der Geschäftsanteil jederzeit eingezogen werden.

1919 (2) Die Gesellschafterversammlung kann die Einziehung eines Geschäftsanteils ganz oder teilweise beschließen, wenn ein wichtiger Grund im Sinne

IV. Die Gesellschaftsverträge d. vermögensverwalt. GmbH & Co. KG

der Vorschriften der §§ 133, 140 HGB in der Person eines Gesellschafters vorliegt.

(3) Ein wichtiger Grund liegt insbesondere vor, wenn
   a) über das Vermögen eines Gesellschafters das Insolvenzverfahren eröffnet wird oder die Eröffnung des Insolvenzverfahrens mangels Masse abgelehnt wird oder wenn ein Gesellschafter Antrag auf Eröffnung des Insolvenzverfahrens über sein Vermögen stellt; 1920
   b) die Einzelzwangsvollstreckung in den Geschäftsanteil eines Gesellschafters oder eines seiner sonstigen Gesellschaftsrechte oder seine Ansprüche gegen die Gesellschaft betrieben wird, und zwar mit Ablauf einer Frist von drei Monaten nach Zustellung des Pfändungs- oder/und Überweisungsbeschlusses, falls die Zwangsvollstreckung nicht innerhalb dieses Zeitraumes aufgehoben worden ist; 1921
   c) ein Gesellschafter nicht (mehr) an der Hauptgesellschaft beteiligt ist; 1922
   d) wenn Rechtsnachfolger eines verstorbenen Gesellschafters nicht nachfolgeberechtigt gemäß § 12 Abs. 1 sind. 1923

(4) Steht ein Gesellschaftsanteil mehreren Mitberechtigten ungeteilt zu, so kann der Geschäftsanteil auch dann eingezogen werden, wenn die Voraussetzungen gemäß Abs. 2 nur in der Person eines Mitberechtigten vorliegen. 1924

(5) Der Beschluss zur Einziehung eines Geschäftsanteils soll entweder mit einem Beschluss zur Neubildung eines Geschäftsanteils zu verbinden, oder – soweit gesetzlich zulässig – mit einem Beschluss zur Aufstockung der übrigen Geschäftsanteile oder mit einem Beschluss zur Kapitalherabsetzung im Umfang des Nennbetrages des eingezogenen Geschäftsanteils. 1925

(6) Statt der Einziehung kann die Gesellschafterversammlung beschließen, dass der Anteil ganz oder teilweise auf einen oder mehrere Gesellschafter und/oder Dritte abgetreten wird. In diesen Fällen ist der betroffene Gesellschafter verpflichtet, seinen Geschäftsanteil unverzüglich gemäß dem gefassten Beschluss in notarieller Form abzutreten. Der Kaufpreis entspricht der Abfindung gem. § 14. Der betroffene Gesellschafter ermächtigt bereits jetzt für diesen Fall die Geschäftsführer jeweils einzeln, die Abtretung vorzunehmen. Das Recht zur Einziehung des ganzen Geschäftsanteils oder eines Teils des Geschäftsanteils des betroffenen Gesellschafters bleibt unberührt. 1926

(7) Der Beschluss über die Einziehung von Geschäftsanteilen an die Gesellschaft kann nur unter der Bedingung gefasst werden, dass durch die Zahlung der Abfindung das Stammkapital zur Zeit der Zahlung der Abfindung nicht geschmälert wird. 1927

(8) Der betroffene Gesellschafter hat bei der Beschlussfassung über seinen Ausschluss bzw. bei der Beschlussfassung über seine Abtretungsverpflichtung kein Stimmrecht. 1928

Erläuterungen

1929 Auf die Erläuterungen zu § 13 der Satzung der Komplementär-GmbH einer typischen GmbH & Co. KG (**Rn. 1192 ff.**) wird verwiesen.

§ 14
Abfindung

1930 (1) Wird ein Geschäftsanteil ganz oder teilweise eingezogen, so erhält der betroffene Gesellschafter bzw. seine Rechtsnachfolger eine Abfindung.

1931 (2) Die Abfindung entspricht dem Saldo des auf die betreffende Stammeinlage eingezahlten Nominalbetrages zuzüglich bzw. abzüglich des auf die betroffene Stammeinlage entfallenden Anteils des Gesellschafters an Rücklagen sowie an etwaigen Gewinnvorträgen bzw. Verlustvorträgen gem. der (letzten) Jahresbilanz, die der Einziehung vorausgeht oder mit dem Stichtag der Einziehung zusammen fällt.

1932 (3) Wird ein Geschäftsanteil im Laufe eines Jahres eingezogen oder abgetreten, ist der betroffene Gesellschafter am Ergebnis des laufenden Geschäftsjahres nicht beteiligt.

1933 (4) Das Abfindungsguthaben ist innerhalb von sechs Wochen ab dem Zeitpunkt der Einziehung auszuzahlen. Bis zum Ablauf der 6-Wochen-Frist ist es nicht zu verzinsen.

Erläuterungen

1934 Auf die Erläuterungen zu § 14 der Satzung der Komplementär-GmbH einer typischen GmbH & Co. KG (**Rn. 1202 ff.**) wird verwiesen.

§ 15
Liquidation der Gesellschaft

1935 (1) Die Liquidation erfolgt durch die Geschäftsführer, soweit die Gesellschafterversammlung nichts Abweichendes beschließt. § 5 gilt für Liquidatoren entsprechend.

1936 (2) Das nach Befriedigung der Gläubiger verbleibende Vermögen der Gesellschaft ist im Verhältnis der Stammeinlagen auf die Gesellschafter zu verteilen.

Erläuterungen

1937 Auf die Erläuterungen zu § 15 der Satzung der Komplementär-GmbH einer typischen GmbH & Co. KG (**Rn. 1209 ff.**) wird verwiesen.

§ 16
Veröffentlichungen

Bekanntmachungen der Gesellschaft erfolgen nur im elektronischen Bundesanzeiger.

Erläuterungen

Auf die Erläuterungen zu § 16 der Satzung der Komplementär-GmbH einer typischen GmbH & Co. KG (**Rn. 1212 ff.**) wird verwiesen.

§ 17
Schiedsgericht

(1) Alle Streitigkeiten zwischen Gesellschaftern oder zwischen der Hauptgesellschaft und Gesellschaftern im Zusammenhang mit diesem Gesellschaftsvertrag oder über seine Gültigkeit oder Auslegung werden nach der Schiedsgerichtsordnung (DIS-SchO) und den Ergänzenden Regeln für Gesellschaftsrechtliche Streitigkeiten (DIS-ERGeS) der Deutschen Institution für Schiedsgerichtsbarkeit e. V. (DIS) unter Ausschluss des ordentlichen Rechtswegs endgültig entschieden.

(2) Die Wirkungen des Schiedsspruches erstrecken sich auch auf die Gesellschafter, die fristgemäß als Betroffene benannt wurden, unabhängig davon, ob sie von der ihnen eingeräumten Möglichkeit, dem schiedsrichterlichen Verfahren als Partei oder Nebenintervenient beizutreten, Gebrauch gemacht haben (§ 11 DIS-ERGeS). Die fristgemäß als Betroffene benannten Gesellschafter verpflichten sich, die Wirkungen eines nach Maßgabe der Bestimmungen in den DIS-ERGeS ergangenen Schiedsspruchs anzunehmen.

(3) Ausgeschiedene Gesellschafter bleiben an diese Schiedsvereinbarung gebunden.

(4) Die Gesellschaft hat gegenüber Klagen, die gegen sie vor einem staatlichen Gericht anhängig gemacht werden und Streitigkeiten betreffen, die dieser Schiedsvereinbarung unterfallen, stets die Einrede der Schiedsvereinbarung zu erheben.

(5) Der Ort des schiedsrichterlichen Verfahrens ist der Satzungssitz der Gesellschaft.

(6) Die Verfahrenssprache ist Deutsch.

(7) Die Anzahl der Schiedsrichter beträgt drei.

1946 (8) Diese Schiedsvereinbarung gilt nicht für Verfahren, in denen eine einstweilige Verfügung oder ein Arrest beantragt wird; insoweit sind die staatlichen Gerichte zuständig.

Erläuterungen

1947 Auf die Erläuterungen zu § 24 des Gesellschaftsvertrages der typischen GmbH & Co. KG (**Rn. 966 ff.**) wird verwiesen.

§ 18
Schlussbestimmungen

1948 (1) Sollten einzelne oder mehrere Bestimmungen dieses Vertrages ganz oder teilweise nichtig, anfechtbar oder nicht durchführbar sein, so gelten die übrigen Bestimmungen gleichwohl. Eine unwirksame oder nichtige Bestimmung ist durch Gesellschafterbeschluss durch eine solche Bestimmung zu ersetzen, die die Parteien bei Kenntnis des Mangels zum Zeitpunkt des Vertragsabschlusses vereinbart hätten, um den gleichen wirtschaftlichen Erfolg zu erzielen.

1949 (2) Im Übrigen gelten die gesetzlichen Bestimmungen. Zwingende gesetzliche Vorschriften gehen der Satzung vor.

1950 (3) Die Kosten der Beurkundung des Gesellschaftsvertrages, der Bekanntmachung, der Anmeldung der Gesellschaft und ihrer Eintragung im Handelsregister, die anfallenden Steuern und die Kosten der Gründungsberatung trägt die Gesellschaft bis zu einem geschätzten Betrag von EUR 3.000,00. Etwa darüber hinausgehende Gründungskosten trägt der Gesellschafter A.

Erläuterungen

1951 Auf die Erläuterungen zu § 18 der Satzung der Komplementär-GmbH einer typischen GmbH & Co. KG (**Rn. 1228 ff.**) wird verwiesen.

D. Checklisten

I. Checkliste GmbH & Co. KG

1. **Firma?**
2. **Sitz?**
3. **Geschäftsjahr = Kalenderjahr?**
4. **Gegenstand?**
5. **Dauer? Beginn?**
6. **Kündigung:**
   - Frist? Erstmals zum?
   - Form?
   - Adressat?
7. **Gesellschafter, Einlagen:**
   - Wer sind die Gesellschafter?
   - Art, Höhe, Fälligkeit der Einlagen?
   - Haftsumme höher, gleich oder niedriger als Einlage?
   - Verzinsung der Einlagen als Gewinnvoraus oder Aufwand?
8. **Beteiligung am Vermögen?**
9. **Gesellschafterkonten:**
   - Welches Modell? 3-Konten oder 4-Konten-Modell?
10. **Geschäftsführung:**
    - Durch welche Gesellschafter? Jeder allein, zu zweit etc?
    - Katalog zustimmungspflichtiger Geschäfte? Wer muss zustimmen?
    - Besondere Pflichten des Geschäftsführers?
      - regelmäßige Information der anderen Gesellschafter?
      - Aufstellung von Finanz-, Ergebnis- und Investitionsplänen?
    - Vergütung (Aufwand oder Gewinnvoraus)?
    - Befreiung von § 181 BGB?
11. **Gesellschafterversammlung:**
    - Wer kann einberufen?
    - Form und Frist der Einberufung? Ort?
    - Leitung?
    - Beschlussfähigkeit?
    - Folgen einer beschlussunfähigen Gesellschafterversammlung?
    - Vertretung in Gesellschafterversammlungen?
    - Berater in Gesellschafterversammlungen?
    - Niederschrift?
    - Widerspruch gegen Niederschrift?
12. **Gesellschafterbeschlüsse:**
    - Arten (auch schriftlich, telefonisch)?
    - Mehrheiten (grundsätzlich? In besonderen Fällen?)?
    - Anzahl der Stimmen pro Gesellschafter?

- Ausschluss des Stimmrechts?
- Ausschlussfrist für Klage gegen Gesellschafterbeschlüsse?
- Beklagter: Gesellschaft oder andere Gesellschafter?

13. **Jahresabschluss:**
    - Grundsätze für die Aufstellung?
    - Aufstellungsfrist?
    - Wer entscheidet über Bilanzansätze und Bewertungswahlrechte – Komplementär-GmbH oder Gesellschafterversammlung?
    - Behandlung von Vergütungen an Gesellschafter?
    - Prüfung?

14. **Ergebnisverwendung/Ergebnisverteilung:**
    - Vorweggewinne?
    - Modell „vorweggenommene Gewinnverwendung?
    - Gewinnverwendung durch Gesellschafterbeschluss?
    - Mischmodell?

15. **Entnahmen:**
    - Vergütung/Aufwendungsersatz für Geschäftsführung?
    - Steuerentnahmerecht?
    - Mit Zustimmung der Gesellschafterversammlung (Mehrheit)?
    - Ohne Zustimmung der Gesellschafterversammlung?

16. **Verfügungen** über Gesellschaftsanteile/**Ansprüche** gegen die Gesellschaft:
    - In welchen Fällen mit und ohne Zustimmung?
    - Wer muss zustimmen? Gesellschafterversammlung, alle anderen Gesellschafter, einzelne Gesellschafter?
    - Folgen der Verweigerung der Zustimmung?

17. **Anbietungspflicht:**
    - In welchen Fällen? Für wen?
    - Verfahren?
    - Ausübungsfristen?
    - Kaufpreisbegrenzung?

18. **Vorkaufsrechte:**
    - Für wen? In welchen Fällen?
    - Verfahren? Geltung der §§ 463 ff. BGB?
    - Ausübungsfristen?

19. **Tod eines Gesellschafters:**
    - Fortsetzung mit allen oder einzelnen Erben (Nachfolgeklausel)?
    - Ausscheiden aller Erben (Fortsetzungsklausel)?
    - Eintrittsrecht einzelner Erben?
    - Testamentsvollstreckung?

20. **Ausschluss von Gesellschaftern:**
    - Durch Gesellschafterbeschluss?
    - Tatbestände?
    - Rechtsfolgen?
    - Abtretung statt Ausschluss?

21. **Ausscheiden** von Gesellschaftern:
    - Tatbestände?
    - Folgen für die verbleibenden Gesellschafter?

D. Checklisten

22. **Abfindung:**
    – Bewertungsmethode?
    – Bewertungsstichtag?
    – Höhe der Abfindung?
    – Einbeziehung von Forderungskonten?
    – Ermäßigung der Abfindung in besonderen Fällen?
    – Fälligkeit? Ratenzahlungen? Termine?
    – Verzinsung (Zinssatz, ab wann)?
    – Streckung des Auszahlungszeitraumes? In welchen Fällen?
    – Vorzeitige Auszahlung zulässig?
    – Befreiung von oder Sicherheitsleistung wegen Gesellschaftsschulden?
    – Schiedsgutachter bei Streitigkeiten über die Höhe der Abfindung? Kostenträger?
23. **Aufsichtsrat** (Beirat):
    – Aufgaben?
    – Zahl der Aufsichtsräte (Beiräte)?
    – Bestellung der Aufsichtsräte (Beiräte):
      • Wahl durch Gesellschafterversammlung?
      • Entsendung durch einzelne Gesellschafter/Gesellschaftergruppen?
      • Amtszeit?
      • Ersetzung weggefallener Mitglieder?
      • Wiederwahl?
    – Organisation des Aufsichtsrats (Beirats):
      • Vorsitz, Stellvertreter?
      • Aufgaben des Vorsitzenden?
      • Beschlussfähigkeit?
      • Mehrheiten?
      • zusätzliche Stimme des Vorsitzenden bei Stimmengleichheit?
      • Abstimmungsarten (auf Versammlungen, telefonisch, schriftlich, in Textform (§ 126 b BGB))?
      • Protokollierung von Beschlüssen? Inhalt des Protokolls?
    – Vergütung?
      • für Vorsitzende?
      • für andere Mitglieder?
24. **Güterstandsklausel?**
25. **Nachvertragliches Wettbewerbsverbot?**
    – Dauer?
    – Vereinbarkeit mit § 1 GWB?
26. **Auflösung:**
    – Wer soll Liquidator sein?
    – Mehrheit für Auflösungsbeschluss?
    – Maßstab für Verteilung des Liquidationsergebnisses?
27. **Schiedsgerichtsklausel?**
28. **Teilnichtigkeitsklausel?**
29. Wer trägt die **Kosten** des Vertrages?
30. **Notarielle** Beurkundung des Vertrages erforderlich?
31. **Pfleger** für Minderjährige erforderlich?

32. **Genehmigung des Familiengerichts** erforderlich?
33. **Zustimmung** des Ehegatten erforderlich?

Zusätzlich für beteiligungsidentische GmbH & Co. KG:

34. Unterscheidet sich die Firma der KG ausreichend von der Firma der GmbH?
35. Kündigung der GmbH gilt gleichzeitig als Kündigung der KG?
36. Befreiung der GmbH und/oder der Geschäftsführer der GmbH von den Beschränkungen des § 181 BGB für Geschäfte mit der KG?
37. Weisungsrecht der Kommanditisten der KG gegenüber der Komplementärin?
38. Entsprechen die Regelungen über die Einberufung von Gesellschafterversammlungen, Beschlüsse der Gesellschafterversammlung Kündigung, Ankaufsrechte, Vorkaufsrechte, die Verfügung über Gesellschaftsanteile und über Ansprüche gegen die KG, den Tod eines Gesellschafters den entsprechenden Regelungen bei der GmbH?
39. Scheidet ein Gesellschafter aus der KG aus, wenn er nicht gleichzeitig im selben Umfang Gesellschafter der GmbH wird oder nur über seinen Anteil an der GmbH verfügt, oder wenn sein Geschäftsanteil an der GmbH eingezogen oder abgetreten wird?
40. Enthalten KG-Vertrag und GmbH-Satzung die gleiche Schiedsklausel?

II. Checkliste GmbH

1. **Firma?**
2. **Sitz?**
3. **Geschäftsführung:**
   - Gesamtgeschäftsführung?
   - Vorsitzender? Funktionen?
   - Einzelgeschäftsführungsberechtigung? Für alle Geschäftsführer? Für Einzelne?
   - Entsendungsrecht für einzelne Gesellschafter/Gesellschaftergruppen?
   - Vorschlagsrecht für einzelne Gesellschafter/Gesellschaftergruppen?
   - Katalog zustimmungspflichtiger Geschäfte? Wer muss zustimmen (Gesellschafterversammlung, einzelne Gesellschafter/Gesellschaftergruppen)?
   - Besondere Pflichten der Geschäftsführer?
   - Regelmäßige Information der anderen Gesellschafter?
   - Aufstellung von Finanz-, Ergebnis- und Investitionsplänen?
   - Vertretung beim Abschluss von Dienstverträgen mit Geschäftsführern?
   - Sonderrecht zur Geschäftsführung (Für wen? Auch für Rechtsnachfolger? Bis zu welchem Alter? Unter welchen sonstigen Voraussetzungen?)
4. **Vertretung:**
   - Gesamtvertretung, Einzelvertretungsberechtigung?

D. Checklisten

– Befreiung von § 181 BGB (allgemein/aufgrund gesondertem Gesellschafterbeschluss)?
5. **Aufsichtsrat (Beirat):**
   – Aufgaben?
   – Zahl der Mitglieder?
   – Bestellung der Mitglieder
     • Wahl durch Gesellschafterversammlung?
     • Entsendung durch einzelne Gesellschafter/Gesellschaftergruppen?
   – Amtszeit?
   – Ersetzung weggefallener Mitglieder?
   – Wiederwahl zulässig?
   – Organisation des Aufsichtsrats (Beirats):
     • Vorsitz? Stellvertreter?
     • Aufgaben des Vorsitzenden?
     • Beschlussfähigkeit?
     • Mehrheiten?
     • Zusätzliche Stimme des Vorsitzenden bei Stimmengleichheit?
   – Beschlussfassung (auf Versammlungen, telefonisch, schriftlich, per Fax)?
   – Vergütung?
     • für Vorsitzenden?
     • für andere Mitglieder?
6. **Gesellschafterversammlung:**
   – Frist für ordentliche Gesellschafterversammlungen (§ 42a GmbHG)?
   – Wer kann einberufen?
   – Form und Frist der Einberufung? Ort?
   – Verzicht auf Form- und Fristerfordernisse möglich?
   – Verzicht auf Abhaltung einer Gesellschafterversammlung möglich?
   – Beschlussfähigkeit?
   – Folgen einer beschlussunfähigen Gesellschafterversammlung?
   – Vertretung in Gesellschafterversammlungen?
   – Berater in Gesellschafterversammlungen zulässig?
   – Leitung? Funktion des Leiters?
   – Niederschrift? Inhalt (Gang der Verhandlung, Beschlüsse)?
   – Frist für Widerspruch gegen Niederschrift?
7. **Gesellschafterbeschlüsse:**
   – Mehrheiten (grundsätzlich, in besonderen Fällen)?
   – Anzahl der Stimmen pro Gesellschafter?
   – Ausschluss des Stimmrechts über § 47 Abs. 4 GmbHG hinaus?
   – Ausschlussfrist für Klage gegen Gesellschafterbeschlüsse?
8. **Jahresabschluss:**
   – Aufstellungsfrist?
   – Prüfung?
9. **Ergebnisverteilung/Ergebnisverwendung:**
   – Abweichung von § 29 Abs. 1 und 2 GmbHG?
   – Abweichung von § 29 Abs. 3 GmbHG?
10. **Verfügungen über Gesellschaftsanteile/Ansprüche gegen die Gesellschaft:**
    – Grundsätzlich Genehmigung erforderlich?

- Wer muss zustimmen (Gesellschaft, Gesellschafterversammlung, einzelne Gesellschafter, Aufsichtsrat/Beirat)?
- Ausnahmen von der Genehmigungspflicht für Verfügungen zugunsten von Gesellschaftern, Ehegatten, Abkömmlingen, Treugebern/Treuhändern?

11. **Anbietungspflicht:**
    - In welchen Fällen? Für wen?
    - Verfahren?
    - Ausübungsfristen?
    - Kaufpreisbegrenzung?
12. **Vorkaufsrechte:**
    - Für wen? In welchen Fällen?
    - Verfahren? Geltung der §§ 463 ff. BGB?
    - Ausübungsfristen?
13. **Tod eines Gesellschafters:**
    - Fortsetzung mit allen oder einzelnen Erben?
    - Ausscheiden aller Erben?
    - Eintrittsrecht einzelner Erben?
    - Testamentsvollstreckung zulässig?
14. **Einziehung von Geschäftsanteilen:**
    - Mit Zustimmung des betroffenen Gesellschafters?
    - Zwangseinziehung (Tatbestände)?
    - Gesellschafterbeschluss erforderlich? Stimmrecht des betroffenen Gesellschafters? Mehrheiten?
    - Abtretung statt Einziehung?
    - Wer trägt die Kosten der Einziehung/Abtretung?
    - Verpflichtung zur Befreiung von Gesellschaftsschulden?
15. **Wettbewerbsverbot:**
    - Für wen?
    - Zeitgleich mit Gesellschafterstellung/nachvertraglich?
    - Vertragsstrafe?
16. **Auflösung:**
    - Wer soll Liquidator sein?
    - Mehrheit für Auflösungsbeschluss?
    - Maßstab für Verteilung des Liquidationsergebnisses?
17. **Schiedsgerichtsklausel?**
18. **Teilnichtigkeitsklausel?**
19. Wer trägt **Kosten** des Vertrages?
20. **Pfleger für minderjährige Gesellschafter** erforderlich?
21. **Genehmigung des Familiengerichts** erforderlich?

E. Ausgewählte Literatur (ab 2000)[675]

I. KG

1. Gesellschaftsrecht

Kommentare/Handbücher/Aufsätze allgemein
Westermann/Wertenbruch Handbuch Personengesellschaften, Stand: November 2016; Münchener Kommentar zum HGB, Bd. 3, 3. Aufl., 2012; *Ebenroth/Boujong/ Joost/Strohn* HGB, 3. Aufl., 2013; Münchener Handbuch des Gesellschaftsrechts, Bd. 2, 4. Aufl., 2014; *Staub* Großkommentar HGB, Bd. 3, 5. Aufl., 2009; Bd. 4, 5. Aufl., 2015; *Baumbach/Hopt* HGB, 37. Aufl. 2016; *Schulze zur Wiesche/Ottersbach* GmbH & Co. KG, 3. Aufl., 2005; *Söffing* Die GmbH & Co. KG, 3. Aufl., 2016; *Binz/Sorg* Die GmbH & Co. KG, 11. Aufl., 2010; *Reichert (Hrsg.)* GmbH & Co. KG, 7. Aufl., 2015; *Hesselmann/Tillmann/Mueller-Thuns* Handbuch GmbH & Co. KG, 21. Aufl., 2016; *Fleischer/Wansleben* Die GmbH & Co. KG als kautelarjuristische Erfolgsgeschichte, GmbHR 2017, 169.

Abfindungen
– Allgemein
Hülsmann Abfindungsklauseln: Kontrollkriterien der Rechtsprechung, NJW 2002, 1673; *Esskandari* Abfindungs- und Auseinandersetzungsansprüche bei Ausscheiden aus der GmbH & Co. KG sowie deren Geltendmachung, GmbHR 2008, 138; *Ulmer* Die vertragliche Beschränkung des Austrittsrechts und der Abfindungsansprüche ausscheidungswilliger Gesellschafter in der großen, generationsübergreifenden Familien-KG, ZIP 2010, 805; *Herff* Beschränkung gesellschaftsrechtlicher Abfindungsentgelte bei der gewerblich tätigen Personengesellschaft und bei der GmbH, GmbH-StB, 2010, 73; *Carlé* Abfindungsklauseln in Gesellschaftsverträgen, KÖSDI 2013, 18327; *Wolf*, Abfindungsbeschränkungen bei Familiengesellschaften, MittBayNot 2013, 9; *Schulze-Osterloh* Rechnungslegung bei Ausscheiden eines Gesellschafters aus einer fortbestehenden Personenhandelsgesellschaft gegen Abfindung aus dem Gesellschaftsvermögen, NZG 2016, 161.
– bei Ausschließung
Huber Der Ausschluß des Personengesellschafters ohne wichtigen Grund, ZGR 1980, 177; *Miesen* Gesellschaftsrechtliche Hinauskündigungsklauseln in der Rechtsprechung des Bundesgerichtshofs, RNotZ 2006, 522.
– zum Buchwert
Flume „Hinauskündigung" aus der Personengesellschaft und Abfindung, DB 1986, 629; *Kellermann* Die Buchwertklausel zur Abfindung ausscheidender Gesellschafter, StbJB 1986/87, 403; *Schulze-Osterloh* Bilanzierungsentscheidungen bei der Personenhandelsgesellschaft und ihre Auswirkungen auf die Haftung des Kommanditisten und das Abfindungsguthaben aufgrund einer Buchwertklausel, BB 1997, 1783; *Sörgel/Engelmann* Möglichkeiten der Anpassung von Buchwertabfindungen an den niedrigeren Verkehrswert bei der GmbH, DStR 2003, 1260.

AG & Co. KG
Grigoleit Wettbewerbsverbot und Vorstandsdoppelmandat in der AG & Co. KG, ZGR 2010, 662.

---

[675] Sowie grundlegende Arbeiten vor 2000; Literatur 1980–1999 s. Teil F der 4. Aufl. dieses Buches.

Ausländische Kapitalgesellschaft & Co.
Schiffers GmbH & Co. KG mit ausländischem Gesellschafter, GmbHStB 2000, 277; *Binz/Mayer* Die ausländische Kapitalgesellschaft & Co. KG im Aufwind?, GmbHR 2003, 249; *Wachter* Errichtung, Publizität, Haftung und Insolvenz von Zweigniederlassungen ausländischer Kapitalgesellschaften nach dem „Inspire Art", GmbHR 2003, 1254; *Werner* Die Ltd. & Co. KG – eine Alternative zur GmbH & Co. KG, GmbHR 2005, 288; *Kowalski/Bormann* Beteiligung einer ausländischen juristischen Person als Komplementärin einer deutschen KG, GmbHR 2005, 1045; *Schlichte* Die Zulässigkeit der Ltd. & Co. KG, DB 2006, 87; *Wachter* Aktuelle Probleme bei der Ltd. & Co. KG, GmbHR 2006, 79.

Auslegung
Felix Die Auslegung überholter und lückenhafter Personengesellschaftsverträge, KÖSDI 1995, 10386; *Grunewald* Die Auslegung von Gesellschaftsverträgen und Satzungen, ZGR 1995, 68.

Ausscheiden
Cebulla Einlagenrückgewähr, Haftung und Bilanzierung beim Ausscheiden eines Kommanditisten, DStR 2000, 1917.

Ausschluss
Huber Der Ausschluß des Personengesellschafters ohne wichtigen Grund, ZGR 1980, 177; *Flume* „Hinauskündigung" aus der Personengesellschaft und Abfindung, DB 1986, 629; *Kiethe* Ausschluss aus der Personengesellschaft und Einstweilige Verfügung, NZG 2004, 114; *K. Schmidt* Ausschließungs- und Erziehungsklagen gegen den einzigen Komplementär, ZGR 2004, 227; *Kilian* Die Trennung vom „missliebigen" Personengesellschafter, WM 2006, 1567.

Beirat
Wessing/Max Zur Rückfallkompetenz der Gesellschafterversammlung bei Funktionsunfähigkeit des Beirats, FS Werner, 1984, 975; *Carlé* Beiräte der GmbH & Co. KG: Rechte, Risiken, Gestaltungsmöglichkeiten, KÖSDI 1996, 10743; *Wälzholz* Der Beirat im mittelständischen Unternehmen – Chancen, Grenzen und Probleme, DStR 2003, 511; *Huber* Beirat und Beiratsmitglied – praxisrelevante Aspekte für ihre Tätigkeit, GmbHR 2004, 772; *Wiedemann/Kögel* Beirat und Aufsicht im Familienunternehmen, 2008, S. 229.

Beteiligungsidentische GmbH & Co. KG
Baumbach/Hopt/Roth, HGB, 37. Aufl. 2016, Anh. 177a Rn. 6; *Reichert/Liebscher* GmbH & Co. KG, 7. Aufl., 2015, § 17 Rn. 18 ff.; MünchKommHGB/*Grunewald*, § 161 Rn. 94.

Bilanzierung
IdW (Hrsg.) Personengesellschaft und Bilanzierung, 1993; *Schulze-Osterloh* Aufstellung und Feststellung des handelsrechtlichen Jahresabschlusses der Kommanditgesellschaft, BB 1995, 2519.

Darlehen
Schuck Klarheit bei Gesellschafterdarlehenskonten schaffen, DStR 1994, 1352.

Doppelstöckige GmbH & Co. KG
K. Schmidt Handelsrechtliche Probleme der doppelstöckigen GmbH & Co. KG, DB 1990, 93; *Meyer-Scharenberg* Die doppelstöckige Personengesellschaft als Rechtsformalternative, DStR 1991, 919.

Eigenkapital
Lüdenbach/Hoffmann Kein Eigenkapital in der JAS/JFRS-Bilanz von Personengesellschaften und Genossenschaften?, BB 2004, 1042.

Entnahmen
Barz Die vertragliche Entnahmeregelung bei OHG und KG, FS Knür, 1972, 25; *Sommer* Einlageverpflichtung oder Entnahmerecht von anrechenbarer Körperschaftsteuer und/oder Kapitalertragsteuer? DStR 1996, 1487; *Gummert* in Münchener Handbuch des Gesellschaftsrechts, Bd. 2, 4. Aufl., 2014, § 49.

Einheits-GmbH & Co. KG
Werner Die GmbH & Co. KG in der Form der Einheitsgesellschaft, DStR 2000, 706; *Bahnsen* Die Gestaltung einer GmbH & Co. KG als „Einheitsgesellschaft", GmbHR 2001, 180; *Jorde/Götz* Gestaltung der Einheits(kommandit)gesellschaft – Praxisfragen aus steuer-, zivil- und sozialversicherungsrechtlicher Sicht, BB 2005, 2718; *K. Schmidt* Fortschritt oder Rückschritt im Recht der Einheits-GmbH & Co. KG, ZIP 2007, 2193; *Giehl* Willensbildung in der Einheits-GmbH & Co. KG, MittBayNot 2008, 268; *Pauli* Die GmbH & Co. KG als Einheitsgesellschaft in der Nachfolgeplanung, ZErb 2008, 215; *K. Schmidt* Zur Einheits-GmbH & Co. KG, FS Westermann, 2008, 1425; *Binz/Sorg* Die GmbH & Co. KG, 11. Aufl. 2010, § 8; *Freudenberg* Ausgewählte Rechtsfragen der GmbH & Co. KG, FS Binz, 2014, 207; *Casper* in *Staub* HGB, Bd. 4, 5. Aufl., 2015, § 161 Rn. 89; *Grunewald* in Münchener Kommentar zum HGB, Bd. 3, 3. Aufl., 2012, § 161 Rn. 99; *Brosius/Frese* Konflikte bei der Willensbildung in der Einheitsgesellschaft, NZG 2016, 808; *Hesselmann/Tillmann/Mueller-Thuns* Handbuch der GmbH & Co. KG, 21. Aufl., 2016, § 2 lit. H (Rn. 2.472).

Einlagen
Geck Die Einbringung von Einzelunternehmen in Personenhandelsgesellschaften, 1986.

Einmann-GmbH & Co. KG
Ulmer Die Einmanngründung der GmbH – ein Danaergeschenk?, BB 1980, 1001; *Hüffer* Zuordnungsprobleme und Sicherung der Kapitalaufbringung bei der Einmanngründung der GmbH, ZHR 145 (1981), 521; *K. Schmidt* Einmanngründung und Einmann-Vorgesellschaft, ZHR 145 (1981), 540.

Ergebnisverteilung
Hoffmann Eigenkapitalausweis und Ergebnisverteilung bei Personenhandelsgesellschaften nach Maßgabe des KapCoRiLiG, DStR 2000, 837.

Familiengesellschaften
Hennerkes/May Der Gesellschaftsvertrag des Familienunternehmens, NJW 1988, 2761; *Spiegelberger* Die Familien-GmbH & Co. KG, ZEV 2003, 391.

Firma
Möller Das neue Firmenrecht in der Rechtsprechung – eine kritische Bestandsaufnahme, DNotZ 2000, 830; Münchener Handbuch des Gesellschaftsrechts, Bd. 2, , 4. Aufl., 2014; *Wachter* Firmierung der Unternehmergesellschaft (haftungsbeschränkt) & Co. KG, NZG 2009, 1263f.

Form des GmbH & Co. KG-Vertrags
Binz/Mayer Beurkundungspflichten bei der GmbH & Co. KG, NJW 2002, 3054.

Gesellschafterbeschlüsse
Flume Die Problematik der Zustimmungspflicht des Gesellschafters einer Personengesellschaft zu Gesellschafterbeschlüssen und zur Änderung des Gesellschaftsvertra-

ges, ZHR 1991, 119; *Mülbert/Gramse* Gesellschafterbeschlüsse bei der rechtsfähigen Personengesellschaft, WM 2002, 2085; *Wertenbruch* Beschlussfassung in Personengesellschaft und KG-Konzern – Zugleich Besprechung BGH v. 15.1.2007 – II ZR 245/5, ZIP 2007, 475 („Otto"), ZIP 2007, 798; *K. Schmidt* Mehrheitsbeschlüsse in Personengesellschaften, ZGR 2008, 1; *Priester* Grundsatzfragen des Rechts der Personengesellschaften im Spiegel der Otto-Entscheidung des BGH, DStR 2008, 1386; *Holler* Grenzen der Mehrheitsmacht in Personengesellschaften – Zur Wirksamkeitskontrolle von Mehrheitsbeschlüssen nach dem OTTO-Urteil des BGH vom 15.1.2007 – II ZR 245/05, DB 2007 S. 564, DB 2008, 2067; *K. Schmidt* „Schutzgemeinschaftsvertrag II": ein gesellschaftsrechtliches Lehrstück über Stimmrechtskonsortien, ZIP 2009, 737; *C. Schäfer* Mehrheitserfordernisse bei Stimmrechtskonsortien – Besprechung des Urteils BGH NJW 2009, 669 „Schutzgemeinschaft II", ZGR 2009, 769; *Wertenbruch* Beschlussfassung und Pflichtverletzungen im Stimmrechtskonsortium, NZG 2009, 645.

Gesellschafterkonten
Huber Vermögensanteil, Kapitalanteil und Gesellschaftsanteil an Personengesellschaften des Handelsrechts, 1970; *ders.* Gesellschafterkonten in der Personengesellschaft, ZGR 1988, 1; *Schopp* Kapitalkonten und Gesellschafterdarlehen in den Abschlüssen von Personenhandelsgesellschaften, BB 1987, 581; *Ley* Gesellschafterkonten der OHG und KG: Gesellschaftsrechtliche und steuerliche Charakterisierung und Bedeutung, KÖSDI 1994, 9972; *Rodewald* Zivil- und steuerrechtliche Bedeutung der Gestaltung von Gesellschafterkonten, GmbHR 1998, 521; *Stollenwerk* Die Konten-Modelle in der GmbH & Co. KG, GmbH-StB 1998, 226; *Oppenländer* Zivilrechtliche Aspekte der Gesellschafterkonten der OHG und KG, DStR 1999, 939; *Ley* Rechtsnatur und Abgrenzung aktivischer Gesellschafterkonten, DStR 2003, 957; *Ley* Gesellschafterkonten im Lichte der grundlegenden BFH-Entscheidung vom 16.10. 2008, IV R 98/06, DStR 2009, 613; dies. Gesellschafterkonten einer Personengesellschaft in der Handels- und Steuerbilanz, KÖSDI 2014, 18891.

Gesellschafterversammlung
MünchKommHGB/*Enzinger*, § 119 Rn. 48 ff.; *Schäfer* in Großkommentar, § 119 Rn. 17 ff.; *Baumbach/Hopt/Roth* HGB § 119 Rn. 29 ff.

Gesellschafterwechsel
Cebulla Einlagerückgewähr, Haftung und Bilanzierung beim Ausscheiden eines Kommanditisten, DStR 2000, 1917; *Trebrack* Neuere Entwicklung bei der registergerichtlichen Behandlung von Kommanditanteilsübertragungen, DStR 2004, 1964; *Friedl* Haftungsauswirkungen des Kommanditistenwechsels unter Lebenden, DStR 2008, 510.

Gruppenvertretung
K. Schmidt Die obligatorische Gruppenvertretung im Recht der Personengesellschaft und der GmbH, ZHR 146 (1982), 525; *Grunewald* Grenzen der Gestaltungsfreiheit bei der Einrichtung von Beiräten und der Schaffung von Vertreterklauseln im Recht der Kommanditgesellschaft, ZEV 2011, 283.

Gesellschaftsverträge der GmbH & Co. KG
Carlé Stammesregelungen in Gesellschaftsverträgen, KÖSDI 2013, 18569; *ders.* Neuralgische Punkte in Gesellschaftsverträgen, KÖSDI 2016, 19645.

Güterstandsklausel
Brambring Güterstandsklauseln in Gesellschaftsverträgen, DNotZ 2008, 724; *Hoescher* Güterstandsklauseln und Unternehmereheverträge auf dem Prüfstand, NJW 2016, 3057; *Geißler* Haftung und Haftungsrisiken des Kommanditisten in der GmbH & Co. KG, GmbHR 2014, 458.

Haftung eines Kommanditisten
Geißler Haftung und Haftungsrisiken des Kommanditisten in der GmbH & Co. KG, GmbHR 2014, 458

I. KG

Informationsrechte
Huber Das Auskunftsrecht des Kommanditisten, ZGR 1982, 539; *K. Schmidt* Informationsrechte in Gesellschaften und Verbänden, 1984; *Casper/Selbach* Die Reichweite des Informationsrechts der Kommanditisten, NZG 2016, 1324.

Investmentvermögen
Krause/Klebeck, Familiy Offices und AIFM-Richtlinie, BB 2012, 2063 ff.; *Scholz/Appelbaum*, Bedeutung der AIFM-Umsetzung für Family Offices und Reichweite des Holding-Privilegs, RdF 2013, 268 ff.; *Zetsche*, Was ist eine AIF, WM 2013, 2101; Club/Deals mit Family Offices nach der AIFM-Regulierung, DB 2013, 2374 ff. (Teil 1), 2433 (Teil 2); *Wollenhaupt/*Beck, Überblick über die Neuregelung des deutschen Investmentrechts nach der Umsetzung der AIFM-RL, DB 2013, 1950 ff.; Weitnauer, Pools und Investment-Clubs: Strukturen und Erlaubnispflichten nach KAGB und KWG, GWR 2014, 1; Amann/*Schütze*, Handbuch des Kapitalanlagerechts, 4. Aufl. 2014; *Baur/*Tappen, Investmentgesetze, Großkommentar, 3. Aufl. 2014; *Moritz/Klebeck/Jesch*, KAGB, 2016; *Freitag/Fürbaß*, Wann ist ein Fonds eine Investmentgesellschaft, ZGR 2016, 729 ff.

Jahresabschluss
Schulze-Osterloh Aufstellung und Feststellung des handelsrechtlichen Jahresabschlusses der Kommanditgesellschaft, BB 1995, 2519; *Hoffmann* Eigenkapitalausweis und Ergebnisverteilung bei Personenhandelsgesellschaften nach Maßgabe des KapCoRiLiG, DStR 2000, 837; *Schulze-Osterloh* Bilanzierungs-entscheidungen bei der Personenhandelsgesellschaft und ihre Auswirkungen auf die Haftung des Kommanditisten und das Abfindungsguthaben aufgrund einer Buchwertklausel, BB 1997, 1783.

Kapitalaufbringung und Kapitalschutz
Wachter Kreditvergabe und Kapitalschutz bei der GmbH & Co. KG, GmbHR 2004, 1249; *Gummert* Die Kapitalaufbringung bei der Komplementär-GmbH einer GmbH & Co. KG – Zum Urteil des BGH vom 10.12.2007, II ZR 180/06, DStR 2008, 976.

Kapitalanlagegesetzbuch
s. unter „Investmentvermögen"

Limited & Co. KG
S. Stichwort: Ausländische Kapitalgesellschaft & Co.

Liquidation
Riehm Gerichtliche Bestellung des Nachtragsliquidators – ein Modell für alle Handelsgesellschaften, NZG 2003, 1054; *Schmid* in Münchener Handbuch des Gesellschaftsrechts, Bd. 2, 4. Aufl., 2014, § 46.

Minderjährige Gesellschafter
– Allgemein
Rust Die Beteiligung von Minderjährigen im Gesellschaftsrecht, Vertretung, familien-/vormundschaftsgerichtliche Genehmigung und Haftung des Minderjährigen, DStR 2005, 142 (Teil 1) und 1992 (Teil 2); *Menzel/Wolff* Der minderjährige Kommanditist – bei Gründung, unentgeltlicher Anteilsübertragung und Erwerb von Todes wegen, MittBayNot 2010, 186; *Funke/Gerber* Minderjährige und Familienunternehmen, FuS 2011, 121 (Teil 1) und 2012, 8 (Teil 2); *Rupp* Der Minderjährige im Notariat, Notar 2011, 300; *Flume* Der minderjährige Gesellschafter, NZG 2014, 17; *Kögel* in *Scherer* (Hrsg.) Münchener Anwaltshandbuch Erbrecht, 4. Aufl., 2014, § 40 Rn. 147; *Pauli* Unternehmensnachfolge mit Minderjährigen, ZErb 2016, 131
– Schenkung von Gesellschaftsanteilen
Ivo Die Übertragung von Kommanditanteilen an minderjährige Kinder, ZEV 2005, 193; *Führ/Nikoleyczik* Vertretung und Genehmigungspflicht bei schenkweiser Übertragung von Kommanditanteilen auf Minderjährige, BB 2009, 2105; *Weinbrenner* Ergänzungspflegschaft und vormundschafts-/familiengerichtliche Genehmigung von

Schenkungen von KG-Gesellschaftsanteilen an Minderjährige, FPR 2009, 265; *Gebele* Die Vertretung Minderjähriger bei der Schenkung von Gesellschaftsanteilen, BB 2012, 728.
– **Ausübung von Stimmrechten durch Eltern**
Marx Die Vertretung Minderjähriger beim Erwerb von Gesellschaftsbeteiligungen, NJW 2005, 3025.

Nachfolge
S. Vererbung.

Nachhaftung
Priester/K. Schmidt Unbegrenzte Nachhaftung des geschäftsführenden Gesellschafters?, ZIP 1984, 1064; *Renaud/Markert* Keine Enthaftung des Unternehmensveräußerers für Verbindlichkeiten aus Dauerschuldverhältnissen trotz Firmenfortführung durch den Unternehmenserwerber?, DB 1988, 2358; *K. Schmidt* Zur Haftung und Enthaftung der persönlich haftenden Gesellschafter bei Liquidation und Konkurs der Personengesellschaft, ZHR 152 (1988), 105; *Ulmer/Timmann* Die Enthaftung ausgeschiedener Gesellschafter, ZIP 1992, 1; *Cebulla* Einlagenrückgewähr, Haftung und Bilanzierung beim Ausscheiden eines Kommanditisten, DStR 2000, 1917; *Bormann* Nachhaftungsbegrenzung beim Wechsel vom Voll- zum Teilhafter, NZG 2004, 751; *Fried* Haftungsauswirkungen des Kommanditistenwechsels unter Lebenden, DStR 2008, 510; *Mattheus/Schwab* Kommanditistenhaftung und Registerpublizität, ZGR 2008, 65.

Offenlegung
Dorozola/Söffing Zur Vermeidung handelsrechtlicher Offenlegungspflichten durch alternative Rechtsformen, DStR 2000, 1567; *Carlé* Strategien im Hinblick auf die erweiterte Prüfungs- und Publizitätspflicht im KapCoRiLiG, KÖSDI 2000, 12563; *Jansen* Die Sanktionen der Publizitätsverweigerung nach dem Kapitalgesellschaften- und Co.-Richtlinie-Gesetz, DStR 2000, 596; *Mohr* Die wichtigsten Pflichten und Sanktionen für GmbH und GmbH & Co. KG, GmbH-StB 2000, 74; *Waßmer* Die GmbH & Stroh KG als Publizitätsvermeidungsmodell, GmbHR 2002, 412; *Kiesel/Grimm* Die Offenlegungsverpflichtung bei Kapitalgesellschaften & Co. nach dem Beschluss des EuGH vom 23.3.2004, DStR 2004, 2210; *Schmidt* Jahresabschlusspublizität bei der GmbH & Co. KG – Luxemburg locuta, causa finita, GmbHR 2004, 1512; *Noack* Neue Publizitätspflichten und Publizitätsmedien für Unternehmen – eine Bestandsaufnahme nach EHUG und TUG, WM 2007, 377; *Kräußlein* Praktische Probleme bei der Offenlegung von Jahresabschlüssen nach EHG – empirische Analyse und Lösungswege, DStR 2009, 869.

Prüfung
Hüttche/Maurer Zweifelsfragen bei der Prüfung einer GmbH & Co. KG, GmbHR 2001, 841.

Publizität
S. o. „Offenlegung".

Rechtsformwahl
Rose/Glorius-Rose Unternehmen – Rechtsformen und Verbindungen, 3. Aufl., 2001; *Schiffers* Gewinnverwendungspolitik als Mittel der steuerlichen Rechtsformoptimierung – Personengesellschaft, Kapitalgesellschaft und GmbH & Co. KG, DStR 2003, 302; *Jorde/Götz* Maßgebende Gesichtspunkte der Rechtsformwahl unter Steuer-, Liquiditäts- und Bewertungsgesichtspunkten, BB 2003, 1813; *Jorde/Götz* Kapital- oder Personengesellschaft? Steuerliche Gesichtspunkte der Rechtsformwahl national und international, BB 2008, 1032.

Salvatorische Klauseln
Vgl. Literaturverzeichnis GmbH unter II.1., Stichwort Teilnichtigkeitsklauseln.

Schiedsklauseln
K. Schmidt Schiedsklauseln in Gesellschaftsverträgen der GmbH & Co. KG, GmbHR 1990, 16; *Behme* Formunwirksamkeit von Schiedsklauseln in Gesellschaftsverträgen und ihre Folgen, BB 2008, 685.

Steuerentnahmerecht
Fischer Steuerentnahmeklauseln bei Personenhandelsgesellschaften, DB Beilage Nr. 4 zu Heft 25 v. 16.6.2015; *Ley* Gesellschafterkonten einer Personengesellschaft in den Handels- und Steuerbilanz-Spezialfragen, KÖSDI 2014, 18891; *Schäfer* in Staub HGB, Bd. 3, 5. Aufl., 2009, § 122 Rn. 21.

Stiftung & Co.
Nietzer/Stadie Die Familienstiftung & Co. KG – eine Alternative für die Nachfolgeregelung bei Familienunternehmen, NJW 2000, 3457.

Stimmrecht
Bahnsen Der Stimmrechtsausschluss der Komplementärin in einer GmbH & Co. KG, GmbHR 2001, 317.

Testamentsvollstreckung
Buschmann Testamentsvollstreckung im Gesellschaftsrecht – Hindernisse und Möglichkeiten, 1981; *Werner* Die Testamentvollstreckung an einer GmbH & Co. KG, ZErb 2008, 195.

Übertragung der Gesellschafterstellung
K. Schmidt Kommanditistenwechsel und Nachfolgevermerk, GmbHR 1981, 253; *Terbrack* Neuere Entwicklung bei der registergerichtlichen Behandlung von Kommanditanteilsübertragungen, DStR 2004, 1964; *Piehler/Schulte* in Münchener Handbuch des Gesellschaftsrechts, Bd. 2, 4. Aufl., 2014, § 35.

Vererbung
Demuth Nachfolgegestaltung für eine Personenhandelsgesellschaft durch Aussetzung von Vermächtnissen: Zivilrechtliche und steuerrechtliche Probleme mit Lösungsvorschlägen, BB 2001, 945; *Keller* Die Problematik des § 2306 BGB bei der Sondererbfolge in Anteile an Personengesellschaften, ZEV 2001, 297; *Reimann* Die qualifizierte Nachfolgeklausel – Gestaltungsmittel und Störfaktor, ZEV 2002, 487; *Koblenzer/Groß* Qualifizierte Nachfolgeklausel bei Personengesellschaften, ErbStB 2003, 367; *Göz* Die Nachfolgeregelung bei der GmbH & Co. KG, NZG 2004, 345; *Weidlich* Besonderheiten der Unternehmensnachfolge in Personengesellschaften in Schlecht & Partner/Taylor Wessing (Hrsg.) Unternehmensnachfolge – Handbuch für die Praxis, 2. Aufl., 2010, 283; *Iversen* Gesellschaftsvertragliche Abfindungsklauseln und pflichtteilsrechtliche Nachlassbewertung – Vorschläge für die Praxis, NJW 2010, 183; *Levedag* Nachfolge in Personengesellschaften von Todes wegen am Beispiel der GmbH & Co. KG, GmbHR 2010, 629; *Wachter* Unternehmensnachfolge bei der GmbH und GmbH & Co. KG nach dem MoMiG, DB 2009, 159.

Vermögensverwaltende KG
Langenfeld Die grundstücksverwaltende Personengesellschaft als Instrument der Vermögensnachfolge, FS 50 Jahre Deutsches Anwaltsinstitut e.V., 2003, 395; *Spiegelberger* Die Familien-GmbH & Co. KG, ZEV 2003, 391; *Oppermann* Die Weitergabe von Vermögen im Rahmen von Gesellschaften – Die Bindung des Erwerbers bei vermögensverwaltenden Familiengesellschaften in Abgrenzung zu Übertragungsverträgen zu Grundbesitz, RNotZ 2005, 453; *Fuhrmann/Demuth* Vermögensverwaltende Personengesellschaft als Mittel der Nachfolgeplanung, ErbStB 2006, 127; *Ulmer* Die vertragliche Beschränkung des Austrittsrechts und der Abfindungsansprüche ausscheidenswilliger Gesellschafter in der großen, generationsübergreifenden Familien-KG, ZIP 2010, 805; *Spiegelberger* Vermögensnachfolge, 2. Aufl., 2010, Kapitel 8, G

(Vermögensverwaltende Familien-Kommanditgesellschaft); *Ivens* Überlegungen zur Rechtsformwahl bei Gründung eines Familienpools, ZErb 2012, 65 und 93.

Vorsorgevollmacht
Schäfer Vorsorgevollmachten im Personengesellschaftsrecht, ZHR 175 (2011), 557; *Wertemann* Der überforderte Gesellschafter, in FS Blaurock, 2013, 527; *Langenfeld* Die Vorsorgevollmacht des Unternehmers, ZEV 2005, 52; *Reymann* Vorsorgevollmachten von Berufsträgern, ZEV 2005, 457.

Wettbewerbsverbot
K. Schmidt Vertragliche Wettbewerbsverbote im deutschen Kartellrecht, ZHR 149 (1985), 1; *Thüsing* Nachorganschaftliche Wettbewerbsverbote bei Vorständen und Geschäftsführern – Ein Rundgang durch die neuere Rechtsprechung und Literatur, NZG 2004, 9; *Müller* Das gesetzliche Wettbewerbsverbot der Gesellschafter der KG, NJW 2007, 1724.

Zwangsabtretungsklauseln
Sommer/Müller/Leuchten Insolvenz- und Vollstreckungsfertigkeit von Zwangsabtretungsklauseln in Personengesellschaftsverträgen, DB 2013, 329.

2. Steuerrecht

– Kommentare EStG
Herrmann/Heuer/Raupach Kommentar zum EStG, Stand: Oktober 2016; *Littmann/Blitz/Pust* Das Einkommensteuerrecht, Stand: Dezember 2016; *Schmidt* EStG, 36. Aufl., 2017.
– Kommentare EStG
Viskorf/Knobel/Schuck/Wälzholz ErbStG, 4. Aufl. 2012; *Troll/Gebel/Julicher* ErbStG; *Meincke* ErbStG, 16. Aufl. 2012, *Fischer/Jüptner/Pahlke/Wachter* EStG, 5. Aufl. 2014.
– Aufsätze allgemein
Hesselmann/Tillmann/Mueller-Thuns Handbuch der GmbH & Co. KG, 21. Aufl., 2016; *Lang* Zur Subjektfähigkeit von Personengesellschaften im Einkommensteuerrecht, in FS L. Schmidt, 1993, 291; *Fichtelmann* Die GmbH & Co KG im Steuerrecht, 8. Aufl., 1998; *Kirchhof/Söhn/Mellinghoff* Kommentar zum EStG, Stand: Februar 2017; *Kempermann* Mitunternehmerschaft, Mitunternehmer und Mitunternehmeranteil – steuerrechtliche Probleme der Personengesellschaft aus der Sicht des BFH, GmbHR 2002, 200; *Watermeyer* Übertragung stiller Reserven nach § 6b EStG, GmbH-StB 2002, 133; *Söffing* Besteuerung der Mitunternehmer, 5. Aufl., 2004; *Breithaupt* und *Levedag* in Münchener Handbuch des Gesellschaftsrechts, Bd. 2, 4. Aufl., 2014, §§ 56 ff.; *Demuth* Die Abfärbe- und Infektionswirkung des § 15 Abs. 3 Nr. 1 EStG – Überblick über die neuere Rechtsprechung und Gestaltungshinweise, KÖSDI 2005, 14491; *Neu/Stamm* Aktuelles Beratungs-Know-how Personengesellschaftsbesteuerung, DStR 2005, 141; *Schmitt* Aktuelle Entwicklungen bei der Besteuerung von Personenunternehmen, Stbg 2005, 20; *Spindler* Der „Gesamtplan" in der Rechtsprechung des BFH, DStR 2005, 1; *Schulze zur Wiesche/Ottersbach* GmbH & Co. KG, 3. Aufl., 2005; *Neumann* Verdeckte Gewinnausschüttungen bei einer GmbH & Co. KG, GmbH-StB 2007, 17; *Schiffers* Eignung einer GmbH oder GmbH & Co. KG zur Verwaltung größeren privaten Kapitalvermögens („Spardosen-GmbH") – Änderungen durch die Unternehmensteuerreform 2008, DStZ 2007, 744; *Schiffers* Die Tarifänderung für GmbH und GmbH & Co. KG nach der Unternehmensteuerreform 2008 und ihre Konsequenzen, GmbH-StB 2007, 243; *Schulze zur Wiesche* Beteiligungen als Sonderbetriebsvermögen II, DStZ 2007, 602; *Schwedhelm* Die neue Zinsschranke für Personen- und Kapitalgesellschaften, GmbH-StB 2007, 282; *Stollenwerk* Ausweitung der Gewerbebesteuerung durch das UntStRefG 2008 – Geänderte Belastungswirkungen für GmbH und GmbH & Co. KG, GmbH-StB 2007,

276 (Teil 1) und 313 (Teil 2); *Weber* Rechtsformwahl – Auswirkungen der Unternehmensteuerreform 2008, NWB 2007, 3031; *Jorde/Götz* Kapital- oder Personengesellschaft?, BB 2008, 1032; *Schultes-Schnitzlein/Keese* Die neuen Thesaurierungsbegünstigungen für Personenunternehmen ab 2008, NWB 2008, 1305; *Schulze zur Wiesche* Anteile an einer Betriebs-GmbH und an der Komplementär-GmbH als wesentliche Betriebsgrundlage des Sonderbetriebsvermögens, GmbHR 2008, 238; *Altendorf* Aktuelle Hinweise zur GmbH & Co. KG – Neuerungen aus Gesetzgebung, Rechtsprechung und Finanzverwaltung, GmbH-StB 2009, 11; *Schiffers* Das BilMoG und der Mittelstand – Konsequenzen für GmbH und GmbH & Co. KG im Überblick, GmbH-StB 2009, 166; *Zimmermann/Hottmann/Kiebele/Schaeberle/Scheel* Die Personengesellschaft im Steuerrecht, 11. Aufl., 2012; *Lange* Personengesellschaften im Steuerrecht 8. Auflage 2012

Ausscheiden/Gesellschafterwechsel
Groh, Aufnahme eines Gesellschafters in ein Einzelunternehmen, DB 2001, 2162; *Geissler* Entgeltliche und unentgeltliche Aufnahme einer natürlichen Person in ein Einzelunternehmen, FR 2001, 1029; *Ley* Ergänzungsbilanzen bei Erwerb von Personengesellschaftsanteilen, KÖSDI 2001, 12982; *Carlé/Bauschatz* Die „neue" Realteilung, KÖSDI 2002, 13133; *Fichtelmann* Eintritt eines neuen Gesellschafters in eine bestehende GmbH & Co. KG, GmbH-StB 2002, 332; *Paus* Der rückwirkende Ansatz des gemeinen Werts, FR 2002, 866; *ders*. Realteilung einer Personengesellschaft, FR 2002, 1217; *Sauter u.a.* Probleme bei der Realteilung, FR 2002, 1101; *Schoor* Die Neuregelung der Realteilung, INF 2002, 173; *Röhrig* Die „neue" Realteilung, EStB 2002, 231; *Wendt* Teilanteilsübertragung und Aufnahme eines Gesellschafters in ein Einzelunternehmen nach den Änderungen des EStG durch das UntStFG, FR 2002, 127; *Ostermayer u.a.* Übertragung von Einzelwirtschaftsgütern einschließlich Schulden zwischen Schwesterpersonengesellschaften, BB 2003, 1305; *Paus* Die reale Teilung von Personengesellschaften, NWB Fach 3, 12629 (Oktober 2003); *Winkemann* Die Realteilung – eine Zwischenbilanz, BB 2004, 130; *Levedag* in Münchener Handbuch des Gesellschaftsrechts, Bd. 2, , 4. Aufl., 2014, § 59.

Beirat
Cremer Beratende Gremien bei der GmbH & Co. KG – Wie sich die vollständige Abzugsfähigkeit der Vergütung sichern lässt, EStB 2002, 247.

Beiträge/Sacheinlagen
Hoffmann Der Transfer von Einzel-Wirtschaftsgütern gemäß § 6 Abs. 5 EStG nach Verabschiedung der UntStFG, GmbHR 2002, 125; *Kusterer/Rupp* Einbringung von Grundstücken in gewerblich geprägte GmbH & Co. KG, Vorteile der Einbringung „dem Wert nach", EStB 2002, 485; *Fleischer* Vermögensverwaltende Personengesellschaften: steuerliche Realisierungstatbestände bei der Einbringung steuerverstrickten Privatvermögens, ZEV 2003, 190; *Mensching* Ausweichgestaltungen zur Umgehung der verschärften Besteuerung von Immobilien nach dem Steuervergünstigungsabbaugesetz, DB 2003, 235; *Winkeljohann* Anwendbarkeit des § 6 Abs. 5 Satz 3 EStG bei Neugründung von Mitunternehmerschaften und bei Gesellschafterbeitritt, DB 2003, 2033; *Crezelius* Gewährung von Gesellschaftsrechten bei § 6 Abs. 5 EStG, §§ 20, 24 UmwStG, DB 2004, 397; *Kusterer* Überführung von Immobilienbesitz – Folgen eines Grundstückswechsels vom Privat- ins Betriebsvermögen, EStB 2004, 380; *Schulze zur Wiesche* Die Übernahme von Verbindlichkeiten bei der Übertragung von Einzelwirtschaftsgütern zwischen dem Betriebs- und dem Gesamthandsvermögen, DB 2004, 1388; *Söffing* Wahlrecht bei der Überführung und Übertragung einzelner Wirtschaftsgüter nach § 6 Abs. 5 EStG, BB 2008, 1771; *Ley* Die Übertragung von Einzelwirtschaftsgütern zwischen einer gewerblichen Personengesellschaft und ihren Gesellschaftern gegen Gutschrift/Belastung auf den Gesellschafterkonten, KÖSDI 2009, 16678; *Neumayer/Obser* Übertragung von Sonder–BV in das Gesamthandsvermögen der GmbH & Co. KG, EStB 2009, 445 (Teil 1) und 2010, 34 (Teil 2).

Doppelstöckige GmbH & Co. KG
Ley Gesellschafterkonten bei Doppelstock- und Schwestermitunternehmerschaften im Ertragsteuerrecht, KÖSDI 2003, 13573; *Mayer* Steuerbilanzielle Behandlung von Mehrwerten einer Beteiligung an einer doppelstöckigen Personengesellschaft – Anwendung der Spiegelbildmethode in der Steuerbilanz, DB 2003, 2034; *Nickel/Bodden* Verlustausgleich und Verlustverrechnung nach § 15a EStG bei doppelstöckigen KG, FR 2003, 391; *Schmidt/Hageböke* Gewerbesteuer bei der Veräußerung eines Mitunternehmeranteils an einer Obergesellschaft einer doppelstöckigen Personengesellschaft nach § 7 Satz 2 Nr. 2 GewStG, DB 2003, 790; *Stegemann* Ausgewählte Einzelfragen zur doppel- bzw. mehrstöckigen Personengesellschaft, INF 2003, 266; *ders.* Ausgewählte Detailfragen zur Umwandlung doppelstöckiger Personengesellschaften, INF 2004, 785; *Ley* Anwendbarkeit von § 15a EStG auf doppelstöckige Personengesellschaften, KÖSDI 2005, 14486; *Schulze zur Wiesche* Vererbung eines Geschäftsanteils an einer doppelstöckigen Personengesellschaft: Qualifizierte Nachfolgeklausel, Sonderbetriebsvermögen, UVR 2009, 223.

Einheits-GmbH & Co. KG
Korezkij Ausgewählte steuerliche Fragen im Zusammenhang mit einer Einheits-GmbH & Co. KG, GmbHR 2004, 1383; *Jorde/Götz* Gestaltung der Einheits(kommandit)gesellschaft – Praxisfragen aus steuer-, zivil- und sozialversicherungsrechtlicher Sicht, BB 2005, 2718; *Krietenstein* Gewerbliche Prägung der Einheits-GmbH & Co. KG – Praxisorientierte Gestaltungen im Kontext des Steuerrechts, StuB 2006, 16; *Carlé/Carlé*, Ist die Stimmrechtsausübung der Kommanditisten in der Gesellschafterversammlung der Komplementär-GmbH einer Einheits-GmbH & Co. KG geprägeschädlich i. S. d. § 15 III Nr. 2 EStG?, GmbHR 2001, 100; *Pickhardt-Poremba/Heckler*, Ausgewählte steuerrechtliche Fragen im Zusammenhang mit der Einheits-GmbH & Co. KG, GmbHR, 2004, 1383; *Seidel* Einheits-KG und gewerbliche Prägung – was gilt? BB 2017, 732.

Erbschaftsteuer
S. unter *Vererbung/Nachfolge* (S. 440 f.).

Ergebnisverteilung/Gewinnverteilung
Sommer Zur Ergebnisverteilung in gewerblich tätigen Personengesellschaften nach der Aufnahme weiterer Gesellschafter während eines Geschäftsjahres, BB 1987, 307; *Rose* Zur steuerlichen Beurteilung einvernehmlich inkongruenter Gewinnverteilungen in Personen- und Kapitalgesellschaften, FR 2002, 1; *Stollenwerk/Piron* Verwaltung von Finanzvermögen in der GmbH & Co. KG als Folge der Nutzung der Thesaurierungsbesteuerung, GmbH-StB 2010, 261, *Schiffers* Optimale Gewinnverteilung bei der personenbezogenen GmbH & Co. KG, GmbH-StB 2002, 287; *ders.* Gewinnverwendungspolitik als Mittel der steuerlichen Rechtsformoptimierung – Personengesellschaft, Kapitalgesellschaft und GmbH & Co. KG, DStR 2003, 302.

Familien-Personengesellschaften
Strahl Vermögensverwaltende Personengesellschaften im Ertragsteuerrecht, KÖSDI 2001, 12802; *Brandenberg* Personengesellschaftsbesteuerung nach dem UntStFG, DStZ 2002, 511; *Carlé* „Aufnahme" von Angehörigen in Unternehmen und Praxen zur vorweggenommenen Erbfolge, KÖSDI 2002, 13311; *Mitsch* Übertragungen im Bereich von Einzelunternehmen und Mitunternehmerschaften nach dem UntStFG, INF 2002, 77; *Münch* Die schenkungsteuerliche Privilegierung nach § 13a ErbStG bei der unentgeltlichen Aufnahme in ein Einzelunternehmen, DStR 2002, 1025; *Rose* Zur steuerlichen Beurteilung einvernehmlich inkongruenter Gewinnverteilungen in Personen- und Kapitalgesellschaften, FR 2002, 1; *Schulze zur Wiesche* Aufnahme von Kindern in ein bisheriges Einzelunternehmen, Stbg 2002, 311; *Ritzrow* Die Familien-Personengesellschaft im ESt-Recht, StBP 2003, 140 (Teil 1) und 173 (Teil 2); *Schnitter* Besonderheiten bei Familien-Personengesellschaften, EStB 2003, 383; *Spiegelberger* Die Familien-GmbH & Co. KG, ZEV 2003, 391; *Kirchdörfer/Lorz* Familienver-

mögensgesellschaften als Organisationsmodelle im Rahmen der Familienstrategie und der Planung der Vermögensnachfolge, DB 2004, Beilage 3; *Levedag* in Münchener Handbuch des Gesellschaftsrechts, Bd. 2, 4. Aufl., 2014, § 59 Rn. 16 ff.

Gewerbliche Prägung
Carlé/Carlé Ist die Stimmrechtsausübung der Kommanditisten in der Gesellschafterversammlung der Komplementär-GmbH einer Einheits-GmbH & Co. KG geprägeschädlich i. S. d. § 15 III Nr. 2 EStG?, GmbHR 2001, 100; *Siebenhüter* Gewerbliche Prägung von Personengesellschaften, GmbH-StB 2001, 75; *Wachter*, Gewerblich geprägte GmbH & Co. KG bei Beteiligung von Auslandsgesellschaften, GmbHR 2005, 1181; *Wachter* Entstehen der gewerblichen Prägung einer vermögensverwaltenden GmbH & Co. KG, ZErb 2008, 122; *Wachter* Gewerbliche Prägung der Einheitsgesellschaft, GmbHR 2015, 177; *Kratsch* Zur Abfärbewirkung durch Beteiligungseinkünfte bei vermögensverwaltenden Personengesellschaften, INF 2005, 378; *Niehus* Zur Realisierung stiller Reserven über gewerblich geprägte Personengesellschaften, StuW 2008, 359,

Gewerbesteuer
Neu Unternehmenssteuerreform 2001: Die pauschalierte Gewerbesteueranrechnung nach § 35 EStG, DStR 2000, 1933; *Behrens/Schmit* § 7 Satz 2 GewStG n. F. – Neue Gewerbesteuer-Tatbestände für Mitunternehmerschaften und KGaA, BB 2002, 860; *Füger/Rieger* Veräußerung von Mitunternehmeranteilen und Gewerbesteuer, DStR 2002, 933; *dies.* Gewerbesteuer bei Teilanteilsveräußerungen und das Verbot der pauschalierten Gewerbesteueranrechnung in § 18 Abs. 4 Satz 3 UmwStG, DStR 2002, 1021; *Ritzer/Stangl* Das Anwendungsschreiben zu § 35 EStG – grundlegende Aussagen und Auswirkungen auf Einzelunternehmen, DStR 2002, 1068; *Rödder* Pauschalierte Gewerbesteueranrechnung – eine komprimierte Bestandsaufnahme, DStR 2002, 939; *Kollruss* Gewerbesteuerliche Optimierung bei der GmbH & Co. KGaA, INF 2003, 347; *Stollenwerk/Scherff* Gewerbesteuer-Risiko bei Veräußerung von GmbH & Co. KG – Anteilen – Beratungsbedarf bei Doppelstöckigkeit und atypischer Unterbeteiligung, GmbH-StB 2005, 45; *Prinz/Hick* Halbeinkünftebesteuerung und Gewerbesteuer (§ 7 S. 4 GewStG): Die mittelständische Holding- Personengesellschaft mit gemischten Mitunternehmerkreis im Veräußerungsfall, GmbHR 2006, 24; *Neugebauer* Die GmbH und Co. KG versus Betriebsaufspaltung – Vermeidung einer gewerbesteuerlichen Doppelbesteuerung?, GmbHR 2007, 1300; *Dörr/Fehling* Gewerbesteuerfalle bei Teilbetriebsveräußerung, NWB 2008, 4471; *Köster* Gewerbesteuerliche Hinzurechnung von Finanzierungsanteilen: Die gleich lautenden Ländererlasse zu § 8 Nr. 1 GewStG vom 4.7.2008, GewStG 2008, 703; *Neumayer/Obser* Gewerbesteuer bei der Veräußerung von Mitunternehmeranteilen – Implikationen für Unternehmenstransaktionen bei der GmbH & Co. KG, EStB 2008, 445. *Dreßler* Gewerbesteueranrechnung bei unterjährigem Gesellschafterwechsel, DStR 2014, 131; *Korn* Verlust der Steuerermäßigung nach § 35 EStG bei mehrstöckigen Personengesellschaften, DStR 2011, 903, *Michel* Betriebsbezogene Begrenzung der Steuerermäßigung entspricht Gesetzeszweck und –systematik, DStR 2011, 611. *Hechtner* Kritische Anmerkungen zum BMF-Schreiben – Steuerermäßigung bei Einkünften aus Gewerbebetrieb gemäß § 35 EStG – Gesetzesänderung per Verwaltungsanweisung? BB 2009, 1556, *Harle* Die Auswirkungen auf die Unternehmenssteuerreform 2008 auf die Rechtsformen, BB 2008, 2151.

Gewerbesteuerklausel
Frystarzki Sonderbetriebsergebnis und Gewerbesteuer, Wie lässt sich der Gesellschaftsvertrag (steuerlich) richtig gestalten?, EStB 2001, 197; *Roemer* Gesellschaftsvertragliche Sonderregelungen für die Gewinnverteilung bei Personengesellschaften, INF 2001, 556; *Ottersbach* Gewerbesteuerklauseln unter Berücksichtigung des § 35 EStG, DStR 2002, 2023; *Roser* Gewerbesteuerausgleich zwischen den Gesellschaftern, Fälle & Folgen der Mischung von Gesellschafts- und Gesellschafterebene, EStB 2003, 157.

Gesellschafterdarlehen
Stollenwerk Krisenfinanzierung durch Gesellschafter, Steuerlicher Vergleich zwischen GmbH und GmbH & Co. KG, GmbH-StB 2001, 283, *Ley* Zur steuerlichen Behandlung der Gesellschafterkapitalkonten sowie der Forderungen und Verbindlichkeiten zwischen einer gewerblichen Personengesellschaft und ihren Gesellschaftern, KÖSDI 2002, 13459, *Carle / Bauschatz*, Die durch Kapitalkonten abgebildete Beteiligung an einer Personengesellschaft im Gesellschafts- und Steuerrecht, FR 2002, 1153.

Grunderwerbsteuer
Kroschewski Grunderwerbsteuer bei der GmbH & Co. KG, GmbHR 2003, 157 ff.; *Götz* Grunderwerbsteuerliche Fragen bei der Übertragung eines Kommanditanteils an einer GmbH & Co. KG, GmbHR 2005, 615 ff.; *Heine* Anwendung der Befreiungsvorschriften des § 3 GrEStG bei den fingierten Erwerbsvorgängen des § 1 Abs. 3 GrEStG, GmbHR 2005, 81 ff.; *Heine* Steuerpflichtiger Gesellschafterwechsel bei der GmbH durch die Hintertür des § 1 Abs. 2 a GrEStG? Problematische Zurechnung der Grundstücke einer GmbH zum Vermögen ihrer Gesellschafterin (Personengesellschaft), GmbHR 2006, 350 ff.; *Starke/Bükker* Ist bei der Anteilvereinigung in der Hand eines Personengesellschafters § 1 Abs. 2 a oder § 1 Abs. 3 GrEStG anzuwenden?, GmbHR 2006, 416 ff.; *Behrens*, Grundstücksübertragung kann Grunderwerb- und Schenkungsteuer auslösen, BB 2007, 368 ff.; *Gottwald* Grundwerbsteuerfallen bei der GmbH & Co. KG, ZErb 2007, 255 ff.; *Gottwald* Zuwendung eines Anteils an einer Personengesellschaft ist „Grundstücksschenkung unter Lebenden", ZEV 2007, 141 ff.; *Götz* Steuerschuldnerschaft im Falle einer Anteilsvereinigung nach § 1 Abs. 3 GrEStG, GmbHR 2007, 481 ff.; *Irnich* Anwendung der personenbezogenen GrESt.-Befreiungen bei Anteilseignerwechsel und Anteilsvereinigung, DB 2007, 2616 ff.; *Mack* Steuerfreiheit eines nach § 1 Abs. 2 a GrEStG steuerbaren Gesellschafterwechsels bei schenkweiser Übertragung der Anteile an einer grundbesitzenden Personengesellschaft, UVR 2007, 185 ff.; *Sinewe* Schenkweise Übertragung von Kommanditanteilen einer grundbesitzenden GmbH & Co. KG grunderwerbsteuerfrei, GmbHR 2007, 558 ff.; *Korn* Grunderwerbsteuer bei Verschmelzung von Personengesellschaften durch Anwachsung, KöSDI 2010, 16841 ff. *Behrens* Anmerkungen zum gleich lautenden Länder-Erlaß zu § 1 Abs. 2a GrEStG vom 18.2.2014, DStR 2014, 1526, *Behrens/Bielinis* Grunderwerbsteuerrechtliche Zurechnung von Gesellschaftsanteilen nach § 39 Abs. 2 Nr. 1 AO, DStR 2014, 2369, *Rutemöller* Das Ende schuldrechtlicher Gestaltungsmöglichkeiten im Rahmen mittelbarer Änderungen des Gesellschafterbestands gem. § 1 Abs. 2a GrEStG?, BB 1058; *Schaflitzl/Schrade* Die geplante Anti-„RETT-Blocker"-Regelung im Grunderwerbsteuerrecht – Nachbesserungsbedarf vorhanden, BB 2013, 343, *Schober/Kuhnke* Die „Anti-RETT-Blocker"-Regelung des § 1 Abs. 3a GrEStG, NWB 2013, 2225, *Behrens* Neue Rett-Blocker-Vermeidungsvorschrift in § 1 Abs. 3a GrEStG durch AmtshilfeRLUmsG – Rechtliche Anteilsvereinigung aufgrund „Innehabens" von (durchgerechnet) mindestens 95% an grundbesitzender Gesellschaft, DStR 2013, 1405, *Wagner/Lieber* Änderungen bei der GrESt: Vermeidung von RETT-Blockern und Erweiterung von § 6a GrEStG DB 2013, 1287, 2295. *Tiede*, Verhältnis der Anti-RETT-Blocker-Regelung zu § 1 Abs. 3 GrEStG, StuB 2014, 842

Kapitalertragsteuer
Weber-Grellet Die Funktion der Kapitalertragsteuer im System der Abgeltungsteuer, DStR 2013, 1357 (Teil 1) und 1412 (Teil 2); *Kruth* Erstattungsansprüche der Personengesellschaft wegen gezahlter Kapitalertragsteuern gegen ihre Gesellschafter, DStR 2016, 1871; *ders.* Steuerentnahmerechte von Gesellschaftern bei werbender und insolventer Personengesellschaft, DStR 2013, 2224.

Kapitalkonten
Ley Schwerpunkte und Streitfragen aus dem Bilanzsteuerrecht, KÖSDI 1992, 9120 (Teil 1) und 9152 (Teil 2); *Ley* Zur steuerlichen Behandlung der Gesellschafterkapitalkonten sowie der Forderungen und Verbindlichkeiten zwischen einer gewerblichen Personengesellschaft, KÖSDI 2002, 13460; *dies.* Rechtsnatur und Abgrenzung aktivi-

scher Gesellschafterkonten, DStR 2003, 957; *dies.* Neuere Entwicklungen und Praxiserkenntnisse zu § 15a EStG, KÖSDI 2004, 14374; *dies.* Gesellschafterkonten einer Personengesellschaft in der Handels- und Steuerbilanz – eine Fortschreibung, KÖSDI 2014, 18844 *Schiffers* Änderung der steuerlichen Verlustnutzung ab 2004 – Folgen und Handlungsbedarf insbesondere für GmbH und GmbH & Co. KG, GmbH-StB 2004, 50; *Paus* Verluste und negatives Kapitalkonto beim Kommanditisten, NWB 2005, Fach 3, 13171 (Januar 2005); *Bock* Verlustausgleich nach § 15a EStG durch „Finanzplandarlehen": Ist die Bastion des Verbots des Verlustausgleichs gefallen?, StB 2005, 420; *Frystatzki* Eigenkapital oder Fremdkapital? – Die Rechtsnatur der Kapitalkonten bei Personengesellschaften, EStB 2006, 342; *Stollenwerk* Neue Schranken für die Verlustverrechnung durch § 15b EStG für die mittelständische GmbH & Co. KG?, GmbH-StB 2006, 333; *Pohl,* Abgrenzung von Kapital- und Darlehenskonten – Anmerkung zum BFH-Urteil v. 15.5.2008 – IV R 46/05, NWB 2008, 3915; *Röhrig* Finanzierungsaufwand bei Gesellschafterforderung – Praktische Konsequenzen der BFH-Entscheidung v. 26.6.2007, EStB 2008, 151; *Bitz* Zu den Voraussetzungen der Qualifizierung eines Darlehenskontos des Kommanditisten als Kapitalkonto bei gewinnunabhängiger Verzinsung, GmbHR 2008, 1001 f.; *Müller/Marchand* Zur Frage der Beschränkung der erweiterten Verlustausgleichs eines Kommanditisten bei zusätzlicher Bareinlage, GmbHR 2009, 279 f.; *Schäfers* Gestaltungen zur Sicherstellung des Verlustausgleichs, GmbH-StB 2010, 15. *Hempe/Huber* Die Reihenfolge der Verlustverrechnung bei Zusammentreffen von Veräußerungsgewinnen mit laufenden § 15a-EStG- Verlusten, DStR 2013, 1217; *Sahrmann* Das negative Kapitalkonto des Kommanditisten nach § 15a EStG, DStR 2012, 1109,

Liquidation
Ley, Ertragssteuerbrennpunkte bei der Liquidation einer GmbH & Co. KG, KÖSDI 2005, 14815.

Mitunternehmer
Weilbach Die Mitunternehmerschaft im Lichte der neuen Rechtssprechung des BFH, StB 2000, 176; *Bodde* Tatbestandsverwirklichung nach § 15 I 1 Nr. 2 EStG, DStZ 2002, 391; *Kempermann* Mitunternehmer und Mitunternehmeranteil – steuerrechtliche Probleme der Personengesellschaft aus der Sicht des BFH, GmbHR 2002, 200; *Grewe,* Mangels verdeckter Mitunternehmerschaft wird Begünstigung nach § 13a ErbStG nicht gewährt, ErbStB 2009, 171.

Nießbrauch
Jebens Die Wirkung des Vorbehaltsnießbrauchs bei Schenkung von Unternehmensanteilen, DStZ 2009, 321; *Korn/Carlé* Renaissance des Vorbehaltsnießbrauchs – Zivil- und steuerrechtliche Probleme und Lösungen, KÖSDI 2009, 16514; *Götz/Hülsmann* Der Nießbrauch im Zivil- und Steuerrecht, 10. Aufl., 2014; *Schulze zur Wiesche* Die erbschaftsteuerliche Behandlung einer Anteilsschenkung unter Nießbrauchsvorbehalt, DB 2009, 2452, *Söffing/Jordan* Nießbrauch an einem Mitunternehmeranteil, BB 2004, 353, *Schulze zur Wiesche,* die ertragsteuerliche Behandlung von Nießbrauch und Treuhand an einem KG-Anteil, BB 2004, 355, ders. Der Nießbrauch an einem Gesellschaftsanteil nach der Unternehmenssteuerreform, DB 2008, 2728.

Sonderbetriebsausgaben/Sonderbetriebsvermögen
Ley Ausgewählte Fragen und Probleme in Fällen der Übertragung von Sonderbetriebsvermögen sowie von Mitunternehmer(teil)anteilen, KÖSDI 2004, 1424, *Wenzel* Sonderbetriebsvermögen, Grundlagen des Rechtsinstituts, NWB 09, 1070, *Kahle* Die Sonderbilanz bei der Personengesellschaft, FR 2012, 109, *Schulze zur Wiesche* Beteiligungen an Kapitalgesellschaften als Sonderbetriebsvermögen, StBp 2010, 213.

Umsatzsteuer
Robisch Geschäftsführerleistungen bei Personengesellschaften, Vor- und Nachteile der neuen BFH-Rechtssprechung, UStB 2003, 246; *Zugmaier* Umsatzsteuerliche Be-

handlung von Geschäftsführungsleistungen, Tätigkeitsvergütungen und Gewinnvoraus bei Sozietäten, NJW 2003, 801; *von Streit* Geschäftsführung und Vertretung von Gesellschaftern in der Umsatzsteuer, UStB 2006, 195; *Forster* Geschäftsführungs- und Vertretungsleistungen eines Gesellschafters – Anpassungsbedarf aus dem BMF-Schreiben vom 31.5.2007, UStB 2007, 353; *Fromm* Umsatzsteuerpflicht des Geschäftsführers – Anmerkungen und Beratungshinweise zu dem BMF-Schreiben vom 31.5.2007, GmbHR 2007, 865; *Birkenfeld* Umsatzsteuerrechtliche Organschaft und Gemeinschaftsrecht – GmbH & Co. KG als Organträger und als Organgesellschaft, UR 2008, 2; *Hiller* Umsatzsteuerliche Problembereiche bei Gesellschafter – Geschäftsführungsleistungen, UR 2009, 477.

Vererbung/Nachfolge
– Allgemein
Amandi Umstrukturierung zur Vorbereitung eines Generationenwechsels, Gesellschafts- und steuerrechtliche Gestaltungsspielräume nutzen!, GmbH-StB 2002, 323; *Tiedke/Hils* Sonderbetriebsvermögen bei qualifizierter Nachfolge in den Anteil eines Mitunternehmers, ZEV 2004, 441; *Göz* Die Nachfolgeregelung bei der GmbH & Co. KG, NZG 2004, 345; *Schiffers* Unentgeltliche Anteilsübertragung bei GmbH & Co. KG, GmbH-StB 2005, 139 (Teil 1) und 175 (Teil 2); *Geck* Familienpool zur Vermögenssicherung und -bindung – Hinweise aus zivil-, ertragsteuerlicher und erbschaftsteuerrechtlicher Sicht, KÖSDI 2008, 16016; *Popp* Ausgewählte Aspekte der objektivierten Bewertung von Personengesellschaften, WPg 2008, 935; *Hübner/Maurer* Erbschaft- und schenkungsteuerliche Folgen gesellschaftsvertraglicher Abfindungsbeschränkungen für die verbleibenden Gesellschafter, ZEV 2009, 361 (Teil 1) und 428 (Teil 2); *Leitzen* Abfindungsklauseln bei Personengesellschaften und GmbHs – Aktuelle Entwicklungen und Auswirkungen der Erbschaftsteuerreform, RNotZ 2009, 315; *Onderka* Die Gestaltung der Unternehmensnachfolge nach der Erbschaftsteuerreform, NZG 2009, 521; *Wälzholz* Auswirkungen der Erbschaftsteuerreform 2008/2009 auf Gesellschaftsverträge und die Besteuerung der Vererbung von Gesellschaftsanteilen, DStZ 2009, 591; *Levedag* Nachfolge in Personengesellschaften von Todes wegen am Beispiel der GmbH & Co. KG, GmbHR 2010, 629; *Neumayer/Imschweiler* Schenkungsteuer beim Ausscheiden eines Gesellschafters auf Basis gesellschaftsvertraglicher Abfindungsklauseln, DStR 2010, 201; *Rudisch* Gestaltungsmöglichkeiten beim Ausscheiden eines Kommanditisten vor dem Hintergrund des neuen Erbschaft- und Schenkungsteuergesetzes, BB 2010, 1321; *Scherer* Familienunternehmen: Zivil- und steuerrechtliche Besonderheiten bei der Gestaltung des Gesellschaftsvertrages, BB 2010, 323; *Invens* Gesellschaftsvertragliche Abfindungsbeschränkungen im Schenkung- und Erbschaftsteuerrecht, GmbHR 2011, 465; *Beckervordersandfort* Nachfolgegestaltung mit Familienpool, ZErb 2016; 189. *Bäuml*, Erbschaftsteuerreform 2016 – Überblick über die gesetzlichen Neuregelungen aus Sicht der Praxis, NWB 2016, 3516; *Höhne*, Erbschaftsteuerreform 2016: Ein Überblick NWB-EV 2016, 370; *Höhne* Erbschaftsteuerreform 2016: Wichtige Zeiträume und Fristen, NWB-EV 2016, 411; *Höhne*, Erbschaftsteuerreform 2016 Ende gut alles gut!? NWB-EV 2016, 336; *Höhne*, Erbschaftsteuerreform 2016: aus § 13c ErbStG wird § 13d ErbStG, NWB-EV 2017, 14; *Betz/Zillmer* Das Verwaltungsvermögen im neuen Erbschaftsteuerrecht, NWB-EV 2017, 9; *Kaminski* Neuregelungen für Betriebsvermögen bei der Erbschaft- und Schenkungsteuer, Stbg 2016, 441; *Thonemann-Micker/Krogloll* Erbschaftsteuerreform 2016: ausgewählte Fragestellungen für die Beratungspraxis, NWB-EV 2016, 378; *Bruckmeier/Zwirner/Vodermeier/Zimny* Änderungen und Auswirkungen der ErbSt-Reform 2016 auf die erbschaft- und schenkungsteuerliche Unternehmensbewertung, DB 2017, 797; *Wachter*, Ausgewählte Fallbeispiele zur Erbschaftsteuerreform NZG 2016, 1168; *Hannes:* Erbschaftsteuerreform 2016, Neuregelung zur Bewertung und zum Umfang der Verschonung, ZEV 2016, 554, *Reich* Keine Übergangszeit in der Erbschaftsteuer – Erste Überlegungen für die Erbschaftsteuernotfallplanung des „Großunternehmers" im neuen Recht, DStR 2016, 1459; *Geck* Erbschaftsteuerreform 2016: Die neuen Voraussetzungen der Verschonung von Unternehmensvermögen unter Einschluss der Nachsteuertatbestände, ZEV 2016, 546;

Reich Gestaltungen im neuen Unternehmenserbschaftsteuerrecht, DStR 2016, 2447; *Korezkij* Neuer Verwaltungsvermögenstest im Konzern aus der Sicht eines Rechtsanwenders – Der Weg vom begünstigungsfähigen zum begünstigten Vermögen nach § 13b Abs. 2–10 ErbStG, DStR 2016, 2434; ders. Erbschaftsteuerreform: Finger weg vom Abschmelzungsmodell bei Erwerben begünstigten Vermögens ab 51 Mio. EUR, DStR 2017, 189; ders. Erbschaftsteuerreform: Ausgewählte Zweifelsfragen rund um die Betriebsvermögensnachfolge, DStR 2017, 745.
– Erbschaftsteuerrichtlinien
Eisele Unternehmenserbschaftsteuerrecht: Die Anwendungserlasse zur Umsetzung der Erbschaftsteuerreform 2016, Teil 1 NWB 2017, 2670, Teil 2 NWB 2017, 2751; *Geck* Der koordinierte Ländererlass zur Erbschaftsteuerreform v. 22.6.2017: eine Hilfestellung für die Beratungspraxis ZEV 2017, 481; *Wachter* Neue Erlasse der Finanzverwaltung zum ErbStG, GmbHR 2007, 841.
– Vorababschlag
Weber/Schwind Vorababschlag für Familienunternehmen gem. § 13a Abs. 9 ErbStG: Vorschläge für eine gesellschaftsvertragliche Umsetzung, ZEV 2016, 688; *Wachter* Neuer Vorab-Abschlag beim Erwerb von Anteilen an qualifizierten Familienunternehmen, NZG 2016, 1168; *Viskorf/Löcherbach/Jehle* Die Erbschaftsteuerreform 2016 – Ein erster Überblick, DStR 2016, 2429 ff.; *Reich* Gestaltungen im neuen Unternehmenserbschaftsteuerrecht, DStR 2016, 2447; *Carlé* Hinweise zur Testaments- und Gesellschaftsvertragsgestaltung; KÖSDI 2017, 20324; *Weber* Der Vorab-Abschlag für Familienunternehmen nach dem ErbStRefG 2016 – eine Regelung mit Tücken, DStZ 2017, 13.
– Bewertung
Lorenz Wann ist der Substanzwert iSd § 11 Abs. 2 S. 3 BewG als Mindestwert zu berücksichtigten?, DStR 2016, 2453; *Kummer/Wangler* Wahl der Unternehmensbewertungsmethode nach der Erbschaftssteuerreform, DB 2017, 1917.
– Europarechtswidrige Beihilfen?
Wachter Sind die geplanten Verschonungen im deutschen Erbschaftsteuerrecht europarechtswidrige Beihilfen?, DB 2016, 1273.
– Unternehmensbewertung
Bruckmeier/Zwirner/Vordermeier Unternehmensbewertung im Erbschaftsteuerrecht: Handlungsempfehlungen und Modellrechnungen, DStR 2017, 678.

Vermögensverwaltende KG
– Allgemein
Haase/Dorn Vermögensverwaltende Personengesellschaften, 2. Aufl. 2015; *Hohaus/Eichmann* Die Beteiligung Minderjähriger an vermögensverwaltenden Familienkommanditgesellschaften – Anforderungen für die steuerliche Anerkennung, BB 2004, 1707; *Milatz/Sax* Transparenz der vermögensverwaltenden Personengesellschaft, DStR 2017, 141; *Engel* Vermögensverwaltende Personengesellschaften im Ertragsteuerrecht, 1. Aufl. 2012
– Bilanzierung
Demuth/Klingbeil Bilanzierungspflicht von vermögensverwaltenden Personenhandelsgesellschaften?!, DStR 2009, 2537; *Früchtl/Prokscha*, Vermögensverwaltende Personengesellschaften im Gesellschafts-, Handels- und Steuerrecht, DStZ 2010, 595; *Drüen* in *Tipke/Kruse*, AO/FGO Stand: November 2016, § 140 AO Rn. 17 und 22.
– Steuerrecht
Söffing/Thoma Der Familienpool in der Nachfolgeplanung, ErbStB 2003, 399; *Levedag* Einbringung und Einlage in vermögensverwaltende und gewerbliche Personengesellschaften, GmbHR 2013, 243; *Geck* Die vermögensverwaltende Personengesellschaft im Ertrag- und Erbschaftsteuerrecht, KÖSDI 2010, 16842; *Bührer* Die Einkunftsarten übergreifende Verlustverrechnung nach § 15a EStG, DStR 2015, 1546; *Middendorf/Rickermann* Sinngemäße Anwendung des § 15a EStG bei vermögensverwaltenden Personengesellschaften, BB 2015, 929; *Behrens/Renner* Verlustausgleichsbeschränkungen bei vermögensverwaltenden Grundstücks-KGs, BB 2015, 677; *Demuth*, Praxisfragen zur vermögensverwaltenden Personengesellschaft, in Beratungsbrennpunkt Personengesellschaft 2014 Ksp 17 Abschnitt H, 145; *Dorn* Möglichkeiten und

Probleme der sinngemäßen Anwendung des § 15a EStG auf vermögensverwaltende Personengesellschaften, DStR 2015, 1598; *Milatz/Sax* Transparenz vermögensverwaltender Personengesellschaft, DStR 2017, 141. *Brüggemann*, Ertragsteuerliche Anerkennung einer grundstücksverwaltenden Familiengesellschaft, ErbBstg 2013, 72.

II. GmbH

1. Gesellschaftsrecht

Allgemein
Scholz Kommentar zum GmbH-Gesetz, 11. Aufl., 2012/2015; *Wicke* GmbHG, 3. Aufl., 2016; *Roth/Altmeppen* GmbH-Gesetz, 8. Aufl., 2015; *Lutter/Hommelhoff* GmbH-Gesetz, 19. Aufl., 2016; Münchener Handbuch des Gesellschaftsrechts, Bd. 3, GmbH, 4. Aufl., 2012; *Bork/Schäfer* GmbHG, 3. Aufl., 2015; *Fleischer/Goette (Hrsg.)* Münchener Kommentar zum GmbHG, 2. Aufl., 2015/2016; *Baumbach/Hueck* GmbHG, 21. Aufl., 2017; *Reichert/Schuhmacher* Der GmbH-Vertrag, 4. Aufl., 2014; *Prinz/Winkeljohann (Hrsg.)* Beck'sches Handbuch der GmbH, 5. Aufl., 2014; *Ulmer/Habersack/Löbbe* GmbHG, 2. Aufl., 2013.

Abberufung
Goette Das Organverhältnis des GmbH-Geschäftsführers in der Rechtsprechung des Bundesgerichtshofs, DStR 1998, 938.

Abfindung
Goette Ausschluss und Austritt der GmbH in der Rechtsprechung des BGH, DStR 2001, 533; *Hülsmann* Abfindungsklauseln: Kontrollkriterien der Rechtsprechung, NJW 2002, 1673; *Bacher/Spieth* Fehlerhafte Abfindungsklauseln in GmbH-Satzungen, GmbHR 2003, 517; *dies.* Die Anfechtbarkeit oder Nichtigkeit fehlerhafter Abfindungsklauseln in der GmbH-Satzung, GmbHR 2003, 973; *Spindler* Vergütung und Abfindung von Vorstandsmitgliedern, DStR 2004, 36; *Rodewald/Eckert* Satzungsbestimmungen zur Abfindung im aktuellen Niedrigzinsumfeld, GmbHR 2017, 329.

Amtsniederlegung
Lohr Die Amtsniederlegung des GmbH-Geschäftsführers – Voraussetzungen der Niederlegung und Folgen für das Anstellungsverhältnis, DStR 2002, 2173; *Schuhmann* Amtsniederlegung des GmbH-Geschäftsführers, GmbHR 2007, 305.

Aufsichtsrat/Beirat
Ihrig/Schlitt Vereinbarungen über eine freiwillige Einführung oder Erweiterung der Mitbestimmung, NZG 1999, 333; *Simon* Bestellung und Abberufung des Aufsichtsrats in GmbH und GmbH & Co. KG, GmbHR 1999, 257; *Müller/Wolff* Freiwilliger Aufsichtsrat nach § 52 GmbH und andere freiwillige Organe, NZG 2003, 751; *Wälzholz* Der Beirat im mittelständischen Unternehmen – Chancen, Grenzen und Probleme, DStR 2003, 511; *Spindler/Kepper* Funktionen, rechtliche Rahmenbedingungen und Gestaltungsmöglichkeiten des GmbH-Beirats, DStR 2005, 1738 (Teil 1) und 1775 (Teil 2).

Ausscheiden
Mayer/Elfring Das zwangsweise Ausscheiden eines Gesellschafters – Machtkämpfe in der GmbH, GmbHR 2004, 869; *Heidinger* Das Ausscheiden eines Gesellschafters aus der GmbH, GmbHR 2007, 1184.

Ausschluss
Goette Ausschließung und Austritt der GmbH in der Rechtsprechung des Bundesgerichtshofs, DStR 2001, 533; *Löwe/Thoß* Austritt und Ausschluss eines Gesellschafters aus der GmbH sowie Einziehung seines Geschäftsanteils – Wirksamkeit und Wirkungen, NZG 2003, 1005; *Römermann* Ausschließung von GmbH-Gesellschaf-

tern und Einziehung von Anteilen: Ein Minenfeld, NZG 2010, 96; *Hoffmann/Rüpell* Ausschluss eines GmbH-Gesellschafters aus wichtigem Grund, BB 2016, 1026.

Austritt
Goette Ausschließung und Austritt aus der GmbH in der Rechtsprechung des Bundesgerichtshofs, DStR 2001, 533; *Löwe/Thos* Austritt und Ausschluss eines Gesellschafters aus der GmbH sowie Einziehung eines Geschäftsanteils, NZG 2003, 1005; *Hülsmann* Rechtspraktische Probleme beim Austritt von Gesellschaftern aus der GmbH, GmbHR 2003, 198.

Bekanntmachungen
Noack Pflichtbekanntmachungen bei der GmbH: Neue Regeln durch das Justizkommunikationsgesetz, DB 2005, 599; *Terbrack* Neuregelung der Bekanntmachung bei der GmbH, DStR 2005, 2045.

Einberufung/Durchführung der Gesellschafterversammlung
Altmeppen Einberufung der Gesellschafterversammlung einer GmbH auf Verlangen einer Minderheit, GmbHR 2017, 788; *Wicke* Dos and don'ts bei der Einberufung und Durchführung von Gesellschafterversammlungen, GmbHR 2017, 777.

Einziehung
Löwe/Thos Austritt und Ausschluss eines Gesellschafters aus der GmbH sowie Einziehung seines Geschäftsanteils – Wirksamkeit und Wirkungen, NZG 2003, 1005; *Römermann* Ausschließung von GmbH-Gesellschaftern und Einziehung von Anteilen: Ein Minenfeld, NZG 2010, 96; *Braun* Nochmals: Einziehung von GmbH-Geschäftsanteilen und Konvergenz nach § 5 III 2 GmbHG, NJW 2010, 2700; *Heckschen* Einziehung, Zwangsabtretung und Ausschluss in der Insolvenz eines GmbH-Gesellschafters, NZG 2010, 521; *Kort* Die Einziehung von GmbH-Geschäftsanteilen im Lichte der neuen BGH-Rechtsprechung, DB 2016, 2098; *Kleindieck* Einziehung von Geschäftsanteilen..., GmbHR 2017, 815.

Erbengemeinschaft
Lohr Regelungen zur Ausübung der Rechte an einen im Nachlass befindlichen Geschäftsanteil, GmbH-StB 2015, 21.

Erbfolge
Priester Nachfolgeklauseln im GmbH-Vertrag, GmbHR 1981, 206; *Michalski* Nachfolgeklauseln in der GmbH-Satzung, NZG 1998, 301; *Reimann* Die Qualifizierte Nachfolgeklausel – Gestaltungsmittel und Störfaktor, ZEV 2002, 487; *Storg* Qualifizierte Nachfolge in Gesellschaftsanteilen nach neuester Rechtslage, DStR 2002, 1384; *Ivo* Die Vererbung von GmbH-Geschäftsanteilen nach Inkrafttreten des MoMiG, ZEV 2009, 333.

Ergebnisverwendung
Hommelhoff/Hartmann/Hillers Satzungsklauseln zur Ergebnisverwendung in der GmbH, DNotZ 1986, 323; *Hommelhoff* Auszahlungsanspruch und Ergebnisverwendungsbeschluß in der GmbH, FS Rowedder, 1994, 171; *Schiffers* Gewinnverwendungspolitik als Mittel der steuerlichen Rechtsformoptimierung – Personengesellschaft, Kapitalgesellschaft und GmbH & Co. KG, DStR 2003, 302; *Bascopé* Gewinn- und sonstige Auszahlungsansprüche von GmbH-Gesellschaftern aus dem Gesellschaftsvermögen, GmbHR 2006, 183; *Lohr* Satzungsklauseln zur Ergebnisverwendung, GmbH-StB 2015, 301.

Firma
Möller Das neue Firmenrecht in der Rechtsprechung – Eine kritische Bestandsaufnahme, DNotZ 2000, 830; *Clausnitzer* Das Firmenrecht in der Rechtsprechung (2000 bis 2009), DNotZ 2010, 345.

Geschäftsführer/Anstellungsvertrag
Lohr Die fristlose Kündigung des Dienstvertrages eines GmbH-Geschäftsführers, NZG 2001, 826; *Lohr* Die Amtsniederlegung eines GmbH-Geschäftsführers – Voraussetzungen der Niederlegung und Folgen für das Anstellungsverhältnis, DStR 2002, 2173; *Gravenhorst* Das Anstellungsverhältnis des GmbH-Geschäftsführers nach seiner Abberufung, GmbHR 2007, 417.

Geschäftsführer/Haftung
Lohr Die Beschränkung der Innenhaftung des GmbH-Geschäftsführers, NZG 2000, 1204; *Cebulla* Haftungsmodelle bei der GmbH-Gründung, NZG 2001, 972; *Westermann* Haftungsrisiken eines „beherrschenden" GmbH-Geschäftsführers, NZG 2002, 1129; *Sontheimer* Beschränkung der Haftung des Geschäftsführers nach § 69 AO durch § 64 II GmbHG, DStR 2004, 1005; *Arends/Möller* Aktuelle Rechtsprechung zur Geschäftsführer-Haftung in Krise und Insolvenz der GmbH, GmbHR 2008, 169; *Bellen/Stehl* Pflichten und Haftung der Geschäftsführung in der Krise der GmbH – ein Überblick, BB 2010, 2579; *Bitter* Haftung von Gesellschaftern und Geschäftsführern in der Insolvenz ihrer GmbH, ZInsO 2010, 1505 (Teil 1) und 1561 (Teil 2); *Desch* Haftung des Geschäftsführer einer GmbH nach § 64 S. 3 GmbHG bei Rückzahlung von Gesellschafterdarlehen, BB 2010, 2586; *Haas* Aktuelle Fragen zur Krisenhaftung des GmbH-Geschäftsführers nach § 64 GmbHG, GmbHR 2010, 1.

Geschäftsführer/Kreditgewährung
Saenger/Koch Kreditgewährung an Gesellschafter aus gebundenem Vermögen als verbotene Auszahlung auch bei vollwertigem Rückzahlungsanspruch, NZG 2004, 271.

Geschäftsführer/Pflichten
Mennicke Zum Weisungsrecht der Gesellschafter und der Folgepflicht des Geschäftsführers in der mitbestimmungsfreien GmbH, NZG 2000, 622; *Boujong* Das GmbH-Recht in den Jahren 2000 bis 2002, NZG 2003, 497; *Fleischer* Zur Privatsphäre von GmbH-Geschäftsführern und Vorstandsmitgliedern: Organpflichten, organschaftliche Zurechnung und private Umstände, NJW 2006, 3239; *Schneider* Die Pflichten des Geschäftsführers in der Krise der GmbH – Zwölf Handlungsanweisungen an den Geschäftsführer zur Haftungsvermeidung, GmbHR 2010, 57.

Geschäftsjahr
Kleinert/von Xylander Das Geschäftsjahr als notwendiger Gesellschaftsvertragsbestandteil?, GmbHR 2003, 506.

Gesellschafterbeschlüsse
Lohr Der Stimmrechtsausschluss des GmbH-Gesellschafters (§ 47 IV GmbHG), NZG 2002, 551; *Mayer* Nichtige Gesellschafterbeschlüsse einer GmbH, NZG 2007, 448.

Gesellschafterversammlung
Böttcher/Grewe Der Versammlungsleiter in der Gesellschaft mit beschränkter Haftung – Kompetenzen, Bestellung und Abberufung, NZG 2002, 1086; *Abramenko* Zum Rechtsschutz gegen fehlerhafte Protokolle über Gesellschafterversammlungen, GmbHR 2003, 1043; *Seeling* Typische Fehlerquelle bei der Vorbereitung und Durchführung der Gesellschafterversammlung einer GmbH, DStR 2009, 1097; *Winstel* Beschlussfähigkeit der Gesellschafterversammlung – Beschränkung auf einzelne Beschlussgegenstände und Satzungsgestaltung, GmbHR 2010, 793; *Lange* Der Leiter der GmbH-Gesellschafterversammlung, NJW 2015, 3190; *Bochmann* Statutarische Konfliktvorsorge im Hinblick auf das Verfahren der Gesellschafterversammlung, GmbHR 2017, 558 ff. *Noack* Der Versammlungsleiter einer GmbH – Recht, GmbHR 2017, 792.

II. GmbH

Gewinnverwendung
S. o. Ergebnisverwendung.

Gründungshaftung
Michalski/Barth Außenhaftung der Gesellschafter einer Vor-GmbH, NZG 1998, 525; *Cebulla* Haftungsmodelle bei der GmbH-Gründung, NZG 2001, 972; *Baumann/Müller* Die Haftung der Gründungsgesellschafter bei der echten und unechten Vor-GmbH – Kommentar zu OLG Bremen, NZG 2001, 227, NZG 2001, 218.

Kapitalaufbringung und Kapitalschutz
Paefgen Kapitalerhaltungshaftung von GmbH-Geschäftsführern und Gesellschaftern – Zum Urteil des BGH vom 29.9.2008 – II ZR 234/2007, DZWIR 2009, 177; *Goette* „Cash Pool II" – Kapitalaufbringung in der GmbH nach MoMiG, GWR 2009, 333; *Schall* Kapitalaufbringung nach dem MoMiG, ZGR 2009, 126; *Henkel* Kapitalaufbringung bei der GmbH nach dem MoMiG – Hin- und Herzahlen, NZI 2010, 84; *Wachter* Leitlinien der Kapitalaufbringung in der neueren Rechtsprechung des Bundesgerichtshofs, DStR 2010, 1240.

Liquidation
Kort Die Vertretungsbefugnis der Liquidatoren bei der GmbH, GmbHR 2009, 176; *Terner* Die Befreiung des GmbH-Liquidators von den Beschränkungen des § 181 BGB, DStR 2017, 160.

Minderjährige Gesellschafter:
Bürger Die Beteiligung Minderjähriger an Gesellschaften mit beschränkter Haftung, RNotZ 2006, 157; *Wälzholz* Minderjährige in der GmbH, GmbH-StB 2006, 170.

Publizität
Meilicke Gestaltungen zur Verminderung der Publizität, DB 1986, 2445; *Dorozala/Söffing* Zur Vermeidung handelsrechtlicher Offenlegungspflichten durch alternative Rechtsformen, DStR 2000, 1567; *Sikora* Das EHUG in der notariellen Praxis, Mitt-BayNot 2007, 1; *Noack* Neue Publizitätspflichten und Publizitätsmedien für Unternehmen – eine Bestandsaufnahme nach EHUG und TUG, WM 2007, 377; *Kräußlein* Praktische Probleme bei der Offenlegung von Jahresabschlüssen nach EHG – empirische Analyse und Lösungswege, DStR 2009, 869.

Salvatorische Klauseln
S. Teilnichtigkeitsklauseln.

Schiedsklauseln
Reichert/Harbarth Statuarische Schiedsklauseln – Einführung, Aufhebung und umwandlungsrechtliche Behandlung, NZG 2003, 379; *Schneider* Schiedsverfahren in GmbH-Beschlussmängelstreitigkeiten, GmbHR 2005, 86; *Pröpper* Satzungsmäßige Schiedsklauseln – Schiedsgerichtszuständigkeit unter Ausschluss des ordentlichen Rechtswegs, GmbH-StB 2006, 337; *Hilbig* Schiedsvereinbarungen über GmbH-Beschlussmängelstreitigkeiten – Zugleich Anmerkung zu BGH, Urt. vom 6.4.2009, Az. II ZR 255/08 Schiedsfähigkeit II, SchiedsVZ 2009, 247; *Wolff* Beschlussmängelstreitigkeiten im Schiedsverfahren, NJW 2009, 2021; *Goette* Neue Entscheidung des Bundesgerichtshofs: Beschlussmängelstreitigkeiten im GmbH-Recht sind schiedsfähig, GWR 2009, 103; *Müller* GmbH-Beschlussmängelstreitigkeiten im Schiedsverfahren, GmbHR 2010, 729; *Behme* Formunwirksamkeit von Schiedsklauseln in Gesellschaftsverträgen und ihre Folgen, BB 2008, 685.

Selbstkontrahieren
Schick Die Befreiung eines Geschäftsführers einer Einmann-GmbH von den Beschränkungen des § 181 BGB durch Gesellschafterbeschluß, DB 1984, 1024; *Baetzgen* Insichgeschäfte im Gesellschaftsrecht, RNotZ 2005, 193.

Stimmrecht
Priester Stimmverbot des GmbH-Gesellschafters bei Entlastungsbeschlüssen, FS Rowedder, 1994, 369; *Lohr* Stimmrechtsausschluss des GmbH-Gesellschafters (§ 47 IV GmbHG), NZG 2002, 551; *Semler* Der stimmlose Beschluss, NZG 2004, 881; *Müller* Stimmbindungen von GmbH-Gesellschaftern, GmbHR 2007, 113; *Grohmann* Der Stimmrechtsausschluss bei der Einpersonen-GmbH, GmbHR 2008, 1255; *Priester* Stimmrechtsausschlüsse und Satzungsregelungen, GmbHR 2013, 225. *Karsten Schmidt* Stimmrechtsausschluss bei Beschlussfassung über die Abberufung aus wichtigem Grund, GmbHR 2017, 670.

Teilnichtigkeitsklausel
Sommer/Weitbrecht Salvatorische Klauseln in GmbH-Verträgen, GmbHR 1991, 449.

Testamentsvollstreckung
Mayer Die Testamentsvollstreckung über GmbH-Anteile, ZEV 2002, 209.

Unternehmergesellschaft (UG)
Wachter Die neue Unternehmergesellschaft (haftungsbeschränkt), GmbHR-Sonderheft 2008, 25; *Veil* Die Unternehmergesellschaft im System der Kapitalgesellschaften, ZGR 2009, 623; *Heckschen* Gründungserleichterungen nach dem MoMiG – Zweifelsfragen in der Praxis, DStR 2009, 166; *Römermann* Die Unternehmergesellschaft – manchmal die bessere Variante der GmbH, NJW 2010, 905; *Römermann/Passarge* Die GmbH & Co. KG ist tot – es lebe die UG & Co. KG!, ZIP 2009, 1497; *Waldenberger/Sieber* Die Unternehmergesellschaft (haftungsbeschränkt) jenseits der „Existenzgründer" – Rechtliche Besonderheiten und praktischer Nutzen, GmbHR 2009, 114.

Vererbung
Lommer Die Unternehmensnachfolge in einer Familienkapitalgesellschaft nach Gesellschafts-, Zivil- und Steuerrecht, BB 2003, 1909; *Lautner* Besondere Nachfolgeregelungen in der GmbH-Satzung, DNotZ 2003, 718; *Göz* Die Nachfolgeregelung bei der GmbH & Co. KG, NZG 2004, 345; *Wachter* Unternehmensnachfolge bei der GmbH und GmbH & Co. KG nach dem MoMiG, DB 2009, 159; *Sommer* Besonderheiten der Unternehmensnachfolge bei Kapitalgesellschaften in *Schlecht & Partner/Taylor Wessing (Hrsg.)* Unternehmensnachfolge – Handbuch für die Praxis, 2. Aufl., 2010, 295; *Lange* Vererbung von GmbH-Anteilen und Gesellschafterliste GmbHR 2012, 986.

Vor-GmbH
Luttermann/Lingl Unterbilanzhaftung, Organisationseinheit der Vor-GmbH und Haftungskonzept, NZG 2006, 454.

Vorsorgevollmacht
Werner Der handlungsunfähige Gesellschafter, GmbHR 2013, 963.

Weisungsrecht
Mennicke Zum Weisungsrecht der Gesellschafter und der Folgepflicht des Geschäftsführers in der mitbestimmungsfreien GmbH, NZG 2000, 622.

Wettbewerbsverbot
Bauer/Diller Nachvertragliche Wettbewerbsverbote mit GmbH-Geschäftsführern, GmbHR 1999, 885; *Menke* Gestaltung nachvertraglicher Wettbewerbsverbote mit GmbH-Geschäftsführern – Verzicht statt Karenzentschädigung, NJW 2009, 636; *Wilsing/Ogorek* Wettbewerbsverbot und Mitspracherechte vor Umsetzung des Austritts eines GmbH-Gesellschafters, NZG 2010, 379.

II. GmbH

2. Steuerrecht

Umsatzsteuer
Vgl. Literaturverzeichnis KG, Stichwort Umsatzsteuer.

Verdeckte Gewinnausschüttung bei GmbH& Co KGs
Deininger Verdeckte Gewinnausschüttung bei Änderung des Gesellschaftsvertrags einer GmbH & Co. KG, DB 1970, 1458; Lersch/Schaaf Zur Korrektur der Gewinnverteilung zu Lasten der Komplementär-GmbH und zur Angemessenheit des Gewinnanteils, GmbHR 1972, 236; *Simon* Der Anspruch auf Körperschaftsteueranrechnung bei Anteilen im Betriebsvermögen, BB 1981, 133; *Schulze zur Wiesche* Ertragsteuerliche Behandlung der GmbH & Co. KG nach der neuesten Rspr. des BFH, StBP 1991, 251; *Söffing* Pensionsrückstellung für Personengesellschafter, BB 1999, 40 (Teil 1) und 96 (Teil 2); *Tischer* Pensionszusagen an geschäftsführende Mitunternehmer im System der stufenweisen Gewinnermittlung, FR 1991, 157; *Schoor* Geschäftswert als Gegenstand einer verdeckten Gewinnausschüttung bei einer GmbH und Co. KG und Körperschaftsteuer-Anrechnung, GmbHR 1982 189; *Wassermeyer* Verdeckte Gewinnausschüttungen bei einer GmbH & Co. KG, GmbHR 1999, 18; *Wacker* in *Schmidt* EStG, 35. Aufl., 2016, § 15 Rn. 722; *Dötsch/Pung/Möhlenbrock (Hrsg.)* Die Körperschaftsteuer, Stand: Dezember 2015, Anhang zu § 8 KStG GmbH & Co KG.

F. Sachregister

Die Zahlen verweisen auf die Randnummern.

Die Zusätze „KG" bzw. „GmbH" bei den Hauptstichworten beziehen sich im Wesentlichen auf die KG bzw. GmbH der typischen GmbH & Co. KG, soweit nichts anderes angegeben ist. Die Zusätze „KG" bzw. „GmbH" bei den Unterstichworten beziehen sich auf den KG-Vertrag bzw. die GmbH-Satzung der jeweiligen Muster.

Abfindung-**GmbH**
- allgemein 1197, 1202 ff.
- Besteuerung 1205
- Ergebnisverteilung im Jahr der Einziehung 1203
- Fälligkeit 1204
- Verzinsung 1204

Abfindung-**KG**
- Abfindung zum Erbschaftsteuerwert 884
- Abfindung zum Ertragswert 882
- Abfindungsausschluss 877 ff.
- Abfindungsbeschränkungen 876 ff.
- Abfindungsbilanz 870
- Abfindungswert 869
- Befreiung von Schulden 894
- Buchwert 885
- Erbschaftsteuerliche Aspekte 896 ff.
- Fälligkeit der Abfindung 892
- Gesetzliche Ausgangslage 864 ff.
- Gestaltungsprobleme 879 ff.
- Schenkungsteuerpflichtiger Erwerb 214 ff.
- Schiedsgutachterklausel 891
- Sicherheitsleistung 894
- Verzinsung der Abfindung 892

Abtretungsverpflichtung-**KG** 910 ff.

Anrechnungsüberhang-**KG**
- Umsatzsteuer 165

Anteilsveräußerung-**KG**
- Einkommensteuer 14

Auskunftsrechte-**KG** 932

Ausländische Kapitalgesellschaft als Komplementär 38 ff.

Auszahlungen-**KG** s.u. Entnahmen-**KG**

Ausschluss von Gesellschaftern-**KG**
- Abtretung statt Ausschluss 814
- Erbschaftsteuerliche Folgen 813
- Gesetzliche Ausgangslage 808 ff.
- Stimmrecht 815

Beteiligungsidentische GmbH & Co. KG
- allgemein 1302
- Ausschluss von Gesellschaftern-**KG** 1346

- Beteiligung an KG+GmbH 1305 ff.
- Beteiligung Minderjähriger 1304
- Einziehung von Geschäftsanteilen-**GmbH** 1374
- Form des Vertrages-**KG** 1303
- Grundlagen 20 ff.
- Informationsrechte/-Pflichten-**KG** 1347
- Kündigung-**KG/GmbH** 1307 ff.
- Stammkapital-**GmbH** 1351
- Vererbung von Gesellschaftsanteilen-**KG** 1333 ff.
- Vererbung von Geschäftsanteilen-**GmbH** 1365
- Verfügungen über Geschäftsanteile-**GmbH** 1356 ff.
- Verfügungen über Gesellschaftsanteile-**KG** 1315 ff.
- Vorkaufsrecht-**GmbH** 1360
- Vorkaufsrecht-**KG** 1322 ff.
- Zwangsabtretung-**GmbH** 1374

Betriebsvermögen-**KG**
- Vermögensverwaltende GmbH 34

Bilanzgewinn-**KG** 71

Doppelstöckige GmbH
- Grundlagen 37

Drei-Konten-Modell s. *Konten-KG*

Eigenkapital-**KG** 67

Einheits-GmbH & Co. KG
- Ausschluss von Gesellschaftern-**KG** 1499
- Beiratslösung-**KG** 1475
- Beteiligung Minderjähriger-**KG** 1457
- Einheitslösung-**KG** 1461 ff., 1475
- Einlage der Geschäftsanteile der Komplementär-**GmbH**-**KG** 1456
- Form des KG-Vertrages 1456a
- Gesellschaftsvertrag der Komplementär-**GmbH** 1501 ff.
- Grundlagen 29 ff., 1453
- Kündigung des letzten Kommanditisten-**KG** 1460
- Musterverträge-**GmbH** 1500 ff.

- Musterverträge-**KG** 1451 ff.
- Vollmachtslösung-**KG** 1475, 1469
- Wahrnehmung der Gesellschafterrecht der Komplementärin-**KG** 1458, 1471 ff.

Einkommensteuer
- Ergänzungsbilanzen 143, 152
- Faktische (verdeckte) Mitunternehmerschaft 127
- Gewerbliche Infektion 114
- Gewerbliche Prägung 116
- Gewinnvorab 145
- Mitunternehmerinitiative 119, 123
- Mitunternehmerrisiko 118 ff.
- Mitunternehmerstellung 118 ff.
- Saldierungsverbot 156
- Sonderbetriebsvermögen 142, 151, 189
- Sondervergütung 145
- Steuerliches Kapitalkonto 148 ff.
- Verlustausgleichsbeschränkung gem. § 15a EStG 148

Einkommensteuer-**KG**
- Anteilsveräußerung 147

Einmann-GmbH 35

Einziehung von Geschäftsanteilen-**GmbH**
- Abfindung 1197, 1202
- Gesetzliche Ausgangslage 1173
- Verfahren 1195
- Zeitpunkt 1194

Entnahmen-**KG**
- Ausländische Steuern 699 ff.
- Erbschaftsteuern 704 ff.
- Gesellschaftsrechtliche Praxis 677 ff.
- Gesetzliche Ausgangslage 674 ff.
- Kapitalertragsteuer 697
- Kirchensteuer 694
- Steuerentnahmerecht 689

Erbfolge-**GmbH**
- Gemeinsamer Vertreter 1176 ff.
- Gesetzliche Ausgangslage 1173
- Testamentsvollstreckung 1179
- Vermächtnisnehmer 1180
- Vertragspraxis 1174

Erbfolge-**KG**
- Einfache (allgemeine) Nachfolgeklausel 764 ff.
- Eintrittsklausel 786
- Fortsetzungsklausel 779 ff.
- Gesetzliche Ausgangslage 759 ff.
- Qualifizierte Nachfolgeklausel 768 ff.

Erbschaftsteuer
- Abzugsbetrag gem. § 13a Abs. 2 ErbStG 202
- Anzeigepflicht 213
- Behaltensfrist 204

- Erlassmodell 210 ff.
- Gewerblich tätige KG 188
- Großerwerbe 209
- Kapitalisierungsfaktor 190
- Lohnsumme 203
- Nettowert des Verwaltungsvermögens 197
- Optionsverschonung 193
- Regelverschonung 193
- Sonderbetriebsvermögen 189
- Tarifermäßigung 208
- Übersicht 183 ff.
- Verbundvermögensaufstellung 201
- Vermögensverwaltende GmbH 180 ff.
- Verschonungsabschlag 199
- Verwaltungsvermögen 196 ff.
- Vorab-Abschlag 191
- Wahlrecht Erlass bzw. Verschonungsabschlag 212

Ergänzungsbilanz-**KG** 143, 152

Familien-GmbH & Co. KG
- allgemein 31 ff.
- Ergebnisverteilung 130
- Mustervertrag GmbH 1862
- Mustervertrag KG 1654 ff.
- Schenkung von Gesellschaftsanteilen 122
- Steuerliche Anerkennung 326

Familiy Offices 1644 ff.

Gesellschafterkonten-**KG**
s. *Konten-KG*

Gesellschafterversammlung-**KG**
- Anfechtung von Gesellschafterbeschlüssen 575 ff.
- Beschlussfähigkeit 536
- Gesellschafterbeschlüsse 565 ff.
- Ladungsfrist 535
- Leitung 541
- Mehrheiten 569 ff.
- Mehrheitsbeschlüsse 566 ff.
- Protokolle 543
- Stimmrechtsausschluss 571
- Umlaufbeschlüsse 533
- Vertretung von Gesellschaftern 539
- Vollversammlung 537

Gesellschafterversammlung-**GmbH**
- Beschlussfähigkeit 1130
- Einladung 1126 ff.
- Gesetzliche Ausgangslage 1123 ff.
- Leitung 1131
- Mehrheitsbeschlüsse 1138
- Nichtigkeit/Anfechtbarkeit 1141
- Protokolle 1132
- Stimmrechte 1139
- Stimmrechtsausschluss 1140

F. Sachregister

- Umlaufbeschlüsse 1125
- Vollversammlung 1129

Gewerbesteuer
- Anrechnung 162 ff.
- Anrechnungsüberhang 163
- Gewerbesteuerklausel 167, 642
- Gewerbesteuermessbetrag 164
- Grundlagen 161 ff.

Gewerbesteuerklausel-KG
- Muster 642

Gewerbliche Infektion-KG 114
Gewerbliche Prägung-KG 116 ff.
Gewinnverteilung/Gewinnverwendung-KG
- allgemein 627
- Beteiligung der Komplementärin am Ergebnis 637
- Eintritt/Ausscheiden eines Gesellschafters 646 ff.
- Gewerbesteuerklausel 642 ff.
- Gewinnverteilung 627
- Modelle der Ergebnisverwendung 627 ff.
- Verlustverteilung 633
- Zinsen 635

Gewinnverwendung-GmbH 1155 ff.
Gewinnvorab-KG 145, 156
GmbH & Co. KG
- Bilanzierung 66 ff.
- Einkommensteuer 111 ff.
- Erbschaftsteuer 183 ff.
- Erscheinungsformen 17 ff.
- Gesellschaftskonten 55 ff.
- Gewerbesteuer 161 ff.
- Grunderwerbsteuer 175 ff.
- Handelsregistergebühren 77 ff.
- Mitbestimmung 15
- Mitgliedschaft 49
- Motive für Gründung 10
- Notargebühren 77 ff.
- Rechtsformvergleich 218 ff.
- Rechtsquellen 230 ff.
- Registerpublizität 75 ff.
- Umsatzsteuer 168 ff.
- Vermögensanteile 49

Grunderwerbsteuer-KG
- Übersicht 175 ff.

Gründungsaufwand-GmbH 1230
Gruppenvertretung-KG
- Kapitalerhöhung 786
- Kernbereich 786
- Stimmrechte 786 ff.

Güterstandsklausel-KG
- Grundlagen 825 ff.
- Notarielle Beurkundung 830 ff.
- Steuerrecht 833 ff.
- Vertragspraxis 828 ff.

Haftungsvergütung-KG
- Umsatzsteuer 174

Handelsregistergebühren 77 ff.

Informationsrechte-KG 927
Investmentclubs 1649 ff.
Investmentvermögen
- allgemein 1642 ff.
- Family Offices 1644 ff.
- Investmentclubs 1649 ff.

Jahresabschluss-GmbH
- Aufstellung 1153
- Feststellung 1152 ff., 1154

Jahresabschluss-KG
- Allgemein 601 ff.
- Anhang 603
- Aufstellungsfrist 605 ff.
- Aufstellungsgrundsätze 607 ff.
- Feststellung 612
- Offenlegung s. *Offenlegung Jahresabschluss*
- Prüfung s. *Prüfung Jahresabschluss*

Kapitalanlagegesetzbuch 1642
Kapitalanteil-KG 46
Kapitalkonto
- steuerliches Kapitalkonto 150 ff.

Kapitalverlustkonto 427 ff., s.a. *Verlustvortragskonto*

Konten-KG
- Drei-Konten-Modell 59 ff.
- Eigenkapitalkonto 434 ff.
- Fremdkapitalkonto 434 ff.
- Gesetzliche Ausgangslage 45 ff.
- Gestaltungsmöglichkeiten 55 ff.
- Grundlagen 43 ff.
- Kapitalanteil 46
- Kapitalkonto I 422 ff.
- Kapitalkonto II 55, 422 ff.
- Rücklagenkonto 63
- Variables Kapitalkonto 45
- Verlustvortragskonto 65
- Verrechnungskonto 431
- Vier-Konten-Modell 64 ff.
- Zwei-Konten-Modell 55 ff.

Kontrollrechte-KG 929
Kündigung beteiligungsidentische KG 1308 ff.

Liquidation-GmbH 1209
Liquidation-KG 953 ff.

Mitunternehmerinitiative-KG 119, 123
Mitunternehmerrisiko-KG 118 ff.

Mitunternehmerstellung-**KG** 118 ff.
Mitwirkungspflichten der Kommanditisten-**KG** 934 ff.
Musterprotokolle-**GmbH** 81
Musterverträge Beteiligungsidentische GmbH & Co. KG
- GmbH 1349 ff.
- KG 1301 ff.
Musterverträge Einheits-GmbH & Co. KG
- GmbH 1500 ff.
- KG 1451 ff.
Musterverträge typische GmbH & Co. KG
- GmbH 1051 ff.
- KG 301 ff.
Musterverträge vermögensverwaltende GmbH & Co. KG
- GmbH 1862 ff.
- KG 1601 ff.

Notarkosten 77 ff.

Offenlegung Jahresabschluss 72 ff.
- KG 613
- Vermögensverwaltende KG 1761

Prüfung Jahresabschluss
- KG 611
- Vermögensverwaltende KG 1761
Publikums-GmbH 36

Rechtsformvergleich GmbH & Co. KG/Kapitalgesellschaft
- Erbschaftsteuern 229 ff.
- Ertragsteuern 218 ff.
Rechtsquellen GmbH & Co. KG
- EStG 235 ff.
- GmbHG 238
- HGB 231 ff.
- Mitbestimmungsgesetz 239
Registerpublizität-**KG** 75
Rücklagenkonto-**KG** 63

Saldierungsverbot-**KG** 156
Salvatorische Klausel-**GmbH** 1228 ff.
Salvatorische Klausel-**KG** 980 ff.
Schenkung von Gesellschaftsanteilen
- Familien GmbH & Co. KG 122
Schenkungsteuertatbestände, fiktive
- Ausscheiden eines Gesellschafters 214 ff.
Schenkungsteuer-**KG** s. *Erbschaftsteuer-KG*
Schiedsgericht-**GmbH** 1216 ff.
Schiedsgericht-**KG** 966 ff.

Sonderbetriebsvermögen-**KG**
- Einkommensteuer 142, 151
- Grundlagen 142
- Erbschaftsteuer 189
Sondervergütungen-**KG** 145
Steuerliches Kapitalkonto-**KG** 148 ff.
Steuerrechtliche Aspekte-**KG**
- Überblick 111 ff.

Teilnichtigkeitsklausel 1228 ff., s.a. *Salvatorische Klausel*
Testamentsvollstreckung-**KG** 790 ff.
Typische GmbH & Co. KG-**GmbH**
- Anstellungsvertrag des Geschäftsführers-**GmbH** 1111
- Beteiligung Minderjähriger-**GmbH** 1075
- Dauer der Gesellschaft-**GmbH** 1084 ff.
- Einziehung von Geschäftsanteilen s. *Hauptstichwort*
- Entstehung-**GmbH** 1084 ff.
- Firma-**GmbH** 1055 ff.
- Gegenstand des Unternehmens-**GmbH** 1060 ff.
- Geschäftsführer-**GmbH** 1188 ff.
- Geschäftsführung-**GmbH** 1098
- Geschäftsjahr-**GmbH** 1058
- Gesellschafterbeschlüsse-**GmbH** s. *Hauptstichwort*
- Gesellschafterliste 1102 ff.
- Gesellschafterversammlungen-**GmbH** s. *Hauptstichwort*
- Gewinnverwendung-**GmbH** 1155 ff.
- Gründungsaufwand-**GmbH** 1230
- Jahresabschluss-**GmbH** 1152 ff.
- Kündigung-**GmbH** 1087
- Schenkung von GmbH-Geschäftsanteilen-**GmbH** 1078 ff.
- Schiedsgericht-**GmbH** 1216
- Selbstkontrahieren-**GmbH** 1100
- Sitz-**GmbH** 1057
- Stammkapital/Stammeinlagen-**GmbH** 1071 ff.
- Teilnichtigkeitsklausel-**GmbH** 1225, 1228 ff.
- Teilung von Geschäftsanteilen 1166
- Vererbung von Gesellschaftsanteilen s. *Erbfolge-GmbH*
- Verfügungen über Geschäftsanteile-**GmbH** 1163 ff.
- Veröffentlichungen-**GmbH** 1212
- Vertretung-**GmbH** 1097
- Vor-GmbH-**GmbH** 1085
- Vorkaufsrecht-**GmbH** 1170 ff.
- Vorsorgevollmacht s. *Vorsorgevollmacht-GmbH*

F. Sachregister

- Weisungen der Gesellschaftversammlung-**GmbH** 1101

Typische GmbH & Co. KG-**KG**
- Abfindung s. *Hauptstichwort*
- Abtretungsverpflichtung-**KG** 910 ff.
- Aufwendungsersatz für die Komplementärin-**KG** 508
- Ausgleichsvolumen-**KG** 439
- Auskunftsrecht-**KG** 932 ff.
- Ausscheiden aus der Gesellschaft-**KG** 844
- Darlehenskonten-**KG** 449
- Eigenkapitalkonten-**KG** 434 ff.
- Einheitstheorie-**KG** 394, 396
- Einlagen-**KG** 372 ff.
- Entnahmen s. *Hauptstichwort*
- Familiengerichtliche Zustimmung-**KG** 319 ff.
- Firma-**KG** 346 ff.
- Form des KG-Vertrages-**KG** 311
- Fremdkapitalkonten-**KG** 434 ff.
- Gegenstand des Unternehmens-**KG** 353 ff.
- Geschäftsführung-**KG** 491 ff.
- Geschäftsjahr-**KG** 349
- Gesellschafter-**KG** 315
- Gesellschafterversammlung-**KG** s. *Hauptstichwort*
- Gewerbesteuerklausel-**KG** 642
- Gewinnverteilung/Verwendung s. *Hauptstichwort*
- Gewinnvorab-**KG** 442 ff.
- Gründungsvarianten-**KG** 307
- Gruppenvertretung-**KG** s. *Hauptstichwort*
- Güterstandsklausel-**KG** 825 ff.
- Haftsummen-**KG** 372 ff., 402 ff.
- Haftungsvergütung der Komplementärin-**KG** 507, 517
- Informationsrechte-**KG** 927 ff.
- Insichgeschäfte-**KG** 494 ff.
- Jahresabschluss-**KG** s. *Hauptstichwort*
- Kapitalkonto II-**KG** 424
- Kapitalkonto-**KG** 422 ff.
- Kapitalverlustkonten-**KG** 427 ff.
- Kontrollrechte-**KG** 929 ff.
- Kündigung-**KG** 458 ff.
- Liquidation-**KG** 953 ff.
- Minderjährige Gesellschafter-**KG** 317 ff.
- Mitwirkungspflichten der Kommanditisten-**KG** 934 ff.
- Pflichteinlage-**KG** 373
- Rücklagenkonten-**KG** 450
- Sacheinlage-**KG** 377 ff., 426
- Salvatorische Klausel-**KG** 980 ff.
- Schenkung von KG-Anteilen-**KG** 323 ff.
- Schiedsgericht-**KG** 966 ff.
- Sitz-**KG** 348
- Steuerliche Folgen des Ausscheidens-**KG** 461 ff.
- Trennungstheorie-**KG** 394, 396
- Übernahme Verbindlichkeiten 393
- Verdeckte Einlage-**KG** 386 ff.
- Vererbung von Gesellschaftsanteilen-**KG** s. *Erbfolge-KG*
- Verfügungen über Gesellschafteranteile-**KG** 718 ff.
- Vermögensbeteiligung 407
- Verrechnungskonten 431
- Vertretung 491 ff.
- Vorkaufsrecht 744
- Vorsorgevollmacht 583 ff.
- Wettbewerbsverbot 941 ff.
- Zinsen auf Verrechnungskonto 440 ff.
- Zustimmungspflichtige Geschäfte 496
- Zweigniederlassung 356

Umsatzsteuer
- Geschäftsführungs- und Vertretungsleistungen 172 ff., 514 ff.
- Haftungsvergütung 174

Umsatzsteuer-**KG**
- allgemein 168 ff.

Variables Kapitalkonto-**KG** 45
Vererbung von Gesellschaftsanteilen-**KG** s. *Erbfolge-KG*
Verfügungen über Geschäftsanteile-**GmbH** 1163 ff.
Verlustvortragskonto-**KG** 63
Verlustausgleich
- steuerlicher Verlustausgleichsbeschränkung-**KG** 148 ff.

Vermögensverwaltende GmbH & Co. KG
- Abfindung-**GmbH** 1930 ff.
- Abfindung-**KG** 1830 ff.
- Allgemein 32 ff.
- Aufwendungsersatz-**KG** 1712
- Ausscheiden von Gesellschaftern-**KG** 1820
- Ausschluss von Gesellschaftern-**KG** 1809
- Beteiligung von Minderjährigen 1613 ff.
- Betriebsvermögen 34
- Dauer-**GmbH** 1876 ff.
- Dauer-**KG** 1690
- Einkommensteuerliche Aspekte 1627 ff., 1662 ff.
- Einziehung von Geschäftsanteilen-**GmbH** 1918 ff.

- Entnahmen-**KG** 1776
- Entprägung-**KG** 1611 ff., 1703
- Ergebnisverteilung-**KG** 1768
- Firma-**GmbH** 1862
- Gesellschaftsvertrag der Komplementär-**GmbH** 1862 ff.
- Gegenstand der Gesellschaft-**GmbH** 1866 ff.
- Gegenstand des Unternehmens-**KG** 1660 ff.
- Geschäftsführer-**GmbH** 1887 ff.
- Geschäftsführung-**GmbH** 1881 ff.
- Geschäftsführung-**KG** 1704
- Geschäftsführungsvergütung-**KG** 1711
- Geschäftsjahr 1864
- Gesellschafterbeschlüsse-**KG** 1733 ff.
- Gesellschafterbeschluss-**GmbH** 1896 ff.
- Gesellschafterversammlung-**GmbH** 1890 ff.
- Gesellschafterversammlung-**KG** 1717 ff.
- Gesellschaftsvertrag der KG 1654 ff.
- Gewinnverteilung 1903
- Gewinnverwendung 1904
- Güterstandsklausel-**KG** 1813
- Haftungsvergütung-**KG** 1710
- Informationsrechte-**KG** 1848
- Investmentvermögen 1642
- Jahresabschluss/Jahresrechnung-**KG** 1755 ff.
- Jahresabschluss-**GmbH** 1903
- Konten-**KG** 1680 ff.
- Kündigung-**KG** 1690
- Liquidation-**GmbH** 1935 ff.
- Liquidation-**KG** 1852
- Offenlegungsverpflichtung-**KG** 1761 ff.
- Pflichtprüfung-**KG** 1761 ff.
- Salvatorische Klausel-**GmbH** 1951
- Salvatorische Klausel-**KG** 1857
- Schiedsgericht-**GmbH** 1939 ff.
- Schiedsgericht-**KG** 1856
- Sitz-**GmbH** 1863
- Stammkapital-**GmbH** 1868 ff.
- Vererbung von Geschäftsanteilen-**GmbH** 1913 ff.
- Vererbung von Gesellschaftsanteilen-**KG** 1793
- Verfügungen über Geschäftsanteile und Ansprüche-**GmbH** 1907 ff.
- Verfügungen über Gesellschaftsanteile-**KG** 1784
- Veröffentlichungen-**GmbH** 1938
- Vertretung-**GmbH** 1878 ff.
- Vertretung-**KG** 1707
- Verzinsung der Kapital- und Darlehenskonten-**KG** 1682 ff.
- Vor- und Nachteile-**KG** 1603 ff.
- Vorkaufsrecht-**GmbH** 1912
- Vorkaufsrecht-**KG** 1788
- Vorsorgevollmacht-**GmbH** 1902
- Vorsorgevollmacht-**KG** 1744 ff.
- Weisungsrecht der Kommanditisten-**KG** 1703
- Zwangsabtretung von Gesellschaftsanteilen-**KG** 1841

Veröffentlichungen-**GmbH** 1212 ff.
Vier-Konten-Modell-**KG** 64 ff.
Vorkaufsrecht-**KG** 744 ff.
Vorsorgevollmacht-**GmbH** 1147

Wahrnehmung der Gesellschafterrechte der Komplementärin
- allgemein 1475
- Beiratslösung-**KG** 1475
- Einheitslösung-**KG** 1475, 1461 ff.
- Vollmachtslösung-**KG** 1475, 1469
Wettbewerbsverbot-**KG** 941 ff.

Zinsen-**KG**
- Gesellschaftsrecht 440 ff.
- Steuerrecht 448 ff.
Zwangsabtretung-**GmbH** 1196
Zwangsabtretung-**KG** 901 ff.
Zwei-Konten-Modell-**KG** 55 ff.